Qualitätssicherung in Freien Berufen

Ergebnisse einer Untersuchung
des Instituts für Freie Berufe
an der
Friedrich-Alexander-Universität
Erlangen-Nürnberg

Projektleitung: Dr. Rainer Wasilewski
Projektbearbeitung: Manuela Reith

Stiftung zur Förderung der wissenschaftlichen
Forschung über das Wesen und Bedeutung der freien Berufe
LUDWIG SIEVERS STIFTUNG

DEUTSCHER ÄRZTE-VERLAG KOLN 1988

Institut für Freie Berufe
an der Friedrich-Alexander-Universität Erlangen-Nürnberg
Direktor: Prof. Dr. Günter Büschges

Dr. Rainer Wasilewski
Geschäftsführer

Diplom-Sozialwirt Manuela Reith
Wissenschaftliche Mitarbeiterin

ISBN 3-7691-0824-8

Gesamtherstellung: Deutscher Ärzte-Verlag GmbH, Köln

Inhaltsverzeichnis

5

7

Vorwort

Als eine der möglichen und befürchteten Folgen des seit einigen Jahren zu beobachtenden vermehrten Zugangs von jungen Hochschulabsolventen in die Freien Berufe wird von den Berufsangehörigen und ihren Organisationen die Gefährdung des hohen Qualitätsstandards freiberuflicher Leistungen durch den noch berufsunerfahrenen Nachwuchs gesehen. Doch nicht nur diese Nachwuchsproblematik hat das Thema *Qualitätssicherung in den Freien Berufen* zu einem gewichtigen Zukunftsproblem der Freien Berufe werden lassen, auch der sich immer schneller vollziehende Wissenschaftsfortschritt läßt die Freien Berufe, die in besonderer Weise den Wissenstransfer von der Forschung in die praktische Anwendung und Umsetzung zugunsten ihrer Patienten, Mandanten und Klienten mittragen, nicht unberührt und beeinflußt die Qualität des freiberuflichen Leistungsangebots nicht unerheblich.

Schon im Jahre 1984 hatte deswegen das Institut für Freie Berufe an der Friedrich-Alexander-Universität Erlangen-Nürnberg sein jährliches wissenschaftliches Symposion der Erörterung dieser Problematik gewidmet und *Voraussetzungen, Möglichkeiten und Grenzen der Qualitätssicherung in den Freien Berufen* im Kreise von Wissenschaftlern und Berufsvertretern diskutiert. Es war zu erwarten, daß dieses Symposion bei weitem nicht alle Perspektiven des Themas in den einzelnen Berufen und Berufsgruppen ausleuchten konnte, doch war es ein fruchtbarer Ansatz zu einer intensiveren Problembeschäftigung in den Berufsorganisationen und in der Berufspolitik der Freien Berufe.

Als das Institut dann im Jahr 1985 an das Referat Freie Berufe im Bundesministerium für Wirtschaft mit dem Vorschlag herantrat, die in diesem Symposion aufgeworfenen Fragen in einer differenzierten wissenschaftlichen Analyse zu vertiefen, entsprechende erste Erfahrungen mit Qualitätssicherungseinrichtungen in einzelnen Freien Berufen aufzuarbeiten und daraus Qualitätssicherungsmodelle und -bedingungen zu entwickeln, fand es dort einen aufgeschlossenen und problembewußten Partner, der auch die Finanzierung der Projektarbeiten ermöglichte. Dafür möchten wir dem damaligen Referatsleiter, Herrn Ministerialrat Dr. Henning Hillmann, herzlich danken! Das Institut war dadurch in der Lage, das gesamte zum Problemkreis vorliegende Schrifttum auszuwerten und in einem zweiten Forschungsschritt in vielen langen Gesprächen und Diskussionen mit Berufsangehörigen, Experten aus den Freien Berufen, mit Verantwortlichen in Politik, Verwaltung und Wirtschaft Erfahrungen mit der Leistungsqualität der Freien Berufe und mit den Möglichkeiten und Grenzen ihrer

Sicherung und Fortentwicklung aufzuarbeiten und in dem hier vogestellten Ergebnisbericht niederzulegen. Zur Wahrung ihrer persönlichen und beruflichen Anonymität bleiben unsere Gesprächspartner ungenannt – allen sei jedoch herzlich für ihre Gesprächsbereitschaft, ihr Vertrauen und ihre Unterstützung gedankt!

Der Ergebnisbericht dieser Studie ist im Frühjahr 1986 abgeschlossen worden und spiegelt damit den Problemstand bis dahin wider. Die Ludwig Sievers Stiftung hat sich zum Jahresanfang 1987 freundlicherweise bereiterklärt, den Ergebnisbericht in ihre Schriftenreihe aufzunehmen; wir danken der Ludwig Sievers Stiftung dafür sehr und sehen darin eine Anerkennung der geleisteten Forschungsarbeit.

Mein besonderer Dank gilt Frau Dipl.-Sozialwirt Manuela Reith für die engagierte und umsichtige Projektbearbeitung, stellvertretend auch für jene Mitarbeiterinnen und Mitarbeiter des Instituts, die mit Literatursichtung, mit der Führung von Interviews und mit der Niederschrift des Manuskriptes unverzichtbar zu diesem Buch beigetragen haben.

Nürnberg, im August 1987   Rainer Wasilewski

1 Einführung

1.1 Untersuchungsziel

Während Qualität eines Produkts oder einer Leistung in der Bundesrepublik Deutschland lange Zeit als selbstverständlich vorausgesetzt und eher intuitiv als systematisch herbeigeführt und gesichert wurde, hat sie sich in der modernen Wirtschaft zu einem Problemkomplex von hohem Stellenwert, z.t. sogar zu einem besonders gewichtigen „Verkaufs"-Argument entwickelt. Technische Innovationen mit ihren wachsenden Möglichkeiten zur Qualitätsmessung und -verbesserung, steigender Kostendruck, vor allem aber auch das gewachsene Qualitätsbewußtsein der Bevölkerung, das die Qualität von Gütern und Dienstleistungen zu einem wesentlichen Faktor für das Wohlbefinden der Menschen von heute hat werden lassen, sind wohl wichtige Gründe dafür, daß sich zunächst die Industrie, später auch der Dienstleistungssektor mehr und mehr um die Sicherung und Verbesserung der Qualität ihrer Leistungen bemühten.[1]

Mit einiger Zeitverzögerung hat die Diskussion um Qualität und Qualitätssicherung auch die Freien Berufe erreicht, nachdem lange Zeit ein hoher Qualitätsstandard gleichsam als „Markenzeichenn" freiberuflicher Tätigkeit galt. Daß heute auch von den Freien Berufen neues Leistungsbewußtsein und Maßnahmen zur Sicherung und Steigerung ihrer Leistungsstandards verlangt werden, ist in erster Linie durch den tiefgreifenden Wandel in der Berufs- und Wertestruktur unserer Gesellschaft bedingt, der auch die traditionellen Freien Berufe vor die Notwendigkeit stellt, ihre Stellung im Gefüge der Dienstleistungsberufe neu zu bestimmen. Die Gründe, die im einzelnen für diese Entwicklung verantwortlich sind, sind ebenso vielschichtig wie vielfältig. So machen die unaufhaltsam voranschreitenden wissenschaftlichen und technischen Innovationen neue Qualitätsmaßstäbe und Maßnahmen zur Sicherung der Leistungsqualität notwendig. Neue Tätigkeitsfelder, Spezialisierung und darraus resultierende Differenzierung führen zu einer Neuverteilung der Aufgaben innerhalb und zwischen den Freien Berufen. Damit verbundene Koordinations-und Kompetenzprobleme, aber auch zunehmender Wettbewerb kennzeichnen die Situation aller in dieser Studie berücksichtigten Berufsgruppen.

Eine zweite Gruppe von Gründen leitet sich aus den veränderten ökonomischen Rahmenbedingungen der Freien Berufe ab: Kostendruck – bei den

---

[1] Vgl. Masing. o.J.

13

Ärzten in besonders ausgeprägter Form durch die expansive Kostenentwicklung im Gesundheitswesen -, verstärkte wirtschaftliche Konkurrenz durch die sogenannte „Nachwuchsschwemme" und damit verbundene Befürchtungen der Gefährdung der beruflichen und finanziellen Existenz sind vielgenannte Stichworte, die nicht nur die Situation bei den Ärzten[1], sondern auch bei den rechts-, wirtschafts- und steuerberatenden Freien Berufen[2] sowie den Architekten und Ingenieuren beschreiben.

Zum dritten werden die Freien Berufe mit einer gewandelten gesellschaftlichen Haltung gegenüber ihrer Tätigkeit konfrontiert. Eine zunehmend kritischere Einschätzung der freiberuflichen Leistungen, deren hoher Qualitätsstandard nicht mehr als selbstverständlich angenommen, sondern hinterfragt wird, und die zunehmende Tendenz, freiberufliche Leistungen mit denen anderer Dienstleistungsberufe gleichzusetzen und an deren Standards zu messen, bewirken, daß die Freien Berufe sich zunehmend externen Leistungsvergleichen unterwerfen müssen. Nicht zuletzt dieses zunehmende Infragestellen der Kompetenz der Freien Berufe in der gesellschaftlichen Öffentlichkeit in Verbindung mit den durch die beruflichen Umwälzungsprozesse herbeigeführten Störungen der traditionellen Leistungsmechanismen stellen eine latente, z.T. bereits sogar manifeste Gefährdung der Freien Berufe in ihrer jetzigen Form dar.

Angesichts dieser Entwicklung stellt sich die Frage, wie die Freien Berufe auf die veränderten Rahmenbedingungen reagieren, um die vorhandenen Möglichkeiten zur Verbesserung der Qualität ihres Handelns auszunutzen sowie qualitätsmindernde Effekte in Grenzen zu halten, und wieweit bzw. in welcher Form sie sich den an sie herangetragenen Forderungen zu einem Qualitätsnachweis stellen. Von der Art und Weise und vor allem auch von der Schnelligkeit, mit der die Freien Berufe diese neue Herausforderung annehmen, wird ihre berufliche Zukunft mit abhängen. Selbsterhaltungsinteresse, aber auch berufliche Ethik werden demgemäß in den nächsten Jahren verstärkte Anstrengungen der Freien Berufe zur Bewältigung der an sie herangetragenen Qualitätsproblematik erfordern.

Die in diesem Zusammenhang auf die Freien Berufe zukommenden Probleme und Ansprüche sind aufgrund der unterschiedlichen beruflichen Rahmenbedingungen der einzelnen Berufsgruppen vielschichtig und unterschiedlich gewichtet. Umfassende Überlegungen bezüglich Aufbau und Durchführung eines Qualitätssicherungskonzeptes stehen – mit Ausnahme weniger Berufe wie den Ärzten und Wirtschaftsprüfern – noch in den Anfängen, obwohl in allen Freien Berufen bereits die unterschiedlichsten Regelungen existieren oder diskutiert werden, denen direkt oder zumindest unmittelbar die Funktion der Sicherung der beruflichen Leistungsqualität zukommt.

---

[1] Vgl. z.B. Schwartz 1981a
[2] Küffner 1985

Ziel der vorliegenden, im Auftrag des Bundeswirtschaftsministeriums durchgeführten Untersuchung soll und kann es nicht sein, hier Patentlösungen zu liefern oder gar ein schlüssiges Qualitätssicherungskonzept zu liefern. Angesichts der Vielschichtigkeit der Problematik und der Vielzahl der bislang noch offenstehenden Fragen ist bis zum Erhalt derartiger Ergebnisse noch eine umfangreiche Entwicklungs- und Forschungstätigkeit erforderlich, für die diese Studie ledidglich eine erste Stufe bildet. Der Beitrag, den die vorliegende Studie in explorativer Form für die Klärung der Qualitätssicherungsproblematik der Freien Berufe leisten will, besteht angesichts des fast noch völligen Fehlens einer wissenschaftlich fundierten Auseinandersetzung mit diesen Fragen in dem Versuch, einen allgemeinen Problemaufriß zu geben, der einen Überblick über unterschiedliche Bedingungen und Faktoren der freiberuflichen Leistungsqualität und ihrer Sicherung bei ausgewählten Freien Berufen vermittelt. Ziel dieses Vorgehens ist es, anhand verschiedener Indikatoren für die Leistungsqualität in deskriptiver Form die Grundlagen der Qualitätssicherung in den einzelnen Freien Berufen und ihre Effizienz angesichts der heutigen und sich für die Zukunft abzeichnenden Bedingungen der Berufsausübung darzustellen. Damit soll ein allgemeiner Rahmen für die Auseinandersetzung mit der Qualitätssicherungsproblematik in Freien Berufen geschaffen werden, der eine einheitliche und vergleichende Analyse der Situation in den verschiedenen Berufsgruppen erlaubt und ein Bild von den jeweiligen spezifischen Verhältnissen und Erfordernissen in den einzelnen Berufen vermittelt.

Diese allgemeine Untersuchungsfrage gliedert sich in folgende Teilaspekte:

- die Erarbeitung eines Modells der qualitätsrelevanten Faktoren der Berufsausübung, das den Rahmen bildet für

- die Analyse der Situation in ausgewählten Freien Berufen zur

- Herausarbeitung grundsätzlicher Wirkungszusammenhänge zwischen beruflichem Handeln und seinen Rahmenbedingungen und der Leistungsqualität,

- Darstellung bereits bestehender Qualitätssicherungsmaßnahmen,

- Beurteilung der aktuellen und für die Zukunft zu erwartenden Entwicklung des Berufsstandes in ihren Auswirkungen auf die Qualität und die qualitätssichernden Maßnahmen sowie zur

- Darstellung alternativer oder neu diskutierter Regelungen und Maßnahmen zur Qualitätssicherung.

Die Beantwortung dieser Fragen erfolgt wegen fehlender gesicherter theoretischer und empirischer Erkenntnisse im Rahmen einer sozialempirischen Studie bei Vertretern der Berufsorganisationen der Freien Berufe mit Hilfe von Interviews zur Erfassung ihrer Erfahrungen, Einstellungen, Erwartungen und Handlungsabsichten zum Problemkreis. Die Grundlage für das die Experteninterviews strukturierende Qualitäts(sicherungs)modell sowie für die Ergänzung der in den Interviews enthaltenen Angaben bildet eine Analyse der zu diesem Themenkreis vorhandenen Literatur sowie der relevanten Berufsgesetze.

Nochmals betont werden soll der explorative und deskriptive Charakter der Studie, deren Ziel primär der vergleichende Überblick über die Möglichkeiten, Bedingungen und Grenzen der Sicherung freiberuflicher Qualität ist. Eine Bewertung und Gewichtung der einzelnen Aspekte und Regelungen kann vor allem wegen des fehlenden gesicherten empirischen Materials nur in Ausnahmefällen vorgenommen werden. Darüber hinaus mußte aufgrund der Komplexität der Fragestellung, die eine umfassende Analyse der Situation für immerhin sechs z.T. sehr unterschiedliche Berufsgruppen verlangte, auf eine in vielen Fällen wünschenswerte differenzierte Darstellung einzelner Problembereiche verzichtet werden. Die hier vorgelegten Ergebnisse sind deshalb weder als Handlungsanleitung zur Qualitätssicherung für die verschiedenen Freien Berufe noch als erschöpfende Gesamtdarstellung der Problematik für die Freien Berufe, sondern als erster Überblick über die Wirkungszusammenhänge zu verstehen. Als solcher soll sie einerseits eine systematisierte Betrachtung des einzelnen Berufs sowie Vergleiche zwischen den Berufen ermöglichen und andererseits Ansatzpunkte für weitergehende differenziertere Analysen bieten.

1.2 Aufbau des Berichtes

Der vorliegende Bericht umfaßt die Darstellung von Anlage, Ablauf und Ergebnissen einer Untersuchung, die im Zeitraum 1985 bis März 1986 im Auftrag des Bundesministeriums für Wirtschaft zum Stand und zur Problematik der Qualitätssicherung in ausgewählten Freien Berufen durchgeführt wurde.

In Kapitel 2 werden zunächst einige theoretische Grundlagen der Qualitäts- und Qualitätssicherungsproblematik allgemein und speziell in den Freien Berufen erläutert. Darauf aufbauend wird ein vorläufiges Qualitätssicherungskonzept entwickelt, das die im Rahmen der Untersuchungsfrage grundlegenden Faktoren zusammenfaßt und in einer logischen Ablaufsystematik darstellt. Dieses Konzept, das aufgrund der in der Analyse der einschlägigen Literatur gewonnenen Erkenntnisse entstand, bildete die Grundlage für den empirischen Teil der Untersuchung, in dem versucht wurde, durch die Einschätzung sog. „Experten" ein möglichst realitätsnahes Abbild der Situation in den einzelnen Freien Berufen zu erhalten.

Das Vorgehen und der Ablauf der Experteninterviews wird in Kapitel 3 geschildert. Dort erfolgt auch eine Erläuterung und Auflistung der für die Studie ausgewählten Gesprächspartner in ihrer Eigenschaft als Sachverständige für diese Problematik.

In Kapitel 4 erfolgt die Darstellung der Ergebnisse der Expertenbefragungen in Verbindung mit den durch die Analyse der Literatur und Gesetzestexte gewonnenen Erkenntnissen. Dabei wird die Situation in den einzelnen in der Studie berücksichtigten Freien Berufen ausführlich dargestellt. Wesentliche Aspekte sind die Bedeutung der vorab von uns festgelegten Qualitätsfaktoren für die Leistungsqualität und ihre Sicherung aus der Sicht der jeweiligen Berufsgruppe, die Einschätzung des derzeitigen Qualitätsstandards im Zusammenhang mit diesen Faktoren sowie Vorstellungen der Experten zu notwendigen und/oder möglichen Verbesserungen der Situation.

Nachdem in Kapitel 4 diese Aspekte für die einzelnen Freien Berufe ausführlich erläutert werden, erfolgt im abschließenden Kapitel 5 die Zusammenfasung und Gegenüberstellung der einzelnen Erkenntnisse, um so die Möglichkeiten und Grenzen aufzuzeigen, Ausagen über die Lage und Problematik der Qualitätssicherung für freiberufliche Leistungen generell zu machen.

Da in den Experteninterviews vielfach aktuelle berufspolitische Probleme angesprochen wurden, die teilweise auch geplante oder im Abschluß befindliche Veränderungen von Berufsgesetzen betrafen, bilden die Expertenmeinungen in Detailfragen in einigen Fällen nicht den neuesten Stand der Diskussion ab, in der grundsätzlichen Einschätzung der Problematik haben sich seit Abschluß der Untersuchung jedoch bei den einzelnen angesprochenen Fragen keine nennenswerten Änderungen der Standpunkte ergeben. Die vorliegende Untersuchung kann deshalb immer noch als aktuelle Situationsanalyse betrachtet werden.

2 Theoretischer Rahmen und Untersuchungsmodell

2.1 Traditionelle Formen freiberuflicher Qualitätssicherung

Das Streben nach einer möglichst hohen Leistungsqualität war und ist ein elementarer Bestandteil des freiberuflichen Selbstverständnisses[1]. Begründet ist dieser Qualitätsanspruch – der lange Zeit als selbstverständlich galt – in der den Freien Berufen zugeschriebenen hohen fachlichen Kompetenz und besonderen gesellschaftlichen Funktion. Die Forderung nach vermehrter oder andersartiger Qualitätssicherung stößt nicht zuletzt auch deshalb auf manchen Widerstand innerhalb der Freien Berufe, weil sie für viele Berufsangehörige eine Infragestellung ihres Selbstverständnisses und damit gleichsam ein Rütteln an den Grundfesten der Freiberuflichkeit an sich bedeutet.

Tatsächlich existieren bei den hier betrachteten Freien Berufen mit Ausnahme der Beratenden Ingenieure zum Teil bereits seit langer Zeit Regeln und Übereinkünfte, die der Sicherung eines gewissen Leistungs- und Verhaltensstandards im Berufsstand dienen sollen. Ohne auf die historische Entwicklung der einzelnen Freien Berufe und ihres jeweiligen Berufsrechts, die an anderer Stelle[2] ausführlich dargestellt wurden und für die vorliegende Fragestellung ohne Relevanz sind, eingehen zu wollen, sei hier zur Darstellung der traditionellen Qualitätssicherungsmaßnahmen auf die heute geltenden Berufsgesetze und -ordnungen verwiesen, die durch Qualifikationsvorschriften und andere Zulassungsvoraussetzungen, Wettbewerbsregeln, Vorschriften über kollegiales Verhalten etc. auch die Funktion der Sicherung einer gewissen Qualität der Leistungen der Berufsangehörigen erfüllen. Übersicht 1 gibt einen Überblick über die wichtigsten die Berufsausübung betreffenden gesetzlichen bzw. berufsrechtlichen Regelungen mit ausgewählten Vorschriften für die hier zu berücksichtigenden Berufsgruppen. Daraus wird deutlich, daß die vermeintlich „freien" Berufe sehr wohl durch eine Reihe von Richtlinien eingeengt sind, die den Zugang, das Tätigkeitsgebiet, die beruflichen Rechte und Pflichten wie auch eine Berufsgerichtbarkeit als Kontrollinstanz zum Teil bis in Einzelheiten regeln.[3]

---

[1] Vgl. z.B. Selbmann 1981c, S. 1099; Osterwald 1985; Kastner 1984
[2] Vgl. z.B. Etmer/Lundt/Schiwy 1982
[3] Darauf ist schon in einer der ersten wissenschaftlichen Abhandlungen über Freie Berufe (Theodor Heuß: Organisationsprobleme der freien Berufe, 1916) hingewiesen worden.

Übersicht 1:
Berufs- und Standesrecht ausgewählter Freier Berufe

Berufs-gruppe	Gesetz	Vorschrift	Träger
Ärzte	1. Bundesärzteordnung	Berufsschutz, Titelschutz, Berufsbeschreibung, Qualifikationsvoraussetzungen (fachlich und persönlich), Bedingungen für den Entzug der Berufserlaubnis, Gebührenordnung	Bundesrecht
	2. Approbationsordnung	Qualifikationsvoraussetzungen (fachlich und persönlich) für Berufszugang	Bundesrecht
	3. Berufsordnung für die Deutsche Ärzteschaft	Pflichten der Berufsausübung und Sorgfaltspflicht, Verpflichtung zur Kollegialität, Fortbildungspflicht, Pflicht zur Haftpflichtversicherung, Selbstverwaltung, Honorar, Kooperation, Werbeverbot	Kammerrecht
	4. Gesetz über die öffentliche Berufsvertretung, die Weiterbildung und die Berufsgerichtsbarkeit der Ärzte, Zahnärzte, Tierärzte, Apotheker und Dentisten (Kammergesetz)	Pflichtmitgliedschaft, Berufsgerichtsbarkeit, Berufspflichten, Weiterbildung	Landesrecht
	5. Kassenarztrecht – Reichsversicherungsordnung	Schiedsämter	Bundesrecht
	– Zulassungsordnung für Kassenärzte	Zulassungsvoraussetzungen (fachlich)	Bundesrecht
	– Richtlinien der Bundesausschüsse der Ärzte und Krankenkassen	Regelung der Form der ärztlichen Tätigkeit, Qualifikationsvoraussetzungen etc.	

Übersicht 1 (Fortsetzung):
Berufs- und Standesrecht ausgewählter Freier Berufe

Berufsgruppe	Gesetz	Vorschrift	Träger
	6. Gebührenordnungen (GOÄ und Gebührenvereinbahrungen mit den Krankenkassen)		
Apotheker	1. Bundes-Apothekerordnung	Berufsverzeichnis, Tätigkeit, Zugangsvoraussetzungen (fachlich, persönlich)	Bundesrecht
	2. Gesetz über das Apothekerwesen	Voraussetzungen für die Erlaubnis zum Betreiben einer öffentlichen Apotheke u. a. Apotheken	Bundesrecht
	3. Approbationsordnung für Apotheker	Qualifikationsvoraussetzungen	Bundesrecht
	4. Apothekerbetriebsordnung	Genaue Regelungen zum Betrieb einer Apotheke (Räume, Sortiment, Personal, Aufgaben, Werbung)	Bundesrecht
	5. Kammergesetz	Siehe Ärzte 4.	Landesrecht
	6. Arzneimittelgesetz (AMG)		
	7. Berufsordnungen	Berufsethos, Kollegialität, Zusammenarbeit, Werbung, Wettbewerb, Berufsgerichtsbarkeit	Kammerrecht
	8. Arzneimittelpreisverordnung		
Rechtsanwälte	1. Bundesrechtsanwaltsordnung (BRAO)	Zulassungsvoraussetzungen, Tätigkeitsabgrenzung (-schutz), Berufspflichten, Ehrengerichtsbarkeit, Zwangsmitgliedschaft bei den Kammern	Bundesrecht

Übersicht 1 (Fortsetzung):
Berufs- und Standesrecht ausgewählter Freier Berufe

Berufs-gruppe	Gesetz	Vorschrift	Träger
	2. Richtlinien der Bundes-rechtsanwaltskammer Standesrecht)	Berufspflichten, Werbe-verbot, Kollegialitätspflich-ten, Niederlassung, Kooperation	Kammerrecht (bundesweit)
	3. Bundesgebührenord-nung für Rechtsanwälte (BRAGO)		Bundesrecht
Steuer-berater	1. Steuerberatungsgesetz	Tätigkeitsabgrenzung (-schutz), Zulassungsvor-aussetzungen (fachlich, persönlich), Rechte und Pflichten (Pflicht zur Be-rufshaftpflichtversiche-rung), Zwangsmitglied-schaft in den Kammern Berufsgerichtsbarkeit	Bundesrecht
	2. Standesrichtlinien		Kammerrecht
	3. Gebührenordnung (StBGebV)		Bundesrecht
Archi-tekten	1. Architektengesetze	Aufgabenbeschreibung, Titelschutz	Landesrecht
	2. Standesrichtlinien	Werbebeschränkungen, Pflicht zur Haftpflichtver-sicherung, Wettbewerbs-beschränkungen	Kammerrecht
	3. Honorarordnung (HOAI)		Bundesrecht
Bera-tende Inge-nieure	1. Ingenieurgesetze	Titelschutz	Landesrecht
	2. Honorarordnung (HOAI)	Siehe Architekten	Bundesrecht

So ist bei allen hier betrachteten Freien Berufen, auch bei den Beratenden Ingenieuren, die Berufsbezeichnung gesetzlich geschützt, d.h. an konkrete Ausbildungsvoraussetzungen gebunden, wodurch ein gewisser Qualifikationsstandard gewährleistet ist. Ebenso bestehen für alle Berufe Honorar- und Gebührenordnungen, die durch Angabe von Preisspannen oder Festpreisen ein Überhandnehmen des Preiswettbewerbs auf Kosten des Leistungswettbewerbs verhindern sollen.

Berufs- oder Ehrengerichtsbarkeiten, die einer Kontrolle und einer eventuellen Sanktionierung beruflichen Fehlverhaltens dienen, sind für alle hier betrachteten Berufe – außer für beratende Ingenieure[1] – bundesweit gesetzlich verankert. Darüber hinaus sind für alle verkammerten Freien Berufe weitergehende berufsgesetzliche Standesregelungen in Kraft, die die Pflichten und Rechte des Berufsausübenden weiter konkretisieren, wobei die Kontrolle der Einhaltung der Regelungen vom Gesetzgeber weitgehend den beruflichen Selbstverwaltungen überlassen wird. Für Kassenärzte setzen außerdem die Kassenarztrichtlinien strenge Verhaltens- und Qualitätsmaßstäbe.

Trotz dieser bereits bestehenden Qualitätssicherungsmechanismen stehen die Freien Berufe in der letzten Zeit verstärkt vor der Notwendigkeit, sich mit der Qualitätssicherungsproblematik auseinandersetzen zu müssen. So stellt die Ausweitung und Differenzierung der freiberuflichen Tätigkeitsbereiche als Folge des wissenschaftlichen und technischen Fortschritts und einer wachsenden Flut rechtlicher Regelungen erhöhte Ansprüche hinsichtlich der vom Freiberufler zu beherrschenden Kenntnisse und Fertigkeiten und schraubt damit die Anforderungen an die Qualifikation der Freiberufler und ihrer Mitarbeiter immer höher. Die daraus resultierende fortschreitende Spezialisierung der Freiberufler und die damit verbundene Aufsplitterung der beruflichen Aufgaben in mehrere Teilaufgaben stellt die Berufsangehörigen vor bislang nicht gekannte Konflikte zwischen vertikaler und horizontaler Kompetenz sowie vor die Notwendigkeit der Koordination der nun in Arbeitsteilung erbrachten Leistungen. Darüber hinaus führt die technische Entwicklung zum Einsatz von immer umfangreicheren, verfeinerteren und genaueren Meß- und Rechenverfahren, wobei vor allem der Einzug der elektronischen Datenverarbeitung in die freiberuflichen Tätigkeitsfelder nicht nur weitreichende Rationalisierungseffekte mit sich bringt, sondern in vielen Bereichen eine unmittelbare und ausführliche Qualitätsanalyse ermöglicht. Andererseits birgt eine unqualifizierte Handhabung der neuen Technik eine neue Gefahr für Qualitätsverluste in sich.

Eine zweite Gruppe von Gründen betrifft die steigende Zahl der Berufsangehörigen in fast allen Freien Berufen und die sich verändernden Rahmenbedingungen der Berufsausübung, die beide weitreichende Auswirkungen auf die freibe-

---

[1] Auch für Beratende Ingenieure gibt es jedoch in vier Bundesländern, die Kammern und Berufsgesetze für Beratende Ingenieure eingerichtet haben, eine Berufsgerichtsbarkeit (siehe 4.6).

22

Abbildung 1: Ursachen für einen wachsenden Bedarf an organisierter Qualitätssicherung in der medizinischen Versorgung

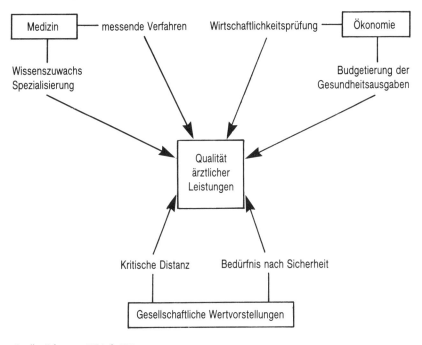

Quelle: Schwartz 1984, S. 130

rufliche Tätigkeit der Zukunft haben werden. So schlägt sich die
„Studentenschwemme" nach Meinung mancher Beobachter bereits heute in
einer schlechteren beruflichen Qualifikation der Berufsanfänger nieder; die
wachsende wirtschaftliche Konkurrenz, auch von anderen Berufsgruppen, läßt
zahlreiche strukturelle Anpassungsprozesse in der freiberuflichen Praxis wie
Spezialisierung, Kooperation und Rationalisierung erwarten, die das traditionelle Berufsbild erheblich verändern können. Auch hier stellt sich die Frage,
welche Auswirkungen diese Wandlungsprozesse auf die freiberufliche Leistungsqualität haben bzw. haben werden!

Die letzte Gruppe von Gründen resultiert aus den sich wandelnden gesellschaftlichen Wertvorstellungen über die Bedeutung und Funktion der Freien Berufe.
Der traditionell hohe berufliche Status gerät, bedingt durch eine zunehmend
kritische Haltung in den Massenmedien, ins Wanken, da das Aufzeigen beruflicher Mißstände das Vertrauen in die Kompetenz, aber auch in die Integrität der

23

Berufsangehörigen untergräbt. Nicht alle dieser Tendenzen, die Schwartz in Abbildung 1 für die Ärzte zu einem Schema zusammengefaßt hat, verändern die berufliche Realität der einzelnen Freien Berufe in gleichem Maße, letztendlich sind von dieser Entwicklung jedoch alle Freien Berufe betroffen. Für sie stellt sich nun die Frage, inwieweit die traditionellen Formen der Qualitätssicherung angesichts der veränderten Bedingungen und Anforderungen zur Erhaltung und Verbesserung des Leistungsniveaus noch ausreichen bzw. welche neuen Formen der Qualitätssicherung heute gefragt sind.

2.2 Begriffe und Systematik der Qualitätssicherung

Die bei den Freien Berufen in der Bundesrepublik erst in Gang kommende Qualitätssicherungsdiskussion hat dazu geführt, daß eine systematische Analyse der Grundlagen und Voraussetzungen für die Qualität der freiberuflichen Leistungserbringung noch fast völlig fehlt. Auch die bei den Ärzten in den letzten Jahren bereits relativ intensive Auseinandersetzung mit dem Thema entbehrt bislang einer grundsätzlichen theoretisch und empirisch gesicherten Basis.

"Die Begriffskombination 'Qualitäts-Sicherung' ist so modern, daß sie in den großen volkstümlichen Enzyklopädien noch nicht zu finden ist – geschweige denn mit dem besonderen Bezug auf das Gesundheitswesen oder auf das ärztliche Handeln. Diesem Manko entspricht in etwa der Stand der fachlichen Diskussion insoweit, als eine systematische Begriffsbesinnung in der aufquellenden Fülle pragmatischer Veröffentlichungen noch fast gänzlich fehlt[1], stellt Deneke fest. Und Osterwald fordert: „Da der Qualitätssicherungsbegriff als solcher noch keineswegs ganz deutliche Konturen angenommen hat, ist es notwendig, an der Definiton und Analyse des Begriffs 'Qualität ärztlichen Handelns' ständig weiterzuarbeiten."[2] Eine systematische theoretische Fundierung ist jedoch die unabdingbare Voraussetzung für zuverlässige Ansätze zur Beurteilung und Steuerung der Leistungsqualität in der Realität.

Wenn auch die Freien Berufe in der Bundesrepublik Deutschland die Qualitätssicherung erst vor kürzerer Zeit für sich entdeckt zu haben scheinen, wird der Problematik in anderen Wirtschaftsbereichen, aber auch in den Freien Berufen anderer Länder bereits seit längerem ein hoher Stellenwert eingeräumt. Vor allem in der industriellen Fertigung wurden umfassende Qualitätssicherungskonzepte entwickelt, die vom Entwurf über die Fertigung bis zum Absatz der Produkte bei konsequenter Anwendung die Möglichkeit bieten, den industriellen Leistungsprozeß in jedem seiner Teilabschnitte zu kontrollieren und Fehler zu reduzieren.

---

[1] Deneke 1982
[2] Osterwald 1985, S. 119

Für den Bereich der Freien Berufe existieren vor allem in den USA für die Heilberufe und die Wirtschaftsprüfer seit längerem z.t. sehr strenge Qualitätssicherungskonzepte, die teilweise bereits auch in europäischen Ländern wie Großbritannien oder den Niederlanden eingesetzt werden. Auf diese bereits vorhandenen Ansätze wird sowohl bei der grundlegenden Diskussion der Qualitäts-/Qualitätssicherungsproblematik als auch bei der Erörterung verschiedener konkreter Konzepte und Maßnahmen zurückgegriffen. Allerdings stellt sich dabei immer die Frage der Übertragbarkeit solcher Ansätze auf die bundesdeutschen Verhältnisse.

Im folgenden werden zunächst einige im Zusammenhang mit der Qualitätssicherung relevanten Begriffe inhaltlich definiert und gegeneinander abgegrenzt. Dabei werden auch Anleihen aus dem Bereich der industriellen Serienfertigung, in dem die Qualitätssicherung ursprünglich entstanden ist, genommen. Dort wurden die zentralen Verfahren von den vielfach mißverständlichen und ungenauen umgangsprachlichen Bedeutungsgehalten befreit und durch allgemein verbindliche Definitionen (Normen) eindeutig gekennzeichnet. Es scheint sinnvoll, auf diese zurückzugreifen, zumal sie auch auf Dienstleistungen anwendbar sind, anstatt die Termini neu zu definieren.

2.2.1 Qualität

In der Industrie wird unter Qualität der „Grad der Einhaltung der vereinbarten Spezifikationen bzw. Anforderungen"[1], die in technischen Unterlagen wie Zeichnungen, Lieferbedingungen, Mustern etc. festgelegt sind, verstanden, oder kürzer ausgedrückt: „die Übereinstimmung der Beschaffenheit mit den Anforderungen"[2]. Allgemein verbindlich wurde Qualität in DIN 55 350 definiert als die „Gesamtheit von Eigenschaften und Merkmalen eines Produkts oder einer Leistung, die sich auf deren Eignung zur Erfüllung gegebener Erfordernisse beziehen"[3].

Auf den ersten Blick scheint mit dieser Definition Qualität zu einem eindeutig bestimmbaren Phänomen zu werden. Deneke weist jedoch zu Recht auf den subjektiven Charakter eines derartigen Qualitätsverständnisses hin[4], denn Qualität bezeichnet im oben beschriebenen Sinne nicht mehr allgemein und objektiv lediglich die meßbare „Beschaffenheit, Eigenschaft" eines Objektes, sondern impliziert eine Wertung dieser Eigenschaften im Hinblick auf ein bestimmtes Ziel, in der obengenannten Definition repräsentiert durch den Ausdruck „Eignung zur Erfüllung gegebener Erfordernisse". Der Qualitätsbegriff ist dabei sogar in zweifacher Hinsicht subjektiv: Zum einen beinhaltet er bestimmte

---

1) Kaminske/Dorn 1984
2) Masing o.J.
3) DIN 55 350, zitiert nach Masing o.J.
4) Vgl. Deneke 1985, S 102

vorgegebene Ziele, die es anzustreben gilt und die vorab bestimmt werden müssen, zum anderen müssen Eigenschaften und Merkmale eines Produktes oder eine Leistung dahingehend beurteilt werden, wie gut sie zur Erfüllung dieser Zielvorgaben geeignet sind.

Qualität ist dementsprechend nichts Absolutes, sondern ist stets bezogen auf gegebene Erfordernisse oder vorgegebene Forderungen. Diese sind jedoch nicht die Qualität selbst, sondern der Maßstab, an dem die Qualität gemessen wird.[1] Qualität in diesem Verständnis beschreibt also den Grad, in dem Produkte und Leistungen vorgegebene Qualitätserwartungen sicherstellen. Insofern enthält der Qualitätsbegriff also immer auch ein "Verständis von 'Wert' und 'Güte' und damit die Abstufung des Eignungwertes von Gütern und Dienstleistungen für die Befriedigung bestimmter Bedürfnisse und die Lösung bestimmter Probleme"[2].

Umgangssprachlich wird die Bezeichnung Qualität dabei oft auf solche Leistungen angewandt, die die in sie gesetzten Erwartungen überdurchschnittlich erfüllen. Dies widerspricht jedoch dem in der industriellen Qualitätssicherung und auch der vorliegenden Studie zugrundeliegenden Verständnis, nach dem der Begriff sowohl negative als auch positive Bewertungen beinhalten kann. „Qualität ist also kein bivalenter Begriff (Qualität vorhanden/nicht vorhanden), sondern besitzt eine kontinuierliche Struktur. Jeder Qualitätsanteil eines Produktes oder einer Tätigkeit kann in positiver oder negativer Weise auf die Eignung dieser Einheit zur Erfüllung gegebener Erfordernissse einwirken. Die Einwirkung kann, meist kontinuierlich, alle möglichen Werte zwischen 'sehr gut' und 'sehr schlecht' annehmen. Es gibt gute Qualität und schlechte Qualität in den verschiedensten Abstufungen."[3].

Des weiteren weist die oben genannte Qualitätsdefinition auf den komplexen Charakter des Begriffs hin. So ist die Qualität eines Objektes in der Regel nicht das Produkt einer Größe, sondern resultiert aus einer Vielzahl von Merkmalen und Eigenschaften (Qualitätsanteilen), die z.T. in negativer oder positiver Wechselwirkung zueinanderstehen[4]. Je nachdem, wie die Qualität dieser Qualitätsanteile im Verhältnis zueinander beschaffen ist, ändert sich auch die hinter der Gesamtqualität stehende Eigenschaftsstruktur, d.h. ein bestimmter Qualitätswert auf dem Kontinuum kann unterschiedliche Kombinationen von Qualitätsanteilen repräsentieren. Die Qualitätsbeurteilung an sich läßt daher noch keine Schlüsse auf die Ursachen dieses Wertes zu.

Zusammenfassend läßt sich der Charakter des Qualitätsbegriffs demnach wie folgt kennzeichnen:

---

[1] Petrick/Reihlen 1980, S. 31
[2] Deneke 1985, S. 102
[3] Petrick/Reihlen 1980, S. 31
[4] Petrick/Reihlen 1980, S. 31

- Qualität ist nicht absolut, sondern stets bezogen auf gegebene Erfordernisse oder auf vorgegebene Forderungen.
- Die Festsetzung der Qualitätsvorgaben sowie die Beurteilung der Übereinstimmung der Leistung oder des Produktes mit den Vorgaben beruht auf subjektiven Entscheidungen und Übereinkünften.
- Qualität ist kein bivalenter Begriff, sondern ein Kontinuum.
- Qualität ist das Produkt einer Vielzahl von Merkmalen und Eigenschaften (Qualitätsanteilen).
- Ein Qualitätswert kann verschiedene Kombinationen der Zusammensetzung der Qualitätsanteile repräsentieren.

2.2.2 Qualitätssicherung

Das in der industriellen Serienfertigung allgemein geltende Verständnis definiert Qualitätssicherung als „Maßnahmen zur Sicherung der Qualität des Konzepts und der Ausführungsqualität unter Berücksichtigung der Wirtschaftlichkeit"[1] oder allgemeiner als „Maßnahmen zur Erzielung der geforderten Qualität". In ihrer allgemeinen Form kann diese Begriffsdefinition auch auf die Freien Berufe übertragen werden. In Anlehnung an dieses Begriffsverständnis bezeichnet Qualitätssicherung freiberuflicher Leistungen also prinzipiell alle intendierten Maßnahmen und Strategien, die innerhalb der Berufgruppe oder von außen (z.B. vom Gesetzgeber) ergriffen werden, um ein bestimmtes erwartetes Leistungsniveau zu sichern.

In den Freien Berufen erhält der Begriff der Qualitätssicherung vielfach dadurch eine ideologische Dimension, daß in ihm impliziert wird, es gelte lediglich, das bei den Freien Berufen ohnehin bereits bestehende hohe Qualitätsniveau zu sichern, und gehe nicht darum, eventuelle Qualitätsmängel zu beheben. Dem steht das in der Industrie und in der vorliegenden Untersuchung geltende Begriffsverständnis gegenüber, nach dem Qualitätssicherung nicht auf die statische Sicherung eines einmal erreichten, eventuell suboptimalen Qualitätsniveaus abzielt, sondern grundsätzlich auf die Sicherung des Erreichens vorgegebener Qualitätsanforderungen, unabhängig davon, ob diese Anforderungen die optimale oder suboptimale Lösung vorgeben. Insofern zielt Qualitätssicherung immer auf die Ideallösung, nämlich das Erreichen der vorgegebenen Werte, ab. Allerdings darf bei den weiteren Überlegungen nicht außer Acht gelassen werden, daß bei verbesserten Leistungsmöglichkeiten ein Festhalten an überholten (suboptimalen) Anforderungen eine Qualtitätsverminderung bedeutet, auch wenn das Erreichen der Anforderungen weiterhin gesichert ist. Andererseits kann durch eine Verbesserung der qualitätssichernden Maßnahmen eine weitere Annäherung an vorher nicht erreichbare Erwartungen erzielt werden.

---

[1] DIN 55 350, zit. nach Petrick/Reihlen 1980, S. 33

Qualitätssicherung beinhaltet damit auch immer Qualitätsverbesserung. Im folgenden werden daher beide Begriffe zum Teil synonym verwendet.

Ähnlich wie der Qualitätsbegriff beinhaltet auch die Qualitätssicherung ein subjektives Element, da es gilt, aus einer Vielzahl möglicher Maßnahmen jene auszuwählen, die am besten geeignet scheinen, das geforderte Qualitätsniveau zu gewährleisten. Welche Methoden letztlich gewählt werden, hängt von der (subjektiven) Auswahl und Gewichtung der Beurteilungskriterien ab. Eine Reduktion des Qualitätssicherungsbegriffes auf „Mittel und Maßnahmen ...", die geeignet sind (und nicht nur geeignet scheinen), die Beschaffenheit von Gütern und Dienstleistungen zur Erfüllung der in sie gesetzten funktionalen Erwartungen zu stabilisieren und zu verbessern"[1], wie sie Deneke vornimmt, impliziert dagegen einen Anspruch an die Objektivität bei der Wahl der Mittel, der in der Realität kaum zu erfüllen ist, da die Beurteilung dessen, was geeignet ist oder nicht, je nach dem Bewertungszusammenhang höchst divergent sein kann.

Durch ein möglichst systematisches Vorgehen, in dem nicht nur die einzelnen Maßnahmen, sondern auch die angelegten Maßstäbe und unterstellten Wirkungszusammenhänge eindeutig und ausführlich und damit nachvollziehbar festgelegt werden, läßt sich die Subjektivität sowohl der Qualitätsbeurteilung als auch der Qualitätssicherung weitgehend reduzieren. Entsprechend bezeichnet der Begriff Qualitätssicherung in der Industrie ein geplantes und strukturiertes Vorgehen, das in seinen einzelnen Phasen wie auch in seinen Handlungsvorgaben und Beurteilungskriterien jederzeit kontrollierbar ist.

In einem derart spezifizierten Verständnis, das auch für die Anwendung im Bereich der Freien Berufe sinnvoll scheint, um damit größtmögliche Intersubjektivität und die weitgehende Ausschaltung willkürlicher Entscheidungen sicherzustellen, steht der Begriff Qualitätssicherung für eine mehrstufige Strategie bzw. ein mehrstufiges Konzept, das im Idealfall folgenden allgemeinen Ansprüchen genügen sollte:

- es sollte die zu erreichende Qualität sowohl hinsichtlich ihrer Struktur als auch hinsichtlich des anzustrebenden Niveaus a priori festgeschrieben sein;

- es sollte festgestellt werden, durch welche Faktoren die Qualität prinzipiell bestimmt wird;

- vor der Einleitung von Qualitätssicherungsmaßnahmen ist gegebenenfalls eine Analyse der bislang erreichten Qualität zur Feststellung des gegebenen Niveaus sowie eventueller Ursachen für das Nichterreichen der angestrebten Standards vorzunehmen;

- aufgrund von möglichst gesicherten Erkenntnissen über die Wirkungszusammenhänge der Leistungsqualität und der sie bedingenden Faktoren sind

---

[1] Deneke 1985, S. 104

geeignete Maßnahmen (eventuell verschiedene Alternativen von Maßnahmen) zur Sicherung der angestrebten Qualität auszuarbeiten und durchzuführen;

– unerläßlich ist schließlich auch die Kontrolle der Effektivität dieser Maßnahmen durch eine abschließende Beurteilung des durch die Qualitätssicherungsstrategie erreichten Qualitätsstandards im Vergleich zur Zielvorgabe.

Insgesamt müssen demnach Qualitätsdefinition, Qualitätsbeurteilung, Planung sowie Kontrolle der Qualitätssicherungsmaßnahmen als die wesentlichen Aspekte des Qualitätssicherungsbegriffs unterschieden werden. In der industriellen Qualitätssicherung ist ein derartiges systematisches und weitgehend objektiviertes Konzept bereits entwickelt, es ist jedoch zu fragen, wieweit eine Übertragung derartiger Ansprüche an die Qualitätssicherung freiberuflicher Leistungen, die sich in ihrem Inhalt und ihrer Struktur wesentlich vom industriellen Fertigungsprozeß unterscheiden, überhaupt zu realisieren ist. Im Interesse einer größtmöglichen Effizienz der Qualitätssicherung sollte auch im Bereich der Freien Berufe zumindest eine Annäherung an das von der Industrie vorgegebene Konzept angestrebt werden.

2.3 Qualitätssicherung als systematisches Konzept

Wie bereits erwähnt, war das Bemühen um eine hohe Leistungsqualität für die Freien Berufe von jeher Bestandteil ihres beruflichen Selbstverständnisses. Daß es nunmehr so scheint, als ob es sich dabei um ein völlig neues Thema handelte, liegt zum einen an den veränderten beruflichen und gesellschaftlichen Rahmenbedingungen, die eine erhöhte Leistungsqualität möglich und notwendig machen; zum anderen ist es jedoch auch auf die Weiterentwicklung der wissenschaftlichen und instrumentellen Grundlagen der Qualitätsanalyse und -sicherung durch die Industrie zurückzuführen. Qualitätssicherung und -beurteilung ist nicht mehr länger ein auf subjektiven Bewertungen basierendes, vielfach auf Einzelaspekte reduziertes Ziel der Berufspolitik, sondern wurde durch seinen Einsatz in der Industrie zu einem ausdifferenzierten Verfahren, das nicht nur das Endergebnis der Produktion oder Leistung beurteilt und kontrolliert, sondern sämtliche Rahmenbedingungen der Leistungserstellung einschließlich der Leistungsvorbereitung und situativer Bedingungen bei der aktuellen Leistungserbringung und darüber hinaus auch die Bewertung durch den Abnehmer miteinbezieht: Maßnahmen zur Sicherung/Verbesserung der Qualität werden nicht mehr intuitiv, sondern auf der Grundlage empirisch nachgewiesener Zusammenhänge ergriffen, wodurch die den Begriffen Qualität und Qualitätssicherung immanente Subjektivität zwar nicht ausgeschaltet, jedoch transparent und damit kontrollierbar gemacht werden kann.[1]

---

[1] Vgl. hierzu z.B. Petrick/Reihlen 1980

2.3.1 Das Qualitätssicherungskonzept der industriellen Serienfertigung

Obwohl in vielen wirtschaftlichen Bereichen seit jeher gewisse Maßnahmen zur Sicherung des Qualitätsniveaus getroffen wurden, wurde die Qualitätssicherung im engeren Sinne, also das systematische Analysieren und Beseitigen von Fehlern, in der industriellen Serienfertigung entwickelt. Die Gründe für die Bemühungen um Qualitätssicherung waren und sind in erster Linie wirtschaftlicher Natur. So geht es primär um Fehlerverhinderung, in der Erkenntnis, daß „Fehlerverhinderung in aller Regel billiger (ist) als Fehler machen, suchen, finden und beseitigen – ganz abgesehen von den oft unkalkulierbaren Folgen nicht (rechtzeitig) gefundener Fehler"[1].

Qualitätssicherung setzt deshalb im industriellen Konzept bereits so früh wie möglich an, nämlich beim Entwurf und bei der Produktentwicklung, da Qualität nicht in ein Produkt „hineingeprüft" werden kann, sondern „hineinkonzipiert, -konstruiert und -produziert" werden muß. Sie setzt sich fort in der Produktfertigung bzw. der Ausführung des Entwurfs, wobei auch externe Faktoren, wie die Qualität der Zulieferungen, miteinbezogen werden, und wird auch über die Auslieferung hinaus auf dem Markt und beim Kunden weitergeführt.[2]

Zur Verdeutlichung des schrittweisen Vorgehens bei der Qualitätssicherung, die sich auf verschiedene Phasen in der Entstehung des Produkts verteilt, wurde von Masing ein sog. „Qualitätskreis" entwickelt als „in sich geschlossene Folge aller qualitätswirksamen Maßnahmen und Ergebnisse in den Phasen der Entstehung und der Anwendung eines Produkt oder einer Tätigkeit". Je nach Branche und Unternehmensorganisation gibt es eine unterschiedliche Anzahl von Schritten im Qualitätskreis, auch Phasen genannt (z.B. Entwurf, Fertigung, Endprüfung, Versand und Service), für die jeweils Qualitätsanteile definiert werden (vgl. Abbildung 2).[3]

Neben der Aufgliederung nach Herstellungsphasen gliedert sich die Qualitätssicherung als solche in die Schritte Qualitätsplanung, Qualitätsprüfung, Qualitätslenkung oder -förderung und eine Kontrolle der Wirksamkeit der getroffenen Maßnahmen, die wiederum Grundlage einer neuen Qualitätsplanung ist. Qualitätssicherung ist also in doppelter Hinsicht ein Kreislauf.

Die Qualitätsplanung steht dabei am Anfang des Kreislaufes. Bei ihr handelt es sich nicht um die Planung der Qualitätssicherungsmaßnahmen, sondern um die Festlegung der Qualitätsanforderungen. Im wesentlichen geht es dabei um die Auswahl der Qualitätsmerkmale – es wurde bereits darauf hingewiesen, daß

---

[1] Masing, o.J., S. 4
[2] Vgl. Masing, o.J. sowie Masing 1980
[3] Vgl. hierzu sowie zu den weiteren Ausführungen in diesem Punkt Petrick/Reihlen 1980 sowie Masing 1980.

Qualität sich in der Regel aus mehreren Merkmalen und Eigenschaften zusammensetzt – sowie um die Festlegung der für sie geforderten und zulässigen Werte. Da eine möglichst große Klarheit dieser merkmalsbezogenen Begriffe und Werte notwendig ist, um spätere Unsicherheiten bei der Qualitätsbeurteilung zu verhindern, sind sowohl die Merkmale genormt als auch ihre zulässigen und gewünschten Werte genau bestimmt.

Im Anschluß an die Qualitätsplanung erfolgt die Qualitätsprüfung, die Messung des jeweiligen Ist-Zustands der Qualität. In der Regel sind die Prüfspezifikationen und -anweisungen fest vorgeschrieben. Aufbauend auf den Ergebnissen der Qualitätsprüfung erfolgt die Qualitätslenkung oder -steuerung, die die Planung, Überwachung und eventuelle Korrektur des Leistungsprozesses und seiner Bedingungen umfaßt. Das Ergebnis der Qualitätslenkungsmaßnahmen

Abbildung 2: Qualitätskreis

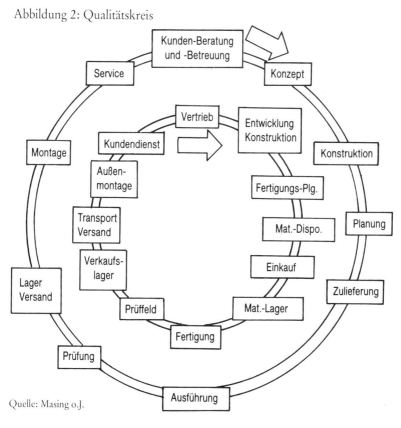

Quelle: Masing o.J.

31

wird durch eine neuerliche Qualitätsprüfung kontrolliert (Qualitätsaudit). In einigen Teilen der industriellen Fertigung sind diese ganzen Abläufe und geforderten Werte und Maßnahmen in einem genau festgelegten Qualitätssicherungssystem in Form von nationalen oder internationalen Normen festgelegt. Obwohl es sich hierbei um ein sehr enges Gerüst handelt, das im wesentlichen auf genau standardisierbaren quantiativen Werten und Meßverfahren basiert und das auf den ersten Blick kaum auf die individuelle, in freier Verantwortung erbrachte Leistung der Freien Berufe übertragbar scheint, können doch – in abgewandelter und weniger restriktiver Form – gewisse Ansatzpunkte für die freiberufliche Qualitätssicherung gewonnen werden. So erweist sich die Übung, Qualität nicht global zu messen, sondern in verschiedene Dimensionen (Qualitätsmerkmale, -anteile) aufzugliedern, für die Durchführung der Qualitätssicherung bei Freien Berufen – wie sich noch zeigen wird – als ebenso sinnvoll, wie das Aufstellen von vorgegebenen Qualitätsanforderungen oder das Einführen von Prüfkriterien bei der Qualitätsmessung bzw. -analyse. Um zu demonstrieren, daß Überlegungen hinsichtlich der Übertragbarkeit des industriellen Qualitätssicherungskonzeptes auf die Freien Berufe – wenn auch in einer gemäß den besonderen Leistungsbedingungen in diesem Sektor modifizierten Form – nicht völlig hypothetisch sind, werden an dieser Stelle bereits verschiedene Qualitätssicherungskonzeptionen aus der Medizin kurz vorgestellt, obwohl damit eigentlich den ausführlicheren Erläuterungen über den Stand der Qualitätssicherung bei den Ärzten (Kapitel 4.1, bes. 4.1.3) vorgegriffen wird. Es schien jedoch sinnvoll, bereits bei der Entwicklung des theoretischen Qualitätssicherungs-Modells zu zeigen, daß zumindest in der medizinischen Realität die ersten Schritte zur Verwirklichung eines systematischen regelkreisartigen Qualitätsansatzes bereits gemacht wurden.

2.3.2 Qualitätssicherungsprogramme in der Medizin

Qualitätssicherungsprogramme in der Medizin sind nicht nur in den USA, sondern auch in anderen Ländern, darunter auch in der Bundesrepublik, entwickelt und z.T. bereits angewendet worden. Wie in der industriellen Serienfertigung ist auch hier Qualitätssicherung ein System von Maßnahmen zum Vergleich und zur Annäherung von Soll- und Ist-Zuständen oder -Werten. Beispielhaft seien hier drei Modelle dargestellt:

2.3.2.1 Das Zweikreis-System von Brown

C.R. Brown entwickelte seinen Qualitätssicherungsablaufplan als Kombination zweier Regelkreise (bi-cycle concept) (vgl. auch Abbildung 3). Der äußere Kreis umfaßt auch hier die Phasen Qualitätsplanung (bei Brown: Festlegung von Qualitätsstandards), Qualitätsprüfung (bei Brown: Überwachung des tatsächlichen Handelns), Qualitätslenkung (bei Brown: Vorgabe korrigierender Maßnahmen) sowie Kontrolle der Wirksamkeit der ergriffenen Maßnahmen (bei Brown: Nachkontrolle), wobei letztere wieder zur Überprüfung und eventuel-

Abbildung 3: Vereinfachtes Diagramm des Zweikreis-Systems (Bi-Cycle Concept)

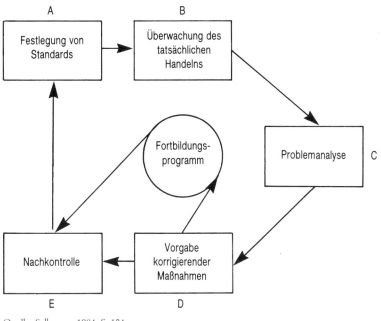

Quelle: Selbmann 1984, S. 104

len Neubestimmung der Standards führt. Diesen äußeren Kreis ergänzt er durch einen inneren, mit dem er deutlich macht, daß im Falle der Erbringung von Dienstleistungen die Durchsetzung und der Erfolg von korrigierenden Maßnahmen zu einem großen Teil darin besteht, daß die handelnden Personen ihr fehlerauslösendes, d.h. qualitätsvermindertes Verhalten korrigieren. Dies soll bei Brown in Form von Fortbildung erreicht werden, wobei er „Fortbildung" nicht nur als organisiertes Fortbildungsprogramm verstanden wissen will, sondern als jede Form der bewußten Verhaltensänderung, unabhängig davon, ob sie auf vermehrtes Wissen oder vermehrte Erfahrung zurückzuführen ist. Auch der Erfolg der hierzu getroffenen Maßnahmen bedarf einer Nachkontrolle.[1]

Wichtig ist neben dem Regelkreischarakter dieses Modells seine Bedeutung für das Fortbildungsverhalten der Berufsausübenden, da es die aus Qualitätssiche-

---

[1] Vgl. Brown/Fleischer 1971

rungsgründen erwachsende Notwendigkeit zu kontinuierlichem beruflichen Lernen bzw. Fortbildung verdeutlicht.

2.3.2..2 Das Qualitätssicherungsprogramm von Williamson

Noch weiter differenziert sind die einzelnen Phasen der Qualitätssicherung in einem von Williamson 1978 entwickelten Modell, das in das Niederländische Programm zur interkollegialen Qualitätssicherung in Krankenhäusern integriert wurde. Auch Williamson ging davon aus, daß man, um eine medizinische Versorgung überhaupt beurteilen zu können, Kriterien und Standards braucht, mit denen sie verglichen werden kann. Ausgehend von dieser Beurteilung und der Analyse der Abweichungen wird ein Schritt zur Verbesserung der Versorgung geplant und realisiert. Durch einen abschließenden Vergleich wird dann festgestellt, ob die gesetzten Ziele durch die Verbesserung erreicht werden konnten. Wurden sie nicht erreicht, muß der Regelkreis ein- oder mehrmals wiederholt werden, solange bis eine akzeptable Verbesserung eingetreten ist oder bis man erkennen muß, daß jeder weitere Verbesserungsversuch in keinem Verhältnis zum benötigten Aufwand steht (vgl. auch Abbildung 4).[1]

Im Vergleich zum Modell von Brown hat Williamson noch einen Schritt vorgeschaltet, da er davon ausgeht, daß ein problemorientiertes Qualitätssicherungsprogramm nicht alle möglichen Themen aufgreifen kann, die verbesserungsbedürftig erscheinen, sondern daß Prioritäten gesetzt werden sollten. Sein Konzept soll ermöglichen, solche relevanten Qualitätsprobleme auszuwählen.

2.3.2.3 Ein Qualitätssicherungssystem in der bundesdeutschen Medizin

Auch in der bundesdeutschen Medizin wurden mittlerweile Qualitätssicherungskonzepte entwickelt und erprobt. Die beiden größeren Projekte sind dabei die später näher dargestellten Qualitätsstudien der Deutschen Gesellschaft für Chirurgie sowie die sog. Perinatal-Studie. Beide Studien sind nach dem gleichen in der Qualitätssicherung mittlerweile allgemein anerkannten Paradigma konzipiert, das folgende fünf Schritte umfaßt:

1. die retro- oder prospektive Beobachtung des (eigenen) Handelns,

2. das Erkennen von Problemen und das Setzen von Prioritäten,

3. die Analyse des ausgewählten Problems und die Erarbeitung von Lösungsvorschlägen,

4. die Auswahl des am geeignetsten erscheinenden Lösungsansatzes und seine Umsetzung in die tägliche Praxis und schließlich

---

[1] Vgl. Williamson 1978 sowie Reerink 1984

Abbildung 4: Schritte des Qualitätssicherungsprozesses

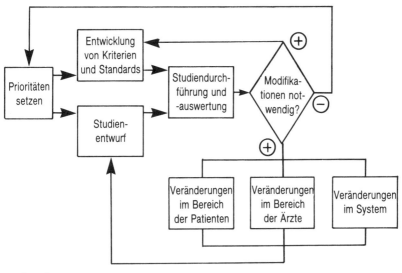

Quelle: Selbmann 1984, S. 70

5. die Kontrolle, ob durch die eingeleiteten Maßnahmen das Problem auch beseitigt wurde.

Bei einem negativen Kontrollbefund sind die Schritte 4 und 5 zu wiederholen, im anderen Fall wird man bei Punkt 1 wieder beginnen. Das Qualitätssicherungsprogramm stellt also einen fortwährend zu durchlaufenden Regelkreis (Abbildung 5) dar, bei dem beginnend mit einer Qualitätsüberwachung versucht wird, die Qualität dort zu verbessern, wo Probleme bekannt werden. Auch dieses Programm hat das Ziel, auf der Basis der Beobachtung und Prioritätensetzung mit Hilfe der Analyse von Qualitätsdefiziten und ihren Ursachen Lösungsansätze zu erarbeiten und in die Praxis umzusetzen. Obwohl in der schematischen Darstellung nicht ausdrücklich aufgeführt, spielt auch bei diesem Ansatz die Information der Berufsausübenden über Fehlverhalten und Verbesserungsmöglichkeiten als Maßnahme der Qualitätssicherung eine zentrale Rolle.

Voraussetzung dafür ist zum einen das klare Festlegen von Qualitätsmaßstäben, die eine einheitliche und intersubjektiv nachvollziehbare Beurteilung erlauben. Zum anderen sollte das Vorgehen bei der Qualitätsbeurteilung und Maßnahme-

Abbildung 5: Ablauf eines problemorientierten Qualitätssicherungsprogramms

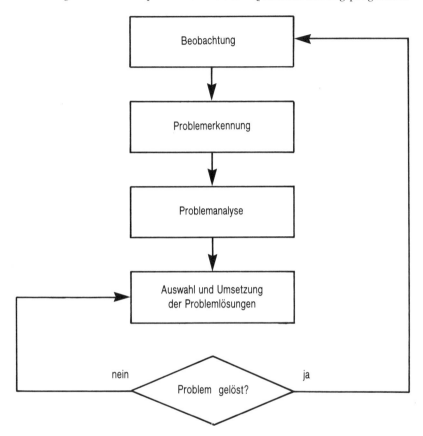

Quelle: Geburtshilfe und Frauenheilkunde 43 (1983) Sonderheft, S. 83

findung zur Qualitätssteuerung nach klaren Vorschriften erfolgen. Prinzipiell wird die Qualitätssicherung in verschiedenen aufeinander aufbauenden Phasen vorgenommen, deren Einhaltung willkürliche und zufällige Einflüsse reduzieren hilft.

2.3.3 Ablaufsystematik eines Qualitätssicherungsprogrammes

In der industriellen Serienfertigung hat sich die Unterteilung der Qualitätssicherung in die Schritte Qualitätsplanung (Auswahl der Qualitätsmerkmale sowie deren geforderte und zulässige Werte), Qualitätsprüfung (Dokumentation der Ist-Qualität) und Qualitätslenkung (Qualitätssteuerung) eingebürgert.[1] Auch in der medizinischen Qualitätssicherung wird zwischen der Beurteilung (einschließlich eines Soll-Ist-Vergleichs) und dem Ziehen von Konsequenzen zur Behebung von Defiziten sowie der Kontrolle ihrer Einhaltung unterschieden.[2] Beiden Konzepten gemeinsam ist die Trennung der Entscheidungen über steuernde Eingriffe in die jeweilige Leistung von Maßnahmen zur Beurteilung der Qualität in Form des Vergleichs von Zielvorstellungen und tatsächlich erreichter Qualität. Dieses Konzept wird auch in dem in der vorliegenden Untersuchung zugrundegelegten Qualitätssicherungsmodell übernommen. Danach hat das Vorgehen bei der Qualitätssicherung, um intersubjektiv nachvollziehbar und überprüfbar zu sein, folgendes System von Abläufen zu erfassen:

1. *Qualitätsplanung* mit den Phasen

1.1. Auswahl eines relevanten Problems

1.2. Definition der Leistungsqualität in Form von Standards unter Angabe der Beurteilungskriterien

1.3. Ermittlung qualitätsdeterminierender Leistungskriterien

2. *Qualitätsprüfung* in Form einer Qualitätsmessung zur Dokumentation des Ist-Profils

3. *Qualitätslenkung*

3.1. Auswertung des Soll-Ist-Vergleichs und Analyse von Abweichungs-/ Fehlerursachen

3.2. Entwicklung von (alternativen) Lösungskonzepten

3.3. Umsetzung der Maßnahmen zur Qualitätssicherung bzw. -verbesserung

4. *Kontrolle der Wirksamkeit* der eingeleiteten Maßnahmen durch Qualitätsmessung der neuen Ist-Qualität.

Da für eine Überprüfung des Erfolgs der qualitätssichernden Maßnahmen einerseits weitere Qualitätsmessungen erforderlich werden und andererseits der wissenschaftlich-technische Fortschritt und/oder veränderte Qualitätsansprüche eine Modifikation der zugrundegelegten Qualitätsdefinitionen erforderlich machen, wird Qualitätssicherung zu einem Kreislauf, den es regelmäßig zu durchlaufen gilt mit dem Ziel, das Qualitätsniveau entsprechend den steigenden Möglichkeiten zur Qualitätsverbesserung kontinuierlich anzuheben. Schließlich bedeutet auch das Nichtaufgreifen von neuen qualitätssteigernden Erkenntnissen und Wegen zur Leistungserbringung ein relatives Absinken der Leistungsqualität.

[1] Vgl. Petrick, K./Reihlen, H. 1980, S. 33
[2] Vgl. Bundesminister für Arbeit und Sozialordnung (Hrsg.) 1981, S. 37

2.3.3.1 Qualitätsplanung

Nachdem aufgrund der Beobachtung des Untersuchungsobjekts ein relevant erscheinendes Problem aufgegriffen wurde, beginnt mit der Formulierung der Qualitätsstandards einer der wichtigsten Schritte bei der Untersuchung der Qualität[1]. Grundlage der Standardbildung ist – auch in der industriellen Fertigung – die Funktion, das Ziel, der „Einsatzzweck" des zu beurteilenden Objekts oder der zu beurteilenden Leistung[2]. Dementsprechend kann unter Qualität auch der „Grad der Einhaltung der vereinbarten Spezifikation bzw. Anforderungen"[3] verstanden werden oder „die Übereinstimmung der Beschaffenheit mit den Anforderungen."[4]

Eine konkrete, unmißverständliche Festlegung der Qualifikationsanforderungen aber auch der relevanten Qualitätskriterien ist Voraussetzung dafür, daß es bei den verschiedenen Interaktionspartnern (Leistungsanbieter, Zulieferer, Auftraggeber etc.) keine Differenzen in der Qualitätsbeurteilung gibt, die aus eventuellen Unklarheiten über die jeweiligen Anforderungen resultieren[5].

Während eine detaillierte und exakte, z. T. in Maßen und Zahlen ausdrückbare Definition von Qualitätsstandards in vielen Bereichen der Industrie relativ problemlos möglich ist, gestaltet sich die Formulierung von Beurteilungsmaßstäben bei geistigen Leistungen, wie sie die Freien Berufe erbringen, als wesentlich schwieriger. Dies ist im Charakter des freiberuflichen Handelns selbst begründet, das sich als ideelle, auf eine individuelle Problemlösung ausgerichtete Leistung einer Standardisierung durch eindeutige Normen weitgehend entzieht. Dies bedeutet jedoch nicht, daß die Formulierung von Leistungszielen bei den Freien Berufen unmöglich ist. Tatsächlich existieren bei allen Freien Berufen Leistungsstandards (z.B. in Form von Berufsregeln oder Normen) darüber, in welcher Form eine bestimmte Tätigkeit abzulaufen hat bzw. welche Maßnahmen oder Verfahren eingesetzt werden sollen, und zwar nicht nur bei den Freiberuflern selbst, sondern auch bei den Patienten, Klienten und Kunden etc., die subjektiv und z.T. unbewußt Erwartungen hinsichtlich des Leistungsergebnisses (Wiedererlangung des körperlichen Wohlbefindens, Gewinnen in einem Rechtsstreit etc.), aber auch hinsichtlich des Ablaufs der Leistung (zeitliche Dauer, Verhalten des Freiberuflers) bereits zu Beginn mit in die Beziehung einbringen. Neben den beiden direkten Partnern im freiberuflichen Leistungsprozeß machen auch der Staat oder gesellschaftliche Instanzen Erwartungen hinsichtlich der Funktion freiberuflichen Handelns geltend, z.B. in Bezug auf die Volksgesundheit oder die Einhaltung der Steuergesetze.

---

1) Vgl. Senftleben 1981, S. 75
2) Vgl. Gläsing 1984, S. 20; Schwartz 1981c, S. 475
3) Kaminske/Dorn 1984
4) Masing o.Jg.
5) Auch in der industriellen Serienfertigung besteht dieses Problem: vgl. Kaminske/Dorn 1984

Probleme bei der Standardbildung ergeben sich sicherlich daraus, daß diese Erwartungen einerseits nicht deckungsgleich, andererseits nicht ausdrücklich formuliert oder gar bewußt sind. Gerade deshalb ist eine Konkretisierung und Abgrenzung der einzelnen Qualitätsmaßstäbe eine unerläßliche Voraussetzung zur Schaffung einer sinnvollen Ausgangsbasis für die Qualitätssicherung. Inwieweit die einzelnen Anforderungen dabei miteinander vereinbart werden können bzw. wie die verschiedenen Anforderungen gesichtet werden, ist sicherlich im Einzelfall zu entscheiden, wichtig ist jedoch, daß man sich der zugrundeliegenden Ziele und Qualitätskriterien bewußt ist.

Zwar muß die Auswahl diese Qualitätskriterien und -ziele in Abhängigkeit von der Reaktion der Berufsgruppe wie auch einer einzelnen Tätigkeit getroffen werden, es lassen sich jedoch einige generelle Kriterien festhalten, die dann jeweils in unterschiedlicher Form kombiniert und gewichtet werden. Solche Ziel- oder Kriterienkataloge können auf verschiedenen Ebenen aufgestellt werden.

So unterscheidet Schwartz bei den den Standards zugrundeliegenden Zielsetzungen grundsätzlich drei Ebenen:

- *Technische Ziele* orientieren sich vorrangig am (naturwissenschaftlichen) Kenntnisstand des Fachgebietes und den verfügbaren Technologien.

- *Interpersonale Ziele* orientieren sich an der Übereinstimmung freiberuflicher Handlungen mit den gültigen, sozial (ethisch) definierten Wertvorstellungen im allgemeinen und den individuellen Erwartungen und Vorstellungen von Freiberufler und Auftraggeber im einzelnen.

- *Ökonomische, gesellschaftlich-politische Ziele* streben mit gegebenen Mitteln den größten Nutzen für die größte Zahl von Leistungsempfängern an oder versuchen, einen definierten Nutzen mit den geringsten Mitteln zu erreichen.[1]

Senftleben „zerlegt" den Qualitätsbegriff dagegen in sechs auf bestimmte Zielerreichungsgrade bezogene Aspekte, anhand derer sich Qualität als Position auf sechs Skalen bipolarer Merkmale definieren läßt. Die einzelnen Aspekte, die auch als allgemeine Qualitätskriterien verstanden werden können, sind wie folgt definiert:

- Effektivität (Wirksamkeit)
  Verhältnis zwischen Erreichtem und Gewünschtem;

- Relevanz (Erheblichkeit)
  Wichtigkeit in bezug auf das angestrebte Ziel;

- Adäquanz
  Art und Ausmaß der Verteilung von Aktivitäten und Aufwand, um das gewünschte Ziel zu erreichen;

---

[1] Vgl. Schwartz 1981, S. 12

- Angemessenheit
Verhältnismäßiger Grad, mit welchem ein Ziel mittels verschiedener Alternativen erreicht wird;

- Effizienz
Verhältnis zwischen dem Ergebnis, welches mittels eines bestimmten Aufwands erreicht wird, und demjenigen, das mit einem Minimalaufwand erzielt wird;

- Wirtschaftlichkeit
Verhältnis zwischen dem Ergebnis und dem dafür benötigten finanziellen Aufwand.

Die Beurteilung der Qualität kann nach Senftleben alle Aspekte umfassen oder nur einige oder nur einen einzelnen Aspekt berücksichtigen: „Die Qualitätsbeurteilung und im Gefolge die Qualitätssicherung werden ganz wesentlich von der Art und Anzahl der untersuchten Aspekte der Qualität abhängig sein: so bedeutet es zum Beispiel einen großen Unterschied, ob man nur die Effektivität oder nur die Wirtschaftlichkeit einer Maßnahme beurteilt (oder sicherstellt) oder beide Aspekte zusammen."[1] Dabei ist von entscheidender Bedeutung, daß bei der Formulierung der Standards deutlich gemacht wird, welche der oben genannten Kriterien in welchem Ausmaß in die Zieldefinition miteingehen.

2.3.3.2 Qualitätsprüfung/-kontrolle

Sowohl die Qualitätsprüfung als auch die Kontrolle der Qualitätssicherungsmaßnahmen basieren auf der (empirischen) Beurteilung der Qualität vor bzw. nach dem steuernden Eingriff. Damit ist Qualitätssicherung abhängig von der Zugänglichkeit freiberuflicher Leistungen und ihrer Bedingungen für Qualitätsmessungen, durch die zum einen sicherungsrelevante Bereiche festgestellt werden können, zum anderen die Eignung von qualitätssteuernden Eingriffen in das berufliche Handeln überprüft werden kann. Ohne diesbezügliche empirisch gesicherte Erkenntnisse bleibt Qualitätssicherung auf Vermutungen beschränkt. So sei nochmals betont, daß ohne eine empirische Erhebung der tatsächlichen Qualität unter Berücksichtigung der vorgegebenen Qualitätskriterien sowie ohne die Gegenüberstellung der so gewonnenen Ergebnisse mit den Soll-Werten, alle Beurteilungen der Qualität lediglich Vermutungen bleiben.

Vor allem die Freien Berufe selbst betonen die Unmöglichkeit der Messung der Qualität ihres beruflichen Handelns. Freiberufliche Leistungen seien nicht nur nicht standardisierbar, sondern aufgrund ihres ideellen Charakters und ihrer Differenziertheit keiner „objektiven" oder gar quantifizierenden Beurteilung zugänglich. Tatsächlich gestaltet sich eine empirische Analyse menschlicher Handlungen wesentlich schwieriger als z.B. die Messung eines Werkstückes

---

[1] Senftleben 1981

hinsichtlich seiner äußeren Abmessungen oder Haltbarkeit. Allerdings stehen mit dem Instrumentarium der sozialempirischen Forschung durchaus brauchbare und weiterentwickelbare Methoden der Handlungsanalyse zur Verfügung und auch in der gewerblichen Wirtschaft wurden z.B. mit der Wertanalyse Konzepte entwickelt, die die Beurteilung immaterieller Leistungen erlauben. Für die Vergleichbarkeit verschiedener Erhebungen ist es dabei sinnvoll, bestimmte Prüfkriterien aufzustellen, die die zu berücksichtigenden Variablen und das Vorgehen im einzelnen festlegen.

Allerdings ist – wie in den Darstellungen der Situation in den verschiedenen freien Berufen sichtbar wird – die Qualitätsbeurteilung und Wirksamkeitskontrolle qualitätssichernder Maßnahmen bei den Freien Berufen nicht allein das Problem geeigneter Meßmethoden. Vielfach verhindern organisatorische Schwierigkeiten, vor allem aber auch Widerstände der betroffenen Berufsangehörigen gegen vermeintliche Kontrollen oder Einengung ihrer beruflichen Freiheit die Durchführung derartiger Maßnahmen.

2.3.3.3 Qualitätslenkung

Dies gilt auch für die Realisierung qualitätslenkender Strategien. Als Qualitätslenkung oder -steuerung werden jene Maßnahmen verstanden, die aufbauend auf der Qualitätsplanung und unter Berücksichtigung der Ergebnisse der Qualitätsmessung getroffen werden, um ein gegebenes Qualitätsniveau zu sichern oder zu verbessern. Die Voraussetzung rationaler Qualitätssteuerung sind empirisch gesicherte Erkenntnisse über die Wirkungszusammenhänge zwischen den verschiedenen Leistungsfaktoren und der Leistungsqualität, die einerseits das Auffinden der Fehlerursachen, andererseits die Konzeption von Lösungen ermöglichen, so daß im Idealfall bei Änderung eines Leistungsfaktors die Änderung der Leistungsqualität vorhersagbar wird. Das Wissen um derartige Zusammenhänge würde es ermöglichen, Alternativen denkbarer Maßnahmen und ihrer Wirkung als Grundlage für die endgültige Entscheidungsfindung darzustellen.

Aufgrund der Vielzahl von intervenierenden Variablen und der Komplexität der Handlungen und ihrer Grundlagen dürfte das Erreichen dieses Ideals bei den Freien Berufen Utopie bleiben. Dennoch sind Informationen über die Bedeutung der verschiedenen Handlungskomponenten für die Qualität sowie über die Richtung der Wirkungszusammenhänge ausschlaggebend für die Wirksamkeit eingeleiteter Qualitätssicherungsmaßnahmen. Sonst wird das möglich, was im Rahmen der vorliegenden Studie beobachtet wurde, nämlich daß völlig gegensätzliche Aussagen über die Beziehungen einzelner Handlungsfaktoren und der Leistungsqualität im Raum stehen (z.B. über Wirkungen verschiedener Wettbewerbsmodelle), ohne daß der bisherige Kenntnisstand über Freie Berufe eine eindeutige Einordnung der Alternativen hinsichtlich ihrer Gültigkeit erlauben würde.

2.4 Inhaltliche Struktur des Qualitätssicherungskonzeptes

Nachdem in den vorangehenden Abschnitten im wesentlichen dargestellt wurde, nach welcher Systematik das Vorgehen bei einer gezielten Qualitätssicherung abläuft bzw. ablaufen sollte, wird im folgenden die Problematik der inhaltlichen Strukturierung behandelt. In diesem Zusammenhang Anleihen aus der industriellen Qualitätssicherung zu nehmen, ist nicht sinnvoll, da dort im wesentlichen mit genau bestimmbaren, vielfach quantitativ meßbaren Produkten gearbeitet wird, während freiberufliche Tätigkeit im wesentlichen in der Erbringung geistiger Leistungen beruht.

Grundsätzlich ist bei den Überlegungen zur Bestimmung der dem Qualitätssicherungskonzept zugrunde zu legenden Inhalte zu berücksichtigen, daß es keinen allgemeinverbindlichen Qualitätsbegriff gibt, der als Maßstab für die Qualitätsbeurteilung und -sicherung bei Freien Berufen herangezogen werden kann, sondern Qualität in ihrer inhaltlichen Konkretisierung immer bestimmt ist durch vorgegebene funktionale Erwartungen. Deshalb kann auch in der vorliegenden Studie das Qualitätsverständnis nur in enger Anlehnung an die Funktionen und Besonderheiten der freiberuflichen Leistungserbringung formuliert werden. Für das Ziel der Untersuchung, einen ersten Überblick über das Problemspektrum zu vermitteln, genügt es dabei, sich auf grundsätzliche Elemente freiberuflichen Handelns zu beschränken, um so einen für alle Freien Berufe gültigen Variablen-Rahmen aufzustellen, der einerseits eine umfassende Analyse der Berufstätigkeit und ihrer Bedingungen erlaubt und andererseits eine einheitliche Betrachtung der verschiedenen Berufsgruppen ermöglicht.

2.4.1 Typische Merkmale freiberuflichen Handelns im traditionellen Verständnis

In der Literatur werden bei der Beschreibung der Freien Berufe immer wieder die Heterogenität der Tätigkeitsbereiche, die Vielfalt und Verschiedenheit der Aufgaben sowie die unterschiedlichen Berufsbilder und institutionellen Rahmenbedingungen betont, die es problematisch – wenn nicht gar unmöglich – erscheinen lassen, einheitliche, für alle Freien Berufe gleichermaßen geltende Aussagen über typische Formen der Leistungserbringung zu machen. Andererseits ist die Literatur gekennzeichnet durch das Bemühen, unabhängig von den inhaltlichen Unterschieden bei den einzelnen Freien Berufen allgemeingültige Merkmale zur Kennzeichnung der freiberuflichen Tätigkeit als einer typischen, von anderen beruflichen Tätigkeiten abgrenzbaren Form der Berufsausübung herauszukristallisieren.

Vor allem die „klassischen" Berufe selbst haben lange Zeit – und in der Mehrheit auch heute noch – unabhängig von der Verschiedenartigkeit ihrer Aufgaben ein freiberufliches Selbstbild vertreten, das die Freien Berufe als spezifische Berufsgruppe mit wesentlichen gesellschaftlichen Funktionen darstellte. Es würde an dieser Stelle zu weit führen, das traditionelle Berufsbild der Freien Berufe ausführlich zu schildern. Da jedoch die Einstellung der Berufsangehörigen und ihrer Berufsorganisationen gegenüber Initiativen zur Qualitätssicherung weitgehend durch ihr traditionelles Selbstverständnis geprägt ist, sollen zumindest die zentralen Elemente und ihre Bedeutung für die Qualitätsbeurteilung und -steuerung kurz erläutert werden.

Allgemein durchgesetzt hat sich in der Literatur die Charakterisierung Denekes, der die freiberufliche Tätigkeit wie folgt beschreibt:

- Es werden ideelle Leistungen und Lieferungen erbracht.

- Es werden persönliche Leistungen und Ergebnisse persönlicher Leistungen erbracht.

- Die Leistungen und Lieferungen werden in wirtschaftlicher Selbständigkeit, zumindest aber in eigener Verantwortung, erbracht.[1]

Dabei stellt sich der Freiberufler als Experte dar, der mit qualifizierter Ausbildung und spezifisch fachlicher Kompetenz im Rahmen eines besonderen Vertragsverhältnisses gegen Honorar oder Entgelt sein Wissen und seine Fähigkeiten einem Dritten (zumeist Laien) zur Lösung dessen Problems zur Verfügung stellt. Das Problem sei dabei sehr oft ungenau umrissen und vom Freiberufler daher zunächst näher zu bestimmen. Dabei sei die jeweilige Leistung des Freiberuflers aufgrund der für jeden Fall besonderen Ausgangsfaktoren beim Auftraggeber wie auch beim Freiberufler weder sachlich noch zeitlich eindeutig bestimmbar.[2]

Die daraus abgeleiteten Folgerungen für die Qualitätsbeurteilung bzw. -sicherung der Freien Berufe lassen sich als Ergebnis eines Symposiums über Qualität und Qualitätssicherung bei Freien Berufen wie folgt zusammenfassen:

- Eine freiberufliche Leistung ist „ein einmaliges, geschichtliches Ereignis, das sich in dieser Form einschließlich der gesamten Umweltkonstellation nicht wiederholt ... Ihrem Wesen nach entzieht sie sich damit jeder Normung und Generalisierung."[3]

- Qualität und Erfolg freiberuflicher Leistungen sind nicht in gleicher Weise einklagbar wie dies bei Verträgen über marktgängige Güter und Dienstleistungen der Fall ist. „Die Vergabe freiberuflicher Leistungsaufträge ist prinzipiell nur unter Risiko oder gar nur unter Ungewißheit möglich."[4] Auch Deneke spricht vom „Irrtumsvorbehalt, der in der freiberuflichen Beziehung angelegt bleibt"[5].

---

[1] Vgl. Deneke 1956
[2] Vgl. Büschges 1985, S. 192 f.
[3] Vgl. Büschges 1985
[4] Büschges 1985, S. 193
[5] Deneke 1985

43

– Die häufig ungenaue Problemdefinition durch den Auftraggeber und die Abhängigkeit der freiberuflichen Leistung von der Mitwirkung des Auftraggebers erschweren „eine angemessene Beurteilung der Qualität der Leistung oder der Ursachen für einen nicht eingetretenen Erfolg"[1].

– Die z.T. mangelnde Sachkompetenz des (privaten) Leistungsempfängers macht es ihm vielfach unmöglich, die fachliche Kompetenz und die Effektivität der Leistung des Freiberuflers zu beurteilen.

Eine weitere, im Zusammenhang mit der Qualitätssicherungsdiskussion vor allem von den Ärzten häufig angeführte Charakterisierung des freiberuflichen Handelns ist die in ihm quasi bereits per definitionem angelegte Pflicht zur Qualitätssicherung und -verbesserung:

„Sicherung der Qualität ist ein immanenter Bestandteil der ärztlichen Tätigkeit. Dies ergibt sich zum einen aus den ethischen Normen, nach denen sich ärztliche Tätigkeit vollzieht; zum anderen enthält unser Berufsrecht für alle Ärzte verbindliche Formulierungen in dieser Richtung."[2] – "Zur Freiheit des Arztes gehört die Pflicht zur Qualitätssicherung"[3] – "Die Qualitätssicherung ärztlichen Handelns ist so alt wie die Medizin selbst."[4] – „Qualitätsverbesserung ist ein integraler Bestandteil des ärztlichen Berufs. Der ständige Versuch der Qualitätsverbesserung ist ein Kennzeichen unserer Kultur. So lange wir in der Qualitätssicherung aktiv und erfolgreich sind, entwickelt sich unsere Medizinkultur weiter."[5]

Aus einer derartigen Beschreibung des Arztberufes, die auch auf andere Freie Berufe übertragbar ist, abzuleiten, weitergehende systematische Qualitätssicherungsmaßnahmen in den Freien Berufen seien überflüssig, da die gegebenen freiberuflichen Normen und berufsrechtlichen Regelungen bereits ausreichend seien, wie dies in einigen Veröffentlichungen konstatiert wird, wäre jedoch ebenso vorschnell wie die Folgerung, Qualitätsbeurteilung und -sicherung seien aufgrund mangelnder Standardisierbarkeit und fehlender Kontrollmöglichkeiten freiberuflicher Leistungen nicht oder nur in engen Grenzen realisierbar. Daß sich solche Folgerungen zumindest auf den ersten Blick anbieten, ist auf die mangelnde systematische und empirisch gesicherte Darstellung freiberuflichen Handelns zurückzuführen. Bis heute wurde kaum der Versuch unternommen, freiberufliches Handeln in seinen konkreten Ausprägungen zu beschreiben und auf grundlegende Merkmale zu reduzieren. Die von Deneke eingeführten Charakteristika der Freien Berufe waren zwar ein erster Schritt von der rein normativen, fast völlig von der Berufsideologie der Freien Berufe geprägten

[1] Deneke 1985, S.
[2] Osterwald 1985, S. 116
[3] Kästner 1984
[4] Selbmann 1981, S. 1099
[5] Überla 1982

Deskription dieser Berufsgruppe zu einer objektivierten Betrachtung, für eine Umsetzung in operationale Definitionskriterien, aus denen Variablen für die vorhergehende Fragestellung abgeleitet werden könnten, sind sie jedoch zu allgemein. Erst recht lassen sich aus ihnen weder ein freiberuflicher Qualitätsbegriff noch die Qualität beeinflussende Faktoren ableiten.

So ziellos wie die Medizin treibe kein anderes wichtiges Gebiet durch die Gegenwart in die Zukunft, beklagt der vormalige Präsident des Bundesgesundheitsamtes, Karl Überla. Vieles lasse sich jedoch verbessern, wenn man das – bislang erstaunlich wenig erforschte – ärztliche Handeln analysieren würde. Dieses Handeln sei zwar sehr komplex, aber dennoch faßbar und beschreibbar.[1] Was hier für die Ärzte konstatiert wird, gilt im wesentlichen auch für die übrigen Freien Berufe. Defizite in der theoretischen und empirischen Analyse der freiberuflichen Tätigkeit erschweren nicht nur eine systematische Einschätzung der Erfordernisse und Möglichkeiten zur Qualitätsverbesserung, sondern auch Aussagen über ihre tatsächliche berufliche Funktion und Bedeutung sowie Ansätze zur Lösung der berufspolitischen Probleme.

2.4.2 Die Qualität freiberuflicher Leistungen als Struktur-, Prozeß- und Ergebnisgröße

Einen wohl auch über die Qualitätssicherungsproblematik hinaus brauchbaren Ansatz bietet die angelsächsische Literatur, die sich seit längerem um eine theoretische und empirische Analyse der Freien Berufe, primär der freien Heilberufe, bemüht. Allgemein durchgesetzt hat sich dabei ein von Donabedian entwickeltes Modell für das ärztliche Handeln[2], mit dem aber auch das freiberufliche Handeln generell beschrieben werden kann (vgl. Abbildung 6).

Ärztliches bzw. freiberufliches Handeln kann demnach als ein offener Prozeß mit dem Freiberufler und dem Auftraggeber als den beiden Kernelementen verstanden werden. Der Auftraggeber ist gekennzeichnet durch das jeweilige *Problemmuster* in seiner ganzen Vielfalt und Individualität. Der Freiberufler wiederum kann beschrieben werden durch das seine spezifische, persönliche und fachliche Qualifikation wiedergebende *Qualitätsmuster* sowie durch die ihm zur Verfügung stehenden personellen, technischen, wirtschaftlichen und organisatorischen Ressourcen. Die freiberufliche Leistung als solche ist gekennzeichnet durch ein bestimmtes *Leistungsmuster*, das im Wechselspiel zwischen Auftraggeber und Freiberufler erbracht wird. Ihre einzelnen Komponenten (Gespräch, Problemdefinition etc.) können wiederholt in unterschiedlichen Kombinationen durchlaufen werden, wobei alle Schritte auch vom Auftraggeber beeinflußt werden. Am Ende des freiberuflichen Leistungsprozesses steht

---

[1] Vgl. Stein 1984
[2] Vgl. Donabedian 1966

45

Abbildung 6: Dimensionen freiberuflichen Handelns

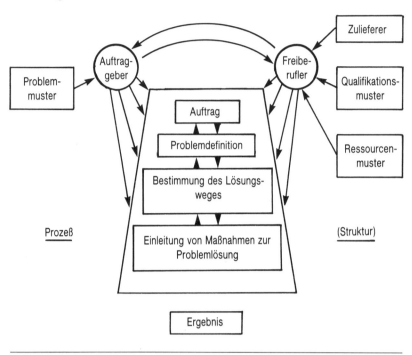

das *Ergebnismuster* (outcome), an dem der ganze Prozeß gemessen werden kann. Auf der Grundlage dieser Betrachtungsweise kann freiberufliches Handeln in drei Aspekte gegliedert werden: den Input- bzw. *Strukturaspekt* (gekennzeichnet durch das freiberufliche Qualitäts- und Ressourcenmuster), den *Prozeßaspekt* (Leistungsmuster) und den Outcome- oder *Ergebnisaspekt.* Entsprechend läßt sich auch die Qualität der freiberuflichen Leistung in die Kategorien Struktur-, Prozeß- und Ergebnisqualität gliedern, je nachdem, welches der Muster durch sie beschrieben wird. Die Einflußfaktoren, die die jeweiligen Muster bestimmen, können auch als die grundlegenden Parameter für deren Qualität begriffen werden.

Als Struktur- oder Inputparameter gelten alle Faktoren, die die stabilen persönlichen und fachlichen Voraussetzungen des Freiberuflers selbst sowie die ihm zur Verfügung stehenden Mittel repräsentieren. Im wesentlichen sind dies seine persönliche und fachliche Qualifikation, seine technische, räumliche und personelle Ausrüstung sowie die organisatorischen und finanziellen Bedingungen, unter denen er und seine Mitarbeiter arbeiten. Prozeßgrößen sind diejenigen

Einflußfaktoren, die sämtliche Aktivitäten umfassen, die zwischen dem Freiberufler, seinem Personal und Kooperationspartnern, sowie dem Auftraggeber ablaufen und die konkrete Leistungserbringung bestimmen, also z.B. der Einsatz der zur Verfügung stehenden Kenntnisse und Ressourcen oder die Koordination der einzelnen Leistungsschritte. Als Ergebnis- oder Outcomeparameter schließlich werden alle Faktoren verstanden, die den Erfolg bzw. Mißerfolg des freiberuflichen Handelns indizieren, also die Beurteilungs- oder Meßkriterien. Die Ergebnisqualität darf dabei nicht lediglich als Folgegröße des Leistungsprozesses betrachtet werden. Die Beurteilungskriterien leiten sich vielmehr unmittelbar von den mehr oder weniger exakt definierten Erwartungen sowohl des Freiberuflers als auch des Auftraggebers hinsichtlich des Erfolges der Auftragsbeziehung ab, die als Zielgröße den Prozeß des freiberuflichen Handelns von Anfang an beeinflussen.

Mit Hilfe dieses Modells ist es möglich, die verschiedenen Facetten des freiberuflichen Handelns und seiner Qualität sowie deren grundlegende Bestimmungsfaktoren sichtbar und empirisch erfaßbar zu machen. Qualität wird damit für jeden Freien Beruf und – zumindest theoretisch – für jede freiberufliche Leistung definierbar und operationalisierbar, indem man die einzelnen Qualitätsparameter inhaltlich bestimmt und je nach ihrer spezifischen Relevanz gewichtet.[1] Dabei darf allerdings nicht übersehen werden, daß es sich hierbei lediglich um ein analytisches Modell handelt zu dem Zweck, die verschiedenen Einflußgrößen freiberuflichen Handelns mit ihren Abhängigkeiten zu verdeutlichen. In der Realität muß die freiberufliche Leistungserbringung immer als einheitliche Größe betrachtet werden, deren einzelne Komponenten in engster Wechselwirkung zueinander stehen.

2.4.3. Dimensionen der Leistungsqualität Freier Berufe und ihre Variablen

In seiner analytischen Aufsplitterung ermöglicht dieser Ansatz, den zunächst komplexen Begriff der „Qualität" freiberuflicher Leistungen in verschiedene Dimensionen (Struktur-, Prozeß- und Ergebnisqualität) zu gliedern und diese dann in einem weiteren Schritt auf die dahinterstehenden Qualitätsanteile bzw. die die Qualität beeinflussenden Faktoren zu reduzieren. Dies führt zu der Erkenntnis, daß nicht nur bei verschiedenen Freien Berufen eventuell unterschiedliche Qualitätskriterien und -maßstäbe gebildet werden müssen, sondern daß es auch innerhalb eines Berufes keineswegs ausreicht, von *der* Qualität einer Leistung als einer homogenen Größe auszugehen, um effektive Maßnahmen zu ihrer Verbesserung oder Sicherung ergreifen zu können; daß vielmehr zunächst untersucht werden muß, welche Form der Qualität gemeint ist und welche Variablen und Qualitätsanteile dadurch repräsentiert sind.

---

[1] Vgl. Überla 1982

Abbildung 7: Die freiberufliche Leistungsqualität und ihre Variablen

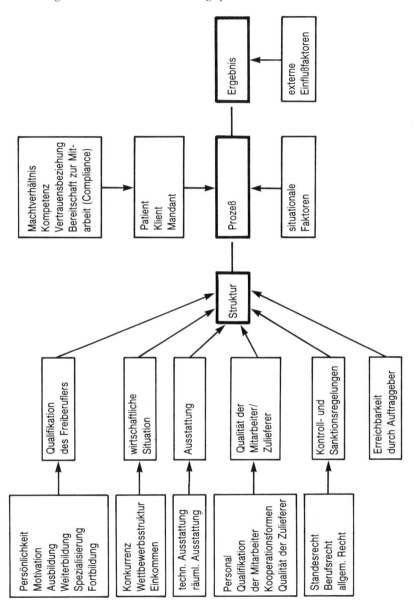

Durch welche Parameter bei den Freien Berufen die verschiedenen Dimensionen der Qualität ihrer Leistungen bestimmt sein könnten, ist in Abbildung 7 zusammengestellt. Die dort aufgeführten Faktoren, die in dieser Studie das Gerüst für die Analyse des Standes der Qualitätssicherung bilden, können als wesentliche Einflußfaktoren des freiberuflichen Handelns und seiner Ergebnisse angesehen werden. Ihre Auswahl, die nach Plausibilitätsgesichtspunkten aufgrund umfangreicher Literaturrecherchen erfolgte, kann sicherlich nicht als erschöpfend angesehen werden, wie auch keine gesicherten Aussagen über die relative Gewichtung der einzelnen Variablen in ihrer Bedeutung für die Leistungsqualität gemacht werden können; es ist jedoch zu vermuten, daß zumindest die zentralen Grundlagen der freiberuflichen Leistungserbringung in diesem Schema erfaßt sind.

2.4.3.1 Strukturqualität

Bestimmungsfaktoren der Strukturqualität (Strukturparameter) sind solche Faktoren, die die personellen, technischen und organisatorischen Grundlagen, d.h. den Input, freiberuflichen Handelns bilden. Dies sind – bezogen auf die Leistungserbringung des einzelnen Freiberuflers bzw. auf das einzelne freiberufliche Unternehmen – vor allem

– die Qualifikation des Freiberuflers selbst,
– die Qualifikation und Leistungsqualität seiner Mitarbeiter und Kooperationspartner (Zulieferer),
– die zur Verfügung stehende technische und räumliche Ausstattung,
– die Vergütungs- und Einkommenssituation (finanzielle Grundlagen) sowie
– die organisatorisch-rechtlichen u.a. institutionelle Rahmenbedingungen.

Erhöht man die Betrachtungsebene und betrachtet die Leistungsqualität der jeweiligen Berufsgruppe als Ganzes (makroanalytische Betrachtung) müssen auch personen- und raumübergreifende Variablen in die Überlegungen miteinbezogen werden, die über den einzelnen Berufsangehörigen hinaus die Versorgung der Bevölkerung mit den freiberuflichen Leistungen bestimmen. Dies sind z.B. rechtliche, institutionelle oder auch informelle Interaktionsstrukturen, die die Koordination (berufsintern) arbeitsteiliger Prozesse (z.B. die Kooperation zwischen verschiedenen Spezialisten) steuern, die regionale (qualitative und/oder quantitative) Verteilung der Leistungsanbieter oder die Zugangsmöglichkeiten (regional, finanziell, organisatorisch u.ä.) für potentielle Patienten und Mandanten. Weitere Faktoren ließen sich sicherlich noch finden.

Beschränkt man die Betrachtung nicht auf eine Berufsgruppe, sondern nimmt die zu erbringende Leistung als Bezugsgröße, (z.B. Gesundheitspflege, Rechtspflege, Bauleistung), müssen auch berufsübergreifende Strukturbedingungen wie z.B. Interaktions- und Koordinationsregelungen zwischen mehreren an der Erbringung der Gesamtleistung beteiligten Berufsgruppen (Arzt-Apotheker-andere Heilberufe, Rechtsanwalt-Rechtspfleger-Richter) Berücksichtigung finden.

Insgesamt sind als Strukturgrößen sämtliche relativ stabilen Grundlagen freiberuflichen Handelns zu verstehen, die die Voraussetzungen für die Funktionserfüllung bilden.

Die wohl bei allen Freien Berufen die größte Beachtung findende, aber auch umstrittenste Input-Größe ist die Qualifikation des Freiberuflers selbst. Qualifikation ist allgemein „der Sammelbegriff für das körperliche und geistige Vermögen eines Individuums, also seine Kenntnisse, Fähigkeiten und Fertigkeiten, soweit sie auf einen bestimmten Verwendungszweck ausgerichtet sind"[1]. Im engeren Sinne wird dabei auch immer eine bestimmte Norm bezüglich Art, Umfang und Niveau der erforderlichen Kenntnisse impliziert:

„Als 'Qualifikation' versteht man die nach Maßstäben bestimmter Leistungsanforderungen definierte Gesamtheit des Wissens und der Erkenntnisse sowie der theoretischen und praktischen Fertigkeiten und Fähigkeiten eines Menschen oder einer Gesamtheit von Personen (Betrieb, Berufsgruppe). Qualifikation als Befähigung oder Eignung, z.B. für bestimmte Tätigkeiten, setzt damit Unterscheidungsmerkmale zu Nicht-Qualifizierten: z.B. Arzt und Laie, Künstler und Dilettant, Publizist und Rezipient."[2]

Im Berufsbereich wird der Qualifikationsbegriff im allgemeinen auf die Ausbildung (Qualifikationsentstehungsseite) einerseits und das Arbeitsvermögen (Qualifikationsverwendungsseite) andererseits reduziert.[3] Im Vordergrund steht vor allem die fachliche Qualifikation im Sinne der von Berufsausübenden erworbenen und anwendbaren Kenntnisse und Techniken. Dabei wird zwischen den Aspekten Ausbildung, Weiterbildung, Fortbildung, berufliche Erfahrung differenziert.[4] Vielfach unberücksichtigt bleibt die persönliche Eignung, d.h. die körperlichen, motivationalen, moralischen und geistigen Voraussetzungen des Berufsausübenden. Ist diese nicht hinreichend gegeben, kann auch eine hochwertige fachlich Ausbildung nicht zu einer „qualifizierten" Berufsausübung führen.

Im folgenden wird bei der Qualifikation grundsätzlich unterschieden zwischen

- Persönlicher Eignung

- Ausbildung

- Weiterbildung/Spezialisierung

- Fortbildung.

1) Institut für Arbeitsmarkt- und Berufsforschung 1977, S I
2) Deneke 1985, S 103
3) Institut für Arbeitsmarkt- und Berufsforschung 1977
4) Vgl. Deneke 1985, S. 103

Neben der Sicherung der fachlichen Kompetenz ist vor allem auch die Sicherstellung der moralischen und motivationalen Qualifikation der Berufsangehörigen von wesentlicher Bedeutung. Dies gilt um so mehr unter dem Aspekt der besonderen Verantwortung, die die Freiberufler als Experten gegenüber ihren nicht qualifizierten Auftraggebern tragen. So betont auch Deneke, daß für die Qualität professionellen Handelns immer auch die menschliche Qualifikation gefordert ist:

„Persönliche Qualifikation für einen Beruf wie für den eines Anwaltes, Architekten, Arztes hat damit immer auch eine moralische Dimension. Insoweit erfolgt die Sicherung der persönlichen Qualifikation des Berufsträgers nicht allein durch berufliche Ausbildung, Weiterbildung und Fortbildung, sondern auch durch persönliche Allgemeinbildung im weitesten Sinne des Wortes einschließlich der Charakterbildung aufgrund von Anlagen, durch Erziehung und durch Lebenserfahrung. Wir halten es in diesem Sinne für folgerichtig, in Bildungsdiskussionen nicht nur von der Ausbildung zu Berufen, sondern auch von der Erziehung zum Menschen zu sprechen."[1]

Neben dem menschlich-moralischen Aspekt umfaßt die Variable auch die geistigen Fähigkeiten des Freiberuflers, z.B. seine Fähigkeit zu systematischem, kritischem Denken, menschlicher Hinwendung, Gewissenhaftigkeit, Entscheidungsbereitschaft, sofern sie von den Freien Berufen als wesentliche Voraussetzungen für die Berufsausübung gesehen werden. Ein weiterer Aspekt ist die körperliche Eignung.

Im folgenden wird mit dem Begriff „persönliche Eignung" also immer ein Bündel von persönlichen Eigenschaften des Freiberuflers bezeichnet, die seine menschlich-moralische, die geistige und die körperliche Kompetenz bestimmen. Es wird zu untersuchen sein, inwieweit eventuelle Zugangs- und Auslesemechanismen der einzelnen Freien Berufe hier eine qualitätssichernde Funktion erfüllen.

Neben der persönlichen Eignung kommt der Ausbildung als Grundlage der freiberuflichen Qualifikation eine hohe Bedeutung für die Leistungsqualität zu, da freiberufliche Tätigkeit sich u.a. durch die Anwendung von systematischem und kompliziertem Fachwissen auszeichnet. Das Ausbildungssystem muß deshalb in der Lage sein, dieses unmittelbar notwendige Fachwissen zu vermitteln und den Lernenden dazu befähigen, dieses auch anwenden zu können. Die Ansammlung von Fachwissen allein reicht nicht aus, jemanden verantwortungsvolles Handeln beizubringen.

Die akademischen freien Heilberufe unterscheiden von der Ausbildung, die die fachlichen Voraussetzungen für die Berufsausübung vermitteln soll, die sog. „Weiterbildung", in der der bereits zur Berufsausübung Zugelassene seine

---

[1] Deneke 1985

51

Qualifikation in einem bestimmten Gebiet vertiefen oder erweitern kann. Diese Weiterbildung ist die Grundlage und der Rahmen der formalen Spezialisierung in diesen Berufen. Neben der institutionalisierten Weiterbildung ist Spezialisierung auch durch reine Schwerpunktsetzung in der beruflichen Praxis, also ohne das Absolvieren einer formalen Zusatzausbildung möglich. Unter Spezialisierung ist allgemein die „Eingrenzung der Tätigkeitsfelder bei gleichzeitiger Konzentration des Zuwachses an Wissen und Können in diesen Tätigkeitsfeldern zu verstehen. Sie bedeutet damit die Aufteilung der beruflichen Funktion in mehrere Teilaufgaben und die schwerpunktmäßige Konzentration des Berufsausübenden auf eines oder mehrere dieser Teilgebiete. Die Erfüllung der beruflichen Gesamtaufgabe kann dabei im Extremfall zur Randaufgabe oder völlig ausgegliedert werden. Da der mit der Spezialisierung verbundene bessere Einblick in die Problematik (vertikale Kompetenz) in der Regel einhergeht mit einem Verlust des Überblicks über die gesamte Problembreite (horizontale Kompetenz), stellt sich unter dem Gesichtspunkt der Qualitätssicherung die Frage, wie weit es dem Berufsstand als ganzem gelingt, die mit der Spezialisierung verbundenen Kompetenzverluste beim einzelnen aufzufangen.

Außerhalb der Heilberufe wird der Terminus Weiterbildung dagegen oft synonym mit Fortbildung als dem Lernen im Beruf gleichgesetzt. Um eventuelle Mißverständnisse durch eine Vermischung der Nomenklatur zu vermeiden, wird im folgenden – entsprechend der Übung bei den freien Heilberufen – streng zwischen „Weiterbildung" als einer formalen spezialisierenden Zusatzausbildung nach der Ausbildung und „Fortbildung" als der berufsbegleitenden Aktualisierung und Erweiterung des Wissens unterschieden. Nach Deneke hat die Fortbildung folgende Aufgaben zu erfüllen:

"– Ausmusterung von Kenntnissen und Fertigkeiten,
– Pflege (Reaktivierung) und Erweiterung der Kenntnisse und Fertigkeiten,
– Ortsbestimmung der eigenen Position in Geschichte und Gegenwart (Selbstbesinnung) mit dem Ziel der
– permanenten Neuvermessung der Grenzen der eigenen Fähigkeiten,
– Überprüfung und Neuordnung der Beziehungen zu anderen (Dienstleistungsempfängern, Mitarbeitern und Kollegen),
– Aufgabe obsolet gewordener und der Bearbeitung neuer Tätigkeitsfelder."[1]

Die wirtschaftliche Situation als Resultante der Umsätze bzw. Einkünfte des einzelnen Freiberuflers bzw. der einzelnen Praxis oder einzelnen Büros, hat wesentliche Bedeutung für das Einkommen und die Altersversorgung des Freiberuflers und seiner Familie, aber auch für das Investitionspotential, die Anzahl der Mitarbeiter und nicht zuletzt für die persönliche berufliche Motivation. Natürlich ist die wirtschaftliche Situation wesentlich von den fachlichen

---

[1] Vgl. Deneke 1985, S. 108

und unternehmerischen Fähigkeiten des selbständigen Freiberuflers bestimmt, andererseits setzen jedoch auch verschiedene strukturelle Faktoren hier einen gewissen Rahmen. In der vorliegenden Untersuchung werden zur Beschreibung der wirtschaftlichen Situation und ihrer Auswirkungen auf die Qualität der Berufsausübung drei Problembereiche betrachtet:

- die Konkurrenzsituation des Freiberuflers,
- die Wettbewerbsregelungen als der rechtliche Rahmen, in dem der Freiberufler direkt auf die Konkurrenz reagieren kann, sowie
- die Regelungen zur Honorierung der Leistungen.

Unter Kooperation wird in dieser Studie jede Form der gemeinschaftlichen Berufsausübung zwischen Angehörigen desselben Berufes oder – sofern zulässig – verschiedener Berufe verstanden. Diese Zusammenarbeit kann kurzfristig, z.B. für die Lösung einer bestimmten Aufgabe, oder dauerhaft in bestimmten Rechtsformen erfolgen.

Obwohl die freiberufliche Leistung im wesentlichen eine persönliche geistige Leistung des Freiberuflers darstellt, ist er für ihre Erfüllung zu einem großen Teil auch auf technische Hilfsmittel angewiesen. Das Spektrum der technischen Ausstattungen reicht von Therapie- und Diagnosegeräten, Rechenmaschinen und Fernschreibern bis hin zur Elektronik, z.B. in Form eines Personal Computers oder eines Kernspintomographen. Aus Zeitgründen hat sich in der vorliegenden Untersuchung das Augenmerk hauptsächlich auf die Auswirkungen des fortschreitenden Einzugs der EDV in die Freien Berufe auf ihre Leistungsqualität beschränkt.

Die Auswahl der oben dargestellten, für die Qualität der Berufsausübung relevanten Strukturvariablen ist keineswegs erschöpfend und auch nicht streng unter dem Gesichtspunkt ihrer Bedeutung als Qualitätsfaktor zu sehen, sondern folgte weitgehend den im Untersuchungsauftrag vorgegebenen Forschungsfragen. So konnten Faktoren wie die Qualifikation des Personals, die Infrastruktur des Gesamtangebots des Berufsstands, Versorgungs- und steuerrechtliche Gesichtspunkte wie auch Aspekte der räumlichen Praxisausstattung, die sicherlich - z.T. sogar erhebliche - Auswirkungen auf die Leistungsqualität haben können, bei der ausführlicheren Darstellung der Situation in den einzelnen Freien Berufen wegen den zeitlichen Beschränkungen nicht mehr berücksichtigt werden, obwohl z.B. zur Mitarbeiterführung und Praxisausstattung in den einzelnen Freien Berufe umfangreiche Überlegungen angestellt werden. Nur kurz gestreift werden kann im folgenden auch das Problem der Einbindung einzelner Freier Berufe in übergreifende Systeme und die daraus resultierenden Auswirkungen auf ihre Berufsausübung.

2.4.3.2 Prozeßqualität

Während die Strukturqualität per definitionem sämtliche längerfristigen Bedingungen der Berufsausübung erfaßt, bezeichnet die Prozeßkomponente die während des aktuellen Leistungsprozesses tatsächlich zustande gekommene Qualität. Grundlage der Prozeßqualität ist die Gesamtheit aller Aktivitäten, die im Zuge der Leistungserbringung zwischen dem Freiberufler, seinen Mitarbeitern, Zulieferern, den technischen Hilfsmitteln und dem Patienten, Klienten etc. ablaufen. Diese Abläufe sind zwar wesentlich von den strukturellen Rahmenbedingungen bestimmt, unterliegen jedoch auch situationalen, zufällig auftretenden Einflüssen wie etwa der Sympathie bzw. Antipathie zwischen Freiberufler und Patient/Klient oder der aktuellen Stimmung und Motivation der am Handlungsprozeß Beteiligten.

Für die empirische Analyse der Prozeßqualität lassen sich im Gegensatz zur Strukturqualität kaum allgemeine Variablen zur Beurteilung und „Messung" des Handlungsablaufes aufstellen, da die verschiedenen im Rahmen der freiberuflichen Arbeit durchzuführenden Tätigkeiten zu unterschiedlich sind. Es ist jedoch grundsätzlich möglich, einen konkreten Handlungsprozeß in eine Vielzahl von Teilschritten aufzugliedern, so daß die gesamte Handlungsqualität einerseits wieder in viele Qualitätsanteile aufgesplittert und andererseits auf die zugrundeliegenden Einflußfaktoren zurückgeführt werden kann.

Von verschiedenen Autoren wird die Analyse und Kontrolle der Prozeßqualität als eine wesentliche, wenn nicht sogar als die wichtigste Maßnahme zur Qualitätssicherung angesehen. Bereits Donabedian stellte – besonders in seinen letzten Veröffentlichungen – die Prozeßanalyse in den Mittelpunkt seiner Überlegungen und auch die Modelle von Miller oder Williamson konzentrieren sich auf diese Dimension. Dies ist insofern sinnvoll, als in diesem Fall unmittelbar die berufliche Leistung beobachtet und auf Fehlerursachen überprüft wird, während die Beurteilung und Sicherung der Strukturqualität „lediglich" die Voraussetzungen der Leistung, jedoch nicht die Leistung an sich betrachtet. Zwar ist davon auszugehen, daß die tatsächliche Prozeßqualität wie auch die Ergebnisqualität nicht unwesentlich von der Qualität der strukturellen Rahmenbedingungen abhängt. Dies ist jedoch zunächst ein reiner Plausibilitätsschluß; der (empirische) Nachweis, ob und in welchem Ausmaß hier ein Beziehungsgeflecht gegeben ist, steht noch aus.

Dies ist nicht zuletzt darauf zurückzuführen, daß der tatsächliche Leistungsprozeß nicht allein die Folge der strukturellen Rahmenbedingungen ist, sondern daß während des Prozesses weitere Faktoren wirksam werden, die nicht von vornherein gesteuert werden können. Neben den bereits angesprochenen Faktoren wie Motivation oder Stimmung des Freiberuflers oder seiner Mitarbeiter spielt vor allem auch der Leistungsempfänger selbst eine Rolle, der durch die Art und Weise seiner Mitarbeit den Leistungserfolg entscheidend mitbestimmen kann. Anders als in der industriellen Serienproduktion ist der Freiberufler bei der Leistungserbringung auf den Patienten bzw. Klienten – d.h. auf dessen Fähigkeiten und Bereitschaft, seine Probleme zu formulieren und auf die Fragen, Anregungen und Lösungsmaßnahmen des Freiberuflers einzugehen – angewiesen. So muß sich der Steuerberater oder Rechtsanwalt auf die Wahrheit der Angaben seiner Klienten verlassen können, wie auch der Arzt bei seinem Therapieerfolg darauf angewiesen ist, daß der Patient seine Verordnungen befolgt (compliance). Vor allem im Bereich der medizinischen Versorgung wurde diesem Problem eine Vielzahl von Veröffentlichungen gewidmet. Im vorliegenden Forschungsprojekt mußte dieser wichtige Aspekt der Qualitätssicherung allerdings vernachlässigt werden.

2.4.3.3 Ergebnisqualität

Neben der Analyse und Steuerung der Struktur- und Prozeßqualität ist die Beurteilung der Qualität des Leistungsergebnisses (outcome) der dritte Pfeiler im System der Qualitätssicherung. Gegenstand der Betrachtung ist dabei der Beitrag der Leistung zur Lösung der gestellten Aufgabe oder anders ausgedrückt die „Wirkung" des Handelns.[1] Insofern ist die Ergebnisqualität gleichsam Maßstab für den gesamten Leistungsprozeß, denn eine hohe Struktur- und/oder Prozeßqualität sind ohne Bedeutung, wenn sie nicht dazu führen, das gestellte Problem möglichst gut zu lösen.

Die Ergebnisqualität ist dabei nicht allein als Folgegröße der Leistung zu verstehen, die am Ende des Handlungsprozesses als Maßstab der Qualitätsbeurteilung herangezogen wird; als Sollgröße repräsentiert sie vielmehr das durch den Leistungsprozeß zu erreichende Ziel, wie es sich in den antizipierten Erwartungen der Handlungsbeteiligten darstellt. Sie ist insofern nicht nur End-, sondern auch Ausgangsgröße des Handlungsablaufs, die von vornherein das Handlungsziel vorwegnimmt, und an der sich dessen sämtliche Komponenten und ihre Bewertung von Beginn an orientieren.

In ihrer Eigenschaft als Zielgröße wie auch als Erfolgsmaßstab für die Qualitätsbeurteilung kommt damit der Ergebnisqualität elementare Bedeutung zu.

Es wäre jedoch falsch, von der Ergebnisqualität auf die Qualität der gesamten Leistung zu schließen. Zwar ist es plausibel, davon auszugehen, daß eine hohe Qualität der Durchführung der Handlung (Prozeßqualität) vermutlich auch zu einer hohen Ergebnisqualität führen wird, zumindest aber die Gültigkeit einer direkten, vielleicht sogar linearen Beziehung zwischen den beiden Aspekten der freiberuflichen Leistung hat sich in empirischen Untersuchungen nicht bestätigt. Tatsächlich haben verschiedene Untersuchungen[2] im medizinischen Bereich sogar gezeigt, daß zwischen Prozeß- und Ergebnisbeurteilung keine Beziehung zu bestehen scheint. Dies ist dann zu verstehen, wenn man sich verdeutlicht, daß der Leistungserfolg zwar sicherlich durch den Ablauf des freiberuflichen Handlungsprozesses bestimmt ist und damit auch eine Folge der

---

1) Vgl. auch: Bundesminister für Arbeit und Sozialordnung 1981
2) Vgl. z.B. Brook et al.1973; Nobrega et. a. 1977; Romm et al. 1979
3) Dies war die zum Zeitpunkt der Untersuchung noch gültige Bezeichnung.

Strukturbedingungen darstellt, daß jedoch auch hier externe Einflüsse auftreten können, die die direkte Beziehung zu den anderen beiden Dimensionen der Qualität überlagern können. Ob diese Überlagerung jedoch so weit geht, daß die Beziehung zu den beiden anderen Dimensionen völlig verloren geht oder ins Gegenteil verkehrt wird, scheint zweifelhaft. Es stellt sich vielmehr die Frage, ob solche Divergenzen nicht vielmehr auf verschiedenen Standards und Beurteilungsinstrumenten bei der Messung der verschiedenen Qualitätsaspekte beruhen.

2.5 Zusammenfassende Darstellung des Untersuchungsmodells

Die voranstehenden Ausführungen hatten das Ziel, die Komplexität und Vielschichtigkeit der Qualitätsproblematik bei freiberuflichen Leistungen darzustellen, um damit zu verdeutlichen, daß in die Bemühungen um die Qualitätssicherung leicht willkürliche oder einseitige Wirkungsgrößen einfließen, deren Berücksichtigung oder gar Beeinflussung unmöglich wird, wenn nicht das gesamte Vorgehen darauf ausgerichtet ist, sämtliche relevanten Einflußgrößen mit in die Betrachtung einzubeziehen.

Dies erfordert sowohl bei der Planung und Durchführung der zur Qualitätssicherung ablaufenden Aktivitäten als auch bei der Analyse der Leistungsqualität an sich das Aufstellen eines systematischen Konzepts, durch das das gesamte Programm intersubjektiv nachvollziehbar und kontrollierbar wird.

So sollte der Entscheidung über eventuelle Maßnahmen zur Leistungsbeeinflussung eine ausführliche und theoretisch wie empirisch gesicherte *Qualitätsplanung*, die auch das Aufstellen allgemeiner Qualitätsstandards umfaßt, sowie die *empirische Analyse der gegebenen Qualität* vorausgehen. Das *Ergreifen qualitätssichernder Maßnahmen* sollte als *Ergebnis des Vergleichs der Soll- mit der Ist-Qualität* auf der Grundlage gesicherter Erkenntnisse über Wirkungszusammenhänge zwischen den Leistungskomponenten und der Leistungsqualität erfolgen. Zur *Kontrolle der Wirksamkeit* sollten daran anschließend weitere Qualitätsbeurteilungen vorgenommen werden. Da wissenschaftlich-technischer Fortschritt, veränderte rechtliche Grundlagen, aber auch veränderte Leistungserwartungen der Interaktionsparameter eine ständige Modifizierung der Qualitätsplanung erforderlich machen, kann Qualitätssicherung als *kontinuierlicher Regelkreis* der Leistungsbeurteilung und -steuerung definiert werden. Analytischdeskriptive und normative Aspekte sollten dabei klar voneinander getrennt sein.

Eine andere wesentliche Voraussetzung für den Erfolg qualitätssichernder Maßnahmen ist die Beachtung des mehrdimensionalen und multivariablen Charakters der Qualität freiberuflicher Leistungen, der es notwendig macht, die Handlungsqualität nicht als homogene Größe den Qualitätssicherungsüberlegungen voranzustellen, sondern die verschiedenen qualitätsrelevanten Variablen in ihren Wechselwirkungen zu berücksichtigen.

56

Abbildung 8: Qualitätssicherungskreis

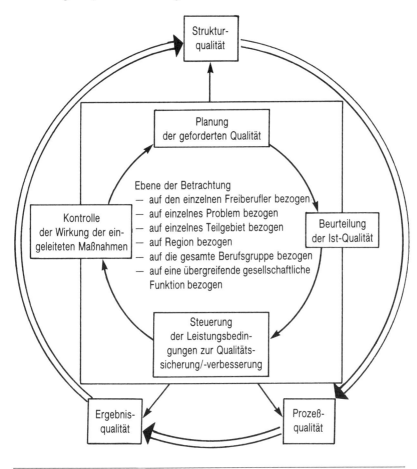

Neben den verschiedenen Dimensionen und Faktoren der Leistungsqualität sollte jedoch auch der Bezugsrahmen der Qualitätsbeurteilung Berücksichtigung finden. So kann eine Qualitätsbeurteilung und -steuerung im Hinblick auf verschiedene Zielebenen erfolgen

– bezogen auf die Leistungsqualität des einzelnen Freiberuflers,
– bezogen auf ein bestimmtes Problem,
– bezogen auf eine Disziplin oder berufliche Subgruppe
– bezogen auf eine bestimmte Region,

- bezogen auf die gesamte Berufsgruppe,
- bezogen auf eine berufsübergreifende Leistung.

Je nachdem, welche dieser Betrachtungsebenen gewählt werden, müssen unterschiedliche Qualitätsstandards und -ziele entwickelt, sowie unterschiedliche qualitätsrelevante Variablen zur Betrachtung herangezogen werden.

Der bis hierher dargestellte Ansatz bildet den Analyserahmen, in dem Überlegungen zur Qualitätssicherung erfolgen sollten. Das in diesem Zusammenhang entwickelte multivariable Modell der die Leistungsqualität beeinflussenden Faktoren der Berufsausübung diente als Grundlage und Leitfaden für die Experteninterviews und die berufsspezifische Analyse des Stands der Qualitätssicherung in den einzelnen Freien Berufen, wie es in Kapitel 4 ausführlich dargestellt wird. Im folgenden wurde dabei nicht nur geprüft, wie von den Experten bzw. in den einzelnen Freien Berufen die verschiedenen Aspekte der Leistungsqualität und der sie beeinflussenden Rahmenbedingungen beurteilt werden, sondern es war auch zu berücksichtigen, inwieweit diese Einschätzungen sowie die vorgeschlagenen Maßnahmen zur Qualitätssicherung/-verbesserung auf gesicherter theoretischer und empirischer Grundlage erfolgen.

3 Untersuchungsdesign

3.1 Anlage der empirischen Untersuchung

Aufgrund der Tatsache, daß die Beschäftigung mit der Qualitätssicherungsproblematik bei den bundesdeutschen Freien Berufen erst jüngeren Datums ist, fehlen systematische und umfassende Abhandlungen (mit Ausnahme bei den Ärzten) zu diesem Themenkomplex noch weitgehend, wenn auch, vor allem hinsichtlich der Strukturvariablen, einige Teilaspekte ausführlich diskutiert wurden und werden. Darüber hinaus handelt es sich bei der Qualitätssicherung um ein Problem, zu dem es kaum gesicherte Erkenntnisse gibt, so daß die Bewertungen sowohl der gegebenen Qualität in den einzelnen Freien Berufen und ihrer Entwicklung in Anbetracht des beruflichen Wandels als auch die Beurteilung der Eignung bestimmter Qualitätssicherungskonzepte z.T. erheblich voneinander abweichen. Dies gilt auch für die Meinungsbilder innerhalb der einzelnen Freien Berufe, die sich in der Regel durchaus vielschichtig darstellen.

Um dennoch ein umfassendes Bild der Situation in den einzelnen Freien Berufen zu erhalten, schien es sinnvoll, die vorab vorgenommene Analyse der zu den relevanten Themenkomplexen zur Verfügung stehenden Monographien sowie der Zeitschriftenbeiträge vor allem aus der Verbandspresse, auf deren Grundlage das Untersuchungsmodell entwickelt wurde, dadurch zu ergänzen, daß man die Freien Berufe bzw. ihre berufspolitischen Organisationen direkt zu der Thematik Stellung nehmen ließ, um so einen unmittelbaren Überblick über die Einstellungs- und Interessenkonstellation aus der Sicht der Betroffenen selbst zu erhalten und so Anhaltspunkte auch über eine Bewertung und Einschätzung der einzelnen Teilaspekte hinsichtlich ihrer praktischen Relevanz zu gewinnen. Darüber hinaus wurde erwartet, daß dabei auch solche Aspekte zu Sprache kommen würden, die in der bisher veröffentlichten Literatur (noch) nicht berücksichtigt worden sind.

3.2 Auswahl der Experten

Um eine Darstellung der Qualitätssicherungsproblematik sowohl aus der Sicht des jeweiligen Freien Berufs selbst als auch aus der Sicht der mit ihm interagierenden Berufsgruppen und Organisationen zu ermöglichen, war es sinnvoll, die Interviewpartner im wesentlichen aus zwei verschiedenen Expertengruppen zu rekrutieren:

- Vertretern der Berufsangehörigen des jeweiligen Freien Berufs,
- Vertretern von ausgewählten Berufs- bzw. Wirtschaftsgruppen und Organisationen, die in der Erfüllung ihrer beruflichen oder institutionellen Funktionen mit den Freien Berufen interagieren oder kooperieren.

Um auch die Einschätzungen der Leistungsempfänger, also jener Gruppen, die
vor allem und unmittelbar von einer hohen Leistungsqualität profitieren oder
unter schlechter Leistungsqualität zu leiden haben, zu erfassen, wurde die
Auswahl um eine weitere Gruppe von „Experten" erweitert, nämlich um

- Vertreter der (potentiellen) Leistungsempfänger freiberuflicher Dienste.
- Darüber hinaus wurden auch Experten aus dem universitären Bereich Lehre
  und Forschung mit einbezogen, die Einblick in die Ausbildung und Berufsausübung der Freien Berufe haben, ohne selbst zur Berufsgruppe zu gehören.

Grundsätzlich wäre es im Erkenntnisinteresse sinnvoll gewesen, die Befragung
an einer repräsentativen Auswahl der Berufsangehörigen der verschiedenen
Berufsgruppen durchzuführen, um so auch oder gerade das Urteil des beruflichen Praktikers mit in die Darstellung aufnehmen zu können. Aus Zeit- und
Kostengründen mußte – dem explorativen Charakter der Untersuchung entsprechend – die Befragung jedoch auf ausgewählte Experten, die die relevanten
(beruflichen) Organisationen der jeweiligen Berufsgruppen repräsentieren, be-
grenzt werden. Allerdings bedeutet das nicht, daß in der Untersuchung auf die
Berücksichtigung der Erfahrungen beruflicher Praktiker verzichtet wurde, da
die befragten Vertreter von Organisationen und Verbänden zumindest bei den
Freien Berufen mit wenigen Ausnahmen auch noch in ihrem Beruf tätig waren.
Auch zeigte sich in den geführten Interviews, daß ohne ein gewisses Maß an
Einarbeitung in bzw. Fachkompetenz für die Thematik, wie sie beim reinen
Praktiker im allgemeinen kaum vorliegen dürfte, eine differenzierte Beurteilung
der Situation auch für den eigenen Beruf kaum möglich ist, wobei vor allem das
häufiger mangelnde Problembewußtsein bei einzelnen Aspekten zu Buche
schlägt.

Durch die Reduzierung der Auswahl vor allem auf Vertreter von Interessenorganisationen sowie durch den primär explorativen Charakter der Untersuchung, die eine qualitative Zusammenstellung der unterschiedlichen Interessen
und Einschätzungen, aber keine Quantifizierung der einzelnen Positionen zum
Ziel hat, konnte die Anzahl der Interviews relativ klein gehalten werden. Die
ursprünglich veranschlagte Zahl von 50 Expertengesprächen wurde in der
Studie mit 55 leicht überschritten, wobei sich diese Angabe auf die Anzahl der
geführten Gespräche bezieht. Die Anzahl der an diesem Gespräch teilnehmenden Experten liegt, wie später noch ausgeführt wird, um einiges höher.

Insgesamt kann davon ausgegangen werden, daß diese Auswahl das Abbild
eines hinreichend differenzierten und umfassenden Meinungs- und Informa-
tionsspektrums bei den zu analysierenden Freien Berufen gewährleistet.

Die konkrete Auswahl der Experten erfolgte aufgrund der Verbandsstrukturen der einzelnen Berufsgruppen sowie in einigen Fällen aus rein pragmatischen Gesichtspunkten eines aufgrund räumlicher Nähe oder persönlicher Kontakte leichten Zugangs. Für jeden Beruf wurden die Organisationen so ausgewählt, daß neben den Kammern auch die großen Interessenverbände, soweit vorhanden, zu Wort kamen. Persönlich angesprochen wurden dann die Vorsitzenden bzw. Präsidenten sowie die (Haupt)Geschäftsführer der verschiedenen Organisationen bzw. solche Vertreter, die sich aufgrund einschlägiger Tätigkeiten im Rahmen der Untersuchungsthematik als „Experten" anboten.

Die Zusammenstellung der Experten aus dem Bereich der korrespondierenden Gruppen aus Forschung und Lehre sowie aus dem Bereich der potentiellen Leistungsempfänger orientierte sich an den jeweils zur Verfügung stehenden (Interessen-)Organisationen, deren Zahl bei den einzelnen Freien Berufen jedoch sehr unterschiedlich war. So standen für die freien Heilberufe z.B. das breite Spektrum der Krankenkassen, das Bundesgesundheitsamt und andere Stellen zur Verfügung, während bei den Architekten und Beratenden Ingenieuren sich neben Vertretern der Bauwirtschaft lediglich allgemeine Verbraucherorganisationen anboten.

3.3 Durchführung und Auswertung der Interviews

Die in Frage kommenden Organisationen bzw. Experten wurden zunächst in einem Brief um ihre Teilnahme an einem Interview gebeten, in dem gleichzeitig in Kürze Forschungsziel und -auftraggeber sowie das durchführende Institut vorgestellt wurden. Die Briefe waren dabei entweder direkt an die gewünschten Gesprächspartner gerichtet, die sich aufgrund ihrer Beschäftigung mit der Problematik als geeignet angeboten hatten, oder an die Vorsitzenden oder Geschäftsführer der ausgewählten Organisationen. Nach ein bis zwei Wochen wurde dann telefonisch nachgefragt, ob die Bereitschaft zu einem Gespräch bestünde und um einen Gesprächstermin gebeten. Diese telefonische Vereinbarung der Interviewtermine stellte sich als eine sehr zeitraubende und aufwendige Tätigkeit heraus, da einerseits die angesprochenen „Experten" vielfach erst nach mehreren Telefonaten (z.T. erst nach Wochen) erreichbar waren und andererseits ein voller Terminkalender eine kurzfristige Terminfestlegung vielfach unmöglich machte. Von einigen Angeschriebenen wurde dieser Vorgang dadurch vereinfacht, daß sie von sich aus brieflich mitteilten, ob und wann sie selbst oder ein anderer ihnen kompetent erscheinender Vertreter ihrer Organisation zu einem Gespräch zur Verfügung stünden. Allerdings mußte auch ein Teil der bereits vereinbarten Termine z.T. sogar mehrmals verschoben werden.

Grundsätzlich zeigten die angeschriebenen Vertreter der freiberuflichen Organisationen eine hohe Bereitschaft, bei der Untersuchung mitzuwirken. Ein Teil zog auch noch zusätzlich weitere Gesprächspartner zum Interview heran.

Absagen erfolgten hier lediglich aus terminlichen Gründen. In diesem Falle oder falls sich der angeschriebene Repräsentant als ungeeigneter Partner fühlte, wurden immer ein oder mehrere Stellvertreter benannt, so daß alle angeschriebenen Berufsorganisationen – teilweise sogar durch mehrere Gesprächspartner – an der Befragung teilnahmen. Auch von den angeschriebenen Experten aus dem Bereich Forschung und Lehre erklärten sich alle zu einem Interview bereit.

Bei den berufsexternen Experten war die Bereitschaft zur Teilnahme an der Untersuchung weniger groß. So erklärte ein Teil der angeschriebenen Repräsentanten, daß ihre Organisation nicht kompetent oder befugt sei, Aussagen zu diesem Problembereich zu machen. Mit einigen wenigen kam auch trotz mehrmaliger Telefonate kein Gesprächstermin zustande.

Mangelnde Bereitschaft zur Mitarbeit wurde dabei vor allem von jenen Organisationen gezeigt, die als Vertreter der Leistungsempfänger angeschrieben worden waren, so daß diese Gruppe schließlich nur von der Verbraucherorganisation Stiftung Warentest, dem Bund der Steuerzahler, dem Bundesverband der Selbständigen und dem Deutschen Bauernverband repräsentiert wird. Ein starkes Interesse an der Problematik zeigten dagegen die angeschriebenen Vertreter des Bundesministeriums für Jugend, Familie und Gesundheit[3], das Bundesgesundheitsamt sowie die Krankenkassen und die zu den Architekten und Ingenieuren angeschriebenen Vertreter der korrespondierenden wirtschaftlichen Gruppen und Organisationen.

Insgesamt wurden 55 Interviews durchgeführt, an denen jeweils zwischen einem und vier Experten teilnahmen. Entsprechend ist die Anzahl der Gesprächspartner mit 75 auch wesentlich höher. Übersicht 2 gibt einen Überblick über die teilnehmenden Organisationen. Die Gespräche, zu denen die Interviewer in der Regel zu den Gesprächspartnern anreisten, wurden auf der Grundlage eines Interviewleitfadens geführt, dessen allgemeine Struktur sich an den einzelnen Variablen des Untersuchungsmodells orientierte, der jedoch unter Einbeziehung der spezifischen Entwicklungen und Regelungen in der jeweiligen Berufsgruppe berufsspezifisch konkretisiert wurde. Ziel dieses nur grob strukturierten Interviewaufbaus war es zwar einerseits zu gewährleisten, daß alle relevant erscheinenden Aspekte zur Sprache gebracht würden, andererseits sollte jedoch die Gewichtung, der Umfang und auch die Akzentuierung der Ausführungen weitgehend dem Interviewpartner überlassen bleiben, um das Spektrum der Meinungen und Bewertungen nicht von vornherein einzuschränken. Obwohl die einzelnen Gespräche teilweise bis zu drei Stunden dauerten[1] und die Interviewpartner angehalten waren, alle Aspekte zur Sprache zu bringen, machte die einerseits komplexe, gleichzeitig aber auch sehr differenzierte Problematik es in den meisten Fällen unmöglich, alle Punkte des Leitfa-

---

[1] Das kürzeste Gespräch mit einem berufsexternen Interviewpartner dauerte eine dreiviertel Stunde; die Mehrzahl der Gespräche zwischen eineinhalb und zwei Stunden.

dens in gleicher Weise anzusprechen. Hinzu kommt, daß nicht alle Teilprobleme bei allen ausgewählten Freien Berufen gleichermaßen relevant sind bzw. von den Experten als relevant empfunden wurden.

Übersicht 2: Befragte Organisationen und Experten

Organisation	Befragte Experten	Anzahl der Interviews
Freie Heilberufe und Gesundheitswesen		
Bundesärztekammer	30	22
Bundesgesundheitsamt	darunter:	
Bundesministerium für Jugend, Familie u. Gesundheit	8 Präsidenten,	
Bundesverband der Betriebskrankenkassen	(Stellvertretende)	
Bundesverband der Ortskrankenkassen	Vorsitzende,	
Bundesvereinigung Deutscher Apotheker-verbände – ABDA	4 Geschäftsführer	
Deutscher Bauernverband e.V.		
Deutsche Tierärzteschaft e.V./ Bundesverband praktischer Tierärzte		
Fachverband Deutscher Allgemeinärzte e.V. (FDA)		
Gesundheitspolitischer Arbeitskreis der CSU (GPA)		
Hartmannbund		
Hauptausschuß des Verbandes der privaten Krankenversicherung e.V. (PKV)		
Kassenärztliche Bundesvereinigung		
Kassenzahnärztliche Bundesvereinigung/Freier Verband Deutscher Zahnärzte		
Marburger Bund		
NAV – Verband der niedergelassenen Ärzte Deutschlands		
Übertrag	30	22

Übersicht 2 (Fortsetzung)

Organisation	Befragte Experten	Anzahl der Interviews
Übertrag	30	22
Verband der Angestellten-Krankenkassen e.V. (VdAK)		
Zentralinstitut für die Kassenärztliche Versorgung in der Bundesrepublik Deutschland		
Rechts-, wirtschafts- und steuerberatende Freie Berufe		
Bayerischer Notarverein e.V.	27	20
Bundesnotarkammer	darunter:	
Bundessteuerberaterkammer	10 Präsidenten,	
DATEV	Vizepräsidenten,	
Deutscher Anwaltverein e.V.	Vorsitzende Direktoren	
Deutscher Steuerberaterverband e.V.	7 (Haupt)- Geschäftsführer	
Europaverband der Selbständigen – Bundesverband Deutschland (BVD)		
Fachausschuß Rechtsschutzversicherung des HUK-Verbandes		
Landesnotarkammer Bayern		
Oberlandesgericht Nürnberg		
Patentanwaltskammer		
Rechtsanwaltskammer für den OLG-Bezirk München		
Rechtsanwaltskammer für den OLG-Bezirk Nürnberg		
Wirtschaftsprüferkammer		
sowie		
Übertrag	57	42

Übersicht 2 (Fortsetzung)

Organisation	Befragte Experten	Anzahl der Interviews
Übertrag	57	42
Forschung und Lehre		
Architekten/Ingenieure		
Bayerische Architektenkammer	13	9
Bundesarchitektenkammer	darunter:	
Bund Deutscher Architekten (BDA)	3 Präsidenten,	
Bundesverband öffentlich bestellter und vereidigter Sachverständiger e.V.	Vizepräsidenten, Direktoren	
Hauptverband der Deutschen Bauindustrie e.V.	4 (Haupt)Geschäfts- führer	
Landesgewerbeanstalt Bayern		
Verband Beratender Ingenieure e.V. (VBI)		
Sonstige Experten		
Stiftung Warentest	5	4
sowie		
Forschung und Lehre		
Insgesamt	75	55

Die Auswertung der Interviews, deren Inhalt während der Gespräche protokolliert wurde, erfolgte nach rein qualitativen Gesichtspunkten, da es in erster Linie darauf ankam, möglichst viele und differenzierte Informationen von den Experten zu erhalten. Da aus diesem Grunde in den einzelnen Gesprächen teilweise unterschiedliche Aspekte der sehr komplexen Problematik angesprochen und herausgestellt wurden, war eine direkte Gegenüberstellung der Expertenaussagen vielfach auch gar nicht möglich.

In den Interviews wurden sowohl die Meinung der Experten bzw. der von ihnen vertretenen Organisationen hinsichtlich des Stands der Qualität und Qualitätssicherung in den einzelnen Bereichen sowie Einschätzungen der Eignung verschiedener Qualitätssicherungsmaßnahmen und -konzepte erfragt wie auch Sachinformationen über die berufsspezifischen rechtlichen und organisatorischen Grundlagen. Die Sachinformationen gingen in die Recherchen des

Instituts nach den für die Qualitätssicherung relevanten Verordnungen und Regelungen ein, ohne i.d.R. als Ergebnis der Interviews gekennzeichnet zu sein. Demgegenüber ist das sich in den Expertengesprächen abzeichnende Meinungsspektrum differenziert wiedergegeben, allerdings ohne Nennung der jeweiligen Quelle, da den Experten vor dem Interview Anonymität der Darstellung zugesichert worden war.

Um dennoch eventuelle Meinungsdifferenzen innerhalb der einzelnen Berufsgruppen, soweit sie öffentlich diskutiert werden, abbilden zu können, wurden die Ergebnisse der Interviews teilweise durch Zitate aus der Fachpresse ergänzt. Dies erwies sich auch deshalb als sinnvoll, weil die Komplexität der Fragestellung es vielfach unmöglich machte, auch in zwei oder drei Stunden dauernden Interviews die Argumentation zu jedem Punkt derart differenziert darzulegen, wie dies in einer längeren Diskussion in den Medien erfolgen konnte. Hinzu kommt, daß sich die vom Experten vertretene Meinung z.T. nicht oder zumindest nicht völlig deckungsgleich mit dem offiziell von seiner Organisation vertretenen Standpunkt erwies. Aus diesen Gründen schien es sinnvoll, die Ergebnisse der Interviews durch Ergebnisse der Literaturanalyse, die während des gesammten Projekts vorgenommen wurde, zu ergänzen, um dadurch einerseits einen differenziertere, andererseits einen umfassenderen Überblick über den Stand der Qualitätssicherung in den hier betrachteten Freien Berufen geben zu können. Es ist dabei allerdings jeweils kenntlich gemacht, aus welcher der beiden Quellen die dargestellten Erkenntnisse stammen.

4 Qualität und Qualitätssicherung in ausgewählten Freien Berufen

In diesem Kapitel werden die durch die Analyse der Literatur und Verbandspresse sowie durch die Experteninterviews gewonnenen Erkenntnisse ausführlich für jede der relevanten Berufsgruppen erörtert. Die Darstellung umfaßt Informationen über Stand, Defizite und Möglichkeiten der Qualitätssicherung der einzelnen Dimensionen der Leistungsqualität und der sie bestimmenden Variablen. Dabei werden neben der Einschätzung der Experten und dem in der Verbandspresse abgebildeten Meinungsspektrum auch die rechtlichen und organisatorischen Grundlagen des jeweiligen Berufs angesprochen. Neben dieser ausführlichen Dokumentation wird in einer Zusammenfassung für jeden Beruf die Bedeutung der einzelnen Komponenten der Leistungsqualität, wie sie sich aus der Sicht der jeweiligen Berufsgruppe darstellt, gewichtet und das hinter der Berufspolitik stehende umfassende Qualitätssicherungskonzept aufgezeigt.

Es sei nochmals darauf hingewiesen, daß die folgenden Kapitel den Stand der Problematik und Diskussion vom Herbst 1985 bis Frühjahr 1986 wiedergeben. Einige der dabei angesprochenen rechtlichen Bestimmungen sind mittlerweile geändert, damals noch umstrittene, geplante Vorschriften oder Maßnahmen sind mittlerweile entschieden. Um nicht die Ergebnisse der Experteninterviews zu verfälschen, wurde auf eine Überarbeitung solcher Passagen verzichtet, die aktuelle Entwicklung wurde jedoch durch Fußnoten oder Zusatzbemerkungen vermerkt. Trotz dieser Einschränkungen kann der vorliegende Bericht weiterhin als Beschreibung der geltenden Situation in den einzelenen Freien Berufen angesehen werden, da sich das Meinungsspektrum in den verschiedenen Berufsgruppen nicht grundsätzlich geändert hat.

4.1 Ärzte

Für die Gruppe der Ärzte wurden in zwanzig Interviews insgesamt fünfundzwanzig Experten befragt. Neben elf Vertretern der Ärzteschaft waren dies neun Vertreter von mit der Ärzteschaft korrespondierenden Institutionen: den Krankenkassen, dem Bundesgesundheitsamt und dem Bundesministerium für Jugend, Familie und Gesundheit. Da die akademischen Heilberufe weitgehend ähnliche Probleme und berufs-/standesrechtliche Regelungen aufweisen, wurden darüber hinaus zum Vergleich auch fünf Vertreter der Zahnärzte-und Tierärzteschaft befragt.

4.1.1 Berufsbild und Qualitätsverständnis

§ 1 der Berufsordnung der Bundesärztekammer beschreibt die Aufgaben des Arztes folgendermaßen:

(1) „Der Arzt dient der Gesundheit des einzelnen Menschen und des gesamten Volkes. Der ärztliche Beruf ist kein Gewerbe. Er ist seiner Natur nach ein freier Beruf. Der ärztliche Beruf verlangt, daß der Arzt seine Aufgabe nach seinem Gewissen und nach den Geboten der ärztlichen Sitte erfüllt.

(2) Aufgabe des Arztes ist es, das Leben zu erhalten, die Gesundheit zu schützen und wiederherzustellen sowie Leiden zu lindern. Der Arzt übt seinen Beruf nach den Geboten der Menschlichkeit aus. Er darf keine Grundsätze anerkennen und keine Vorschriften oder Anweisungen beachten, die mit seiner Aufgabe nicht vereinbar sind oder deren Befolgung er nicht verantworten kann....."[1]

Über die allgemeine ärztliche Aufgabe der medizinischen Versorgung der Bevölkerung hinaus weist der Berufsstand durch die Vielzahl der Fachgebiete und die Unterschiedlichkeit der Tätigkeitsbedingungen (angestellt, in eigener Praxis usw.) eine stark heterogene Struktur des Aufgabenfeldes und der Interessen auf, die sich auch in der Diskussion um Erfordernisse, Möglichkeiten und Grenzen der Qualitätssicherung ärztlicher Leistungen niederschlägt.

Im Rahmen seiner Tätigkeit leistet der Arzt einen zentralen Beitrag zur Erhaltung der Volksgesundheit. Aus der Sicht des einzelnen trägt er wesentlichen Anteil an der Befriedigung des elementaren Bedürfnisses nach Leben und Gesundheit. Wohl bei keinem Beruf ist dabei das Vertrauensverhältnis zwischen Auftragnehmer und Auftraggeber so empfindlich und so wichtig wie zwischen Arzt und Patient, auch im Hinblick auf den Erfolg der Leistung. Andererseits wurde aber kein anderer Freier Beruf in den letzten Jahren einer derartigen – dieses Vertrauensverhältnis gefährdenden – öffentlichen Kritik ausgesetzt wie die Ärzte: Vom „Unbehagen" an der Medizin[2] und „zunehmendem Mißtrauen der Bürger[3]" gegenüber den Ärzten, „riskanter Verschreibungspraxis[4]", seelenloser Apparate-Medizin[5] bis hin zu herber Kritik an der Qualifikation und Berufsmotivation der Ärzte reichen die Klagen, die einerseits einer gewissen Krankheitshysterie entspringen mögen, andererseits, vor allem wenn sie aus den eigenen Reihen vorgetragen werden, tatsächliche Probleme widerspiegeln.

---

1) Vgl. Bundesärztekammer 1983
2) Vgl. Ärzte Zeitung v. 15.5.85, S.2
3) Vgl. Deutsches Ärzteblatt 15/1985, S. 1037
4) Vgl. Süddeutsche Zeitung v. 28.3.84, S.11
5) Vgl. Die Welt v. 76.6.83

Angesichts des schwindenden Vertrauens und der wachsenden beruflichen Schwierigkeiten haben die Ärzte und ihre Berufsverbände die Qualitätssicherung zu einem zentralen Thema ihrer Politik erklärt. So wird von der Qualitätssicherung als „einer der wichtigsten gesundheitspolitischen Herausforderungen der nächsten Jahre"[1] und als „zukunftsbestimmendes Thema der Medizin"[2] gesprochen. Die Flut und der Tenor der Veröffentlichungen zu diesem Thema lassen keinen Zweifel darüber, daß die Mehrheit, zumindest aber die Meinungsführer der Ärzteschaft, der Thematik einen hohen Stellenwert zuschreibt. Die Auffassungen über Form und Ausmaß qualitätssichernder Maßnahmen sind jedoch geteilt; während ein Teil der Veröffentlichungen vor einer weiteren Verrechtlichung und Reglementierung der freiberuflichen Tätigkeit warnt, fordert ein anderer Teil eine verstärkte Analyse und Kontrolle der Leistungsqualität und ihrer Bedingungen und verweist auf erhebliche Defizite im Vergleich zu den USA:

„Im Vergleich mit Europa ist die Einführung medizinischer Qualitätssicherung in den USA bereits sehr viel weiter entwickelt als in der Bundesrepublik. Man kann für die Vereinigten Staaten geradezu von einer Qualitätssicherungsindustrie sprechen, die seit mehr als zehn Jahren auf Hochtouren läuft. Bedenkt man, daß ... in den Vereinigten Staaten eine große Anzahl von weiteren Modellen existiert, dann wird deutlich, daß in der Bundesrepublik auf diesem Sektor ein enormer Nachholbedarf besteht."[3]

Wie zu erwarten war, waren sich alle zum Thema Qualitätssicherung bei den Ärzten befragten Experten[4] einig in der Einschätzung, daß diesem Thema ein hoher Stellenwert beizumessen ist. Von einigen Gesprächspartnern wurde dabei gleichzeitig darauf hingewiesen, daß Qualitätssicherung jedoch nicht Selbstzweck sei, sondern die Folge berufspolitischer Sachzwänge. So bezeichnete einer der Ärztevertreter die Sicherung der Leistungsqualität als berufspolitisch notwendige Reaktion auf die immer akuter werdenden Kostendämpfungsüberlegungen. Ein anderer Befragter aus dem Bereich Forschung und Lehre bezeichnete die Qualitätssicherung als Präventionsmaßnahme gegen die steigende Anzahl von Haftpflichtprozessen. In anderen Freien Berufen, wo Qualitätssicherung mindestens ebenso wichtig wäre wie bei den Ärzten, sei das Thema nur deswegen noch nicht so aktuell, weil dort kein solcher Druck durch drohende Haftungsprozesse empfunden werde wie bei den Ärzten.[5] Daß die Absicherung gegen Haftpflichtforderungen beim ärztlichen Bemühen um Qualität zumindest ein Aspekt sei, wurde auch von einem Vertreter der Ärzteschaft bestätigt.

---

[1] Schwartz 1981 c, S.473
[2] Ullmann 1984
[3] Selbmann 1981, S. 30 und 34
[4] Zur Auswahl der Experten siehe Punkt 3.2
[5] Vgl. dazu auch Kapitel 4.1.3.3

Von der Mehrzahl der befragten Gesprächspartner wurde Qualität ärztlichen Handelns in ähnlicher Weise definiert. So wurde unter Qualität der Berufsausübung von den meisten die Beherrschung der zur Verfügung stehenden Kenntnisse, Fertigkeiten und Erfahrungen – ein Ärztevertreter nannte zusätzlich die optimale Nutzung der zur Verfügung stehenden Ressourcen – verstanden, die es ermöglichen, alles für eine erfolgreiche Behandlung notwendige zu tun. Von zwei Befragten wurde dabei betont, daß diese optimale Leistung für den Patienten nicht nur sein körperliches Wohl umfassen dürfe, sondern auch sein psychisches Wohlbefinden, daß Qualität also immer auch persönliche Zuwendung durch den Arzt bedeute.

Ein Vertreter der Krankenkassen konkretisierte die Qualitätsdefinition mit Hinweis auf die Reichsversicherungsordnung, wo der Begriff unmißverständlich beschrieben sei als „angemessene, sorgfältige und zweckmäßige Therapie aufgrund einer seriösen und sorgfältigen Diagnose"[1]. Lediglich ein Experte – auch aus dem Bereich der Krankenversicherung – fügte der Qualitätsdefinition auch einen wirtschaftlichen Aspekt hinzu, indem er den Begriff sowohl auf die Effektivität als auch auf die Effizienz der Behandlung zurückführte und forderte, das Maß des Notwendigen immer auch in einem angemessenen Verhältnis zum Erfolg zu betrachten.

4.1.2 Sicherung der Strukturqualität

Die strukturellen Rahmenbedingungen der ärztlichen Berufsausübung sind durch zahlreiche gesetzliche und standesrechtliche Regelungen bestimmt, die alle mehr oder weniger große Bedeutung für die Leistungsqualität haben. Da es unmöglich scheint, im Rahmen dieser allgemeinen und explorativen Studie auf alle relevanten Bestimmungen und ihre Auswirkungen auf die Qualität der Berufsausübung eingehen zu können, werden sich die folgenden Ausführungen auf einige wesentliche Aspekte beschränken, obwohl gerade bei den Ärzten die Zusammenhänge zwischen Strukturbedingungen und Umfang der beruflichen Leistungserbringung auch über den hier abgesteckten Rahmen hinaus noch ausführlich diskutiert werden.

4.1.2.1 Qualifikation

Am heftigsten wird die Diskussion um die Qualität der beruflichen Ausbildung bei den Ärzten geführt. Das Heer der Kritiker – auch aus den eigenen Reihen – ist groß, die Liste der Kritikpunkte ist lang. Tenor der Äußerungen ist ein nahezu vernichtendes Urteil:

So klagte Prof. Dr. med. H.H. Bochnik vom Zentrum für Psychiatrie der Universität Frankfurt: „Die Ausbildung zum Arzt galt als eine der besten der

---

[1] Vgl. RVO

Welt; jetzt sind wir – von Italien abgesehen – europäisches Schlußlicht."[1] Und nach Darstellung des KBV-Vorsitzenden Muschallik „gewährleistet die Ausbildung zum Arzt nicht mehr, daß mit der Erteilung der Approbation die Befähigung verbunden ist, ärztliche Tätigkeit auch nur halbwegs in Eigenverantwortung ausüben zu können"[2]. Die Ärztezeitschrift „status" faßte 1983 die Stimmung wie folgt zusammen: „Die Kritik an der Ausbildung und den Prüfverfahren ... gipfelte in der Behauptung, die deutsche Ärzteschaft genüge nicht einmal mehr den Anforderungen von Botswana oder Ruanda. Inzwischen sind die jungen deutschen Ärzte für manche ihrer Kritiker sogar zu einem Sicherheitsrisiko geworden." Acht Jahre nach der Reform der Approbationsordnung habe man einen Tiefpunkt in der Medizinerausbildung festgestellt, der vermutlich noch weiter sinken werde.[3]

4.1.2.1.1 Persönliche Eignung

Voraussetzung für das Führen der Berufsbezeichnung Arzt/Ärztin bzw. für die Ausübung des ärztlichen Berufes ist lt. Bundesärzteordnung im allgemeinen die Approbation.[4] Für die Approbation wiederum gilt neben den Ausbildungsvoraussetzungen[5] die allgemeine Voraussetzung der moralischen sowie körperlich-geistigen Befähigung. So ist u.a. die Approbation als Arzt nur zu erteilen, wenn der Antragsteller

- „sich nicht eines Verhaltens schuldig gemacht hat, aus dem sich seine Unwürdigkeit oder Unzuverlässigkeit zur Ausübung des ärztlichen Berufs ergibt,

- nicht wegen eines körperlichen Gebrechens oder wegen Schwäche seiner geistigen und körperlichen Kräfte oder wegen einer Sucht zur Ausübung des ärztlichen Berufs unfähig oder ungeeignet ist, ..."[6]

Konkrete Ansprüche an die persönliche Eignung fehlen in der Bundesärzteordnung wie auch in der Berufs-, Approbations- und Weiterbildungsordnung. Auch das Kassenarztrecht macht die Zulassung als Kassenarzt lediglich von der Approbation und der Ableistung einer praktischen Vorbereitungszeit abhängig.[7]

Demgemäß bleibt die Selektion des Nachwuchses auf die Auslese während der Aus- und Weiterbildung beschränkt, wo jedoch lediglich die fachliche Qualifikation geprüft wird.

---

[1] status 28/84, S. 18
[2] Zit. nach: Jentsch 1983
[3] Vgl. status 18/83, S. 19
[4] Vgl. § 2 Abs. 1 und § 2a BÄO; Ausnahmen für die Befugnis zur vorübergehenden Ausübung der ärztlichen Tätigkeit sind in § 2 Abs. 2 bis 4 geregelt; sie sind jedoch in diesem Zusammenhang ohne Bedeutung.
[5] Vgl. 4.1.1.2
[6] § 3 Abs. 1 BÄO
[7] Vgl. § 3 Abs. 1 Zulassungsordnung für Kassenärzte

Der Andrang der Bewerber zum Medizinstudium hat das Fach seit längerem zu einem der „härtesten" Numerus-Clausus-Fächer werden lassen. Dabei waren in erster Linie die Abiturnote oder die Ableistung einer bestimmten Wartezeit ausschlaggebend für die Verteilung der Studienplätze. So konnten vor dem Wintersemester 1980 Studienbewerber für das Fach Medizin nur zugelassen werden, wenn sie entweder sehr gute Abiturnoten aufzuweisen oder Wartezeiten von fünf bis sieben Jahre hinter sich hatten. Zweck der Zulassungsbeschränkung war in erster Linie die Eindämmung der Studentenzahlen.

Diese Form der Nachwuchsselektion fand jedoch in der Ärzteschaft allgemeine Ablehnung, da einerseits die persönliche Eignung der Bewerber für den späteren Beruf keinerlei Berücksichtigung finde und zum anderen – wie in einigen Veröffentlichungen moniert wurde – das Medizinstudium für Einser-Abiturienten geradezu zur Pflicht würde: „Manche Abiturienten mit scharfem analytischen Verstand und entsprechendem Abitur fühlten sich verpflichtet, das Fach mit besonders scharfen Zulassungskriterien zu wählen."[1] „Ein – dank Abwahl unbeliebter Fächer – bis auf 1,0 geschöntes Abiturzeugnis gilt heute für viele junge Menschen gewissermaßen als Verpflichtung Medizin zu studieren, ohne daß sich die Betreffenden für den Heilberuf berufen fühlen."[2]

Ebenfalls umstritten ist die Aussagekraft der Abiturnoten für die Eignung und Qualifikation der späteren Ärzte, zumindest sei der Zusammenhang zwischen Abiturnote und wünschenswerten ärztlichen Qualitäten (Entscheidungsfreude, Verantwortungsbewußtsein, soziales Engagement, Einsatzbereitschaft, Geduld) nicht bekannt.[3] So kam z.B. Gross 1983 zu dem Schluß, daß „der Abiturdurchschnitt und das Verteilungssystem der Zentralstelle für die Vergabe von Studienplätzen ... dafür erwiesenermaßen ungeeignet" sind[4]. Auch zum Nachweis eines bestimmten Niveaus der Lernfähigkeit ist die Abiturnote – so Bochnik[5] – nur dann geeignet, „wenn sichergestellt ist, daß der Teilnahmenachweis in den Fächern Chemie, Physik, Biologie, Mathematik, Deutsch, Englisch und Latein erbracht ist". Auch die zu diesem Thema befragten Experten waren sich einig, daß eine Auslese des Nachwuchses anhand des Notendurchschnittes ein denkbar ungeeignetes Verfahren darstelle. Ein „Einser-Abitur" sei kein Indikator dafür, daß der Bewerber später auch die für den Arzt erforderliche persönliche Motivation und Qualifikation aufweise. Zwei der Befragten wiesen auch darauf hin, daß im Gegenteil durch dieses System vielleicht sogar hinsichtlich ihrer Einstellungs- und Persönlichkeitsstruktur eher ungeeignete Bewerber ausgewählt würden. Allerdings – so gab einer der Gesprächspartner aus dem Bereich Forschung und Lehre zu bedenken – gäbe es keine hinreichenden Erkenntnisse

---

[1] Gross 1983
[2] status 28/84, S. 18
[3] Vgl. Arnold 1984, S. 18
[4] Gross 1983
[5] Zit. nach status 28/84, S. 18

darüber, welches Persönlichkeitsprofil tatsächlich für einen Arzt wichtig sei. Ein weiterer Experte führte aus, daß die hohen Bewerberzahlen es unmöglich machten, völlig auf das bisherige Zulassungssystem, so sehr es auch zu kritisieren sei, zu verzichten. Eventuell werde jedoch der Notendurchschnitt als Indikator für die Eignung zumindest zum Studium (wenn auch nicht für den Beruf) sinnvoller, wenn er sich lediglich auf bestimmte Fächer beziehe.

Allerdings wird die mittlerweile beschlossene Reform der Zulassungsregelung nicht von allen Experten grundsätzlich als eine Verbesserung angesehen. Nachdem aufgrund der Unzufriedenheit mit dem allein auf dem Notendurchschnitt beruhenden Zulassungsverfahren ab dem Wintersemester 1980/81 ein Teil der Studienbewerber bereits einen freiwilligen Eignungstest machen konnte, wurde mit Wirkung ab dem Wintersemester 1986/87 nur für die medizinischen Studiengänge ein neues Zulassungsverfahren beschlossen, bei dem zumindest ein Teil der Studienplätze anhand von Eignungstests bzw. Auswahlgesprächen vergeben werden soll.

Nach einem von den Kultusministern der Länder vorgegebenen Verteilungsschlüssel werden nun bis zu zehn Prozent (bisher 15 Prozent) der Medizinstudienplätze Härtefällen und ausländischen Bewerbern vorbehalten bleiben. 55% aller Studienplätze werden nach Leistungskriterien von Abitur und dem seit 1980/81 erprobten Testverfahren vergeben, das nun verbindliche Voraussetzung für die Studienplatzvergabe ist. 20 % der Plätze werden weiterhin nach der Länge der Wartezeit vergeben. Wesentliche Neuerung gegenüber dem bisherigen Verfahren ist, daß künftig 15 % aller Plätze nach persönlichen Auswahlgesprächen durch die Professoren vergeben werden.

Gerade dieses Auswahlgespräch, durch das mehr auf die Individualität der Bewerber eingegangen und ein „Kontrapunkt" zum unpersönlichen zentralen Auswahlverfahren gesetzt werden sollte, ist allerdings sehr umstritten. Von den einen als „Schritt in die richtige Richtung", als „Stärkung der Hochschulautonomie" und „wegweisend für andere Fächer" gefeiert, wird es von anderer Seite bereits kritisiert. So erklärt z.B. der Leiter der ZVS, Henning Berlin, im Deutschen Ärzteblatt: „Studentenvertreter – und nicht nur die politisch links Stehenden – fragen, ob es künftig Studienplätze für schöne Augen gebe. Und die Rechtsanwälte sprechen bereits von einer Arbeitsbeschaffungsmaßnahme für Rechtsanwälte. Soviel dürfte bereits sicher sein: Viele der im Auswahlgespräch erfolglosen Bewerber werden das Ergebnis des Auswahlgesprächs von den Gerichten überprüfen lassen."[1] Er moniert vor allem die „völlige Kriterienlosigkeit des Auswahlgesprächs, über dessen Teilnahme das Los entscheidet" Und Becker konstatiert: „Das Auswahlgespräch dürfte verfassungswidrig sein. Der 'Grad der Motivation' ist ebensowenig prüfbar wie das Gewissen beim Kriegsdienstverweigerer. Absehbar sind willkürliche Entscheidungen. Die Stu-

---

[1] Berlin 1985, S. 1057

dienneignung wird vom Test valider geprüft, die Berufseignung ist im Auswahlgespräch schon gar nicht ermittelbar".[1] Auch Breinersdorfer kritisiert als Rechtsanwalt, daß das Auswahlgespräch den vom Bundesverfassungsgericht aufgestellten Grundsätzen widerspreche, nach denen die Studienplatzbewerber grundsätzlich gleichberechtigt um die Studienplätze konkurrieren können sollen. Angesichts dessen seien – dies läge auf der Hand – subjektive, nicht sachlich einleuchtende und daher nicht nachvollziehbare Kriterien nicht rechtens, verpflichte doch der Art. 12 des Grundgesetzes den Staat als Träger der Hochschulen, jedem Deutschen den freien Zugang zu den Ausbildungsstätten zu gewährleisten. Dabei müßten die Auswahlkriterien für die breite Mehrzahl der Bewerber grundsätzlich erfüllbar sein. Das Auswahlgespräch werde allenfalls dadurch verfassungsrechtlich diskutierbar, daß strenge, nachprüfbare Richtlinien und Regelungen aufgestellt werden, die dem Bewerber ein Mindestmaß an Beurteilungssicherheit gewähren. Weder die westdeutsche Rektorenkonferenz noch die Kultusminister seien jedoch Willens und in der Lage, solche Richtlinien zu entwerfen.[2]

Demgegenüber sehen die Befürworter im Auswahlgespräch eine wesentliche Möglichkeit zur Berücksichtigung der beruflichen Eignung des Bewerbers. Gerade im Bereich der Medizin sei es notwendig, eine spezifische Qualifikation auf andere Weise als durch gute Schulnoten darzutun. Ohne Zweifel trage das Auswahlgespräch zwar auch eine subjektive Komponente in die Auswahl hinein, dieser scheinbare Nachteil sei jedoch ein Gewinn an Gerechtigkeit gegenüber dem bisherigen Dominieren der Abiturnote. Die mit der Bildungsexpansion verbundene Objektivierung der Leistungsmessung habe zu einer immer größeren Technisierung dieser Messung geführt; durch das Auswahlgespräch würden jetzt – wie auch durch die Einführung der qualifizierten Wartezeit – menschlich individuelle Gesichtspunkte gegenüber quantiativen Stärken in den Vordergrund gerückt. Zwar kämen durch die Auswahlgespräche auf die Hochschulen erhebliche Belastungen zu, doch müsse dies wegen der grundsätzlichen Bedeutung seiner Einführung trotz der bestehenden Überlastung der Hochschulen in Kauf genommen werden. Die Auswahl der Studierenden durch die Professoren sei Teil ihrer wissenschaftlichen Verantwortung, Bestand der Autonomie der Hochschulen und Möglichkeit zu mehr Wettbewerb unter den Hochschulen. Deshalb solle im Falle der Bewährung das Auswahlgespräch als Teil des Auswahlverfahrens auch auf andere Fächer ausgedehnt werden.[3]

Von den drei Experten, die sich ausdrücklich zum Auswahlgespräch äußerten, hielt lediglich ein Vertreter der Ärzteschaft dieses Verfahren für besser geeignet, eine der beruflichen Anforderungen entsprechende Eignung des Nachwuchses zu gewährleisten. Er sah jedoch angesichts der hohen Bewerberzahlen eine

---

[1] Becker 1985
[2] Vgl. Breinersdorfer 1985
[3] Vgl. Brehm 1985

Vorauswahl durch die ZVS nach erprobtem System für unverzichtbar an; Probleme hinsichtlich der Einklagbarkeit des Anspruchs sah er nicht. Auch in anderen Ländern, in denen eine solche Form der Zulassungsregelung praktiziert werde – z.B. in Großbritannien oder in den USA –, bestünden diesbezüglich keine verfassungsrechtlichen Schwierigkeiten.

Die anderen beiden Experten, davon auch ein Vertreter aus dem Bereich der Krankenversicherung, wiesen dagegen auf die völlige Subjektivität und mangelnde Kontrollierbarkeit der Bewertung in solchen Gesprächen hin und sahen in den Auswahlgesprächen primär den Zweck oder die Gefahr, daß durch sie solchen Bewerbern (vor allem Arztkindern), die den Zugang über den Notendurchschnitt nicht geschafft hätten, quasi durch die Hintertür die Möglichkeit zum Medizinstudium verschafft würde.

Allerdings findet auch der jetzt verbindlich eingeführte Eignungstest sowohl bei den befragten Experten als auch in der Öffentlichkeit keine uneingeschränkte Zustimmung. Während das Institut für Test- und Begabungsforschung zu dem Schluß kam, daß sich der Test bewährt habe und die Kombination Test und Abiturnote eine wesentlich größere Voraussage über den Studienerfolg ermögliche[1], wird von anderer Seite kritisiert, daß eine medizinspezifische Motivation und Eignung durch den Test nicht gemessen würde:

„Niemand weiß, was dieser Test eigentlich mißt, und erst recht nicht, ob und wieviel das Abschneiden im Test mit dem zu tun hat, was einen guten Arzt ausmacht"[2], faßte die Zeitschrift psychologie die Ergebnisse aus der Test-Erprobungsphase zusammen. Wer die Frage, ob die Durchtrennung des linken Nervus opticus zur kompletten Blindheit des linken Auges führt, richtig beantworte, habe sich vermutlich gut die vorangegangenen Angaben gemerkt, monieren Testkritiker. Eine Eignung für die Medizin habe der Prüfling damit noch lange nicht bewiesen. Diese Annahme habe auch das Ergebnis eines Testprobelaufs der TMS bestätigt: Künftige Pfarrer hätten dabei ähnlich gut wie die künftigen Ärzte abgeschnitten, Biologen etwas besser. Ob der beste Testabsolvent Blut sehen kann oder beim Patienten zur richtigen Diagnose kommt, stehe weiter dahin. So habe auch der ehemalige Baden-Württembergische Wissenschaftsminister Engler schon bei der (damals noch freiwilligen) Durchführung der ersten Tests zugegeben, daß das optimale Verfahren, die 'heilenden Hände' herauszufinden, damit noch nicht gefunden worden sei. Daß anhand der Vorgaben, in denen die Silhouetten von schwarzen Vögeln oder die Ansichten von Gummischläuchen zu klassifizieren seien, die besten Doktoren ermittelt wurden, hätten allerdings weder die TMS-Erfinder noch ihre Befürworter je behauptet.[3]

---

[1] Arzt und Wirtschaft 8/83, S. X
[2] Zit. nach Schubert 1985
[3] Schubert 1985

Auch sei fraglich, ob der Test in seiner jetzigen Form tatsächlich eine Alternative zur Auswahl anhand des Abiturnotendurchschnitts darstelle, da in der Regel ein enger Zusammenhang zwischen Abiturnote und Testergebnis bestehe. So habe sich bei den bislang veröffentlichten Testergebnissen unter den Testbesten nur vereinzelt jemand mit einem Dreier-Abitur befunden. Das Gros der Testbesten habe sich auch bei der Abiturprüfung im oberen Notendrittel befunden.[1] Durch vorheriges Training lasse sich eine signifikante Verbesserung der Testgesamtleistung erzielen. Kommerzielle Institute böten bereits Trainingsprogramme an.[2]

Diese Auffassung wurde auch von den beiden von uns befragten Experten vertreten, die sich zum Test äußerten. Wesentliche für die ärztliche Berufsausübung notwendige Eigenschaften wie manuelles Geschick, Verantwortungsbewußtsein, körperliche Belastbarkeit seien auch mittels einer Eignungsprüfung nicht ermittelbar. Die Mehrzahl der Experten hielt dagegen ein Pflegepraktikum vor dem Studium sowohl aus der Sicht der Bewerber als auch aus der Sicht der Ärzteschaft für wünschenswert. Es ermögliche einerseits dem Mediziner in spe seine persönliche und körperliche Eignung für den Arztberuf zu erproben. Andererseits könnten die Ärzte, unter deren Leitung dieses Praktikum absolviert werde, einen Eindruck von der Persönlichkeit und Motivation der Bewerber gewinnen.

Diese Auffassung scheint nicht nur innerhalb der Ärzteschaft Anhänger zu finden. So sieht z.B. auch ein Modell der CDU ein einjähriges Vorpraktikum vor, ein Modell der Westdeutschen Rektorenkonferenz favorisiert ein halbjähriges Praktikum. Für dieses Konzept sprach sich auch der Vorsitzende des medizinischen Beirats für die Testerprobung, der Bochumer Medizinprofessor Hinrichsen aus, unter der Voraussetzung, daß der Test erweitert wird und auch die im Praktikum erworbenen Kenntnisse und Fertigkeiten prüft.[3]

Die Einführung einer eignungsorientierten Zulassungsbeschränkung wird auch von der österreichischen Ärztekammer erwogen. Dort sind sich Ärzte und Behörden einig, daß das westdeutsche Modell des auf den Abiturnoten basierenden „Numerus clausus" kein geeignetes Mittel ist, der Medizinerschwemme zu begegnen. Ein schlechter Gymnasiast sei noch lange kein schlechter Arzt und das gelte auch umgekehrt, sagt die österreichische Ärztevertretung. Sie plädiert entweder für die Einführung eines „Pflegejahrs" vor Beginn des Studiums, damit der angehende Mediziner im Dienst am Krankenbett sich selbst testen kann, ob ihm der Arztberuf wirklich liegt, oder aber für ein „Eignungssemester" mit abschließender Prüfung. Der Wiener Ärztekammerpräsident tritt für die

---

[1] Vgl. Berlin 1985 sowie Becker 1985
[2] Vgl. Breinersdorfer 1985 und Schubert 1985
[3] Vgl. Arzt und Wirtschaft 8/83, S. X

76

zweite Variante ein. Das Eignungssemester soll im Krankenhaus absolviert werden. Es soll dem angehenden Mediziner nicht nur Grundkenntnisse aus dem Alltag der Krankenpflege vermitteln, sondern auch erstes medizinisches Wissen zukommen lassen. In der vorgesehenen Abschlußprüfung soll die psychologische Eignung des Prüflings in der Krankenbetreuung berücksichtigt werden. Die Prüfungsergebnisse sollen dann für die Verteilung der Studienplätze für Medizin, die entsprechend den zur Verfügung stehenden Ausbildungsplätzen für den dreijährigen Turnus im Krankenhaus limitiert werden sollen, ausschlaggebend sein.[1]

Allerdings – so zwei der befragten Ärzte – beinhalte auch diese Form der Auslese eine stark subjektive Komponente, die die Nachprüfbarkeit der Entscheidungen unmöglich mache. Einer der Befragten äußerte darum auch die Auffassung, daß die Einführung eines Praktikum daran scheitern müsse, daß sie nicht justiziabel sei. Aufgrund der Forderung, daß die Auslese in erster Linie gerecht sein solle, wollten zwei der befragten Experten auch die bislang angesprochenen Zulassungsverfahren nicht befürworten. Während einer von ihnen, wie auch ein weiterer Gesprächpartner aus der Ärzteschaft, das Losverfahren als das gerechteste Verfahren bezeichnete, favorisierte der andere das sog. „französische Modell", bei dem zunächst alle Bewerber zugelassen werden, aber dann während des Studiums eine rapide Auswahl getroffen würde. Diese in Frankreich praktizierte Form der Auslese wurde auch noch von zwei weiteren Experten angesprochen. Diese verwiesen jedoch darauf, daß dieses System mit den bildungspolitischen Grundsätzen in der Bundesrepublik nicht vereinbar sei und zu einem erbarmungslosen Konkurrenzkampf bereits während der Ausbildung führen würde, der dem Enstehen einer adäquaten Motivation der späteren Ärzte eher hinderlich wäre. Zwei der Experten konnten sich überhaupt kein geeignetes Auswahlverfahren vorstellen.

Insgesamt haben sich 12 Experten zum Thema der Sicherung der persönlichen Eignung geäußert. Wie sich die verschiedenen Standpunkte verteilen, zeigt Übersicht 3. Es wurde dabei der bereits bei der Literaturanalyse gewonnene Eindruck bestätigt, daß, wenn man in der Ärzteschaft auch keine Patentlösung parat hat, das bestehende NC-Verfahren als Verbesserung gegenüber der herkömmlichen Nachwuchsselektion allein aufgrund des Abiturnotendurchschnittes betrachtet wird. Auch die neue Form der Zulassung wird jedoch nur als suboptimale Lösung angesehen. Am ehesten favorisiert wird innerhalb der Ärzteschaft die Einführung eines Pflegepraktikums.

---

[1] Vgl. Die Neue Ärztliche v. 724.9.1985, S. 2

Übersicht 3: Die Beurteilung der verschiedenen Ausleseverfahren

Verfahren	Beurteilung d. Eignung zur Selektion für den Arztberuf	Begründung	Anzahl der Experten[1]
Notendurchschnitt	ungeeignet	kein Indikator für das Vorhandensein der für den Arztberuf erforderlichen Eigenschaften	9 Experten,
Eignungstest	ungeeignet	kann wesentliche ärztliche Eigenschaften nicht prüfen	2 Experten
Auswahlgespräch	geeignet	erlaubt individuelle und persönliche Prüfung der Motivation u. Eignung	1 Experte
	nicht geeignet	subjektiv; Kinder von Kollegen werden bevorzugt	2 Experten, darunter 1 Nicht-Arzt
Pflegepraktikum	geeignet	ermöglicht Bewerber und Ärzteschaft, Eignung vorher umfassend zu testen	2 Experten
	geeignet, aber nicht durchsetzbar	subjektiv und nicht justiziabel	2 Experten
"Französisches Modell"	geeignet	ermöglicht Chancengleichheit	1 Experte
	nicht geeignet	ungerecht, konkurrenzfördernd	2 Experten
Losverfahren	geeignet	gerechtestes Verfahren, jeder hat eine Chance	2 Experten darunter 1 Nicht-Arzt
kein geeignetes Verfahren			3 Experten (darunter 1 Nicht-Arzt)

[1] Doppelnennungen waren möglich

4.1.2.1.2 Ausbildung

Bis zum 14. März 1985 erfolgte die Ausbildung der Ärzte nach der Approbationsordnung vom 28. Oktober 1970, die durch mehrere Änderungsverordnungen, zuletzt vom 19.12.1983, ergänzt bzw. verändert wurde. Danach gliederte sich die Medizinerausbildung gemäß § 1 wie folgt:

„§ 1 Gliederung der Ausbildung[1]

(1) Die ärztliche Ausbildung umfaßt

1. ein Studium der Medizin von sechs Jahren an einer wissenschaftlichen Hochschule. Das letzte Jahr des Studiums umfaßt eine zusammenhängende praktische Ausbildung in Krankenanstalten von achtundvierzig Wochen;

2. eine Ausbildung in Erster Hilfe;

3. einen Krankenpflegedienst von zwei Monaten;

4. eine Famulatur von vier Monaten und

5. folgende Prüfungen:
   a) die Ärztliche Vorprüfung und
   b) die Ärztliche Prüfung, die in drei Abschnitten abzulegen ist.

Die Regelstudienzeit im Sinne des § 10 Abs. 2 des Hochschulrahmengesetzes vom 26. Januar 1976 (BGBl. I S. 185) beträgt einschließlich der Prüfungszeit für den Dritten Abschnitt der Ärztlichen Prüfung nach § 16 Abs. 1 Satz 2 sechs Jahre und drei Monate.

(2) Die Prüfungen nach Absatz 1 Nr. 5 werden abgelegt:

1. Die Ärztliche Vorprüfung nach einem Studium der Medizin von zwei Jahren,

2. der Erste Abschnitt der Ärztlichen Prüfung nach einem Studium der Medizin von einem Jahr nach Bestehen der Ärztlichen Vorprüfung,

---

[1] a) Absatz 1 Nr. 1 ist am 1. März 1978 in Kraft getreten. Studierende der Medizin, die im Sommersemester 1977 oder am 1. Oktober 1977 mit der praktischen Ausbildung im letzten Jahr des Medizinstudiums begonnen haben, schließen gemäß Artikel 2 Abs. 1 Satz 1 und Satz 3 der Zweiten Verordnung zur Änderung der Approbationsordnung für Ärzte vom 24. Februar 1978 (BGBl. I S. 312) die Ausbildung nach den bisher geltenden Vorschriften ab.
b) Absatz 1 Nr. 4 ist am 1. März 1978 in Kraft getreten. Studierende der Medizin, die vor diesem Zeitpunkt die Ärztliche Vorprüfung erfolgreich abgelegt haben, leisten gemäß Artikel 2 Abs. 2 der Zweiten Verordnung zur Änderung der Approbationsordnung für Ärzte vom 24. Februar 1978 (BGBl. I S. 312) die Famulatur nach den bisher geltenden Vorschriften ab.
c) Die Vorschriften über die Regelstudienzeit in Absatz 1 Satz 3 sind gemäß Artikel 2 Abs. 5 der Zweiten Verordnung zur Änderung der Approbationsordnung für Ärzte vom 24. Februar 1978 (BGBl. I S. 312) erstmals auf Studierende anzuwenden, die im Sommersemester 1978 mit dem Medizinstudium begonnen haben.

3. der Zweite Abschnitt der Ärztlichen Prüfung nach Bestehen des Ersten Abschnittes der Ärztlichen Prüfung und einem Studium der Medizin von drei Jahren nach Bestehen der Ärztlichen Vorprüfung und

4. der Dritte Abschnitt der Ärztlichen Prüfung nach einem Studium der Medizin von einem Jahr nach Bestehen des Zweiten Abschnitts der Ärztlichen Prüfung."

Nach erfolgreichem Abschluß des Dritten Abschnitts der mündlichen Prüfung konnte die Approbation, die zur selbständigen Ausübung des ärztlichen Berufs befähigt, erteilt werden.

Diese Approbationsordnung war seit ihrem Bestehen von der Ärzteschaft kritisiert worden, da sie ihrer Meinung nach eine ausreichenden Qualifikation der späteren Mediziner nicht sicherstellte.

Kritikpunkte waren vor allem auch Inhalt und Form der Prüfungen, Ausbildungsinhalte, mangelnder Praxisbezug und das Fehlen eines förmlichen Ausbildungszieles. Die aus der Sicht der Ärzteschaft zentralen Mängel faßte die Bundesärztekammer in ihrem Tätigkeitsbericht 1983 nochmals zusammen:

"1. Das Medizinstudium von derzeit sechs Jahren bietet nicht die Voraussetzung, den Absolventen zu befähigen, nach Abschluß eine eigenverantwortliche ärztliche Tätigkeit aufzunehmen.

2. Die praktische Ausbildung insgesamt ist unzureichend.

3. Die Approbationsordnung für Ärzte definiert das Ausbildungsziel 'Arzt' nicht. Dies ist eine der Ursachen für Unklarheiten über Art und Umfang des Lehrangebots an den Hochschulen sowie über den Zeitpunkt des Abschlusses der eigentlichen Ausbildungsphase des angehenden Arztes.

4. Es fehlen Studien- und Organisationspläne; geeignete und didaktisch geschulte Ausbilder stehen nicht in ausreichender Zahl zur Verfügung. Eine Überfrachtung mit theoretischem Detail-Ausbildungsstoff erschwert die Vermittlung praktischer Fähigkeiten.

5. Das Multiple-choice-Verfahren bei der ärztlichen Prüfung fördert die Anhäufung kognitiven Wissens und einer mechanischen Lernweise; es läßt das Denken in komplexen Zusammenhängen verkümmern. Die Prüfungsbelastungen im letzten Abschnitt der ärztlichen Ausbildung verhindern den vollen praktischen Einsatz des Studenten im letzten Studienabschnitt. Die unzureichende Gewichtung bei der Bewertung der schriftlichen Prüfung ermöglicht eine Vernachlässigung von Fächern."[1]

---

[1] Bundesärztekammer 1983, S. 186 f

Nachdem in der vom Bundesrat am 13. Dezember 1983 verabschiedeten 4. Novelle zur Änderung der Approbationsordnung für Ärzte lediglich ein vom Deutschen Ärztetag befürwortetes gestuftes System für die Bewertung der Prüfungsleistungen eingeführt wurde, das die bis dahin geltende Bewertung nach „bestanden" und „nicht bestanden" ablöste, wurden in dem im November 1983 vorgelegten Entwurf einer 5. Novelle zur Approbationsordnung[1], deren Realisierung durch ein entsprechendes 4. Gesetz zur Änderung der Bundesärzteordnung (vom 14.3.1985) vorbereitet wurde, einige der Kritikpunkte der Ärzteschaft berücksichtigt. So wurde in den Entwurf die Kurzfassung eines Ausbildungszieles „Arzt" aufgenommen, der mit der von der Ärzteschaft formulierten Definition kompatibel ist. Vor allem wurde von der Ärzteschaft begrüßt, daß durch die Formulierung das mit der Approbation verbundene Recht zur Niederlassung und selbständigen Betätigung betont wurde, in dem als wesentliches Ziel der Ausbildung „die Fähigkeit zur eigenverantwortlichen und selbständigen Ausübung des ärztlichen Berufs"[2] festgeschrieben wird.

Einhellig positiv beurteilt wurde von der Ärzteschaft auch die in der damals noch nicht verabschiedeten 5. Novelle der Approbationsordnung vorgesehene Ergänzung der schriftlichen Prüfungen durch mündlich-praktische Prüfungsabschnitte. Mit der praktisch-mündlichen Prüfung im Dritten Abschnitt sei die entscheidende Voraussetzung geschaffen worden, daß sich der Student im praktischen Jahr stärker als bisher praktischen Ausbildungsinhalten zuwenden könne. Einschränkungslos zugestimmt werden könne auch der Einführung einer mündlichen Prüfung in der Vorprüfung[3].

Auch in den für die vorliegende Untersuchung durchgeführten Interviews wurde verschiedentlich grundsätzlich Kritik an der jetzigen Form der Ausbildung und ihren Inhalten geäußert.

- Einer der Gesprächspartner aus Forschung und Lehre bemängelte das Fehlen eines echten Aufgabenprofils, an dem sich die Ausbildung orientieren könne. Vor allem über die tatsächlichen Anforderungen an den niedergelassenen Arzt stünden viel zu wenig (empirisch) gesicherte und in die Ausbildung umgesetzte Erkenntnisse zur Verfügung.

- Ein weiterer Experte kritisierte das für die Prüfungen vor allem verwendete Multiple-choice-Verfahren, das nicht dem medizinischen Denken entspräche.

- Drei der befragten Vertreter der Ärzteorganisation sowie ein Vertreter einer Krankenkasse forderten eine Änderung der Studieninhalte. In welcher Form diese inhaltliche Reform vorgenommen werden sollte, darüber bestand je-

---

[1] Die 5. Novelle zur Änderung der Approbationsordnung wurde nach Abschluß der vorliegenden Untersuchung am 15.12.1986 verabschiedet
[2] § 4 Abs. 2 nach dem 4. Gesetz zur Änderung der Bundesärzteordnung vom 14.3.1985
[3] Vgl. Bundesärztekammer 1983, S. 186 ff; 1984, S. 204 ff und 1985e, S. 230 ff

doch keine Einigkeit. So forderte einer der befragten Ärzte eine Reduzierung der naturwissenschaftlichen zugunsten einer stärkeren Ausweitung der praktischen Fächer, während ein zweiter Experte die Überbetonung der Apparatemedizin schon in der Ausbildung bemängelte: Die jungen Ärzte müßten wieder verstärkt lernen, auch ohne die Hilfe technischer Apparate zu diagnostizieren. Der dritte Experte vertrat die Auffassung, daß Anatomie, Physiologie und andere wichtige Basisfächer zu wenig, medizin-soziologisches, statistisches und psychologisches Wissen jedoch zu sehr vermittelt würde. Man verweigere den Studenten das ABC und verlange dann von ihnen, daß sie Aufsätze schrieben. Demgegenüber kritisierte ein Vertreter der Krankenkasse gerade die völlig fehlende psychologisch-therapeutische Ausbildung des Arztes in einer Zeit, da die psycho-somatischen Krankheiten immer mehr zunehmen.

– Ein Experte aus dem Bereich der Krankenversicherung kritisierte die fehlende qualitative Auswahl während des Studiums. Habe ein Student den Numerus clausus und die Vorprüfungen erstmal geschafft, habe er das Examen quasi in der Tasche.

Insgesamt beurteilten fünf der befragten Experten, darunter zwei Vertreter aus dem nicht-ärztlichen Bereich die medizinische Ausbildung für prinzipiell, d.h. inhaltlich und strukturell, dringend verbesserungsbedürftig. Ebenfalls fünf Experten, darunter auch zwei Vertreter nichtärztlicher Organisationen befanden dagegen die geltende Approbationsordnung für prinzipiell ausreichend, um dem ärztlichen Nachwuchs eine adäquate Qualifikation zu vermitteln. Alle Experten waren sich jedoch einig, daß auch bei eventuellen positiven Ansätzen die Ausbildungsordnung durch die starke Überfüllung der Universitäten zum Scheitern verurteilt sei[1].

Durch die Studentenschwemme hätten sich die Studienbedingungen erheblich verschlechtert und die für den einzelnen Studenten zur Verfügung stehenden Ausbildungsangebote (technische Geräte, Lehrkräfte etc.) seien unangemessen reduziert worden.

So seien die jetzigen Ausbildungskapazitäten lediglich für ein Drittel bis zwei Drittel (die Angaben schwankten hier) ausgelegt. Dort, wo technische Apparaturen oder Patienten für praktische Übungen und Kurse erforderlich sind, seien die Kapazitäten völlig überlastet, der Unterricht ineffektiv und schlecht. Vor allem die Diskrepanz zwischen der Zahl der Studenten und der Zahl der zum praktischen Unterricht heranziehbaren Patienten sei enorm, die Anzahl der geeigneten und verfügbaren Patienten jedoch nicht beliebig zu steigern. Die Folge seien zwar theoretisch hervorragend, praktisch jedoch denkbar schlecht

---

[1] Dies entspricht auch dem bei der Literaturanalyse gewonnenen Eindruck über das Meinungsbild in der Ärzteschaft. Vgl. hierzu z.B. Vogel 1983.

ausgebildete Jungärzte. Von den Vertretern der Ärzteschaft wurde deshalb einhellig gefordert, durch eine Änderung der Kapazitätenverordnung die Studentenzahlen auf ein dem tatsächlichen Bestand an Ausbildungskapazitäten entsprechendes Maß zu reduzieren. Dabei solle man sich nicht an den Hörsaalplätzen und an der medizinischen Vorklinik orientieren, sondern an der Zahl der für die notwendige praktische Ausbildung zur Verfügung stehenden Patienten. Damit entsprachen die Vertreter der Ärzteorganisationen voll dem von der Bundesärztekammer und den Deutschen Ärztetagen offiziell vertretenen Standpunkt.

So forderte etwa auch der Deutsche Ärztetag 1983 die Bundesländer auf, „die Kapazitätsverordnungen dahingehend zu novellieren, daß durch strengere Maßstäbe für die Relation zwischen Studenten und fachlichen Ausbildungsmöglichkeiten die Vermittlung praxisbezogenen Wissens während der Ausbildung sichergestellt werden kann"[1]. Begründet wurde dieser Beschluß damit, daß es wegen der zu hohen Zahl von Medizinstudenten nicht gelingen könne, während der Ausbildung Fähigkeiten und Fertigkeiten zu vermitteln, die für die spätere berufliche Tätigkeit unerläßlich seien. Eine grundsätzliche Behebung dieses Mangels wäre trotz der bisherigen Änderungen der Approbationsordnung für Ärzte nicht erreicht worden. Die ausreichende und patientennahe Ausbildung einer Überzahl von Studenten sei besonders auch an der Zahl der für die Ausbildung zum Arzt geeigneten und zur Verfügung stehenden Patienten gescheitert. Deren Belastbarkeit als Ausbildungsobjekt habe aus humanitären, ärztlichen und ethischen Gründen seine engen Grenzen. Strengere Maßstäbe für die Relation zwischen Studentenzahlen und fachlichen Ausbildungsmöglichkeiten würden nicht nur die Qualität der ärztlichen Ausbildung, sondern auch die der künftigen ärztlichen Versorgung fördern.

Die notwendige Verbesserung der Kapazitätsverordnung solle – so der Deutsche Ärztetag weiter – das Ziel verfolgen,

„– daß sich die Kapazitätsberechnung in erster Linie an der klinischen Ausbildungskapazität orientiert und

– daß nur Krankenhausbetten in der Kapazitätsberechnung berücksichtigt werden, die voll für die Lehre zur Verfügung stehen.

Bei richtiger Anwendung und Verbesserung der Kapazitätsverordnung wird eine Verlängerung der Ausbildung nicht notwendig."[2]

Die Begründung beruft sich dabei auf ein Rechtsgutachten der Professoren Dr. Stern und Dr. Tettinger, nach dem trotz der Rechtsprechung des Bundesverfas-

---

[1] Vogel 1983
[2] Deutscher Ärzteverlag 1983, S. 51; vgl. auch FAZ v. 17.3.82; Bundesärztekammer 1983, S. 186 f

sungsgerichtes zum Numerus clausus[1] die Möglichkeit der Änderung der Kapazitätsverordnung unter dem Gesichtspunkt der Qualitätssicherung besteht.

Das Gutachten kommt zu dem Ergebnis, daß aus Gründen des Gemeinwohles der Qualitätsstandard der ärztlichen Ausbildung garantiert sein müsse. Wenn demnach die gesundheitliche Versorgung aufgrund der derzeitigen Qualität nachweisbar gefährdet ist, bestehen überragende Gründe des Gemeinwohles für eine Änderung der Kapazitätsverordnung und Approbationsordnung[2].

Die in den letzten Jahren sowohl von der Bundesärztekammer als auch von den übrigen ärztlichen Verbänden immer wieder erhobene Forderung nach Senkung der Kapazitäten[3] wird von den Krankenkassen voll unterstützt. Beispielhaft sei hier Oldiges zitiert:

„Als Hauptgrund des Scheiterns der Reform von 1970 wird die Verdoppelung der Studienanfängerzahlen von 1958 bis 1979 von 4.800 auf 11.000 pro Jahr angesehen. Statt 2,8 Betten stehen für einen Studenten rein rechnerisch nur noch 1,4 Betten zur Verfügung. Bei Berücksichtigung der Auslastung der Betten und der Geeignetheit und Bereitwilligkeit der Patienten bleiben bei summarischer Betrachtung kaum mehr 0,3 Patienten pro Student. Die fächerbezogene Patientenzahl kann im einzelnen nur noch weit darunter liegen. Damit gehört die Bundesrepublik Deutschland zum internationalen Schlußlicht der praktischen Ausbildungsmöglichkeiten. Demgegenüber beträgt in der DDR die Studenten/Betten-Relation 3,6, in Frankreich 3,8, in Schweden 4 und in England 5.

Es ist zu befürchten, daß sich die Studenten/Betten-Relation im Bundesgebiet noch weiter verschlechtert, wenn weiterhin die Gerichte zusätzliche Studienplätze schaffen. Allein an der Universität Hamburg sind im Wintersemester 1978/79 und im Sommersemester 1979 100 von 345 bzw. 117 von 342 Zulassungen durch das Verwaltungsgericht bzw. Oberverwaltungsgericht erwirkt worden. Seit dem Sommersemester 1982 betrug die Zahl der Studenten die

---

[1] Nachdem die Hochschulen die Zahl der Studienanfänger im Fach Humanmedizin von 7.700 im Jahr 1962 auf etwa die Hälfte im Jahre 1969 reduziert hatten, entschied das Bundesverfassungsgericht im ersten Numerus-clausus-Urteil vom 18.7.1972, daß der absolute Numerus clausus am Rande des verfassungrechtlich Hinnehmbaren liege. Der Staat wurde verpflichtet, mit Hilfe einer Kapazitätsverordnung für die erschöpfende Nutzung der vorhandenen Kapazitäten zu sorgen. Da eine Verbesserung der Situation nur schleppend sichtbar wurde, eröffnete das Bundesverfassungsgericht im April 1975 die Möglichkeit, Studienplatzprozesse unmittelbar gegen die Universitäten zu führen, weil die vorhandenen Kapazitäten nicht ausgeschöpft seien. Dies führte zu einer Welle von Verfahren (rund 1.000 je Semester gegen die einzelne Universität; manche Kläger klagten bundesweit). Damit ergab sich im Zusammenhang mit der gleichzeitigen Entwicklung der Kapazitätsverordnung eine ständige Erhöhung der Studienplatzzahlen (rund 7.500 im Studienjahr 1975/76; 12.000 im Studienjahr 1983/84) (vgl. Becker 1985 sowie Hardegg 1985).

[2] Vgl. Bundesärztekammer 1983

[3] Vgl. z.B. Der Deutsche Arzt 21/85, s. 5; Häußler 1985, S. 3; Spiegel 22/85, S. 172; ÄZ v, 11.4.1985; ÄZ v. 20.5.1985; Jäger 1985, S. 14

84

aufgrund von Gerichtsurteilen zugelassen werden mußten, an der Universität Hamburg im Durchschnitt 1/6 aller zugelassenen Studenten. Verschiedene Experten, auch Rechtswissenschaftler, stellen in Frage, ob verschiedene Verwaltungsgerichte bei der notwendigen Güterabwägung das Recht des Auszubildenden auf Selbstverwirklichung zu hoch und das Recht des Patienten auf eine Behandlung durch sorgfältig ausgebildete Ärzte zu niedrig veranschlagten. Es ist nicht zu erwarten, daß die öffentliche Hand diese Engpässe durch die Schaffung neuer Bettenkapazitäten in der Ausbildung der Ärzte beseitigt. Die Finanzsituation der öffentlichen Haushalte und die sich immer mehr durchsetzende Auffassung, im stationären Bereich sei eine Verringerung der Kapazitäten zugunsten ambulanter und vor allem komplementärer Versorgungsangebote unumgänglich, stehen dem entgegen.

Das unzureichende und sich mit zunehmender Studentenzahl verschlechternde Ausbildungsniveau wirkt sich in zweifacher Weise auf die Versorgung der Bevölkerung und die Ausgabenentwicklung der Gesetzlichen Krankenversicherung aus. Infolge mangelnder Patientenkontakte erhalten die Studenten ein einseitiges, stark naturwissenschaftlich und technisch orientiertes Bild vom kranken Menschen und von Krankheit. Die Folge sind eine Überbetonung rein naturwissenschaftlicher und apparativ-technischer Aspekte, eine Nichtberücksichtigung psychomatischer Zusammenhänge sowie eine Vernachlässigung persönlicher Kontakte mit dem Patienten. Experten betrachten dies als eine Ursache für die Technisierung der Diagnosestellung, die große Zahl von Arzneimittelverordnungen, für wenig erfolgreiche und sich über Jahre hinziehende Arzt-Patienten-Kontakte und andere Versorgungsmängel."[1]

Dementsprechend fordern auch die Krankenkassen eine Senkung der Anzahl der Studienplätze[2].

Welche Probleme im Hinblick auf die Qualität der Berufsausübung, eventuell sogar Gefahren für die medizinische Verantwortung die Ausbildungsmängel in der Medizin aufwerfen können, wird deutlich, wenn man berücksichtigt, daß unter den Jungmedizinern – z.T. aufgrund fehlender Weiterbildungsstellen, z.T. aufgrund mangelnder Motivation zur Weiterbildung – die Tendenz steigt, sich gleich nach der Ausbildung in freier Praxis niederzulassen. Die Folge ist eine wachsende Zahl von im hausärztlichen Sektor tätigen Ärzten, die nur schwerlich in der Lage sein dürften, ihre Patienten ordnungsgemäß zu versorgen, da ihnen Kenntnisse in Diagnose und Therapie sowie ein „ausreichendes selbstkritisches Erkenntnisvermögen, wann ein Patient an einen Facharzt weiterzuleiten sei", fehlen[3]. Auf diese Gefahr wurde auch von den meisten von uns befragten Experten hingewiesen, die eine Verbesserung der Ausbildung als eine

1) Oldiges 1985, S. 16–17
2) Vgl. Pharmazeutische Zeitung 38/1985, S. 2367
3) Durth 1982; vgl. auch SZ vom 10.6.1981; SZ vom 14.11.1983; FAZ vom 17.3.1982

wesentliche Voraussetzung für eine Qualitätssicherung im medizinischen Bereich bezeichneten.

Als einen ersten vorsichtigen Ansatz, die von Ärzteschaft und Krankenkassen gleichermaßen kritisierte Massenausbildung zu verbessern, hat einer der Experten die im Entwurf zur 5. Novelle der Approbationsordnung enthaltene Konkretisierung des Begriffs „Kleingruppe" für den Unterricht am Krankenbett auf in der Regel nicht mehr als fünf Studenten pro Patient genannt, die auch Auswirkungen auf die Kapazitätsverordnungen der Länder haben könnte. Sollte auf diesem Wege, so der Experte, tatsächlich eine Reduzierung des Studenten-Patienten-Verhältnisses auf ein vertretbares Maß erfolgen, sei durch die neue Approbationsordnung ein wesentlicher Beitrag zur Steigerung der ärztlichen Qualifikation und damit der Qualität der Berufsausübung zu erwarten. Auch die Bundesärztekammer begrüßte in einer offiziellen Stellungnahme diesen Aspekt der 5. Ausbildungsordnungsnovelle nachdrücklich. „Wenn auch die volle Realisierung dieser Überlegungen einfach durch praktische Schwierigkeiten begrenzt sein dürfte und somit die wünschenswerten Auswirkungen auf die Kapazitätsverordnungen der Länder voraussichtlich nicht voll durchgreifen, so wird doch – erstmalig in der Approbationsordnung – eine definitorische Abgrenzung des zahlenmäßigen Verhältnisses von Studenten/Krankenbett damit umrissen."[1]

Während einerseits die 5. Novelle der Approbationsordnung eine Lösung des grundlegenden Problems der medizinischen Ausbildung – die Überfüllung der Kapazitäten und die daraus resultierenden gravierenden Mängel in der praktischen Ausbildung – durch erste Schritte in Richtung einer Anpassung von Studentenzahlen und Ausbildungskapazitäten langsam einzuleiten scheint, wird auf der anderen Seite in der gleichen Novelle versucht, die Qualifikationsmängel durch eine praktische Zusatzausbildung im Anschluß an die abgeschlossene universitäre Ausbildung aufzufangen. Dies soll durch die Einführung einer Praxisphase als Arzt im Praktikum (AiP) ab 1.7.1988 geschehen, für die in § 4 Abs. 4 des Vierten Gesetzes zur Änderung der Bundesärzteordnung bereits der gesetzliche Rahmen abgesteckt ist. In der Praxisphase sollen in Zukunft alle angehenden Ärzte, die bisher mit der letzten ärztlichen Prüfung nach sechs Jahren auch das Recht erwarben, selbständig Patienten zu behandeln (Approbation), zunächst 18 Monate, ab 1.1.1993 zwei Jahre unter Anleitung von berufserfahrenen Kollegen praktische Erfahrungen sammeln, bevor sie das Recht zur eigenverantwortlichen und selbständigen Berufsausübung erhalten.

Die Tätigkeit ist im Krankenhaus, in der Praxis eines niedergelassenen Arztes, in einem Sanitätszentrum oder in einer ähnlichen Einrichtung der Bundeswehr oder in einer Justizvollzugsanstalt mit hauptamtlichem Anstaltsarzt abzuleisten.[2]

---

[1] Bundesärztekammer 1984, S. 207
[2] Vgl. § 34 der Fünften Verordnung zur Änderung der Approbationsordnung für Ärzte vom 15. Dezember 1986

Die Praxisphase ist nach Auffassung des Gesetzgebers notwendig, um „eine bessere Qualifikation für alle angehenden Ärzte zu erhalten und damit die Befähigung des jungen Arztes mit den Berechtigungen in Einklang zu bringen, die die Approbation als Arzt verleiht"[1]. Um die Realisierung des Ausbildungszieles, die Befähigung zur verantwortlichen und selbständigen Ausübung des ärztlichen Berufs, zu gewährleisten, ist dem Arzt im Praktikum nach dem Wortlaut der 5. Novelle der Approbationsordnung ausreichend Gelegenheit zu geben, ärztliche Tätigkeiten auszuüben und allgemeine ärztliche Erfahrungen zu sammeln. Die ihm zugewiesenen Aufgaben soll er „mit einem dem wachsenden Stand seiner Kenntnisse und Fähigkeiten entsprechenden Maß an Eigenverantwortlichkeit" verrichten. Außerdem hat er an mindestens acht Ausbildungsveranstaltungen teilzunehmen. Sie müssen insbesondere auf die Erörterung häufig vorkommender Krankheitsfälle und deren Behandlung, allgemeinmedizinische Fragestellungen, Fragen der ärztlichen Berufsethik, des Verhältnisses zwischen Arzt und Patient sowie auf Fragen der Wirtschaftlichkeit und der Kostenrelevanz im Gesundheitswesen ausgerichtet sein.

Mindestens neun (ab 1993 zwölf) Monate sind im nichtoperativen Bereich, sechs Monate im operativen Bereich zu arbeiten. Dadurch soll die Möglichkeit der Anrechnung auf eine allgemeinmedizinische Weiterbildung gefördert werden. Die Bundesländer werden aufgefordert, die in ihren Zuständigkeitsbereich fallenden Weiterbildungsregelungen entsprechend zu ändern.[2]

Die Einführung des AiP ist sowohl innerhalb als auch über die Ärzteschaft hinaus nicht unumstritten. So hat zwar die Bundesärztekammer, gestützt auf die Beschlußlage verschiedener Deutscher Ärztetage, den AiP grundsätzlich als geeignete Maßnahme zur Verbesserung der ärztlichen Ausbildung begrüßt, gleichzeitig jedoch betont, daß nur durch eine auf die allgemeinärztliche Tätigkeit ausgerichtete Strukturierung der Praxisphase erreicht werden könne, daß der AiP durch Rotation seine praktischen Kenntnisse und Fähigkeiten wirklich vertieft.[3] Mit der Erfüllung dieser Forderung würde gleichzeitig auch den Gesichtspunkten des Entwurfs der EG-Richtlinie „Allgemeinmedizin" Rechnung getragen.[4] Demgegenüber hatte sich der Vorsitzende des NAV gegen eine einheitliche Strukturierung ausgesprochen, damit die Praxisphase auf jeden Weiterbildungsgang anrechenbar würde.[5]

---

[1] Clade 1984
[2] Vgl. § 34 der Fünften Verordnung zur Änderung der Approbationsordung für Ärzte (15. Dezember 1986)
[3] Den Forderungen der Bundesärztekammer nach zumindest einer groben Strukturierung der AiP-Zeit sowie ihrer Anrechenbarkeit auf die allgemeinmedizinische Weiterbildung wurde in der 5. Novelle der Approbationsordnung weitgehend entsprochen.
[4] Vgl. z.B. Bundesärztekammer 1985c, S. 230 ff; Der Deutsche Arzt 21/85, S. 5; Handelsblatt v. 5.11.1984; Die Neue Ärztliche v. 25.9.85;
[5] Ärztezeitung v. 20.5.1985

Beanstandet wurde auch die durch die Neuregelung verursachte Verlängerung der Ausbildung zum Arzt auf insgesamt acht Jahre. Hier wurde z. B. von verschiedenen Deutschen Ärztetagen sowie von der Westdeutschen Rektorenkonferenz und dem Medizinischen Fakultätentag gefordert zu überprüfen, wie die praktische Ausbildung vor und während des Studiums verbessert werden könnte.[1]

Als problematisch wurde und wird im Zusammenhang mit dem AiP jedoch vor allem die Schaffung der notwendigen Stellen sowie die Sicherung einer angemessenen Honorierung der AiP's gesehen. So wurden einerseits mit Hinweis auf den Mangel an Weiterbildungsplätzen Zweifel geäußert, ob überhaupt ausreichend Stellen zur Verfügung gestellt werden könnten, andererseits wurde z.B. vom Marburger Bund sowie vom Hartmannbund die Forderung gestellt, die AiP-Stellen unabhängig von den Asssistenzstellen zu schaffen. Im anderen Falle würde der AiP die ohnehin schon knappen Weiterbildungsstellen noch weiter reduzieren.[2]

Als problematisch galt auch die Frage der Bezahlung der AiP. Vor allem der Marburger Bund befürchtete, daß sie keineswegs als ausreichend angesehen werden könne.[3]

Kritisiert wird vor allem vom Marburger Bund auch das Vorhaben der Bundesregierung, in einer 5. Änderung der Bundesärzteordnung zur Schaffung von AiP-Stellen, Assistenzarztstellen an befristete Verträge zu koppeln. Obwohl das Instrument von Zeitverträgen für Ärzte nicht gänzlich abgelehnt wird, sprach sich die 68. Hauptversammlung des Marburger Bundes in zwei Beschlüssen ausdrücklich gegen eine entsprechende Änderung der Bundesärzteordnung und eine Anwendung des Beschäftigungsförderungsgesetzes mit dem Ziel der späteren Stellenteilung aus. So wies der Erste Vorsitzende des Marburger Bundes, Dr. Jörg D. Hoppe, darauf hin, daß die Einführung befristeter Arbeitsverträge für die Weiterbildungsphase in die Bundesärzteordnung Auswirkungen auf alle Arztgruppen haben müsse. Damit wäre eine tiefgreifende Änderung des Selbstverständnisses und der Struktur des Arztberufes programmiert. Die Bundesärzteordnung dürfe nur die Zulassung zum Arztberuf regeln, Weiterbildung habe aber damit nichts zu tun, sondern sei eine Angelegenheit der Berufsausübung. Die geplante Änderung wird außerdem vom Marburger Bund in seiner Gewerkschaftsfunktion als Eingriff in die Tarifautonomie abgelehnt[4]. Auch senke die aus der Befristung der Arbeitsverhältnisse resultierende wachsende Fluktuation der Ärzte im Krankenhaus die Qualität der Patientenversorgung.[5]

---

[1] Vgl. Bundesärztekammer 1985b, S. 231
[2] Vgl. Der Deutsche Arzt 21/85; Handelsblatt v. 5.11.1984; Hammerschlag 1985
[3] Die Tarifverhandlungen über die Bezahlung des AiP sind mittlerweile abgeschlossen.
[4] Die Neue Ärztliche v. 12.11.1985
[5] Ärzte Zeitung v. 11.11.1985

Auch die Akademie für Allgemeinmedizin sprach sich grundsätzlich gegen die Einführung der Praxisphase aus, da sie befürchtet, daß durch sie die bisherige Weiterbildung zur Allgemeinmedizin in Gefahr gerät: Nur wenige Ärzte wären vermutlich bereit, nach Absolvierung der AiP-Zeit noch die Weiterbildung zum Allgemeinarzt zu beenden; auch könne die Schaffung von AiP-Stellen in den Praxen niedergelassener Ärzte auf Kosten der Weiterbildungsstellen für Allgemeinmedizin gehen.[1]

In der im Rahmen der vorliegenden Studie durchgeführten Expertenbefragung in den einzelnen Organisationen stellte sich das Meinungsbild zum AiP ebenfalls durchaus unterschiedlich dar:

Insgesamt äußerten sich elf Experten zum AiP und seiner Bedeutung für die Qualitätssicherung. Fünf der Befragten, darunter zwei Vertreter nichtärztlicher Organisationen, begrüßten die Einführung der Praxisphase, da sie verspreche, zumindest teilweise die bekannten Ausbildungsmängel zu beheben. Ein weiterer Vertreter eines ärztlichen Verbands wollte der Eignung des AiP als Maßnahme zur Verbesserung der ärztlichen Qualifikation zwar nur bedingt zustimmen; angesichts der Alternativen – mehr Praxis in der universitären Ausbildung einerseits, Pflichtweiterbildung und Hausarztmodell andererseits –, bezeichnete er die Praxisphase jedoch als „kleinstes Übel"; die beiden anderen Lösungskonzepte seien wirtschaftlich und bildungs- bzw. berufspolitisch nicht vertretbar.

Ausdrücklich als ungeeignetes Instrument der Qualitätssicherung bezeichneten vier Experten – alle Vertreter ärztlicher Organisationen – den AiP. Er sei lediglich eine formale Verbesserung, sprich: zeitliche Verlängerung, der Ausbildung, die grundlegenden Ausbildungsprobleme könne er jedoch nicht lösen. Vor allem von diesen Gesprächspartnern wurde die Problematik einer ausreichenden Schaffung von Stellen angesprochen, obwohl dieser Aspekt auch von zwei Befürwortern des AiP als noch nicht ausreichend geklärt bezeichnet wurde. Als ebenfalls noch nicht zufriedenstellend gelöst wurde von den vier Gegnern der AiP-Phase die inhaltliche und zeitliche Strukturierung der eineinhalb bzw. zwei Jahre angesehen. Einer der Experten führte dazu aus, daß, wenn schon der AiP eingerichtet würde, er zumindest so konzipiert sein sollte, daß er in die Weiterbildung nicht nur für Allgemeinmedizin, sondern für alle Fächer integriert werden kann. Diese Auffassung wurde auch von einem Vertreter der Krankenkassen geteilt. Dieser wollte (noch) keine generelle Bewertung des AiP abgeben, da die tatsächliche Effizienz dieser Maßnahme im wesentlichen von der konkreten Strukturierung und von der zufriedenstellenden Lösung der Stellenproblematik abhänge; beides sei jedoch z.Zt. noch nicht abzusehen (vgl. auch Übersicht 4).

---

[1] Bundesärztekammer 1985c, S. 70

Übersicht 4: Beurteilung der AiP-Phase hinsichtlich ihres Beitrages zur Verbesserung der ärztlichen Qualifikation

Beurteilung im Hinblick auf Qualitätsverbesserung	Begründungen	Anzahl der Experten
geeignet	verspricht zumindest teilweise eine Behebung der Ausbildungsmängel	5 Experten (darunter 2 Nicht-Ärzte)
zwar nur bedingt geeignet, aber kleinstes Übel	enthält im Vergleich zur Pflichtweiterbildung und zum Hausarzt Modell die kleinsten Mängel	1 Experte
nicht geeignet	lediglich formale, jedoch inhaltliche und strukturelle Verbesserung der Ausbildung, Ausbildungsprobleme hierdurch nicht lösbar (3 Experten) Schaffung von Stellen und Strukturierung der Inhalte ist problematisch (2 Experten)	4 Experten
problematisch	Eignung hängt ab von der Möglichkeit, ausreichend Stellen zu schaffen und eine angemessene Strukturierung zu entwickeln	1 Experte (Nicht-Arzt)

Von sieben Experten, auch von drei Befürwortern des AiP, wurde als Instrument zur Qualitätssicherung grundsätzlich einer Verringerung der Studentenzahlen der Vorzug gegeben.

Insgesamt – dies zeigt sowohl die öffentliche Diskussion als auch das Ergebnis der Expertenbefragung – kann aus der Sicht eines großen Teils der Ärzteschaft der AiP zwar nicht als Ideal-, jedoch als Kompromiß- oder Übergangsregelung gesehen werden. Dabei wird der AiP nicht nur an der Alternative der Senkung der Studentenzahlen gemessen, die nach wie vor allgemein als die sinnvollste bzw. optimale Lösung angesehen wird, sondern auch an den alternativen Konzepten der „Pflichtweiterbildung" und dem sog. „Hausarzt-Modell" der KBV, die im folgenden Punkt behandelt werden. Die Ablehnung des AiP geht i.d.R. einher mit der Befürwortung eines der beiden anderen Konzepte.

Außer acht gelassen wurde bei den vorangegangenen Darstellungen und Überlegungen, daß sämtliche in der Ärzteschaft diskutierten Ausbildungskonzepte, sei es die Veränderung der Kapazitätsverordnung oder der AiP, seien es die im folgenden dargestellten Modelle, natürlich nicht nur unter dem Aspekt der qualitativen Verbesserung des Leistungsangebotes, sprich der ärztlichen Versorgung, entwickelt wurden, sondern einen Versuch darstellen, durch qualifikationsbedingte Barrieren die befürchtete „Ärzteschwemme" einzudämmen. Als mögliche Maßnahmen zur Zugangsbeschränkung werden die Konzepte in Punkt 4.1.2.2.2 diskutiert.

4.1.2.1.3 Weiterbildung

Nach Erhalt der Approbation bzw. nach Abschluß der universitären Ausbildung inkl. des Praktikums besteht für die Ärzte, die dann bereits die Erlaubnis zur Berufsausübung besitzen, die Möglichkeit zur Weiterbildung. Nach deren erfolgreichem Abschluß sind sie berechtigt, neben der Berufsbezeichnung „Arzt" weitere Bezeichnungen zu führen, die auf besondere Kenntnisse in einem bestimmten medizinischen Gebiet (Gebietsbezeichnung), Teilgebiet (Teilgebietsbezeichnung) oder auf andere zusätzlich erworbene Kenntnisse (Zusatzbezeichnung) hinweisen. Die Möglichkeit zur Weiterbildung und die allgemeinen Rahmenbedingungen sind in den Kammer- oder Ärztegesetzen der Länder festgeschrieben; die konkrete Regelung und Durchführung der Weiterbildung liegt bei den Landesärztekammern, die dafür sog. „Weiterbildungsordnungen" erlassen haben. Zur Sicherstellung einer bundesweit einheitlichen Regelung hat die Bundesärztekammer eine Weiterbildungsmusterordnung beschlossen, in der die möglichen Gebiete und Teilgebiete der Weiterbildung aufgeführt (§ 2), Voraussetzung, Art, Inhalt, Dauer und zeitlicher Ablauf der jeweiligen Weiterbildung (§ 3) sowie die zulässigen Arztbezeichnungen (§ 4) festgelegt sind. Ferner regelt die Musterordnung, wer zur Weiterbildung ermächtigt ist (§ 5), den Widerruf der Ermächtigung (§ 6), die Erteilung von Zeugnissen über die Weiterbildung (§ 7), die Anerkennung von Arztbezeichnungen (§ 8), den Prüfungsausschuß und Widerspruchsausschuß (§ 9), die Zulassung zur Prüfung (§ 10), die Prüfung (§ 11), die Prüfungsentscheidung (§ 12), Wiederholungsprüfung (§ 13), die Anerkennung bei gleichwertiger Weiterbildung (§ 14) und solcher im Ausland (§ 15), sowie die Aberkennung der Arztbezeichnung (§ 16).

Nach dieser nach den Beschlüssen des Deutschen Ärztetages von 1976 abgefaßten und seitdem mehrfach veränderten und ergänzten Musterordnung ist es Ziel der Weiterbildung, „Ärzten nach Abschluß ihrer Berufsausbildung im Rahmen einer mehrjährigen Berufstätigkeit unter Anleitung dazu ermächtigter Ärzte eingehende Kenntnisse und Erfahrungen in den Gebieten, Teilgebieten und Bereichen zu vermitteln, für die zur Ankündigung einer speziellen ärztlichen Tätigkeit besondere Arztbezeichnungen geführt werden dürfen"[1].

---

[1] § 1 der Weiterbildungsordnung für Ärzte

Übersicht 5: Beurteilung der Weiterbildungsqualität durch die befragten Experten

Beurteilung der Weiterbildungsqualität	Begründung	Anzahl der Experten
gut	Strukturierung und Überprüfung sichern die Qualität	3 Experten
gut	sollte auch allgemeinmedizinisches Wissen vermitteln	1 Experte (Nicht-Arzt)
gut	konnte bislang Ausbildungsdefizite ausgleichen	1 Experte
gut, aber verbesserungsfähig	z.B. besserer Operationskatalog für die Weiterbildung im Fach Chirurgie	1 Experte
z.T. gut	Weiterbildungsqualität hängt vom Engagement des einzelnen ab	1 Experte
z.T. sehr schlecht	Weiterbildungsstruktur ist nicht qualitätsfördernd	1 Experte
(kein Urteil)	Weiterbildung oft nur Nebenprodukt, Mindestzeiten reichen nicht aus	1 Experte

Die Beurteilungen der Qualität der Weiterbildung durch die befragten Experten, die in Übersicht 5 zusammengefaßt sind, waren in der Mehrheit positiv. So wurde von fünf der Befragten, darunter zwei Vertretern aus dem nicht-ärztlichen Bereich, das qualitative Niveau der Weiterbildung als prinzipiell gut eingeschätzt.

Ein weiterer Vertreter aus der Ärzteschaft beurteilte die Weiterbildungsqualität als gut, jedoch selbstverständlich verbesserungsfähig. Er nannte hier als Beispiel die Weiterbildungsordnung für Chirurgie, deren Leistungskatalog nicht ausreichend sei. Die in der Weiterbildung Befindlichen hätten nur das Bestreben, die erforderlichen Operationen in der angegebenen Zeit zu tätigen. Das Führen von Krankenblättern werde aber z.B. nicht ausreichend überprüft. Hinzu komme eine vordergründige und einseitige Wertung des Operationskataloges.

Prinzipielle Kritik wurde in zwei Interviews geäußert. So bezeichnete einer der Vertreter der Krankenversicherung zwar nicht die Quantität, jedoch die Qualität der weitergebildeten Spezialisten als zu gering, machte aber keine Angaben über eventuelle Reformmöglichkeiten.

Demgegenüber hielt der zweite Kritiker die Weiterbildungsverhältnisse in der Bundesrepublik Deutschland insgesamt für dringend restaurationsbedürftig; er verwies auf einen von ihm an anderer Stelle zu diesem Problem gehaltenen Vortrag[1]:

„Das bestehende Weiterbildungssystem, das in Universitätskliniken genauso wie in Kreiskrankenhäusern gilt, ist nicht darauf ausgerichtet, bei dem weiterbildenden Arzt ein hohes Interesse an einer möglichst guten Weiterbildung der ihm unterstellten Ärzte zu erzwingen. Es ist kein Geheimnis, daß bei der Auswahl für leitende Positionen keinesfalls immer Fachwissen, Führungsqualitäten, entsprechende menschliche Eigenschaften, Intelligenz und Geschicklichkeit den Ausschlag geben. Es ist ebenfalls kein Geheimnis (und sollte auch nicht als Provokation verstanden werden), wenn man davon spricht, daß in manchen Kliniken das Interesse der Klinikleitung überwiegend der Behandlung von Privatpatienten gilt und die Weiterbildung der nachgeordneten Ärzte notwendigerweise darunter leidet. In vielen Fällen wird die Weiterbildungspflicht ausschließlich auf die zweite hierarchische Stufe des Krankenhaussystems, nämlich die Oberärzte, delegiert. Sie zerfällt so in kaum noch kontrollierte Bruchstücke, die nur auf spezifische Belange zugeschnitten sind, statt alle erforderlichen Teile des Fachgebietes zu berücksichtigen."

Da viele der zur Weiterbildung ermächtigten Ärzte und Ordinarien eher an Zusatzverdiensten als an der Ausbildung der Assistenzärzte interessiert seien, müsse die Möglichkeit für Zusatzverdienste abgeschafft werden, damit Forschung und Lehre (vor allem auch in den Universitätskliniken) nicht weiterhin zu kurz kämen:

„Erfahrungen aus dem anglo-amerikanischen Raum haben gezeigt, daß die Entlastung von Positionen, die eine ärztliche Weiterbildungsverpflichtung beinhalten (und zwar eine Weiterbildungsverpflichtung im Sinne einer lehrenden und ausbildenden Funktion), von der Notwendigkeit, eine adäquate finanzielle Entschädigung erzielen zu müssen, positiv wirkt. Eine derartige Entlastung ermöglicht es dem Stelleninhaber, erheblich mehr Zeit und Intensität auf die Weiterbildung seiner nachgeordneten Mitarbeiter zu konzentrieren. .... Selbstverständlich müssen leitende Positionen mit adäquaten Gehältern dotiert sein, um auch einen entsprechenden Anreiz auf hochqualifizierte Stellenbewerber auszuüben. Eine Effektivitätskontrolle ist aber notwendig, um bei klarem Nichterbringen geforderter Leistung die Möglichkeit zu schaffen, derartige Positionen neu zu besetzen. Die Schweiz kennt diese Möglichkeit von jeher, und es kann wohl kaum gesagt werden, daß die Schweizer Medizin mit diesem System schlechter fahre als die unsere."

---

[1] Pförringer 1982

Auch sei eine ausführliche Überprüfung der in der Weiterbildung erworbenen Kenntnisse – wie sie in allen anglo-amerikanischen und vielen anderen Ländern der Welt bereits praktiziert werde – notwendig:

„Das englische System beispielsweise sieht im Rahmen der Weiterbildung mehrere Prüfungen vor. Die Durchfallraten beim ersten Ablegen der Prüfungen reichen bis zu 40 Prozent. Da der hier geprüfte Stoff als das Grundhandwerkszeug angesehen werden muß, ist es durchaus gerechtfertigt, die Anforderungen sehr hoch zu schrauben. Zum Abschluß der Weiterbildung wird der angehende Gebietsarzt mehrere Tage lang schriftlich wie mündlich und im praktischen Umgang mit dem Patienten geprüft. Auch hier liegen die Durchfallraten über 30 Prozent. Dem in der Weiterbildung befindlichen Kollegen sind die Hürden bekannt, und ein entsprechender persönlicher Einsatz ist automatisch die Folge."

Auch in der Bundesrepublik ist man dazu übergegangen, die in der Weiterbildung erworbene Qualifikation des Arztes zu überprüfen.[1] Dies geschieht durch eine abschließende mündliche Prüfung in Form eines Fachgesprächs, die pro Antragsteller ca. 30 Minuten dauern soll.[2] Als weitere Voraussetzungen für die Erlaubnis des Führens einer Gebiets- oder Teilgebietsbezeichnung hat der Antragsteller vom weiterbildungsermächtigten Arzt ausgestellte Zeugnisse und Nachweise über Dauer und Inhalt der Weiterbildung sowie über seine fachliche und persönliche Eignung vorzulegen.[3]

Während der eben zitierte Experte diese Regelung als bei weitem nicht ausreichend bezeichnete, wurde im Gegensatz dazu von zwei anderen Gesprächspartnern das zur Zeit praktizierte Prüfungs- und Kontrollsystem als wesentlicher Beitrag zur Sicherung der Weiterbildungsqualität hervorgehoben:

Neben der in der Weiterbildungsordnung bis ins Detail festgelegten Strukturierung der Weiterbildungsphase sichere die am Ende der Weiterbildung durchgeführte Überprüfung die ausreichende Qualifikation der Absolventen. Daß es sich hierbei nicht nur um eine reine Formsache handele, zeigten die Durchfallquoten von immerhin 9-10 %. Darüber hinaus unterliege auch der zur Weiterbildung ermächtigte Arzt[4] bzw. die Weiterbildungsstätte[5] gewissen Kontrollen. Werde anhand der Zeugnisse und Prüfungen festgestellt, daß die Anforde-

---

[1] Vgl. dazu § 8 Satz 2 der Weiterbildungsmusterordnung: „Die Entscheidung über den Antrag auf Anerkennung einer Gebiets- oder Teilgebietsbezeichnung trifft die Ärztekammer aufgrund der vorgelegten Zeugnisse und einer sie ergänzenden Prüfung. Abweichend von Satz 1 wird die Anerkennung als Arzt für öffentliches Gesundheitswesen aufgrund des Zeugnisses über das Bestehen der staatsärztlichen Prüfung erteilt."
[2] Vgl. § 11 der Weiterbildungsmusterordnung
[3] Vgl. §§ 7 und 10 der Weiterbildungsordnung
[4] Die Ermächtigung der zur Weiterbildung befugten Ärzte liegt gemäß der Kammergesetze oder Ärztegesetze der Länder in der Kompetenz der Landesärztekammern.
[5] Über die Ermächtigung der Weiterbildungsstätten entscheidet die jeweilige zuständige Aufsichtsbehörde des Bundeslandes.

rungen des Weiterbildungskataloges nicht erfüllt würden, könne die Ermächtigung reduziert oder entzogen werden.

In einem Interview wurde auch die geplante Befristung der Assistenzarztstellen angesprochen, die laut dem Entwurf zur 5. Novelle der Bundesärzteordnung dann ermöglicht werden soll, wenn „die Beschäftigung des Arztes seiner Weiterbildung zum Gebietsarzt oder zum Erwerb einer Anerkennung für ein Teilgebiet oder dem Erwerb einer Zusatzbezeichnung dient".[1] Ziel der Befristung ist es, wie bereits erwähnt, genügend Stellen für die ab 1987 in die Krankenhäuser drängenden AiP's zu schaffen. Vor allem für den Marburger Bund ist dieses Vorhaben aus verfassungs-, tarifrechtlichen und sachlichen Gründen nicht akzeptabel.

So bezeichnete der Vorsitzende des Marburger Bundes auf der Hauptversammlung 1985 das Vorhaben als ein „untaugliches Mittel am falschen Objekt". Die Einführung der Befristung in die BÄO sei eine Manipulation des „Grundgesetzes des ärztlichen Berufes" und daher verfassungsrechtlich bedenklich und zudem sachlich inopportun. Zudem bedeute es einen flagranten Eingriff in die Tarifautonomie und werte die Tarifvertretung der Krankenhausärzte ab, wenn diese generell befristete Arbeitsverhältnisse bei einer Weiterbildung hinnehmen müßten. Es könne jedoch nicht „rechtslogisch" sein, Zulassungs- und Weiterbildungsprobleme zu vermengen und essentielle Forderungen an eine freiwillige Weiterbildung mit arbeitsvertraglichen Auflagen zu verknüpfen. Denn der Arzt werde nicht aufgrund einer Weiterbildung am Krankenhaus beschäftigt, sondern ausschließlich zur Versorgung von Patienten. Auch Eingriffe in das Recht des approbierten Arztes auf die freie Berufsausübung dürften nicht in dieser Weise vorgenommen werden. Der Gesetzgeber habe lediglich eine Kompetenz im Hinblick auf die Zulassung; die ärztliche Berufsausübung hingegen falle nicht in seine Zuständigkeit. Der Verordnungsgeber dürfte den Berufszugang nicht mittelbar steuern und in Weiterbildungsverhältnisse eingreifen. Zudem wären Abruf-Verträge auch deswegen nicht gerechtfertigt, weil nur Mindestweiterbildungszeiten vorgeschrieben sind. Ob diese Zeiten tatsächlich eingehalten werden könnten, hänge nicht so sehr vom Weiterbildungswilligen und vom weiterbildenden Arzt ab, da Weiterbildung ein „Nebenprodukt" der ärztlichen Berufsausübung sei.[2]

Darüber hinaus steigere die Befristung die Fluktuation in der Ärzteschaft zugunsten junger noch wenig erfahrener Kollegen und gefährde damit die Qualität der Versorgung der Patienten. Dies könne nicht im Interesse der Krankenhauspatienten sein.[3] Zudem würden durch die Befristung keine neuen Stellen geschaffen. Der Marburger Bund fordert deshalb die Einrichtung zusätz-

---

1) Vgl. Deutscher Bundestag 1985
2) Vgl. Clade 1985 sowie Deutsches Ärzteblatt 47/85, S. 3493
3) Vgl. Hoppe (1985) sowie Kinikarzt 14/85

licher Stellen für die Jungärzte in der AiP-Phase, damit die Vollendung der ärztlichen Ausbildung nicht zu Lasten des ärztlichen Personals gehe. Dies sei im Hinblick auf die unzumutbar hohen Überstunden bzw. Bereitschaftsdienstzeiten ohne weiteres möglich. So leiste ein Klinikarzt pro Woche immer noch ca. 18 Überstunden in Form von Bereitschaftsdienst, wodurch sein Gehalt um ca. 30 bis 50 Prozent steigen könne.[1]

Qualitätsfördernd – so führte der von uns befragte Vertreter des Marburger Bundes dieses Thema weiter aus – würde die zeitliche Begrenzung der Verträge nur wirken, wenn mit ihr eine ausdrückliche Koppelung der Assistenzarztstellen an die Weiterbildung einhergehen würde, die die Weiterbildung zum primären Zweck der Arbeitsverträge machen und sie mit einem einklagbaren Recht des Assistenzarztes auf Weiterbildung verknüpfen würde. Dies wäre unter dem Aspekt der Weiterbildungsqualität sicherlich eine Verbesserung im Vergleich zur derzeitigen Regelung, die eine solche Verknüpfung nicht vorsehe. Weiterbildung sei heute vielmehr lediglich ein Nebenprodukt der Assistenzarzttätigkeit und deshalb kaum noch in der Mindestzeit abzuleisten. Da die Einführung eines einklagbaren Rechts auf Weiterbildung jedoch völlig utopisch sei, müßte sich bei Durchführung der im Entwurf zur 5. Änderung der Bundesärzteordnung vorgesehenen Befristung der Weiterbildungsplätze eine Minderung der Weiterbildungsqualität einstellen, da die Zeit zur Erbringung der erforderlichen Weiterbildungsleistungen zu kurz würde. Unser Gesprächspartner befürchtete deshalb durch eine derartige Neuregelung in erster Linie negative Auswirkungen für die Qualität der Weiterbildung.

In der aktuellen Diskussion steht jedoch weniger die Qualität der Weiterbildung an sich im Vordergrund. Vielfach als Alternativkonzept zum „Arzt im Praktikum" erörtert, ist auch die Weiterbildung zu einem Instrument zur Bewältigung der „Ärzteschwemme" und ihrer Folgen geworden. So wurde auch von drei Experten, darunter einem Vertreter der Krankenkassen, die besondere Bedeutung der Weiterbildung für den Ausgleich der durch die herrschende Ausbildungsmisere entstehenden Ausbildungsdefizite betont. Obwohl also die Funktion der Weiterbildung in der Musterordnung eindeutig bestimmt ist als die Vermittlung von Zusatz- und Spezialkenntnissen für bereits zur Ausübung des Berufs qualifizierte Mediziner, hat durch die Ausbildungsmisere neben diesem Spezialisierungsaspekt der Aspekt „Weiterbildung als Ausbildungsersatz" wesentlich an Bedeutung gewonnen.

Ihren Niederschlag findet die „Ersatzfunktion" der Ausbildung in der Diskussion um die sog. Pflichtweiterbildung, die eigentlich die Diskussion um die Pflichtweiterbildung der an der allgemeinärztlichen Versorgung beteiligten Ärzte ist, da für alle übrigen Gebiete bereits Weiterbildungsordnungen existieren. Auslöser der Diskussion um die Weiterbildungspflicht ist dabei die „Studenten-

---

[1] Vgl. Hannoversche Allgemeine Zeitung v. 5.9.85

Tab. 1: Entwicklung der Allgemein- und der Praktischen Ärzte von 1975 bis 1985 (jeweils 31. 12.)

Jahr	Allgemeinärzte		Praktische Ärzte		Allgemein-/ Praktische Ärzte	
	Anzahl	Anteil an Sp. 5 in %	Anzahl	Anteil an Sp. 5 in %	Anzahl	Anteil an Sp. 5 in %
0	1	2	3	4	5	6
1975	14 200	57,4	10 557	42,6	24 757	100
1976	13 892	56,2	10 829	43,8	24 721	100
1977	13 440	54,2	11 350	45,8	24 790	100
1978	12 964	52,2	11 849	47,8	24 813	100
1979	12 515	50,1	12 466	49,9	24 981	100
1980	12 293	49,2	12 687	50,8	24 980	100
1981	12 204	48,5	12 947	51,5	25 151	100
1982	12 309	48,3	13 197	51,7	25 506	100
1983	12 452	47,6	13 720	52,4	26 172	100
1984	12 746	47,2	14 276	52,8	27 022	100
1985	12 712	46,4	14 693	53,6	27 405	100

Quelle: Bundesarztregister der KBV

schwemme", die sich in einer „Jungärzte-Schwemme" fortsetzt, wobei der Anteil derjenigen frisch approbierten Mediziner wächst, die sich ohne Weiterbildung in freier Praxis niederlassen. So ist der Anteil der in freier Praxis tätigen Ärzte ohne Gebietsbezeichnung (sog. praktische Ärzte) in den letzten Jahren gegenüber den weitergebildeten Allgemeinärzten ständig gestiegen (vgl. Tabelle 1).

Angesichts der Ausbildungsmängel vor allem hinsichtlich der praktischen Fähigkeiten der jungen Ärzte muß dies nach Auffassung der Mehrheit der Ärzteschaft zu erheblichen Mängeln in der Qualität der primär-ärztlichen Versorgung der Bevölkerung führen, vor allem da erwartet wird, daß bei weiterhin hohen Studentenzahlen und gleichzeitig stagnierender, eventuell sogar schrumpfender Anzahl von für die Weiterbildung zur Verfügung stehenden Assistenzarztstellen sich diese Tendenz in Zukunft eher noch verstärken wird.

Besonders deutlich machten dies zwei der Gesprächspartner: Nach ihrer Meinung hätten Qualitätsmängel in der Ausbildung bislang durch die Weiterbildung aufgefangen werden können, da der Arzt vor der Niederlassung im Durchschnitt sechs bis sieben Jahre im Krankenhaus praktische Erfahrungen gesammelt habe. Bei knapper werdenden Weiterbildungsplätzen hätte dann jedoch nur noch ein Teil des Nachwuchses Gelegenheit zur zusätzlichen Qualifikation, was zu entscheidenden Qualitätsproblemen bei den niedergelassenen Ärzten führen müßte. Das Qualitätsgefälle innerhalb der Ärzteschaft zwischen älteren und jüngeren Medizinern bzw. weitergebildeten und nicht weitergebildeten Ärzten würde immer größer.

Den eigens zur Behebung solcher Defizite ins Leben gerufenen AiP halten diese Experten nicht für geeignet, eine entscheidende Verbesserung herbeizuführen. Die Lösung läge vielmehr in der Einführung einer strukturierten Pflichtweiterbildung für alle Ärzte, da eine vierjährige praktische Ausbildung ihrer Meinung nach das Minimum sei, um eine ausreichende Qualifikation des Arztes zu gewährleisten.

Allerdings bestünde dieser hohe Stellenwert der Pflichtweiterbildung nur angesichts der derzeit herrschenden Ausbildungssituation. Sollte eine grundlegende Reform des Medizinstudiums (Kapazitäten, Inhalte) gelingen, so sei die Pflichtweiterbildung zum Allgemeinarzt unnötig. Pflichtweiterbildung für den Hausarzt habe also nur Ersatzfunktion. Die Befragten verwiesen in diesem Zusammenhang auf den erheblichen innerärztlichen Streit zur (Pflicht-)Weiterbildung des Allgemeinarztes, der immerhin seit den 50er Jahren währt und sich auch in den von uns geführten Interviews widerspiegelte.

Die Einstellungen der Experten sind in Übersicht 6 zusammengefaßt. Ablehnend bzw. mit Vorbehalten standen der Pflichtweiterbildung bei der Befragung zwei ärztliche Experten gegenüber. Sie sahen in dieser Maßnahme lediglich einen Abwehrmechanismus der etablierten Ärzte gegen die wachsende Konkurrenz junger Mediziner. Eine Pflichtweiterbildung – so einer der beiden weiter – sei nur sinnvoll, wenn sie nahtlos in eine permanente und kontrollierte Pflichtfortbildung überginge.

Eine uneingeschränkte Zustimmung zur Pflichtweiterbildung äußerten die Vertreter der Krankenkassen sowie einer der befragten Ärzte. Letzterer führte die mangelnde Bereitschaft zur Weiterbildung in der Allgemeinmedizin auch darauf zurück, daß eine dabei erworbene Gebietsbezeichnung vom Patienten nicht honoriert würde, da dieser im allgemeinen nicht zwischen praktischem Arzt und Allgemeinarzt differenziere. Die längere Ausbildung zahle sich also im Endeffekt nicht aus. Seiner Meinung nach sei war die Weiterbildung zum Allgemeinarzt nicht eine Notlösung zur Verhinderung einer weiteren Qualifikationsabsenkung, sondern ein prinzipielles Problem infolge einer Veränderung des mit der allgemeinmedizinischen Versorgung verbundenen Aufgabenfeldes. Die hausärztliche Versorgung könne nicht mehr minderqualifizierten

Übersicht 6: Beurteilung der Pflichtweiterbildung (für Allgemeinmedizin) durch die befragten Experten

Beurteilung als Qualitätssicherungsfaktor	Begründung	Anzahl der Experten
problematisch	viele politische Widerstände, rechtliche Bedenken noch nicht beseitigt	1 Experte
qualitätsfördernd	sollte nicht zu lang sein; allgemeinmedizinische Weiterbildung nur sinnvoll bei niedergelassenen Ärzten (1 Experte)	3 Experten (2 Nicht-Ärzte)
qualitätsfördernd	neues Aufgabenprofil für den Allgemeinarzt und neues Curriculum für die Weiterbildung zur Allgemeinmedizin notwendig. Dauer der Weiterbildung erst 3 dann 4 Jahre; beseitigt 2-Klassen-Medizin (Praktiker-Spezialisten); AiP-Zeit soll anrechenbar sein.	1 Experte
qualitätsfördernd	jedoch nur Ersatzfunktion für den Fall, daß Ausbildungsqualität nicht verbessert wird	2 Experten
kein QS-Faktor	lediglich Abwehrmechanismus gegen steigende Konkurrenz	2 Experten

Medizinern überlassen werden, eine gute Basisversorgung erfordere vielmehr einen kompetenten Arzt für die allgemeine Betreuung, dessen Tätigkeitsschwerpunkte in Zukunft vor allem auf der Betreuung von chronisch Kranken, von Alterskrankheiten, im betriebsmedizinischen und epidemiologischen Bereich liegen müßten. Wichtig sei auch der psycho-soziale Aspekt seiner Tätigkeit, der von Häußler als „soziale Kompetenz" bezeichnet worden sei. Diese Neuformulierung der Aufgaben erfordere jedoch auch eine Neubestimmung der Qualifikationsanforderungen. Der Experte, der den AiP als mögliche Alternative ablehnte, forderte deshalb vor allem ein neues Curriculum für die allgemeinmedizinische Weiterbildung, dessen Inhalte er in unserem Gespräch kurz umriß. Danach soll die Weiterbildung zum Allgemeinarzt zunächst für eine Länge von drei Jahren konzipiert werden, da eine Einführung von vier Jahren durch die Diskussion um die Pflichtweiterbildung auf erhebliche Widerstände stoßen würde. Auf diese drei Jahre soll nach Vorstellung des Experten die zweijährige AiP-Phase voll angerechnet werden können, sofern sie gemäß dem Curriculum strukturiert würde. Nicht zuletzt deshalb sei es sinnvoll, auf eine vorgegebene Strukturierung der AiP-Phase zu verzichten, um dem Absolventen die Möglichkeit der individuellen Gliederung gemäß seiner Weiterbildungsziele zu ermöglichen. Bei Einbeziehung des AiP würde demnach die zusätzliche Weiterbildungszeit lediglich ein Jahr betragen. Der Experte führte jedoch aus, daß auf Dauer auf ein viertes Jahr, d.h. ein zweites Jahr zusätzlich zum AiP, aus Qualitätsgründen nicht verzichtet werden könne.

Den Inhalt des Curriculums stellte sich der Experte in etwa wie folgt vor:

1. Jahr: Innere Medizin
2. Jahr: Basismedizin
3. Jahr: Aneignung der sog. „sozialen Kompetenz", unter anderem durch Tätigkeiten in geriatrischen Pflegeeinrichtungen, Gesundheitsämtern, Sozialstationen, im betriebsmedizinischen Bereich. Dieses dritte Jahr könnte an die freie Praxis angebunden werden.

Ziel dieser Weiterbildung sei das Erlangen von klinischem Wissen und einer für die allgemeinmedizinische Versorgung unerläßlichen Zusatzkompetenz. Deshalb sollten die Regelungen nicht völlig starr sein, sondern eine individuelle Auswahl und Gestaltung ermöglichen.

Aus der Sicht dieses Experten ist die Einführung einer nach einem derartigen Curriculum gestalteten Pflichtweiterbildung in der Allgemeinmedizin ein wesentlicher Faktor der Qualitätssicherung, da dadurch nicht nur das Niveau der medizinischen Grundversorgung erheblich gesteigert werden könnte, sondern auch das bislang bestehende erhebliche Gefälle zwischen qualifiziertem Spezialisten und Generalisten ohne Zusatzqualifikation beseitigt würde. Nur als eigenes spezifisches Gebiet und mit einem gleichwertigen beruflichen und sozialen Status sei die Allgemeinmedizin überhaupt überlebensfähig.

Diese Vorstellungen stehen sich nach Aussagen unseres Gesprächspartners weitgehend in Übereinstimmung mit den Auffassungen der KBV, des BPA und des FDA, die das von ihm gezeichnete Curricilum im Prinzip akzeptiert hätten. Der innerärztliche Widerstand gegen eine derartige Umstrukturierung werde immer geringer. Kritik komme vor allem vom Marburger Bund, der Probleme für die Quereinsteiger aus der Klinik befürchte.

Tatsächlich zeichnen sich durchaus Gemeinsamkeiten zwischen dem vorab dargestellten Konzept und dem von der KBV in die Diskussion gebrachten sog. „Hausarzt-Modell" ab, das praktisch eine Art Pflichtweiterbildung für Kassenärzte beinhaltet. Auch dem KBV geht es um eine Neubestimmung und Aufwertung der Rolle des Hausarztes, um ein für eine angemessene medizinische Vorsorge notwendiges ausgewogenes Verhältnis zwischen fachärztlichen und primärärztlichen Leistungen sicherzustellen. Zur Sicherung der Qualität der primärärztlichen Versogung sieht das Hausarzt-Modell der KBV u.a. vor, daß als Mindestvoraussetzung für die Zulassung zur kassenärztlichen Tätigkeit im hausärztlichen Bereich eine mindestens dreijährige[1] praktische Tätigkeit als Assistenzarzt zu leisten ist, davon

- eineinhalb Jahre Innere Medizin
- sechs Monte operatives Fach
- sechs Monate Tätigkeit in einem Wahlfach
- sechs Monate in freier Praxis.

„Diese Zulassungsvoraussetzungen bieten nach Auffassung der Kassenärztlichen Bundesvereinigung eine für die Hausarzttätigkeit ausreichende Qualifikation, sind aber andererseits keine so schwer zu überwindende Hürde wie eine Pflichtweiterbildung zum Arzt für Allgemeinmedizin nach den heutigen Bestimmungen. Die Kassenärztliche Bundesvereinigung wünscht sich allerdings – auch unter Berücksichtigung der geplanten EG-Richtlinie zur Allgemeinmedizin[2] –, daß der Weiterbildungsgang zum Arzt für Allgemeinmedizin zukünftig den Zulassungsvoraussetzungen als Hausarzt angepaßt wird. Damit würde sichergestellt, daß künftig nur Ärzte mit erfüllter Weiterbildung zur kassenärztlichen Versorgung zugelassen werden, ohne dabei in verfassungsrechtliche Konflikte zu geraten."[3]

Während die Kassenärztliche Bundesvereinigung in ihrem Hausarztmodell einen Schritt zur Umsetzung der geplanten EG-Richtlinie „Allgemeinmedizin" sieht, wurde vom Bundesminister für Jugend, Familie und Gesundheit bei der EG-Kommission der Antrag gestellt, die geplante zweijährige Ausbildungs-

---

[1] Gegenüber dem ursprünglichen Modell, das sich an der Weiterbildungszeit orientierte und eine vierjährige Tätigkeit vorsah, habe man zwar – so die Vertreter des ZI im Experteninterview – die Forderung wegen des großen Widerstandes reduziert. Auch zweienhalb Jahre seien heute im Gespräch, grundsätzlich würden jedoch vier Jahre praktische Tätigkeit als Mindestvoraussetzung für eine ausreichende Qualifikation angesehen. Auch bislang wurde als Voraussetzung zur Kassenarztzulassung zusätzlich zur Approbation der Nachweis einer praktischen Tätigkeit als Arzt verlangt. Nachdem 1977 durch die Erste Änderungsverordnung der Zulassungsordnung für Kammerärzte die bis dahin vorgeschriebene Vorbereitungszeit von eineinhalb Jahren nur mehr auf sechs Monate reduziert wurde, wurde im Hinblick auf die mangelnde Qualifikation nach dem Studium in einer Dritten Verordnung zur Änderung der Zulassungsordnung für Kassenärzte die Rückkehr zur 18monatigen Vorbereitungszeit beschlossen.
[2] Nach dem von der EG-Komission Ende 1984 veröffentlichten „Richtlinienvorschlag" sollen die Minimalvoraussetzungen für eine Tätigkeit von EG-Ärzten im Rahmen der Sozialversicherungssysteme der EG-Länder vereinheitlicht werden. Die EG-Richtlinie sieht dafür eine zweijährige Vollzeitweiterbildung vor, von der wenigstens sechs Monate in einer anerkannten Allgemeinpraxis absolviert werden solle. Nach den vorliegenden Plänen soll die EG-Richtlinie in drei Etappen realisiert werden: 1.1.1990: Alle EG-Länder führen eine spezifische Ausbildung zum Allgemeinarzt und gleichzeitig eine besondere Berufsbezeichnung ein. 1.1.1993: Alle Ärzte, die allgemeinmedizinisch im Sozialversicherungssystem tätig sind, haben eine spezifische Ausbildung in der Allgemeinmedizin nachzuweisen. 1.1.1995: Nach Vorlage eines Erfahrungsberichts wird die EG-Kommission neue Vorschläge unterbreiten, um das angestrebte Ziel im vollen Umfang zu verwirklichen.
[3] Fiedler 1985

phase des AiP anstelle der regulären Weiterbildung als approbierter Assistenzarzt anzuerkennen. Dieses Vorgehen wurde von der Mehrheit der Ärzteverbände (darunter der Hartmannbund, der Verband niedergelassener Ärzte Deutschlands und der Verband der praktischen und Allgemeinärzte) heftig kritisiert.[1]

Allerdings wurde die Initiative des Bundesministers vom Vorstand der Bundesärztekammer mitgetragen, der Bedenken dagegen anmeldete, die Voraussetzungen für die Zulassung zum Kassenarzt mit der Weiterbildung zum Allgemeinarzt gleichzusetzen und sich dem Vorschlag, eine Sonderregelung für die Zulassung deutscher Ärzte im System der sozialen Sicherung zu treffen, anschloß.[2]

Sowohl Hausarzt-Modell als auch Pflichtweiterbildung stoßen jedoch in der Ärzteschaft auf grundsätzliche Bedenken. Kernpunkt der Kritik ist die in beiden Konzepten enthaltene Entwertung der Approbation. Beinhaltet bislang die Approbation grundsätzlich das Recht zur selbständigen Berufsausübung, würde durch die Einführung von Pflicht-Zusatzqualifikationen als Voraussetzung einer Niederlassung zum Kassenarzt die Approbation ihre Bedeutung verlieren. Auch einige unserer Interviewpartner wiesen auf diese Konsequenz hin.

Der heftigste Gegner der Pflichtweiterbildung ist der Marburger Bund, der in der Pflicht zu einer spezifischen allgemeinmedizinischen Weiterbildung – in welcher Form auch immer – eine staatlich institutionalisierte Zwangsspezialisierung sieht, die – so der Vorsitzende des MB – nur zu einer Verschlechterung der Patientenversorgung führen könne.

„Wird jeder Arzt zu einer Spezialisierung gezwungen, kommt es unweigerlich zu einer Aufspaltung des bisher einheitlichen Berufes ‚Arzt‘ - mit gemeinsamer Ausbildung und Terminologie – in zahlreiche Spezialistenbranchen. Diese Spezialisierung würde in Zukunft zwangsläufig bereits am ersten Tag des Studiums beginnen – die Zusammenarbeit der Ärzte untereinander wäre nicht mehr gewährleistet, die Patientenversorgung würde sich verschlechtern. Der Marburger Bund schlägt deshalb vor, durch eine gute und gelungene Ausbildung den Arzt zum Generalisten heranzubilden, der sich spezialisieren kann, aber nicht muß."[3]

Ein weiteres Argument gegen eine Verankerung der Pflichtweiterbildung, das nach Auffassung seiner Verfechter im Prinzip auch gegen jede andere Form der Zulassungsbeschränkung in Verbindung mit einer spezifischen allgemeinärztlichen oder hausärztlichen Ausbildung Gültigkeit hat, ist der Vorwurf, die Freiheit der Berufsausübung leide durch derartige Restriktionen. Von den

---

[1] Vgl. Pröll 1984
[2] Vgl. Bundesärztekammer 1985 c, S. 72
[3] Hoppe 1981

Befürwortern der Pflichtweiterbildung wird diese Haltung des Marburger Bundes als massives Geltendmachen von Sonderinteressen kritisiert, die das gesundheitspolitisch längst Erwiesene verleugnen oder verhindern wollen.[1] Tatsächlich würde die Pflichtweiterbildung mit eigenem strukturiertem Curriculum den Quereinstieg von Spezialisten aus der Klinik in die allgemeinärztliche Versorgung praktisch unmöglich machen.

Die Entscheidung zwischen hausarztspezifischer Pflichtweiterbildung, kassenärztlichen Zulassungsbeschränkungen oder AiP kann jedoch weder mit Bezug auf berufliche Freiheiten noch mit Rückzug auf formalistische Positionen getroffen werden, sondern einzig und allein mit Blick auf das Wohl des Patienten. Unter diesem Aspekt ist die Frage zu stellen, wieweit der ungehinderte Zugang schlecht ausgebildeter Jungärzte oder gebietsfremd ausgebildeter und praktizierender Spezialisten im Interesse der Qualität der allgemeinmedizinischen Versorgung und damit im Interesse des Patienten liegt. Auf der anderen Seite stellt sich die Frage nach der Funktion und den erforderlichen Fähigkeiten des in der hausärztlichen oder primärärztlichen Versorgung tätigen Arztes. Ist er der Generalist, der alles etwas und nichts richtig kann und für dessen Tätigkeit eine im Vergleich zum Spezialisten mindere Qualifikation ausreicht? Oder hat sich seine Rolle, wie z.B. NAV, FDA, aber auch KBV behaupten, in der letzten Zeit gewandelt, so daß eine Neuformulierung des Anforderungsprofils erforderlich wird?

In den Weiterbildungsordnungen der Ärztekammern zur Allgemeinmedizin heißt es:

„Die Allgemeinmedizin umfaßt den gesamten menschlichen Lebensbereich, die Krankheitserkennung und -behandlung sowie die Gesundheitsführung der Patienten. Die wesentliche Aufgabe des Allgemeinarztes liegt daher in der Erkennung und Behandlung jeder Art von Erkrankungen, in der Vorsorge und in der Gesundheitsführung, in der Früherkennung von Krankheiten, in der Behandlung lebensbedrohlicher Zustände, in der ärztlichen Betreuung und Behandlung chronisch kranker und alter Menschen, in der Erkennung und Behandlung von milieubedingten Schäden, in der Einleitung von Rehabilitationsmaßnahmen sowie in der Integration der medizinischen, sozialen und psychischen Hilfen für die Kranken und in der Zusammenarbeit mit Ärzten anderer Gebiete in Krankenhäusern und Einrichtungen des Gesundheitswesens."[2]

Damit wird ausgedrückt, daß für die Erbringung dieser Leistungen eine spezifische, über die allgemeine Ausbildung hinausgehende Qualifikation für sinnvoll gehalten wird.

---

[1] Vgl. z.B. Häußler 1981
[2] Zit. nach status 23/85

In einer Veröffentlichung des Zentralinstituts für die kassenärztliche Versorgung in der Bundesrepublik Deutschland (ZI) wird das hausärztliche Aufgabenspektrum wie folgt beschrieben:

„Der Allgemeinarzt übt eine zentrale Koordinationsfunktion aus, indem er die Gesamtbehandlung des Patienten koordiniert. Das betrifft sowohl die gleichzeitige Behandlung durch mehrere Ärzte (zugezogene niedergelassene ‚Fachärzte‘, Krankenhausärzte) als auch alle anderen Behandlungsmaßnahmen. Darüber hinaus koordiniert der Allgemeinarzt Leistungen von Einrichtungen des öffentlichen Gesundheitswesens und des Sozialwesens. Der Allgemeinarzt hat die Notwendigkeit, Zumutbarkeit und Zweckmäßigkeit solcher Maßnahmen für den Patienten zu beurteilen, sie ggf. mit anderen behandelnden Ärzten abzusprechen und aufeinander abzustimmen.

Diese koordinative Funktion bezieht sich auf Diagnostik und Therapie. Hinzu kommt als eine besonders wichtige Aufgabe die Dokumentation aller Daten des Patienten wie Laborwerte, Röntgenbefunde, EKG, Krankenhaus- und Facharztberichte, sozialärztliche Gutachten sowie Bescheinigungen über Arbeitsunfähigkeit. Die Daten müssen gesammelt, ausgewertet und zur Verfügung gehalten werden."[1]

Wichtig sei auch seine Rolle als Vertrauensperson der Patienten. Seine fächerübergreifende Funktion mache ihn zur notwendigen Bezugsperson und zum „Dolmetscher" der Medizin.

„Schließlich eröffnet die Hausarztfunktion des Allgemeinarztes den Zugang zu Gesundheitsproblemen, die sich als Besonderheiten des Zusammenlebens in der Familie mit gemeinsamer Vergangenheit und gemeinsamer Zukunft ergeben. Symptome und Krankheiten sieht der Hausarzt damit nicht nur als Ausdruck einer individuellen Erkrankung, sondern auch als Ergebnis von Wechselwirkungen zwischen den Familienmitgliedern in physischer, psychologischer und sozialer Hinsicht."[2]

Auch hinsichtlich der Diagnosen erfüllt der Allgemeinarzt eine besondere Funktion. So werden häufig in Allgemeinpraxen Diagnosen gestellt, die man als typisch allgemeinmedizinisch bezeichnen kann: „Meist erscheinen Patienten mit frühen Krankheitsstadien, die eine endgültige Beurteilung nicht zulassen, weil die typischen Krankheitssymptome noch nicht ausreichend ausgeprägt sind. Ferner arbeitet der Allgemeinarzt im Vergleich zu anderen Gebietsärzten mit dem breitesten Spektrum verschiedener Diagnosen. Häußler ermittelte aus den Abrechnungsunterlagen der KV Nord-Württemberg beispielsweise knapp 140. Hinsichtlich der Multimorbidität in der Allgemeinpraxis läßt sich feststel-

[1] Zentralinstitut für die Kassenärztliche Versorgung in der Bundesrepublik Deutschland 1982, S. 22-23
[2] Zentralinstitut für die Kassenärztliche Versorgung in der Bundesrepublik Deutschland 1982, S. 23

len, daß die durchschnittliche Zahl der Diagnosen pro Patient von 1,48 bis 3,7 reicht. Bei über 65jährigen Patienten wurden im Schnitt mehr als vier Diagnosen abgegeben."[1]

Es scheint nicht plausibel, daß ein Teil der an diesen Leistungen beteiligten Ärzte sich drei oder vier Jahre für diese Tätigkeiten vorbereiten und qualifizieren soll, während andere ohne eine spezifische Praxis oder nur mit einem 14tägigen Intensivkurs – wie der Marburger Bund anläßlich der Diskussion um die Verlängerung der Kassenarztzulassung forderte[2] – zu einer ausreichenden Qualifizierung kommen. Allerdings dauert der Streit in der Ärzteschaft zu dieser Frage bereits seit langem an. Die verschiedenen Standpunkte sind zu differenziert, um hier ausführlich dargestellt und erwogen zu werden. Dies ist jedoch nicht der einzige Grund, warum an dieser Stelle kein Urteil darüber abgegeben werden kann und soll, welcher Weg der Vorbereitung zur hausärztlichen Tätigkeit der unter dem Aspekt der Leistungsqualität – sinnvollste sein mag: die Pflichtweiterbildung, das Hausarzt-Modell der KBV oder sogar der AiP. Ohne zuverlässige empirische Untersuchungen, die einen Vergleich der Leistungsqualität qualifizierter Allgemeinmediziner und nicht oder gebietsfremd weitergebildeten Ärzte ermöglichen, ist eine wissenschaftlich gesicherte Beantwortung der Frage, wieweit und welcher Form eine angemessene medizinische Versorgung der Bevölkerung eine Weiterbildung aller Ärzte erfordert, unmöglich.

4.1.2.1.4 Spezialisierung

In engem Zusammenhang mit der Diskussion um die Funktion und die Qualifikation des Hausarztes steht auch die Frage nach der Bedeutung der zunehmenden Spezialisierung in der Medizin für die Qualität der medizinischen Versorgung.

Von den Freien Berufen weisen die Ärzte wohl die am weitesten fortgeschrittene interne Spezialisierung auf. Der medizinische Wissenszuwachs und die immer ausgefeilteren Diagnose- und Therapietechniken führten in den letzten Jahrzehnten zu einer Aufsplitterung der Medizin in eine Vielzahl von Teildisziplinen. Neben den in der Weiterbildungsordnung festgelegten Gebiets- und Teilgebietsbezeichnungen, deren Zahl sich allein von 1968 bis heute von 25 auf 46 erhöht hat[3], sowie den ebenfalls in der Weiterbildungsordnung vorgesehenen Möglichkeit zur Erlangung einer Zusatzbezeichnung in 18 Bereichen[4] gelten für die kassenärztliche Versorgung der Bundesrepublik Deutschland eine

---

[1] status 23/85, S. 8
[2] Vgl. status 26/83
[3] Vgl. Hampp/Keil 1984 S. 104; Schwartz 1981, S. 474. Vgl. auch die Weiterbildungsordnung der Bundesärztekammer: § 2 nennt 28 Gebiets- und 18 Teilgebietsbezeichnungen.
[4] Vgl. § 2 Satz 2 WO

Fülle von Einzelregelungen zur Qualitätssicherung vor allem im Umgang mit bestimmten Diagnose-und Therapieverfahren. So haben die Kassenärztlichen Vereinigungen im Rahmen des ihnen vom Gesetzgeber erteilten Sicherstellungsauftrages ein System von qualitätssichernden Genehmigungsverfahren eingeführt, die die Abrechenbarkeit bestimmter Leistungen zu Lasten der Krankenkassen erst dann gestatten, wenn apparative und personelle Voraussetzungen des abrechnenden Kassenarztes geprüft und anerkannt sind: z.B. die zahlreichen Qualifikationsnachweise als Voraussetzungen für die Abrechenbarkeit bestimmter Leistungen auf dem Gebiet der Radiologie, der Nuklearmedizin, des Hypothyrose-Screenings bei Neugeborenen, der Zervix-Zytologie oder bestimmter psychotherapeutischer Verfahren, Regelungen auf dem radiologischen oder für den ambulanten unfallmedizinischen Sektor, die z.T. auch zugleich mit Qualitätsvorschriften für die operative Ausstattung gekoppelt sind.[1] Übersicht 7 führt die wesentlichen dieser Richtlinien auf.

Angesichts der stetig wachsenden Zahl von geforderten Qualifikationsnachweisen werden von einigen Ärzten Befürchtungen geäußert, daß hierdurch die ärztliche Tätigkeit zu stark reglementiert werden könnte. „Sind wir also auf dem Weg zu einer 'Lizenz-Medizin'? Gilt nicht mehr die Approbation als Arzt und die Anerkennung als Facharzt? Muß außerhalb des eigentlichen Arztrechtes von Fall zu Fall eine Sonderprüfung abgelegt werden?"[2] Als Beispiel wird die Onkologie genannt, für die ein Teil der Ärzte meint, sie müsse in die Weiterbildungsordnung aufgenommen werden, während andere die Aufassung vertreten, daß jeder Arzt onkologisch tätig werden könne, wenn er es sich nur selbst zutraue. Hier abzuwägen zwischen dem Schutz des Patienten und der Gemeinschaft einerseits und der Freiheit der Berufsausübung andererseits sei ein zentrales Problem der ärztlichen Selbstverwaltung.[3]

Die stetig voranschreitende Differenzierung der Medizin und die damit einhergehende Flut von zusätzlichen Qualifikationsanforderungen und die Entwicklung von Spezialgebieten ist jedoch nicht nur ein Problem der Reglementierung der freien Berufsausübung. Vielmehr stellt sich die Frage, ob und inwieweit eine sich immer mehr zersplitternde Medizin überhaupt noch in der Lage ist, ihre Funktion der umfassenden ärztlichen Versorgung des Menschen wahrzunehmen.

So wird heute vielfach an der Medizin beklagt, nicht mehr der Mensch als Ganzes werde kuriert, sondern seine einzelnen Organe. Die Leistungsempfänger würden nicht länger als ganzheitlich empfundene Persönlichkeiten, sondern als technisches Objekt behandelt. Die Bedürfnisse des Individuums selbst würden nicht mehr im Vordergrund stehen, sondern nur noch das organische

---

[1] Vgl. Schwartz 1981, S. 474
[2] Arzt und Wirtschaft 14/83, S. 2 f
[3] Vgl. Arzt und Wirtschaft 14/83, S. 4

Übersicht 7: Formelle Regelungen[1] zur Qualitätssicherung in der ambulanten
(kassenärztlichen) Versorgung (Stand 1980)

apparativ	qualifikationsbezogen	prozeßbezogen
Richtlinien für Radiologie, Nuklearmedizin[3]	Richtlinien für Radiologie und Nuklearmedizin[3]	Richtlinien für Qualitätssicherung im klinisch-chemischen Labor[2]
Voraussetzung für Unfallheilverfahren[6]	Vereinbarung zur Psychotherapie[5]	Richtlinien zur Zervix Zytologie[3]
	Vereinbarung zur Zervix-Zytologie[3]	
	EKG-Richtlinien[4]	Psychotherapeutisches Gutachterverfahren[5]
	D-Arztverfahren[6], Unfallheilverfahren, Richtlinien zum TSH-Screening[5]	Qualitätssicherungsprogramm für Röntgenverfahren[4]
		D-Arzt-Verfahren (Unfälle)[6]
		Unfallheilverfahren[5]
		Richtlinien zum TSH-Screening[5]

Problem als Faktum. Eine Lösungsfindung unabhängig von der Person würde
jedoch die Gefahr in sich bergen, die Diagnose allein auf die technischen
Möglichkeiten abzustellen und die eigentliche Ursache aus den Augen zu
verlieren.[7]

Andererseits ist Spezialisierung und Zusatzqualifizierung angesichts des sich
immer mehr vertiefenden und ausweitenden Erkenntnisstandes ein unverzichtbares Element zur Sicherung bzw. Verbesserung der Leistungsqualität, da der

---

[1] Ohne Regelungen der Weiterbildungsordnungen der Ärztekammern;
[2] Richtlinien der Bundesärztekammer, von den Kassenärztlichen Vereinigungen der Länder als
Satzungsrecht verankert. Dies sind die einzigen Regelungen, die auch im stationären Bereich gelten.
[3] Richtlinien der Kassenärztlichen Bundesvereinigung;
[4] Einzelregelung einzelner Kassenärztlicher Vereinigungen der Länder;
[5] Vertragsrecht mit den gesetzlichen Krankenkassen;
[6] Vertragsrecht mit den Berufsgenossenschaften.
[7] Vgl. Hampp/Keil 1984, S. 105

Übersicht 8: Beurteilung der Auswirkungen der Spezialisierung auf die Qualität der Leistungserbringung und Möglichkeiten zur Verhinderung qualitätsmindernder Effekte aus der Sicht der einzelnen Experten

Auswirkungen auf die Qualität		Maßnahmen zur Verhinderung qualitätsmindernder Effekte
positiv	negativ	
notwendig wegen wachsender Komplexität des Wissens	Probleme der Koordination	bessere Kooperation; bessere Vergleichbarkeit der Leistungen (Ringversuche)
notwendig, weil Gesamtgebiet für einzelnen unüberschaubar	Gliederung des Patienten nach Krankheiten und Organen	bessere Kooperation (auch zwischen Arzt und Psychiater)
	niemand außer Allgemeinarzt sieht Menschen als Ganzes	Stärkung der Rolle des Allgemeinarztes
medizinischer Fortschritt ohne Spezialisierung unmöglich	Behandlung wird zeitaufwendiger und einseitiger	
	Verlust an Gesamtorientierung	allgemeinmedizinisches Wissen auch in der Weiterbildung vermitteln, Allgemeinarzt fördern
notwendig für medizinischen Fortschritt	Ärzte nicht mehr austauschbar, Einschränkung des Blickes nur für Fachgebiet, Forschung nur noch als Verbundforschung möglich, allgemeine medizinische Bildung geht verloren, Mensch wird nicht mehr als Ganzes gesehen	
	Folge der Überbewertung technischer Leistungen 2-Klassen-Medizin	Änderung der Gebührenregelungen Förderung der Kooperation
	Kostentreibend	

Übersicht 8 (Fortsetzung)

| Auswirkungen auf die Qualität | | Maßnahmen zur Ver- |
positiv	negativ	hinderung qualitäts- mindernder Effekte
	Gefährlich, wenn Spezialist auf anderem Gebiet tätig wird; Koordinationsprobleme	Förderung des Allgemeinarztes, aber mit spezifischer Ausbildung
Hebt Qualität, da sie Ausbildung besserer Fähigkeiten ermöglicht	Orientierung an Spitzenkräften weckt übertriebene Ansprüche	

einzelne Arzt nicht mehr in der Lage ist, das gesamte Fachgebiet mit gleicher Kompetenz zu überblicken. So muß beim heutigen Wissensstand der Medizin das Streben nach Allgemeinwissen auf Kosten der spezifischen fachlichen Kompetenz gehen.

Nach der Bedeutung der Spezialisierung für die Leistungsqualität befragt, waren sich denn auch alle Experten einig, daß es sich hier um eine notwendige Reaktion auf die rasante Entwicklung in der Medizin handle. Allerdings wurde von keinem der Befragten diese Entwicklung als ausschließlich positiv bewertet. Die als qualitätsmindernd genannten Aspekte waren jedoch relativ unterschiedlich (vgl. auch Übersicht 8). An erster Stelle wurde der Verlust an umfassender Kompetenz genannt, damit verbunden die Einseitigkeit der jeweiligen spezialisierten Sichtweise sowie das Auftreten von Koordinationsproblemen. Die Berufsausübenden – so einer der Experten aus dem nicht-ärztlichen Bereich – seien nicht mehr austauschbar, bei den Spezialisten bestehe die Gefahr der Betriebsblindheit über die Grenzen ihres Faches hinaus, medizinische Forschung gehe nur noch im Verbund unter Hinzuziehung der verschiedensten Forschungskommissionen. Zwei weitere Experten wiesen auf die Gefahren hin, die für die Leistungsqualität auftreten können, wenn ein Spezialist sich auf einem anderen Gebiet betätigen wollte[1]. Ein Vertreter der Gesetzlichen Krankenversicherung wies darauf hin, daß die starke Spezialisierung der Ärzte sich auch kostentreibend auswirke.

---

[1] Dies führt wieder zurück zur Diskussion um die spezifische primärärztliche Qualifikation, mit der u.a. auch verhindert würde, daß jahrelang gebietsfremd tätige Spezialisten oder Krankenhausärzte sich ohne Zusatzqualifikation als praktische Ärzte in der primärärztlichen Versorgung betätigen.

Die Mehrzahl der Gesprächspartner nannte als Möglichkeit zur Verhinderung der qualitätsmindernden Effekte an erster Stelle eine Stärkung der Position des Allgemein- oder Hausarztes als Koordinator der verschiedenen Fachgebiete. In diesem Zusammenhang wurde vom Gesprächspartner aus der KBV auf die frühere Regelung hingewiesen, durch einen sog. „Primärschein" den Hausarzt zur obligatorischen Anlaufstelle des Patienten zu machen, der dann den Patienten an den jeweiligen Spezialisten überwies. Diese Praxis wurde abgeschafft, um die freie Arztwahl des Patienten nicht einzuschränken. Im Zusammenhang mit den Überlegungen zu einer Reformierung des Hausarztes tauchten solche Überlegungen jedoch auch in letzter Zeit wieder auf.[1]

Von zwei Befragten wurde auch auf die Notwendigkeit einer verstärkten (fachübergreifenden) Kooperation hingewiesen. Ein Vertreter der Gesundheitspolitik forderte, allgemeinmedizinische, also fachübergreifende bzw. fachverbindende Inhalte auch zum Gegenstand jeder Weiterbildung zu machen.

Schlagworte wie „Verlust persönlicher Verantwortung" oder „Einschränkung der beruflichen Freiheit" wurden in den Interviews nicht genannt; solche Überlegungen spielen unter Qualitätsgesichtspunkten jedoch ebenfalls eine Rolle. So führt das Aufteilen der ärztlichen Versorgung auf mehrere Spezialisten, sei es gleichzeitig oder nacheinander, einerseits zu einer Zersplitterung der Verantwortung, andererseits zu einer verstärkten Abhängigkeit der Spezialisten untereinander. Beide Aspekte verdeutlichen nochmals die wesentliche Bedeutung einer intensiven Kooperation zwischen den Spezialisten sowie der Existenz einer koordinierenden Instanz:

„Zwar trägt jeder Spezialist für seinen Bereich und seine Handlungen die Verantwortung, dennoch muß ein bestimmter Arzt koordinierend tätig werden und für die Gesamtbehandlung die Verantwortung übernehmen, um sicherzustellen, daß nicht etwa einzelne Spezialisten aus der Sicht ihres Spezialgebietes zwar richtige Behandlungsmaßnahmen vorschlagen, die bei Addition mit anderen speziellen Behandlungsmaßnahmen jedoch für den Patienten nicht nützlich sein müssen, sich in der Wirkung aufheben können oder sogar schädliche Folgen haben könnten.

Koordination und Übernahme ärztlicher Verantwortung durch nur einen behandelnden Arzt ist auch dann erforderlich, wenn mehrere Spezialisten nacheinander an einem Patienten tätig werden müssen, schon allein, um Reihenfolge und Dringlichkeit notwendiger Maßnahmen abzustimmen, und auch, um den Patienten über alle vorgesehenen diagnostischen und therapeutischen Eingriffe, die damit verbundenen Vorteile und Risiken, über unerwünschte Nebenwirkungen und den Patienten in seiner individuellen Lebenssituation beeinträchtigende Komplikationsmöglichkeiten aufzuklären. Die Gesamtaufklärung durch

---

[1] Vgl. das von Sewering zur Diskussion gestellte Konzept zur Neuregelung der Vergütung hausärztlicher Tätigkeiten (4.1.2.2.3).

den behandelnden Arzt muß ergänzt werden durch die spezielle diagnostische oder therapeutische Maßnahmen durchführenden Spezialisten, da nur sie häufig exakt über Nutzen und Risiken ihrer Methoden Auskunft geben können.

Sowohl aus dem Wechsel der für Teilaspekte zuständigen Spezialisten als auch aus dem zeitlichen Wechsel der für die Gesamtbehandlung nacheinander zuständigen Ärzte ergeben sich Probleme bezüglich der exakten Weitergabe der erhobenen Befunde und der notwendigen Informationen, was noch dadurch erschwert werden kann, daß oftmals erst aus dem weiteren Verlauf und der Beobachtung durch den gleichen Arzt bestimmte, zunächst unbeachtliche Befunde größere Bedeutung gewinnen können. An das Verantwortungsbewußtsein aller beteiligten Ärzte müssen darum hohe Anforderungen gestellt werden. Es gilt, so rasch wie möglich ein gutes Behandlungsergebnis zu erzielen und Schädigungsmöglichkeiten zu vermeiden, die aus hochentwickelten, diagnostischen und therapeutischen, operativen wie konservativen, medikamentösen Verfahren weitaus schneller als früher denkbar resultieren können. Auch dieses Zusammenwirken erfordert Vertrauen des Patienten in seine behandelnden Ärzte. Ebenso nötig ist es aber, daß die behandelnden Ärzte untereinander Vertrauen haben und kollegial zusammenarbeiten können."[1]

Darüber hinaus erwachsen aus der Spezialisierung auch besondere Anforderungen an die Ausbildung der Ärzte über die Vermittlung eines ausreichenden Grundlagenwissens hinaus.

Der Spezialist muß lernen, „daß sein Spezialwissen nicht der Nabel der Welt ist, sondern daß es noch viele andere Wissensgebiete gibt. Er muß den Mut haben, seine eigenen Grenzen zu erkennen und dem Patienten raten können, wenn in bestimmten Dingen ein anderer besser Bescheid weiß. Es muß daher die Koordinations- und Kooperationsfähigkeit mehr trainiert werden, dabei muß auch auf vermehrte Kooperation der Spezialisten mit den Allgemeinärzten hingewirkt werden, die im Englischen als General-Practiceners bezeichnet werden. Diese wiederum müssen erkennen, daß die Breite ihres Wissens ihnen nicht die Kompetenz gibt, den Spezialisten zu ersetzen. Die Patienten müssen vielmehr in guter Kooperation zwischen Allgemeinärzten und Spezialisten behandelt werden".[2]

Abschließend sei darauf hingewiesen, daß bei den Ärzten Arbeitsteilung nicht nur zwischen den verschiedenen Fachgebieten herrscht, sondern auch zwischen ambulanter und stationärer Versorgung. Auch hier macht vor allem eine sinnvolle Kooperation zwischen beiden für die medizinische Versorgung der Bevölkerung Probleme. So sei hier nur die 1985 erneut auflebende Diskussion um die sog. Doppeluntersuchungen erwähnt.[3]

---

[1] Vilmar 1985, S. 26-27
[2] Vilmar 1985, S. 28-29
[3] Vgl. hierzu z.B. Kosanke 1983

4.1.2.1.5 Fortbildung

Durch die rasche Entwicklung des medizinischen Fortschritts gewinnt das berufsbegleitende Lernen für Ärzte immer mehr an Bedeutung. So sinkt laut Weisfeld die Halbwertzeit des medizinischen Wissens ständig und liegt nunmehr bei nur noch fünf bis sechs (!) Jahren.[1] Dementsprechend reicht für den Arzt das Sammeln praktischer Berufserfahrung nicht mehr aus, sondern er muß ständig den Kontakt zur medizinischen Forschung und Wissenschaft halten. Hinzu kommen die bereits ausführlich dargestellten Mängel in der derzeitigen Ausbildung zum Arzt und auch die Weiterbildung kann in der heutigen Form nur begrenzt diejenigen Fähigkeiten und Kenntnisse vermitteln, die ein niedergelassener Arzt für eine optimale Patientenversorgung braucht.[2] Wohl kein anderer Freier Beruf hat sich bislang so ausführlich mit der Bedeutung, aber auch mit der Problematik der Fortbildung auseinandergesetzt wie die Ärzte und wohl kein Freier Beruf hat so früh wie die Ärzte erkannt, daß traditionelle Formen der Fortbildung im Hinblick auf ihre Eignung für moderne Anforderungen einer Überprüfung bedürfen. Bereits auf dem Deutschen Ärztetag von 1952 setzte sich die Ärzteschaft kritisch mit dem damaligen Stand der Fortbildung auseinander. Damals forderte Schretzenmayer eine Systematik in der gesamten Organisation der Fortbildung bei gleichzeitiger Dezentralisation, um möglichst viele Ärzte zu erreichen. Die große Bedeutung dieser Thematik wurde durch einen Beschluß unterstrichen, der die ärztliche Fortbildung als „selbstverständliche Berufspflicht" jedes Arztes, die in erster Linie dem Patienten zugute kommt, festlegte und die Ärztekammern als verantwortliche Träger der organisatorischen Durchführung verpflichtete. In der Folgezeit wurden die verschiedenen heute die ärztliche Fortbildung tragenden Gremien und Institutionen geschaffen und in der Berufsordnung die Verpflichtung zur Fortbildung wesentlich konkretisiert. In seiner heutigen Form lautet § 7 der Muster-Berufsordnung wie folgt:

„§ 7: Fortbildung

1. Der Arzt ist verpflichtet, sich beruflich fortzubilden und sich dabei über die für seine Berufsausübung jeweils geltenden Bestimmungen zu unterrichten.

2. Geeignete Mittel der Fortbildung sind insbesondere:

   a) Teilnahme an allgemeinen oder besonderen Fortbildungsveranstaltungen (Kongresse, Seminare, Übungsgruppen, Kurse, Kolloquien)
   b) Klinische Fortbildung (Vorlesungen, Visiten, Demonstrationen und Übungen)
   c) Studium der Fachliteratur
   d) Inanspruchnahme audiovisueller Lehr- und Lernmittel

---

[1] Vgl. Selecta 10/1985
[2] Vgl. Zentralinstitut für die kassenärztliche Versorgung in der Bundesrepublik Deutschland (ZI) 1982, S. 122

3. Der Arzt hat in dem Umfange von den aufgezeigten Fortbildungsmöglichkeiten Gebrauch zu machen, wie es zur Erhaltung und Entwicklung der zur Ausübung seines Berufes erforderlichen Fachkenntnisse notwendig ist.

4. Der Arzt muß eine den Absätzen 1. bis 3. entsprechende Fortbildung gegenüber der Ärztekammer in geeigneter Form nachweisen können."[1]

Darüber hinaus wurde nach der Änderung des Krankenversicherungs-Weiterentwicklungsgesetzes vom 28. Dezember 1976 auch im Kassenarztrecht durch Absatz 5 des § 368 m RVO geregelt, daß die Satzungen der Kassenärztlichen Vereinigungen Bestimmungen über die Fortbildung der Ärzte auf dem Gebiet der kassenärztlichen Tätigkeit enthalten müssen. Die Satzung habe auch das Nähere über die Art und Weise der Fortbildung sowie der Teilnahmepflicht zu bestimmen.[2]

Obwohl die Verantwortung für die Durchführung und Gestaltung der Fortbildung grundsätzlich bei den Kammern liegt, hat die Ärzteschaft in den letzten Jahrzehnten zu deren Unterstützung verschiedene Gremien und Organisationen ins Leben gerufen, deren Hauptaufgabe sowohl die Klärung grundsätzlicher Probleme im Zusammenhang mit der Fortbildung als auch die Bereitstellung von Fortbildungsangeboten ist:

Neben dem *Deutschen Senat für ärztliche Fortbildung* mit seinen sieben gewählten Mitgliedern und den außerordentlichen und korrespondierenden Mitgliedern, die die wesentlichen Fortbildungsveranstalter repräsentieren, wurde die *Ständige Konferenz „Ärztliche Fortbildung"* ins Leben gerufen, die die Fortbildungsexperten und Bearbeiter der Landesärztekammern vereint, um gemeinsam mit der Bundesärztekammer Fragen der kammereigenen Fortbildungsorganisation besprechen und regeln zu können.

Der *Ausschuß „Film in der ärztlichen Fortbildung"* ist zuständig für die kritische Bewertung von Fortbildungsfilmen.

Zur Verbesserung des Kontakts zwischen Bundesärztekammer, Senat und Fortbildungsexperten der Landesärztekammern und den Mitgliedern des Wissenschaftlichen Beirates und den Wissenschaftlichen Gesellschaften wird seit 1976 von der Bundesärztekammer das *Interdisziplinäre Forum „Fortschritt und Fortbildung in der Medizin"* veranstaltet. Neuerkenntnisse medizinischer Forschung werden dort auf ihre Praktikabilität geprüft von Kollegen, die im ärztlichen Alltag von Praxis oder Krankenhaus stehen.

Die *Arbeitsgemeinschaft der Akademien* koordiniert die Fortbildungsarbeit der *Akademien für ärztliche Fortbildung*, die mit Ausnahme der Stadtstaaten Bremen und Hamburg sowie des Saarlandes mittlerweile in allen Kammerbereichen ins

---

[1] Deutsches Ärzteblatt 45/85, S. 3372
[2] Vgl. Bundesärztekammer 1981, S. 197

Leben gerufen worden sind und dort den Mittelpunkt der Fortbildungsplanung und -koordination im Bereich der Landesärztekammern bilden.[1]

Entsprechend steht den Ärzten ein breites Spektrum an Fortbildungsangeboten zur Verfügung, das – wie die Bundesärztekammer selbst fast untertreibend sagt – „den Vergleich mit keinem anderen Beruf zu scheuen"[2] braucht. Grundsätzlich sind dabei drei Arten von ärztlicher Fortbildung zu unterscheiden[3]:

– kollektive Fortbildung:

„Das angebotene Instrumentarium ist groß und erlaubt allen individuellen Eigenheiten entsprechende Möglichkeiten. Neben großen Kongressen und Seminarkongressen, die nur der Fortbildung dienen und über ein oder zwei Wochen ein systematisches Programm bieten, gibt es die Fülle der an Wochenenden, am Samstag allein oder an Mittwochnachmittagen gebotenen Veranstaltungen der Ärztekammern, Akademien, ärztlichen Bezirks- und Kreisvereinen, von Kliniken, von Fachgesellschaften, Berufsverbänden, aber auch von besonders auf die Fortbildung spezialisierten Einrichtungen, die beispielsweise die großen Kongresse in Karlsruhe, Berlin und Düsseldorf veranstalten. Auch die besonderen Angebote der Kaiser-Friedrich-Stiftung in Berlin seien genannt."[4]

– individuelle oder autodidaktische Fortbildung:

durch Rezeption von Fachliteratur (Bücher, Zeitschriften, Pharmainformationen und audiovisuelle Programme);

– interkollegiale Fortbildung:

als ärztlicher Gedankenaustausch zwischen Kollegen, „der im kollegialen Gespräch, im Gespräch mit den Referenten, im Arztbrief, im Anruf, beim Konsiliarbesuch, bei der Klinikkonferenz, bei Besprechungen in Apparategemeinschaften bis zu Balint-Gruppen eine weder nach der Zahl noch nach dem Fortbildungswert überhaupt einschätzbare Bedeutung hat"[5].

Diese letzten beiden Formen der Fortbildung können im Gegensatz zur organisierten Fortbildung auf Veranstaltungen auch als „nicht organisierte" Fortbildungsformen bezeichnet werden.

Trotz dieses ohnehin bereits großen Angebots hat wohl kein Freier Beruf sich in den letzten Jahren derart intensiv Gedanken über Sinn und Funktion der Fortbildung für den eigenen Berufsstand gemacht sowie über Möglichkeiten zur

---

1) Vgl. Osterwald 1979, S. 1644 f sowie Bundesärztekammer 1979 und 1985c
2) Bundesärztekammer 1979, S. 160
3) Vgl. Zentralinstitut für die kassenärztliche Versorgung (ZI) 1982, S. 125
4) Odenbach 1979, S. 1654
5) Odenbach 1979, S. 1654; vgl. auch Hamm 1976

inhaltlichen, methodischen und organisatorischen Verbesserung des Angebots diskutiert wie die Ärzteschaft. Grundlage war eine Neudefinition des Begriffs und der Funktion ärztlicher Fortbildung. Danach genügt die möglichst umfassende, passive Aufnahme des Wissens anderer heute nicht mehr. Das Ziel der Fortbildung muß über die umfassende Speicherung von Wissen im Kopf des einzelnen Arztes hinausgehen, nämlich hin zur effektiven Berufsausübung des kompetenten Arztes. Der Wert der Aufnahme neuen Wissens in der Fortbildung soll in seinem Beitrag zur Vergrößerung der Kompetenz seinen Ausdruck finden. Er ist zu messen an seinem effektiven Beitrag zur „Verbesserung der auf die ärztliche Versorgung und die gesundheitliche Betreuung der gesamten Bevölkerung ausgerichteten Berufstätigkeit"[1].

Fortbildung wird damit ausdrücklich und primär zu einem Instrument ärztlicher Qualitätssicherung, wodurch sich besondere Ansprüche an das Fortbildungsangebot, aber auch an die Nutzung dieses Angebots ableiten. Die Grundlagen zu diesen Überlegungen wurden wiederum in den USA erarbeitet, wo man davon ausging, daß Fortbildung nicht allein neues und zusätzliches Wissen vermitteln, sondern auch dazu beitragen soll, Fehlverhalten in der bisherigen Berufstätigkeit zu beseitigen. Die konkreten Fortbildungsinhalte sind demnach nicht allein durch freie Überlegungen von Experten festzulegen, sondern sollen auf einer Auswertung der ärztlichen Berufstätigkeit beruhen. Es sei hier nochmals auf das bereits dargestellte Modell von Brown[2] hingewiesen, dessen Überlegungen zur Organisation und Durchführung ärztlicher Fortbildung gleichzeitig ein umfassendes Qualitätssicherungskonzept beinhalten. Grundlage der Konzeption der Fortbildungsinhalte ist der mit Hilfe einer (empirischen) Analyse der ärztlichen Tätigkeit und der dabei festgestellten Mängel und ihrer Ursachen ermittelte Fortbildungsbedarf. Maßstab für den Fortbildungserfolg ist der Lernerfolg, das Endergebnis, gemessen daran, inwieweit die ursprünglichen Mängel beseitigt werden konnten.

Einige der bei den amerikanischen Fortbildungsprogrammen gewonnenen Erfahrungen können auch für die Gestaltung der bundesdeutschen Fortbildungsangebote von entscheidender Bedeutung sein. So hat sich zum einen gezeigt, daß der Erfolg ärztlicher Fortbildung um so größer ist, je mehr die Fortbildung an den eigenen konkreten Fällen der Kollegen ausgerichtet ist, je mehr also von der Analyse der eigenen Berufstätigkeit ausgegangen und abschließend die Anwendung der verbesserten Verfahren an den eigenen Problemen angestrebt wird. Andererseits stellte sich heraus, daß die Gründe für mangelhafte Leistungen gar nicht in erster Linie auf mangelndes Wissen zurückzuführen, sondern vielfach motivations- oder organisationsbedingt sind. Fortbildung muß also über das Auffüllen von Wissensdefiziten hinaus konkrete Strategien zur Anwendung des theoretischen Wissens und zur Problembewältigung liefern.

---

[1] Renschler 1978, zit. nach Odenbach 1979, S. 1648
[2] Vgl. Punkt 2.3.2.1

Eine Umsetzung derartiger Erkenntnisse in eine konkrete Gestaltung der Fortbildungsangebote wird auch bei den bundesdeutschen Ärzten bereits diskutiert, darüber hinaus werden Überlegungen angestellt, wieweit Methoden und Möglichkeiten moderner Erwachsenenbildung, die – so Odenbach – noch keineswegs ausreichend genutzt werden, noch stärker zur Gestaltung der Fortbildungsangebote herangezogen werden können. So wird z.b. diskutiert, mehr praktische Kurse und Übungen anzubieten; auch die Einsatzmöglichkeiten audiovisueller Fortbildungsmedien wie Film und Video, vor allem auch im Bereich der individuellen Fortbildung, sind ein zentrales Thema.

Besonders umstritten hinsichtlich ihrer Fortbildungeignung ist die sog. Kongreßfortbildung. Nationale und internationale Kongresse haben in den freien Heilberufen zwar eine lange Tradition, auch in der Ärzteschaft selbst mehren sich jedoch die Stimmen, daß diese Form der Fortbildung in ihrem Effekt den großen Aufwand nicht rechtfertige. So geht z.b. Böhm davon aus, daß die bislang auf Kongressen und Tagungen praktizierte Form der medizinischen Fortbildung den Anforderungen der Zukunft nicht mehr genüge. Vor allem fordert er eine kommunikative Rückkoppelung zwischen den Empfängern der Information und den Informationsvermittlern, um einen Zwiespalt zwischen Informationsdefizit und Superinformation zu verhindern. „Bis heute kennen aber nur wenige Referenten ärztlicher Fortbildungsveranstaltungen vor ihrem Vortrag die Wünsche und Erwartungen ihrer Zuhörer."[1] Weiter konstatiert er, daß die spektakulären Mammutveranstaltungen mit Hunderten oder Tausenden von heterogen interessierten Teilnehmern dem Informationsbedürfnis des einzelnen allein nicht länger gerecht werden könnten. Die neuerdings vermehrt durchgeführten Podiumsgespräche seien jedoch keine Alternative. Es entwickle sich für den Tagungsteilnehmer ein Mißverhältnis zwischen aufzubringendem Zeitaufwand und aus der Information zu ziehendem Nutzwert. Zukünftig sollte Fortbildung deshalb neben der allgemeinen Information Individual- und Gruppeninstruktionen umfassen.[2]

Drei der von uns befragten Experten sehen in den Kongressen lediglich ein Alibi für einen kurzen Urlaub der Teilnehmer. Die Teilnehmerzahlen seien zwar beträchtlich, die Mehrzahl wäre jedoch bei den Veranstaltungen überhaupt nicht anwesend. Auch bei verschiedenen Experten der anderen Freien Berufe wurden die Fortbildungskongresse der Heilberufe als Beispiel für Pseudo-Fortbildung genannt.

Demgegenüber bezeichneten zwei weitere der zu den Ärzten befragten Experten unter Hinweis auf die hohen Teilnehmerzahlen und den Wert des kollegialen Gedankenaustausches die großen Kongresse als gutes und unverzichtbares Mittel der ärztlichen Fortbildung.

---

[1] Böhm 1971, S. 9
[2] Vgl. Böhm 1971, S. 10f

Auch die Bundesärztekammer verteidigt den Wert dieser Form der Fortbildung. Diese sei erfolgreicher in ihrem Fortbildungseffekt als vielfach angenommen werde. Dies zeigten Untersuchungen bei den Kongreßteilnehmern, bei denen 78 % der befragten Teilnehmer bei einer Selbsteinschätzung des Lernerfolges angaben, sie hätten sehr viel bis viel gelernt.[1] Der hohe Stellenwert der Kongreßfortbildung werde auch dadurch dokumentiert, daß ein hohes Interesse in der Ärzteschaft an der Teilnahme an solchen Veranstaltungen bestünde. So hätte eine Untersuchung von Gross, Kusche und Roemer-Hoffmann gezeigt, daß in Nordrhein-Westfalen 71 %, in Niedersachsen 70,9 % der Ärzte mindestens einmal an einer überregionalen Fortbildungsveranstaltung teilnahmen. Jüngere Ärzte würden dies zwar kürzer tun, aber ein größeres zukünftiges Interesse an dieser Form der Fortbildung bekunden. Auch INFRATEST kam in einer Studie über ärztliche Fortbildung zu dem Ergebnis, „daß gerade jüngere Ärzte, die ihrem eigenen Fachwissen kritischer gegenüberstehen und auch generell die Notwendigkeit der Veranstaltungsfortbildung betonen, auch den Kongressen in Zukunft ihren Platz in der ärztlichen Fortbildung einräumen".[2]

Den Rückgang der Teilnehmerzahlen auf immerhin weniger als die Hälfte[3] führt die Bundesärztekammer im wesentlichen auf das Urteil des Bundesfinanzhofs vom 4. August 1977 zurück, das die steuerliche Abzugsfähigkeit der Kongreßkosten für die Zukunft erheblich erschwerte. Auch der Bundesfinanzhof war davon ausgegangen, daß bei einer Reise zu einem Kongreß in einen bekannten Winterkurort unter Mitnahme der Familienangehörigen eher ein privater Zweck als die berufliche Fortbildung als primärer Anlaß der Reise zu sehen sei, so daß eine Abzugsfähigkeit der Kosten als Betriebsausgaben nicht berechtigt sei. Der Senat schloß zwar nicht aus, daß auch unter solchen Umständen im Einzelfall die Aufwendungen für Reise und Aufenthalt anläßlich einer Fachtagung zum Abzug als Betriebsausgaben in Frage kommen können. Das gilt aber nur dann, wenn den Möglichkeiten zur Verfolgung privater Erholungs- und Bildungsinteressen neben dem Fortbildungszweck nur in einem unerheblichen Umfang Raum gegeben ist.

Der Bundesfinanzhof verlangt deshalb einen Nachweis für die ausreichende Teilnahme an den Fortbildungsveranstaltungen. Dieses Urteil – von Odenbach mit der darin zum Ausdruck kommenden „familienfeindlichen Einstellung" als „wohl einmalige Anti-Motivation zur Fortbildung" bezeichnet – wurde von seiten der Bundesärztekammer mit heftiger Kritik aufgenommen. „Der Unterstellung, Ärzte würden statt Fortbildung Ferien machen, kann nur die Feststellung entgegengesetzt werden, das Tausende von Ärztinnen und Ärzten Fortbil-

---

[1] Vgl. Odenbach 1979, S. 1653 und 1655; vgl. dazu auch die Untersuchung von Herrmann und Odenbach „Internationale Fortbildungskongresse der Bundesärztekammer – Teilnahme und Erfolg".
[2] Bundesärztekammer 1981, S. 212
[3] Vgl. z.B. Deutsche Apotheker Zeitung 7/1985, S. 361

dung unter teilweiser Opferung ihrer Ferien betreiben, dabei aber auch auf die Mitnahme ihrer Familien nicht verzichten wollen."[1]

„Auch der gelegentliche, denkbare Mißbrauch einer guten Sache sagt nichts gegen diese selbst. So kann die Bundesärztekammer nur zu gut verstehen, daß die große Mehrheit der Ärztinnen und Ärzte, die bei gutem und bei schlechtem Wetter täglich viele Stunden an den einzelnen Veranstaltungen der Kongresse teilnehmen, mit Recht verärgert ist und das tiefe Mißtrauen der Behörden als Teil einer bestimmten Tendenz wertet.

Die Bundesärztekammer weiß, welche Schwierigkeiten der in freier Praxis niedergelassene Arzt hat, überhaupt einen Vertreter zu bekommen, was es kostet, diesen für die Dauer der eigenen Teilnahme am Fortbildungskongreß zu honorieren. Sie weiß auch nur zu gut, wie wichtig die Distanz vom Alltag, von der Hektik der Praxis ist, um sich eben nicht zu zerstreuen, sondern zu sammeln."[2]

Seitdem besteht für die Kongreßteilnehmer die Möglichkeit, sich die Teilnahme jeder Einzelveranstaltung durch eine automatische Testierung mit Zeituhren bescheinigen zu lassen.

Damit wird bereits der zweite große Problembereich bei der Beurteilung der Fortbildungsqualität angesprochen: die Nutzung der Fortbildungsangebote durch den einzelnen Berufsangehörigen. Abgesehen von der Detailkritik, etwa in bezug auf den Nutzen der großen Kongresse oder auf die zu starke Distanz zwischen Referenten und Publikum (von zwei der Experten kritisiert), wurde die Qualität des Fortbildungsangebotes von nahezu allen zu den Ärzten befragten Experten (auch den Nicht-Ärzten) als ausreichend, gut oder hervorragend, von zwei der Befragten sogar als zu groß bezeichnet. Vor allem die Breite der Angebotspalette, die sowohl fachlich als auch regional gut differenziert sei, wurde dabei immer wieder betont. Lediglich ein Vertreter der Krankenkassen sowie einer der befragten Ärzte bezeichneten auch das Fortbildungsangebot als verbesserungsbedürftig. Zurückhaltender und weniger einhellig war jedoch die Antwort auf die Frage, inwieweit dieses Angebot von den einzelnen Ärzten auch in ausreichendem Maße genutzt würde. Zwar wurde lediglich von drei Ärzten die Nutzung der Fortbildung bzw. die Fortbildungsbereitschaft ausdrücklich als nur gering eingestuft, sechs der Befragten gaben jedoch an, daß über dieses Thema zu wenig Kenntnisse zur Verfügung stünden. Dies ist sicherlich richtig, wenn auch über das Nutzungsverhalten der Ärzte mehr Informationen vorhanden sind als über andere Gruppen Freier Berufe. So sei nochmals an die bereits angesprochenen Untersuchungen von Gross, Kusche und Roemer-Hoffmann und von Herrmann und Odenbach über die Nutzung überregionaler Fortbildungsveranstaltungen hingewiesen sowie auf die eben-

[1] Bundesärztekammer 1979, S. 169
[2] Bundesärztekammer 1978, S. 121f

falls bereits zitierte Studie von INFRATEST aus dem Jahre 1980. Letztere kam u.a. zu dem Ergebnis, daß 1979 insgesamt 95 % der Ärzte an mindestens einer Fortbildungsveranstaltung teilgenommen haben und daß zum Kreis derer, die oft oder gelegentlich Fortbildungsveranstaltungen besuchen, ca. 77 % der Ärzte gerechnet werden können.[1]

Berufsvergleichende Untersuchungen – so INFRATEST – hätten ergeben, daß sich der Arzt intensiver und systematischer fortbildet, als das andere akademische Berufgruppen tun. Hingewiesen wird auf eine Arbeit von Kuntz aus dem Jahr 1973, nach der innerhalb eines Jahres an mindestens einer Fortbildungsveranstaltung 48 % der Richter, 47 % der Gymnasiallehrer und 19 % der Rechtsanwälte teilgenommen hätten.

Die Auffassung, daß die Ärzte sich intensiver fortbilden als andere Berufsgruppen, wurde auch von zwei der befragten Vertreter der ärztlichen Organisation geteilt.

Immer wieder genannter Hinderungsgrund für die Teilnahme an Fortbildungsveranstaltungen, besonders für den Kongreßbesuch, weniger für andere Veranstaltungen, war lt. INFRATEST das Zeitproblem, das von den Krankenhausärzten stärker betont worden sei als von niedergelassenen Ärzten. Dem entspricht das Ergebnis unserer Befragung, nach dem jene Experten, die als Krankenhausärzte tätig waren, die Nutzung der Fortbildung in der Tendenz schlechter beurteilten als die niedergelassenen Ärzte.

Darüber hinaus, so das Ergebnis der INFRATEST-Untersuchung, lesen nahezu alle Ärzte (97 %) oft oder gelegentlich Fachzeitschriften, um sich beruflich auf dem laufenden zu halten.

Im Gegensatz dazu wurde in einem von der Bundesärztekammer stark kritisierten, im Rahmen des PROWIS-Projekts[2] erstellten ärztlichen Gutachten die Auffassung vertreten, die meisten Ärzte würden sich nicht fortbilden; es sei eine völlig offene Frage, welcher Prozentsatz insbesondere der älteren Ärzte überhaupt noch an Fortbildungsveranstaltungen teilnehme.[3]

Obwohl die weiter oben zitierten Untersuchungen den Schluß nahelegen, daß dieses Gutachten die Fortbildungsbereitschaft unterschätzt, muß andererseits auch für die Ärzteschaft festgestellt werden, daß das Fortbildungsverhalten der Berufsangehörigen und seine Bestimmungsfaktoren noch nicht ausreichend untersucht sind, um ein gesichertes Urteil darüber abgeben zu können, inwieweit es als ausreichend für die Qualitätssicherung anzusehen ist.

---

[1] Näheres vgl. Bundesärztekammer 1981, S. 210-212
[2] PROWIS ist die Kurzbezeichnung für ein vom Bundesminister für Bildung und Wissenschaft in Auftrag gegebenes Forschungsprojekt,"Prognose wissenschaftlicher Weiterbildung".
[3] Vgl. Bundesärztekammer 1981, S. 213 f

Hinzu kommt, daß Zahlen über die Quantität der Nutzung an sich noch keine Aussagen über die Nutzungsqualität zulassen. So gaben auch zwei der befragten Ärzte zu bedenken, daß das Ausmaß der Nutzung allein wenig über die Qualität der Fortbildung aussage, wenn keine Informationen über die Verarbeitung und die Umsetzung des Erlernten in die berufliche Praxis zur Verfügung stünden. Damit ist ein zentrales Problem der Beurteilung der Fortbildung prinzipiell angesprochen, das dann entsteht, wenn man wie Miller und Brown und in Anlehnung daran auch die deutsche Ärzteschaft versucht, den Bedarf und den Erfolg der Fortbildung an der tatsächlichen Qualität der Berufsausübung zu messen. Daß eine derartige Ermittlung des Fortbildungsbedarfs- und erfolges Probleme aufwirft, zeigte sich bereits in den USA. Wesentliche Methoden sind hierzu die Krankenblattrevision, die kollegiale Überprüfung (Peer Review) und die Selbstprüfung, die gleichermaßen eingesetzt werden, um Fehlverhalten in der Berufstätigkeit zu entdecken und den Erfolg der Fortbildung im Sinne einer Beseitigung der Fehler nachträglich zu kontrollieren. Auf die ersten beiden Methoden soll an dieser Stelle nicht weiter eingegangen werden, da sie als wesentliche Instrumente der Analyse der Prozeß- und Ergebnisqualität in Punkt 4.1.3.1 ausführlich diskutiert werden.

Die dritte Möglichkeit, den Bedarf an Fortbildung wie auch den Fortbildungseffekt festzustellen, nämlich die Selbstprüfung (amerikanisch: self-assessment), wurde auch bereits von der Rheinland-Pfälzischen Akademie für ärztliche Fortbildung praktiziert. Grundlage der Selbstprüfung, sowohl bei Programmen zur anonymen Selbstkontrolle als auch bei anderen, sind Fragebögen. Bei der in Rheinland-Pfalz durchgeführten Fragebogenaktion wurde der nach dem Multiple-Choice-System aufgebaute Test allen Ärzten mit Rückumschlag zugeschickt. Zur Beantwortung waren vier bis sechs Wochen Zeit gegeben. Die Auswertung erfolgte maschinell. Trotz mancher Kritik gegen die Kontrolle habe die Rücklaufquote bei der letzten Umfage 33 Prozent betragen: Dieses Ergebnis bei einer freiwilligen Fragenbogenerhebung, bei der die Mehrzahl der Ärzte das Antwort-Wahlverfahren noch nicht kannte, sei sicher – so Odenbach – beachtlich. Vor allem aber habe die Teilnahme auch stimulierend darauf gewirkt, sich – sei es nur durch Nachschlagen in entsprechenden Büchern – auf dem laufenden zu halten.[1]

Sewering hat die Selbstüberprüfung bereits 1974 als Nachweis der Effizienz der Fortbildung vorgeschlagen, der die volle Wahrung der Freiwilligkeit des einzelnen Arztes, die immer unter dem faktischen Zwang zur Fortbildung zu verstehen sei, ermögliche. Die Mitgliedschaft in einer Akademie für ärztliche Fortbildung solle davon abhängig gemacht werden, daß der Arzt in bestimmten zeitlichen Abständen einen auf sein Fachgebiet zugeschnittenen Fragebogen der Akademie beantwortet zurückgebe. Durch die Beantwortung der gestellten Fragen habe der Arzt die Möglichkeit, sein Wissen zu aktualisieren. Soweit der

---

[1] Vgl. Odenbach 1979, S. 1650

Arzt die gestellten Fragen nicht aus seinem paraten Wissen heraus beantworten könne, werde er durch Literaturstudium und durch den Besuch geeigneter und dafür anzubietender Fortbildungsveranstaltungen neues Wissen erwerben und damit in der Lage sein, die gestellten Fragen zu beantworten. Der Arzt werde also nicht in eine durch Einzelfragen charakterisierte Prüfung mit dem Risiko von Zufallsergebnissen getrieben, sondern programmierter Wissenszuwachs werde mit Effizienznachweis der Fortbildung kombiniert, da der Arzt bei der Erarbeitung der Antworten zugleich Fortbildung betreibe und neues Wissen erwerbe. Mit der Rücksendung des ausgefüllten Fragebogens erwerbe der Arzt die Mitgliedschaft in der Akademie für einen weiteren Zeitraum. Dafür solle er eine Bestätigung erhalten, die ihn als Mitglied seiner Akademie für ärztliche Fortbildung ausweise und die er auch in seiner Praxis seinen Patienten gegenüber sichtbar machen kann.[1]

Die Entwicklung des Fortbildungsbedarfs und -erfolgs mittels des Instruments der Selbstüberprüfung ist allerdings nicht ohne Probleme. So ist zwar ein computerauswertbarer Fragebogen auf Multiple-Choice Basis ohne großen Aufwand auszufüllen und auszuwerten, hinsichtlich seiner Aussagekraft ist jedoch anzuführen, was auch bei den Multiple-Choice-Prüfungen während der Ausbildung gilt: Eine umfassende Würdigung der komplexen, im Rahmen der ärztlichen Berufsausübung erforderlichen Fertigkeiten und Fähigkeiten, Haltungen und Einstellungen ist auf diesem Weg nicht möglich. Andererseits kann eine andere Form der Bearbeitung die Selbstüberprüfung zu einem beträchtlichen Aufwand werden lassen. Ein Extrem ist hier z.B. sicherlich das ganz besonders anspruchsvolle Programm des American College of Physicians in Philadelphia, zu dessen Vorbereitung ein Gegenstandskatalog im Lexikonformat erworben werden muß. Die Teilnahme ist so langwierig, die Auswertung so kompliziert, daß nur alle sieben Jahre die Teilnahme an diesem Verfahren erlaubt wird.[2]

Unabhängig davon, daß es für eine optimale Gestaltung der Fortbildungsangebote sowohl unter dem Aspekt, daß sie möglichst dem tatsächlichen Bedarf entspricht, als auch unter dem Aspekt der möglichst großen Umsetzbarkeit in die praktische Tätigkeit, nur sinnvoll sein kann, durch verschiedene Maßnahmen den Stand der Kenntnisse und Fähigkeiten der Berufsangehörigen zu analysieren, wird in der bundesdeutschen Ärzteschaft diese Thematik vor allem unter dem Aspekt der Kontrolle und der Nachweiserbringung, weniger jedoch unter dem Gesichtspunkt des Eigeninteresses diskutiert. So betonten auch nur zwei der befragten Experten den hohen Gewinn für den einzelnen Berufsangehörigen wie auch für den Berufsstand insgesamt, der in der Möglichkeit liegt, die eigene Qualifikation mit der der übrigen Berufsangehörigen zu vergleichen sowie Informationen über Ursachen für eventuelles Fehlverhalten und über

---

[1] Vgl. Sewering 1974
[2] Odenbach 1979, S. 1650

121

Hilfen zur Beseitigung der Fehler und zur Verbesserung der Leistungsqualität zu erfahren.

Wesentlich aktueller ist die Frage, inwieweit der einzelne Arzt verpflichtet werden soll, sein Fortbildungsverhalten durch formale Nachweise – in welcher Form auch immer – zu dokumentieren, wobei natürlich auch die Intention dahintersteht, möglicherweise fortbildungsfaule Ärzte zu eine regeren Nutzung der Fortbildungsangebote zu bewegen.

Der Einführung einer kontrollierten Fortbildungspflicht stehen jedoch die bundesdeutschen Ärzte eher ablehnend gegenüber. So äußerte sich auch die Mehrzahl der befragten Ärzte grundsätzlich ablehnend gegen Fortbildungszwang und -kontrolle. Lediglich zwei der Ärztevertreter konnten sich eine kontrollierte Fortbildungspflicht prinzipiell vorstellen bzw. hielten sie für ein gutes Mittel zur Verhinderung von beruflichen Mängeln. Auch bei den Nicht-Ärzten hielt nur ein Experte die Einführung von Fortbildungskontrollen für sinnvoll, ein zweiter Befragter wollte erst dann zu einem solchen Mittel greifen, wenn empirische Analysen des Fortbildungsverhaltens der Ärzte zeigen sollten, daß eine derart restriktive Maßnahme notwendig sei.

Entsprechend wurde auch die „Approbation auf Zeit" lediglich von drei der befragten Experten als geeignetes Mittel der Qualitätssicherung ins Auge gefaßt. Die Approbation auf Zeit ist ein in den USA weit verbreitetes Mittel zur Sicherung eines bestimmten Qualifikationsstandards der Berufsausübenden. Wer einem (auch nichtakademischen) Heilberuf angehört, erhält seine Lizenz nicht auf Lebenszeit, sondern muß in angemessenen Zeitabständen nachweisen, daß seine Fähigkeiten und Kenntnisse dem aktuellen Standard, dem State of Art, entsprechen. In den meisten Fachgesellschaften und Berufsorganisationen ist diese Pflicht zur „recertification" ein obligates Kriterium für die Mitgliedschaft. Auch in den USA ist jedoch die Reglementierung der Fortbildung in weiten Teilen der Ärzteschaft umstritten, die eine „Deregulierung" anstreben und statt dessen die Kräfte des Marktes wirken lassen wollen.[1]

Drei der befragten Experten, darunter ein Vertreter einer Krankenkasse, lehnten eine Qualifikations- bzw. Fortbildungskontrolle mit der Begründung ab, sie widerspräche dem Prinzip der freien Berufsausübung; einer der beiden bezog sich dabei explizit auf Artikel 12 des Grundgesetzes. Die übrigen begründeten ihre Ablehnung mit der fehlenden Praktikabilität und Aussagekraft bisher entwickelter Kontrollkonzepte. Auch diejenigen Experten, die einer Approbation auf Zeit oder einer Fortbildungspflicht und -kontrolle prinzipiell nicht ablehnend gegenüberstanden, wiesen auf die Problematik hin, geeignete Kriterien für eine erfolgreiche Rezeption der Fortbildungsinhalte bzw. den Stand der Qualifikation der Ärzte zu finden.

---

[2] Vgl. Idris 1985, S. 830

Diese Bedenken galten besonders auch gegenüber dem reinen Nachweis der Präsenz bzw. bei der Teilnahme an Fortbildungsveranstaltungen, der vielfach im Mittelpunkt der Überlegungen steht.

Der Teilnahmenachweis, der – wie berichtet – für die großen Kongresse eingerichtet wurde, wird auch bereits in anderen Ländern praktiziert. So wurde z.B. in den Niederlanden 1977 eine für alle Berufe geltende Regelung in Kraft gesetzt, nach der nach Teilnahme an entsprechenden Kursen den Absolventen ein Zertifikat über die Teilnahme auszustellen ist.[1] Auch in den Vereinigten Staaten, wo die Ärzte einer Pflichtfortbildung, die streng reglementiert und kontrolliert ist, unterliegen, spielt der Nachweis der Präsenz, also der Teilnahme an bestimmten Fortbildungsveranstaltungen, eine wesentliche Grundlage für die Erneuerung der Diplome (recertification). Da die Regelungen in den einzelnen Gesellschaften und Bundesländern z.T. sehr unterschiedlich sind, kann an dieser Stelle kein umfassender Überblick gegeben werden. Im Prinzip gemeinsam ist jedoch den verschiedenen Formen, daß der Arzt für eine bestimmte Anzahl von Jahren für eine bestimmte Anzahl von Stunden die Nutzung von Fortbildungsangeboten nachweisen muß. Die verschiedenen Spielarten der Continuing Medical Education (CME) werden dabei je nach dem ihnen zugeschriebenen Fortbildungswert mit Punkten bewertet: Seminare zählen mehr als Vorträge, diese wiederum mehr als Filme oder andere audio-visuelle Medien.[2] Daneben kann ein bestimmter Prozentsatz der abzuleistenden Zeit angerechnet werden, wenn der Arzt neben dem Nachweis des Bezugs entsprechender Literatur oder audio-visueller Programme eine ernst zu nehmende schriftliche Ehrenerklärung abgibt, daß er regelmäßig die von ihm aufgeführten Zeitschriften, Bücher oder Medien auch rezipiert.[3]

So hat z.B. eine große amerikanische Ärzteorganisation, die American Medical Association, bereits 1969 den freiwilligen „Physician's Recognition Award" eingeführt, der alle drei Jahre bei Nachweis der Teilnahme an 150 Fortbildungsstunden in verschiedenen Kategorien erworben werden kann.

„Diese ärztliche Anerkennungs-Auszeichnung wird nach angelsächsischer Art als Diplom in der Praxis ausgehängt. Damit folgte man einem der wichtigsten Prinzipien, das Miller immer wieder bestätigt hat: Ermutigende, anerkennende Maßnahmen wirken stimulierend auf die Fortbildung, bestrafende wirken lähmend! Das Schlimmste sei, den 'Spaß an der Fortbildung' zu nehmen! Inzwischen haben weit über 100 000 Ärzte sich an diesem freiwilligen Präsenznachweis ihrer großen Ärzteorganisation AMA beteiligt und den „Physician's Recognition Award" erhalten."[4]

[1] Vgl. Odenbach 1979, S. 1654
[2] Vgl. Idris 1985, S. 830
[3] Vgl. Odenbach 1979, S. 1653
[4] Vgl. Odenbach 1979, S. 1653. Nicht zu unterschätzen ist dabei sicherlich auch der Werbe-Effekt eines solchen aushängbaren Diploms.

Auch die Hessische Landesärztekammer hat mit ihrer Akademie für ärztliche Fortbildung als erste in der Bundesrepublik Deutschland die anfangs heftig umstrittene Verleihung einer entsprechenden Plakette bei Nachweis der Teilnahme einer bestimmten Stundenzahl eingeführt. Inwischen haben alle Ärztekammern Fortbildungsausweise, die zwar unterschiedlich gestaltet sind, aber im allgemeinen die Veranstaltungen auch im Bereich anderer Ärztekammern registrieren.

Daß der Sinn solcher Teilnahmebescheinigungen innerhalb der Ärzteschaft sehr umstritten ist, zeigte sich in den von uns geführten Interviews. So waren sich die befragten Experten weitgehend darin einig, wie problematisch es sei, die Anwesenheit oder bloße Teilnahme als Kriterium für die Qualität der Fortbildung des einzelnen Berufsangehörigen heranzuziehen. Wesentlich sei der tatsächliche Lernerfolg und die Umsetzung, die jedoch auf diesem Wege nicht erfaßt würden. Hinzu komme, daß der wesentliche Bereich der individuellen Fortbildung auf diesem Wege überhaupt nicht kontrollierbar sei. Drei der Experten nahmen ausdrücklich Bezug auf das amerikanische Punktesystem: Zwei lehnten diese Form der Fortbildungskontrolle grundsätzlich ab, während einer der Experten das Punktesystem prinzipiell als gut einstufte, aber eine liberalere Lösung vorziehen würde. Nicht weniger problematisch, vor allem auch unter dem Aspekt der Praktikabilität, scheint jedoch der von zwei Ärzten gemachte Vorschlag, die Ärzte zwar zur Fortbildung zu verpflichten und die Teilnahme auch zu kontrollieren, jedoch dem einzelnen Arzt freizustellen, auf welchem Wege er dieser Verpflichtung nachkommt. Damit würde zwar von einer Reglementierung weitgehend abgesehen und auch der Individualität der Berufsangehörigen Rechnung getragen, es stellt sich jedoch die Frage, inwiefern sich dieses System in der Praxis von einer überhaupt nicht kontrollierten Fortbildung unterscheidenn würde.

Auch in den USA ist man sich der Tatsache bewußt, daß ein bloßer Teilnahmenachweis kein hinreichender Indikator für den Erfolg der Fortbildung bzw. für den tatsächlichen Standard der Qualifikation des Arztes ist. Der Wert der Continued Medical Education ließe sich nur dann abschätzen, wenn man nachprüfe, wie sie sich in der alltäglichen Praxis niederschlage. Dies sei jedoch nicht selbstverständlich.[1] Zumindest wird jedoch in der Regel für die recertification neben dem Nachweis der quantitativ ausreichenden Teilnahme an bestimmten Fortbildungsangeboten das erfolgreiche Bestehen eines Tests verlangt.

So fordert z.B. das American Board of Family Practice ABFP, das als erste ärztliche Gesellschaft eine recertification einführte, von seinen Mitgliedern, daß sie sich alle sieben Jahre einer Prüfung unterziehen. Zu ihr gehört der Nachweis, daß der Arzt an 300 Stunden von Continuing Medical Education (CME)

---

[1] Vgl. Idris 1985, S. 832

teilgenommen hat; ein Minimum von 180 Stunden (60 %) muß dabei auf anerkannte Fortbildungskurse (formal refresher courses) verwandt worden sein, wie sie von der American Medical Association und der American Academy of Family Physicians angeboten werden. Die restlichen 40 % können durch verschiedene Aktivitäten abgedeckt werden, von denen aber keine Einzelsparte mehr als 20 % umfassen darf. Dazu gehören Lehrtätigkeit, individuelle Fortbildung (Fachlektüre, audiovisuelle Medien), Multimedia- oder Korrespondenzkurse, sofern Testkomponenten enthalten sind.

„Um seine Approbation zu bewahren, muß der amerikanische Arzt für Allgemeinmedizin außerdem praxisbezogene Fragebögen ausfüllen und Krankenblätter führen, in denen vom Alter bis zum Zucker (im Urin) alles zu vermerken ist, was für die Gesundheit bzw. Krankheit wichtig sein könnte.

Von den Fragebögen kann der Prüfling einen unter jeweils zwei wählen. Von den Krankenblättern, die er zu führen hat, kann er sich drei unter sechs aussuchen. Die Prüfungsbögen werden eingeschickt; das Board sichtet sie und entscheidet, welche weiteren schriftlichen oder mündlichen Tests gegebenenfalls notwendig sind.

Von den 28 500 Mitgliedern des American Board of Family Practice waren bis 1984 13 000 'im Amt bestätigt'. Gut 97 % jener, die ihre zu verlängernde Approbation beantragen, bestehen ihr 'kognitives Examen' im ersten Anlauf."[1]

Das bekannteste Prüfverfahren ist dabei das bereits mehrfach angesprochene Multiple-Choice-System, dessen größter Fehler darin besteht, daß hier lediglich kognitives Wissen abgefragt wird. Eine umfassendere Überprüfung der Qualifikation erlaubt ein Testprogramm auf der Basis der Computer-Simulation, bei dem ärztliche Tätigkeiten 'nachgespielt' werden. Nicht geklärt ist hier jedoch die Frage der Validität.

Einige Gesellschaften sind mittlerweile dazu übergegangen, auch die praktische Qualifikation mit in die Prüfung einzubeziehen. So wird z.B. vom American College of Obstricians and Gynecologists (ACOG), das für die Kontrolle der praktizierenden Frauenärzte zuständig ist, neben den üblichen theoretischen Tests der Continuing Medical Education durch die niedergelassene Kollegenschaft, die sog. Local Peer Review, auch bewertet, wie effizient der Arzt in seiner Praxis arbeitet. Dieses System der Qualitätssicherung im Bereich der Geburtshilfe und Gynäkologie arbeitet mit 'vorselektierten Kriterien'.

„Der Prüfling füllt Fragebögen aus, deren Inhalt zwar wechselt, die jedoch technisch so standardisiert sind, daß sich die Kollegen von der Peer Review nicht weiter mit dem Kandidaten für recertification befassen brauchen, sofern seine Antworten befriedigten.

---

[1] Vgl. Idris 1985, S. 840

'Gegrillt' werden nur solche Kandidaten, deren ausgefüllte Fragebögen den vorselektierten Kriterien nicht entsprechen. Aus der Tatsache, daß deren 'charts' von der Norm abweichen, werden aber noch keine negativen Rückschlüsse auf die bisherige Arbeit des aufgefallenen Kollegen gezogen.

Er muß sich allerdings einem Audit stellen, eine Prüfung, die in erster Linie praxisorientiert ist. Ergeben sich da Abweichungen von der gängigen Norm, so müssen diese voll ausgeglichen werden, und die vollzogene Korrektur ist zu dokumentieren."[1]

Damit wird wieder die Verbindung zu den eingangs erörterten Fortbildungsprogrammen von Müller und Brown hergestellt, die den Fortbildungserfolg durch die Überprüfung des beruflichen Handelns messen wollten, wenn auch hier nicht die Bewertung des Lernerfolges an sich, sondern der formale Nachweis der Qualifikation nach außen im Vordergrund steht.

Es ist allerdings nicht zu übersehen, daß eine Institutionalisierung derartiger Qualifikationsprüfungen einen enormen organisatorischen und finanziellen Aufwand erfordert. Darüber hinaus ist die strenge Reglementierung der ärztlichen Tätigkeit auch unter dem Aspekt ihres tatsächlichen Beitrags für die Qualitätssicherung auch in den USA nicht unumstritten. So bestehen auch in den USA Bestrebungen, die erhebliche Bürokratisierung in den Heilberufen wieder zu lockern; dies gilt vor allem auch für die strenge Überwachung und Kontrolle der ärztlichen Tätigkeit in Form von Krankenblattrevisionen oder Peer Review.[2] So stellte auch Weisfeld auf der National Conference on Continuing Competence Assurance in the Health Professions 1984 die Frage zur Diskussion, ob man die Fortbildung tatsächlich in ein Pflichtkorsett zwängen solle oder ob man es nicht dem Arzt überlassen solle, wie er von den ausreichend angebotenen Fortbildungschancen Gebrauch machen will. Pflichtprogramme scheinen weniger Erfolg zu haben als Programme, die auf Freiwilligkeit basieren. Verbesserte Methodik allein garantiere noch keine wirksame Hilfe für den Patienten. Continuing Medical Education sei für sich allein nicht genug, man müsse sich vielmehr ständig vor Augen halten, welches Ziel Fortbildungsprogramme eigentlich anvisierten. Nur wenn sie den Arzt wirklich motivierten, würden sie ihren Zweck erreichen und zur medizinischen Kompetenz führen.[3]

Auch eine große Untersuchung über die Effizienz der Fortbildungsprogramme kam zu dem Ergebnis: „Der einzelne Arzt muß die verantwortliche Autorität in der ärztlichen Fortbildung sein. Die Bildungsinstitutionen und ärztlichen Gesellschaften ermöglichen und fördern die Fortbildung."[4]

---

[1] Vgl. Idris 1985, S. 837
[2] Vgl. auch Punkt 4.3.3.1
[3] Zit. nach Idris 1985, S. 834
[4] Odenbach 1979, S. 1653

Es bleibt jedoch die Frage, inwieweit diese Motivation zur Fortbildung und Qualitätssicherung durch eine weitgehende Reglementierung erreicht werden kann oder ob nicht versucht werden sollte, den einzelnen Berufsangehörigen von dem hohen persönlichen Nutzen der Fortbildungsprogramme zu überzeugen. Schließlich würde auch der als dritter Pfeiler der ärztlichen Fortbildung bezeichnete kollegiale Informationsaustausch, durch eine Reglementierung sicherlich viel von dem ihm zugeschriebenen Wert verlieren. Insgesamt scheint auch in der amerikanischen Ärzteschaft bislang ein gangbarer und aus der Sicht des einzelnen Freiberuflers akzeptabler Weg, der einerseits eine ausreichende Qualifizierung der Berufsangehörigen auch nach Erlangen der Approbation sicherstellt und andererseits nicht durch Überbürokratie und Überreglementierung für die freiberufliche Tätigkeit so unerläßliche Elemente wie persönliche Motivation und Engagement im Keim erstickt, nicht gefunden zu sein.

Andererseits sind sich die bundesdeutschen Ärzte – dies wurde auch in den Interviews deutlich – in der Mehrzahl bewußt, daß der Hinweis auf die formale Pflicht zur Fortbildung heute keinen ausreichenden Nachweis für die Fortbildungsbereitschaft mehr darstellt.

4.1.2.2 Wirtschaftliche Situation

Der zentrale Aspekt, um den sich auch die Diskussion um die Qualitätssicherung in der Ärzteschaft im wesentlichen dreht, ist die Entwicklung des studentischen und ärztlichen Nachwuchses und die hiervon vermutlich ausgehenden Wirkungen auf die Qualifikation der Berufsangehörigen einerseits sowie die Einkommensverhältnisse der Ärzte andererseits. Nachdem das vorangegangene Kapitel sich bereits ausführlich mit den Möglichkeiten und Problemen der Sicherung der ärztlichen Qualifikation auch unter dem Aspekt der „Nachwuchsschwemme" befaßt hat, werden in den folgenden Punkten vor allem die Wirkungszusammenhänge zwischen der (für die Zunkunft vermuteten) Einkommenslage der Ärzte, der Struktur des Berufsstandes sowie der Leistungsstruktur einerseits und der Qualität der ärztlichen Leistung andererseits analysiert.

Nachdem in einem ersten Punkt die Entwicklung der Konkurrenzsituation, wie sie sich in den letzten Jahren vollzogen hat bzw. wie sie für die Zukunft prognostiziert wird, in ihren Auswirkungen auf die medizinische Versorgung dargestellt wird, werden in den weiteren Abschnitten dieses Kapitels die Wirkungszusammenhänge ausgewählter Parameter zur Steuerung der Konkurrenz- und Wettbewerbssituation hinsichtlich ihrer Eignung als Qualitätssicherungsinstrumente untersucht. Die Analyse muß sich dabei auf die zentralen und derzeit gesundheitspolitisch besonders aktuellen Aspekte beschränken: die Bedarfsregelung, die Vergütungspolitik sowie die Regelungen des Werbeverhaltens.

4.1.2.2.1 Konkurrenzsituation

Die Anzahl der Ärzte ist wie in allen akademischen Heilberufen in der Vergangenheit signifikant gestiegen. So hat sich nach einer Statistik der Bundesärztekammer die Anzahl der berufstätigen Ärzte von 1970 bis 1984 um knapp 70 % erhöht, von 1960 bis 1984 hat sie sich sogar mehr als verdoppelt. Noch größer war der Zuwachs der nicht bzw. nicht mehr ärztlich Tätigen, deren Anzahl sich im Vergleich zu 1970 mehr als verdoppelt, gegenüber 1960 sogar mehr als vervierfacht hat[1] (vgl. Tabelle 2). Zu einem ähnlichen Ergebnis führt die Statistik des Statistischen Bundesamtes, die für den Zeitraum 1970 bis 1982 eine Steigerung von knapp 50 % für die berufstätigen Ärzte verzeichnet.

Durch die stagnierende bzw. rückläufige Entwicklung der Bevölkerungszahlen hat sich auch die Relation Einwohner je Arzt quantitativ erheblich verbessert, und zwar von 612 im Jahre 1970 auf 421 im Jahre 1982. Eine noch höhere Arztdichte haben in Europa lediglich Spanien, Italien, Griechenland und Belgien. Vergleichbar ist der bundesdeutsche Wert etwa mit Dänemark (422 Einwohner pro Arzt), leicht darunter liegen Schweden, Frankreich und die USA.[2]

Über die Entwicklung des Ärzteangebotes in den nächsten zehn bis fünfzehn Jahren stehen verschiedene Prognosen zur Verfügung, die für die konkrete Höhe des zu erwartenden Ärzteangebots zwar zu leicht differierenden Werten kommen, die sich jedoch einig sind, daß weiterhin mit einem starken Ansteigen der Ärztezahlen gerechnet werden muß[3]. Dafür spricht auch der weiterhin starke Andrang zum Medizinstudium. Zwar wurde von der Zentralstelle für die Vergabe von Studienplätzen ein Rückgang der Bewerber für das Wintersemester 1985/86 von 14 % gemeldet. „Eine Abnahme der Bewerberzahlen um 14 % bedeutet jedoch nicht, daß die Zahl der Studienanfänger in Medizin zurückgeht und womöglich die Arztprognosen nicht mehr zu halten sind. Diese stimmen nach wie vor. Denn um die im Wintersemester 1985/86 zur Verfügung stehenden 7.000 Studienplätze bewerben sich immer noch 30.000 Abiturienten! Vor einem Jahr waren es 35.000. Die Relation Bewerber/Studienplätze beträgt trotz des Rückgangs immerhin noch stolze 4 : 1, im Vorjahr 5 : 1. Mit rund 12.000 offiziellen Studienanfängern pro Jahr wird weiterhin zu rechnen sein, wovon 7.000 im Wintersemester und knapp 5.000 im Sommersemster ihr Studium beginnen."[4]

Insgesamt wird aufgrund der Studentenzahlen mit ca. 110.000 bis 120.000 neuapprobierten Ärzten bis Mitte der 90er Jahre gerechnet, denen ca. 55.000 Ärzte gegenüberstehen, die aus dem Berufsleben ausscheiden oder die Berufstätigkeit nicht aufnehmen (vor allem Frauen). Die Bundesärztekammer rechnet dementsprechend mit einer Gesamtzahl von rund 220.000 Ärzten für

---

1) Vgl. Stobrawa 1986, S. 12 ff
2) Vgl. Deutscher Bundestag (Hrsg.) 1985a, S. 47 f
3) Vgl. auch Deutscher Bundestag (Hrsg.) 1985a, S. 49 f
4) Stobrawa 1986, S. 12 f

Tabelle 2: Anzahl der Ärzte 1960 – 1984

	1960	1970	1980	1984	1960/84	1970/84
Praxis	43 320	48 830	59 777	65 780	+ 45,17 %	+ 34,75 %
Krankenhaus	21 544	35 066	67 964	75 730	+ 251,50 %	+ 116,20 %
Industrie, Verwaltung, Öffentlicher Gesundheitsdienst	7 622	8 877	11 711	15 083	+ 98,17 %	+ 70,52 %
Berufstätige Ärzte	74 486	92 773	139 452	156 593	+ 110,36 %	+ 68,85 %
Nicht berufstätige Ärzte	6 306	11 208	24 672	35 178	+ 458,25 %	+ 214,00 %
Insgesamt	80 792	103 981	164 124	191 771	+ 137,52 %	+ 84,50%

Quelle: Bundesverband der Freien Berufe BFB 1986, S. 11

die Mitte der 90er Jahre. Der anhaltende Zuwachs an Ärzten hatte bereits in der Vergangenheit Auswirkungen auf die medizinische Versorgung und wird auch in der Zukunft einschneidende Veränderungen in der Struktur der ärztlichen Versorgung hervorrufen. So wurden die Zuwächse in der Vergangenheit vor allem vom stationären Sektor aufgefangen, in dem die Anzahl der berufstätigen Ärzte von 1960 bis 1984 auf das Zweieinhalbfache, also doppelt so stark wie die Gesamtheit, angestiegen ist. Demgegenüber hat sich die Anzahl der Ärzte im ambulanten Sektor im gleichen Zeitraum lediglich um knapp die Hälfte, also weit unterproportional erhöht.[1]

Da es weniger aus Bedarfs-, als vielmehr aus finanziellen Gründen fraglich ist, ob der Krankenhaussektor seine Kapazitäten weiterhin in entsprechendem Maße ausdehnen kann, wird erwartet, daß der ärztliche Nachwuchs sich auf die übrigen Bereiche ärztlicher Tätigkeit in Verwaltung, Industrie, Forschung, öffentlichem Gesundheitsdienst, vor allem jedoch in die freie Praxis, verteilen oder arbeitslos werden wird.[2]

[1] Stobrawa 1986, S. 12 f
[2] Stobrawa 1986, S. 16 f

Derartige Veränderungen der Struktur der ärztlichen Versorgung werden, hier sind sich Wissenschaftler, Praktiker und Berufsvertreter einig, auch Auswirkungen auf die Quantität und Qualität der Leistungen haben. Die Auffassungen darüber, ob diese Auswirkungen unter Qualitäts- und Kostengesichtspunkten eher negativ oder positiv zu beurteilen sind, gehen jedoch je nach theoretischem oder interessenpolitischem Hintergrund weit auseinander. Während Verfechter der Übertragung von Marktmodellen auf den Gesundheitssektor eher davon ausgehen, daß durch eine verstärkte Konkurrenz Leistungsbereitschaft und -qualität steigen und die Preise sinken, gehen die Politiker und Ärzteschaft wie auch die Krankenkassen davon aus, daß durch die sog. „Ärzteschwemme" erhebliche Gefahren für die gesundheitliche Versorgung der Bevölkerung entstehen könnten. Ohne hier im einzelnen auf die zu diesem Thema bereits in hinreichendem Ausmaß zur Verfügung stehende Literatur einzugehen, sollen im folgenden zunächst lediglich die von den befragten Experten abgegebenen Einschätzungen aufgeführt und gegenübergestellt werden, die einen ausreichenden Einblick in die widersprüchliche Argumentationen zu diesem Thema vermitteln.

Einig waren sich die befragten Ärztevertreter und die Experten aus dem nichtärztlichen Bereich, daß bei gegebener Ausbildungssituation und angesichts des Mangels an Weiterbildungsstellen die Qualifikation eines immer größeren Anteils der an der kassenärztlichen Versorgung beteiligten Ärzte immer schlechter wird und daß von der mangelnden Berufspraxis dieser Ärzte erhebliche Gefahren für die gesundheitliche Versorgung der Bevölkerung zu erwarten sind. Da dieses Problem bereits ausführlich dargestellt wurde, wird an dieser Stelle nicht näher darauf eingegangen. Darüber hinaus wurden folgende Zusammenhänge genannt:

- Drei der befragten Ärzte argumentierten, daß Konkurrenz die Leistungsqualität insofern steigere, als der Arzt sich bemühe, durch besonders gute Leistungen konkurrenzfähig zu bleiben, und er sich evtl. stärker um Fortbildung bemüht. Diese These ist in mehrfacher Hinsicht problematisch: So ist einerseits zu bedenken, daß Patienten vielfach nicht in der Lage sind, die ärztlichen Leistungen hinsichtlich ihrer medizinischen Indikation und Effizienz zu beurteilen, so daß ein solcher Qualitätswettbewerb in diesem Fall vom Patienten nicht wahrnehmbar und darum als Wettbewerbsinstrument ungeeignet ist. Andererseits bzw. z.T. daraus resultierend messen die Patienten die Qualität der Leistungen an Hilfsindikatoren wie der Zuwendungsintensität der ärztlichen Leistung, dem Apparateeinsatz, dem Verschreibungsverhalten (je teurer um so besser), der Freundlichkeit des Personals, der Wartezeit etc. Ein verstärktes Eingehen auf solche Patientenerwartungen durch den Arzt kann dem gesundheitlichen Wohl des einzelnen dienen, muß aber nicht. So wiesen zwei der Experten darauf hin, daß eine derartige Steigerung der Serviceleistungen teilweise eine Qualitätsverbesserung auch nur vortäuschen könne. Eine derartige „Pseudo"-Qualitätsverbesserung aus der Sicht des Patienten kann z. B. der folgende Aspekt darstellen.

- Drei der Experten rechneten damit, daß ein Arzt, um Patienten zu finden bzw. nicht zu verlieren, eher bereit sein kann, auf Wünsche der Patienten einzugehen und unnötige und/oder relativ teuere Diagnose- und Therapieverfahren einzusetzen. Beispiele hierfür wären ungerechtfertigte Krankschreibungen, unnötiger Geräteeinsatz, teuerere Medikamente etc. Auch hier geht es in erster Linie um die Verhinderung von unnötigen Kosten, die entstehen, weil eine nicht gerechtfertigte Leistung erbracht wird. Allerdings ist die Frage, welche Kosten bzw. Leistungen noch gerechtfertigt sind oder nicht, eine Sache der Definition.

- Fünf der Experten befürchteten, daß die Ärzte versuchen könnten, rückläufige Fallzahlen oder Umsätze dadurch auszugleichen, daß sie vom medizinischen Standpunkt aus unnötige Leistungen (z.B. in der Diagnose) oder Operationen erbringen oder nicht erbrachte Leistungen abrechnen. Während letzteres dem Wirtschaftlichkeitsprinzip, vor allem aber der beruflichen Ethik widerspricht, können unnötige medizinische Leistungen am Patienten eine tatsächliche Gefährdung der Gesundheit des einzelnen bedeuten.

- Qualitätsmindernd, weil gesundheitsgefährdend, ist nach Auffassung von zwei Experten auch die steigende Tendenz des Arztes, Patienten selbst zu behandeln, anstatt sie an einen Kollegen eines Fachgebietes zu überweisen.

- Ebenfalls qualitätsmindernd würde es sich auswirken, wenn sinkende Umsätze bzw. eine nicht ausreichende Investitionskapazität den Arzt veranlassen würden, seine Betriebskosten zu senken und seine technische und personelle Ausstattung so weit zu reduzieren, daß sie einen bestimmten medizinischen Leistungsstandard nicht mehr sicherstellen. Dieser Aspekt wurde von drei Experten genannt.

- Positiv auf die Kosten und Verteilung der Leistungen über den genannten Berufsstand bzw. eine Region kann sich nach Auffassung von drei Experten eine solche Entwicklung dann auswirken, wenn sie zu einem Abbau der apparativen Überkapazität vieler niedergelassener Ärzte und zur gemeinsamen Nutzung von technischen Geräten führt. Dies setzt jedoch verstärkte interkollegiale Kommunikation voraus, die Informationslücken zwischen Kollegen schließt.

Weitere negative Effekte sahen die Experten in der wachsenden Unkollegialität, verdeckter Werbung, Absprachen über Patientenüberweisungen etc., die grundsätzlich die ärztliche Moral und die Qualität der Berufsausübung schädigen könnten. Von den meisten Experten wurden mehrere der oben angesprochenen Aspekte genannt. Eine ausdrücklich positive Beurteilung der Qualitätseffekte verstärkter Konkurrenz gaben lediglich zwei der Experten ab, ausschließlich negative Effekte erwarteten lediglich drei. Die meisten der Befragten

beurteilten die Auswirkungen differenzierter: Zunächst seien durch die zunehmende Konkurrenz qualitätssteigernde Effekte in Form von höherer Leistungsbereitschaft und verbessertem Service zu erwarten, ab einem bestimmten Punkt
aber, nämlich wenn die Umsätze bzw. Fallzahlen im Vergleich zu den Kosten
zu gering würden, um die wirtschaftliche Existenz oder ein ausreichendes
Einkommen zu gewährleisten und damit die Konkurrenz zu einer Existenzgefährdung für die ärztlichen Praxen führe, würde es zu einem Absinken der
Leistungsqualität durch unnötige Leistungen, mangelnde Leistungsbereitschaft
und/oder nicht mehr ausreichende Leistungsgrundlagen kommen. Wann dieser Punkt erreicht sei, konnte kein Experte konkretisieren. Für die Mehrheit
stellte sich diese Problematik jedoch z.Zt. noch nicht.

Um die durch die Ärzteschwemme befürchteten Gefahren für die Qualität der
Leistung zu verhindern bzw. qualitätssteigernde Effekte zu ermöglichen, wer-
den z.Zt. verschiedene Steuerungsinstrumente diskutiert. Die wichtigsten –
Bedarfsregelungen, Steuerung über das Honorierungssystem und die Regelung
des Werbeverhaltens – werden im folgenden hinsichtlich ihrer Eignung und
Problematik als Qualitätssicherungsinstrumente dargestellt.

4.1.2.2.2 Zugangsregelungen

Bevor auf die Notwendigkeit und Eignung von Maßnahmen zur Bedarfsplanung und Zugangsbeschränkung eingegangen wird, soll kurz die Problematik
der Bestimmung des Leistungsbedarfs angesprochen werden. In der allgemeinen Diskussion wird davon ausgegangen, daß die wachsende Zahl der ärztlichen Leistungsanbieter nicht durch eine entsprechende Anpassung des Bedarfs
kompensiert werden kann, sondern daß in Zukunft eine immer größere Zahl
von Ärzten einer – relativ gesehen – immer geringeren Nachfrage gegenüber-
steht. Der Kampf der Ärzteschaft um den „Honorarkuchen" ist dementsprechend ein vielstrapaziertes Bild. Die Vorhersage des tatsächlichen zukünftigen
Bedarfs an ärztlichen Leistungen ist jedoch relativ problematisch. So kann
einerseits der Bedarf an gesundheitserhaltenden oder -sichernden Leistungen
aus der Sicht des einzelnen zunächst als unbegrenzt gelten, da eine völlige
Ausschöpfung aller zur Verfügung stehenden Mittel zur Lebenserhaltung bzw.
zur Verbesserung des Wohlbefindens angesichts des medizinischen Fortschritts
kaum erreichbar scheint. Doch auch wenn man die Nachfrage oder den Nach-
fragebegriff auf die sog. „willingness to pay", also die Bereitschaft, für die
Erfüllung dieses Bedarfs auch zu zahlen, einschränkt, ist die Ärztebedarfskette
von derart vielen gesellschaftlichen und funktionellen Faktoren (z.B. Krank-
heitsentwicklung, Behandlungsvolumen, Organisationsstrukturen, Leistungs-
inhalte der Medizin, Anspruchshaltung des einzelnen) abhängig, daß eine konkrete Prognose fast unmöglich erscheint. Entsprechend kommt der Bericht der
Bundesregierung zur „Leistungsfähigkeit des Gesundheitswesens und Qualität
der gesundheitlichen Versorgung der Bevölkerung" zu dem Schluß, daß es
nicht voraussagbar ist, wieweit das Angebot an Ärzten den zukünftigen Bedarf

übersteigen wird.[1] Und das Prognos-Zentrum für Angewandte Wirtschaftsforschung stellte fest: „Einen objektiven, eindeutigen Ärztebedarf gibt es nicht."[2] Das heißt zwar nicht, daß nicht gewisse Indikatoren zur Verfügung stehen, die zumindest Anhaltspunkte über die Bedarfsentwicklung erlauben, eine derartige Prognose erforderte jedoch ein systematisches Vorgehen, das alle Einflußfaktoren zwischen Akteuren und Bestimmungsgrößen möglichst adäquat in Erwägung zieht".[3]

Ohne auf die organisatorische und strukturelle Entwicklung im Gesundheitssystem einzugehen, läßt sich allein aufgrund der voraussichtlichen Entwicklung des Krankheitsvolumens und der Morbiditätsstruktur vermuten, daß noch eine erhebliche potentielle Nachfrage existiert:

- die Krankeiten insgesamt nehmen zu;
- der Krankheitsbegriff weitet sich stetig aus (von der Organ-läsion zur psychosozialen Medizin);
- der Anteil der höheren Altersgruppen und höheren Morbidität nimmt zu;
- zunehmende Umweltprobleme verstärken den Trend zu chronischen Krankheiten;
- Berufskrankheiten nehmen zu;
- der technologische Wandel läßt weitere psychische Belastungen erwarten.[4]

Auf der anderen Seite ermöglichen Spezialisierung und technischer Fortschritt in der Medizin eine immer differenziertere und intensivere Behandlung der Krankheiten, so daß der erforderliche organisatorische und personelle Aufwand ständig steigt. Auch sind wesentliche potentielle Aufgabenbereiche der Ärzte (Prävention, Rehabilitation) noch bei weitem nicht ausreichend versorgt. Insgesamt kann also davon ausgegangen werden, daß trotz sinkender Bevölkerungszahlen noch ein erhebliches Bedarfspotential existiert.

Entsprechend wurde auch von zwei Experten darauf hingewiesen, daß Nachfrageausweitungen schon allein durch eine Umschichtung in Richtung versorgungsintensiver Krankheiten (Alterskrankheiten, Gicht, Rheuma etc.) sowie durch neue Krankheiten wie AIDS erfolgen wird, ohne daß damit eine Steigerung der Gesamtmenge der potentiellen Nachfrage einhergehen muß. Darüber hinaus seien viele ärztliche Aufgabenbereiche noch kaum in Angriff genommen. Nicht zu unterschätzen ist allerdings, dies führten auch die Experten an, daß vor allem in einem Gesundheitssystem wie dem der Bundesrepublik Deutschland mit seiner Gesetzlichen Krankenversicherung die Nachfrage nicht allein vom effektiven (empirisch meßbaren) Bedarf bestimmt ist, sondern auch von den gesundheitspolitischen Vorgaben und Zielsetzungen, die darüber entscheiden,

---

[1] Deutscher Bundestag 1985a, S. 50
[2] Zit. nach Schipperges 1985, S. 87
[3] Schipperges 1985, S. 87
[4] Schipperges 1985, S. 88

inwieweit Leistungen der Ärzteschaft, z.b. im Bereich der Vorsorge, auch honoriert werden. Dies gilt auch für die Einschätzung des Bedarfs an Ärzten in den einzelnen Tätigkeitsbereichen. So wird der Bedarf im stationären Sektor gemessen an den Stellenplänen als weitgehend gedeckt angesehen, während der Marburger Bund seit längerem auf die für die einzelnen Berufsausübenden untragbaren Überstunden im Rahmen des Bereitschaftsdienstes hinweist.

Die Beurteilung der Versorgungssituation hinsichtlich des ambulanten Sektors ist ebenso problematisch, da so gut wie keine Indikatoren darüber zur Verfügung stehen, nach welchen Kriterien der Bedarf einer Region an Ärzten festgestellt bzw. festgelegt werden soll.

Die Bedarfsplanung in der kassenärztlichen Versorgung hat die Zielsetzung, Versicherten und ihren Familienangehörigen eine bedarfsgerechte und gleichmäßige Versorgung zu gewährleisten (§368 Abs. 3 RVO). Zur Erfüllung dieser Zielsetzung wurde durch die gesetzlich vorgegebene Bedarfsplanung in der kassenärztlichen Versorgung ein Instrumentarium geschaffen, das der Feststellung von Unterversorgung und deren Beseitigung dienen soll. Kassenärzte und Krankenkassen sahen sich bei der Erarbeitung der entsprechenden Richtlinien jedoch nicht imstande, eine Aussage darüber zu machen, wann der Bedarf an kassenärztlicher Versorgung gedeckt sei. Die bekannt gewordenen internationalen Erfahrungen in der Gesundheitsplanung boten hierfür ebenfalls keine wissenschaftlich abgesicherten Konzepte. Die Partner, also Kassenärzte und Krankenkassen, haben sich jedoch pragmatisch darauf geeinigt, daß schon zum Zeitpunkt des Inkrafttretens der gesetzlichen Regelungen zur Bedarfsplanung im Jahre 1977 auf Bundesebene der Bedarf an niedergelassenen Ärzten für die Versorgung von sozialversicherten Patienten, d.h. etwa 91 % der gesamten Bevölkerung, ausreichend gedeckt sei. Aufgrund dieser Übereinstimmung hat dann der Bundesausschuß der Ärzte und Krankenkassen statistische Sollzahlen (Arzt:Einwohner) errechnet, indem die Zahl der Einwohner in der Bundesrepublik Deutschland durch die 1976 in Praxen niedergelassenen Ärzte (nach Fachgruppen) geteilt wurde. Diese damals errechneten Sollzahlen dienen heute der Beurteilung des Standes der kassenärztlichen Versorgung in bezug auf die Quantität.[1] Die der kassenärztlichen Bedarfsregelung zugrundeliegenden Maßstäbe sind also rein quantitativ und theoretisch konzipiert:

„Von der Bedarfsplanung im Rahmen der Kassenärztlichen Versorgung kann nicht ausgegangen werden, da sie nicht auf einer wissenschaftlich begründeten Bedarfsermittlung beruht, sondern grundsätzlich das zu einem bestimmten

---

[1] Bundesministerium für Jugend, Familie und Gesundheit (Hrsg.) 1980, S. 48 f. Rahmenbestimmungen für die Bedarfsplanung in der kassenärztlichen Versorgung wurden vom Gesetzgeber 1977 eingeführt. Die daraus resultierenden Richtlinien des Bundesausschusses der Ärzte und Krankenkassen geben mit Hilfe von Meßzahlen (Relation von Arzt zu Einwohnern) die Möglichkeit, Aussagen über die Versorgungsdichte nach den vorgesehenen Bedarfsplanungs-Richtlinien zu machen.

Zeitpunkt bestehende reale Zahlenverhältnis zwischen Arzt und Bevölkerung zugrunde legt."[1] Insgesamt, so die Kleine Kommission zu Fragen der ärztlichen Ausbildung und der künftigen Entwicklung im Bereich des ärztlichen Berufsstandes, steht weder zur Beurteilung des Bedarfs bzw. der Versorgungssituation des ambulanten noch des stationären Bereichs ausreichendes empirisch gesichertes Material zur Verfügung. In beiden Bereichen zeichnen sich jedoch noch Versorgungslücken ab. Auch im Bereich der Tätigkeit in Verwaltung und im öffentlichen Dienst bestehen noch erhebliche Versorgungsmängel, da die Bereitschaft der Ärzte, hier tätig zu werden, relativ gering ist. Auch einer der von uns befragten Experten sprach diese Mangelsituation an und äußerte die Hoffnung, daß mit zunehmenden Ärztezahlen eine Verbesserung der Versorgungssituation in diesen Bereichen erreicht würde.

Es wird nicht erwartet, daß die hier kurz angesprochenen Versorgungslücken das zusätzliche Angebot an Ärzten voll auffangen können[2], sie sollten jedoch ebenso wie die mögliche Ausweitung der ärztliche Tätigkeitsfelder Berücksichtigung finden, wenn es um die Frage der Notwendigkeit zulassungsbeschränkender Maßnahmen geht.

In der Ärzteschaft werden zur Zeit verschiedene Formen der Zugangsbeschränkung diskutiert, die entweder vor oder während dem Studium oder vor der Niederlasung ansetzen. Im wesentlichen handelt es sich dabei um die gleichen Konzepte, die bereits im Zusammenhang mit der Qualifikationssicherung in der Aus- und Weiterbildung diskutiert wurden. Tatsächlich sind bei diesen Fragen Qualifikation und Bedarfslenkung eng miteinander verknüpft.

Alle Experten waren sich einig, daß zur Verhinderung gesundheitsgefährdender Effekte sowie aus Kostengründen eine Reduzierung der Zuwachsraten beim ärztlichen Nachwuchs unvermeidlich ist. Allerdings gingen die Meinungen darüber, welche Form der Zugangsbeschränkung die geeignetste ist, auch bei den Vertretern aus der Ärzteschaft erheblich auseinander.

Im Mittelpunkt der Diskussion steht das auf dem Hausarztmodell der KBV beruhende Konzept der Bedarfsregelung bei Überversorgung. Das KBV-Modell sieht die Möglichkeiten von Zulassungssperren für überversorgte Gebiete vor. Ausgangspunkt ist eine Umorientierung der kassenärztlichen Bedarfsplanung auf die Überversorgung mit Ärzten in verschiedenen Bereichen. Die vorgeschlagene Erweiterung des Bedarfsplanungsinstrumentariums verfolgt zwei Ziele: Zum einen soll die Anzahl der Kassen-/Vertragsärzte auf ein für die ordnungsmäßige medizinische Versorgung der Versicherten erforderliches Niveau gesenkt werden, zum anderen soll ein angemessenes Verhältnis zwischen Allgemein-/praktischen Ärzten einerseits und Fachärzten andererseits dadurch

---

[1] Vgl. Wirzbach 1985, S. 44 f
[2] Stobrawa 1986, S. 17

erreicht werden, daß eine Sperrung der Zulassungsbezirke nach fachspezifischen Gesichtspunkten möglich ist.

Das Konzept der Kassenärztlichen Bundesvereinigung unterscheidet eine spezialärztliche und eine hausärztliche Versorgung. Hausärzte sind nach dem KBV-Modell Ärzte für Allgemeinmedizin, allgemeinmedizinisch tätige Internisten (80 % der Internisten), Kinderärzte und Hausärzte ohne Gebietsbezeichnung. Hausärzte ohne Gebietsbezeichnung sollen Ärzte sein mit mindestens dreijähriger ärztlicher Tätigkeit, wobei 1 1/2 Jahre auf dem Gebiet der Inneren Medizin (davon mindestens 1 Jahr im Krankenhaus), 6 Monate in einem, operativen Gebiet und 6 Monate in freier Praxis zu absolvieren sind.

Die Steuerung der Niederlassung soll sich orientieren an einem Verhältnis Hausärzte:Spezialärzte von 60:40. Die Niederlassung von Hausärzten in einem Planungsbereich wird dann gesperrt, wenn ein Versorgungsgrad von 150 % erreicht worden ist. In dem gleichen Planungsbereich können sich grundsätzlich auch Spezialärzte niederlassen, bis ein Versorgungsgrad von 150 % erreicht ist. Sinkt jedoch der Anteil der Hausärzte in diesem Bereich unter 60 %, so wird für die Spezialärzte bereits bei einem Versorgungsgrad von 100 % die Niederlassung gesperrt. Mit diesem Modell soll eine gleichmäßige Niederlasung von „Hausärzten" und „Spezialisten" in allen Planungsbereichen erzielt werden. Wenn in allen Planungsbereichen ein Versorgungsgrad von 150 % erreicht worden ist, wird die Zulassungssperre wieder aufgehoben. Diejenigen Ärzte, die einen Zulassungsanspruch aufgrund ihrer Approbation und nach der Zulassungsordnung haben, aber die geforderte Qualifikation – dreijährige Weiterbildung – nicht nachweisen können, müssen nach Auffassung der Kassenärztlichen Bundesvereinigung zunächst für eine bestimmte Zeit in einer Gemeinschaftspraxis tätig werden, um dort die notwendigen Erfahrungen zu sammeln.[1]

Wesentliche Aspekte dieses Modells sind in dem vom Bundesarbeitsministerium Ende letzten Jahres vorgelegten und mittlerweile verabschiedeten Referentenentwurf zur „Verbesserung der Kassenärztlichen Bedarfsplanung", aufgegriffen worden. In der Begründung des Entwurfs bzw. Gesetzes wird darauf hingewiesen, daß in den Ballungsgebieten bereits heute eine überhöhte Arztdichte festzustellen sei. Das Verhältnis von Hausärzten zu Fachärzten sei „unausgewogen". Künftig wird es deshalb möglich sein, die Zulassung zur Kassenpraxis in jenen Gebieten zeitlich befristet zu sperren, die als ärztlich überversorgt gekennzeichnet werden. Nach dem sind „Unterversorgung oder Überversorgung zu vermuten, wenn die Meßzahlen der Richtlinien in dem dort noch festzusetzenden Ausmaß unter- oder überschritten werden. Der Landesausschuß (ein Gremium der Kassen der KVen) hat zugleich eine Frist zu

---

[1] Vgl. Bundesärztekammer 1985c, S. 72 f

bestimmen, innerhalb derer durch andere geeignete Maßnahmen die Gefährdung der kassenärztlichen Versorgung abzuwenden ist"[1].

Erst wenn sich nach Ablauf dieser Frist gezeigt hat, daß trotz der eingeleiteten Maßnahmen (z.B. Vergütungsregelungen, Anreize für die „Pensionierung" nach dem 65. Lebensjahr) die Überversorgung nicht abgebaut wurde, sind zeitlich und regional begrenzte Zulassungssperren einzuführen, die sich auch auf einzelne Facharztgruppen beziehen können.

Der Gesetzgeber sieht in dieser Maßnahme ein Instrument gegen die in den nächsten Jahren weiter wachsenden Arztzahlen, die sowohl die Qualität als auch die Wirtschaftlichkeit der kassenärztlichen Versorgung gefährdeten. Es bestehe die Gefahr, daß die Kassenärzte bei wachsendem Konkurrenzdruck die wirtschaftlichen Versorgungsweisen vernachlässigten, nicht notwendige Leistungen erbrächten und über das medizinisch notwendige Maß hinausgehende Leistungen veranlaßten. Der Kassenarzt sei in der Lage, den Umfang seiner Leistung weitgehend selbst zu bestimmen. Er entscheide über die Dauer der Behandlung und verordne Arzneimittel, Heilmittel und Krankenhauspflege und er stelle die Arbeitsunfähigkeit fest. Bei wachsendem Konkurrenzdruck bestehe die Gefahr allzu großzügigen Umgangs mit den veranlaßten Leistungen.[2]

War bereits das KBV-Modell hinsichtlich seiner Verfassungsgemäßheit innerhalb der Ärzteschaft nicht unumstritten,[3] wurde auch der Gesetzentwurf und später das verabschiedete Gesetz heftig kritisiert, und dies nicht nur von der von der Ärzteschaft. Vor allem die Vertreter des Bundesministeriums für Justiz machten Bedenken geltend und forderten eine bessere Begründung der zeitlichen und regionalen Sperren. Auch die Verfassungsressorts kritisierten, daß die Argumentation des Entwurfs zur Begründung der Zulassungssperren nicht ausreichend durch Fakten gesichert sei und forderten eine Untermauerung durch statistisches Material. Darüber hinaus, so das Justizministerium, sei es nicht zulässig, daß das Gesetz lediglich den Rahmen der Zulassungssperren regeln solle und die Festlegung der Bedarfskriterien dem Bundesausschuß der Ärzte/Krankenkassen überließe. Hier sei eine Konkretisierung im Gesetz notwendig.

Auf Ablehnung stieß der Gesetzenwurf bei den Krankenkassen, denen die Regelungen nicht weit genug gehen. Uneinigkeit herrscht bei den Ärzteorganisationen: So lehnten Marburger Bund und Hartmannbund den Entwurf ab. Nach Auffassung des Hartmannbundes steigert der Gesetzentwurf Bürokratie und Kosten, ohne Wirtschaftlichkeit und Qualität der gesundheitlichen Versorgung im Rahmen der gesetzlichen Krankenversicherung zu fördern. Er zerstöre die auch den Ärzten vom Grundgesetz garantierten Freiheiten der Be-

---

[1] Zit. nach Status 3/86, S. 13
[2] FAZ v. 8.1.86
[3] Vgl. Bundesärztekammer 1985 b, S. 73

rufswahl und der Berufsausübung, ohne das System der sozialen Sicherheit zu stärken.

„Die voraussichtlichen Folgen eines solchen Planungsgesetzes sind allerdings erkennbar: Eine umfassende und teure Planungsverwaltung wird die ärztliche Freiberuflichkeit bürokratisch strangulieren und den bisher eigenverantwortlichen Arzt zum Objekt von Verteilungs- und Zuteilungsentscheidungen machen."[1] Die Qualität der ambulanten Versorgung könne nicht durch eine gleichmäßige Verteilung der Quantität (Überversorgung) gesichert werden.[2]

Der Marburger Bund sieht in den geplanten Zulassungssperren für angehende Kassenärzte einen Schritt in die falsche Richtung. Die Entscheidung, ob eine Region überversorgt ist, werde willkürlich und sogar kostentreibend sein, da damit auch schwächer versorgte Gebiete künstlich mit den entsprechenden Kostenauswirkungen belastet würden. Gerade in den sperrenden, angeblich überversorgten Gebieten seien die ärztlichen Einkommen bereits sinkend.

Der „Naturschutz" für bereits zugelassene Kassenärzte würde dann komplettiert, wenn es auch noch zu der von Kassen und Kassenärzten geforderten Vorbereitungszeit oder Pflichtweiterbildung nach der Approbation kommen sollte. Sie zusätzlich zu der ab 1987 geltenden Ausbildung als Arzt im Praktikum wieder einzuführen, sei Etikettenschwindel. Da dafür nicht genügend Plätze vorhanden seien, ginge es in Wirklichkeit nur darum, neue Hürden für die Jungärzte aufzurichten.[3]

Der Präsident der Bundesärztekammer bezeichnete den Entwurf ohne konkrete Bedarfskriterien als „Stückwerk"; NAV und BPA begrüßten lediglich „im Prinzip" den Entwurf als ersten Schritt zur Eindämmung der Ärzteschwemme, lediglich die KBV hält die gesetzliche Bedarfsplanungsänderung für „zwingend notwendig".[4]

Da die Mehrzahl unserer Experten-Interviews bereits bis Ende 1985 durchgeführt war, konnten die meisten Gesprächspartner nicht über ihre Meinung zum Referentenentwurf befragt werden, sie äußerten sich jedoch zum KBV-Modell.

Die darin vorgesehenen regionalen und zeitlichen Zulassungssperren wurden dabei von nahezu allen Ärztevertretern abgelehnt, da sie dem Prinzip der freien Berufsausübung widersprächen (drei der Ärzte) und einen sozial- und berufspolitisch nicht gerechtfertigten „Flaschenhals" nach dem Studium schaffen würden (drei Experten). Zwei der Befragten wiesen zusätzlich darauf hin, daß es angesichts der sehr teuren Ausbildung nicht zu rechtfertigen sei, die Ärzte später von der Berufsausübung fernzuhalten.

---

[1] Vgl. HB-Informationen v. 28. Januar 1986
[2] Vgl. Ärzte-Zeitung v. 28. Januar 1986
[3] Rheinisches Ärzteblatt 2/1986, S. 52
[4] Vgl. Arzt heute v. 15.1.1986, v. 24.1.1986 sowie v. 8.1.86

Lediglich von zwei befragten Ärzten wurde die Auffassung vertreten, daß eine Regelung der Überversorgung ein geeignetes Mittel zur Eindämmung der Ärztezahlen sei. Sie gaben dabei zu, daß hier in erster Linie die Bedarfslenkung Ziel der Regelung sei, der Aspekt der Sicherung der Qualifikation sei zwar enthalten, aber eher ein Nebenprodukt, obwohl gerade dieser Gesichtspunkt immer mehr an Bedeutung gewinne. Inwieweit tatsächlich unmittelbare Auswirkungen auf die Qualitätssicherung ausgesehen würden, würde – so die beiden Experten – davon abhängen, wieweit die Qualifikation als Zulassungskriterium herangezogen werden wird. Diesem entscheidenden Aspekt des KBV-Modells trägt die neue Bedarfsplanung jedoch kaum Rechnung; sie schreibt allerdings vor, daß die Qualität der Kassenärztlichen Versorgung zu gewährleisten sei.[1]

Von den Experten aus dem nicht-ärztlichen Sektor sprachen sich zwei wegen verfassungsrechtlicher Bedenken gegen den Entwurf aus, zwei bezeichneten ihn als mögliche Maßnahme.

Insgesamt scheinen die Widerstände gegen derart einschneidende Reglementierungen relativ groß zu sein. Problematisch wird dieses Instrument auch unter dem Aspekt, daß die Ärzteschaft wie Krankenkassen keine gesicherten Erkenntnisse über den Zusammenhang von Ärztedichte und Qualität der Versorgung besitzen, daß also die dem Entwurf zugrunde liegenden Rückschlüsse lediglich auf Vermutungen beruhen. Hinzu kommt bei der Kassenärztlichen Bedarfsplanung der Nachteil, daß (qualifikationssichernde) Barrieren nur für die Kassenärzte gelten werden, so daß – wie von der PKV befürchtet und auch von zwei Experten angeführt wurde – die Gefahr besteht, daß solche Ärzte, die aufgrund mangelnder Stellen keine Gelegenheit zur erforderlichen Zusatzqualifikation erhalten, überwiegend in den Bereich der Privatversicherung abwandern und dort auf lange Sicht gesehen ein Qualitätsgefälle zwischen privatärztlicher und kassenärztlicher Versorgung provozieren.

Ähnliche Bedenken wie gegen das Hausarztmodell wurden von vier Experten auch gegenüber der Pflichtweiterbildung und dem AiP geäußert. Hier würden vordergründig aus Gründen der Qualifikationssicherung, eigentlich jedoch zum Zwecke der Zugangsbeschränkungen Engpässe geschaffen, die zwar die niedergelassenen Ärzte kurzfristig vor Konkurrenz schützen würden, jedoch das Mengenproblem lediglich auf den stationären Sektor verlagerten. Auch diese Instrumente einer Bedarfsregelung seien den Jungärzten nicht zumutbar.

Demgemäß propagierten fast alle befragten ärztlichen Experten Zugangssperren vor oder während des Studiums. Nachdem sich bereits alle Experten unter dem Aspekt der Qualifiaktionssicherung einig waren, daß eine drastische Senkung der Kapazitätszahlen die optimale Lösung der Qualitätsprobleme bedeuten würde, forderte die Mehrheit der Befragten auch unter dem Aspekt der

---

[1] Vgl. Die Neue Ärztliche v. 17.1.86

Mengenbeschränkung als sinnvollste Maßnahme die Senkung der Zulassungszahlen. Dadurch werde nicht nur eine angemessene Ausbildungsqualität gewährleistet; hohe Kosten für die Ausbildung von Ärzten, die später nicht gebraucht würden, fielen nicht gar erst an. Drei weitere Experten forderten zwar einen freien Zugang zum Studium, jedoch eine strenge leistungsorientierte Auslese während der universitären Ausbildung. Allerdings räumten zwei der Befragten ein, daß dieses sog. „französische Modell" soziale Ungerechtigkeit und die Gefahr eines übermäßigen Konkurrenzkampfes bereits während des Studiums beinhalte. Wie problematisch eine rein auf Bedarfslenkung ausgerichtete Form der Prüfung sein kann, zeigte auch die Diskussion um das sog. „Skandalphysikum" im Frühjahr 1985.

Insgesamt, so der Eindruck aufgrund der Experteninterviews, halten die Ärzte Zulassungssperren dann nicht nur für wünschenswert, sondern auch für unerläßlich, wenn sie bereits vor der Ausbildung ansetzen, alle übrigen Konzepte gelten lediglich als Notlösungen. Diese Auffassung wurde von den nichtärztlichen Experten weitgehend geteilt. Hier war jedoch die Bereitschaft höher, auch vor der Niederlasung Zulassungssperren in Kauf zu nehmen, sofern die Optimallösung, d. h eine drastische Senkung der Studentenzahlen, nicht erreicht wird.

4.1.2.2.3 Vergütungsregelungen

Neben der Leistungsmenge, die sich aus dem Verhältnis von Angebot und Nachfrage ergibt, ist die für die erbrachte Leistung erzielte Vergütung das wesentliche Bestimmungsmoment für den Umsatz und damit für das Einkommen des Arztes bzw. der Ärzteschaft insgesamt. Für die Ärzteschaft ist die Frage der Honorierung schon allein deshalb von Interesse, weil sich hier möglicherweise Ansätze zum Auffangen von aus der wachsenden „Ärzteschwemme" resultierenden Einkommenseinbußen anbieten. Unter dem Aspekt der Kostenexplosion im Gesundheitswesen gewinnt sie eine zusätzliche Brisanz, da neben anderen ordnungspolitischen Maßnahmen wie der Zugangsbeschränkung zum Kassenarztsektor, der Einführung von Negativlisten etc. eben auch eine Neuregelung der Vergütung ein mögliches Rezept zur Eindämmung der Kostenexpansion darstellt.

Vielfach stehen gerade im Zusammenhang mit der Leistungsvergütung Kostenerwägungen im Vordergrund; es wird im folgenden jedoch versucht, solche Aspekte nur anzusprechen, soweit sie eine Beeinflussung der Leistungsqualität betreffen. Die Überlegungen konzentrieren sich dabei auf die Frage, ob und in welcher Weise Vergütungssysteme Einfluß auf die Leistungsqualität haben können, wobei Qualität, um dies nochmals zu verdeutlichen, verstanden werden muß als bedarfsgerechte ärztliche Versorgung zu möglichst geringen Kosten. Gerade der Wirtschaftlichkeitsaspekt gewinnt an Bedeutung, wenn man wie z.B. Metze oder Reinhardt die primäre Funktion der Gesetzlichen Krankenversicherung als die Sicherung der Bevölkerung gegen die Folgen von Krankheit bei möglichst geringen Kosten definiert.[1] Es sei jedoch an dieser Stelle nochmals betont, daß Kostengesichtspunkte bei einer auf die Qualität abzielenden Analyse den Bedarfserwägungen stets unterzuordnen sind, wobei letztere sowohl die Forderungen nach einem ausreichenden Leistungsvolumen als auch nach einer angemessenen Leistungsstruktur beinhalten. Entsprechend ist also die Frage zu erörtern, wie diese beiden Aspekte durch die Höhe und die Art der Vergütung beeinflußt werden. Bevor jedoch auf einzelne Wirkungszusammenhänge eingegangen wird, soll hier ein kurzer Überblick über die in der Bundesrepublik praktizierten Vergütungsformen gegeben werden.

In der Bundesrepublik Deutschland erfolgt lediglich im privatärztlichen Sektor die Honorierung der ärztlichen Leistungen unmittelbar zwischen Arzt und Patient. Ist der Patient Mitglied in einer privaten Krankenversicherung, erhält er von ihr je nach Vertragsvereinbarung eine teilweise oder gänzliche Kompensation für die Honorarzahlung (Kostenerstattungsprinzip).[2] Bei der Gesetzlichen Krankenversicherung gilt ein zweistufiges Honorarverfahren, bei dem von seiten des Arztes lediglich ein Vergütungsanspruch gegenüber der Kassenärztlichen Vereinigung besteht[3], die wiederum mit den Krankenkassen abrechnet. Die Abrechnung der Leistungen erfolgt auf der Grundlage folgender Gebührenregelungen:

– der amtlichen von der Bundesregierung gemäß § 11 Bundesärzteordnung erlassenen Gebührenordnung für Ärzte (GOÄ)[4], die dann angewendet wird, wenn zwischen Krankenkassen und Kassenärztlicher Vereinigung keine anderweitigen Vereinbarungen über die Vergütung bestehen, die also primär die Vergütung privat-ärztlicher Leistungen regelt;

– der Ersatzkassen-Gebührenordnung (E-GO) zwischen Ersatzkassen und Kassenärztlichen Vereinigungen;

– dem Bewertungsmaßstab für die kassenärztliche Leistung (BMÄ) als Vertragsgebührenordnung zwischen Kassenärztlichen Vereinigungen und den sog. RVO-Kassen (Orts-, Innungs-, Betriebs- und landwirtschaftlichen Krankenkassen sowie Bundesknappschaft).

Daneben bestehen noch Sondervereinbarungen über die Honorierung zwischen den Kassenärztlichen Vereinigungen und der Krankenversorgung der

1) Vgl. Metze u.a. 1985, S. 61
2) In anderen Ländern – z.B. Schweden und Frankreich – verfährt auch die soziale (gesetzliche) Krankenversicherung nach diesem Prinzip.
3) Vgl. Schulenburg 1981, S. 44 f und 58 ff
4) Laut § GOÄ (i.d.F. vom 12. November 1982) kann „durch Vereinbarung ... eine abweichende Höhe der Vergütung festgelegt werden". Dies muß jedoch zwischen Arzt und Zahlungspflichtigen zur Erbringung der Leistung des Arztes in einem Schriftstück ...,"das keine anderen Erklärungen enthalten darf" und von dem den Zahlungspflichtigen ein Abdruck auszuhändigen ist, erfolgen.

Bundesbahnbeamten (KVB; sie hat vier verschiedene Klassen), der Bundeswehr, dem Bundesgrenzschutz und Zivildienst (BW) sowie den Berufsgenossenschaften. Von nachrangiger Bedeutung ist darüber hinaus für die Abrechnung mit Privatpatienten noch die Privat-Adgo von 1928.[1]

Sowohl im Rahmen der GOÄ als auch im Rahmen der BMÄ und E-GO werden die Leistungen nach einem Punktbewertungsmaßstab abgegolten. Seit dem 1.7.1978 enthalten BMÄ und E-GO einen einheitlichen Punktbewertungsmaßstab, d.h. die relativen Preise von Einzelleistungen sind in beiden Gebührenordnungen gleich. Wie ein Punkt zu bewerten ist, wird für Ersatzkassenpatienten durch Verhandlungen zwischen den Ersatzkassen und der Kassenärztlichen Bundesvereinigung auf Bundesebene ausgehandelt. Bei RVO-Kassenpatienten finden entsprechende Verhandlungen auf Landesebene statt.[2]

Bei der Novellierung der GOÄ im November 1982 wurde auch für diese der einheitliche Bewertungsmaßstab übernommen. Im stationären Sektor werden die Behandlungskosten im Rahmen einer Pflegesatzpauschale vergütet.

Im wesentlichen bildet sich also der Preis für ärztliche Leistungen nicht aufgrund des freien Wechselspiels von Angebot und Nachfrage, sondern wird aufgrund kollektiver Verhandlungen bzw. administrativer Regelungen festgelegt. Dies gilt nach Auffassung der Ärzteschaft im Prinzip auch im privatärztlichen Bereich, nachdem bei der Novellierung der GOÄ als der für die Behandlung der Privatpatienten relevanten Gebührenordnung aus der GKV auch die die Vertragsfreiheit zwischen Privatpatient und Arzt einschränkende Bestimmungen übernommen worden sind. Entsprechend fordern die Ärzteorganisationen eine Novellierung der GOÄ durch die u.a. die nicht vertretbare Einschränkung der Vertragsfreiheit zwischen Arzt und Patient sowie die Nivellierung des Gebührenrahmens wieder beseitigt wird[3]. Demgegenüber gehen das für die Gebührenordnung zuständige Bundesministerium sowie der Verband der privaten Krankenversicherung e.V. (PKV) davon aus, daß sich die 1983 in Kraft getretene GOÄ bewährt habe[4].

Abgesehen von Differenzen über die konkrete Ausgestaltung der GOÄ, stellt sich jedoch auch die Frage, welche Auswirkungen der weitgehende Verzicht von Preiswettbewerb auf die Qualität der ärztlichen Leistungen haben kann. Die Meinungen hierzu gehen auseinander. Vor allem Befürworter der Übertra-

---

[1] Vgl. Schulenburg 1981, S. 44 f
[2] Der BMÄ '78 bedeutet für die RVO-Kassen eine völlige Umstrukturierung der bisherigen Leistungssätze des BMÄ. Daher einigte man sich, den Punktwert für das erste Jahr anhand einer Kopfpauschale nachträglich festzulegen (Vgl. Muschallik 1978).
[3] Vgl. Hartmannbund 1986 sowie Bundesärztekammer 1986, eine ausführlichere Bewertung der GOÄ erfolgt z.B. in Deutsches Ärzteblatt 4/1986, S. 161 ff. 2) Vgl. Zahnärztliche Mitteilungen 3/86, S. 205
[4] Vgl. Zahnärztliche Mitteilungen 3/86, S. 205

gung eines freien marktwirtschaftlichen Modells auch auf das Gesundheitswesen gehen davon aus, daß ein frei zu vereinbarender Preis zumindest die Kosten im Gesundheitswesen senken würde.

Von der Ärzteschaft wird demgegenüber die Auffassung vertreten, daß die Möglichkeit zum Preiswettbewerb eine angemessene medizinische Versorgung der Bevölkerung gefährden würde. Auch von den von uns befragten Experten wurde in der Mehrheit der Verzicht auf Preiswettbewerb als wesentliche Grundlage der Qualitätssicherung im medizinischen Sektor bezeichnet. Im Falle des Preiswettbewerbs würde die Leistungsqualität leiden, weil andere als Sachgesichtspunkte die Leistungserbringung bestimmen würden und der Erwerbsgesichtspunkt in den Vordergrund treten würde. Vor allem, so zwei der Experten, bestünde die Gefahr, daß schlechter qualifizierte Kollegen das Mittel der „Dumpingpreise" als unlauteres Wettbewerbsinstrument einsetzen würden. Lediglich einer der Experten vertrat die Auffassung, daß durch Preiswettbewerb auch der Leistungswettbewerb im Sinne eines Qualitätswettbewerbs gefördert würde, wodurch auch die medizinische Versorgung profitieren müßte.

Daß auch von zwei befragten Ärztevertretern angeführte Argument der „Dumping-Preise" widerlegt z.B. Reinhardt mit Hinweis auf die Erfahrungen in den USA. Dort habe sich gezeigt, daß dem einzelnen Arzt auch bei einer prinzipiell freien Preisbildung durch die Marktkräfte und dem Druck der Berufskollegen hinsichtlich der Absenkung seiner Preise Grenzen gesetzt seien. Solcher Druck komme z.B. durch das Überweisungssystem zur Wirkung.[1]

Von bundesdeutschen Politikern wird die Berechtigung von Gebührenordnungen für Ärzte nicht in Frage gestellt. So wird allgemein die Auffassung vertreten, daß ein unkontrollierter Preiswettbewerb zwischen den Ärzten den Interessen der Allgemeinheit an einer angemessenen Versorgung der Bevölkerung zuwiderlaufen könnte. Wie bei der Frage des Wettbewerbs allgemein wird also auch im Falle des Preiswettbewerbs eine staatliche Begrenzung für vertretbar und angemessen gehalten.

Es stellt sich jedoch nicht allein die grundsätzliche Frage, ob aus Qualitätssicherungserwägungen heraus eher eine freie Honorarvereinbarung zwischen den Vertragspartnern oder kollektiv bzw. administrativ festgesetze Preise bzw. Preismengen angezeigt wären , sondern es stellt sich auch die Frage, ob durch die verschiedenen denkbaren Vergütungsformen Einflüsse auf die Leistungsqualität zu erwarten sind. Dies wird in der wissenschaftlichen Literatur i.d.R. bejaht. So geht z.B. Reinhardt davon aus, daß es zumindest wahrscheinlich sei, daß auch die Praxisführung der Ärzte von der Art und Weise abhänge, nach der die Ärzte vergütet werden. Dies bedeute nicht, daß Ärzte ihren Beruf nur des Geldes wegen ausübten, es werde lediglich als gegeben angenommen, daß der

---

[1] Vgl. Reinhardt 1985, S. 71

pekuniäre Gewinn eines von vielen beruflichen Zielen ist, das der normale Arzt verfolge.[1]

Auch Liebold kommt in seiner Untersuchung über ärztliche Vergütungssysteme[2] zu dem Ergebnis, daß über die Art und Weise, wie dem Arzt seine Leistungen honoriert werden, Lenkungseffekte auf das Verhalten der Berufsangehörigen ausgehen.

Als Mittel zur Lenkung der Leistungserbringung kommen seiner Meinung nach in Frage:

a) die Gebührenordnungen/Bewertungsmaßstäbe,
b) vertragliche zusätzliche Regelungen,
c) Honorarverteilungsmaßstäbe,
d) das Prüfungswesen,
e) Informationen und Schulungen durch diverse Organisationen.

„All diesen Lenkungsmaßnahmen liegt die nicht wegzuleugnende Tatsache zugrunde, daß der Arzt zwar im Einzelfall seine ärztliche Leistung ohne Rücksicht auf Einnahme, Kosten und damit auch Einkommen erbringen kann, daß diese jedoch nicht in der Fülle der von ihm geforderten Leistungen und längerfristig möglich ist, da er aus seinem Umsatz seine in einem nicht unerheblichen Umfang anfallenden fixen und variablen Kosten als ‚freier Unternehmer‘ decken und er für sich und seine Familie ein ausreichendes Einkommen einschließlich der Zukunftsvorsorge erhalten muß. Es ist folglich absolut deplaziert, ärztliches Handeln ausschließlich an ethischen Maßstäben zu messen. .... Als freier Unternehmer, der seinen 'Betrieb' erhalten muß, ist der Arzt – mag es noch so gegen seine Motivation für sein ärztliches Tun gehen – gezwungen, betriebswirtschaftlich zu denken. Er muß folglich – zwar nicht bei jeder einzelnen Leistung – jedoch in gewissen Zeitabständen für jede einzelne von ihm erbrachte Leistungsart Kosten-Nutzen-Überlegungen anstellen. Das Ergebnis dieser Überlegungen muß konsequenterweise Auswirkungen auf seine zukünftige Leistungserbringung haben.

Wenn der Arzt seinen kassenärztlichen Umsatz und die ihm dadurch entstehenden Kosten auch pauschal sieht und vielleicht auch bis zu einem gewissen Maße pauschal sehen sollte, so zwingt ihn auch diese pauschale Betrachtungsweise bei einem ungünstigen Ergebnis zur differenzierten Untersuchung der Ursachen des schlechten Ergebnisses. Er muß dann – wenn auch nicht in jedem Einzelfall – Leistungen, die schuld am ungenügenden Ergebnis haben, vermeiden und versuchen, das Behandlungsziel ohne diese Leistung oder mit anderen Leistungen oder durch eine externe Beschaffung dieser Leistungen zu erreichen.“[3]

---

[1] Vgl. Reinhardt 1985, S. 71
[2] Vgl. Liebold 1983a
[3] Liebold 1983a, S. 34

144

Mit dieser Auffassung stimmten die befragten Experten offensichtlich zumindest implizit überein, da sie mit nur einer Ausnahme davon ausgingen, daß mit Hilfe des Vergütungssystems durchaus das Verhalten des Arztes im Sinne einer Steigerung der Leistungsqualität zu steuern sei. Lediglich einer der befragten Ärztevertreter verneinte die Frage nach einer qualitätssichernden Steuerungsfunktion oder Vergütungsregelung; es könne nicht davon ausgegangen werden, daß der Arzt seine Tätigkeit an Punktwerten orientiere.

Die Frage nach der Qualitätssicherungsfunktion der ärztlichen Leistungsvergütung wurde im Interview absichtlich allgemein gestellt, um zu ermitteln, welche Aspekte aus der Sicht der Experten hier besondere Bedeutung haben. Es zeigte sich, daß die befragten Ärztevertreter vor allem einen (bedarfs)gerechten Bewertungsmaßstab für wichtig hielten, während von Seiten der Vertreter der Krankenkassen in erster Linie die Vergütungsmethode angesprochen wurde.

Grundsätzlich lassen sich hinsichtlich der Vergütungsmethode drei verschiedene Methoden unterscheiden:

- Bei der Einzelleistungsvergütung wird die ärztliche Leistung in verschiedene Teilaufgaben „zerlegt", von denen jede mit einem bestimmten Preis oder Punktwert bewertet wird. Abgerechnet und bezahlt werden nur diejenigen Teilleistungen, die vom Arzt tatsächlich erbracht werden.

- Bei der Pauschalvergütung wird die Tätigkeit des Arztes als Einheit bewertet. Maßstab ist der durchschnittliche Patient oder Krankheitsfall.

- Bei der Vergütung mittels eines Festbetrages wird für einen bestimmten Zeitraum, z.B. ein Quartal, unabhängig von der Menge und Art der tatsächlich erbrachten Leistungen und unabhängig von der tatsächlichen Zahl der behandelten Patienten eine im voraus festgelegte Summe bezahlt.

Laut § 368 f RVO sind bei der Leistungsvergütung zwischen den Kassenärztlichen Vereinigungen und Krankenkassen prinzipiell alle drei Vergütungsformen möglich, wobei bei der Pauschalierung noch zwischen Kopfpauschalvergütung[1] und Fallpauschalvergütung[2] unterschieden wird. Darüber hinaus erlaubt das Gesetz Mischformen nicht nur aus den genannten Vergütungssystemen, sondern auch aus weiteren im Gesetz nicht erwähnten Berechnungsarten. Hierunter könnte beispielsweise die Errechnung der Gesamtvergütung nach einem bestimmten prozentualen Anteil der Beitragseinnahmen (= Beitragskoeffizient) oder als bestimmter Anteil der Grundlohnsumme der jeweiligen Kassenart (= Grundlohnkoeffizient) fallen.

---

[1] Die Krankenkasse zahlt einen Pauschalbetrag pro Kopf ihrer Versicherten.
[2] Die Krankenkasse zahlt einen Pauschalbetrag je abgerechnetem Behandlungsfall.

Letztere Methode ist im Rahmen eines Mischsystems in Berlin schon ebenfalls praktiziert worden.[1]

Demgegenüber schreibt § 368, Abs. 1 RVO seit dem Gesetz über das Kassenarztrecht von 1955 ausdrücklich vor, daß bei der Verteilung der Gesamtvergütung nach dem Honorarverteilungsmaßstab seitens der Kassenärztlichen Vereinigung an die einzelnen Ärzte „Art und Umfang der Leistungen des Kassenarztes zugrunde zu legen" sind und daß „eine Verteilung der Gesamtvergütung nur nach der Zahl der Behandlungsfälle (Krankenscheine) ... nicht zulässig" ist. Der Verteilungsmaßstab soll zugleich sicherstellen, daß eine übermäßige Ausdehnung der Tätigkeit des Kassenarztes verhütet wird. „Eine reine Vergütung der einzelnen Ärzte (Verteilung der Gesamtvergütung) nach einem Fallpauschalsystem (Zahl der Behandlungsfälle) ist somit nicht zulässig. Dasselbe muß sinngemäß auch für andere reine Pauschalsysteme gelten, sofern diese überhaupt für die Verteilung der Gesamtvergütung Anwendung finden könnten. Der Wortlaut „nur nach der Zahl der Behandlungsfälle" läßt aber auch eindeutig erkennen, daß Mischsysteme aus einer Verteilung nach Einzelleistungen und nach Fällen zulässig sind.[2]

Einen Überblick über die heute in der Bunderepublik zulässigen Vergütungssysteme gibt Abbildung 9.

Es kann an dieser Stelle nicht ausführlich darauf eingegangen werden, welche Auswirkungen von den verschiedenen teilweise modifizierten und kombinierten Vergütungsformen im einzelnen für den Umfang und die Art der ärztlichen Leistungen vermutet werden. Wichtige Einflußfaktoren sind hier sicherlich die Leistungsbezogenheit der Vergütung, die Risikoverteilung zwischen Krankenversicherung und Kassenärzten, die Gerechtigkeit der Vergütung. Eine diesbezügliche ausführliche Analyse findet sich z.B. bei Liebold[3] oder Schulenburg[4]. Liebold kommt dabei zu dem Ergebnis, „daß eine Lenkung der Leistungserbringung nicht oder kaum durch die Vergütungssysteme zu erzielen ist, sondern nur durch die in der Teilphase ‚Arztabrechnung' zugrunde zu legenden Normen. Hierbei spielt es keine Rolle, ob die Auswirkungen dieser Normen infolge eines durchgängigen Vergütungssystems auf die Krankenkassen ‚durchschlagen' oder nicht".[5]

In der Bundesrepublik Deutschland erfolgt die Honorierung in der Gesetzlichen Krankenversicherung im wesentlichen in Form einer modifizierten Einzelleistungsvergütung. Der einzelne Arzt rechnet zwar gegenüber der KV nach Einzelleistungen ab, dem steht jedoch in der Teilvergütungsphase zwischen

---

[1] Vgl. Liebold 1983a, S. 12 f
[2] Vgl. Liebold 1983a, S. 13
[3] Vgl. Liebold 1983a
[4] Vgl. Schulenburg 1981
[5] Vgl. Liebold 1983

Abbildung 9: Die heute zulässigen Vergütungssysteme
Quelle: Liebold 1983, S. 11

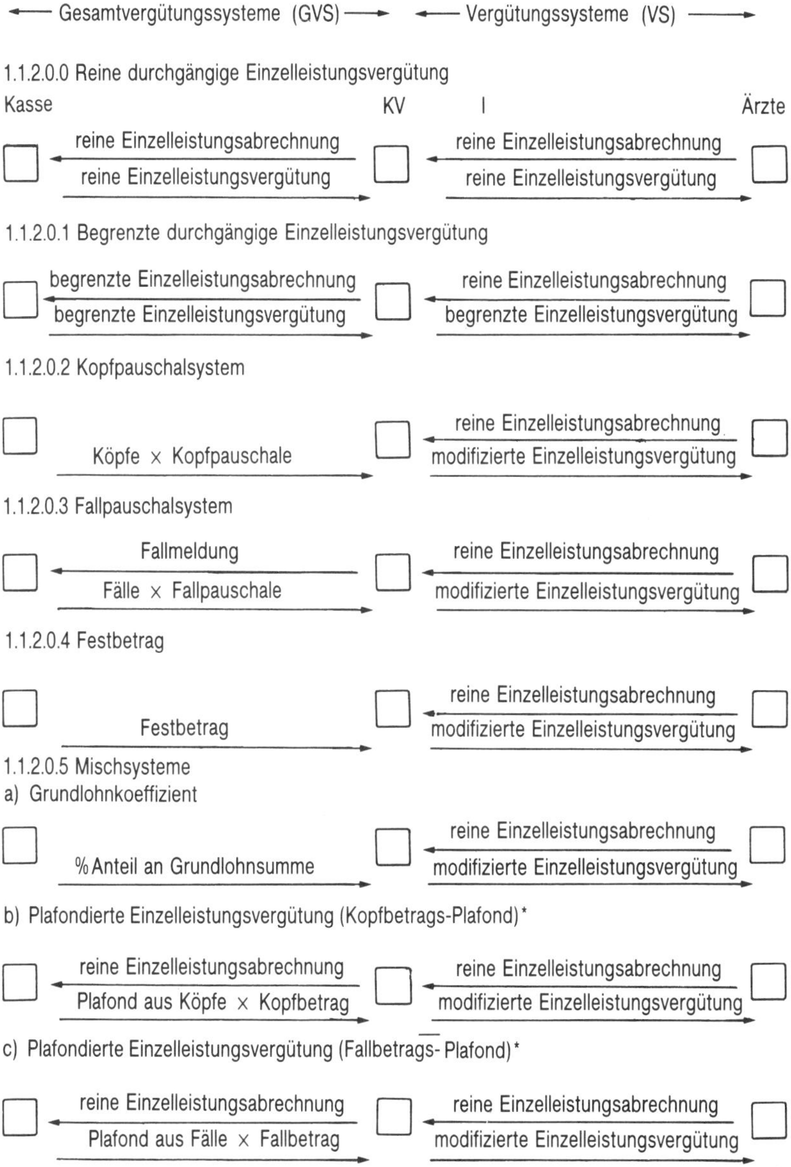

← Gesamtvergütungssysteme (GVS) → ← Vergütungssysteme (VS) →

1.1.2.0.0 Reine durchgängige Einzelleistungsvergütung

Kasse   KV   I   Ärzte

| □ | ← reine Einzelleistungsabrechnung | □ | ← reine Einzelleistungsabrechnung | □ |
| | reine Einzelleistungsvergütung → | | reine Einzelleistungsvergütung → | |

1.1.2.0.1 Begrenzte durchgängige Einzelleistungsvergütung

| □ | begrenzte Einzelleistungsabrechnung | □ | reine Einzelleistungsabrechnung | □ |
| | begrenzte Einzelleistungsvergütung | | begrenzte Einzelleistungsvergütung | |

1.1.2.0.2 Kopfpauschalsystem

| □ | | □ | reine Einzelleistungsabrechnung → | □ |
| | Köpfe × Kopfpauschale → | | modifizierte Einzelleistungsvergütung | |

1.1.2.0.3 Fallpauschalsystem

| □ | ← Fallmeldung | □ | ← reine Einzelleistungsabrechnung | □ |
| | Fälle × Fallpauschale → | | modifizierte Einzelleistungsvergütung | |

1.1.2.0.4 Festbetrag

| □ | | □ | ← reine Einzelleistungsabrechnung | □ |
| | Festbetrag → | | modifizierte Einzelleistungsvergütung | |

1.1.2.0.5 Mischsysteme
a) Grundlohnkoeffizient

| □ | | □ | ← reine Einzelleistungsabrechnung | □ |
| | % Anteil an Grundlohnsumme → | | modifizierte Einzelleistungsvergütung | |

b) Plafondierte Einzelleistungsvergütung (Kopfbetrags-Plafond)*

| □ | ← reine Einzelleistungsabrechnung | □ | ← reine Einzelleistungsabrechnung | □ |
| | Plafond aus Köpfe × Kopfbetrag → | | modifizierte Einzelleistungsvergütung | |

c) Plafondierte Einzelleistungsvergütung (Fallbetrags- Plafond)*

| □ | ← reine Einzelleistungsabrechnung | □ | ← reine Einzelleistungsabrechnung | □ |
| | Plafond aus Fälle × Fallbetrag → | | modifizierte Einzelleistungsvergütung | |

Kassenärztlichen Vereinigung und Krankenkasse ein anders konstruiertes System gegenüber. Eine durchgängige reine Einzelleistungsvergütung in beiden Phasen der Vergütung wird zur Zeit lediglich noch im Rahmen der Ersatzkassenabrechnung, hier allerdings bereits seit vielen Jahren, angewandt. Nachdem Anfang der sechziger Jahre auch die RVO-Kassen allmählich von der Gesamthonorierung (Pauschalhonorierung) zur reinen Einzelleistungsvergütung übergegangen waren, wurde 1976 von den RVO-Kassen zunächst eine Begrenzung der Vergütung für Laborleistungen, 1978 für die kurativen kassenärztliche Versorgung wieder ein Kopfpauschalsystem eingeführt. Für die anschließenden 1 1/2 Jahre bis Ende 1980 ist dann für die kurative ambulanten Laboratoriumsleistungen eine Errechnung der entsprechenden Teil-Gesamtvergütung nach einer Fallpauschale, für die übrigen kurativen ambulanten Leistungen eine Errechnung nach Einzelleistungen mit einer Höchstbegrenzung – errechnet nach Fallgrenzbeträgen – und für die übrigen zur kassenärztlichen Versorgung gehörenden Leistungen eine reine Errechnung der entsprechenden Teil-Gesamtvergütung nach Einzelleistungen von der Kassenärztlichen Bundesvereinigung und den Bundesverbänden der RVO-Kassen empfohlen worden. Diese Empfehlung wurde von der Konzertierten Aktion im Gesundheitswesen aufgegriffen und in deren entsprechende Empfehlung eingearbeitet.

Aufgrund dieser Empfehlungsvereinbarungen wird z.Zt. von den RVO-Kassen allgemein ein System angewandt, bei dem die Summe der abgerechneten Leistungen der Ärzte nur in Punktzahlen ermittelt wird und sich bei der Division der pauschalerrechneten Gesamtvergütung der Krankenkasse durch diese Punktzahlen ein retrospektiver (oder retrograder) Punktwert ergibt, der dann für die Ausrechnung der Vergütungsansprüche des einzelnen Arztes Anwendung findet.

Aufgrund der Kosten- und Arztzahlenentwicklung ist jedoch in letzter Zeit die Beibehaltung dieser Form der Abrechnung in Frage gestellt worden. So wurde z.B. von der SPD im Sommer 1985 der Vorschlag gemacht, zur Kostendämpfung in der GKV eine Pauschalvergütung[1], von seiten der Gesetzlichen Krankenversicherung wurden Überlegungen angestellt, eine Gesamtpauschale einzuführen. Die Einzelleistungshonorierung in der jetzigen Form werde man auf Dauer nicht durchhalten können.[2] Im sog. Bayern-Vertrag zwischen der Kassenärztlichen Vereinigung Bayern (KVB) und der GKV in Bayern wurde zwar die Einzelleistungsvergütung bis zum Juni 1986 fortgeschrieben, dies konnte jedoch nur durch erhebliche Zugeständnisse der KVB bezüglich der Einrichtung weitgehender Kontrollmöglichkeiten durch die Kassen erreicht werden.[3]

Heftigen Protest von seiten der ärztlichen Organisationen erregte jedoch vor allem der von Sewering, dem Präsidenten der Bayerischen Ärztekammer und

---

[1] Vgl. Hartmannbund 1985
[2] Vgl. in Arzt und Wirtschaft 1-2/85, S. 3
[3] Vgl. z.B. Christian 1985

Vorsitzenden der Kassenärztlichen Vereinigung Bayern, gemachte Vorschlag, bei der primärärztlichen Versorgung z.b. zu einer Kopfpauschale überzugehen, um so wenigstens eine totale Pauschalierung der Gesamtvergütung zu verhindern. Zugleich soll der Arzt in der Primärversorgung (der noch zu definierende Hausarzt) das Recht auf den Erstzugang des Patienten erhalten, indem die Inanspruchnahme des Gebietsarztes, der weiterhin nach Einzelleistung abrechnen solle, an die Überweisung durch den Hausarzt gebunden würde.[1] Durch die damit verbundene Senkung der Inanspruchnahme fachärztlicher Leistungen würde zudem eine Begrenzung des Leistungsumfangs erreicht.

In der übrigen Ärzteschaft ist dieses Denkmodell allerdings auf heftige Kritik gestoßen. So wurde z.b. vom BPA kritisiert, der Vorschlag Sewerings führe zu einem ärztlichen Zwei-Klassen-System; er nähme dem Patienten die freie Arztwahl und würde sich eher kostensteigernd als ausgabenmindernd auswirken.[2] Auch der Hartmannbund sprach von einer nicht gerechtfertigten „Zweiklassen-Bezahlung". Die Honorierung nach Einzelleistungen sei für die kassenärztliche Tätigkeit aller Arztgruppen unverzichtbar. Nur diese Honorierungsform werde einer umfassenden und qualitativ hochstehenden Versorgung der Bevölkerung gerecht. Die fortschreitende Aushöhlung dieses Prinzips belaste und begrenze die ambulante ärztliche Versorgung bei gleichzeitiger Ausweitung der sehr viel aufwendigeren stationären Versorgung.[3] Eine Pauschalvergütung würde jede individuelle Behandlung verhindern, die Nachprüfbarkeit der Leistungen unmöglich machen und allen Grundsätzen der Wirtschaftlichkeit widersprechen:

„Die Einzelleistungsvergütung der letzten 20 Jahre ermöglicht die Transparenz der erbrachten ärztlichen Leistungen, bedeutet eine ständige Steigerung der Qualität durch schnelle Umsetzung der neuesten Erkenntnisse aus Wissenschaft und Technik und berücksichtigt individuelle Behandlungsnotwendigkeiten." Leistungskomplexe gäbe es schon seit Jahrzehnten im ärztlichen Gebührenrecht. „Sie sind aber nur dann sinnvoll, wenn die individuellen Therapiebedürfnisse dadurch nicht beeinträchtigt werden." Es könne diskutiert werden, ob Leistungskomplexe in einzelnen Diagnosebereichen, unterschieden nach Fachbereichen, ausgebaut werden sollten, keineswegs aber in Therapiebereichen.[4]

---

[1] Auch dieser Aspekt des Vorschlages von Sewering könnte Auswirkungen auf die Qualität der Versorgung haben, vor allem da Sewering davon ausgeht, daß der Hausarzt neben der Ausbildung keine Zusatzqualifikation mehr braucht. Während sich Sewering von dieser Maßnahme auch einen Beitrag zur Lösung des „Ärzteschwemme"-Problems verspricht, wird vor allem von den Befürwortern der Weiterbildung zum Allgemeinarzt moniert, daß durch diese Maßnahme den Ärzten jeder Anreiz für eine qualifizierte Weiterbildung genommen würde, wodurch das Qualitätsniveau absinken würde (vgl. z.B. Deutsches Ärzteblatt 42/85, S. 3054; status 20/85, S. 3).

[2] Vgl. o.V. der niedergelassene Arzt v. 7.11.85, S. 16

[3] Vgl. Die Neue Ärztliche v. 17.10.85

[4] Hartmannbund 1985

Auch Liebold geht davon aus, daß „allein ein System, bei dem der Arzt seine einzelnen Leistungen abrechnet und er auch weiß, daß er diese Leistungen zu einem ihm im voraus bekannten Vergütungssatz honoriert erhält, den Arzt so freistellen (kann), daß er seine ärztlichen Überlegungen und anschließend seine ärztlichen Handlungen, unabhängig von Erwägungen hinsichtlich Umsatz – Kosten – Einkommen durchführt. Allein ein in das Bewußtsein des Kassenarztes eingedrungenes System der zwar durch rechnerisch/sachliche und Wirtschaftlichkeitsprüfung überwachten Einzelleistungsvergütung garantiert somit den Kassenpatienten eine optimale kassenärztliche Versorgung. Dies trifft für alle Arztgruppen einheitlich zu".[1]

Kritiker sehen in der Einzelleistungsvergütung dagegen die Gefahr, daß sie für die Ärzte vor allem auch angesichts sinkender Einkommenserwartungen einen Anreiz bietet, die Verhandlungs- und Verordnungsintensität sowie die Krankheitshäufigkeit (Morbidität) zu steigern. „Durch eine Erhöhung der Behandlungsintensität und der Krankheitshäufigkeit entsteht eine unmittelbare Einkommenssteigerung. Wohingegen eine Erhöhung der Verordnungsintensität als Werbeträger für Patienten dient, denn je mehr ein Arzt verordnet und je leichter er krank schreibt, um so beliebter ist er bei seinen Patienten. Vergütet man ärztliche Tätigkeit nach Einzelleistungen und fehlt eine Kostenverantwortung der Ärzte für die von ihnen verordneten Leistungen, so haben diejenigen Ärzte das höchste Einkommen, die am meisten verordnen und am wenigsten behandeln".[2]

Reinholdt weist im Zusammenhang mit der Einzelleistungsvergütung auf das Problem hin, daß Ärzte selbst die Nachfrage nach ihren eigenen Leistungen zu ihrem eigenen finanziellen Vorteil induzieren können und dies auch tun. Das Konfliktpotential sei in der Doppelrolle begründet, durch die der Arzt mehr als ein „normaler" Anbieter Einfluß auf Art und Umfang der Leistung nehmen könne:

„Strenggenommen hat der Verbraucher volle Autonomie nur bei der Entscheidung, ob er medizinische Leistungen in Anspruch nimmt oder nicht. Ist der Kontakt zum Arzt erst einmal hergestellt, übernimmt der Arzt für gewöhnlich die Rolle des 'Unternehmensberaters', der den Verbraucher beim 'Management' seiner körperlichen Verfassung berät. Obwohl es zu weit gehen würde zu behaupten, daß sich der einzelne Verbraucher bei der Nachfrage nach medizinischen Leistungen völlig passiv verhält, so muß doch gesehen werden, daß ein Großteil der Verantwortlichkeit für die Art der Nachfrage in der Regel beim Arzt liegt. Der Arzt wird daher auf beiden Seiten des Marktes, als Anbieter und als Nachfrager, aktiv. Er ist zum einen der 'Agent' des Verbrauchers, zum anderen ist er einer der Anbieter, der auf die Nachfrage reagiert, die er zum Teil

---

[1] Liebold 1983a, S. 27
[2] Vgl. Metze u. a.1985, S. 64

selbst als Berater des Patienten erzeugt hat. In dieser Doppelrolle liegt das Konfliktpotential der ökonomischen Interessen."[1]

Reinhardt gibt jedoch zu, daß für die These der arztinduzierten Leistungsausweitung keine wissenschaftlich „harten" empirischen Ergebnisse vorliegen. Hinzu kommt das bereits schon erwähnte Argument, daß die These, durch eine Einzelleistungsvergütung würden evtl. mehr Leistungen erbracht, noch keine Rückschlüsse auf die Qualität der medizinischen Versorgung erlaubt, da nicht ohne weiteres entschieden werden kann, wie weit diese Leistungsausweitung medizinisch sinnvoll und erforderlich ist. Die Leistungsausweitung kann zu einem „Overtreatment" führen. Andererseits können, dies sei nochmals betont, Kostenerwägungen bei restriktiver Anwendung auch zu einer gemessen am tatsächlichen Bedarf suboptimalen Qualitätsdefinition führen.

Darüber hinaus stellt sich auch die prinzipielle Frage, ob es überhaupt sinnvoll und im Interesse der Gesellschaft sein kann, den Arbeitsablauf des Arztes in eigenständige medizinische Aufgaben zu zerlegen, von denen jede mit einem Preis belegt werden kann.[2] Mit der Einführung der Einzelleistungsvergütung jedenfalls werde, so Reinhardt, „die Arzt-Patienten-Beziehung zu einer perfekten Analogie der Verkäufer-Kunden-Beziehung .... wie sie für gewöhnlich z.B. bei Automobilwerkstätten besteht, wo der Verbraucher oft nicht über das technische Wissen verfügt, um beurteilen zu können, ob die von ihm gekauften Dienstleistungen angemessen sind."[3]

Prinzipiell sei, vom rein theoretischen Standpunkt aus betrachtet, die Ärztevergütung nach dem Krankheitsfall der Einzelleistungsvergütung vorzuziehen, so lange das technisch möglich sei. Dies sei jedoch nicht immer der Fall, da einerseits viele Patienten einen Zustand zeigten, dem viele verschiedene Diagnosen zugeordnet werden können bzw. sie verschiedene Krankheiten haben, die in eine Krankheitsepisode eingebettet sind. Zweitens seien viele Krankheiten nicht heilbar, sondern haben einen chronischen Verlauf, d.h. sie seien zeitlich nicht abgrenzbar. Drittens behandelten viele Ärzte, besonders Fachärzte, nicht die „ganze" Krankheit, sondern hätten sich auf Teilaspekte einer Krankheit spezialisiert. Aus diesen Gründen sei die einzelne Krankheit als Basis für die Kalkulation der ärztlichen Vergütung nicht immer praktikabel.

---

[1] Reinhardt 1985, S. 77
[2] Vor allem wäre es interessant zu untersuchen, inwieweit sich unter diesem Aspekt die Befürwortung der Einzelleistungsvergütung, die auf ihre Weise auch eine Standardisierung und ein Transparentmachen ärztlichen Handelns darstellt, mit der von vielen Ärzten vertretenen Auffassung verträgt, die Komplexität und Einzigartigkeit des Falles würde – vor allem in der ambulanten Versorgung – eine vergleichende Analyse ärztlicher Leistungen z.B. zum Zwecke der Qualitätssicherung unmöglich machen.
[3] Reinhardt 1985, S. 77

Infolge dessen biete sich eine Aufgliederung eher bei Fachärzten, die eine begrenzte Palette unterschiedlicher Einzelleistungen verrichten, an als bei Hausärzten bzw. Allgemeinmedizinern[1].

Während bei der Einzelleistungsvergütung qualitätsmindernde Effekte in Form einer Ausweitung von nicht erforderlichen Leistungen befürchtet werden, dürfte auch die Pauschalvergütung in ihren Auswirkungen auf die Leistungsqualität nicht unproblematisch sein. Da in diesem Fall die Ärzte unabhängig von der tatsächlich erbrachten Leistung nur eine bestimmte Summe pro Fall erhalten, könnte dies Ärzte dazu verleiten, ihr Leistungsvolumen weitgehend zu reduzieren und vor allem solche Leistungen zu vermeiden, deren Einsatz für sie mit hohen zeitlichen und/oder finanziellen Kosten verbunden sind. „Tatsächlich kann man a priori die Möglichkeit nicht ausschließen, daß bei der Fallpauschale die Ärzte ihre Patienten inadäquat behandeln oder schnell dazu übergehen werden, Patienten mit komplizierten medizinischen Problemen an andere Einrichtungen", z.B. Krankenhäuser, zu überweisen.[2]

Allerdings erscheint trotz der von Sewering neu entfachten Diskussion um die Vergütungsform aus der Sicht der Ärzte die Frage der Honorierung unter Qualitätssicherungsaspekten nicht von herausragender Brisanz zu sein, da dieses Problem von keinem der befragten Ärztevertreter angesprochen wurde. Lediglich ein Vertreter aus dem Bereich der Krankenversicherung äußerte sich zustimmend zur Vergütung über die Einzelleistungsabrechnung.

Von zwei im Krankenhaus tätigen Ärzten wurde dieser Aspekt dagegen im Hinblick auf die Vergütung medizinischer Leistungen im stationären Sektor angesprochen. In beiden Fällen wurde die Finanzierung durch einen pauschalen Pflegesatz unabhängig von den tatsächlich erbrachten Leistungen als nicht nur kostentreibend, sondern auch außerordentlich qualitätsfeindlich bezeichnet und eine zumindest teilweise Einzelleistungsvergütung vorgeschlagen. In großen Häusern – so einer der Experten – fehle jegliches Kostenbewußtsein; Leistungen – auch überflüssige – würden das ganze Jahr ohne Gedanken daran, ob sie erforderlich sind oder nicht, erbracht. Lediglich gegen Ende des Jahres fange man auch dort, wo Leistungen sinnvoll wären, einzusparen, was auch die Qualität senken könnte. In kleineren Häusern dagegen würde das ganze Jahr über (zu) sparsam, d.h. auf Kosten der Qualität, kalkuliert. Sinnvoller und qualitätsfördernder ist nach Auffassung eines der beiden Experten eine gesplittete Finanzierung, die aus

– einem Pflegesatz zur Deckung von Grundleistungen wie Ernährung oder pflegerischen Standardleistungen sowie organisatorisch-räumlich-technischer Vorhalte und

---

[1] Reinhardt 1985, S. 69
[2] Reinhardt 1985, S. 80 f; vgl. auch Metze u. a. 1985, S. 64

– einer Einzelleistungsvergütung für Sozialuntersuchungen, Operationen etc. besteht.

Eine ähnliche Auffassung vertrat der zweite Experte, der darauf hinwies, daß das pro Tag und pro Kopf berechnete Tagespauschalsystem bei den Krankenhäusern die Tendenz fördern würde, ein Bett möglichst lange mit demselben Patienten zu belegen, da die Kosten pro Patient um so geringer würden, je länger der Patient im Krankenhaus verweile. Die Folge seien unnötig lange Belegzeiten. Besser unter Kosten- und Qualitätsgesichtspunkten sei die Abrechnung über Einzelleistungen, d.h. daß nur solche Leistungen bezahlt würden, die auch tatsächlich erbracht wurden. Eine andere Möglichkeit wäre die Abrechnung nach Leistungskomplexen (z.b. Gallenblasenoperation, Beinbruch etc.), und zwar pauschal und ohne Berücksichtigung der Dauer bzw. eventuell auftretender Komplikationen. Der Nachteil dieser letzten Alternative – so der Experte selbst – bestünde allerdings in der Gefahr, daß Fälle, bei denen die Notwendigkeit einer Langzeittherapie, hohe Komplikationsgefahr und/oder geringe Heilungschancen frühzeitig absehbar seien, von keinem Krankenhaus mehr behandelt und umsorgt würden.

Immerhin dreizehn der Experten, darunter drei Vertreter aus dem nichtärztlichen Bereich, sprachen dagegen die leistungs- bzw. qualitätssteuernde Funktion des Bewertungsmaßstabes an. Von der Art und Weise, wie die verschiedenen Leistungen im Vergleich zueinander honoriert und bewertet würden, würde auch das Volumen dieser verschiedenen Leistungen beeinflußt. Aktueller Hintergrund zu diesem Aspekt war die zum Zeitpunkt der Untersuchung geplante Neustrukturierung der ärztlichen Gebührenordnung, in deren Rahmen vor allem auch eine weitgehende Reformierung des einheitlichen Bewertungsmaßstabes für ärztliche Leistungen (BMÄ) vorgesehen war.[1] KBV, Kassenverbände und Bundesarbeitsministerium sind sich einig, daß der bisherige Bewertungsmaßstab zu einer Begünstigung und Überbetonung der aufwandsintensiven Leistungen und damit zu einer gravierenden Unterbewertung der ärztlichen Grundleistungen geführt habe. „Der einheitliche Bewertungsmaßstab (EBM) entspricht in Inhalt, Leistungsbeschreibungen und Punktzahlen nicht mehr dem Entwicklungsstand der heutigen Medizin. Dadurch sind im Laufe der Jahre Verzerrungen eingetreten, die mit dem Leitgedanken einer leistungsgerechten Honorierung unvereinbar sind."[2] Ziel der Reform soll neben einer Anpassung der Gebührenordnungen an den medizinischen Fortschritt sowie der Straffung, Verdeutlichung und Vereinfachung der Gebührensätze eine

---

[1] Die Neustrukturierung des EBM ist mittlerweile abgeschlossen. Ab 1. Oktober 1987 werden die kassenärztlichen Leistungen nach neuen Gebührenordnungen für die RVO- und Ersatzkassen (BMÄ und E-GO) abgerechnet.

[2] Vertreterversammlung der KBV 1985

angemessene Aufwertung der sog. „zuwendungsintensiven" (persönlichen) ärztlichen Leistungen sein, während für den Bereich der medizinisch-technischen Leistungen Regelungen gefunden werden sollen, die zu einer sinnvollen Mengenbegrenzung führen.[1]

Die derzeitige Gebührenordnung mit ihrer Begünstigung technischer Leistungen stärke in zweierlei Hinsicht die Qualität der medizinischen Versorgung. Einerseits provoziere sie eine Überversorgung mit medizinisch-technischen Leistungen, andererseits führe sie innerhalb der Ärzteschaft zu einem erheblichen Einkommensgefälle zwischen Fachärzten und sog. Hausärzten, das der Attraktivität der primärärztlichen Tätigkeit nicht gerade zuträglich sei. Vor allem die Laborärzte und Radiologen seien in den letzten Jahren zu absoluten Spitzenverdienern unter den Ärzten geworden.

„In den neun Jahren von 1975 bis 1983 hatten allein die Laborärzte einen Einkommenszuwachs von 76 Prozent, so daß jeder Laborarzt heute im Durchschnitt nach Abzug aller Praxisunkosten aber vor Abzug der Steuern 610.000 Mark zur Verfügung hat. Bei den Röntgenologen beläuft sich die Steigerung in neun Jahren auf 41 Prozent, und das zu versteuernde Einkommen, auf pro Jahr 298.000 Mark. Der Internist, auch ein Facharzt, ist dagegen ein armer Schlukker. Sein Einkommenszuwachs ist für die Jahre 1975 bis 1983 mit null Prozent angegeben, das zu versteuernde Jahreseinkommen mit 181.000 Mark. Die praktischen Ärzte, die sich ihrer mühsamen Arbeit und der vielen Hausbesuche wegen selbst gern die 'Treppen-Terrier' der modernen Medizin nennen, haben in neun Jahren sogar eine Einkommenseinbuße von zwei Prozent hinnehmen müssen und versteuern jetzt pro Jahr durchschnittlich 139.000 Mark. Wenn man als Facharzttechniker ein Vielfaches von dem verdient, was dem Hausarzt zugemessen wird, darf auch dies nicht wundern: In den zehn Jahren von 1976 bis 1985 erhöhte sich die Zahl der Laborärzte um 56 Prozent, die der Röntgenologen noch um 17 Prozent, die der Hausärzte aber nur um 10 Prozent. Die schwere Arbeit an der Basis, so war zu vernehmen, die zudem nichts einbrachte, wollte einfach keiner mehr machen."[2]

Die unterschiedlichen Einkommenserwartungen und das damit verbundene Statusgefälle (Zwei-Klassen-Medizin) waren also sicherlich ein Faktor für das heute beklagte Übergewicht an Gebietsärzten, das wie bereits erwähnt, nicht nur Kosten verursacht, sondern auch die notwendige primärärztliche Versorgung der Bevölkerung in Frage stellt. Andererseits hat die relativ hohe Dotierung der technischen Leistungen, vor allem aber auch die geringe Bewertung zuwendungsintensiver Leistungen wie das Patientengespräch die Entwicklung der Medizin zur „seelenlosen" Apparatemedizin oder „Medizin mit der Stoppuhr" gefördert. Hinsichtlich der Qualität der ärztlichen Versorgung bringt die

[1] Vgl. Arzt und Wirtschaft 1-2/86, S. 1
[2] Conradt 1985; vgl. hierzu auch status 20/85, S. 10

Abbildung 10: Einkommen ausgewählter Arztgruppen im Vergleich
Quelle: Der Praktische Arzt 25/85, S. 14

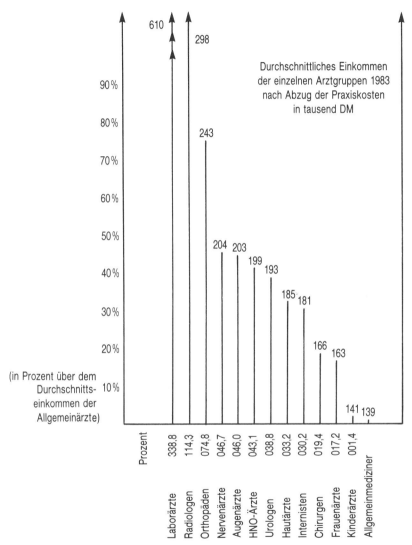

Die Prozentsätze geben an, um wieviel das durchschnittliche Einkommen der Allgemeinmediziner überschritten wird.

Neustrukturierung des Bewertungsmaßstabes nach Meinung der Befürworter Verbesserungen in dreifacher Hinsicht:

– eine bessere, weil zuwendungsintensive Versorgung der Patienten;

– eine Erhöhung der Attraktivität des Hausarztes und damit eine Erhöhung der Zahl der an der primärärztlichen Versorgung beteiligten Ärzte;

– eine Reduzierung der technischen Ausstattung auf das tatsächlich notwendige Maß[1][2].

Während die Vertreter der Allgemein- und praktischen Ärzte die geplante Neubewertung der Leistungen befürworten, hat die Gemeinschaft fachärztlicher Berufsverbände die Neukonzeption – wie zu erwarten war – kritisiert. Sie begrüßt die angestrebte Reform zwar im Grundsatz, die Einführung neuer Bewertungskriterien wie „aufwendungsintensiv", „zuwendungsintensiv", „zuwendungsfrei" und „Aufsichtsleistungen", die dem Ziel dienen sollen, eine Honorarverschiebung zugunsten der Praktiker und Allgemeinärzte zu erreichen, lehnt sie jedoch ab.[3]

Von den Kritikern der Neustrukturierung in ihrer jetzigen Form wird vor allem auch der vermeintliche Einfluß der geplanten Neuregelung des EBM auf die Investitionsbereitschaft als qualitätssenkend bezeichnet: Fachärzte, die eine umfangreiche Differentialdiagnostik betrieben, würden zukünftig finanziell wesentlich schlechter dastehen. Notwendige Investitionen zur Aufrechterhaltung des diagnostischen und therapeutischen Standards konsiliarisch tätiger Praxen könnten in absehbarer Zeit nicht mehr getätigt werden. Dies in Verbindung mit dem aufgrund der Engpässe im Bereich der Weiterbildung zu erwartenden Absinken des Qualifikationsniveaus der zukünftigen Hausärzte müßte die Qualität in der ambulanten Praxis insgesamt verringern.[4]

Auch unter den von uns befragten Experten bestand in diesem Punkt keine völlige Übereinstimmung. Zwar begrüßten sieben der Befragten, darunter zwei Nicht-Ärzte, die mit der geplanten Neustrukturierung verbundene Aufwertung der zuwendungsintensiven Leistung als sicherlich positiv für die Behandlungsqualität, da bislang Fachärzte durch den Bewertungsmaßstab bevorzugt worden seien. Für die ebenso wichtigen persönlichen Leistungen des Arztes hätte der bisherige Maßstab zu wenig Raum gelassen. Zwei der befragten Ärzte wandten dagegen ein, daß in den letzten Jahren die zuwendungsintensiven Leistungen bereits mehrfach aufgewertet worden seien, eine weitere Verschiebung der Bewertungen sei unnötig. Ein weiterer Experte aus dem ärztlichen Sektor kritisierte, daß der bislang gültige Bewertungsmaßstab vor allem auch

---

[1] Vgl. Conradt 1985
[2] Zur Bedeutung der technischen Ausstattung für die Qualität ärztlicher Leistungen siehe 4.1.2.4
[3] Vgl. Ärzte Zeitung v. 11.12.1985, S. 6
[4] Vgl. z.B. Reichel 1983

aus der Sicht der Fachärzte in keinster Weise den Anforderungen an eine leistungsgerechte Versorgung entspräche.

Grundsätzliche Kritik übten zwei der Experten, darunter einer aus dem nicht-ärztlichen Bereich. Während der Kritiker aus dem ärztlichen Bereich betonte, daß die Gebührenordnungen in ihrer Struktur der Qualität der medizinischen Versorgung insofern prinzipiell wenig zuträglich seien, als sie auf kurze und billige, anstatt auf sorgfältige und aufwendige Leistungen ausgerichtet seien, kritisierte letzterer an den Gebührenordnungen bzw. Bewertungsmaßstäben, daß sie zu einer Schematisierung und Stereotypisierung der ärztlichen Leistungen führten, da nur das getan werde, was auch bezahlt würde. Vor allem im kassenärztlichen Bereich würde die Etablierung neuer Methoden zumindest verzögert. Dem kann die Aussage zweier anderer Experten entgegengehalten werden: Dadurch, daß in der Gebührenordnung nur solche Leistungen und Verfahren abgerechnet werden könnten, die hinsichtlich ihres Nutzens und ihrer Gefahrlosigkeit für den Patienten überprüft und anerkannt seien, erfüllt sie auch eine gewisse Schutzfunktion.

Deutlich wurde in den Gesprächen jedoch auch, daß die Auswirkungen der ärztlichen Vergütungsregelungen auf das Handeln des einzelnen Arztes wie auch auf die medizinische Versorgung insgesamt nicht isoliert von den übrigen Bedingungen des Gesundheitssystems betrachtet werden können.

So wiesen auch drei der Experten (Nicht-Ärzte) darauf hin, daß die künstliche Trennung von Nutzung und Zahlung in der Gesetzlichen Krankenversicherung einen entscheidenden Beitrag zur unerwünschten Mengen- und Kostenexpansion im Gesundheitswesen leiste.

4.1.2.2.4 Regelungen des Werbeverhaltens

Die Art und Weise, in der sich der Wettbewerb zwischen Leistungsanbietern gestaltet, hängt nicht zuletzt auch davon ab, welches Werbeverhalten die konkurrierenden Anbieter an den Tag legen (dürfen). Die Regelungen für die freien Heilberufe, vor allem auch für die Ärzte, sind hier vergleichsweise restriktiv. Nach § 21 Abs. 1 der Muster-Berufsordnung der Bundesärztekammer ist dem Arzt prinzipiell jegliche Werbung und Anpreisung untersagt. „Insbesondere ist es standesunwürdig,

– öffentliche Danksagungen oder anpreisende Veröffentlichungen zu veranlassen oder zuzulassen,

– Arzneimittel, Heilmittel oder Verfahren der Krankheitserkennung und -behandlung durch Veröffentlichung in Wort, Ton, Schrift und Bild in einer Weise zu behandeln, die geeignet ist, für die eigene Praxis zu werben."

Dieses Werbeverbot ist insofern eingeschränkt, als die Berufsordnung ausdrücklich zahlreiche, auf die Arztpraxis bezogene Kundmachungen gestattet, die der sachlichen Information der Patienten dienen sollen. So darf der Arzt in

Anzeigen, Verzeichnissen, auf Praxisschildern und Briefbogen neben seinem Namen die ihm nach der Weiterbildungsordnung gestatteten Gebiets-, Teilgebiets- oder Zusatzbezeichnungen sowie akademische Grade und ärztliche Titel angeben; daneben sind Hinweise auf Sprechstundenzeiten, Telefonnummern sowie ein Zusatz über die Zulassung zu den Krankenkassen möglich.[1]

Anzeigen mit dem eben bezeichneten Inhalt dürfen allerdings nur in den ersten drei Monaten nach der Niederlassung oder der Aufnahme der Praxis, nach längerer Abwesenheit, bei Verlegung der Praxis oder nach Änderung der Sprechstundenzeiten oder der Telefonnummern aufgegeben werden, die Aufnahme in Verzeichnissen mit werbendem Charakter ist nicht gestattet.[2]

Für die Anbringung und Größe der Praxisschilder existieren genaue Vorschriften.[3]

Untersagt ist dem Arzt auch jede mittelbare Werbung, also Werbung durch Dritte. Er darf darüber hinaus nicht dulden, „daß Berichte und Bildberichte mit werbendem Charakter über seine ärztliche Tätigkeit angefertigt und mit Verwendung seines Namens oder seiner Anschrift veröffentlicht werden. In Veröffentlichungen ist der Arzt zu verantwortungsbewußter Objektivität verpflichtet."[4]

Ferner ist es ihm verboten, „über Arznei-, Heil- und Hilfsmittel, Körperpflegemittel oder ähnliche Waren, Werbevorträge zu halten, Gutachten oder Zeugnisse auszustellen, die zur Werbung bei Laien verwendet werden sollen".[5][6]

Diese Einschränkungen sind, so Narr, legitim, „weil sie auf vernünftigen und sachgerechten Erwägungen des Gemeinwohls beruhen und verhältnismäßig sind. Die Zulässigkeit einer auf ihren Wahrheitsgehalt nicht nachprüfbaren Werbung durch Ärzte würde zu schweren Störungen in der sachgerechten Behandlung kranker Menschen führen. Gerade im Bereich der Medizin, wo heute noch Glaube und Aberglaube eine bedeutende Rolle spielen, ist das Interesse der Öffentlichkeit an einem absoluten Werbeverbot nicht nur sachgerecht, sondern notwendig."[7]

Die nach den Berufsordnungen erlaubten Kundmachungen seien deswegen vertretbar, weil sie als sachlich notwendige Aufklärung und Information grundsätzlich von der Werbung zu unterscheiden seien.[8] Narr beruft sich dabei auf eine entsprechendes Urteil des OVG Münster vom 11.1.1965.[9]

---

[1] Vgl. §§ 26 bis 29 der Muster-BO
[2] Vgl. § 26 Muster-BO
[3] Vgl. § 27 Muster-BO
[4] § 21 Abs. 4 und 5 Muster-BO
[5] § 25 Abs. 1 Muster-BO
[6] Vgl. zur Regelung des Werbeverhaltens auch Narr 1972, S. 224 ff
[7] Narr 1972, S. 224
[8] Eine solche Trennung von Werbung und (Sach-)Information ist jedoch nach Kornblum (1985) nicht haltbar.
[9] Dieses Urteil ist auch nachzulesen im Deutschen Ärzteblatt 1965, S. 2354

Dies entspricht prinzipiell der Auffassung von Gesetzgeber und Rechtsprechung, daß Werbebeschränkungen als Eingriff in das Grundrecht der freien Berufsausübung gemäß Art. 12 Abs. 1 GG dann vertretbar sind, wenn sie dem Schutz „vorrangige(r) Interessen des Gemeinwohls", in diesem Fall „der Sicherung einer sachgemäßen ärztlichen Versorgung der Bevölkerung" bzw. der „funktionstüchtigen Gesundheitsfürsorge" dienen.[1] Allerdings leitet sich daraus nicht ein totales Werbeverbot für Freie Berufe ab, sondern das Bundesverfassungsgericht hat auch für die Ärzte lediglich eine solche Werbung für „standeswidrig" angesehen, die „eine Verfälschung des .... Berufsbilds durch Verwendung von Werbemethoden ...., wie sie in der gewerblichen Wirtschaft üblich sind", darstellt.[2]. Demgemäß ist eine Einschränkung der Werbungsmöglichkeit lediglich aus Gemeinwohl-Interessen und damit aus Qualitätssicherungsgründen zu rechtfertigen. Dabei stellt sich die Frage, ob die gerade auch bei den Ärzten sehr weitgehenden Reglementierungen tatsächlich aus Gründen der Qualitätssicherung erfolgen oder ob sie nicht eine Verhinderung von Wettbewerb überhaupt innerhalb der Berufsgruppe zum Ziel haben. Qualitätsschädigend können derartige Regelungen insbesondere dann sein, wenn sie dem berechtigten Interesse der Allgemeinheit an Information und Leistungstransparenz entgegenstehen.

Die Experten unserer Untersuchung wurden zum Problembereich dahingehend befragt, wieweit nach ihrer Einschätzung eine strenge Reglementierung des Werbeverhaltens in ihrer jetzigen Form als unverzichtbarer Faktor der Qualitätssicherung bezeichnet werden kann bzw. ob nicht die Entwicklung der Konkurrenzsituation innerhalb der Ärzteschaft bereits heute oder für die Zukunft eine Lockerung des Standesrechts in diesem Punkt erforderlich mache. Die diesbezüglich befragten Vertreter der Ärzteschaft waren sich weitgehend einig, daß auch oder gerade angesichts des wachsenden Wettbewerbsdrucks eine strenge Reglementierung der Werbung notwendig sei, einerseits um zu verhindern, daß es auf diesem Wege zu einem die Kollegialität verletzenden Konkurrenzkampf innerhalb der Ärzteschaft kommt, der letztendlich auch leistungsschädigend sein würde, und um andererseits nicht durch Anpreisung von Leistungen eine unnötige Steigerung der Nachfrage zu provozieren. Zur Sicherung des erforderlichen Leistungswettbewerbs würden die bisher erlaubten Kundmachungen sowie die Mundpropaganda innerhalb der Bevölkerung ausreichen.

Lediglich zwei der befragten Ärzte hielten eine Auflockerung des Werbeverbots für möglich und sinnvoll, um den Berufsangehörigen die Möglichkeit zu geben, auf den wachsenden Konkurrenzdruck zu reagieren. Leistungswettbewerb

---

[1] Vgl. Kornblum 1985.
[2] Mit dieser Begründung hat das BVerfG in einem Urteil vom 9.5.1972 die damalige baden-württembergische Berufsordnung, die das Führen mehrerer Facharztbezeichnungen untersagte, für nicht verfassungsgemäß erklärt. Die Folge war eine Reform des ärztlichen Standesrechts.

erfordere Transparenz. Sofern Auflockerung des Wettbewerbs stärkere „Markt-transparenz durch Sachinformation" und nicht reißerisches Anpreisen bedeute, müsse damit nicht unbedingt eine Senkung der Leistungsqualität einhergehen. Es könnte im Gegenteil sogar einen Anreiz zur Leistungssteigerung bedeuten, da die Möglichkeit, besondere Leistungsangebote und Qualifikationen be-kanntgeben zu können, auch einen Anreiz bietet, diese besonderen Leistungen und Kenntnisse bereitzustellen bzw. zu erwerben.

Darüber hinaus, so einer der Experten, sähe er noch keinen Weg, mit welchen Mitteln die Selbstverwaltung die mit zunehmender Konkurrenz sicherlich stei-gende Anzahl von Verstößen gegen das – nicht mehr zeitgemäße – Wettbe-werbsrecht verhindern wolle.

Waren sich die Vertreter der Ärzteschaft bis auf diese Ausnahmen einig in der Einschätzung, daß dem Werbeverbot als Qualitätssicherungsinstrument eine nicht unerhebliche Bedeutung zukomme, tendierten die befragten Experten aus dem nicht-ärztlichen Bereich, sofern sie sich zu diesem Aspekt äußerten, eher in Richtung einer Auflockerung. Diese sei zu erwägen, um die bislang nicht ausreichende Transparenz des Leistungsangebots zu verbessern. Daß durch verstärkte Werbung, so lange sie sich auf Information beschränke, zusätzliche Bedürfnisse geschaffen würden, sei unwahrscheinlich; wichtig sei lediglich, so einer der Experten, eine sorgfältige Aufsicht durch die Selbstverwaltung, um die Seriosität zu wahren.

4.1.2.3 Kooperationsformen

Durch die wachsende Spezialisierung und Differenzierung in der Medizin kommt der Frage nach der Koordination der für eine ganzheitliche medizini-sche Versorgung notwendigen ärztlichen Tätigkeiten wachsende Bedeutung zu. Andererseits haben sich durch die Ärzteschwemme und die teilweise bereits spürbaren Einflüsse auf das Praxiseinkommen die Ansprüche an eine wirt-schaftliche Praxisführung erhöht. Beide Tendenzen haben zu einer wachsenden Bereitschaft vor allem auch junger Ärzte zur gemeinschaftlichen Berufsaus-übung geführt.

So sprach sich bei einer Repräsentativbefragung des NAV bei Medizinstuden-ten im Jahre 1983 die überwiegende Mehrheit dafür aus, daß in der ambulanten Versorgung mehr ärztliche Kooperation stattfinden solle. Insbesondere machen die Befragungsergebnisse deutlich, daß die Medizinstudenten vorrangig dafür plädieren, daß niedergelassene Ärzte unterschiedlicher Fachgebiete in gemein-samer Praxis zusammenarbeiten können.[1]

Die wachsende Attraktivität der gemeinschaftlichen Berufsausübung läßt sich auch am rapiden Anwachsen der Gruppenpraxen in den letzten Jahren abmes-

---

[1] Vgl. Verband der niedergelassenen Ärzte Deutschland (NAV) e.V. 1983.

sen. Allein die Anzahl der Gemeinschaftspraxen hat sich 1985 im Vergleich zum Vorjahr um etwa zehn Prozent auf 4800 erhöht.[1] Etwa 13,4% der Internisten und 14% der Allgemein-/praktischen Ärzte übten ihre Tätigkeit 1984 im Rahmen einer Gemeinschaftspraxis aus.[2]

Als Vorteile einer gemeinschaftlichen Berufsausübung werden im allgemeinen aus der Sicht des Arztes folgende Faktoren genannt[3]:

- Die gemeinsame Nutzung von Räumen, Personal und technischen Geräten ermöglicht eine größere wirtschaftliche und organisatorische Rationalität.

- Da das Investitionsvolumen mehrerer Ärzte größer ist, sind (Neu)Investitionen leichter zu tätigen. Dieser Aspekt gewinnt besonders im Hinblick auf die im letzten Kapitel angesprochenen Befürchtungen, daß bei wachsender Konkurrenz die Möglichkeit einer ausreichenden Geräteausstattung sinken könnte, an Bedeutung. Nicht zu unterschätzen ist dabei auch der Aspekt, daß sich bei mehreren Nutzern die Investitionen eher amortisieren und eine bessere Auslastung der Ressourcen gegeben ist, so daß vermutlich zumindest in dieser Hinsicht die Tendenz zur Erbringung unnötiger Leistungen sinken müßte.

- Durch ein mehr an Rationalisierung, Personal, Geräten etc. hat der einzelne Arzt mehr Zeit, die er für eine intensive und umfassendere Behandlung der Patienten verwenden kann.

- Die Teilnahme an Fortbildungsmaßnahmen wird erleichtert, was sich eventuell positiv auf das Fortbildungsverhalten und damit auf die ärztliche Qualifikation auswirken müßte.

- Die gemeinschaftliche Berufsausübung ermöglicht und erfordert die kollegiale Kommunikation und schafft damit unbürokratisch und ohne institutionelle Zwänge die Voraussetzungen für einen wesentlichen Faktor der ärztlichen Fortbildung.

- Die enge Zusammenarbeit ermöglicht – vor allem bei fachgleichen Kollegen – eine informelle Form der Peer Review.

- Das Problem der Urlaubsvertretung wird erleichtert.

Abgesehen von den mittelbaren Vorteilen für den Patienten, die aus den oben genannten Faktoren resultieren, ergeben sich auch direkte Verbesserungen des ärztlichen Services durch eine rationellere Praxisorganisation, eine Erhöhung der Sicherheit der Dokumentation, eine Verbesserung der Qualität im Labor

---

[1] Vgl. Ärztezeitung v. 24.4.85.
[2] Vgl. Arzt und Wirtschaft 1-2/86 S. X;
[3] Vgl. z.B. o.V. Metzner 1980 und 1984, status 15/83; Zentralinstitut für die kassenärztliche Versorgung 1978, S. 11f.

und auf dem Röntgensektor sowie durch ein breiteres angebotenes Leistungs-spektrum, beispielsweise mit Endoskopie, Herz-Kreislauf-Diagnostik, Lungenfunktions-Diagnostik, Ultraschall u.ä. Auch sollen die Wartezeiten kür-zer und die Laufwege geringer sein.[1]

Allerdings findet die ärztliche Kooperation auch Kritiker, vor allem dann, wenn es sich um eine fachübergreifende Zusammenarbeit handelt. Zentrale Gegenar-gumente sind aus der Sicht bundesdeutscher Ärzte einerseits

- die Aufgabe der Selbständigkeit,
- die Einschränkung der Entscheidungsfreiheit z.b. bei Investitionen sowie
- die Pflicht zur Teamarbeit.[2]

Aus der Sicht der Kassenärztlichen Vereinigungen stellt sich zusätzlich das Problem der Abrechnung und Überprüfung der erbrachten Leistungen. Aus der Sicht der Patienten ergibt sich das Problem der Sicherung der freien Arztwahl.

Von der Mehrheit der Experten (elf Ärzten sowie vier Nicht-Ärzten) wurde die ärztliche Kooperation in Form von Gruppenpraxen als positiv für die Sicherung der Qualität ärztlicher Leistungen angesehen. Als wesentliche Vorteile wurden einerseits die höhere Investitionskraft, eine bessere Auslastung der technischen Ausstattung sowie geringere Kostenbelastungen für den einzelnen genannt (acht Experten). Andererseits wurden die verbesserten Möglichkeiten zur Fort-bildung (drei Experten) und vor allem (von acht Experten) die Förderung der kollegialen Kommunikation genannt. Letzteres sei angesichts der Spezialisie-rung eine wesentlicher Faktor zur Koordination der fachspezifischen Einzelleis-tungen. Von zwei Experten wurde auch auf die Möglichkeit zur praxisinternen Spezialisierung (bei Kollegen mit gleichen oder verwandten Gebieten oder doch Zusatzqualifikationen) hingewiesen, die zum einen eine intensivere Behandlung ermögliche, zum anderen zu einem breiteren Leistungsspektrum der Praxis führe.

Zwei der Experten, die die gemeinsame Berufausübung befürwortet hatten, wiesen darauf hin, daß eine erfolgreiche und leistungsfördernde Kooperation jedoch auch Ansprüche an die Kooperationsbereitschaft und Anpassungsfähig-keit der Partner stellte.

Zwei weitere Befürworter – Vertreter der Krankenversicherung – betonten die Notwendigkeit, daß bei jeder Art der Zusammenarbeit sowohl eine Kontrolle der Leistungsabrechnung der einzelnen Partner sowie die freie Arztwahl durch den Patienten sichergestellt sein muß.

---

[1] Vgl. z.B. Metzner 1980, S. 4.
[2] Vgl. z.B. Metzner 1984.

Übersicht 9: Bedeutung der innerärztlichen Kooperation aus der Sicht der Experten

Auswirkungen auf die Qualität	Begründung	Anzahl der Experten
qualitätsfördernd	Investitionskraft steigt, Apparateausstattung ist besser und ermöglicht bessere Behandlung, Auslastung der Geräte ist günstiger, Kostenbelastung des einzelnen ist geringer	acht Experten
	fördert die kollegiale Kommunikation und Koordination	acht Experten (darunter ein Nicht-Arzt)
	erleichtert die Fortbildung	drei Experten
	ermöglicht interne Spezialisierung und ein breites Leistungsspektrum	zwei Experten (darunter ein Nicht-Arzt)
bedingt qualitätsfördernd	„Kooperationsfetischismus" nicht gut, aber in bestimmten Fällen Kooperation sinnvoll (Laborgemeinschaft, unerfahrene Kollegen)	zwei Experten (darunter ein Nicht-Arzt)

Zwei Experten (ein Arzt sowie ein Vertreter der Krankenversicherung) beurteilten die Kooperation zurückhaltender als nicht in jedem Fall und immer leistungsfördernd. In bestimmten Fällen z.B. im Fall der Laborgemeinschaft oder im Fall eines unerfahrenen Kollegen sei sie durchaus positiv zu beurteilen. Einer der beiden Experten warnte jedoch vor einem – wie er wörtlich sagte – „Kooperationsfetischismus".

In der Bundesrepublik Deutschland dreht sich allerdings die Diskussion weniger um die Frage, wie sinnvoll ärztliche Kooperation unter wirtschaftlichen und Qualitätsgesichtspunkten sein mag, problematisch scheint vielmehr die Frage, in welcher Form und von welchen Ärzten eine solche Zusammenarbeit genehmigt werden soll.

Grundsätzlich verzichtet die Musterberufsordnung der Ärzte auf eine ausdrückliche Definition der verschiedenen möglichen Formen ärztlicher Tätigkeit und spricht lediglich vom „Zusammenschluß von Ärzten zur gemeinsamen Ausübung des Berufes, zur gemeinsamen Nutzung von Praxisräumen, diagnostischen und therapeutischen Einrichtungen". Außer den Forderungen, daß diesen Formen der ärztlichen Kooperation der Ärztekammer anzuzeigen sind und daß sie die freie Arztwahl gewährleisten müssen, werden keine weiteren Regelungen getroffen.[1]

Demgegenüber unterscheidet § 33 der Zulassungsordnung für Kassenärzte zwei zulässige Formen ärztlicher Zusammenarbeit:

– die „gemeinsame Nutzung von Praxisräumen und Praxiseinrichtungen sowie die gemeinsame Beschäftigung von Hilfspersonal durch mehrere Ärzte", Praxisgemeinschaft genannt, sowie

– die nur unter Kassenärzten zulässige „gemeinsame Ausübung kassenärztlicher Tätigkeit", im allgemeinen Sprachgebrauch als Gemeinschaftspraxis bezeichnet.

Während die Gründung von Praxisgemeinschaften den Kassenärztlichen Vereinigungen lediglich mitzuteilen ist, bedarf die Gründung einer Gemeinschaftspraxis der vorherigen Genehmigung durch den Zulassungsausschuß.

Im Gegensatz zu den Berufsgesetzen z.B. der Steuerberater oder Rechtsanwälte, enthält das Berufs- und Standesrecht der Ärzte somit keine expliziten Angaben über mögliche Rechtsformen der gemeinsamen Berufsausübung. Da es sich beim ärztlichen Beruf jedoch laut § 1 Abs. 2 um einen freien Beruf und keine gewerbliche Tätigkeit handelt, kommt nach herrschender Auffassung nur die Gesellschaft des Bürgerlichen Rechts als Unternehmensform für die Berufsausübung in Frage.[2] Handelsrechtliche Unternehmensformen wie OHG, GmbH und KG dagegen sind laut § 105 HGB auf den „Betrieb eines Handelsgewerbes" ausgerichtet und gelten deshalb bislang als mit dem freien Arztberuf nicht vereinbar.

Die Gültigkeit dieser Regelung wird jedoch in neuester Zeit in Frage gestellt. So kritisierte z.B. Münnich, daß durch die Tatsache, daß handelsrechtliche Formen der ärztlichen Berufsausübung bislang untersagt sind, jegliche flexible Anpassung zu einer betriebswirtschaftlich adäquaten Betriebsform der Arztpraxis unterdrückt werde, mit der Folge, daß unwirtschaftlich gearbeitet werde und Kosten zu Lasten der Gesetzlichen Krankenversicherung abgewälzt werden könnten. Er fordert deshalb alternative Praxisformen, wie sie sich etwa im europäischen Ausland (Niederlande) und vor allem in den USA bewährt hätten, rechtlich zu sanktionieren, um so die Preis- und Kostenvorteile der größeren Spezialisierung, der Kostendegression und der größeren Betriebsgröße für alle Beteiligten zu nutzen.[3]

---

[1] Vgl. § 19 der Musterberufsordnung von 1985
[2] Laut § 705 BGB kann diese Gesellschaftsform dann gewählt werden, wenn eine Personenvereinigung sich vertraglich verpflichtet, die Erreichung eines gemeinsamen Zweckes zu fördern. Dies ist bei der freiberuflichen Kooperation der Fall.
[3] Vgl. Arzt und Wirtschaft 26/85, S. 4

Es stellt sich die Frage, ob nicht angesichts der Tatsache, daß in jüngeren freiberuflichen Berufsgesetzen (z.B. bei den Steuerberatern) eine Liberalisierung dahingehend eingesetzt hat, daß unter bestimmten Bedingungen handelsrechtliche Rechtsformen der Berufsausübung als zulässig gelten, auch den akademischen Heilberufen eine solche Möglichkeit eröffnet werden kann, so lange die Anforderungen der persönlichen Haftung, freien Arztwahl usw. berücksichtigt werden können. Daß die Ärzteschaft von einer solchen Entwicklung allerdings weit entfernt ist, zeigt der eigentliche aktuelle Diskussionspunkt: die fachübergreifende Gemeinschaftspraxis.

Prinzipiell kann (und wird auch vielfach) der fachübergreifenden bzw. "fachverbindenden" ärztlichen Kooperation vor allem im Hinblick auf die hochgradige Spezialisierung und Differenzierung in der Medizin eine grundlegende Bedeutung beigemessen werden, da sie wie keine andere institutionelle Maßnahme die interdisziplinäre Zusammenarbeit der Spezialisten fördert. Dieser Aspekt wurde auch von acht der von uns befragten Experten betont. Allerdings sind aus der Sicht eines großen Teils der Ärzteschaft der fachübergreifenden gemeinschaftlichen Berufsausübung im Vergleich zur Kooperation zwischen fachgleichen Kollegen enge(re) Grenzen zu setzen. Während interdisziplinäre Zusammenarbeit in Form der Praxisgemeinschaft – also bei gemeinsamer Nutzung von Räumen, Personal und Ressourcen, aber Beibehaltung der wirtschaftlichen und rechtlichen Eigenständigkeit der Partner – i.d.R. als nicht problematisch angesehen wird, stößt der wachsende Trend zur Gründung fachübergreifender Gemeinschaftspraxen – also zum gemeinschaftlichen Führen einer Praxis mit gemeinsamer Abrechnung, Patientenkartei etc. durch Ärzte verschiedener Fachgebiete – auf erheblichen Widerstand innerhalb der Ärzteschaft sowie von seiten der Kassenärztlichen Vereinigungen und Krankenkassen.

Kritikpunkte sind hier vor allem die unnötige Einschränkung der freien Arztwahl, die Frage der gegenseitigen Vertretungsfähigkeit und das Problem der Leistungsabrechnung und -überprüfung.

So wurde von den Kritikern noch Anfang der 80er Jahre argumentiert, daß in einer fachübergreifenden Gemeinschaftspraxis die Einhaltung des in der Weiterbildungsordnung verankerten Verbots der Erbringung einer fachfremden Leistung bzw. positiv ausgedrückt des Gebotes der Beschränkung auf das eigene Fachgebiet nicht ausreichend kontrollierbar und damit sicherzustellen sei. Durch dieses Verbot entfalle auch die Möglichkeit der gegenseitigen Vertretungsfähigkeit, die wie auch die Austauschbarkeit der Leistungen der beteiligten Ärzte nach Auffassung der Krankenkassen ein wesentliches Merkmal der Gemeinschaftspraxis darstelle.[1]

---

[1] Vgl. Metzner 1980, S. 7f.

165

Nachdem einige Kassenärztliche Vereinigungen bereit waren, fachübergreifende Gemeinschaftspraxen zuzulassen, wenn sie von Vertretern verwandter Fächer aus dem Gebiet der Primärversorgung (Allgemeinärzte, Internisten, Kinderärzte) gegründet wurden, brachte ein Urteil des Bundessozialgerichts vom 22. April 1983[1] zumindest insofern eine Liberalisierung, als es die Genehmigung fachübergreifender Gemeinschaftspraxen grundsätzlich für zulässig erklärte, sofern zwei Bedingungen erfüllt werden:

- Aus den Abrechnungsunterlagen, die von der Gemeinschaftspraxis bei der KV eingereicht werden, muß klar ersichtlich sein, welches Mitglied der Gemeinschaftspraxis welche Leistungen erbracht hat. Erst dadurch sei kontrollierbar, ob sich die Ärzte der Gemeinschaftspraxis an die Grenzen ihrer Fachgebiete gehalten haben.

- Den Patienten solcher fachübergreifender Gemeinschaftspraxen muß deutlich gemacht werden, daß sie das Recht haben, auch einen Arzt außerhalb der Gemeinschaftspraxis zu konsultieren; die Mitglieder einer fachübergreifenden Gemeinschaftspraxis sind auch zu verpflichten, im Fall des Vorliegens eines solchen Patientenwunsches einen entsprechenden Überweisungsschein auszufertigen.[2]

Allerdings stellte das BSG weiter fest, daß es nicht darüber zu entscheiden habe, wieweit es verfassungsrechtlich zulässig und berufspolitisch wünschenswert sei, wenn die Krankenkassen und Kassenärztlichen Vereinigungen die Genehmigung fachübergreifender Gemeinschaftspraxen einschränkten (z.B. durch eine generelle Beschränkung auf bestimmte Fachgebiete), um ihren Auftrag einer gleichmäßigen, ausreichenden und wirtschaftlichen ärztlichen Versorgung erfüllen zu können. Dies, so das BSG, sei eine Frage, die sich an den Gesetzgeber richte, eine solche Ausschlußregel enthalte weder das allgemeine ärztliche Berufsrecht noch das Kassenrecht.[3]

Aufgrund dieses Urteils sind die Kassenärztlichen Vereinigungen dazu übergegangen, eine getrennte Rechnungslegung der einzelnen Mitglieder der Gemeinschaftspraxis zu fordern. Ein wesentlicher Vorteil der Gemeinschaftspraxis, nämlich der Rationalisierungseffekt einer gemeinsamen Abrechnung, ist damit entfallen. Es gibt deshalb auch Stimmen, die fragen, welche Vorteile die Tätigkeit einer Gemeinschaftspraxis gegenüber der Praxisgemeinschaft überhaupt noch bietet:

"Bei genauerem Zusehen bringt die jetzt genehmigte Form der fachübergreifenden Gemeinschaftspraxis somit gegenüber der Praxisgemeinschaft keine Vor-

[1] Vgl. Bundessozialgerichtsurteil vom 22.4.1983 – 6 Rka 2/72. Bei dem als Grundsatzurteil gewerteten Urteil handelt es sich eigentlich um zwei Urteile, da das Gericht zwei verschiedene Klagen zum gleichen juristischen Sachverhalt zu entscheiden hatte.
[2] zitiert nach Arzt und Wirtschaft 20/83, S. 2
[3] Vgl. Arzt und Wirtschaft 20/83 sowie Metzner 1984

teile, sondern eher Nachteile, da erhoffte abrechnungstechnische und sonstige Erleichterungen, die von den Befürwortern der fachübergreifenden Gemeinschaftspraxis immer ins Feld geführt wurden, sich nicht haben verwirklichen lassen. Die Ärzte in solchen Praxen müssen eher noch weitergehende Reglementierungen als die übrigen Kassenärzte in Kauf nehmen."[1]

"Das einzige Kennzeichen, was heute die Gemeinschaftspraxis besonders prädestiniert, ist die Tatsache daß der Titel Gemeinschaftspraxis in der Berufsordnung erwähnt ist und die Kassenärztlichen Vereinigungen sich die Genehmigung von Gemeinschaftspraxen in der Zulassungsordnung vorbehalten."[2]

Demgegenüber geht der NAV, der der stärkste Befürworter fachverbindender Gemeinschaftspraxen ist, davon aus, daß im Vergleich zur Praxisgemeinschaft aus der Sicht der einzelnen Ärzte ein gemeinsamer Umsatz immer noch vorzuziehen sei:

„Steuerlich sieht die Gemeinschaftspraxis für die beteiligten Ärzte noch besser aus. Während in der Praxisgemeinschaft jeder Arzt seine Honorare einzeln versteuern muß und nur die Netto-Erträge in einen Pool einbringt, der nach einem vereinbarten Schlüssel aufgeteilt wird, fließt das Gesamthonorar aller Ärzte einer Gemeinschaftspraxis in einen Pool, der nach Abzug aller Kosten aufgeteilt wird, und der einzelne Arzt versteuert nur den tatsächlich dem Pool entnommenen Betrag."[3]

Die Ergebnisse der Experteninterviews zu diesem Problem zeigten, daß auch nach dem BSG-Urteil die Bedenken der Ärzteschaft und Krankenkassen gegenüber fachverbindenden Gemeinschaftspraxen nicht ausgeräumt sind. Zwar hatten sich, wie bereits dargestellt, nahezu alle Befragten für eine verstärkte Kooperation zur Sicherung oder Verbesserung der ärztlichen Versorgung ausgesprochen, wobei acht Experten vor allem auch die verstärkte kollegiale Kommunikation und Koordination als wesentlichen Qualitätssicherungsfaktor betonten; zwei der Experten (ein Arzt sowie ein Vertreter der Krankenversicherung) hoben jedoch die Gefahr der Überversorgung hervor, die dadurch entstehen könnte, daß der Patient teilweise auch ohne medizinische Notwendigkeit zwischen den verschiedenen Partnern hin- und hergeschickt werde.[4] Demgegenüber maß ein weiterer Vertreter der Krankenkassen dem Aspekt des „Overtreatment" keine besondere Bedeutung bei. Diese Gefahr sei zwar auch bei der fachverbindenden Gruppenpraxis gegeben, er glaube jedoch nicht, daß sie hier größer sei als in der Einzelpraxis.

---

[1] Metzner, 25/84, S. 4
[2] Arzt und Wirtschaft 9/85, S. 15
[3] Zit. nach status 15/83
[4] Damit sind im Prinzip auch Zweifel an der Sicherung der freien Arztwahl angesprochen; dieser Aspekt wurde jedoch in den Gesprächen nicht genannt.

Von zwei Ärzten wurde die Frage nach der fachverbindenden Gemeinschaftspraxis dahingehend beantwortet, daß sie darauf verwiesen, daß sie die Möglichkeit zur mehrdisziplinären Zusammenarbeit in Form der Praxisgemeinschaft, die ja bereits immer ohne Probleme möglich gewesen sei, als völlig ausreichend betrachteten. Ein weiterer Vertreter der Ärzteschaft sah die Praxisgemeinschaft wegen der wirtschaftlichen Trennung als die vorteilhaftere Form der Berufsausübung an. Und drei befragte Ärzte forderten explizit, Gemeinschaftspraxen auf fachgleiche Partner zu beschränken.

Lediglich vier der Befragten, darunter zwei Vertreter aus dem nicht-ärztlichen Bereich, kritisierten die zu starke standesrechtliche Reglementierung. Die Vorteile der fachverbindenden Kooperation, die nicht nur wirtschaftlicher Natur seien, sondern auch darin lägen, daß die fachspezifischen Einzelleistungen wieder besser koordiniert und der Patient wieder eher als Ganzes gesehen werde, würden durch die restriktive Haltung der Ärzteschaft und der Kassen nicht in ausreichendem Maße genutzt.

Allerdings sind auch die berufsrechtlichen Bedenken, die die (fachverbindende) Gemeinschaftspraxis aufwirft, aus der Sicht der Kritiker noch nicht völlig ausgeräumt[1]:

So sei zwar prinzipiell die freie Wahl eines bestimmten Arztes auch in der Gemeinschaftspraxis gewährleistet, in der Praxis würden diesbezüglich jedoch häufig Probleme auftreten. Vor allem bestehe die Frage, ob dem Patienten tatsächlich bewußt sei, daß er sich mit der Inanspruchnahme des einen Gebietsarztes nicht automatisch verpflichte, im Fall einer Überweisung zu einem anderen Spezialisten auf den in der Praxis mitarbeitenden Arzt dieses Fachgebietes zurückgreifen zu müssen, sondern daß er auch einen Arzt außerhalb der Gemeinschaftspraxis aufsuchen könne.

Es bleibe in der praktischen Handhabung immer die Frage, ob jedem Patienten diese komplexe juristische Auslegung verständlich sei, oder ob nicht die Praxis hier zu anderen Ergebnissen führe. Es müsse den Patienten immer bewußt sein, daß sich hier Gewohnheitsrecht und juristische „Sollenssituation" überschneiden.[2]

Es ist allerdings fraglich, ob die Patienten in der Mehrzahl zwischen einer Praxisgemeinschaft und Gemeinschaftspraxis, die beide zumindest eine räumliche Einheit bilden, unterscheiden, ob die in der berufsrechtlichen Diskussion gemachten Unterschiede zwischen den beiden Formen der Kooperation vom Patienten also überhaupt wahrgenommen werden.

---

[1] Vgl. z.B. Metzner 1984
[2] Vgl. Arzt und Wirtschaft 24/85, S. 11

4.1.2.4 Technische Ausstattung

Die heutige Medizin ist bei Diagnose und Therapie weitgehend auf den Einsatz technischer Geräte angewiesen. Entsprechend werden „die Qualität und das Niveau der ärztlichen Versorgung … gegenwärtig weitgehend mitbestimmt und geprägt durch die Entwicklung, Anwendung und Verbreitung von medizinisch-technischen Großgeräten und Verfahren. Es ist anzuerkennen, daß diese Hochleistungsmedien wichtige und unverzichtbare Beiträge zur Verbesserung der Krankenversorgung geleistet haben."[1]

Entscheidend dafür, inwieweit ein solcher positiver Wirkungszusammenhang zwischen Geräteausstattung und Leistungsqualität jedoch tatsächlich zum Tragen kommt, ist eine ausgewogene, dem Bedarf entsprechende Anwendung einer einwandfrei funktionierenden und sicheren Technik. Daß dies nicht immer selbstverständlich ist, zeigt z.B. die Diskussion um die „Humanität in der Medizin". In den folgenden Abschnitten wird deshalb dargestellt, welche Anforderungen unter dem Gesichtspunkt der Qualitätssicherung der ärztlichen Leistungen an den Umfang und das Niveau der Geräteausstattung zu stellen sind bzw. welche Maßnahmen zur Qualitätssicherung für und durch die Medizin-Technik getroffen werden (können).

Einen speziellen Aspekt der technischen Ausstattung ärztlicher Praxen und medizinischer Versorgungseinrichtungen stellt die auch hier immer mehr Einzug haltende elektronische Datenverarbeitung dar. Durch ihren Einsatz kann sich die Leistungsstruktur und -qualität auf dem medizinischen Sektor entscheidend verändern. Dieser Gesichtspunkt wird deshalb in einem zweiten Punkt gesondert abgehandelt.

4.1.2.4.1 Apparative Ausstattung

Die Wirksamkeit der ärztlichen Versorgung ist wesentlich abhängig von einer ausreichenden apparativen Ausstattung der Praxis.[2] Allerdings divergiert der Bedarf an Sach- und Personalausstattung bei den ärztlichen Praxen in der Bundesrepublik Deutschland beträchtlich. So zeigten Untersuchungen des Zentralinstituts für die kassenärztliche Versorgung erstaunliche Schwankungsbreiten in der apparativen Ausstattung nicht nur zwischen den verschiedenen Fachgruppen (was sich durch fachspezifische Bedarfsunterschiede erklären ließe), sondern auch innerhalb der einzelnen Fachgruppen, wobei z.B. Faktoren wie Form und geographische Lage der Praxis (Stadt – Land), aber auch das Alter des Praxisinhabers eine Rolle spielen.[3]

---

[1] Deutscher Bundestag 1985, S. 26
[2] Vgl. z.B. Deutscher Bundestag 1985, S. 20
[3] Vgl. Brenner 1978 und 1979

Bislang schien es bei der Frage nach der Qualität der Praxisausstattung weniger um die Gefahr einer unzureichenden Geräteausstattung zu gehen als vielmehr um die Gefahr einer Überausstattung, durch die eine ausreichende Auslastung der verschiedenen Geräte nicht mehr gewährleistet ist: Junge Mediziner würden bei der Niederlassung dazu neigen, die Einsatzmöglichkeiten vieler Therapie- und Diagnosegeräte zu überschätzen, was nach der Anschaffung vielfach zu einem unnötigen Einsatz dieser Apparaturen und damit zur Abrechnung von für die medizinische Versorgung nicht notwendigen Leistungen führe. Tatsächlich ist, wie die beiden oben zitierten Untersuchungen zeigen, die Geräteausstattung pro Praxis intensiver, je jünger die Praxisinhaber sind. Eine derartige Überversorgung mit in ihrer Kapazität nicht ausreichend auslastbaren Geräten beeinträchtigt die Wirtschaftlichkeit nicht nur der Einzelpraxen, sondern der medizinischen Versorgung überhaupt, da unnötige Kosten entstehen bzw. die medizinisch notwendigen Leistungen auch mit dem Einsatz von weniger Geräten erreichbar wären.

Allerdings zeichnet sich angesichts der wachsenden Konkurrenz und der daraus resultierenden sinkenden Umsatzerwartungen nach Ansicht der Ärzteschaft eher die Tendenz zu einer sinkenden Investitionsbereitschaft und -fähigkeit ab.[1] Dies könnte sich, so lange es sich um einen Abbau von Überkapazitäten handelt, zunächst im Interesse der Qualität und Wirtschaftlichkeit der medizinischen Versorgung auswirken, da damit ein Anstoß für das Erbringen unnötiger Leistungen zur Auslastung der technischen Apparate entfällt. Sollte sich jedoch die wirtschaftliche Lage der Praxen derart verschlechtern, daß auf (Neu-)Investitionen für die apparative wie personelle Ausstattung verzichtet werden müsse, könne sich eine Verschlechterung der Versorgungsqualität dadurch ergeben, daß dem einzelnen Arzt eine dem Bedarf entsprechende Technik nicht mehr zur Verfügung steht. Nicht zuletzt auch unter diesem Aspekt muß die wachsende Tendenz zur Kooperation als wesentlicher Qualitätsfaktor angesehen werden.

Damit ist freilich nur ein, wenn auch unter Kostengesichtspunkten nicht unwichtiges Randproblem der heutigen Medizin angesprochen, denn die Frage nach der Angemessenheit des Einsatzes medizinisch-technischer Geräte ist letztlich die Frage nach der Qualität der medizinischen Versorgung an sich. Vorwürfe wie „Apparatemedizin"[2] oder „seelenlose Therapie"[3] deuten an, daß in der modernen Medizin aus der Sicht vieler Kritiker die Medizin-Technik auf Kosten der menschlichen und persönlichen Versorgung ein Übergewicht gewonnen hat. Eine solche Fehlentwicklung wird nicht nur von Außenstehenden diagnostiziert, sondern auch von Teilen der Ärzteschaft selbst. So erklärte

---

[1] Mitverantwortlich für diese Tendenz könnte allerdings auch eine durch die Diskussion um die Apparate-Medizin bedingte Neuorientierung des diagnostisch-therapeutischen Denkens sein.
[2] Vgl. z.B. Ärztezeitung vom 18./19.10.85
[3] Vgl. Jentsch 1983

z.B. der Päsident der Landesärztekammer Baden-Württemberg, Dr. Große-Ruyken:

"Durch die Fortschritte hat sich eine überzogene Technokratie entwickelt, welche die Medizin teilweise enthumanisierte. Die Technokratie zwingt zur Effektivität, will den Menschen und das faktisch Mögliche weitgehend koordinieren, strebt nach immer höherem Lebensstandard und zielt darauf ab, das menschliche Leben vollkommen zu organisieren. Gegenüber dieser technischen Autonomie gibt es keine Autonomie des einzelnen Menschen mehr. Der Patient wird zum technischen Gegenstand fachmännischen Interesses abstrahiert. Technokratie wird zur Herrschaft der Experten.

Der einzelne Arzt verzichtet auf seine Verantwortung und überläßt seine Probleme den Experten. Wissenschaftlichkeit wird zur unantastbaren Autorität. Die Technokratie hat uns davon überzeugt, die wirklichen Bedürfnisse des Menschen seien technischer Art, denn sie lassen sich ja analysieren. Die Ergebnisse derartiger Analysen werden dann von Spezialisten in zahlreiche Sozialprogramme, Gesundheitsmaßnahmen und Menschenführungskonzepte umgesetzt."[1]

Auch die Bundesregierung geht davon aus, daß die zunehmende Technisierung und die mit ihr notwendigerweise einhergehende Spezialisierung, Professionalisierung, Arbeitsteilung und Rationalisierung Gefahren für die Qualität der medizinischen Versorgung beinhalten, da sie dazu führen können, „daß die für den Heilerfolg unerläßliche menschliche und persönliche Zuwendung und die dazu erforderlichen Dienstleistungen und Einrichtungen zu kurz kommen"[2]. Es sei deshalb notwendig, zu einem ausgewogenen Verhältnis zwischen Technik und der persönlichen Betreuung zu kommen. Bereits im letzten Kapitel wurde dargestellt, daß hierzu die Art der Honorierung der ärztlichen Leistungen sowohl im positiven als auch im negativen Sinn beitragen kann.[3]

Mitverantwortlich für den scheinbar unausweichlichen Zwang der technischapparativen Entwicklung, in deren Verlauf sich die eigentliche ärztliche Verantwortung von der Person des Arztes auf Geräte und tote Einrichtungen verlagere, sei – so Scrinzi – jedoch auch der Patient selbst, der auf den technischen Totalservice dränge, und an dessen vom Befund-Aberglauben gesteuerter Anspruchshaltung die dem Arzt obliegenden Entscheidungen über Notwendigkeit und Ausmaß des apparativen Einsatzes scheiterten.[4]

Ohne daß versucht worden wäre, hier Verantwortung abzuschieben, wurde dieser Aspekt – am Rande – auch von drei der befragten Ärzten angesprochen,

---

1) Zit. nach Die Neue Ärztliche vom 16.9.1985
2) Deutscher Bundestag 1985, S. 26
3) Vgl. 4.1.2.2.3
4) Vgl. Scrinzi 1985

171

indem sie darauf hinwiesen, daß eine mögliche Folge der verstärkten Konkurrenz der verstärkte Wettbewerb mit medizin-technischen Leistungen sein könne.

Eine grundlegende Ursache liegt jedoch bereits in einer mit technischen und naturwissenschaftlichen Inhalten überfrachteten Ausbildung. Während lt. Scrinzi erfahrene Praktiker immer wieder bestätigten, daß in etwa neun von zehn Praxisfällen das Gespräch mit dem Patienten und/oder seinen Angehörigen ausreicht, um zu einer brauchbaren Diagnose zu kommen[1], werden die für eine solche Diagnose notwendigen Fähigkeiten den Studenten kaum vermittelt.[2] So wurde auch von vier der Experten, darunter drei Ärzten, beklagt, daß die Studenten während der Ausbildung kaum mehr – zumindest aber nicht ausreichend – lernen, bei der Diagnose ihre Augen, Ohren und den Tastsinn und nicht nur die technischen Untersuchungsinstrumente einzusetzen. Damit werde bereits in der Ausbildung das Fundament für die Technikeuphorie der späteren Ärzte gelegt.

Neben der Angemessenheit des Geräteeinsatzes sind auch die Sicherheit und das einwandfreie Funktionieren der apparativen Ausstattung sowie eine ausreichende Qualifikation des Anwenders wesentliche Voraussetzungen für die Qualität der ärztlichen Leistungen.

Der Einsatz von technisch nicht einwandfreien bzw. fehlerhaft angewendeten Geräten ist nicht nur unter Kostengesichtspunkten qualitätsmindernd, wenn z.B. fehlerhafte Laboranalysen oder Röntgenuntersuchungen wiederholt werden müssen, sondern kann auch eine gesundheitliche Gefährdung des Patienten bedeuten, wenn z.B. aufgrund unzureichender oder fehlerhafter Ergebnisse falsche Diagnosen gestellt werden oder bei Wiederholungsuntersuchungen unnötige Strahlenbelastungen anfallen.[3] Held verweist auf eine Reihe von Todesfällen durch medizinisch-technische Fehlleistungen. So starben laut Held im Jahr 1976 sechs Patienten bei einem Unglücksfall in einer „Therapie-Überdruckkammer". In der Folge hätten die Medien über weitere Unglücksfälle berichtet, unter anderem mit Infusionspumpen und Hochfrequenzchirurgiegeräten – auch diese zum Teil mit tödlichem Ausgang. In die gleiche Kategorie entfielen auch der Tod einer Koblenzer Patientin an einer Infusionspumpe Ende 1981 oder der Tod eines Patienten in Bochum, der Anfang 1983 bei einer Operation tödliche Verbrennungen erlitt.

Darüber hinaus seien allein im Bereich des Technischen Überwachungsvereins Rheinland in den Jahren 1980 bis 1984 acht Unfälle mit tödlichem Ausgang bekannt.

---

[1] Vgl. Scrinzi 1985; diese Schätzung gilt sicherlich für die primärärztliche Versorgung.
[2] Ein weiterer Faktor ist hier laut Scrinzi das Zeitproblem. Auch hier könnte eine bessere Wertung der zuwendungsintensiven Leistungen durch einen neuen Bewertungsmaßstab erhebliche positive Effekte haben.
[3] Vgl. z.B. Arzt und Wirtschaft 26/83, S. IV

"Daß aus anderen Teilen der Bundesrepublik entsprechende Meldungen nicht vorliegen, bedeutet sicher nicht, daß dort nichts passiert ist, sondern könnte eher darauf zurückgeführt werden, daß eine Meldepflicht bisher nicht existiert. Bei den bisher bekannt gewordenen Unfällen dürfte es sich, besonders wenn man diejenigen ohne Todesfolge hinzunimmt, lediglich um die Spitze des vielzitierten Eisbergs handeln.[1]

Entsprechend wird von der Ärzteschaft die Sicherung eines angemessenen Standards der apparativen Ausrüstung auch als wesentlicher Faktor der Qualitätssicherung gewertet. Äußeres Anzeichen hierfür ist, daß einer der vier Arbeitskreise der Bundesärztekammer zur Qualitätssicherung die Problematik „Meßtechnik und Gerätesicherheit" behandelt.[2]

Maßgebliche gesetzliche Richtlinien hinsichtlich der Qualitätsanforderungen für den Einsatz medizinisch-technischer Geräte sind im Eichgesetz sowie in der sog. Medizingeräteversorgung (MedGV) verankert.

Nach dem Eichgesetz sind auch Volumenmeßgeräte im Bereich der Heilkunde zu eichen, sofern nicht durch Rechtsverordnung etwas anderes bestimmt ist. Die 1985 in Kraft getretene Novellierung des Gesetzes dient aus der Sicht der Ärzteschaft im wesentlichen der Anpassung der Vorschriften für medizinische Meßgeräte an die Entwicklung der medizininischen Meßtechnik und einer strafferen und transparenteren Gestaltung des Eichrechts. Für die Ärzteschaft bedeutsam sind hier insbesondere die §§ 4-8 mit ausführlichen Bestimmungen über die Definition medizinischer Meßgeräte, Regelungen und Bedingungen für die Bauartzulassung durch die Physikalisch-Technische Bundesanstalt sowie rechtsverbindliche Modalitäten für die Einschränkungen und Ausdehnung der Eichpflicht. Die neue Gesetzeskonzeption beinhaltet unter anderem, daß medizinische Meßgeräte, die dem Gesetz unterliegen, nicht mehr aufgezählt werden, sondern aufgrund einer entsprechenden Ermächtigung durch Rechtsverordnung festgelegt werden können. Dies ermöglicht künftig eine flexible Anpassung an die jeweilige medizinisch-technische Entwicklung, wobei für neue medizinische Meßgeräte nunmehr auch Anforderungen festgelegt werden.

Besonders begrüßt wird von der Bundesärztekammer in diesem Zusammenhang, daß die erforderlichen Vorschriften zur Gewährleistung der Meßsicherheit medizinischer Meßgeräte von einem sachverständigen Gremium vorgeschlagen werden, dem Vertreter der Ärzteschaft, der Wissenschaft und der Wirtschaft angehören. Damit ist der Gesetzgeber unter anderem einem Vorschlag der Bundesärztekammer gefolgt, durch den erstmalig die ärztlichen Bedürfnisse und Anforderungen bei der Zulassung medizinisch-technischer Geräte Berücksichtigung finden.[3]

---

[1] Held 1985
[2] Vgl. Bundesärztekammer 1985, S. 129
[3] Vgl. Bundesärztekammer 1985, S. 136

Bereits die Eichpflicht-Ausnahmeverordnung vom 26. Juni 1970 sah vor, daß eine Eichpflicht entfällt, wenn die Geräte nur für quantitative Analysen benutzt werden, deren Richtigkeit durch interne (innerhalb eines Labors) oder externe Qualitätskontrollen (Ringversuche) nachgewiesen wird. Die Durchführung richtet sich nach § 6 der Ausnahmeverordnung zum Eichgesetz nach Qualitätssicherungsrichtlinien der Bundesärztekammer. Die Verpflichtung zur Teilnahme an diesen Maßnahmen der Qualitätssicherung erstreckte sich auf alle Ärzte, die mit nicht geeichten Volumenmeßgeräten Laborleistungen erbrachten. Sie war andererseits auf die Verwendung solcher nicht geeichter Geräte beschränkt, erfaßte also nicht Laborleistungen, die mit geeichten Volumenmeßgeräten durchgeführt werden.

In Anlehnung an die Qualitätssicherung für Laborleistungen nach Maßgabe der Ausnahmevorschriften zum Eichgesetz haben die Kassenärztlichen Vereinigungen durch Satzungsrecht die Qualitätssicherung für Laborleistungen für die an der kassenärztlichen Versorgung teilnehmenden Ärzte auch insoweit vorgeschrieben, als Laborleistungen mit geeichten Volumenmeßgeräten durchgeführt werden.[1] Dieser erweiterten Qualitätssicherung, die sich jedoch auf die an der kassenärztlichen Versorgung teilnehmenden Ärzte beschränkte, wurde vom Gesetzgeber insofern Rechnung getragen, als in einer neuen Rechtsverordnung auf der Grundlage der novellierten Fassung des Eichgesetzes festgeschrieben wurde, daß künftig für alle medizinischen Laboratorien die Durchführung von Kontrolluntersuchungen und die Teilnahme an Vergleichsmessungen auf der Grundlage mittlerweile überarbeiteter Richtlinien der Bundesärztekammer zu statistischen Qualitätskontrollen im Labor zur Pflicht und dafür auf die Eichung der verwendeten Meßgeräte verzichtet wird.[2]

Insgesamt geht die Bundesärztekammer davon aus, daß der vom Bundeswirtschaftsminister vorgelegte Änderungsentwurf zum Eichgesetz in seiner Gesamttendenz sachbezogen ist und in der Grundkonzeption eine flexible Handhabung und Anpassung an die wissenschaftliche und technische Entwicklung enthält, die eine Überbürokratisierung meßtechnischer Maßnahmen von vornherein ausschließt. Entscheidend sei dabei die besondere Berücksichtigung der ärztlichen Erfordernisse der Praxis, Wissenschaft und Wirtschaft.[3]

Zur Sicherung der Arbeitsweise der medizinisch-technischen Geräte wurde gemäß § 8a des Gerätesicherungsgesetzes am 21.12.1984 die Verordnung über die Sicherheit medizinisch-technischer Geräte erlassen, die am 1. Januar 1986 in Kraft getreten ist. Die Verordnung gilt für alle medizinischen Geräte, die in der Heilkunde verwendet werden. Sie macht keine Unterschiede zwischen dem stationären und ambulanten Sektor; ausgenommen sind lediglich Geräte, die zu

---

[1] Vgl. Hess 1981, S. 19
[2] Vgl. Bundesärztekammer 1985, S. 137
[3] Vgl. Bundesärztekammer 1984, S. 123

Forschungszwecken betrieben werden. Der Verordnungsgeber folgte damit der tendenziellen Verlagerung von medizinischtechnischen Leistungen aus dem stationären in den ambulanten Sektor. In der heute geltenden Fassung werden medizinisch-technische Geräte nach ihrem Gefährdungsgrad in vier Gruppen eingeteilt.[1]

Neben einer regelmäßigen Überprüfung von Geräten wird auch eine Meldepflicht und eine Selbstanzeige bei apparativen Zwischenfällen gefordert. Darüber hinaus sieht die Verordnung eine Bauartprüfung, die Prüfung von Altgeräten beim Betreiber, laufende Kontrollen, ein umfangreiches Meldesystem und reglementierte Personalanweisungen für die Bedienung und Benutzung der enumerativ aufgeführten Geräte vor.[2]

Die bereits 1981 in einem ersten Entwurf vorgelegte Verordnung war von der Ärzteschaft z.T. heftig kritisiert worden. Bemängelt wurde vor allem, daß die Durchführung der Prüfungen und sicherheitstechnischen Kontrollen für die Ärzte zu einer erheblichen Kostenbelastung führen würde, die voraussichtlich weit über die Schätzungen des Ministeriums hinausgehe.[3]

Ebenso wie die Ärzteschaft monierte auch der Finanzausschuß vor Verabschiedung der Verordnung, daß die geplanten Regelungen zu aufwendig und in der Praxis nicht durchführbar seien und zudem die Praxen der niedergelassenen Ärzte ebenso wie die Kliniken zusätzlich finanziell belasten würden. In den vergangenen Jahren seien gravierende Fehler an medizinisch-technischen Geräten nicht oder nur in geringem Maße aufgetreten. Es sei deshalb zu bezweifeln, ob die durch die Verordnung bewirkten Mehrkosten in einem angemessenen Verhältnis zu dem erreichbaren höheren Sicherheitsniveau stehen. Er forderte deshalb, das Vorhaben zurückzustellen, bis durch bundesweite Stichproben (Gerätesicherheitsuntersuchungen) seine Notwendigkeit oder Entbehrlichkeit unter Beweis gestellt werden können.

Demgegenüber betonte der Gesundheitsausschuß des Bundestags, daß es aus Sicherheitsgründen unbedingt erforderlich sei, der Vorlage zuzustimmen. Hersteller, Importeure und Betreiber medizinisch-technischer Geräte müßten sich auch unter vertretbaren zusätzlichen Aufwendungen den Anforderungen an eine höhere Gerätesicherheit und eine unfallfreie Bedienung stellen.[4]

Obwohl die Bundesärztekammer in ihrem Tätigkeitsbericht die nun in Kraft getretene Verordnung als „akzeptable, wenn auch keine kritikfreie" Fassung beurteilte, werden von den Vertretern der Ärzteschaft weiterhin Klagen hinsichtlich ihrer Praktikabilität und Effektivität geäußert. So konstatierte der

---

[1] Vgl. Arzt und Wirtschaft 19/85; der niedergelassene Arzt v. 7.9.85
[2] Vgl. Arzt und Wirtschaft 1-2/85
[3] Vgl. Bundesärztekammer 1983, S. 117
[4] Vgl. Arzt und Wirtschaft 1-2/85, S. 30

Vorsitzende des Arbeitskreises „Sicherheit medizin-technischer Geräte", Dr. Schäfer, der Verordnungstext sei unrealistisch, verworren, zu weit gefaßt und teilweise in der Praxis kaum durchsetzbar. "Der Gesetzgeber sollte sich seiner politischen Verantwortung nicht dadurch zu entledigen versuchen, daß er unerfüllbare Forderungen der Öffentlichkeit an bestimmte Berufsgruppen weitergibt." Die Betroffenen, allen voran die Ärzte, wüßten nicht, wie sie den Anforderungen in der Praxis gerecht werden sollten.[1]

„Aus der Sicht der Ärzteschaft muß das Ergebnis gesetzgeberischer Bemühungen als unbefriedigend bewertet werden. Ursprünglich war es im Sinne der Verordnung, lebenserhaltende und sogenannte invasive medizinische Geräte in bezug auf ihre Funktionssicherheit so auszugestalten, daß es nicht zur Schädigung von Patienten kommt. Mittlerweile ist jedoch die Gerätegruppenliste enorm ausgeweitet worden und damit der ursprüngliche Sinn und Zweck verfehlt.... Schon die Einbeziehung von Laborgeräten in die MedGV stellt eine Ausweitung der Verordnung dar, die der ursprünglichen Intention der Verordnung nicht entspricht. Die Einbeziehung zu vieler verschiedenartiger Gerätegruppen in eine Verordnung birgt die mittlerweile auch zu Tage getretene Gefahr in sich, daß die eigentlichen Sicherheitsanforderungen nur noch sehr unbestimmt definiert werden können.

Es hätte ausgereicht, die Laborgeräte im Rahmen des Eichgesetzes und den darauf aufbauenden Richtlinien über die Qualitätskontrolle der Bundesärztekammer zu unterwerfen. Damit wäre das Ziel, sichere, d.h. genaue Meßergebnisse zu erreichen, ausreichend gewährleistet worden. Relevante Sicherheitsprobleme bei der Anwendung dieser Geräte, die mit denen anderer medinzinisch-technischer Geräte vergleichbar gewesen wären, konnten jedenfalls bis heute nicht festgestellt werden."[2]

Vor allem auch durch die Verpflichtung zur Unfall- beziehungsweise Schadensersatzanzeige – so Schäfer – würden den Anwendern und Betreibern unvertretbare Auflagen erteilt. „Es erschiene wesentlich sachgemäßer, ähnlich wie bei der Erfassung von Arzneimittelnebenwirkungen eine Clearingstelle einzurichten, der die Probleme bei der Anwendung MTG anonym angemeldet werden könnten. Seitens der Ärzteschaft besteht die Bereitschaft, ähnlich wie bereits mit der Arzneimittelkommission eine Stelle zu schaffen, die sich der Aufarbeitung dieser Schadensmeldungen in Zusammenarbeit mit den zuständigen Behörden widmet."[3]

Demgegenüber bezeichnete ein Experte von der Medizinischen Hochschule Hannover es als vernünftig, daß bestimmte Medizin-Geräte nun einer Bauprüfung unterlägen: „Wir haben es oft erlebt, Testmarkt für ausländische Medizin-

[1] Vgl. Schwing 1985
[2] Schäfer, zit. nach Die Neue Ärztliche vom 9.10.85
[3] Schäfer, zit. nach Die Neue Ärztliche vom 9.10.85

geräte zu sein". Jetzt gäbe es eine „Eintrittsschwelle für Unerwünschte". Das Prüfprozedere gleiche der Autozulassung und das sei gut so. Was für Autos gelte, sollte erst recht für Medizingeräte gültig sein. "Längst fällig" seien auch eine ordentliche Dokumentation und Inventur der Lebensläufe von Medizingeräten sowie die Einweisungsverpflichtung für Anwender.[1]

Auch Held sieht in der Medizingeräteverordnung einen Beitrag für eine verantwortungsbewußte Gerätepflege und damit für eine bessere Verfügbarkeit und längere Lebensdauer der Geräte.

„Die durch Medizingeräteverordnung aufgestellten Forderungen sollten eigentlich als geeignet angesehen werden können, daß auf der Herstellerseite eine allgemeine Verbesserung des Gerätestandards insbesondere im Hinblick auf die Anwendersicherheit dieser Geräte erwartet werden kann. Auf der Betreiberseite zielen die Anforderungen der Medizingeräteverordnung letztlich auf eine sachgerechte Handhabung der Geräte und eine Verbesserung des Gerätezustandes ab. Insgesamt könnte sich daraus eine Verringerung von Unfällen, Pannen und äußerst kostenträchtigen Geräteausfallzeiten ergeben; ohne die leidige Kostendiskussion an dieser Stelle wieder aufleben lassen zu wollen, ist das ein Punkt, der keinesfalls übersehen werden sollte."[2]

Da fast noch mehr als der Einsatz technisch nicht einwandfreier oder fehlerhafter Geräte eine nicht fachgerechte Handhabung der vielfach komplizierten und empfindlichen Apparaturen die Ursache für technische Fehlleistungen und eine daraus eventuell resultierende Gefährdung des Patienten (wie auch des Anwenders) ist[3], muß die Sicherstellung der Qualifikation der Anwender als ein zentaler Aspekt der Qualitätssicherung auf dem medizinisch-technischen Sektor gewertet werden.

Dieser Forderung wird durch die neue Medizingeräteverordnung ausführlich Rechnung getragen, indem für bestimmte Gerätegruppen eine fachkundige Einweisung des Personals gefordert wird. Den gleichen Zweck erfüllen auch die in den Röntgen-, Radiologie- oder Sonographierichtlinien der KBV verankerten Fachkundenachweise, die zusammen mit den Anforderungen an die verwendeten Apparaturen einen möglichst optimalen Geräteeinsatz sicherstellen sollen.[4]

4.1.2.4.2 Elektronische Datenverarbeitung

Obwohl im Prinzip mit dem Einsatz der Elektronischen Datenverarbeitung die gleichen Probleme hinsichtlich der Geräte-(Hardware-/Software-)Qualität, An-

[1] Vgl. Schwing 1985
[2] Held 1985
[3] Vgl. z.B. Arzt und Wirtschaft 26/83, S. IV oder Held 1985
[4] Vgl. Hess 1981

wenderqualifikation, aber auch hinsichtlich einer möglichen Inhumanisierung der Medizin verbunden sind, soll diesem speziellen Bereich der Technisierung gesonderte Aufmerksamkeit gewidmet werden, da vor allem auch von den Ärzten selbst befürchtet wird, daß sich durch die Einführung der EDV der Charakter der ärztlichen Berufsausübung grundlegend verändern werde.

Tatsächlich ermöglicht es die EDV nicht nur, einzelne Diagnose- oder Therapieschritte zu verfeinern und zu kontrollieren, sondern durch sie können der gesamte ärztliche Handlungsprozeß sowie die dahinterstehenden Organisationsstrukturen rationalisiert und kontrolliert werden. Die Einsatzbereiche der elektronischen Datenverarbeitung liegen zum einen im administrativen betriebswirtschaftlichen Bereich, zum anderen im medizinischen. Die Übergänge zwischen beiden Bereichen sind teilweise fließend.

Als Einsatzbereiche des Praxiscomputers lassen sich folgende Gebiete unterscheiden[1]:

- Terminplanung
- Textverarbeitung
- Standardausdrucke (Formulare)
- Leistungserfassung und -abrechnung
- Statistik

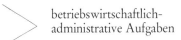

betriebswirtschaftlich-administrative Aufgaben

- medizinische Dokumentation
- Archivierung externer Befunde und Informationen
- Kommunikation mit externen Datenbanken

medizinisch-fachlicher Einsatz

Auf den Einsatz des Computers für betriebswirtschaftlich-organisatorische Zwecke, dem in der Fachpresse ein breiter Raum gewidmet ist, soll an dieser Stelle nur soweit eingegangen werden, wie sich daraus auch Auswirkungen auf die Qualität der ärztlichen Leistungen ergeben können. Die wesentlichen Aspekte, die auch von den Experten genannt werden, sind hier die Möglichkeit zu einer patientenfreundlichen Terminplanung, der Gewinn der Transparenz über die Praxisabläufe als Voraussetzung für organisatorische Verbesserungen, die wiederum dem Patienten zugute kommen können sowie der Gewinn an Zeit für den Arzt und sein Personal entweder mittelbar aufgrund der durch den Computer initiierten Rationalisierungsmaßnahmen oder dirket dadurch, daß durch die elektronische Datenverarbeitung Aufgaben schneller erledigt oder Informationen schneller verfügbar sind.[2] Diese zeitliche und organisatorische Entlastung, die auch für das Krankenhaus möglich ist, kann zum Nutzen des

[1] Vgl. Wildgrube 1985, S. 73 ff.
[2] Vgl. z.B. Wildgrube 1985; Fiedler, in: Die Neue Ärztliche v. 12.11.85, S. 1; Ärzte Zeitung vom 27./28.9.85, S. 8; Weber 1985; Deutsches Ärzteblatt 46/85

Patienten sein, wenn sie für eine Verbesserung des Services und für eine intensive Zuwendung des Arztes zum Patienten verwandt wird. Dies wird allerdings von verschiedenen Experten bezweifelt. So erklärte einer der befragten Ärzte, daß nach seinen Beobachtungen z.b. im Krankenhaus das Pflegepersonal die durch die organisatorischen und technischen Verbesserungen gewonnene Zeit nicht den Patienten widme, sondern der eigenen Erholung (z.b. Kaffeepausen). Außerdem, so dieser Arzt und zwei weitere Experten, bestehe angesichts des Kostendrucks sowohl im Krankenhaus als auch in der ambulanten Praxis die Gefahr, daß eventuelle personelle Entlastungen aufgrund der Rationalisierung eine Reduzierung des Personals zur Folge hätten. Abgesehen davon, daß damit Arbeitsplätze vor allem des medizinischen Hilfs- und Pflegepersonals verloren gehen könnten, würde damit eine Automatisierung und Computerisierung der Medizin der Zukunft eingeleitet, die die bereits heute beklagte „seelenlose" Medizin an Inhumanität noch weit übertreffen würde.

Zwiespältig steht die Ärzteschaft auch dem Einsatz von Computern für medizinische Zwecke gegenüber. Auch hier zeichnen sich prinzipiell vielfältige Einsatzmöglichkeiten ab. Der zentrale Vorteil der EDV liegt dabei in der erweiterten und differenzierten Speicherung und Auswertung von Informationen und Patientendaten, aus der ein erheblicher Erkenntnisgewinn für Diagnose und Therapie, aber auch für die Kontrolle der ärztlichen Leistung selbst resultieren kann.

Sowohl in der ambulanten Praxis als auch im Krankenhaus fallen erhebliche Mengen an medizinischen Daten an (über Krankheitssymptome, Komplikationen, verordnete Medikamente etc.), die vielfach zwar erhoben, aber nicht vollständig ausgewertet werden. Durch Archivierung und Auswertung solcher Informationen über EDV bieten sich dem Arzt nie gekannte Möglichkeiten zur Übersicht, Ordnung und Kontrolle diagnostischer und therapeutischer Maßnahmen. So besteht z.b. die Möglichkeit, durch vergleichende Auswertung von Statistiken die Therapiewirkungen verschiedener Medikamente und Materialien, Komplikationsraten, Heilungszeiten etc. zu vergleichen; verschiedene Programme geben Hilfestellung bei der Diagnosefindung etc. Zu erwähnen ist auch das Arzneimittelinformations-System, über das der Arzt Informationen über Fertigarzneimittel und deren Zusammensetzung, Wirkungen und Nebenwirkungen etc. abrufen kann. Ein weiterer Einsatzbereich ist z.b. die Tumornachsorge oder die computerunterstützte Betreuung chronisch Kranker. So wurde durch die Speicherung und statistische Aufbereitung bestimmter Daten eine gezielte therapeutische und organisatorische Betreuung z.b. von Hyertonikern möglich, indem Hypertoniker, die wegen anderer Beschwerden die Praxis aufsuchten oder anriefen, gezielt zur Blutdruckmessung gebeten wurden.[1]

---

[1] Vgl. Ärzte Zeitung vom 6.5.85, S. 27

Diese zusätzlichen Informationsgewinne durch die Erhebung und Auswertung intern anfallender Daten unter Hinzuziehung eventuell extern zur Verfügung gestellter Daten kommen einmal dem Patient direkt zugute, indem der Arzt eine größere Sicherheit bei seinen Diagnose- und Therapieentscheidungen hat, zum anderen profitiert der Patient indirekt von der auf diesem Wege erfolgenden Kontrolle der ärztlichen Leistungen und ihrer Wirkungen.

Sieben der befragten Experten standen einem derartigen Einsatz der Computertechnik zur Unterstützung der medizinischen Diagnose und Therapie eher positiv gegenüber, da sie sich durch die Sammlung, Auswertung und Verknüpfung der gesammelten Daten einen Gewinn an Sicherheit für die ärztliche Tätigkeit versprachen. Zwei von ihnen hoben die besonderen Einsatzmöglichkeiten für eine intensive Qualitätskontrolle ausdrücklich hervor.

Demgegenüber befürchteten drei der Ärzte eine Verschlechterung des Arzt-Patienten-Verhältnisses. Die Distanz zwischen Arzt und Patienten vergrößere sich: Je mehr Informationen der Arzt über Krankheitsverläufe vom Computer erhalten könne, um so geringer werde seine Bereitschaft zu einem Gespräch mit dem Patienten. Zwei der Befragten erklärten deshalb, daß der EDV-Einsatz bei Bestrahlungsplanungen sowie in Großkrankenhäusern wegen der erhöhten Transparenz zwar auch unter Qualitätsgesichtspunkten sinnvoll sei, daß ein verstärkter Einsatz in der ambulanten Praxis die Qualität der medizinischen Versorgung jedoch eher vermindere.

Von fast allen befragten Ärzten – ob Befürworter oder Gegner einer EDV–unterstützten ärztlichen Leistungserbringung – wurden gegen den Einsatz von Computern wirtschaftliche Bedenken geltend gemacht. Hier würden erhebliche Investitionen nötig, zu denen, vor allem angesichts der angespannten wirtschaftlichen Lage der Ärzteschaft, wohl kaum ein Arzt heute bereit wäre. Einer der Ärzte verwies in diesem Zusammenhang auf das sich in sinkenden Teilnehmerzahlen niederschlagende rückläufige Interesse an Seminaren über den Einsatz von Praxiscomputern.

Tatsächlich gehen Schätzungen davon aus, daß bislang lediglich etwa 1,5% aller Praxen mit einem Computer ausgerüstet sind, wobei der Computer vorrangig noch für administrative Aufgaben eingesetzt wird. Für eine diagnostische und therapeutische Nutzanwendung sowie zur Qualitätssicherung wird der Computer dagegen in der Praxis noch kaum eingesetzt. Demgegenüber wird im Krankenhaus bereits seit längerem der Computer nicht nur in der Verwaltung, sondern auch zur medizinisch orientierten Datensammlung und Kontrolle medizinischer Vorgänge genutzt.

4.1.3. Prozeß- und Ergebnisqualität

Nachdem in den vorangehenden Abschnitten der Stand der Qualitätsicherung im Bereich der Strukturbedingungen dikutiert wurde, soll im folgende dargestellt werddn, welche Möglichkeiten und Ansätze in der Ärzteschaft bereits existieren oder erörtert werden, um eine Optimierung der Qualität der Prozeß- oder Ergebniskomponente zu erreichen.

Wenn diese beiden Aspekte hier gemeinsam behandelt werden, so liegt das zum einen daran, daß in beiden Fällen vielfach die gleichen Probleme der Qualitäts- beurteilung und -steuerung vorliegen; zum anderen hängt es vielfach lediglich vom zeitlichen Standpunkt ab, ob eine ärztliche Leistung noch als Teilschritt des zu analysierenden Gesamtergebnisses oder aber als (vorläufiges) Endergebnis definiert wird. Dies gilt z.B. für die Beurteilung der Leistungsqualität im Kran- kenhaus. Aus der Sicht des Krankenhauses ist die Leistung im Regelfall abge- schlossen, wenn der Patient entlassen wird; wählt man als Indikator für das Ende des Leistungsprozesses die Wiederherstellung der Gesundheit, muß auch die ambulante Nachsorge noch Gegenstand der Prozeßanalyse sein. Umge- kehrt kann auch der Leistungsprozeß im Krankenhaus in verschiedene Teilpro- zesse mit jeweils einem Endergebnis gegliedert werden: z.B. Labordiagnostik, Röntgendiagnostik, operativer Eingriff, Nachsorge.

Ähnliche Gliederungen lassen sich im ambulanten Sektor durchführen, wo z.B. die Teilleistungen der verschiedenen an der Behandlung beteiligten Ärzte je- weils als verschiedene Leistungsprozesse aufgefaßt werden können (und in der Regel) auch werden. Andererseits kann auch die Tätigkeit eines Arztes unter- gliedert werden, z.B. in Diagnose und Therapie, die Diagnoseleistung wie- derum in Gespräch mit dem Patienten (Anamnese), medizin-technische Lei- stung usw.

Auf der anderen Seite ist es vielfach nicht sinnvoll, lediglich isoliert nur das Ergebnis oder nur den Handlungsprozeß zu beobachten und zu bewerten, da – wie bereits erläutert wurde – nicht automatisch von der Prozeßqualität auf die Ergebnisqualität geschlossen werden kann und umgekehrt. In den meisten Konzepten zur Sicherung der Qualität werden deshalb beide Komponenten mit in die Betrachtung einbezogen.

Die folgende Darstellung bezieht sich im ersten Abschnitt des Kapitels zunächst auf solche Methoden der Sicherung der Prozeß- bzw. Ergebnisqualität, die auf der Grundlage eines theoretischen und systematischen Konzeptes, wie es im theoretischen Teil gefordert wurde, durchgeführt werden. Die Qualitätsbeur- teilung erfolgt dabei i.d.R. simultan oder retrospektiv, auf jeden Fall jedoch auf der Grundlage vorher fixierter Standards und Meßvorschriften. In einem zwei- ten Punkt werden die traditionellen Formen der Ergebniskontrolle durch die (Berufs-)Gerichte und Schiedsstellen angesprochen. Zuletzt wird die Frage diskutiert, welche Möglichkeiten sich der Gemeinschaft bzw. dem Patienten selbst z.B. über Interessenorganisationen für eine Beurteilung der Leistungsqua- lität bieten.

4.1.3.1 Qualitätsanalysen und Qualitätssicherungsprogramme

Die Frage nach den Möglichkeiten zur Sicherung oder Verbesserung der ärztlichen Leistungen durch eine Beobachtung und Steuerung des Handlungsprozesses oder durch die Kontrolle der Ergebnisqualität ist eng verknüpft mit der Frage nach der Standardisierbarkeit und Normierbarkeit ärztlichen Handelns. Dies zeigt sich bereits bei der Problematik der Aufstellung von Qualitätsstandards, mit denen die durch die Analysen festgestellte Ist-Qualität verglichen werden kann. Auch bei der Beurteilung des ärztlichen Handelns ergibt sich dabei das Problem, daß sowohl ausreichende Erkenntnisse zur Formulierung von solchen Standards in vielen Bereichen (noch) nicht vorliegen, als auch Methoden zum Erstellen solcher Standards weitgehend fehlen.

So ist etwa das Ziel ärztlichen Handelns, die Gesundheit – von der Weltgesundheitsorganisation definiert als Zustand völligen körperlichen, seelischen und sozialen Wohlbefindens und nicht nur als das Freisein von Krankheit oder körperlichem Gebrechen –, keine genau beschreibbare oder gar exakt meßbare Größe[1], u.a. auch deshalb, da hier die subjektive Zufriedenheit des einzelnen zu völlig unterschiedlichen Einschätzungen des eigenen gesundheitlichen Zustands führen kann. Hinzu kommt, daß es die Vielschichtigkeit und Differenziertheit der medizinischen Tätigkeiten wenig sinnvoll erscheinen lassen, derart allgemeine Standards aufzustellen, sondern es erforderlich machen, für jeden zu beobachtenden Handlungs(teil)prozeß bzw. für jedes (Teil)Ergebnis spezifische Beurteilungskriterien und -maßstäbe zu entwickeln.

Traditionell wurden solche Standards vor allem in Form von wissenschaftlichen und technischen Vorgaben führender Experten der entsprechenden Fachdisziplinen aufgestellt. Diese Form der Standardbildung ist auch heute noch verbreitet. So wiesen zwei der befragten Ärzte auf den Ausschuß für Untersuchungs- und Heilmethoden der Kassenärztlichen Vereinigungen und Krankenkassen hin, der festlegt, welche Diagnose- und Therapieverfahren als gesichert genug gelten können, um in den Katalog der kassenärztlichen Leistungen aufgenommen zu werden. Ein weiterer Experte wies auf die Standardkommission zur Geburtshilfe und Frauenheilkunde hin. Auch in den USA seien solche Standardkommissionen sehr verbreitet.

Allerdings waren die befragten Experten insgesamt sehr skeptisch bei ihrer Beurteilung der Möglichkeiten zur Standardisierung ärztlicher Tätigkeiten. Nur zwei der befragten Ärzte, darunter erstaunlicherweise auch ein niedergelassener Arzt, glaubten, daß Standardbildung in der Medizin generell – also z.B. auch in der ambulanten Praxis – möglich sei, wobei einer von ihnen einschränkend vermerkte, daß als Voraussetzung ein relativ gesicherter Wissensstand unerläßlich sei: In der Onkologie z.B. sei eine Standardbildung noch nicht

---

[1] Deutscher Bundestag 1985, S. 8

Übersicht 10: Einstellung der befragten Vertreter der Ärzteschaft zur Möglichkeit der Standardisierung und Messung ärztlicher Leistungsqualität

Anzahl und berufl. Funktion der Experten	grundsätzliche Einschätzung der Möglichkeiten zur Standardbildung	mögliche Einsatzbereiche
1 Arzt	generell möglich	auch in ambulanter Praxis; nicht sinnvoll ist jedoch die Messung bei Gesprächen mit Patienten
1 Vertreter aus Forschung u. Lehre	möglich bei gesichertem Wissen	Standards existieren überall, aber nicht formuliert
3 Ärzte	nur bedingt	technischer Bereich
2 Ärzte	nur bedingt	technischer Bereich, operativer Bereich

sinnvoll. Alle übrigen befragten Ärzte vertraten die Auffassung, daß die Individualität des Patienten und seines Falles bzw. die Unmöglichkeit der Standardisierung menschlichen Handelns überhaupt die Aufstellung von Qualitätsstandards und die Durchführung von Qualitätsmessungen und -kontrollen lediglich in technischen Bereichen (z.B. der Röntgendiagnostik, Laboruntersuchungen usw.) möglich mache, wo solche Qualitätsanforderungen vielfach bereits schon bestünden. Darüber hinaus – so zwei der Befragten – sei Qualitätsmessung und Standardisierung lediglich noch im operativen Bereich denkbar.

4.1.3.1.1 Ausgewählte Qualitätssicherungsprogramme

Bevor einige Anmerkungen zum grundsätzlichen Nutzen von Prozeß- und Ergebnisanalysen auch aus der Sicht der Ärzteschaft gemacht werden, sollen in den folgenden Punkten zunächst einige beispielhafte Konzepte aus dem Ausland, vor allem aber aus der BRD, zur Sicherung der Leistungsqualität anhand von Prozeß- und Ergebnisanalysen dargestellt werden. Die Konzepte unterscheiden sich einerseits hinsichtlich der Methode der Qualitätsbeurteilung, andererseits hinsichtlich der vorgesehenen Maßnahmen zur Beeinflußung der Qualität durch das Einwirken auf das Verhalten der Ärzte. Welche Konsequenzen sich aus den verschiedenen Modellen für ihre Effektivität als Instrumente der Qualitätssicherung ergeben, wird in einem abschließenden Punkt erörtert.

4.1.3.1.1.1 Das PSRO-Modell

In den USA wurde 1972 im Rahmen des Fürsorgegesetzes die Ärzteschaft mit der Überwachung der Qualität der medizinischen Versorgung älterer und sozial schwächerer Bürger durch PSRO's (Professional Standards Review Organisations) beauftragt, die dafür zu sorgen haben, daß die erbrachten Leistungen anerkannten medizinischen Standards genügen und sich auf das medizinisch Notwendige beschränken. Mittlerweile werden bei 82 % der amerikanischen Kliniken die Einweisungsnotwendigkeit und Liegezeit fortlaufend durch lokale PSRO's überprüft, wobei die Durchführung der Prüfung auch an die in fast allen Kliniken in den USA existierenden klinikeigenen Kommissionen zur Qualitätssicherung delegiert werden kann. Die Methoden der PSRO's bei der Qualitätssicherung umfassen drei Aspekte:

1. die fortlaufende Überprüfung der Einweisungsnotwendigkeit und Liegezeit aller Patienten (concurrent review) anhand der Einweisungsunterlagen,

2. die Durchführung von Studien zur Sicherung bzw. Verbesserung der Qualität ärztlichen Handelns (medical care evolution – MCE),

3. die routinemäßige Betrachtung von Klinik-, Arzt- und Patientenprofilen.[1]

Je nach Größe der Kliniken müssen jährlich 4 – 12 MCE-Studien durchgeführt werden, für die ein Leitfaden vorgegeben ist. Das Ergebnis wird in Form eines Berichts an die zentrale PSRO-Behörde weitergegeben.[2]

Die Qualitätskontrolle durch die im Regierungsauftrag arbeitenden PSRO's, die die Krankenversorgung etwa eines Viertels der Bevölkerung überwachen, ist gesetzlich vorgeschrieben, doch auch die nicht hiervon betroffenen Kliniken unterwerfen sich aufgrund des damit verbundenen Prestigegewinns und einer automatischen Erlaubnis, an der ärztlichen Versorgung der über 65jährigen einkommensschwachen (Medicare- and Medicaid-)Bürger teilzunehmen, freiwillig einer entsprechenden Überprüfung durch Kommissionen. Hier ist vor allem die Kommission zur Akkreditierung von Krankenhäusern -Joint Commission on Accreditation of Hospitals (JCAH) – in Chicago zu nennen, bei der bundesweit 1981 4500 Kliniken akkreditiert waren. Voraussetzung für die Akkreditierung ist ein Mindeststandard an Strukturqualität sowie ebenfalls die Durchführung von je nach Größe 4 – 22 MCE-Studien.[3] Die Berichterstattung erfolgt im Gegensatz zum PSRO-Programm an die Kommission, verbleibt aber in der Ärzteschaft.[4]

---

[1] Vgl. Kincaid 1979
[2] Vgl. Selbmann/Swertz 1981
[3] Vgl. Jacobs/Christoffer/Dixon 1976
[4] Vgl. Selbmann/Swertz 1981

Es ist allerdings, wie Odenbach berichtet[1], auch in den USA umstritten, ob der erhebliche organisatorische und finanzielle Aufwand der PSRO auch durch entsprechende qualitätssichernde oder -steigernde Effekte aufgewogen wird. Und Conen konstatiert, daß die PSRO zwar bei der Kontrolle steigender Kosten, Gebühren und unnötiger Operationen relativ erfolgreich sei, „aber diese Art von externer professioneller Chart Review hat wenig Effekt auf die Ausbildung und Weiterbildung der Ärzte und auf die Änderung von aufgedeckten und bestehenden Schwächen gehabt, weil zwar die Schwächen aufgedeckt werden, aber keine eigentlichen Feedback-Informationen zur kontinuierlichen Weiterbildung und keine formalen Entscheidungen erfolgen, die die entdeckten Schwächen zu beseitigen trachten."[2]

4.1.3.1.1.2 Das Doppelkreis-Modell (Brown und Uhl)

Was beim PSRO-Konzept vernachlässigt wurde, nämlich die Umsetzung der erkannten Fehler in eine Verbesserung der ärztlichen Qualifikation, stellten Brown und Uhl in den Mittelpunkt ihres Qualitätssicherungsmodells, das eine enge Beziehung zwischen medizinischer Qualitätsanalyse und kontinuierlicher ärztlicher Ausbildung herstellt. Ihr sog. „Doppelkreis-Modell" sieht eine Kontrolle der Krankenversorgung vor, um die Notwendigkeiten für die ärztliche Ausbildung festzulegen bzw. die Effizienz der medizinischen Fortbildungsprogramme zu überprüfen. In der ersten Phase des Programms erfolgt eine Analyse von Krankenhausaufnahmen mit dem Ziel, ein System mit Prioritäten für die Qualitätssicherung zu erarbeiten. Einzelheiten aus problemorientiert ausgewählten Krankengeschichten werden zusammengefaßt und verdichtet. Ferner werden Einzelheiten aufgelistet, die Ranglisten verschiedener Krankheitsarten in bezug auf die Beeinträchtigung der Gesundheit zulassen. Auf dieser Gesamtgrundlage werden Prioritäten für verschiedene Problemkreise entwickelt.

Die zweite Phase des „Doppelkreis-Modells" umfaßt den Vergleich von Fallbeschreibungen mit aufgestellten Kriterien, die von Qualitätssicherungskomitées in den Krankenhäusern aufgestellt werden. Bei diesem Bewertungsprozeß eventuell festgestellte Abweichungen werden der Festlegung von medizinischen Fortbildungsaktivitäten zugrunde gelegt. Nach der Durchführung des Programms wird zur Erfolgsabsicherung eine erneute Bewertung vorgenommen.[3]

Der große Wert dieses Programms, das alle notwendigen Schritte eines systematischen Qualitätssicherungskonzepts umfaßt, liegt in der besonderen Aufmerksamkeit, die der Erarbeitung und Umsetzung von qualitätssteigernden Maßnahmen gewidmet wird, wodurch der Aspekt der Tätigkeitskontrolle hinter den Aspekt der Information und Handlungsanleitung zurücktritt.

---

[1] Vgl. Odenbach 1979, S. 1652
[2] Conen 1984, S. 10
[3] Bundesminister für Arbeit und Sozialordnung 1981, S. 171

4.1.3.1.1.3 Zweitbeurteilung der Indikationsstellung

Die Zweitbeurteilung der Indikationsstellung – eine Form der sog. „Peer Review" – wird seit einigen Jahren in den USA zur Vermeidung nicht notwendiger operativer Eingriffe durchgeführt. Verdachtsmomente, daß es in der medizinischen Versorgung zu unnötigen Operationen kommt, die immer auch ein überflüssiges Risiko für den Patienten bedeuten, lassen sich nach Selbmann an verschiedenen Untersuchungen und Statistiken in den USA wie auch in der Bundesrepublik Deutschland nachweisen.[1] In den USA laufen deshalb seit Anfang der 70er Jahre – z.B. an der Cornell Universität in New York[2] und in Boston[3] – Zweitbeurteilungsprogramme, die zum einen auf die Qualität der Indikationsstellung, zum anderen auf die Effizienz operativer Leistungen abstellen. „Patienten, denen eine elektive Operation empfohlen wird, lassen sich von einem zweiten, anerkannten Chirurgen des betreffenden Fachgebiets untersuchen und beraten. Unabhängig von der Empfehlung des Zweitgutachters liegt die Entscheidung beim Patienten. Er kann sich auch dritten Rat dazu einholen.

Um einen Mißbrauch des Programms zu vermeiden, dürfen der Zweit- und Drittgutachter die Operation nicht selbst durchführen. In den obligatorischen Zweitbeurteilungsprogrammen muß der Patient den zweiten Rat einholen, will er die Kosten für die Behandlung erstattet bekommen. Er erhält sie allerdings unabhängig davon, ob er den Empfehlungen der Gutachter folgt oder nicht."[4]

In den Vereinigten Staaten geht man davon aus, daß mit diesem Programm, das vom amerikanischen Gesundheitsministerium bundesweit befürwortet wird, eine große Anzahl von nicht zwingend notwendigen Operationen vermieden werden kann und dadurch für die Versicherungsgesellschaften erhebliche Einsparungen möglich sind.[5]

Tatsächlich zeigte eine Auswertung des Cornell-New-York-Programms, daß von 6799 empfohlenen Operationen 16,7 % von den Zweitbegutachtern nicht bestätigt wurden, da die Symptome einen Eingriff nicht rechtfertigten oder andere Verfahren angezeigt oder eine weitere Diagnostik notwendig war. Ähnliche Ergebnisse lieferte eine Analyse des Zweitbeurteilungsprogramms in Massachussetts, wo 14,4 % der begutachteten Operationen nicht bestätigt wurden. Während sich 9 von 10 Patienten mit bestätigendem Zweitgutachten in der Folgezeit einer Operation unterzogen, verzichtete immerhin fast die Hälfte der Patienten mit ablehnendem Zweitgutachten auf eine Operation. Nach einer von McCarthy und Mitarbeitern durchgeführten Nutzen-Kosten-Analyse bei 342 zufällig ausgewählten zweitbegutachteten Patienten erbrachte das Cornell-

---

[1] Vgl. Selbmann 1983, S. 53ff
[2] Vgl. Grafe 1982
[3] Vgl. Gertman 1980
[4] Selbmann 1985b, S. 57
[5] Selbmann/Swertz 1981, S. 32

Programm allein für die Jahre 1977-78 durch Einsparungen im medizinischen Sektor und verringerten Produktionsausfall einen Nutzengewinn von einer halben Million Dollar. Obwohl Selbmann dieses Ergebnis als sicherlich etwas optimistisch bewertet, geht auch er davon aus, daß Zweitbeurteilungsprogramme insgesamt wohl mehr Geld einsparen als sie kosten, auch wenn die Nichtbestätigungsrate kein präzises Maß für die Quote überflüssiger Operationen sei. Zudem würden solche Programme es dem Patienten ermöglichen, sich besser über seinen Krankheitszustand und alternative Behandlungsmethoden zu informieren; auch könnten sie auf lange Sicht zu einer Verbesserung der Indikationsstellung führen. Aus diesem Grunde seien Zweitbeurteilungsprogramme wünschenswert und sollten auch auf andere medizinische Disziplinen ausgedehnt werden.[1] Er weist allerdings auch darauf hin, daß in der Bundesrepublik Deutschland die Krankenkassen i.a. das Einholen eines Zweitgutachten finanzieren, ohne den Versicherten jedoch immer dazu anzuregen.[2] Die Zweitbeurteilung bleibt damit weitgehend der Initiative des einzelnen Arztes oder des Patienten überlassen und deshalb relativ selten.

4.1.3.1.1.4 Die Professional Activity Study (PAS)

In den USA wird eine andere Art der Qualitätskontrolle u.a. von der Kommission für Krankenhaus-Aktivitäten (Commission on Professional and Hospital Activities), die von verschiedenen medizinischen Gesellschaften und Ärztekammern gefördert wird, in Form der sog. Professional Activity Study (PAS) durchgeführt mit dem Ziel, die Sammlung und Aufbereitung von Informationen über die Krankenhausversorgung zu verbessern.[3] „Etwa 2000 amerikanische und kanadische Krankenhäuser füllen jährlich 16 Mio. maschinenlesbare Erhebungsbögen an Hand ihrer Krankengeschichten aus und senden sie zur Auswertung nach Ann Arbor. Von dort erhalten sie eine Fülle von Klinikstatistiken und Hinweisen, wo in der Klinik Probleme liegen könnten, sowie Klinikprofile, Listen von Einzelfällen und dergleichen. Für diesen Service zahlten die Kliniken pro Bogen 75 Cents."[4] Weitere Leistungen sind Studien zu speziellen Fragestellungen, z.B. die Produktion und Beobachtung statistischer Standards wie mittlere Leistungsbreiten, Liegezeiten etc. Die Prüfung der Datenvalidität und die Entscheidung über die Verwendung der gewonnenen Erkenntnisse verbleiben in der PAS-Studie und – dies die wichtigste Kritik – im Verantwortungsbereich der einzelnen Kliniken, weshalb die Studie lt. Selbmann/Swertz strenggenommen nicht als Qualitätssicherungsprogramm bezeichnet werden kann.[5]

---

[1] Vgl. Selbmann 1985b, S. 57
[2] Vgl. Schwartz 1981c, S. 476
[3] Vgl. Slee 1979
[4] Selbmann/Swertz 1981, S. 33
[5] Vgl. Selbmann/Swertz 1981, S. 33

Die Bedeutung der PAS ist dennoch groß, weil die meisten Qualiätssicherungsprogramme von den dort gewonnenen Erkenntnissen profitieren. Die Professional Activity Study bezeichnet sich selbst als verlängerten Arm der Kliniken, dessen Ziel es ist, die Sammlung und Aufbereitung von Informationen über die Krankenhausversorgung zu verbessern.[1]

4.1.3.1.1.5 Die Perinatal-Studie

Wie die Professional Activity Study steht auch bei der sog. Bayerischen Perinatal-Studie die Sammlung und Aufbereitung von Informationen für die beteiligten Krankenhäuser im Mittelpunkt.[2]

Ausgangspunkt des Konzepts war die 1975 gestartete Münchner Perinatal-Erhebung, an der zunächst 26 geburtshilfliche Kliniken mit 7 assoziierten Kinderkliniken teilnahmen. Hauptanlaß der Studie war die in den Jahren 1970 – 72 im Vergleich zum Bundesdurchschnitt erhöhte perinatale Sterblichkeit im Großraum München. Die wesentlichen Erkenntnisinteressen der Studie waren:

1. die Planung und Erprobung einer dem Klinikpersonal zumutbaren Erhebungsmöglichkeit und Organisationsform für die Erfassung aller Geburten in den beteiligten Kliniken,

2. die weitgehende Beschreibung der perinatologischen Situation in der Region München,

3. die Schaffung von differenzierten Vergleichsmöglichkeiten für die teilnehmenden Kliniken zu externer Selbstkontrolle,

4. die Gewinnung von statistischen Unterlagen zur Beantwortung anstehender perinatologischer Fragestellungen und

5. die Erstellung einer Datenbasis für eventuelle spätere Einzelfallanalysen.[3]

Aufgrund der im Großraum München erzielten Erfolge[4] wurde das Qualitätssicherungsprogramm 1979 auf ganz Bayern sowie auch auf andere Bundesländer ausgedehnt. Mittlerweile führen auch andere Bundesländer[5] Perinatal-Erhebungen durch. In Bayern nahmen 1982 172 Kliniken an der Studie teil und dokumentierten auf freiwilliger Basis ca. 88.000 bzw. 76% aller bayerischen Geburten.[6]

---

[1] Vgl. Selbmann/Swertz 1981, S. 33
[2] Vgl. Selbmann 1983, S. 83
[3] Vgl. Selbmann 1977, S.11
[4] Vgl. z.B. Selbmann 1980
[5] Niedersachsen, Nordrhein-Westfalen, Hessen, Hamburg, Bremen, Baden Württemberg, Schleswig-Holstein
[6] Vgl. Selbmann 1983, S. 83

Träger der Bayerischen Perinatal-Erhebungen (BPE) sind die Bayerische Landesärztekammer und die Kassenärztliche Vereinigung Bayerns. Sie haben eine gemeinsame Kommission für Perinatologie ins Leben gerufen, der nicht nur Frauen- und Kinderärzte angehören, sondern auch Fachleute für medizinische Datenverarbeitung und Verwaltung. Die Träger der BPE und die Kommission steuern eine Zentrale Organisationsstelle, die Detailarbeiten durchführt.[1] Die Beteiligung der Kliniken und der Belegärzte an der BPE ist anonym und freiwillig.

Die Datensammlung basiert auf einem EDV-gerechten Erhebungsbogen, der Angaben über die Schwangere, die Mutterschaftsvorsorge, zum Geburtsverlauf und Geburtsmanagement, zum Zustand des Kindes sowie zum Befinden der Mutter im Wochenbett (Epikrise) enthält.[2]

Ein Durchschlag der Erhebungsbögen, von denen nachfolgend ein Muster abgedruckt ist, wird von den beteiligten Kliniken an die zentrale Organisationsstelle geschickt und dort auf Vollständigkeit, Plausibilität und systematische Fehler kontrolliert. Das Rechenzentrum der Kassenärztlichen Vereinigung Bayerns erstellt Summenstatistiken für die erhobenen Daten, das Institut für Medizinische Informationsverarbeitung, Statistik und Biomathematik der Universität München führt die wissenschaftliche Auswertung durch.[3]

Die Ergebnisse der Auswertung werden jeder teilnehmenden Klinik als ausführliche 13seitige Geburtsstatistik zugeleitet. Dabei werden jeweils die Ergebnisse aus dem Gesamtkollektiv und die Ergebnisse der beteiligten Klinik bzw. des beteiligten Arztes versandt. Zusätzlich erhält die Klinik ein sogenanntes Klinikprofil, das folgende Angaben graphisch darstellt:

- die Häufigkeit des betreffenden Ereignisses in der Gesamtpopulation,
- Minimal- und Maximal-Häufigkeit des Ereignisses innerhalb der beteiligten Kliniken,
- den 10- bis 90%-Bereich der klinikspezifischen Häufigkeit des Ereignisses,
- die Häufigkeit des Ereignisses in der betreffenden Klinik und
- die Tatsache, ob die Häufigkeit des Ereignisses in der eigenen Klinik auffällig oder unauffällig ist.

Eine weitere Form möglicher, nicht obligater Auswertungen sind Longitudinalstudien und statistische Verknüpfungen verschiedener Ereignisse, die von den beteiligten Kliniken/Ärzten angefordert werden können, wenn die anderen Teilnehmer und die Kommission zustimmen.[4]

---

[1] Berg 1984, S. 85
[2] Vgl. Selbmann 1977, S. 11
[3] Berg 1984, S. 86
[4] Vgl. Berg 1984, S. 86

Abbildung 11: Erhebungsbogen der Bayerischen Perinatal-Erhebung
Quelle: Berg 1984, s. 87

Bayerische Landesärztekammer
Kassenärztliche Vereinigung Bayerns

Perinatologischer Basis-Erhebungsbogen

1 Klinik   Geburtsnummer   Name der Patientin

2 Anzahl Mehrlinge   lfd. Nr. des Mehrlings

SCHWANGERE

3 Geburtsjahr der Schw   PLZ des Wohnorts

4 Nationalität (internationales Kfz-Kennzeichen)

5 Schulbildung der Mutter lt. Schlüssel

6 Familienstand: ledig ○   verh. ○   verw. ○   gesch. ○

7 Berufstätig während jetziger Schwangerschaft   nein ○   ja ○

8 Beruf des Ernährers der Familie:

9 Anzahl vorausgeg. Schwangerschaften   davon waren: Geburten   Aborte   Abbrüche   EU

JETZIGE SCHWANGERSCHAFT

10 Durchschn. Zig.-Konsum/Tag (nach Bekanntwerden der Schwangerschaft)

11 Schwangere in Geburtsklinik unters. nein ○ ja ○   Dauer des stationären Aufenthalts in graviditate (Tage)

12 Mutterpaß liegt vor   nein ○ ja ○   Erstuntersuchung (SSWo)   Gesamtanzahl Untersuchungen

13 Körpergröße (cm)   Körpergewicht bei Erstunters. (volle Kg)   Gewicht bei Schwangersch.ende (volle Kg)

14 Röteln-Titer 1:   Erste Ultraschalluntersuchung (SSWo)   Ultraschalluntersuchungen (Anz.)

15 Amnioskopie ○   Amniozentese vor 22. Schwangerschaftswoche ○   Amniozentese nach 22. Schwangerschaftswoche ○

16 CTG ante partum ○   Östrogene bestimmt ○   HPL bestimmt ○   Oxytocin-Belastungstest ○

17 Cerclage ○   i. v. Tokolyse-Dauer (Tg)   orale Tokolyse ○   Lungenreifebehandlung ○

18 Errechneter Geburts-Termin nach Regel   Tag   Mon   Tragzeit nach klinisch. Befund (kompl. Wochen)

19 Schwangerschafts-Risiken: nein ○   bzw. lt. Katalog A

ENTBINDUNG

20 Aufnahme-CTG   nein ○ ja ○   Geburtseinleitung   nein ○ ja ○   Indikation z Geburtseinl lt Kat B

21 Blasensprengung v. Wehenbeg. nein ○ ja ○   Blasensprung vor Wehenbeginn   nein ○ ja ○   wenn ja, Std zuvor

22 Wehenmittel im Geburtsverlauf nein ○ ja ○   Vordere Hinterhauptslage   nein ○ ja ○   Vater/Bez.person bei Geb anwesend nein ○ ja ○

23 CTG-Geburtsüberwachung: Dauer-Überw. ○   Intervall-Überw. ○   internes CTG   nein ○ ja ○

24 ANALGESIE   nein ○   Pudendusanästhesie ○   Lokalinfiltration bei Geburt ○

25 Opiatanalgesie bei Geburt ○   Vollnarkose bei Geburt ○   Epi/Periduralanästhesie ○

26 Parazervikalanästhesie ○   sonstige Anästhesie/Analgesie ○

27 Geburtsrisiken   nein ○   bzw. lt. Katalog B

28 Entbind.modus: spontan ○   prim. Sectio ○   sek. Sectio ○   Vacuum ○   Forceps ○   vag. BEL-Entbindung ○   sonstiges ○

29 Indikation zur operativen Entbindung lt. Katalog B

30 Geburtsdauer ab Beginn regelmäßiger Wehen bis Kindsgeburt (Std)   Dauer der Pressperiode (min)

31 Episiotomie   nein ○ ja ○   Damm/Scheidenriß   nein ○ ja ○   Blutverlust über 500 ml   nein ○ ja ○

32 Hebamme anwesend   nein ○ ja ○   Arzt anwesend   nein ○ ja ○   Pädiater anwesend   nein ○ ja ○

KIND

33 Geschlecht: männlich ○   weiblich ○   Tag der Geburt   Tag   Mon   Jahr   Uhrzeit der Geburt   Std   Min

34 Geburtsgewicht (Gramm)   Länge (cm)   Kopfumfang (cm)

35 Außer Haus geboren ○   Tod vor Klinikaufnahme ○   Tod ante partum ○   Tod sub partu ○

36 Regelm. Eigenatmung innerh. 1 Min.   nein ○ ja ○   APGAR: 1'   5'   10'   Nabelschnurarterien-pH ,

37 Reanimation i. Kreißsaal: Maske ○   Intubation ○   Pufferung ○   Volumensubstitution ○

38 Erste kinderärzt. Untersuchung (Datum)   Tag   Mon.   Erkrankungen des Kindes passager lt. Katalog C

39 Kind in Kinderkl. Nr.   verlegt   Tag   Mon.   Uhrzeit   Std   Min.   Gründe lt. Katalog C

40 Kind nach Hause entlassen (Datum)   Tag   Mon.   Erkrankungen des Kindes bei Entlassung bestehend lt. Katalog C

41 Kind innerhalb der ersten 7 LT verst.   Tag   Mon.   Uhrzeit   Std   Min.   Todesursache lt. Katalog C

MUTTER

42 Fieber im Wochenbett (über 38° C und länger als 2 Tage)   nein ○ ja ○   Sekundärnaht nein ○ ja ○

43 Tiefe Thrombose   nein ○ ja ○   Lungenembolie   nein ○ ja ○   Sonstige schwere Erkrankung nein ○ ja ○

44 Mutter nach Hause entlassen   Tag   Mon   Verlegt   Tag   Mon   Verstorben   Tag   Mon

Bitte für Geburten ab 1. 1. 1982 diesen Bogen verwenden!

190

Die durch die Perinatalerhebungen gewonnenen Informationen erlauben jeder Klinik einerseits den Vergleich mit klinikeigenen Daten aus der Vergangenheit, andererseits mit den Ergebnissen anderer Kliniken oder gesetzten Standards, ohne daß ihre Anonymität gefährdet wäre.

Welche Konsequenzen die einzelne Klinik aus den so gewonnenen Informationen zieht, bleibt ihr selbst überlassen. Durch die Anonymität entfällt die Möglichkeit jeder direkten Einflußnahme der Kommission oder Träger-Körperschaften. „Wenn eine Qualitätssicherung zu erwarten ist, so erfolgt sie auf der Basis freiwilliger Selbstkritik" unter Ausnutzung der erstellten Analysen[1].

4.1.3.1.1.6 Die Qualitätsstudie Chirurgie

Die Qualitätsstudie der Deutschen Gesellschaft für Chirurgie unter der Leitung von Prof. W. Schega besteht mittlerweile aus vier Pilotstudien, die in den Jahren 1977, 1979, 1980/81 und 1982/83 durchgeführt wurden. Bei dem letzten Pilotprojekt vor dem Versuch der Überführung des Systems in die Routine wurden 184 chirurgische Krankenhausabteilungen und damit immerhin fast 50 % aller allgemein- und unfallchirurgischen Abteilungen Nordrhein-Westfalens erfaßt.

„Das Prinzip besteht darin, daß aus der Menge aller chirurgischer Krankheitsbilder einige wenige ausgewählt und für begrenzte Zeit in den Mittelpunkt der Qualitätssicherungsbemühungen gestellt werden (Tracerdiagnosen). In den Jahren 1982/83 waren es die Leistenhernie, die Cholelithiasis, die Oberschenkelhalsfraktur und die aortoiliakalen Arterienverschlüsse. Andere Diagnosen sind denkbar und zum Teil zum Austausch vorbereitet. Wesentliche Auswahlkriterien für die Diagnosen waren

1. eine ausreichende Häufigkeit in möglichst vielen, auch kleineren chirurgischen Arbeitsstätten,

2. neben der Allgemein- und Bauchchirurgie die Berücksichtigung auch chirurgischer Teilgebiete (Unfall- und Gefäßchirurgie) und

3. gesichertes Wissen über Krankheitsverlauf und Therapie, denn nur wo es vorliegt, läßt sich die Qualiät auch überprüfen und sichern."[2]

Für jedes der Krankheitsbilder wurde ein Erhebungsbogen entwickelt. Die Bögen, die zwischen 119 und 132 Items umfaßten und in ihrem Aufbau so weit wie möglich identisch waren, erfaßten – neben Angaben zu Person und Klinik – die Situation bei Aufnahme, diagnostische Maßnahmen, Zweiterkrankungen und Risikofaktoren, intraoperative Diagnostik, Operationsbefunde, Operationsverfahren, postoperative Komplikationen, die Situation bei Entlassung und

---

[1] Berg 1984, S. 85
[2] Schega 1984b, S. 44

eventuelle wegen dieser Erkrankung bereits vorausgegangene stationäre Behandlungen.[1]

Die ausgefüllten Erhebungsbögen werden an eine Leitstelle der Deutschen Gesellschaft für Chirurgie nach Krefeld geschickt und nach einer dortigen Plausibilitäts- und Vollständigkeitskontrolle auf Magnetband erfaßt. Nach der Computerauswertung der Erhebungsbögen erhalten die teilnehmenden Kliniken, ähnlich wie in der Perinatal-Studie, in regelmäßigen Abständen

1. Sammelstatistiken aller teilnehmenden Häuser,

2. eigene Klinikstatistiken, die ihnen den Vergleich mit den Ergebnissen der anderen Teilnehmer erlauben,

3. Komplikationslisten mit Vergleichszahlen aus allen Kliniken: „Ihre Durchsicht unter dem Gesichtspunkt, ob diese Komplikationen oder der eine oder andere Todesfall vermeidbar gewesen wären, lohnt sehr. Ursachenanalysen haben sich dabei als außerordentlich fruchtbar erwiesen"[2],

4. als Klinikprofile zusammengefaßte graphische Darstellungen der Statistiken 1 und 2.

Für einzelne Parameter, bei denen es möglich war, wurden von einer aus dem Teilnehmerkreis gewählten Beraterkommission 'Auffälligkeitsbereiche' festgelegt. Sie umfassen auffällige eigene Abweichungen von den Werten der Mehrzahl aller Teilnehmer.[3]

Da die Beurteilung des endgültigen Behandlungsergebnisses, insbesondere bei Gallenoperationen, zum Zeitpunkt der Krankenhausentlassung nicht ohne weiteres möglich ist, wird im Rahmen der Qualitätsstudie Chirurgie eine Nachbefragung durchgeführt, bei der die beteiligten Krankenhaus-Chirurgen den operierten Patienten einige Zeit nach ihrer Krankenhausentlassung einen kurzen Fragebogen zuschicken.

Um über die Prozeß- und Ergebnisqualität hinaus auch die Strukturqualität der beteiligten chirurgischen Fachabteilungen zu beurteilen, wird aufgrund einer sogenanten „Ressourcen-Analyse" die in chirurgischen Abteilungen vorhandene räumliche, apparative und personelle Ausstattung erfaßt und analysiert. Wie bei der Perinatal-Studie sind die Freiwilligkeit der Teilnahme und die weitgehende Anonymisierung der Ergebnisse wesentliche Elemente der Erhebung. Die Verwertung der Ergebnisse erfolgt ausschließlich im Rahmen der Selbstkontrolle der einzelnen Klinik. Daneben nimmt die interkollegiale Beratungsmöglichkeit durch die bereits erwähnte Beraterkommission eine zentrale

---

[1] Vgl. Schega 1984a, S. 93
[2] Schega 1984b, S. 44
[3] Schega 1984b, S. 44

Stellung im System ein. Die Beraterkommission setzt sich aus erfahrenen Klinikern zusammen, die aus dem Kreis der teilnehmenden Kliniken gewählt werden. Zu ihren Aufgaben gehören neben der anonymen Beurteilung der Qualität anhand der Ergebnisauswertungen u.a.:

- interkollegiale Gespräche mit ratsuchenden Teilnehmern nötigenfalls vor Ort,

- die Entwicklung und Fortschreibung von Standards für die Prozeß- und Ergebnisbeurteilung.[1]

4.1.3.1.1.7 „Hypertonie"-Studie in der ambulanten Praxis

Daß Qualitätsanalysen entgegen der Annahme einiger der von uns befragten Ärzte auch in der ambulanten Praxis möglich sind, zeigt eine Studie über die Hypertonie-Diagnostik in Praxen von Allgemeinärzten und Internisten, deren Ergebnisse Senftleben 1980 veröffentlichte.[3] Ziel der Untersuchung, die eine Pilot-Studie zur Evaluation ärztlicher Verrichtungen darstellte, war allerdings weniger die Beurteilung der Leistungsqualität der Ärzte, als vielmehr die wissenschaftliche Überprüfung der Frage, „ob die evaluative Erforschung ärzlicher Verrichtungen in der Praxis niedergelassener Kassenärzte auf der Basis einer nach Zufallskriterien ausgewählten Stichprobe durchführbar ist. Der Begriff 'Durchführbarkeit' bezieht sich sowohl auf die Hindernisse, welche im Zusammenhang mit der Mitarbeit der Ärzte auftreten, als auch auf die Begrenzungen, welche den angewandten Untersuchungsmethoden möglicherweise innewohnen."[4]

An aufgrund einer Zufallsstichprobe ausgewählten 37 Internisten und 36 Allgemeinärzten erprobte Senftleben drei verschiedene Erhebungsmethoden:

- den „Critical Incident[5]-Fragebogen",

- den „hypothetischen Tracer-Fragebogen",

- die Auswertung von Patientenkarteien,

um herauszufinden, „welcher den höchsten Grad der Durchführbarkeit und Angemessenheit aufweist und zugleich ein praktikables Routineinstrument für eine Evaluation der Prozeß-Dimension in der ambulanten Versorgung darstellt"[6]. Untersucht wurde dabei die Diagnose und Behandlung der „essentiellen Hypertonie".

---

1) Schega 1984b, S. 44
2) Vgl. Schega 1984a, S. 92
3) Vgl. dazu Senftleben 1980
4) Senftleben 1980, S. 30
5) „incident" (engl.): Vorfall, Ereignis, Geschehen, Vorkommnis
6) Vgl. Senftleben 1980, S. 30

Beim Critical Incident-Fragebogen handelte es sich um einen mit der Post versandten Fragebogen, in dem die Ärzte gebeten wurden, ihre diagnostischen Verrichtungen innerhalb einer in ihrer Praxis tatsächlich stattgefundenen Episode der ambulanten Versorgung eines Hypertonie-Patienten zu beschreiben.

Der hypothetische Tracer-Fragebogen ist ein direkt applizierter Fragebogen, welcher den diagnostischen Teil der Versorgungsepisode eines Standardpatienten derart in Sequenzen darbot, daß der Arzt sein diagnostisches Vorgehen schrittweise, auf diesen besonderen Fall bezogen, darlegen mußte. Diese Methode hat Ähnlichkeit mit dem 'Problem der simulierten Patientenversorgung' ('simulated patient management problem').

Die Auswertung der Aufzeichnungen in der Patientenkartei wurde nach einem vorgegebenen Muster vorgenommen. Da die Auswertung der Patientenkartei weniger Hypothetisches als die beiden Fragebögen einschließt, wurden ihre Resultate als Bezugsgröße benutzt, um Validität und Angemessenheit der beiden Fragebogenerhebungen zu messen.

Die wichtigsten Ergebnisse der Pilot-Studie seien kurz zusammengefaßt:

- Bemerkenswert war die große Bereitschaft der mittels einer Zufallsstichprobe ausgewählten Ärzte zur Teilnahme an der Untersuchung.

- Ebenfalls erfreulich war mit 80% der Anteil derjenigen an der Untersuchung beteiligten Ärzte, die die Entwicklung von diagnostischen Minimalkriterien im ambulanten Bereich begrüßten.

- Zur Qualität der diagnostischen Verrichtung stellte Senftleben fest, daß bei den apparativen Untersuchungen die höchsten Punktwerte (mit 81%)[1] erreicht wurden. Auch beim diagnostischen Teilbereich der körperlichen Untersuchungen erreichten die niedergelassenen Ärzte eine sehr gute Beurteilung (mit im Mittel 61 – 67% der möglichen Punktzahl). Die meisten Mängel waren im Bereich der Anamnese-Erhebung festzustellen, wo die beteiligten Ärzte lediglich zwischen 21 und 47% der möglichen Punkte erzielten.[2]

- Die zentrale Frage bezog sich jedoch auf die Eignung der zur Auswahl stehenden Erhebungsmethoden. Hier stellte Senftleben fest, daß die „Critical-Incident-Technik" als ein „praktisches, glaubwürdiges und ökonomisches Instrument zur evaluativen Erforschung ärztlicher Verrichtungen im ambulanten Versorgungsbereich angesehen werden" kann. Dagegen könne die Auswertung der Patienten-Kartei wegen der geringen Akzeptanz im ambulanten Bereich nicht als geeignetes Instrument der Qualitätsbeurteilung angesehen werden.[3] Der hypothetische Tracer-Fragebogen weise den von den

---

[1] Bezogen auf die maximal zu erreichende Punktzahl.
[2] Allerdings kann sie lt. Senftleben in vielen Teilbereichen doch eine angemessene Methode sein.
[3] Vgl. Sentfleben 1980. S. 68 ff

Ärzten wenig geschätzten Charakter einer Prüfung auf und sei überdies in seiner Auswertung wesentlich zeitintensiver und darum viermal so teuer wie der Critical-Incident-Fragbogen, dem auch ein höheres Maß an Validität zu attestieren sei.[1]

Wenn auch Senftleben im Hinblick auf die z.T. negativen Erfahrungen mit dem Peer Review System in den USA konstatiert, daß es verfrüht sei, die generelle Anwendung einer der von ihm untersuchten Methoden bereits zum heutigen Zeitpunkt zu empfehlen, hat die Studie jedoch gezeigt, daß

- es Methoden gibt, um auch in Bereichen der ambulanten Praxis zu einer Beurteilung der Leistungsqualität und Standardbildung zu kommen,

- die Bereitschaft der Ärzte zur Teilnahme von Kritikern der Qualitätsanalyse eventuell unterschätzt wird,

- die Qualität in der ambulanten Praxis nicht in allen Bereichen so hoch ist, daß auf weitere Maßnahmen zur Fehlersuche und -verbesserung verzichtet werden könnte.

4.1.3.1.2 Die Bedeutung der Qualitätsanalyse und der auf sie aufbauenden Modelle für die Sicherung der Leistungsqualität

Es sei hier nochmals betont, daß die vorab beispielhaft und kurz beschriebenen Qualitätssicherungskonzepte und -studien keineswegs eine erschöpfende Darstellung der auch im Inland bereits praktizierten Ansätze zur Sicherung der Prozeß- und/oder Ergebnisqualität bedeuten. Weitere wesentliche Konzepte sind außerdem:

- Die Qualitätssicherungsmaßnahmen in der Labormedizin, die die Verpflichtung sowohl zu internen (Präzisionskontrolle, Richtigkeitskontrolle) als auch zu externen Qualitätskontrollen (Ringversuche) beinhalten und denen von allen befragten Ärzten eine große Bedeutung beigemessen wurde[2];

- Qualitätssicherung in der Röntgendiagnostik durch Radiologiekommissionen;

- Qualitätssicherung für zytologische Leistungen durch Vergleich der Untersuchungsergebnisse des einzelnen Arztes mit den Untersuchungsergebnissen aller zytologische Leistungen durchführenden Ärzte;[3]

---

[1] Vgl. Senftleben 1980, S. 67 f
[2] Grundlage dieser Kontrollen sind die Richtlinien der Bundesärztekammer zur Durchführung der statistischen Qualitätskontrolle und von Ringversuchen im Bereich der Heilkunde. Vgl. hierzu z.B. Haeckel 1981; Bundesminister für Arbeit und Sozialordnung 1981, S. 95 – 106; Wepler 1981
[3] Vgl. z.B. Soost 1981

- Qualitätssicherung für die Früherkennungsuntersuchungen (z.b. für Krebsvoruntersuchungen oder das sog. Kinderscreaning).[1]

Auch diese Aufzählung ist sicherlich nicht erschöpfend, vor allem die in vielen Krankenhäusern klinikintern erstellten Qualitätssicherungsprogramme können keine entsprechende Berücksichtigung finden.

Insgesamt basiert die Beurteilung ärztlicher Leistungen, soweit es sich nicht um Analysen im medizinisch-technischen Bereich handelt, sowohl bei der Erfassung der Prozeß- als auch der Ergebnisqualität im wesentlichen auf folgenden Untersuchungsmethoden:

- Auswertung von Krankenblättern (Chart Review),
- kollegiale Überprüfung (Peer Review),
- Leistungsbeschreibung mittels computergerechten Erhebungsbögen,
- Befragung der Ärzte durch Interview oder Fragebogen.
- Befragung von Patienten durch Interview sowie Fragebogen.

Die Auswertung von Krankenblättern in Form einer retrospektiven Analyse des Behandlungsablaufs, wie sie z.b. beim Konzept der PSRO oder auch in der Hypertonie-Studie vorgenommen wurde, ist eine häufig gewählte Form der Qualitätsbeurteilung, obgleich über den tatsächlichen Aussagewert dieser Methode für die Qualitätskontrolle noch keine wissenschaftlich unbestrittenen Ergebnisse vorliegen. Trotz dieser eher wissenschaftstheoretischen Unsicherheiten gibt es eine weitgefächerte Anwendung der Chart Review als Instrumentarium der Qualitätsanalyse in den USA, Kanada, Australien, Großbritannien und den Niederlanden.[2]

Die Chart Review kann, wie im Fall der PSRO, sowohl als externe Leistungsbeurteilung oder als interne Maßnahme – z.b. in einer Krankenhausabteilung, in einer (Gemeinschafts-)Praxis – durchgeführt werden.

Ein Beispiel für eine klinikinterne Chart Review ist das sog. Kaiser-Permanente-Programm, das darin besteht, daß zwei Ärzte an einer bestimmten Leistungsstelle das Krankenhaus zwanzig hintereinanderliegende Krankengeschichten auf mögliche Probleme der ärztlichen Versorgung untersuchen und aus den gewonnenen Eindrücken eine Bewertungsstudie entwickeln. Der Vorteil dieses Programms liegt nach Rubin in seiner Unabhängigkeit vom Computer.[3]

Während z.b. Conen wie viele andere Autoren die Chart Review für eine wertvolle Basis für die Qualitätsanalyse und -sicherung hält[4], weist Senftleben

---

[1] Vgl. z.B. Bundesminister für Arbeit und Sozialordnung 1981, S. 61 – 61 und S. 66 – 69; Schmidt 1981; weitere Vorsorgeprogramme sind z.b. bei Robra/Machens 1981 oder Michaelis 1981 beschrieben.
[2] Vgl. Conen 1984, S. 9 f
[3] Vgl. Selbmann/Swertz 1981, S. 33
[4] Vgl. Conen 1984, S. 9ff; Conen baute sein Qualitätssicherungsprogramm in der Universitätsklinik wesentlich auf der Basis der Krankenblattrevision auf.

auf verschiedene Probleme bei der Auswertung der so gewonnenen Daten hin, die darauf beruhen, daß die tatsächlich erbrachten Leistungen nur unvollständig dokumentiert werden.[1] Voraussetzung für die Durchführung ist deshalb eine komplette, genaue und wenn möglich standardisierte Form der Krankenblattführung, die sicherstellt, daß alle für die Beurteilung relevanten Informationen auch dokumentiert sind (problemoriented record).[2]

Eine vor allem in den USA viel praktizierte Form der Qualitätsanalyse ist die sog. kollegiale Überprüfung oder „Peer Review", bei der die Leistungsqualität eines Arztes von seinen Kollegen beurteilt wird („Prüfung unter gleichen"). In den USA wird die Peer Review z.B. im Rahmen der bereits dargestellten „recertification"[3] durchgeführt, wo den niedergelassenen Kollegen der Nachbarschaft die Beurteilung der praktischen Qualifikation des Arztes obliegt (Local Peer Review).

Ein wesentlicher Anwendungsbereich ist auch die zuvor beschriebene Zweitbeurteilung der Indikationsstellung, deren Übertragbarkeit auf die bundesdeutsche Medizin Senftleben zumindest für prüfenswert hält.[4]

Nach Montgomery liegt der besondere Vorteil der Zweitbetrachtung in der Prospektivität dieser Methode, die somit letztlich auch eine Überprüfung der Indikation mit einschließt. Obwohl jedoch seiner Meinung nach amerikanische Erfahrungen mit dem System der Peer Review am Krankenhaus trotz des gewaltigen Aufwands durchweg positiv sind, bezweifelt er seine Übertragbarkeit auf das bundesdeutsche Gesundheitswesen. „So stehen dem amerikanischen Krankenhausarzt, der in der Regel als Belegarzt an einer Klinik tätig ist, andere Belegärzte als 'Peers' – nämlich als Gleichrangige – zur Verfügung. Auch ist die Personalstruktur amerikanischer Kliniken für dieses Verfahren eindeutig günstiger, da viel häufiger Ärzte mit gleichem oder zumindest ähnlichem Tätigkeitsgebiet an einer Klinik tätig sind. Die für die Bundesrepublik Deutschland typische starre Trennung ambulanter und stationärer Versorgung, die in großen Teilen völlig unterschiedliche Ausrichtung ambulanter und stationärer Medizin, und die häufig rigide Abgrenzung von Krankenhausabteilungen untereinander verhindern hier eine organisatorische Umsetzung eines 'Peer Review Modells'."[5]

Nicht nur aus diesem Grund präferiert die bundesdeutsche Medizin in ihren großen Qualitätssicherungsprogrammen die Methode der Erfassung der Arbeitsschritte mittels später computerausgewerteter Erhebungsbögen. Ausschlaggebend ist vor allem auch die weitgehende Wahrung der Anonymität, die das

[1] Vgl. Senftleben 1980, S. 26
[2] Vgl. Odenbach 1979, S. 1650
[3] Vgl. 4.1.2.1.4
[4] Vgl. Senftleben 1985
[5] Montgomery 1985

Empfinden des Kontrolliertwerdens wenigstens mindert. Der Vorteil dieser Art der Qualitätsanalyse liegt nicht zuletzt in ihrem sowohl in der Auswertung als auch für den Ausfüllenden relativ geringen Aufwand, der eine Etablierung derartiger Formen der Qualitätssicherung erleichtert. So nennt Schega z.b. eine Zeit von fünf Minuten, die nach der Einarbeitungszeit und bei guter Basisdokumentation für die Datenerhebung in den Kliniken pro Fall ausreichend sei.[1]

Allerdings bereitete sowohl in der Chirurgie- als auch in der Perinatalstudie die Qualität der Daten erhebliche Probleme. Diese resultierten zum einen daraus, daß die Definition eines Merkmals bei den beteiligten Ärzten unterschiedlich war, wenn es sich um nicht exakt abgegrenzte Merkmale handelte, wodurch die Daten nicht mehr vergleichbar waren. Selbmann forderte deshalb trotz Verwendung eines einheitlichen Fragebogens exaktere Definitionen.[2]

Darüber hinaus waren die ausgefüllten Erhebungsbögen z.T. unvollständig und/oder fehlerhaft. Prägnant wurde dieses Problem von Cladders in einem Beitrag auf dem Chirurgenkongreß 1983 in Berlin dargestellt: „Das Spektrum der Erfassungsbögen reicht von den mit Rotweinflecken verschmierten, fehlerhaft, unvollständig oder unleserlich ausgefüllten Belegen, die mehrere Korrekturläufe erfordern, bis hin zu sorgfältigst markierten Bögen, die mit zusätzlichen Kommentaren versehen sind."[3]

Selbmann sieht einen Weg zur diesbzüglichen Verbesserung der Datenqualität darin, möglichst allen Ärzten klar zu machen, „daß sie die Verantwortung für die Datenqualität nicht delegieren können und sie die Daten nicht für jemand anderen, sondern für sich und ihre Klinik erheben. Aus schlecht erhobenen Daten können eben nur wenig qualitätsrelevante Informationen entnommen werden. Sicher wird die Datenqualität auch dann besser, wenn die Erhebungsbogen, Statistiken, Profile und epidemiologischen Ergebnisse stärker in den klinischen Alltag integriert werden."[4]

Demgegenüber wurde in einer Anfang 1986 in Hamburg gestarteten, auf der Schega-Studie aufbauenden Qualitätssicherungsstudie auch in chirurgischen Kliniken dazu übergegangen, die Daten direkt im OP-Trakt in einem PC zu erfassen, um die Probleme zu verhindern, die dadurch entstehen, daß neben dem „täglich die Schreibtische überflutenden 'Papierkrieg' auch noch detaillierte Fragebögen über alle Operationen ausgefüllt werden müssen. Derartige Studien werden immer an ihrer mangelnden Vollständigkeit und Plausibilität scheitern, obwohl mit dem angewandten Verfahren theoretisch schon valide Daten zur Qualitätsbeurteilung erhebbar sind."[5]

---

[1] Vgl. Schega 1984b, S. 44
[2] Vgl. Selbmann 1983, S. 84 und 1984, S. 86ff
[3] Zit. nach Montgomery 1985
[4] Selbmann 1983, S. 84
[5] Montgomery 1985

Beim Hamburger Projekt steht das Eingabeterminal direkt neben dem Diktiergerät, auf dem jeder Operateur noch vor Verlassen des OP's seinen OP-Bericht diktiert. Die Stammdaten eines jeden Patienten wie Name, Alter etc. werden aus dem zentralen Rechner der Verwaltung übernommen. Der Operateur ruft lediglich sogenannte „Masken" auf dem Bildschirm auf, auf denen Operationsverfahren, Diagnosen, Risikofaktoren und intraoperative Komplikationen tabellarisch zusammengefaßt sind.

Durch Eintasten einer Zahlenkombination wählt er die entsprechenden Daten aus, zusätzlich erfaßt der Rechner noch seine Identität und die Dauer der Operation.

„Die Operation ist damit im Rechner gespeichert, die Abschlußdaten des Patienten wie Liegezeit, spätere Komplikationen etc. werden vom Computer bis zu ihrer Eingabe regelmäßig angemahnt. Die ‚Zettelwirtschaft' z.B. auch der Schega-Studie wird reduziert auf die Übertragung der Ergebnisse des Abschlußberichtes in den Rechner, die ebenfalls klinikintern erfolgen kann. Die Eingabe ist dabei so simpel, daß jeder, der schon einmal den Zehnerblock der Tastatur einer Rechenmaschine bedient hat, diese problemlos ausführen kann."[1]

Auch in Hamburg werden aufgrund der gesammelten Daten Klinikprofile zur Qualitätsbeurteilung erstellt. Darüber hinaus werden auch noch persönliche Profile für jeden Operateur erstellt, die für die Gebietsarztanerkennung nötigen OP-Kataloge auf Knopfdruck ausgedruckt, und der Klinikverwaltung auf Wunsch abrechnungsfähige Leistungszahlen übermittelt; klinische Studien können mit erfaßt werden.

Während bislang der Einsatz von EDV-gerechten Erhebungsbögen zur Beschreibung der Prozeßqualität vor allem im stationären Bereich erfolgte, wurde die primär ergebnisorientierte Befragung von Ärzten oder Patienten auch bereits in der ambulanten Praxis eingesetzt.

Während in der oben beschriebenen Hypertonie-Studie eine Befragung der Ärzte mittels Fragebogen erfolgte, basiert der von Mushlin und Appel (1980) entwickelte sog. „Problem-Status-Index" auf einer Befragung der Patienten. Sie nahmen sieben Tage, nachdem die Patienten mit den Symptomen eines Infektes der oberen Atemwege die Praxen aufgesucht hatten, mit ihnen Kontakt auf und stellten ihnen folgende Fragen:

- Sind Ihre Beschwerden noch vorhanden und wenn ja, wie intensiv?
- Fühlen Sie sich in Ihrem täglichen Leben noch beeinträchtigt?
- Beunruhigen Sie die verbliebenen Beschwerden?

Ein Vergleich mit den Erwartungen – nach sieben Tagen sollten keine Beschwerden mehr vorhanden sein – deckte Patienten mit „Ergebnissen unter

---

[1] Mongomery 1985

Standard" auf. Bei diesen wurde dann anhand von Einzelanalysen des Behandlungsprozesses und des Krankheitsverlaufes der Frage nachgegangen, ob die Diagnose und Behandlung des Patienten der Norm entsprachen. Tatsächlich fanden Mushlin und Appel in ihren Studien bei 87 % der „Unter-Standard-Patienten" einen verbesserungsfähigen Behandlungsprozeß.[1]

Allerdings setzt die Suche nach eventuellen Qualitätsmängeln im Behandlungsprozeß auch hier wieder gut geführte Krankenblätter oder Patientenunterlagen voraus.

Prinzipiell zeigt sich, daß die bei der Analyse der Qualität des ärztlichen Leistungsprozesses oder -ergebnisses auftretenden Probleme nicht unterschätzt werden dürfen, daß aber in vielen Bereichen – auch im ambulanten Sektor – Ansätze zur Qualitätsanalyse bereits erprobt und weiterentwickelbar sind.

Allerdings sind in allen Fällen solche Qualitätssicherungserhebungen für die einzelnen Ärzte wie auch für die Ärzteschaft insgesamt (Auswertungskommissionen) mit einem Mehraufwand verbunden und setzen eine hohe Bereitschaft der Ärzte zur Teilnahme, sei es in Form ausreichend dokumentierter Krankenakten, sei es beim Ausfüllen von Frage- und Erhebungsbögen, voraus. Nicht zuletzt die Tatsache, daß diese Bereitschaft in Kliniken auf organisatorischem Wege oder durch Kollegenkontrolle eher sichergestellt werden kann als in der ambulanten Praxis, muß als einer der Hauptgründe dafür angesehen werden, daß die Verbreitung und Entwicklung im stationären Sektor wesentlich weiter vorangeschritten ist als beim niedergelassenen Arzt. Weitere Gründe nennt z. B. Selbmann:

- Dem niedergelassenen Arzt stehen i.a. Patienten mit Gesundheitsproblemen (Symptome) und nicht mit diagnostisch aufbereiteten Krankheitsbildern gegenüber.
- Die Erkrankungen haben selten einen eindeutig definierten Anfangs- und Endzeitpunkt.
- Schwere Erkrankungen sind unter vielen leichten relativ selten. Dies beeinflußt u.a. die diagnostische Treffsicherheit des Arztes.
- Die Patienten tragen eine hohe Mitverantwortung bei der Therapie, wobei man ihre Compliance wenig beeinflussen kann.
- Der Arzt ist oft auf sich allein gestellt. Der unkomplizierte und schnelle Erfahrungsaustausch wie in der Klinik und die gegenseitige Kontrolle sind eingeschränkt.
- Unterschiedliche Praxisstrukturen und uneinheitliche Dokumentationsverfahren erschweren den Vergleich von Praxen untereinander.[2]

---

[1] Selbmann 1985a, S. 62
[2] Vgl. Selbmann 1985a, S. 61

Qualitätsanalysen und -kontrollen sind jedoch nur dann sinnvoll, wenn sie Grundlage für eine Qualitätsicherung sind. Nur wenn die mittels der Qualitätsbeurteilung gewonnenen Erkenntnisse in tatsächliche Qualitätsverbesserungen umgesetzt werden können, wird auf Dauer der finanzielle, organisatorische und persönliche Mehraufwand gegenüber den Kostenträgern und beteiligten Ärzten gerechtfertigt werden können.

Daß bereits allein von der Durchführung solcher Qualitätsanalysen bzw. von der Information über die Ergebnisse derartiger Qualitätsbeurteilungen erhebliche positive Auswirkungen auf die Leistungsqualität ausgehen, bestätigen viele Erfahrungen:

– Bereits der Vorgang der aufmerksamen Beobachtung und Dokumentation der Handlungsabläufe, wie sie im Rahmen der Krankengeschichtsführung, beim Ausfüllen der Erhebungs- und Kontrollbögen nötig wird, führt noch während der Durchführung der Tätigkeit zu einer Qualitätsicherung, da der Handelnde gezwungen ist, sich die einzelnen Handlungsschritte in ihrem Ablauf und ihrer Begründung bewußt zu machen, und sich somit seine Aufmerksamkeit für die Beachtung aller notwendigen Aspekte steigert. So konstatiert z.B. Conen: „Die problemorientierte Krankengeschichtsführung zwingt den Arzt, seine Gedanken über den Patienten in einen logischen Zusammenhang zu stellen, die medizinischen Daten problemorientiert zu sammeln, um eine wirksame Benützung der Krankengeschichte für den Arzt selbst und eine Kommunikation mit Drittpersonen, wie Schwestern oder Konsiliarii, möglich zu machen. Weiterhin erlaubt die gut dokumentierte Krankengeschichte auch bei Abwesenheit des erstbehandelnden Arztes, die Kontinuität der ärztlichen Versorgung aufrechtzuerhalten, ohne daß dabei Nachteile für den Patienten erwachsen. Im weiteren kann die Krankengeschichte als sog. Datenquelle für die klinische Forschung dienen, deren ausgesprochenes Ziel die Erhebung des Leistungsstandards sein sollte, und in diesem Sinne trägt die Chart Review zur Verbesserung der medizinischen Leistung bei. Zwar ist es schwierig, einen solchen Effekt generell aufzuzeigen, aber in Einzelfällen kann eine direkte Korrelation zwischen guter Krankengeschichtsführung einerseits und guter medizinischer Leistung andererseits hergestellt werden."[1] Die Erhebungsbögen nehmen damit gleichsam auch die Funktion einer Check-Liste oder eines Leitfadens wahr, an dem der Handelnde beim Ausfüllen kontrolliert, ob er alle relevanten Aspekte eruiert hat.

Diese Einschätzung wird durch verschiedene Untersuchungen in den USA bestätigt, die einen signifikanten positiven Zusammenhang zwischen der Qualität der ärztlichen Aufzeichnungen und der Qualität der Versorgung feststellten.[2] Auch in der Universitätsklinik Köln konnten die nach einer

---

[1] Conen 1984,
[2] Selbmann 1985a, S. 62 sowie Senftleben 1980, S. 26 zitieren hierzu Payne (1976) und Lyons (1974).

Operation auftretenden Komplikationen (Wundinfektionen, Nahtinsuffizienzen usw.) dadurch erheblich verbessert werden, daß die Aufmerksamkeit von Ärzten und Pflegepersonal durch die Dokumentation der medizinischen Versorgung gesteigert wurde, indem täglich von einer studentischen Hilfskraft Angaben zur Befindlichkeit des Patienten und den getroffenen Operationsvorbereitung notiert wurden.[1]

Noch deutlicher wird dieser Leitfadencharakter bei Qualitätskonzepten wie den Screening-Programmen für Kinder, die durch die vorgegebenen Diagnoseschritte gleichzeitig eine Standardisierung der Tätigkeit zur Folge haben.

- Die (computergestützte) Auswertung einer Vielzahl vergleichbarer Handlungsabläufe vermittelt Aufschluß über Problembereiche und Schwachstellen, die Eignung einzelner Maßnahmen, Fehlerursachen usw., wodurch zum einen Anhaltspunkte für die Forschung über Wissensdefizite und wesentliche Forschungsbereiche, zum anderen für die in der beruflichen Praxis Tätigen Erkenntnisse über mögliche Verbeserungen ihrer Leistungsprozesse gewonnen werden. Von großer Bedeutung ist in diesem Zusammenhang die Möglichkeit, durch die Prozeßanalyse, wie z.B. im Rahmen der Perinatalerhebung, empirisch fundierte Standards über den Ablauf und die Struktur von Leistungsprozessen zu gewinnen, die als Orientierungsdaten für die in der Ausbildung befindlichen wie auch für die bereits praktizierenden Freiberufler gelten können und weitestgehend eine einheitliche Ausführung bestimmter Tätigkeiten auf möglichst hohem Qualitätsniveau gewährleisten. „Standards ärztlichen Handelns gibt es natürlich seit eh und je, wenn sie aber explizit formuliert sind, so vereinfacht dies .... unter anderem die Ausbildung, stellt vielleicht nicht ausreichend begründete Verhaltensweisen in Frage und liefert Hinweise für die empirische Forschung."[2]

Die verschiedenen hier angesprochenen Konzepte setzen hinsichtlich den möglichen Maßnahmen zur Qualitätssteuerung durchaus unterschiedliche Schwerpunkte. So legte z.B. die PSRO-Studie nach Auffassung vieler Kritiker den Akzent zu sehr auf die Kontrolle steigender Kosten, Gebühren und unnötiger Operationen, vernachlässigte aber die Umsetzung der gewonnenen Erkenntnisse in die Aus- und Weiterbildung der Ärzte, so daß den Kontrollen keine entsprechende Qualitätsgewinne in der ärztlichen Tätigkeit gegenüberstanden.

Demgegenüber betonen die amerikanische PAS-Studie wie auch die großen bundesdeutschen Programme vor allem die Entwicklung von Standards bzw. das Bereitstellen von Informationen für die beteiligten Kliniken und Ärzte, die diesen zwar Einblick über ihre Leistungsstruktur im Vergleich zu den Kollegen bzw. zu eigenen Leistungen geben, jedoch das Ziehen von Konsequenzen und deren Umsetzung ausschließlich den für die Träger der Studie anonymen

---

1) Vgl. bessere Medizin durch Qualitätskontrolle, a.a.O.
2) Selbmann, H.K. zit. nach „Ärzte fürchten Selbstkontrolle", a.a.O.

Ärzten und Kliniken überlassen. Konzepte, die wie das Doppelkreis-Modell von Brown und Uhl, gleichzeitig eine Umsetzung der gewonnenen Erkenntnisse im Rahmen der ärztlichen Aus- und Fortbildung beinhalten, sind noch selten, obwohl – wie im Punkt „Fortbildung" bereits dargestellt wurde – die Ausmerzung von Qualitätsmängeln vor allem dann erfolgreich ist, wenn eine Weiter- oder Fortbildung unmittelbar auf die eigenen Fälle bezogen erfolgt. Daß das Zur-Verfügung-stellen von Orientierungshilfen allein noch keine optimalen Erfolge der Qualitätssicherung verspricht, zeigt auch die Erkenntnis, „daß zwischen Wissen (=Orientierungshilfe) und Tun ein Unterschied besteht. Mehrere Studien (Hulka et al. 1979, Senftleben 1980 etc.) haben z.B. gezeigt, daß selbst die Entwickler solcher Orientierungshilfen sich nur zu 60–70 % daran halten. Man spricht im englischen Sprachraum von dem ‚performance gap': Wissen und Wille sind vorhanden, nur die Realisierung läßt zu wünschen übrig. Ein effektives Qualitätssicherungsprogramm darf sich deshalb nicht nur auf die Abfrage von Wissen verlassen, sondern muß die Beobachtung des ärztlichen Handelns miteinbeziehen."[1]

Senftleben hält es allerdings für fraglich, ob eine derartige Weiter- und Fortbildung des Arztes mittels einer Daten-Rückkoppelung zu den Ergebnissen der Qualitätsanalysen angesichts mangelnder „Ärzte-Compliance" tatsächlich zu einer verbesserten Versorgung führt.

„Die Freiheit individual-ärztlicher Entscheidung und das Beharren auf der ärztlichen Tätigkeit als Kunst müssen auf Grund von wissenschaftlichen Untersuchungen entweder als Qualitätsfaktoren im medizinischen Bereich bewiesen oder auf die Ebene des Mythos verwiesen werden." Befürchtungen, daß derartige Maßnahmen zu negativen Folgen wie z.B. einer defensiven, normativen, gefahrvollen oder inflationären Medizin führen könnten, hat er jedoch nicht. „Algorithmische Hilfen haben sich in der Medizin der Entwicklungsländer, wo sie von nicht akademisch ausgebildetem Personal, das ärztlich tätig wird, angewendet werden, bewährt. Es ist nicht einzusehen, warum ähnlich gestaltete Hilfen bei akademisch trainierten Ärzten nicht sinnvoll und wirksam sein sollten." Durch geeignete Qualitätsanalysen sei es möglich, „den gegenwärtigen Stand der medizinischen Versorgung in vielen Aspekten zu identifizieren und beispielsweise Richtlinien für eine Stufendiagnostik zu entwickeln, um die ambulante medizinische Versorgung für den Arzt einfacher und sicherer, für den Patienten wirksamer und für die Allgemeinheit möglicherweise kosteneffizienter zu machen. Dies setzt jedoch eine neue Definition (oder besser eine wissenschaftliche Bestätigung) dessen voraus, was wünschenwert, notwendig, relevant, adäquat und wirtschaftlich im ambulanten medizinischen Sektor ist. Die definitionslosen Formulierungen der Reichsversicherungsordnung und die Angst, ärztlicher Tätigkeit den Nimbus omnipotenter Kunst zu rauben, helfen da gewiß nicht weiter."[2]

---

[1] Selbmann 1985, S. 62
[2] Senftleben 1980, S. 74 f.

4.1.3.2 Standesaufsicht und Berufsgerichtsbarkeit

Die Befragung der ärztlichen Experten machte deutlich, daß die Mehrzahl der Ärzte die bestehenden und standesrechtlichen Regelungen für einen wichtigen Faktor zur Sicherung der ärztlichen Leistungsqualität halten. Die Berufspflichten hätten die Aufgabe, sicherzustellen, daß bei den einzelnen Berufsangehörigen die Erfüllung der beruflichen Aufgabe im Vordergrund stehe, ohne daß die Leistungserfüllung durch eine Überbetonung des unternehmerischen Aspekts der Tätigkeit, zu starkes Wettbewerbsdenken oder durch eine übermäßige Abhängigkeit des Berufsausübenden in Frage gestellt würde.

„Die Normierung ärztlicher Berufspflichten durch autonome Satzung aufgrund einer gesetzlichen Ermächtigung in den Kammergesetzen der Länder wirft zwangsläufig die Frage auf, was geschieht, wenn ein Arzt dagegen verstößt."[1] Bei den Verstößen kann es sich um Zuwiderhandlungen im Sinne der Generalklausel des § 1 Abs. 3 Muster-BO handeln, nach der der Arzt verpflichtet ist, seinen Beruf gewissenhaft auszuüben und sich bei seinem Verhalten innerhalb und außerhalb seines Berufes der Achtung und des Vertrauens würdig zu zeigen, die der ärztliche Beruf erfordert. Es kann sich aber auch um Verstöße gegen einzelne in den Berufsordnungen der Landesärztekammern genau umrissene Berufspflichten handeln, die eine Konkretisierung der Generalklausel des § 1 Abs. 3 Muster-BO 1970 darstellen (z.B. Werbeverbot; Verbot mehrere Facharztbezeichnungen zu führen; Gebot der Kollegialität usw.).

Zur Einhaltung dieser auch für die Sicherung der Strukturqualität relevanten Vorschriften sehen die Kammergesetze der Länder Sanktionsandrohungen für standeswidriges Verhalten sowie ein Berufsgerichtsverfahren vor. Die Kammern haben demnach die Aufgabe der Überwachung der Berufspflichten. Je nach Schwere des Vergehens können sie entscheiden, ob sie ein berufsgerichtliches Verfahren einleiten oder andere Maßnahmen ergreifen wollen. So kann die Kammer Hinweise und Belehrungen erteilen, die dem Rügerecht gemäß § 74 BRAO entsprechen. Sie kann ihre Mitgleider jedoch auch durch rechtsverbindliche Gebote zur Erfüllung bestimmter Berufspflichten anhalten.[2]

Bei schwereren Verstößen gegen die Berufspflichten kann ein berufsgerichtliches Verfahren eingeleitet werden. Organisation und Besetzung der ärztlichen Berufsgerichte, Bestellung und Amtszeit der Richter sowie der Maßnahmenkatalog sind in den einzelenen Ländern verschieden geregelt. Teilweise sind die Berufsgerichte eigene Gerichte der Ärztekammern (z.B. in Baden-Württemberg, Hamburg, Niedersachsen und Rheinland-Pfalz). Teilweise sind sie anderen Gerichten angeschlossen, so in Bayern den ordentlichen Gerichten (Oberlandesgericht, Bayerisches Oberstes Landesgericht), in Hessen und in Nordrhein-Westfalen den Verwaltungsgerichten. Sie gelten jedoch in jedem Fall als staatli-

---

[1] Narr 1983, S. 230
[2] Vgl. Narr 1973, S. 230 f.

che Gericht. In der 1. Instanz sind die Berufsgerichte regelmäßig mit einem Berufsrichter und zwei Ärzten als fachkundigen Beisitzern, in der 2. Instanz teilweise mit einem, teilweise aber auch mit zwei Berufsrichtern und drei bzw. vier Ärzten als fachkundigen Beisitzern besetzt.

Die den Berufsgerichten zur Verfügung stehenden Sanktionsmaßnahmen sind im allgemeinen

- die Verwarnung
- der Verweis
- Geldstrafen bis 20.000 DM.

In einigen Ländern kann als schwerste Strafe die Festellung der Unwürdigkeit zur Ausübung des ärztlichen Berufes getroffen werden (z.B. Berlin, Niedersachsen, Nordrhein-Westfalen, Hamburg, Hessen, Bremen, Schleswig-Holstein). Nach Narr ist diese berufsgerichtliche Maßnahme für die Verwaltungsbehörde, welche allein über Rücknahme, Widerruf und Ruhen der Approbation entscheidet (§§ 5 und 6 BÄO) jedoch nicht bindend, so daß die ärztliche Tätigkeit bei vorhandener Approbation trotz eines solchen berufsgerichtlichen Strafausspruchs weiter ausgeübt werden kann.[1]

Die Tatsache, daß bei der Frage nach den Möglichkeiten der Ergebniskontrolle ärztlicher Tätigkeit lediglich zwei der befragten Ärzte sowie zwei nicht-ärztliche Experten die standes- und berufsrechtliche Aufsicht und Kontrolle ansprachen, während nahezu alle Ärzte und drei Vertreter der Krankenkassen die kassenärztliche Wirtschaftlichkeitsprüfung und immerhin sieben der Experten die Haftpflichtprozesse als Ergebniskontrolle ansprachen, zeigt, daß den standes- und berufsrechtlichen Kontrollinstanzen unter dem Aspekt der Qualitätssicherung von den Experten nur eine relativ geringe Bedeutung beigemessen wird.

Von den Nicht-Ärzten wurde in diesem Zusammenhang auch vermutet, daß bei berufsinternen Verfahren die Ärzte wohl wenig geneigt seien, ihre Kollegen ungünstig zu beurteilen. Einer der beiden Experten zitierte hierzu die – von ihm so bezeichnete – „Krähentheorie".

4.1.3.3 Externe Kontrolle

Erheblich größere Bedeutung hat aus der Sicht der Experten anscheinend die Frage der zivilrechtlichen Haftung, die immerhin von sieben der Experten angesprochen wurde. Allerdings waren sich die Experten einig, daß Haftpflichtprozesse an sich und vor allem auch die z.Zt. zu beobachtende steigende Anzahl solcher Regreßforderungen sich eher negativ auf die ärztliche Leistungserbringung auswirken könnten. Die – aus Kosten- wie aus Qualitätsgründen – unerwünschten Folgen bestünden nicht zuletzt in einer Erhöhung unnötiger

---

[1] Vgl. Narr 1972, S. 233

Leistungen, da die Ärzte aus Angst vor eventuellen späteren Haftpflichtansprüchen alle zur Verfügung stehenden Diagnosemöglichkeiten ausschöpften, auch wenn die Diagnose praktisch bereits feststehe. Eine große Rolle spielen hierbei die Doppeluntersuchungen nach Überweisungen, vor allem auch nach Einweisung ins Krankenhaus. Die befragten Ärzte waren sich hier einig, daß das Verlassen auf die Diagnosewerte eines – eventuell nicht bekannten – Kollegen für jeden Arzt ein Risiko darstelle. Besonders auch bei so schwierigen Entscheidungen wie z.b. der Notwendigkeit einer Operation scheue sich der Arzt angesichts des verstärkten Haftpflichtdrucks mehr denn je, ein solches Risiko einzugehen.

Darüber hinaus befürchten die Experten auch in der Bundesrepublik Deutschland eine Entwicklung hin zur sog. „Defensivmedizin", wobei sie erste Ansätze z.T. bereits jetzt zu beobachten glauben. Die Ärzte würden sich – wie es in den USA schon fast der Normalfall sei – immer mehr scheuen, langwierige und risikobehaftete Fälle zu übernehmen. Diese Auffassung wird auch von den Gerichten geteilt, die bis hin zum Bundesgerichtshof feststellten, daß viele Ärzte mehr an ihren eigenen Schutz vor Haftung als an das Wohl der Patienten dächten. Wegen des Haftungsrisikos wichen viele Ärzte erfolgversprechenden, aber risikobehafteten Diagnosen und Therapien aus und gäben der klinischen vor der ambulanten Behandlung den Vorzug; zudem versuchten Ärzte die Verantwortung einzugrenzen, indem sie über Gebühr Kollegen zur konsiliarischen Beratung einschalteten, um so – wenn auch rechtlich nicht abgesichert – die Verlagerung der Verantwortung auf viele Schultern zu erreichen.[1]

Auch könne, so die von uns befragten Experten weiter, die steigende Anzahl von Haftpflichtprozessen nicht als Indikator für eine tatsächliche Qualitätsminderung gelten. Auch Dr. Harald Franzki, Präsident des Oberlandesgerichtes Celle, führte in einem Referat, das er anläßlich des 13. Deutschen Krankenhaustages in Düsseldorf hielt, den Anstieg der Arzthaftungsprozesse nicht auf eine Verschlechterung der Qualität zurück, sondern auf folgende zwei Faktoren:

Zum einen sei der moderne Mensch heute weniger als früher bereit, seine Krankheit als Schicksal hinzunehmen. In dem Glauben an die Allmacht und die unbegrenzten Möglichkeiten der Medizin meine er oft, daß nahezu jede Krankheit heilbar sein müsse. Gelinge es dem Arzt aber nicht, die Krankheit zu heilen, habe dieser eben schuldhaft versagt.

Zum anderen würde die Hemmschwelle, die ein Patient zu überwinden habe, bevor er seinen Arzt für einen wirklichen oder vermeintlichen Fehler verantwortlich mache, um so niedriger, je unpersönlicher das Verhältnis zwischen Patient und Arzt in der Hektik der überfüllten Sprechstunde und in der zum Teil anonymen Atmosphäre des arbeitsteiligen Krankenhauses werde.

---

[1] Vgl. Arzt und Wirtschaft 19/85, S. 21

Sowohl Franzki als auch der Direktor der Abteilung Ärzteversicherung der Winterthur Deutschland sind der Meinung, daß sich viele Verfahren vermeiden ließen, wenn der Arzt sich von vornherein mehr um menschliche Zuwendung gegenüber dem Patienten bemüht oder gegenüber einem Patienten, der von der Behandlung enttäuscht sei, einfühlsamer reagiert hätte. Ein Bruchteil der Zeit, so Franzki, die mancher Arzt später zur Verteidigung seiner prozessualen Situation aufwenden muß, hätte oft bei sinnvollem Einsatz im Patientengespräch ausgereicht, um es später gar nicht erst zu einer rechtlichen Auseinandersetzung mit dem Patienten kommen zu lassen.[1]

Während die ärztlichen Experten auch im Hinblick auf die Qualitätssicherung Haftpflicht- oder auch Strafprozeßverfahren vor staatlichen Gerichten ablehnend gegenüberstanden, wurden die in den letzten Jahren in den einzelnen Bundesländern eingerichteten Schiedsgerichte bzw. Schlichtungsstellen von zwei der befragten Ärzte als besser geeignet bezeichnet. Dabei handelt es sich um Gutachterkommissionen für Fragen ärztlicher Haftpflicht, die dazu beitragen sollen, durch objektive Begutachtung ärztlichen Handelns den durch einen Behandlungsfehler Geschädigten die Durchsetzung begründeter Ansprüche in einem vereinfachten, zügigen Verfahren zu erleichtern. Umgekehrt soll dem Arzt die Zurückweisung unbegründeter Vorwürfe durch eine objektive Stelle erleichtert werden[2].

Es handelt sich dabei um eine außergerichtliche Erledigung von Haftpflichtstreitigkeiten zwischen Ärzten und Patienten, um letztlich für alle Beteiligten gleichermaßen unbefriedigende und langwierige gerichtliche Auseinandersetzungen zu vermeiden.[3]

Nicht nur bei den Ärzten, sondern auch von seiten der Patienten sind Haftpflichtprozesse wie Schiedsstellen umstritten. In beiden Fällen wird von Vertretern der Patienten beklagt, daß Ärzte als medizinische Gutachter immer noch bemüht seien, Standessolidarität mit den Kollegen zu üben. So erklärte z.B. der Kölner Rechtsanwalt Meinecke, Mitbegründer des Deutschen Patientenbundes, daß 60 % aller Beschwerden wegen ärztlicher Behandlungsfehler begründet seien, die Gutachterkommission für ärztliche Behandlungsfehler Nordrhein habe dagegen in den letzten Jahren nur bei 17 Prozent der sachlich geprüften Beschwerdefälle Behandlungsfehler festgestellt, die vergleichbare Stelle in Niedersachsen 32 Prozent, die in Bayern 37 Prozent. Bei der außergerichtlichen Schadensregulierung falle immer wieder auf, daß es Sachverständige für jedes Gebiet gebe – nur nicht zur Klärung der Frage, ob der Schaden eines Patienten

---

[1] Vgl. Klinikarzt 14/1985, S. 921
[2] Vgl. hierzu u.a.: Geschäfts- und Verfahrensordnung einer Schlichtungsstelle zur außergerichtlichen Erledigung von Haftpflichtstreitigkeiten zwischen Ärzten und Patienten in: Bayerisches Ärzteblatt 6/1975, S. 440-442.
[3] Vgl. Bischoff 1978, S. 41

auf eine ärztlichen Behandlungsfehler zurückzuführen sei oder nicht. Das sei für den Laien „ein schlichter Skandal", da nach der Schätzung von Professor Jakob von Uexküll heute bereits 50 Prozent aller Leiden iatrogenen Ursprungs, also von Ärzten verursacht, seien.

Auch habe der für Arzthaftpflichtsachen zuständige Senat beim Bundesgerichtshof schon seit Jahren in seinen Urteilen in solchen Prozessen dargelegt, daß gerade medizinische Gutachter im Kunstfehlerprozeß unterschwellige Standessolidarität übten, sich den Grundsätzen ärztlicher Kollegialität anpaßten und damit nicht dem durch mutmaßlichen Behandlungsfehler geschädigten Patienten nützten.

Zum Beweis dafür zitierte Meinecke ein Bundesgerichtsurteil vom 14. März 1978[1], in dem es heißt: „Beim Lesen und Würdigen von Sachverständigengutachten muß das Gericht davon ausgehen, daß ärztliche Gutachter eine Abneigung gegen vermeidbare Belastung von Mitärzten haben"[2]. Diese Auffassung wurde auch von drei der befragten Nicht-Ärzte vertreten.

Sowohl aus der Sicht der Ärzte, die der steigenden Anzahl der Arzthaftungsprozesse, aber auch den steigenden Schadenssummen sowie der in den letzten Jahren zuungunsten der Ärzteschaft gewandelten höchstrichterlichen Rechtsprechung naturgemäß kritisch gegenüberstehen, als auch aus der Sicht der Patienten, die aufgrund der Parteilichkeit der medizinischen Gutachter in den Haftpflichtprozessen und Schlichtungsstellen keine ausreichenden Sanktionsinstanzen sehen, ist also der Beitrag der bestehenden berufsexternen Kontrollorgane für die Sicherung der Qualität sehr begrenzt. Hinzu kommt, daß – wenn überhaupt – hier lediglich ein Aspekt der Qualitätssicherung angesprochen wird, nämlich die nachträgliche Kontrolle grober Fehler. Für die Feststellung einer permanent suboptimalen Behandlung steht lediglich die empirische Qualitätsanalyse als Beurteilungs-und Kontrollinstrument zur Verfügung.

4.1.4 Zusammenfassung

Die Diskussion um den Stand der Qualitätssicherung der Berufsausübung wird in keiner der übrigen hier betrachteten Berufsgruppen derart vielschichtig und differenziert geführt wie bei der Ärzteschaft. In keinem der anderen Freien Berufe sind jedoch die zur Behebung der Qualitätsdefizite bzw. zur Verbesserung der Leistungserbringung erwogenen Konzepte gleichermaßen umstritten.

Die Mediziner sind bislang der einzige Freie Beruf, in dem sich die Beschäftigung mit der Qualitätssicherungsproblematik an den im theoretischen Teil formulierten Prämissen über den Ablauf und die wissenschaftlichen Grundla-

---

[1] (Aktenzeichen VI ZR 213 76 – VersR 1978, 542).
[2] Zit. nach Nitschke 1985

gen anlehnt. Entsprechend umfaßten die Aussagen der befragten Experten nicht allein die Strukturqualität und die sie bestimmenden Einflußfaktoren, sondern auch mögliche Ansätze zur Erfassung und Sicherung der Prozeßqualität. Es wurde jedoch im Laufe der Analyse auch deutlich, daß neben den analytisch-evaluativen Konzepten zur Messung und Steuerung des beruflichen Handelns den strukturellen Rahmenbedingungen, wie sie in den Berufsgesetzen und Standesrichtlinien festgeschrieben sind, wesentliche Bedeutung zur Gewährleistung eines für eine hohe Leistungsqualität für erforderlich gehaltenen Verhaltens beigemessen wird, wenn auch die Auffassungen darüber, wie diese Regelungen abgefaßt sein sollen, z.t. erheblich differieren.

Die Einschätzung des Qualitätsstandards der einzelnen Dimensionen der ärztlichen Leistungen sowie der Effizienz der verschiedenen Qualitätssicherungsinstrumente stellt sich in dieser Untersuchung wie folgt dar:

– Da der Abschluß der Ausbildung prinzipiell die fachliche Voraussetzung für die Ausübung des Arztberufes darstellt, hält die Ärzteschaft eignungsspezifische Zulassungkriterien für das Studium für wünschenswert. Die neuen Zulassungsregelungen für das Medizinstudium, die eine Kombination zwischen Notendurchschnitt, Eignungstest und Auswahlgespräch darstellen, sind jedoch umstritten. Für sinnvoll hielten viele Experten dagegen eine praktische Tätigkeit vor dem Studium.

– Die derzeitige Ausbildungsqualität ist nach einhelliger Meinung aller befragten Experten nicht geeignet, die Befähigung des Berufsanfängers zur selbständigen Berufsausübung sicherzustellen. Besondere Kritik betrifft die Überlastung der Ausbildungskapazitäten durch zu hohe Studentenzahlen, die u.a. dadurch bedingte mangelnde Vermittlung praktischer Fertigkeiten, die Prüfungsregelungen sowie die Studieninhalte. Eine von allen Experten geforderte Maßnahme ist deshalb die radikale Senkung der Studentenzahlen; der in der neuen Ausbildungsordnung vorgesehene Arzt im Praktikum dagegen wird von einem Teil der Ärzte abgelehnt. Alternativ werden Maßnahmen zum Auffangen der Ausbildungsdefizite durch eine Pflichtweiterbildung bzw. die Kassenarztzulassungsregelungen – allerdings ebenfalls kontrovers – diskutiert.

– Die hochgradige Spezialisierung im Arztberuf hat zu einer umfangreichen Weiterbildungsordnung und weiteren Zusatzqualifikationsbestimmungen (z.B. auch für die Abrechenbarkeit bestimmter Kassenarztleistungen) geführt. Spezialisierung gilt prinzipiell als unverzichtbar, da kein Arzt mehr in allen Fachgebieten eine ausreichende Kompetenz erlangen könnnte. Sie birgt jedoch auch die Gefahr des Verlustes der Ganzheitlichkeit der Leistung und der persönlichen Verantwortung. Möglichkeiten, dies zu verhindern, sind eine ganzheitlich ausgerichtete Ausbildung sowie die Übernahme einer Koordinationsfunktion durch einen „Generalisten", der die Leistungen der einzelnen Spezialisten zusammenfaßt und ständiger Ansprechpartner der Patienten ist. Die Diskussion um den Arzt für Allgemeinmedizin zeigt, daß auch hier innerhalb der Ärzteschaft keine Einigung besteht.

- Sehr ausführlich und sehr differenziert hat sich die Ärzteschaft auch mit der Fortbildungsproblematik auseinandergesetzt und neue Formen der Fortbildung (Didaktik, Medien) erörtert. Ein zentrales Thema ist in diesem Zusammenhang bei den Ärzten als der einzigen der hier betrachteten Berufsgruppen die Frage der möglichen Messung der Effizienz von Fortbildungsangeboten. Die Ärzte stehen bei den diesbezüglichen Überlegungen allerdings noch am Anfang. Die Einschätzung der Fortbildungsbereitschaft durch die Experten reicht von „gut" bis „schlecht". Die Auffassungen darüber, ob und in welcher Form eventuelle Kontrollen der Fortbildung eingeführt werden sollen, gehen auseinander.

- Einig ist sich die Ärzteschaft, daß der wachsende Zustrom ärztlichen Nachwuchses zu erheblichen Qualitätsverlusten in der medizinischen Versorgung führen muß. Die im Rahmen der Verbesserung der Ausbildungsqualität diskutierten Konzepte (Zulassungsbeschränkungen, Pflichtweiterbildung, Kassenarztzulassung) werden deshalb auch unter dem Aspekt ihrer Wirksamkeit als Zugangsbeschränkung diskutiert. Die Mehrheit der Experten tendiert dabei zu Zulassungsbeschränkungen vor dem Studium, um spätere Staus zu vermeiden. Das mittlerweile gesetzlich verankerte Modell zur Bedarfsregelung in „überversorgten" Gebieten im Rahmen des Kassenarztrechtes ist dagegen umstritten.

- Die Gebührenordnung beeinflußt vor allem über ihren Bewertungsmaßstab die Struktur und das Volumen der ärztlichen Leistungen, wodurch ihr als Instrument der Qualitätssteuerung eine erhebliche Bedeutung zukommt. Die derzeitige Qualität des Bewertungsmaßstabes gilt allgemein als verbesserungsbedürftig, da u.a. die ungleichgewichtige Vergütung von zuwendungsintensiven und technischen Leistungen zu einer Überversorgung mit technischen Leistungen, Kostensteigerungen und dem Rückgang der primärärztlichen Versorgung geführt habe. Die geplante Aufwertung der zuwendungsintensiven Leistungen findet deshalb bei der Mehrheit der Ärzte Zustimmung.

- Wettbewerb gilt bei den Ärzten grundsätzlich als qualitätsfördernd, sofern es sich um einen reinen „Qualitäts"-Wettbewerb handelt. Preiswettbewerb oder eine Auflockerung des Werbeverbots werden von der Mehrheit der Befragten abgelehnt.

- Ärztliche Kooperation (v.a. zwischen Spezialisten verschiedener Fachgebiete) wird zwar einhellig als positiv für die Leistungsqualität begrüßt. Es wird allerdings befürchtet, daß die freie Arztwahl gefährdet werden könnte und die Patienten zwischen den Partnern „hin- und hergeschoben" werden. Als mögliche Rechtsformen der Kooperation gelten lediglich BGB-

Gesellschaften. Auch die befragten Experten aus dem nichtärztlichen Bereich standen einer Ausweitung auf Handelsgesellschaften skeptisch gegenüber.

– Medizinisch-technische Geräte spielen in der ärztlichen Berufsausübung seit langem eine große Rolle. Ihr einwandfreies Funktionieren und eine ausreichende Kompetenz der Anwender sind entscheidende Voraussetzungen dafür, daß die Qualität der Diagnose und Behandlung nicht gefährdet wird. Die zur Sicherung dieser Faktoren Anfang dieses Jahres in Kraft getretene Medizingeräte-Verordnung wird von vielen Ärzten jedoch als finanziell und organisatorisch zu aufwendig kritisiert.

– Zur Sicherung der Leistungen in jenen Bereichen, in denen medizinisch-technische Leistungen erbracht werden, wurden von der Kassenärztlichen Bundesvereinigung Qualitätskontrollen vorgeschrieben und Richtlinien zur erforderlichen Qualifikation erlassen, die als wesentlicher Beitrag zur Qualitätssicherung gelten können.

– Ein fachgerechter Einsatz der EDV kann sowohl im Krankenhaus als auch in der ambulanten Praxis die Leistungsqualität erheblich erhöhen, wenn auch ein Teil der Ärzteschaft befürchtet, daß es hier zu einer Entfremdung zwischen Arzt und Patient kommen könne. Finanzielle Erwägungen, eine noch nicht ausgereifte Software sowie Akzeptanzprobleme behindern jedoch die Verbreitung der EDV vor allem in der ambulanten Praxis.

– Traditionelle Formen berufs-, standes- oder zilvilrechtlicher Kontrollen sind aus der Sicht der Ärzteschaft nur wenig geeignet, die Qualität der Leistung zu überprüfen. Zwar spielen sie für die Sicherung der Einhaltung der berufsrechtlichen Rahmenrichtlinien und damit indirekt auch für Qualität der Berufsausübung eine gewisse Rolle, behandelt werden hier jedoch i.d.R. lediglich Extremfälle.

– Von zentraler Bedeutung für die Qualitätssicherung sind die von der Ärzteschaft in verschiedenster Form vor allem im Krankenhaus durchgeführten Qualitätssicherungsanalysen, die Anhaltspunkte über Qualitäts- und Forschungsdefizite und/oder Grundlagen für die Bildung medizinischer Standards sowie für die Beurteilung und Kontrolle des Handlungsprozesses liefern. Die ersten Ergebnisse haben – wie auch bereits Untersuchungen in den USA und verschiedenen europäischen Ländern – bestätigt, daß einerseits die medizinischen Tätigkeitsprozesse zumindest in Teilbereichen einer standardisierten Betrachtung zugänglich sind und daß sich andererseits auch ein Bedarf nach Qualitätsverbesserung feststellen läßt. Die medizinische Qualitätsforschung befindet sich allerdings in der Bundesrepublik Deutschland noch weitgehend im Experimentierstadium. Zum Teil sind zwar bereits Programme in Krankenhäusern, vor allem zum klinikinternen Gebrauch, Qualitätssicherungsprogramme etabliert, in vielerlei Hinsicht muß sich jedoch erst zeigen, welche Möglichkeiten sich für eine praktische Umsetzung entsprechender Modelle bieten.

Insgesamt erstreckt sich das von den Ärzten entwickelte Qualitätssicherungskonzept immer mehr auch auf die Bereiche der Prozeß- und Ergebnisanalyse.

4.2 Apotheker

Zum Stand und zu den Problemen der Qualitätssicherung bei den Apothekern wurden in erster Linie zwei Vertreter der Bundesvereinigung Deutscher Apothekerverbände – ABDA befragt. Weitere Gesprächspartner waren Vertreter der Organisationen der Krankenkassen, des Bundesgesundheitsamtes, des Bundesministeriums für Jugend, Familie und Gesundheit (jetzt: Bundesminnisterium für Jugend, Familie, Frauen und Gesundheit) sowie der Stiftung Warentest.

4.2.1 Berufsbild und Qualitätsverständnis

Der gesetzliche Auftrag des Apothekers ist die Sicherstellung der ordnungsgemäßen Arzneimittelversorgung der Bevölkerung. Dieser Auftrag umfaßt nach derzeitigem Verständnis vor allem

- die Entwicklung und Herstellung von Arzneimitteln
- die Prüfung (Kontrolle) von Arzneimitteln
- die Lagerung und Abgabe von Arzneimitteln
- die Information über Arzneimittel sowie
- die Beratung des Verbrauchers.

Die Erfüllung dieser Aufgaben erfolgt in verschiedenen Tätigkeitsbereichen der Pharmazie, vor allem in der Offizin, in der Krankenhausapotheke, in der Industrie und in Arzneiprüfungsinstituten, in der Bundeswehr, an der Universität und im Lehramt sowie in Fachorganisationen und in der Verwaltung.[1] Die folgenden Ausführungen werden sich jedoch auf die Apotheker in der Apotheke, die die große Mehrheit der Berufsausübenden ausmachen, konzentrieren. So übten von den ca. 36.000 Ende 1984 registrierten Apothekern ca. 30.600 ihren Beruf als Apothekenleiter oder approbierter Angestellter in einer öffentlichen Apotheke aus.

In der öffentlichen Apotheke hat sich das Aufgabenfeld der Berufsausübenden in den letzten Jahrzehnten auf die Versorgung der Bevölkerung mit Arzneimitteln verlagert. Die Entwicklung, Herstellung und Prüfung von Arzneimitteln, die früher das Bild des Apothekers wesentlich bestimmten, machen nur noch wenige Prozent der gesamten Tätigkeit in der Apotheke aus.

Wachsender wirtschaftlicher Druck, aber auch die Wirkungen der Kostendämpfungsgesetze im Rahmen der GKV haben dazu geführt, daß bei den

---

[1] Vgl. Schunack 1985, S. 2996

Apothekern eine intensive Diskussion um das zukünftige Berufs- und Aufgabenbild eingesetzt hat[1] u.a. auch mit dem Ziel, den Apotheker, der seine Funktion heute auf den „reinen Verteiler von Arzneimitteln"[2] oder "Arzneimittelverkäufer"[3] reduziert sieht, wieder aufzuwerten und der ihm zugeschriebenen Bedeutung als Beratungs- und Kontrollstelle[4] bzw. als Wahrer einer wichtigen Aufgabe für die Volksgesundheit[5] wieder Berechtigung zu verschaffen. Deshalb hielt es der ehemalige ABDA-Hauptgeschäftsführer Wehle auch für wichtig, daß der Gesetzgeber dem Apotheker auch was die Formulierung angeht – nicht nur mit der „Arzneimittelabgabe", sondern mit der „Versorgung mit Arzneimitteln" betraue[6].

Im Mittelpunkt der Diskussion steht die Festigung und Ausweitung der Funktion des Apothekers als unabhängiger und sachverständiger Informant und Berater über Arzneimittel[7], zu der die Apotheker ihrer Meinung nach aufgrund ihrer besonderen Qualifikation prädestiniert sind. Der Apotheker sei mehr als bloßer Kaufmann: Aus seiner Funktion als öffentlich bestelltem Arzneimittelfachmann folge nicht nur eine berufsrechtliche Verpflichtung, sondern auch ein haftungsrechtlich sanktionierter Individualanspruch der Kunden in der Apotheke auf Beratung über die sachgerechte Anwendung von Arzneimitteln, sofern dies aus Gründen der Arzneimittelsicherheit erforderlich sei.[8] Ein Arbeitsergebnis des Apothekertages von 1984 lautete: „Arzneimittel bedürfen der Begleitung durch Information, Patienten bedürfen bei der Anwendung von Arzneimitteln der Beratung"[9].

„Diese Tätigkeit des Apothekers gewinnt in Zukunft wegen des für Laien schwer überschaubaren Arzneimittelmarktes zunehmende Bedeutung. Zudem unterliegen Arzneimittel ständigen Veränderungen; je umfangreicher und unübersichtlicher der Arzneimittelmarkt ist, um so notwendiger ist ein wissenschaftlich gut ausgebildeter Offizinapotheker, der eine fachliche Betreuung des Kunden aufgrund solider Kenntnisse und mit der erforderlichen Verantwortung wahrnehmen kann. Eine fachkompetente Beratung und Information über das Arzneimittel mit all seinen Aspekten ist morgen wie bereits heute ein

---

[1] Die Diskussion um die Neubestimmung der beruflichen Perspektiven der Apotheker hat sich niedergeschlagen in der Formulierung eines neuen Berufsbildes des Apothekers, das das „gültige und zukünftige Anforderungsprofil für die beruflichen Tätigkeiten des Apothekers" beschreibt und auf dem Deutschen Apothekertag 1986 vorgestellt und verabschiedet wurde.
[2] Ammon 1982, S. 53
[3] Löffler 1985
[4] Friese 1986 Zit. nach Pharmazeutische Zeitung 22/86 S. 1247 f
[5] Schadewaldt 1985
[6] Löffler 1985
[7] Vgl. z.B. Schadewaldt 1985
[8] Vgl. Pieck 1985
[9] Zit. nach Schunack 1985, S. 2996

Gütesiegel einer gut geführten Apotheke. Mehr und mehr Patienten werden sich ihre Stammapotheke aufgrund dieser Service-Kriterien aussuchen."[1]

Vor allem die wachsende Selbstmedikation mache, darin stimmten die Apothekerverbände und Bundesminister Blüm überein, einen Ausbau der Beratungstätigkeit notwendig.[2]

„Auch der Einsatz nicht verschreibungspflichtiger, d.h. apothekenpflichtiger und freiverkäuflicher Arzneimittel bedarf einer Instanz, die diese Selbstmedikation aufgrund wissenschaftlicher Sachkunde überwacht. Diese Leistung kann nur durch den Apotheker fachkompetent erbracht werden. Gerade im Bereich der Selbstmedikation kann der Apotheker seine umfassende pharmazeutische Kompetenz unter Beweis stellen; gerade dort ist sie im Interesse eines optimalen Verbraucherschutzes notwendig."[3]

Aber auch bei verordneten Arzneimitteln sei das Beratungsgespräch für die Therapietreue des Patienten, die sog. Compliance, und damit für den Erfolg einer Arzneimitteltherapie von entscheidender Bedeutung. „Es geht darum, die sachgerechte Anwendung zu erläutern, Aufbewahrungshinweise zu geben, Wirkungen zu erklären, Nebenwirkungen zu minimieren und Interaktionen zu vermeiden. Es gilt auf Arzneimittelrisiken hinzuweisen, so z.B. bei der Einnahme von Arzneimitteln während der Schwangerschaft und während der Teilnahme am Straßenverkehr. Es geht auch darum, den Gebrauch von Arzneimitteln zu überwachen, den Vielgebrauch kritisch zu begleiten und den Fehlgebrauch zu unterbinden sowie den Kranken rechtzeitig an einen Arzt zu verweisen. Die Beratungsfunktion ist zudem gefordert bei Langzeitpatienten, z.B. bei Stoma- und Dialyse-Patienten, bei Diabetes und Rheumakranken.[4]

Weitere Beratungsaufgaben sehen die Apotheker in der Gesundheitsberatung und -erziehung der Bevölkerung, in der präventiven Beratung über Hygiene, Ernährung, Zahnpflege und anderen für die Gesundheit wichtigen Bereichen.[5] So liege in vielen Apotheken großes Fachwissen brach, das für gezielte vorsorgliche Reihentests, hygienische Kontrollen, vor allem aber für die Gesundheiterziehung genutzt werden könnte.[6]

Die wissenschaftliche Ausbildung zum Arzneimittelfachmann befähige und verpflichte den Apotheker darüber hinaus, auch den Arzt über Arzneimittel zu informieren und bei der Auswahl von Arzneimitteln im Rahmen eines preiswürdigen Arzneimitteleinsatzes zu beraten.[7]

---

1) Schunack 1985, S. 2996
2) Vgl. Handelsblatt v. 24.10.83; vgl. auch Löffler 1985
3) Schunack 1985, S. 2996
4) Schunack 1985, S. 2996
5) Schunack 1985, S. 2997; Pharmazeutische Zeitung 37/1985, S. 2287
6) Neue Züricher Zeitung 21/22, S. 75
7) Vgl. Schunach 1985, S. 2997

„Optimierung des Arzneimitteleinsatzes bedeutet vor allem Kostendämpfung im Arzneimittelbereich. Es ist die Frage, ob der Staat es sich leisten kann, hohe Summen in die Ausbildung des Apothekers zu investieren ohne sein Wissen als Arzneimittelfachmann besser zu nutzen. Die Ausbildungen von Arzt und Apotheker unterscheiden sich, beim Apotheker liegt der Schwerpunkt ganz eindeutig beim Arzneimittel. Defizite in der pharmakotherapeutischen Ausbildung werden von Ärzteseite nicht bestritten. Jeder niedergelassene Arzt verschreibt nur eine begrenzte Anzahl von Arzneimitteln. Er stellt sich je nach Indikation selbst eine Art von „Arzneimittelliste" zusammen. Hierbei könnte ihm der Apotheker, wie im Krankenhaus mehr und mehr schon Gepflogenheit, behilflich und nützlich sein, um die Arzneimitteltherapie wirtschaftlich zu gestalten."[1]

Auch sei der Apotheker aufgrund seiner Ausbildung befähigt, Arzneimittel nach naturwissenschaftlichen Kriterien zu beurteilen und ihre Wirkungsweise abzuleiten. Diese Fachkompetenz und -autorität solle sich der Arzt als Hilfestellung bei der Therapie zunutze machen.[2] Aus der Sicht der Berufsorganisationen ist deshalb die Festschreibung der Informations- und Beratungspflicht gegenüber Patienten und Heilberufen in der neuen Apothekenbetriebsordnung[3] die Bestätigung der wichtigen Funktion des Apothekers bei der Arzneimittelversorgung. Trotz Diskussion über das Für und Wider einer Festschreibung der Beratung als Pflicht befürwortet deshalb die Spitze der beruflichen Vertretungen der Apotheker diesen Punkt der bei Abschluß der Untersuchung noch als Entwurf vorliegenden Apothekenbetriebsordnung.

Kritiker der Festschreibung der Beratungspflicht in den Reihen der Apotheker sehen vor allem auf der Haftungsebene unkalkulierbare Risiken. Demgegenüber vertritt die Führung der ABDA wie auch der Bundesapothekerkammer die Auffassung, daß es die Übernahme von Verantwortung ohne Pflichten nicht gebe. Für eine gesetzliche Verankerung der Beratungspflichten einzutreten und zugleich haftungsrechtliche Risiken ausschließen zu wollen, sei weder juristisch haltbar noch gesundheitspolitisch durchsetzbar. Auch denkbare Schwierigkeiten bei der rechtlichen Auslegung der neuen Bestimmung seien für sich genommen kein durchschlagendes Argument gegen die Verankerung der Beratungspflicht. Derartige Auslegungsprobleme seien auch bei anderen Rechtsnormen alltäglich. Es sei nicht auszuschließen, daß bei einer gesetzlichen Kodifizierung der Beratungspflicht das kritische Bewußtsein des Verbrauchers gegenüber dem Apotheker zunehme. Dennoch sähe man – entgegen mancherlei Befürchtungen – auf den Apotheker nicht unübersehbare Prozeßlawinen zukommen. Viel-

---

[1] mittelstandsmagazin 11/85, S. 32
[2] Die Neue Ärztliche v. 16.10.85, S. 2; vgl. auch Deutsche Apotheker Zeitung 44/85, S. 2254
[3] Die bei der Durchführung der vorliegenden Studie noch als Entwurf vorliegende, von der Apothekerschaft heftig diskutierte Apothekenbetriebsordnung ist mittlerweile verabschiedet und tritt am 1. Juli 1987 in Kraft

mehr finde hinsichtlich der haftungsrechtlichen Risikoschwelle lediglich eine Angleichung an andere Freie Berufe (Ärzte, Architekten, Rechtsanwälte) statt.[1]

Ein weiterer Aspekt der Neubestimmung der beruflichen Funktion des Apothekers ist seine Beteiligung an der Arzneimittelauswahl. Aufgrund seiner Ausbildung sei der Apotheker ebenso wie oder sogar eher als der Arzt qualifiziert, Arzneimittel hinsichtlich ihrer Eignung und ihres Preises zu beurteilen. Die diesbezüglichen Vorstellungen der Apothekerschaft sind jedoch nicht gleichzusetzen mit der Forderung nach einer Aufhebung des sog. „Substitutionsverbotes". Vielmehr genügt nach Auffassung der Berufsvertreter für die Durchsetzung ihrer Vorstellungen der Abschluß entsprechender vertraglicher Vereinbarungen mit den Organisationen der Ärzte und Krankenkassen.

Ein erster Modellversuch dazu läuft seit 1. Januar 1987 in Hessen, wo die Partner übereingekommen sind, zunächst bei bestimmten Antibiotika der Offizin die endgültige Auswahl des Wirkstoffes zu überlassen. Weitere Überlegungen zielen auf eine „aut simile"-Regelung ab, bei der der Arzt entscheidet, ob der Apotheker sich an die Verschreibung zu halten hat oder ob er ein anderes wirkungsgleiches Präparat abgeben kann.[2]

„Es ist zu erwarten, daß die Dynamik, die dieser einmal begonnen Entwicklung innewohnt, nicht mehr zum Stillstand kommt, gleichviel ob von Seiten der Apotheker, der Krankenkassen oder der Ärzte durch deren Verordnungen von Generica. Dies hat zu grundsätzlichen Gesprächen mit den angesprochenen Partnern geführt und wird sie weiter bestimmen."[3]

Die Beratungs- und Informationspflicht beschränkt sich nach Auffassung der Apotheker jedoch nicht nur auf den Patienten und die Heilberufe, sondern umfaßt auch die Pharmahersteller sowie die Gesundheitsbehörden. So sieht sich der Apotheker als „security officer"[4] der Industrie, der aufgrund seiner Kompetenz und Position innerhalb des Verteilungssystems von Arzneimitteln zur Beurteilung und Beseitigung von Arzneimittelrisiken prädestiniert ist.

So vertrat der Präsident der Bundesapothekerkammer die Meinung, „daß sich gerade für den Bereich der Risikoerfassung die Ausbildung zum Apotheker als geeignete berufliche Ausgangsposition darstellt. Die umfassenden naturwissenschaftlichen Kenntnisse des Apothekers sowie seine spezifisch pharmazeutische und pharmakologische Ausbildung böten eine Grundlage, den Anforderungen eines Stufenplanbeauftragten zur Erfassung von Arzneimittelrisiken in der pharmazeutischen Industrie Rechnung zu tragen.[5]

---

[1] Pieck, zit. nach Deutsche Apothekerzeitung 38/85, S. 1910
[2] Vgl. status 1-2/86, S. 8
[3] Wehle in: Pharmazeutische Zeitung 42/85, S. 2752 f
[4] Vgl. Pharmazeutische Zeitung 37/1985, S. 2281
[5] Pharmazeutische Zeitung 39/85, S. 2446

Der § 21 der neuen zur Apothekenbetriebsordnung, der den Apotheker zum Anzeigen von evtl. Arzneimittelmängeln und Risiken verpflichtet, wird von den Apothekern als Bestätigung dieser Funktion gesehen.

Auch der Gesetzgeber sähe offensichtlich den Apotheker als den „prädestinierten Garanten für die Arzneimittelsicherheit in Industrie und öffentlicher Apotheke". „Wie sonst wären der § 21 (Arzneimittelrisiken) bzw. der § 20 (Beratung und Information) im Entwurf zur neuen Apothekenbetriebsordnung zu verstehen? ... Andererseits sollte der Verordnungsgeber das Beratungsfeld des Apothekers nicht unnötig einengen und noch durch mehr oder weniger unpraktikable Auflagen erschweren."[1]

Neben der Arzneimittelinformation und -beratung sowie verstärkter Tätigkeit in Bereichen wie Gesundheitserziehung, -vorsorge oder Beteiligung an der Nachsorge Kranker wollen die Apotheker im Interesse der Zukunftssicherung ihres Berufes auch die in der Vergangenheit vernachlässigten Bereiche der Arzneimittelherstellung und Prüfung wieder intensiver betreiben. Beide Bereiche sind in der neuen ApBetrO in den §§ 4 bis 14 geregelt und auch weiterhin als Aufgaben der Apotheker festgeschrieben.

Die Neuorientierung des Berufsbildes, einmal von der eher naturwissenschaftlichen Orientierung der Herstellung und Prüfung von Arzneimitteln, zum anderen von der eher kaufmännisch-verwaltenden Tätigkeit der Arzneimittellagerung und -abgabe her, hin zum Berater und Garanten für die Arzneimittelsicherheit stellt die Apothekerschaft vor die Notwendigkeit der Neubestimmung ihrer Qualitätsstandards. So muß sich durch den Anspruch, über die Abgabe von Arzneimitteln hinaus weitere wesentliche Aufgaben der Arzneimittelversorgung übernehmen zu können, der Berufsstand auch steigenden Qualitätserwartungen stellen. Andererseits ist man sich innerhalb der Apothekerschaft bewußt, daß hier die bislang erreichte Leistungsqualität etwa im Bereich der Beratung und Information den neuen Maßstäben vielfach noch nicht entspricht.

4.2.2 Strukturqualität

Auch bei den Apothekern steht die Sicherung der Strukturqualität im Mittelpunkt der Überlegungen zur Qualitätssicherung. Obwohl die Leistungserbringung sich in ihrer Art z.T. erheblich von der der ärztlichen Berufe unterscheidet, finden sich bei beiden Berufsgruppen weitgehende Parallelen nicht nur hinsichtlich der berufs- und standesrechtlichen Regelungen, sondern auch hinsichtlich der Qualitätsproblematik im Zusammenhang mit den einzelnen Strukturkomponenten

---

[1] Friese, zit. nach Pharmazeutische Zeitung 39/85, S. 2446

4.2.2.1 Qualifikation

Ähnlich wie bei den Ärzten nehmen auch bei den Apothekern Überlegungen zu Sicherung und Verbesserung der Qualifikation der Berufsangehörigen breiten Raum ein. Dies ist nicht zuletzt auch auf die Notwendigkeit zurückzuführen, die Ausbildung des Nachwuchses dem gewandelten Berufsbild und den veränderten Anforderungen der beruflichen Praxis anzupassen. Ebenfalls eine Rolle spielen aber auch grundsätzliche Überlegungen wie die Sicherstellung einer ausreichenden persönlichen Eignung.

4.2.2.1.1 Persönliche Eignung

Die Berufsbezeichnung Apotheker darf führen, wer als Apotheker approbiert ist. Voraussetzungen für die Approbation sind nach § 4 der Bundesapothekerordnung neben einer erfolgreich abgeschlossenen Ausbildung[1] und der deutschen Staatsangehörigkeit[2], daß der Antragsteller

- „sich nicht eines Verhaltens schuldig gemacht hat, aus dem sich seine Unwürdigkeit oder Unzuverlässigkeit zur Ausübung des Apothekerberufs ergibt,

- nicht wegen eines körperlichen Gebrechens oder wegen Schwäche seiner geistigen oder körperlichen Kräfte oder wegen einer Sucht zur Ausübung des Apothekerberufs unfähig oder ungeeignet ist."

Ähnliche Ansprüche an die Person des Apothekers bestehen auch für das Betreiben einer öffentlichen Apotheke. So ist laut § 2 des Gesetzes über das Apothekenwesen[3] Voraussetzung für das Betreiben einer Apotheke u.a., daß der Antragsteller

- „im Besitz der bürgerlichen Ehrenrechte und voll geschäftsfähig ist,

- die für den Betrieb einer Apotheke erforderliche Zuverlässigkeit besitzt; dies ist nicht der Fall, wenn Tatsachen vorliegen, welche die Unzuverlässigkeit des Antragstellers in Bezug auf das Betreiben einer Apotheke dartun, insbesondere wenn strafrechtliche oder schwere sittliche Verfehlungen vorliegen, die ihn für die Leitung einer Apotheke ungeeignet erscheinen lassen, oder wenn er sich durch gröbliche oder beharrliche Zuwiderhandlung gegen dieses Gesetz, die aufgrund dieses Gesetzes erlassene Apothekenbetriebsordnung oder die für die Herstellung von Arzneimitteln und den Verkehr mit diesen erlassenen Rechtsvorschriften als unzuverlässig erwiesen hat;

---

[1] Vgl. hierzu 4.2.2.1.2
[2] Bundes-Apothekerordnung in der Fassung v. 20. August 1977
[3] Gesetz über das Apothekenwesen in der Fassung vom 4. August 1980

- die schriftliche Versicherung abgibt, daß er keine Rechtsgeschäfte vorgenommen oder Absprachen getroffen hat, die gegen § 8 Satz 2, § 9 Abs. 1, § 10 und § 11[1] verstoßen;

- nicht wegen eines körperlichen Gebrechens oder wegen Schwäche seiner geistigen oder körperlichen Kräfte oder wegen einer Sucht unfähig oder ungeeignet ist, eine Apotheke zu leiten."

Auch hier handelt es sich also lediglich um die Sicherstellung einer gewissen moralischen Grundqualität. Im übrigen gehört auch das Pharmaziestudium zu den sog. „harten" Numerus-clausus-Fächern. Hinsichtlich der Eignung dieser Zulassungsregelung als adäquate Ausleseform gilt im wesentlichen das bereits bei den Ärzten Gesagte.[2]

4.2.2.1.2 Ausbildung

Wie bei den übrigen akademischen freien Heilberufen ist auch die Apothekerausbildung in einer Approbationsordnung geregelt. Danach beträgt die Ausbildungsdauer dreieinhalb Jahre Studium an einer Hochschule zuzüglich eines „praktischen" Jahres, das entweder vollständig in einer öffentlichen Apotheke oder in der Industrie bzw. in einer Krankenhausapotheke abgeleistet werden kann.

Sowohl von seiten der Apothekerschaft als auch von seiten des Bundesgesundheitsministeriums wurden in den letzten Jahren Überlegungen angestellt, die Apothekerausbildung zu reformieren, da sie den heutigen Anforderungen an den Beruf nicht mehr genüge. Dies wurde auch von dem für die vorliegende Studie befragten Vertreter der ABDA bekräftigt. Zur Darstellung der Position der ABDA verwies er auf das mehrfach veröffentlichte Konzept der Apothekerschaft zur Reformierung der Ausbildung sowie auf die im Abschlußbericht der 1983 vom BMJFG eingesetzten Sachverständigen-Arbeitsgruppe vorgelegten Vorschläge für eine Novellierung der Apothekerausbildung. Diese bilden nach Auffassung der Apothekerschaft eine „recht ausgewogene Vorlage, welche sowohl der Entwicklung in den pharmazeutischen Wissenschaften als auch den Anforderungen gerecht wurde, die die Gesellschaft heutzutage an den Apotheker stellt".[3].

---

[1] Die §§ 8 – 11 des Gesetzes über das Apothekenwesen enthalten Vorschriften zur Rechtsform einer gemeinschaftlich betriebenen Apotheke, zur Verpachtung von Apotheken sowie das Verbot von Absprachen mit Arzneimittelherstellern und Ärzten.

[2] Vgl. Punkt 4.1.2.1.1

[3] Gebler 1985; vgl. auch die Ansprache des Präsidenten der ABDA, Klaus Stürzbecher, vor dem Apothekertag 1983: in der Pharmazeutischen Zeitung v. 27.10.1983

Die Eckpunkte werden im folgenden kurz dargestellt:

- Einführung einer dreimonatigen Famulatur, die den zukünftigen Apotheker auf sein berufliches Umfeld vorbereitet und in der er die notwendigen Grundkenntnisse für seinen zukünftigen Beruf erlernen soll;

- Ausdehnung der Ausbildung auf mindestens fünf Jahre, von denen vier Jahre auf das Studium an einer wissenschaftlichen Hochschule entfallen, um somit eine verbesserte Aufnahme des Lehrangebots zu gewährleisten;

- Abschaffung des Antwort-Wahlverfahrens zugunsten kollegialer mündlicher Prüfungen, um den Apotheker auf die beruflichen Erfordernisse der Information und Beratung nach anerkannten Regeln der pharmazeutischen Wissenschaften vorzubereiten;

- Stärkere Betonung des pharmazeutischen und biologischen Lehrangebotes im Kanon der naturwissenschaftlichen Fächer, um ein verbessertes Verständnis für Arzneimittelwirkungen und eine rationale Pharmakotherapie zu erreichen;

- Steigerung der Lerneffizienz und Sicherung des Studienerfolges durch Begrenzung der zeitlichen Belastung der Studenten auf 35 Semesterwochenstunden;

- Berufspraktikum mit einer starken Betonung der Fächer: Information und Beratung über Arzneimittel sowie Betriebsführung und Betriebswirtschaft.[1]

Der Reformvorschlag geht dabei grundsätzlich von der Notwendigkeit einer Neuausrichtung des Pharmaziestudiums aus. Dazu gehört u.a. die Vorstellung, das Arzneimittel zum zentralen Bestandteil der pharmazeutischen Ausbildung zu machen und alle notwendigen biopharmazeutischen Aspekte in die Ausbildung mit einzubeziehen. Des weiteren wird der Ansatz verfolgt, den Apotheker für seine Aufgaben in der pharmazeutischen Industrie bzw. in anderen Tätigkeitsbereichen - außerhalb der Offizin - besser und vor allem moderner zu qualifizieren.

Diese Neusausrichtung des Studiums läßt sich nach Auffassung der Apothekerschaft und der Sachverständigen-Kommission jedoch nicht in der derzeit vorgeschriebenen Studienzeit verwirklichen. Nach Meinung aller Beteiligten - Hochschullehrer, Studenten, pharmazeutische Industrie, Gewerkschaften, Berufsverbände etc. - macht diese grundsätzliche Neuordnung der Ausbildungsinhalte eine Studiendauer von mindestens acht Semestern erforderlich.

Diese Verlängerung des Studiums um ein achtes Semester hält die Apothekerschaft - so betonten auch die von uns befragten Vertreter - für unerläßlich, um eine den heutigen Ausbildungsanforderungen entsprechende Umstrukturie-

---

[1] Bundesvereinigung deutscher Apothekerverbände 1984, S. 59

rung des Studiums zu gewährleisten, sowie um den Anforderungen der EG-Richtlinien zur Ausbildung des Apothekers nachzukommen, in der ebenfalls eine Mindestdauer von 8 Semestern für das Studium vorgesehen.

Da das von Apothekern geforderte 8. Theoriesemester von den Wissenschaftsverwaltungen der Länder und des Bundes abgelehnt wurde, andererseits die Bundesregierung jedoch gehalten ist, die in der EG-Richtlinie für die gegenseitige Anerkennung der Diplome vorgesehenen 8 Mindestsemester in nationales Recht umzusetzen, wurde von BMJFG die Einführung eines sog. „Praxis-Semesters" vorgeschlagen, das unter Aufsicht der Hochschule in einer öffentlichen Apotheke abgeleistet werden und am Ende der universitären Ausbildung liegen soll.

In der Begründung zu diesem Vorschlag heißt es, daß damit

– die Effektivität der Ausbildung an der Hochschule erhöht würde,

– die Hochschullehrer sich stärker auf die theoretische Ausbildung konzentrieren könnten,

– im Hochschulstudium für solche Lehrinhalte Platz gewonnen würde, die für die zukünftige Ausbildung des Apothekerberufes von zusätzlicher Bedeutung sein werden, wie z.B. Pharmakologie, Toxikologie, Biochemie/ Klinische Chemie und instrumentelle Analytik.

Darüber hinaus sind für das Praxis-Semester die folgenden Grundsätze formuliert worden:

– Der Student soll in der Apotheke eine wissenschaftliche Ausarbeitung anfertigen, die auf die Funktion der Apotheke abgestellt sein soll und von einem Hochschullehrer zu beurteilen ist.

– Der Student soll von der Universität vorgegebene praktische Übungen durchführen, die protokollarisch zu erfassen sind. Die Übungen sollen sich am Apothekenbetrieb orientieren und insbesondere Aufgaben aus der Pharmazeutischen Chemie, der Technologie und Biologie sowie Informationen über Arzneimittel enthalten.

Der Stoff des Praxis-Semesters soll in den zweiten Teil der pharmazeutischen Prüfung einbezogen werden.

Dieses Praxissemester wurde auf dem Apothekertag 1984 mit deutlicher Mehrheit abgelehnt. Einerseits solle eine wissenschaftliche Ausarbeitung verlangt werden, für die natürlich die Ableistung des gesamten Studiums Voraussetzung sein muß; andererseits aber sollen praktische Übungen in der Apotheke vorgeschrieben werden, die eigentlich im Verlauf des Studiums durchgeführt werden müßten. Fraglich sei ferner, ob genügend auf die Funktion der Apotheke abgestellte Aufgaben formulierbar seien. Auch die wirtschaftlichen Konsequenzen seien erheblich: Einerseits solle den Apotheken von der Regierung ein

Praxissemester beschert werden, andererseits hätten sie unter den Kostendämpfungsmaßnahmen der gleichen Regierung zu „ächzen". Es sei deshalb keineswegs sicher, ob überhaupt genügend Apotheker motiviert werden könnten, einen Studenten für ein Praxissemester aufzunehmen. Die von der Arbeitsgruppe zu Fragen der Apothekerausbildung vorgeschlagene Famulatur – zusätzlich zum praktischen Jahr – sei anders zu beurteilen: Hier gehöre der Student zur Belegschaft und werde nur in den Beruf eingeführt. Darüber hinaus sei die notwendige wissenschaftliche Begleitung des Praxissemesters durch die Hochschule problematisch in all jenen Fällen, in denen der Student nicht in seinem Hochschulort einen Praktikumsplatz für das Praxissemester gefunden hat.[1]

Entsprechend wurde der folgende Beschluß verabschiedet: „Die deutsche Apothekerschaft lehnt die Einführung eines Praxissemesters zur Behebung der Ausbildungsdefizite für Apotheker in der vom Bundesminister für Jugend, Familie und Gesundheit vorgesehenen Form ab. Die universitäre Ausbildung soll uneingechränkt an der Hochschule selbst verbleiben. Entgegen dem Vorschlag des Bundesministers für Jugend, Familie und Gesundheit fordert die ABDA mit großem Nachdruck die Einführung eines achten Hochschulsemesters und somit ein achsemestriges Hochschulstudium entsprechend den Vorschlägen der Arbeitsgruppe zu Fragen der Apothekerausbildung vom 5. April 1983."[2]

Allerdings gab der Geschäftsführer der Apothekerkammer Niedersachsen zu bedenken, daß es nicht auszuschließen sei, daß das vorgeschlagene Praxis-Semester für die nahe Zukunft die einzige Möglichkeit sein wird, um sowohl den Forderungen nach einer Verbesserung der Ausbildung, wenn dies dann wirklich der Fall sein sollte, als auch der EG-Auflage nach einem vierjährigen Hochschulstudium für die gegenseitige Anerkennung der Diplome nachkommen zu können. Ein echtes 8. Hochschulsemester durchzusetzen, werde schwierig sein, obwohl immer noch nicht einzusehen sei, wieso dies nicht möglich sein solle.

Nach Gebler kann ein Praxis-Semester der Hebel sein, mit dem eine umfassendere Ausbildungsreform eingeleitet werden könnte. Dazu sei es jedoch notwendig, daß dem Praxis-Semester ein eigenständiger Ausbildungswert zuerkannt werde, d.h. daß „die bisher mehr theoretischen Vorstellungen der Verfasser auch im Detail praktisch durchzusetzen sind und es nicht zu einer einfachen Verlängerung des praktischen Jahres mißbraucht wird". Darüber hinaus sei sicherzustellen, daß unter Berücksichtigung der Vorschläge der Arbeitsgruppe für die Novellierung der Approbationsordnung eine wirkliche Reform der Ausbildungsinhalte betrieben werde. „Mit der Verlagerung von Ausbildungsin-

---

[1] Deutsche Apotheker Zeitung 44/84, S. 2264 f
[2] Deutscher Apothekertag zit. nach DAZ 44/84, S. 2265

halten in das Praxis-Semester, also aus der Hochschule heraus, werden mit ziemlicher Sicherheit die Verteilungskämpfe um Stellen und Geld wieder aufbrechen. Diese dürfen dann jedoch nicht zu einer Erhöhung der Kapazität führen, so daß noch mehr Studenten in die Pharmazeutischen Institute gepreßt werden. Wird man sich für das Praxis-Semester entscheiden, ist eine adäquate Erhöhung des Curricularrichtwertes erforderlich."[1] Ebenso wichtig wie die Verlängerung der Ausbildung ist aus der Sicht der Apotheker auch eine Neuordnung der Studieninhalte. So betonte auch der von uns befragte Experte, daß vor allem eine Verbesserung des Kenntnisstands in Pharmakologie notwendig sei.

4.2.2.1.3 Weiterbildung

1979 wurde von der Bundesapothekerkammer eine Weiterbildungsmusterordnung konzipiert und an die Landesapothekerkammern mit der Empfehlung zur Übernahme weitergeleitet. Voraussetzung für die Umsetzung der Musterordnung durch die Länderkammern ist die Aufnahme einer Bestimmung in die Kammergesetze der Länder, die die Apothekerkammern zum Erlaß einer Weiterbildungsordnung ermächtigt und den gesetzlichen Rahmen absteckt, an dem sich die Vorschriften einer Weiterbildungsordnung zu orientieren haben. Dies ist noch nicht in allen Bundesländern gegeben. Bislang haben lediglich fünf Kammern – Berlin, Rheinland-Pfalz, Niedersachsen, Hamburg und Bayern – eine entsprechende Weiterbildungsordnung verabschiedet. In anderen Kammerbereichen sind Weiterbildingsordungen in Vorbereitung.

Der Aufbau der Weiterbildungsmusterordnung für Apotheker ist weitgehend identisch mit der der Ärzte. Ziel der Weiterbildung ist nach § 1, "Apothekern nach Abschluß ihrer Berufsausbildung im Rahmen einer Berufstätigkeit Kenntnisse und Erfahrungen in den Gebieten, Teilgebieten und Bereichen zu vermitteln, für die besondere Bezeichnungen geführt werden dürfen".

Die Weiterbildungsmusterordnung umfaßte ursprünglich fünf Gebiete und ein Teilgebiet:

- Offizin-Pharmazie
- Klinische Pharmazie
- Pharmazeutische Technologie
- Pharmazeutische Analytik
- Chemische Toxikologie (als Teilgebiet der Pharmazeutischen Analytik)
- Öffentliches Gesundheitswesen.[2]

[1] Gebler 1985, S. 22
[2] Vgl. § 2 Weiterbildungsmusterordnung; Der Beschluß, das Gebiet Arzneimittelinformation in die Weiterbildungsordnungen mit aufzunehmen, erfolgte am Deutschen Apothekertag

Auf dem Deutschen Apothekertag 1984 wurde dann beschlossen, die Weiterbildungsordnungen und Regelungen zu ergänzen, „die eine Spezialisierung der Apotheker im Lehrbereich sowie in den Verantwortungsbereichen 'Wissenschaftliche Arzneimittelinformation' und 'Vertrieb von Arzneimitteln' ermöglichen".[1]

Im Mai 1985 hat die ADKA[2] eine Fachausbildung zum Apotheker für Klinische Pharmazie verabschiedet, die sich an die Weiterbildungsordnung der Kammern anlehnt. Damit ist es den Mitgliedern der ADKA möglich, sich auch in Kammerbereichen, die z.Zt. keine bestehende Weiterbildungsordnung haben, zum Fachapotheker für Klinische Pharmazie weiter zu qualifizieren. Es besteht Übereinstimmung zwischen der ADKA und der Bundesapothekerkammer, daß die Fachausbildung der ADKA bei Einführung der Weiterbildung in dem betreffenden Kammerbereich als Weiterbildung zum Apotheker für Klinische Pharmazie anerkannt werden soll.[3]

Voraussetzung für die Erteilung der Gebiets- bzw. Teilgebietsbezeichnung ist die Vorlage der während der Weiterbildung geforderten Zeugnisse und Nachweise sowie das erfolgreiche Bestehen einer 30minütigen mündlichen Prüfung.[4]

Wesentliches Anliegen der Apothekerorganisationen ist dabei die bundesweit einheitliche Gestaltung der Weiterbildungsregelungen. Die Kammern sind deshalb gehalten, die Landesweiterbildungsordnung der Musterordnung anzugleichen. Entwürfe und Anlagen zu den Weiterbildungsordnungen sind vor der Beschlußfassung den anderen Apothekerkammern zuzuleiten. Unser Gesprächspartner der ABDA bezeichnete die Einführung der Weiterbildungsordnung als wesentlichen Faktor der Qualitätssicherung. Sie sei eine notwendige Ergänzung zu der auf die Vermittlung einer einheitlichen Grundqualifikation ausgerichteten Ausbildung, die spezielle Kenntnisse, wie z.B. in einer Krankenhausapotheke verlangt würden, nicht ausreichend vermitteln könne. Diese speziellen Zusatzqualifikationen müßten im Rahmen einer Weiterbildung erworben werden. Die primäre Funktion hat sie jedoch – wie der Geschäftsführer der Apothekerkammer Niedersachsen und Vorstandsmitglied der ABDA, Herbert Gebler, in einem Referat ausführte – in der Sicherung alter und neuer Berufsfelder für die Angehörigen des Apothekerberufes: „Die Möglichkeiten des Apothekers, in neuen Berufsfeldern tätig zu werden, hängen weitgehend davon ab, ob er sich im Rahmen einer Weiterbildungsordnung qualifizieren kann. Denn er tritt dabei in Konkurrenz zu anderen Berufsgruppen, deren Angehörige in der Regel weitergebildet sind." Die Qualifizierung auf die in den Weiterbildungsordnungen aufgeführten Bereiche sei notwendig, „um in dem starken

---

[1] DAZ 44/1984, S. 2265
[2] Arbeitsgemeinschaft der Krankenhausapotheker e.V.
[3] Vgl. Bundesvereinigung deutscher Apotheker-Verbände 1985, S. 67
[4] Vgl. §§ 7 bis 11 Weiterbildungsmusterordnung

Wettbewerb, der sich zur Zeit zwischen Hochschulabgängern anderer Berufe und den Apothekern abspielt, auch in Zukunft bestehen zu können. Für die Posten des Herstellungs- und Kontrolleiters der pharmazeutischen Industrie sieht sich der Apotheker Mitbewerbern aus Chemie, Medizin und Biologie ausgesetzt, in den Lehrberufen bei PTA und Helferinnen versuchen Berufsfremde die Apotheker von ihren Arbeitsplätzen zu verdrängen. Es ist deshalb für den Apothekerstand von existenzerhaltener Bedeutung, über eine Weiterbildungsordnung gegensteuern zu können.

Die bisher erlassenen Weiterbildungsordnungen dienen im wesentlichen dem Erhalt der Tätigkeitsfelder, die der Apotheker heute schon beackert. Mit einer Ausnahme: die Teilgebietsbezeichnung ‚Chemische Toxikologie' soll ihm die Chance verschaffen, im ökologischen Bereich tätig werden zu können. Zur Zeit ist es beispielsweise einem Apotheker verwehrt, im Umweltbundesamt zum Abteilungsleiter aufzusteigen, da er nicht weitergebildet ist. Er wird von Tierärzten verdrängt, die eine entsprechende Gebietsbezeichnung anbieten können. In den Umweltämtern der Länder, in Arbeitsschutzämtern und auch Institutionen ähnlicher Struktur werden sich auf Dauer für Apotheker entsprechende Arbeitsplätze ergeben".[1]

Auch die Einführung der zusätzlichen Weiterbildungsbereiche wurde mit der Stärkung der Wettbewerbsposition begründet. „Ein anderes Tätigkeitsfeld, in dem Apotheker von Angehörigen anderer Berufe zunehmend verdrängt werden, ist der Unterricht an PTA-Schulen und den Helferinnenklassen an Berufsschulen. Um hier Arbeitsplätze zu erhalten, bedarf es einer Weiterbildung zum Apotheker für das Lehramt. Und schließlich: im Arzneimittelgesetz ist neben dem Herstellungs- und Kontrolleiter der Vertriebsleiter gefordert, für den jedoch im Gegensatz zum Herstellungs- und Kontrolleiter keine weitere Qualifikation vorgeschrieben ist ... Schon hat der Deutsche Ärztetag eine Entschließung verabschiedet, wonach gesetzlich verankert werden soll, daß pharmazeutische Hersteller verpflichtet werden, die Verantwortung für den Inhalt der Arzneimittelinformation und die Einhaltung der diesbezüglichen Vorschriften einem Arzt zu übertragen. In der Konsequenz wird vom Marburger Bund und der Fachgesellschaft ‚Ärzte in der pharmazeutischen Industrie' gefordert, die Zusatzbezeichnung ‚Pharmazeutische Medizin' zu schaffen. Da es sich, was die Information über Arzneimittel angeht, um ureigenste Aufgaben der Apotheker handelt und ihnen zumindest die gleichen Rechte wie den Ärzten zugestanden werden müssen, sind in den Weiterbildungsordnungen Regelungen zu schaffen, die es den Apothekern gestatten, sich für solche Tätigkeitsfelder zu spezialisieren."[2]

In diesem Sinne dient die Weiterbildung der Apothekerschaft auch oder primär als eine Art Überlebensstrategie.

1) Gebler 1985, S. 24
2) Gebler 1985, S. 24-25

4.2.2.1.4 Fortbildung

Nach Aussage der Vertreter der ABDA hat auch für diesen Berufsstand die Fortbildung einen hohen Stellenwert. Wie bei den übrigen akademischen Heilberufen ist das Angebot relativ breit gefächert. Neben der individuellen Lektüre von Fachliteratur und Fachzeitschriften steht dem Apotheker ein reichhaltiges Angebot von überregionalen und regionalen Fortbildungsveranstaltungen der Bundes- und Länderkammern zur Verfügung. Eine traditionell hohe Bedeutung haben u.a. bei den Apothekern wie bei den Ärzten die überregionalen Fortbildungskongresse (vgl. Tabelle 3). Eine Übersicht über die Fortbildungsveranstaltungen der Landeskammern und der dabei erreichten Teilnehmerzahlen gibt Tabelle 4. Insgesamt wurden innerhalb eines Jahres immerhin 35 000 Teilnehmer registriert.

Entsprechend bezeichneten die von uns befragten ABDA-Vertreter das Fortbildungsangebot als gut, ein Urteil über das Fortbildungsverhalten der einzelnen Berufsangehörigen meinten sie aufgrund fehlender konkreter Zahlen nicht abgeben zu können. Sie glaubten jedoch, daß die Apotheker z.B. Fortbildung durch Lesen von Fachlektüre in größerem Ausmaß betreiben als die Ärzte und verwiesen auf die hohen Teilnehmerzahlen der Fortbildungsveranstaltungen. Sie gaben allerdings zu, daß der Besuch der einzelnen Veranstaltungen (wie auch in Tabelle 4 ersichtlich wird) sehr unterschiedlich sei. Allerdings sei die Teilnehmerzahl in einigen Kammerbereichen gemessen an der Gesamtzahl der

Tabelle 3: Fortbildungskongresse der Bundesapothekerkammer von September 1984 bis August 1985

| Kongresse | Tage | Vorträge | Praktika | | Kongreß-Teilnehmer |
			Anzahl	Teilnehmer	
Westerland	6	21	–	–	600
Davos	7	17	5	367	1150
Meran	7	19	–	–	820
Veranstaltungen insgesamt 1984/85	20	57	5	367	2570
Vergleichszahlen 1983/84 3 Veranstaltungen	20	55	6	398	2600

Quelle: Bundesvereinigung Deutscher Apotheker-Verbände 1985, S. 6

Tabelle 4: Fortbildungsveranstaltungen der Länderkammern September 1984 bis August 1985

Fortbildungsveranstaltungen der Länderkammern – September 1984 bis August 1985

Kammern	Vortragsveranstaltungen			mehrstündige Praktika Exkursionen, Arbeitskreise[1,2,3]	besondere Veranstaltungen für PTA's und[2]	Helferinnen[2]	Veranstaltungen insgesamt	Teilnehmerzahl insgesamt	Kammermitglieder insgesamt[4]
	Wochenende[1]	1/2 Tag	abend 1-2 Vorträge						
Baden-Württemberg	2	8	57	42	4	4	117	8750	6700
Bayern	–	16	20	–	–	–	–	5766	5904
Berlin	–	–	8	5	–	–	13	940	ca. 2400
Bremen	2	1	2	4	1	–	12	481	421
Hamburg	–	–	7	1	1	–	9	2700	ca. 1000
Hessen	2	–	22	–	4	–	28	ca.4540	3626
Niedersachsen	1	3	16	8	9	15	52	4385	4186
Nordrhein	7	–	76	–	12	10	105	7784	6263
Rheinland-Pfalz	3	1	17	2	1	–	24	1386	1708
Saarland	–	–	3	1	–	–	4	365	650
Schleswig-Holstein	1	–	20	2	–	2	25	1486	1160
Westfalen-Lippe	2	25	10	12	8	2	60	4121	3560
Bundesgebiet	20	54	258	77	40	33	449	ca.42704	ca.37578

[1] Bei Wochenendveranstaltungen wurden die Teilnehmer beider Tage getrennt erfaßt.
[2] Bei mehrtägigen Seminaren oder Praktika wurden die Teilnehmer der Einzeltage erfaßt.
[3] Bei Praktika wurden die Teilnehmerzahlen bei den einzelnen Stationen erfaßt.
[4] Zum Jahresende 1984

Kammermitglieder recht beachtlich. Zum anderen würden die verschiedenen Kammern durchaus unterschiedliche Fortbildungsmodelle aufweisen.

Auf die Frage nach der Notwendigkeit und Möglichkeit von Kontrollen des Fortbildungsverhaltens wies unser Gesprächspartner auf die Problematik der Kriterienauswahl. Allein das Attestieren der bloßen Anwesenheit sei kein geeigneter Indikator für die Qualität der Fortbildung beim einzelnen. Zum Teil werde zwar davon ausgegangen, daß Fortbildungszwang und -kontrolle unvermeidlich sei, er wollte sich dieser Auffassung jedoch nicht anschließen.

Ein aktuelles Thema ist für die Apothekerschaft auch die Fortbildung via Videokassetten. Erste damit gewonnene Erfahrungen zeigten – so der Tenor des Tätigkeitsberichtes der ABDA 1984/85 -, daß für eine derartige Fortbildung ein genereller Bedarf bestehe, vor allem von Apothekern, die nicht die Möglichkeit haben, an den zentralen oder regionalen Fortbildungsveranstaltungen teilzunehmen. Ein hochwertiges und für den Apotheker spezifiziertes Angebot sei jedoch die Voraussetzung. Die Frage, ob und wie Video-Fortbildung künftig durch die Apothekerkammern organisiert und finanziert werden soll, ist noch nicht entschieden. Auch die Möglichkeiten des Einsatzes neuer Medien wie Btx und Kabelfernsehen für die Fortbildungsarbeit wird von der Apothekerschaft geprüft. Die ABDA hat dazu bereits ein eigenes Programm ausgearbeitet.[1]

Als problematisch wird in der Apothekerschaft das wachsende Engagement von Pharma-Herstellern und Großhandlungen als Ausrichter von Fortbildungsveranstaltungen angesehen. Zwar wird eine Ausweitung des Angebots grundsätzlich begrüßt, die Apotheker sehen jedoch die Gefahr, daß unter dem Deckmantel objektiver wissenschaftlicher Information vielfach lediglich Produkt- oder Firmenwerbung betrieben wird. Es sei notwendig, die Apotheker ausreichend auf diese mögliche Gefahr hinzuweisen. Als Angehöriger eines akademischen Heilberufs sei er immer auch seinem Gewissen verpflichtet und dürfe nie entgegen seinem wissenschaftlichen Erkenntnisstand beraten oder sich gar durch Werbegeschenke beeinflussen lassen, erklärte der Präsident der Bayerischen Apothekerkammer. Nach Auskunft der Referentin für Aus-, Fort- und Weiterbildung der ABDA werden die Apothekerkammern, um ein einseitiges Informationsangebot zu vermeiden, ihre Fortbildung zukünftig noch stärker als bisher systematisieren „und sich auch weiterhin entschieden für eine unabhängige und eigenständige Fortbildung einsetzen".[2]

4.2.2.2 Wirtschaftliche Situation

Ähnlich wie die Ärzte sehen auch die Apotheker enge Zusammenhänge zwischen der wirtschaftlichen und der Konkurrenzsituation der Berufsangehörigen und der Leistungsqualität. Obwohl oder eventuell gerade weil bei den Apothekern in öffentlichen Apotheken durch ihre Verkaufstätigkeit der gewerbliche Aspekt der Berufsausübung verglichen mit den übrigen freien Heilberufen besonders evident ist, bemüht sich der Berufsstand – auch mit dem Argument der Qualitätssicherung –, durch strenge berufs- und standesrechtliche Regelungen des Wettbewerbsverhaltens sein traditionelles freiberufliches Selbstverständnis zu bewahren.

4.2.2.2.1 Konkurrenzsituation

In den letzten Jahrzehnten ist entsprechend der Entwicklung in den übrigen Freien (Heil-)Berufen die Anzahl der Apotheker ständig gestiegen. Allein von 1970 auf 1984 hat die Anzahl der Apotheker insgesamt um ca. 56 %, die Anzahl der Apothekenleiter um 48 % zugenommen (vgl. Tabelle 5). Im gleichen Zeitraum ist die Anzahl der öffentlichen Apotheken ebenfalls um ca. 50 %, im

---

[1] Bundesvereinigung deutscher Apotheker-Verbände 1984, S. 62
[2] Vgl. Schlicht 1986

Tabelle 5: Zahlenmäßige Entwicklung der Apotheker in der Bundesrepublik Deutschland nach Tätigkeitsbereichen von 1970 bis 1982

Jahr[1]	Apotheken-leiter	Approbierte Apotheker in Apotheken	nicht in Apotheken beschäftigte Apotheker	nicht bzw. nicht mehr als Apotheker Tätige
1970	11 710	8 683	1 201	2 502[3]
1971	12 080	10 423[2]	1 385	2 801[3]
1972	12 624	9 892[2]	1 432[3]	2 663[3]
1973	13 071	10 275[2]	1 075[3]	2 429[5]
1974	14 626	10 989	1 551	3 251[6]
1975	14 127	10 551	1 634	3 359
1976	14 550	10 758	1 830	3 880
1977	15 097	11 123	1 801	3 769
1978	15 586	11 607	1 849	3 945
1979	15 719[7]	11 513[7]	1 823[8]	3 736[8]
1980	16 223[7]	11 470[7]	1 558[9]	3 591[9]
1981	16 567[7]	11 848[7]	1 696[9]	3 828[9]
1982	16 771[7]	12 518[7]	1 953[8]	4 333[8]
1983	17 164[7]	12 661[7]	2 093[8]	4 909[8]
1984	17 340[7]	13 249[7]	.	.

[1] Stichtag jeweils der 31.12.
[2] Einschließlich Kandidaten
[3] Unvollständig
[4] Ohne Hessen
[5] In Bayern nur Verpächter von Apotheken
[6] Ohne Rheinland-Pfalz
[7] Quelle ABDA
[8] Ohne Niedersachsen
[9] Ohne Berlin (West) und Niedersachsen

Quelle: Apotheker-Jahrbuch 1971 bis 1983 und Deutscher Apotheker-Verein e.V., Abteilung für Wirtschaft und Statistik (ABDA)

Vergleich zu 1958[1] sogar auf das zweieinhalbfache gestiegen. Die durchschnittliche Anzahl von Einwohnern pro Apotheke hat sich demgemäß etwa halbiert (vgl. Tabelle 6).

Aufgrund der starken Zuwächse klagen die Apotheker bereits seit längerem über eine ständige Verschlechterung ihrer wirtschaftlichen Situation. So wies die ABDA zwar auch für 1983 eine durchschnittliche Umsatzsteigerung von 4,8 % pro Apotheke aus, nach Abzug der Preissteigerungsraten könne man

[1] 1958 wurde im sog. „Apothekenurteil" des Bundesverfassungsgerichts die Beschränkung der Niederlassungsfreiheit für Apotheken als verfassungswidrig erklärt.

Tabelle 6: Öffentliche Apotheken und Apothekendichte in der Bundesrepublik Deutschland von 1970 bis 1984

Jahr[1]	Öffentliche Apotheken-insgesamt	Eröffnungen[4]	Schließungen[4]	Apotheken-dichte[2]
1970	11 200	277	36	5 415[3]
1971	11 557	368	20	5 302
1972	11 977	407	23	5 047
1973	12 515	553	30	4 951
1974	13 058	575	29	4 751
1975	13 501	491	20	4 580
1976	13 936	516	35	4 401
1977	14 449	474	23	4 249
1978	14 929	517	36	4 106
1979	15 365	500	42	3 992
1980	15 878	514	59	3 877
1981	16 165	408	59	3 815
1982	16 438	336	65	3 750
1983	16 690	321	51	3 682
1984	16 948	328	63	3 607

[1] Stichtag jeweils 31.12.
[2] Einwohner pro Apotheke, berechnet jeweils auf der Basis des Bevölkerungsstandes von 30.6. desselben Jahres, 1983 auf der Basis Jahresende.
[3] Berechnet auf Bevölkerungsstand von 1969
[4] Nach den Veröffentlichungen in der DAZ

Quelle: Apotheker-Jahrbuch 1971-1984

jedoch praktisch von einer Stagnation des realen Apothekenumsatzes seit 1970 sprechen. Auch die Handelsspanne der Apotheken – der Rohgewinn in Prozent des Umsatzes – war 1983 und 1984 rückläufig. Von 1970 bis 1984 fiel der Rohgewinn von 35,7 % auf 30,4 %. Dieser Rückgang ist nach Einschätzung der Apothekerschaft weitgehend auf eine Veränderung im Verschreibungsverhalten im Zuge der Kostendämpfungsbemühungen in der Gesundheitspolitik zurückzuführen; größere Packungen oder neue, aber auch teurere Produkte würden verordnet. Zwar hätte durch weitgehende Rationalisierungsmaßnahmen ein Anstieg der Kosten verhindert werden können, dennoch stünden viele Apotheken vor betriebswirtschaftlichen Verlusten; immerhin 40 % seien aus rein betriebswirtschaftlicher Sicht unrentabel.[1]

[1] Bundesvereinigung deutscher Apotheker-Verbände 1985, S. 45-55; Deutsche Apotheker Zeitung 19/85, S. 963-965

Angesichts der unverändert hohen Zulassungszahlen an den Universitäten ist auch für die Zukunft mit einem weiteren Anstieg der Anzahl der Berufsangehörigen zu rechnen. Es ist allerdings nicht abzusehen, inwieweit sich dies in einer weiterhin überhöhten Zahl von Apothekengründungen niederschlagen wird. Die stagnierenden Umsätze und geringe Erwartungen auf positive Entwicklungen mögen sich eventuell dämpfend auf die Niederlassungsbereitschaft auswirken.

Es ist absehbar, daß die starken Berufszugänge auf längere Sicht nicht mehr wie bisher durch entsprechend viele Apothekenneugründungen aufgefangen werden können. Bereits 1984 konstatierte der damalige Vizepräsident der ABDA eine gewisse Beruhigung im Gründungsverhalten, das erkennen lasse, „daß offenbar 'natürliche Grenzen' für 'hohe Investitionen' und Risiken erkannt werden"[1]. Insgesamt bewege sich die Anzahl der Neugründungen, so der damalige stellvertretende ABDA-Hauptgeschäftsführer Pieck, auf relativ niedrigem Niveau. Man müsse jedoch abwarten, ob nicht junge Apotheker durch die Bedingungen des Arbeitsmarktes in Neugründungen hineingedrängt würden und damit die gesamtwirtschaftliche Situation der Apotheken beeinträchtigten[2]. Es ist deshalb damit zu rechnen, daß die Zahl der nicht in öffentlichen Apotheken bzw. nicht/nicht mehr als Apotheker tätigen Berufsangehörigen entsprechend in Zukunft weiter ansteigen wird. Zur Zeit sind ungefähr 85 % der Apotheker in öffentlichen Apotheken tätig. Im Krankenhaus waren 1.128, im Bereich Wissenschaft, Industrie und Verwaltung ca. 4.000 Apotheker beschäftigt.

Die 830 im September 1984 arbeitslosen Apotheker bedeuteten zwar eine Zunahme von 200 % gegenüber dem Vorjahr, die Arbeitslosenquote sei jedoch vergleichsweise gering, was wohl auf die guten Möglichkeiten zur Teilzeitbeschäftigung für den wachsenden Anteil weiblicher Berufsangehöriger zurückzuführen sei.

Bereits jetzt versuchen die Apotheker – wie in Punkt 4.2.2.1.3 dargestellt -, durch die Möglichkeit zur Zusatzspezialisierung ihre Konkurrenzfähigkeit in Gebieten wie der Lehre oder der Arzneimittelherstellung und -kontrolle zu stärken.

Aufgrund ihrer Monopolstellung hinsichtlich der Versorgung der Bevölkerung mit Arzneimitteln haben die in öffentlichen Apotheken tätigen Apotheker externe Konkurrenz nur in Randgebieten zu befürchten. So resultiert ihr Umsatz im Durchschnitt zu 92 % aus apothekenpflichtigen Arzneimitteln, ca. 2,5 % des Umsatzes entfallen auf freiverkäufliche Arzneimittel, 2 % auf Heil- und Hilfsmittel sowie 3,5 % auf das sog. Ergänzungssortiment. Bei diesen 8 % nicht an die Abgabe durch Apotheken gebundenen Produkte erwächst den öffentlichen Apothekern jedoch erhebliche Konkurrenz von seiten der Drogerien,

---

[1] Peterseim 1985, S. 30
[2] Vgl. Theimann 1985, S. 1239

Supermärkte etc., wobei die Apotheken hinsichtlich der Preisgestaltung und der Werbung z.T. deutlich benachteiligt sind. Entsprechend sind die Apotheker an einem weitgehenden Selbstbedienungsverbot interessiert. In dieser Hinsicht ging ihnen der Entwurf zur Novellierung der Apothekenbetriebsordnung nicht weit genug.

4.2.2.2.2 Zugangs-/Niederlassungsbeschränkungen

Das Studium der Pharmazie gehört bereits zu den sog. „harten" Numerus-Clausus-Fächern, eine darüber hinausgehende Zulassungsbeschränkung wird von der Apothekerschaft derzeit nicht diskutiert. Weiterhin aktuell sind aus der Sicht der Apotheker jedoch eventuelle Niederlassungsbeschränkungen für öffentliche Apotheken. Zwar habe das sogenannte „Apotheken-Urteil" des Bundesverfassungsgerichts 1958 die Niederlassungsfreiheit verkündet, für einen Teil der Apotheker stelle sich jedoch die Frage, ob unter heutigen Bedingungen nicht ein anderslautendes Urteil zu erreichen sei.

So konstatierte der Vizepräsident der ABDA, Dr. Albert Peterseim, auf dem Deutschen Apothekertag 1984:

„Welche grundsätzliche Regelung der Apothekerstand wünscht, zeigte sich 1950 bei der Urabstimmung über den ‚Frankfurter Entwurf'. Dieses Modell einer beschränkten Niederlassungsfreiheit fand mit 92,7 % die überwältigende Zustimmung der deutschen Apotheker. Dem ‚Frankfurter Entwurf' entsprach sowohl eine Gesetzesinitiative der CDU/CSU im Bundestag als auch das Bayerische Landesapothekengesetz von 1952. Der Wortlaut dieses Gesetzes ist auch heute noch von Interesse, weil er den Wunschtraum aller Apothekenbesitzer zum Ausdruck bringt, vielleicht aber auch die Schrecken der aktiven Kollegen, die dann vor der Tür stehen."[1]

Nach Artikel 3 dieses Gesetzes durfte für eine neu zur errichtende Apotheke die Betriebserlaubnis nur erteilt werden, wenn

„a) die Errichtung der Apotheke zur Sicherung der Versorgung der Bevölkerung mit Arzneimitteln im öffentlichen Interesse liegt und

b) anzunehmen ist, daß ihre wirtschaftliche Grundlage gesichert ist und durch sie die wirtschafliche Grundlage der benachbarten Apotheken nicht so weit beeinträchtigt wird, daß die Voraussetzungen für den ordnungsgemäßen Apothekenbetrieb nicht mehr gewährleistet sind.

Mit der Erlaubnis kann die Auflage verbunden werden, die Apotheke im Interesse der gleichmäßigen Arzneimittelversorgung in einer bestimmten Lage zu errichten."[1]

---

1) Peterseim 1985, S. 26
2) Peterseim 1985, S. 26-27

Diese Regelung hat das Bundesverfassungsgericht in seinem Urteil vom 11.6.1958[1] für nicht vereinbar mit Art. 129 GG erklärt. Das Gericht ging dabei davon aus, daß die dem Apotheker vorgeschriebene Vor- und Ausbildung grundsätzlich genügt, um die ordnungsgemäße Versorgung der Bevölkerung mit Arzneimitteln sicherzustellen. Zwar ist es nach Auffassung des Gerichts prinzipiell möglich, die Niederlassungserlaubnis auch an objektive, d.h. von der Person des Apothekers unabhängige Voraussetzungen zu knüpfen, an den Nachweis solcher objektiven Voraussetzungen seien jedoch sehr strenge Anforderungen zu stellen. Im allgemeinen werde nur die Abwehr nachweisbarer oder höchstwahrscheinlicher Gefahren für ein überragend wichtiges Gemeinschaftsgut diesen Eingriff legitimieren. Das Gericht zählte dazu nicht den Konkurrenzschutz der bereits im Beruf Tätigen, den Zweck der Förderung von sonstigen Gemeinschaftsinteressen und die Sorge für das soziale Prestige eines Berufes.

Entscheidend war deshalb für das Gericht die auch heute noch zentrale Frage, ob die Niederlassungsfreiheit die geordnete Arzneimittelversorgung so störe, daß dadurch eine Gefährdung der Volksgesundheit zu befürchten sei. Unter Berücksichtigung der damals zugrunde gelegten Lage auf dem Gebiet der Arzneimittelversorgung und der damals erstellten Prognose für die zukünftige Entwicklung verneinte dies das Gericht und kam zu dem Schluß: „Auf dem Gebiete des Apothekenrechts entspricht der Verfassungslage *gegenwärtig* allein die Niederlassungsfreiheit, verstanden als das Fehlen objektiver Beschränkungen der Zulassung."[2] Ausgegangen war das Gericht damals u.a. von den Annahmen, daß Apotheken nur nach sorgfältiger Marktanalyse mit der Zeit auch in weniger versorgten, vor allem in ländlichen Gebieten gegründet würden und daß die Nachwuchslage – 1958 bestand Nachwuchsmangel – der Apothekenvermehrung natürliche Grenzen setzen würde.

Entgegen der Einschätzung des Bundesverfassungsgerichts hat die Anzahl der Apotheken wie auch die Anzahl der Apotheker, wie bereits oben dargestellt wurde, erheblich zugenommen. Dies und der Bezug des Urteils auf die damals „gegenwärtige" Lage, die einen anderen Urteilsspruch für den Fall, daß sich die Lage wesentlich verändern sollte, nicht ausschließt, hat dazu geführt, daß die Frage der Niederlassungsbeschränkung vor allem von der Apothekerschaft, aber auch von anderer Stelle immer wieder diskutiert worden ist. Eine Fülle von Gutachten hat sich mit Einzelfragen hierzu beschäftigt.[3]

Der aktuelle Anlaß für eine erneute Beschäftigung mit dem Thema ist jetzt die steigende Anzahl der Apotheken bei stark rückläufigem Ertrag. Hinzu kommt

---

[1] BVerfGE 7, S. 377 ff
[2] BVerfGE 7, S. 377 (379, Leitsatz 8, insbes. die Gründe S. 405, 408, 409); vgl. dazu auch Peterseim 1985, S. 27-28 und Starck 1980, S. 2-3
[3] Vgl. z.B. Friauf 1976 und 1977; Rupp 1975; Lütze 1978; Püttner 1976; Starck 1980

die Befürchtung, daß die 1985 verabschiedete EG-Richtlinie zur Niederlassungsfreiheit zu einem weiteren Zuwachs an Apotheken und Apothekern führen könnte. Die aus der wachsenden Konkurrenz entstehende weitere Verschlechterung der wirtschaflichen Situation könnte, so wird befürchtet, Auswirkungen auch auf das Konkurrenzverhalten der Apotheker haben. Eine Gefährdung der ordnungsgemäßen Versorgung der Bevölkerung mit Arzneimitteln – so Peterseim –, die eine Zulassungsgrenze rechtfertigen würde, wollen die Verantwortlichen der ABDA jedoch zur Zeit nicht sehen.

Das Bundesverfassungsgericht habe bereits 1958 – so Peterseim – eine allgemeine Gefährdung der Berufsmoral als Folge der Niederlassungsfreiheit für nicht wahrscheinlich angesehen, da es davon ausgegangen sei, daß Aufsicht, Standesgerichtsbarkeit und die allgemeinen Straf- und Haftgesetze die Gefährdungen auf ein normales Maß eindämmten. Die heutige Erfahrung zeige zwar ein deutliches Anwachsen der Berufsvergehen, deren Gründe aber nur sehr selten in einer Notlage lägen. Verstöße seien nicht nur bei Neugründungen oder im Umkreis von Neugründungen festzustellen, sondern auch bei bestehenden Apotheken.[1]

Neben Berufsvergehen, welcher Art auch immer, kann die ordnungsgemäße Versorgung der Bevölkerung mit Arzneimitteln auch dadurch gefährdet werden, daß die Apotheker versuchen, ihren Umsatz dadurch zu erhöhen, daß sie den Verkauf von Arzneimitteln erhöhen. Abgesehen davon, daß die bestehenden Werbebeschränkungen dem Apotheker hier enge Grenzen setzen[2], fühlt die Apothekerschaft sich nicht verantwortlich für das Überangebot an Arzneimitteln. So konstatierte Pieck, daß im Gegensatz zu einer Ausweitung der Zahl der Kassenärzte Neugründungen von Apotheken zwar auch den Umsatz und das Einkommen bereits bestehender Betriebe beeinträchtige. Dies führe jedoch nicht zu einer Erhöhung der GKV-Ausgaben, da die Zahl der Apotheken auf Anzahl und Inhalt der ausgestellten Kassenrezepte ohne Einfluß bleibe[3].

Auch Peterseim sieht die Apotheke nicht als Verursacher des Arzneimittelüberangebots, sondern die starke Ausdehnung neuer Vertriebsformen, insbesondere die moderne Form der Selbstbedienung. Er verweist hierbei auf die seiner Meinung nach „prophetischen" Worte des Bundesverfassungsgerichts von 1958 mit seiner Feststellung, der Gesetzgeber müsse vor einer Beschränkung der Niederlassungsfreiheit erst einmal dort wirksam Gefahren bekämpfen, wo sie tatsächlich greifbar seien. Die Apotheke sei weder die eigentliche noch eine wesentliche Gefahr. Gefahren sah das Gericht vielmehr im Eindringen persönlich ungeeigneter Unternehmer in den Arzneimittelmarkt, in der erheblichen Unsicherheit über die Abgrenzung der Apothekenpflichtigkeit, in beliebig zu

---

[1] Peterseim 1985, S. 30
[2] Vgl. auch Punkt 4.2.2.2.3
[3] Vgl. Theimann 1985, S. 1239

vermehrenden Verkaufsstellen. Nach Auffassung der Richter fehlt insbesondere ein präventiver Gesundheitsschutz, der leicht herbeizuführen sei durch eine Beschränkung der Arzneimittelabgabe auf Apotheken, wo sich die Sicherheit schon aus einer eingehenden langjährigen praktischen und wissenschaftlichen Ausbildung ergäbe. Das höchste deutsche Gericht stellte in Richtung Gesetzgeber fest:

„Die Zahl der anderen Verkaufsstellen zu beschränken, müßte daher näher liegen, als die der Apotheken, denen das natürliche Monopol von Arzneimitteln zukommt. .... Es ist nicht folgerichtig, wenn auf der einen Seite zur Erhaltung der beruflichen Zuverlässigkeit die Zahl der Apotheken beschränkt werden soll, auf der anderen Seite aber Arzneimittel für Mensch und Tier in so großem Umfang außerhalb der Apotheke verkauft werden dürfen, daß die Existenz zahlreicher Apotheken gefährdet ist."[1]

Als einen weiteren Grund, warum die große Mehrzahl nicht nur der angestellten, sondern auch der selbständigen Apotheker einer Niederlassungsbeschränkung skeptisch gegenüberständen, nannte der stellvertretende ABDA-Hauptgeschäftsführer Pieck auf einem Presseseminar die mit der Einführung objektiver Zulassungskriterien verbundene Einschränkung der Verfügungsgewalt des einzelnen Apothekeninhabers über sein Geschäft, so daß er z.B. nicht mehr frei entscheiden könne, an wen er sein Geschäft verkaufen möchte. Zu berücksichtigen sind auch, wie Starck in seinem Gutachten aufzeigt, die nicht unwesentlichen Schwierigkeiten, überhaupt ein verfassungsmäßiges Vergabesystem zu entwickeln.[2] Pieck geht jedoch davon aus, daß trotz dieser und anderer Erwägungen damit zu rechnen sei, daß die Forderungen nach einer Niederlassungsbeschränkung innerhalb des Berufsstandes in dem Maße lauter würden, in dem künftig das effektive Einkommen des einzelnen stagnieren oder schrumpfen würde.[3]

Insgesamt ist jedoch davon auszugehen, daß Gründungsbeschränkungen für öffentliche Apotheken erst dann zu rechtfertigen sind, wenn dadurch nachweisliche Gefahren für die Arzneimittelversorgung etwa durch ein apothekeninduziertes Überangebot entstehen. Dieses Problem sei, so erklärte auch unser Interviewpartner von der ABDA, jedoch zur Zeit nicht akut, die Frage einer Niederlassungssperre daher nicht aktuell.

4.2.2.2.3 Werberichtlinien

Wie die übrigen Freien Berufe sind auch die Apotheker relativ strengen Werberestriktionen unterworfen. Nach den Kammergesetzen (Ausnahme Hamburg) sind die Apothekerkammern auch zur Regelung von Werbungs- und Wettbe-

---

[1] Zit. nach Peterseim 1985
[2] Vgl. Starck 1980
[3] Theimann 1985, S. 1239-1240

werbsfragen ermächtigt. Nachdem 1961 die Bundesapothekerkammer Richtlinien für die Werbung öffentlicher Apotheken erlassen hat, wurden in den jeweiligen Berufsordnungen auch Vorschriften über zulässiges bzw. unzulässiges Werbeverhalten der Mitglieder aufgenommen, die in den einzelnen Ländern zwar im Grundtenor einheitlich, jedoch in der konkreten Ausgestaltung relativ unterschiedlich sind. Werbebeschränkungen – wenn auch in unterschiedlichem Ausmaß – bestehen danach u.a. hinsichtlich der Außenwerbung einzelner Apotheken sowie hinsichtlich der Zugabepraxis.

Wohl in keinem Freien Beruf sind die erlassenen Werbebeschränkungen bzw. Verbote jedoch auch innerhalb des Berufsstandes so umstritten wie bei den Apotheken, was nicht zuletzt auf das dem Beruf immanente Spannungsverhältnis zwischen Freiberuflichkeit und Gewerblichkeit bzw. Arzneimittelfachmann und Kaufmann zurückzuführen ist. Mehr als bei anderen Freien Berufen waren hier die betriebswirtschaftlichen und unternehmerischen Gesichtspunkte seit jeher fester Bestandteil der Berufstätigkeit, fiel deshalb eine Abgrenzung gegenüber einem marktwirtschaftlichen Wettbewerbsverhalten schwer. Die Diskussion um die Zulässigkeit bzw. um das Ausmaß von Werbebeschränkungen und -verboten basiert darum hier auch mehr als in anderen Freien Berufen auf grundsätzlichen Erwägungen über Funktion und Bild des Apothekerberufes an sich. Auch hier stellt sich jedoch die Frage, in welcher Weise durch die Werberegelungen die Qualität der Berufsausübung grundsätzlich beeinflußt wird.

Daß auch in den Augen des Gesetzgebers ein prinzipieller Zusammenhang zwischen Werbeverhalten und Erfüllung der Berufspflichten zu bestehen scheint, zeigt der Entwurf zur Novellierung der Apothekenbetriebsordnung, der in § 20 Abs. 2 auch eine allgemeine Beschränkung der Werbung des Apothekenleiters vorsieht:

„Die Werbung des Apothekenleiters muß eine, dem gesetzlichen Auftrag der Apotheke, angemessene Form wahren; sie darf insbesondere nicht marktschreierisch sein. Die Werbung für Arzneimittel darf nach Art, Form, Inhalt oder Häufigkeit nicht geeignet sein, den Entschluß zum Kauf, zur Verschreibung oder zur Anwendung von Arzneimitteln unsachlich zu beeinflußen."[1]

Mit anderen Worten kann Werbung der Apotheker dann als qualitätsgefährdend gelten, wenn sie dazu beiträgt, daß vom Kunden mehr als für die Gesundheit unbedingt erforderliche Arzneimittel gekauft und verbraucht werden. Unter diesem Aspekt kommt einer Werbebeschränkung, die sich auf Arzneimittel bezieht, eine wesentliche qualitätssichernde Bedeutung zu. Die Richtigkeit einer derartigen Maßnahme ist auch von keiner Seite umstritten.

---

[1] § 20 des Referentenentwurfs der Apothekerbetriebsordnung

Die Regelung der Werbung wurde allerdings bei einer weiteren Überarbeitung des Entwurfs der neuen ApBetrO ersatzlos gestrichen und ist in der schließlich verabschiedeten Fassung nicht mehr enthalten.

Uneinigkeit besteht in der Apothekerschaft hingegen darüber, wieweit solche Werbebeschränkungen sich auch auf das sogenannte Nebensortiment erstrecken dürfen. Die Kritiker der bisherigen – wie sie meinen – zu restriktiven Regelungen gehen davon aus, daß zumindest bei den freiverkäuflichen Arzneimitteln und beim Randsortiment Wettbewerbsfreiheit gegeben sein müsse, damit der Apotheker sich einerseits gegen die externe Konkurrenz von Drogerien, Supermärkten etc. behaupten könne und damit andererseits wenigstens in diesen beiden Bereichen auch ein Leistungswettbewerb innerhalb der Apothekerschaft möglich würde.[1]

„Sammelt ein Apotheker nicht Ärzte um sich wie die Henne ihre Kücken, und kann er deshalb nicht allein vom Verkauf verordneter Arzneimittel leben, oder hat er keinen in vielen Jahren gewachsenen Kundenstamm, kann er neben der Kollegen- und Einzelhandels-Konkurrenz nur bestehen, wenn er durch Beratung, Leistungsumfang und – dort, wo möglich – durch Preiswürdigkeit überzeugt. Die beste Beratung, das größte Leistungsangebot und die attraktivsten Preise nutzen ihm aber nichts, wenn er all dies dem Verbraucher nicht darstellt. Dazu muß er werben. Wartet er darauf, daß sich sein Leistungsangebot von Mund zu Mund herumspricht, stehen die durch die Mundpropaganda ‚Angelockten' vielleicht schon bald vor einer geschlossenen Apotheke."[2]

Die Apothekerkammern und auch die ABDA halten dagegen eine umfassende, d.h. auf das gesamte Sortiment bezogene Beschränkung der Werbung für unerläßlich. Durch eine Trennung zwischen Haupt- und Nebensortiment würde das Berufsbild „zweigeteilt". Die Berufsausübung des Apothekers lasse sich jedoch nicht in zwei verschiedene Tätigkeitsbereiche aufteilen, da es nur ein einheitliches Berufsbild gäbe. Darüber hinaus werde bei jeder Werbung für das Randsortiment durch den Hinweis auf die Apotheke auch für diese als Arzneimittelabgabestelle geworben. Werbung – so die Befürchtungen der Apothekenkammer – berge jedoch die Gefahr, daß durch sie häufig das Gebot der Kollegialität verletzt werde. Zum anderen solle durch Werberestriktionen der gesundheitspolitischen Gefahr eines Mehrverbrauchs von (freiverkäuflichen Arzneimitteln) entgegengewirkt werden.[3]

Die Berufsgerichte, im wesentlichen aber auch die Zivilgerichte, machten sich die von den Apothekenkammern vertretene Auffassung zu eigen, daß durch eine Herausnahme des Nebensortiments aus den Werberestriktionen die primäre Berufsaufgabe, nämlich die Versorgung der Bevölkerung mit Arzneimit-

---

[1] Vgl. z.B. Oesterle 1985
[2] Oesterle 1985, S. 1124
[3] Vgl. Fischer 1985

teln, gefährdet sein könne. So führte z.B. das Landesberufsgericht für Apotheker in Karlsruhe in einem grundlegenden Urteil vom 25. April 1979 aus, eine hemmungslose Werbung könne zum einen zu übermäßigem Arzneimittelverkauf und damit auch -verbrauch anregen, zum anderen bei sonstigen Verkaufsartikeln eine derartige Umsatzsteigerung apothekenfremder Waren bewirken, daß die eigentliche Aufgabe des Apothekers, im Interesse der Volksgesundheit zu wirken, in den Hintergrund trete. Damit bestehe die Gefahr, daß die Versorgung der Bevölkerung mit Arzneimitteln weniger ernst genommen werde als die Umsatzsteigerung durch apothekenfremde Artikel. Dies widerspreche jedoch nicht nur der Vorstellung des Gesetzgebers, sondern auch dem herkömmlichen Berufsbild des Apothekers.[1]

Auch das Landesberufsgericht für Heilberufe beim Bayerischen Obersten Landesgericht hob in seinem Urteil vom 19. Juni 1979 die Gefahr eines übermäßigen Arzneimittelkaufs und damit auch eines übersteigerten Arzneimittelkonsums hervor. Ein solcher Konkurrenzkampf würde dem Ansehen des Apothekerstandes als einem akademischen Beruf, dessen gewerbliche Tätigkeit nicht primär auf Gewinnerzielung ausgerichtet ist, erheblichen Abbruch tun. Da aber die Öffentlichkeit ein besonderes Interesse an einem Vertrauensverhältnis zwischen Patient und Apotheker bzw. einer einwandfrei funktionierenden Arzneimittelversorgung habe, lägen Werbebeschränkungen, die einem zügellosen Wettbewerb der Apotheker entgegenwirken, durchaus im allgemeinen Interesse.[2]

Auch die Zivilgerichte folgten dieser Auffassung im Grundsatz. So entschied das Bundesverfassungsgericht in einem Urteil vom 3. Januar 1980[3], daß ein Verbot unangemessener oder marktschreierischer Werbung als Regelung der Berufsausübung von Verfassungs wegen nicht zu beanstanden sei. Es handle sich um eine aufgrund eines Gesetzes durch ein Selbstverwaltungsorgan geschaffene Regelung, durch die ein übersteigertes kaufmännisches Geschäftsgebaren des Apothekers im Interesse einer funktionstüchtigen Gesundheitsfürsorge verhindert werden solle. Eine geordnete Versorgung der Bevölkerung mit Arzneimitteln sei die vorrangige Aufgabe des Apothekers, hinter die das Streben nach Gewinn zurücktreten müsse. Zur Erfüllung dieser Aufgabe sei dem Apotheker eine Reihe gesetzlicher Verpflichtungen auferlegt, mit denen sich eine marktschreierische Werbung auch für sog. apothekenübliche Waren nicht vereinbaren lasse. Eine derartige Geschäftsgestaltung würde der Apotheke den Charakter eines „Drugstores" geben und damit eine Entwicklung einleiten, die nach der amtlichen Begründung zu § 12 der Apothekenbetriebsordnung befürchten ließe, daß der Apotheker seine Hauptaufgaben im Rahmen der Arz-

---

[1] Vgl. dazu Pharma Zeitung 1979, S. 1189
[2] Vgl. Pharmazeutische Zeitung 1979, S. 1536. Im gleichen Sinne entschied z. B. auch das Landesberufsgericht für Apotheker in Nordrhein-Westfalen in seinen Urteilen vom 19.September 1983 und vom 21.August 1984.
[3] Vgl. Deutsche Apotheker Zeitung 1980, S. 700

neimittelversorgung zurückstelle und sich zunehmend einträglicheren Geschäften zuwende. Der Beschwerdeführer könnte sich demgegenüber nicht auf die angebliche existenzgefährdende Konkurrenz von Billiganbietern im Randsortiment berufen. Das Grundgesetz verlange nicht, dem Apotheker das mit dem Betreiben einer Apotheke verbundene wirtschaftliche Risiko dadurch abzunehmen, daß er von den aus vernünftigen Erwägungen des Gemeinwohls auferlegten Einschränkungen befreit werde.

Das Bundesverwaltungsgericht bestätigte in seinem Urteil vom 22. August 1985 die Rechtmäßigkeit der Ausdehnung der Werberestiktionen auch auf das Randsortiment. Diese hätte die Aufgabe zu verhindern, „daß durch eine übermäßige Werbung bei den von ihr angesprochenen Adressaten der Eindruck entsteht, die Apotheken würden ihre Hauptaufgabe, die Bevölkerung mit Arzneimitteln zu versorgen, zurückstellen und sich anderen Geschäften zuwenden. Für die Warengruppe der Arzneimittel wird diese Zielsetzung zum einen schon durch die weitergehenden Vorschriften des Gesetzes über die Werbung auf dem Gebiete des Heilwesens i.d.F. vom 18. Oktober 1978 (BGBl. I S. 1677) – HWG – und zum anderen durch das in § 8 Satz 2 Nr. 6 Berufsordnung enthaltene Verbot einer Werbung, die einen Mehrverbrauch oder Fehlgebrauch von Arzneimitteln begünstigt, erreicht. Es ist folgerichtig und nicht zu beanstanden, eine entsprechende Regelung auch für das Randsortiment zu treffen".[1]

Eine nach Form, Inhalt oder Häufigkeit „übertrieben und marktschreierisch" wirkende Werbung könne das Ansehen des einheitlichen Berufsstandes der Apotheker schädigen. Darüber hinaus solle durch übertriebene Werbung auf dem Verkaufssektor des Randsortiments auch ein ruinöser, sich möglicherweise auf den Verkauf von Arzneimitteln auswirkender Konkurrenzkampf der Apotheker untereinander verhindert werden.

Doch wenn sich auch die Zivilgerichte mit den Berufsgerichten einig sind, daß es im Falle der Apotheker gerechtfertigt ist, Bundesrecht, d.h. Kartellrecht, zum Wohle der Allgemeinheit durch berufsrechtliche Regelungen außer Kraft zu setzen[2], so bestehen zwischen Kammern und Berufsgerichten einerseits und den Zivilgerichten wie auch dem Gesetzgeber andererseits Differenzen darüber, welches Ausmaß an Werbebeschränkungen durch eine eventuelle Gefährdung des Gemeinwohls noch gerechtfertigt ist. Die Kritiker innerhalb und außerhalb der Apothekerschaft werfen den Kammern vor, nicht nur dysfunktionalen Wettbewerb, sondern Wettbewerb grundsätzlich verhindern zu wollen, um berufsinterne Konkurrenz auszuschalten. Sie versuchten – unterstützt von den Berufsgerichten –, Außenwerbung der Apotheke, zumindest in Form der

---

[1] Bundesverwaltungsgericht-Urteil (BVerG 3 C 49.84) vom 22.8.1985; das Urteil wurde von der ABDA zur Verfügung gestellt.

[2] Auch der Bundesgerichtshof kam in zwei Urteilen (vom 20. Januar 1983 und vom 15. Januar 1985) zu dem Schluß, daß dem Kartellrecht widersprechende standesrechtliche Regelungen zulässig sind, so lange sie im Rahmen der staatlichen Ermächtigungen bleiben.

Einzelwerbung eines Apothekers möglichst generell zu verhindern und jedes Herausstreichen der eigenen Leistung, ja sogar jedes Abweichen von einem einheitlichen Apotheken-Erscheinungsbild als standeswidrig zu behandeln. Die Wettbewerbs- und Werbebeschränkungen hätten nicht das Ziel, eine übertriebene oder marktschreiende als von der Allgemeinheit sittlich und anstößig mißbilligte Werbung zu verhindern, sondern jedes Abweichen von der Norm und damit Wettbewerb an sich, wobei es nicht um Gemeinwohlerwägungen ginge, sondern um einen aus wirtschaftlichen Gründen für nötig gehaltenen Konkurrenzausschluß untereinander. Würden über das Standesrecht die wenigen noch vorhandenen Wettbewerbsmöglichkeiten weiter eingeschränkt, würden die Marktzutrittschancen für niederlassungswillige Apotheker so hoch, daß Neugründungen – jedenfalls in Wettbewerbslagen – unterblieben. „Zugunsten schon etablierter Apotheker, die in den Standesorganisationen entsprechend repräsentiert sind, wird mögliche neue Konkurrenz via Standesrecht durch Abschreckung unterbunden. Schon vorhandenen Apotheken, die keine Ärzte-Nachbarschaft und keine Stammkundschaft, dafür vielleicht aber einen schlechten Standort in der Nähe eines Super- oder Drogerie-Marktes haben und deshalb auf die Sortimente freiverkäuflicher Arzneimittel und apothekenüblicher Waren angewiesen sind, wird das Überleben immer schwerer gemacht. ... Das Standesrecht entpuppt sich damit als ein von den Standesorganisationen zur Marktregulierung eingesetztes Instrument. Dies zu sein, ist aber weder Aufgabe von Standesrecht, noch passen solche dirigistischen Eingriffe in eine wettbewerblich orientierte Marktwirtschaft."[1]

Daß das Standesrecht tatsächlich z.T. über die der Ermächtigung zur standesrechtlichen Beschränkung der Wettbewerbsfreiheit zugrundeliegenden Erwägungen des Gesetzgebers und der Zivilgerichte, nämlich dem Schutz der Allgemeinheit, hinausgehen kann, sehen z.T. auch die Zivilgerichte. So ist laut dem Oberlandesgericht Koblenz ein Verstoß gegen Standesvorschriften nur dann wettbewerbswidrig, wenn die standesrechtliche Regelung einer (bundes)einheitlichen und gefestigten Auffassung der Apothekerschaft entspricht und (!) ein Verstoß gegen die Standesregel zudem von der Allgemeinheit mißbilligt und als anstößig empfunden wird.[2]

Und auch das oben bereits zitierte BGH-Urteil vom 20. Januar 1983 erkannte zwar an, daß eine marktschreierische Werbung dem Apotheker aus Gemeinwohlüberlegungen untersagt werden kann, konnte im konkreten Fall jedoch keinen wettbewerbswidrigen Verstoß sehen. Hier zeigt sich, daß bei der konkreten Ausgestaltung allgemeiner berufsrechtlicher Grundsätze durch die Selbstverwaltung zumindest die Gefahr besteht, daß die standesrechtlichen Regelungen – in diesem Fall zur Verhinderung eines berufsinternen Wettbewerbs – die vom Gesetzgeber gesetzten Spielräume überspannen. So ist zwar das Verbot

---

[1] Oesterle 1985, S. 1126
[2] Vgl. Pharmazeutische Zeitung 1984, S. 716

der Werbung für freiverkäufliche Arzneimittel als wesentlicher Faktor der Sicherung der Bevölkerung vor einem übermäßigen Arzneimittelkonsum wie auch eine Einschränkung der Werbung für das Nebensortiment zur Sicherstellung der Hauptaufgabe der Apotheke sicherlich gerechtfertigt, es ist jedoch zu fragen, ob eine derartig restriktive Regelung auch im Bereich des Randsortiments nicht das Argument der Qualitätssicherung vorschiebt, um wirtschaftliche Interessen durchzusetzen.

4.2.2.2.4 Preisregelungen

Wie bei den übrigen Freien Berufen auch ist bei den Apothekern zumindest im Bereich des Arzneimittelverkaufs der Preis für die erbrachte Leistung durch eine amtliche Verordnung festgesetzt. Apotheken ist also ein Preiswettbewerb grundsätzlich verboten. Die geltende Preisregelung für Apotheken ist in der sog. Arzneimittelpreisverordnung (AMPreisV) vom 14.11.1980[1] festgelegt. Diese regelt im § 3 die Apothekenzuschläge für Fertigarzneimittel, in § 4 die Apothekenzuschläge für Stoffe, die in der Apotheke umgefüllt, abgefüllt oder abgepackt werden, in § 5 die Zuschläge für Zubereitungen von Rezepturen in der Apotheke sowie die Preise für besondere Leistungen von Apotheken (z.B. Notdienst, Sonderberatung etc.). Damit werden alle Vorschriften über die Preisbildung von Arzneimitteln, soweit sie nicht spezielle Rabattierungsregelungen, insbesondere zugunsten der gesetzlichen Kassen, betreffen, in einer Verordnung zusammengefaßt. Zweifelsohne eine Regelung, die zur Übersichtlichkeit beiträgt.[2]

Für Abgabe von Fertigarzneimitteln schreibt die AMPreisV Festzuschläge vor, die durch einen bestimmten Prozentsatz vom Herstellerabgabepreis sowie des evtl. darauf entfallenden Großhandelhöchstzuschlags gebildet werden.[3]

Die Festpreisregelung wurde vom Gesetzgeber damit begründet, daß sie den gesundheitspolitischen Erfordernissen entspräche. „Die Besonderheiten des Arzneimittelmarkts lassen die Bestimmung der Arzneimittelpreise durch die Kräfte des Markts nur bedingt zu."[4]

Gemäß dem Prinzip der Apothekerschaft, daß allein ein Wettbewerb über die Leistung der Qualität der Berufsausübung förderlich sei, begrüßten auch unsere Gesprächspartner die Festpreisregelung als qualitätsfördernd, da sie Preiskonkurrenz grundsätzlich ausschließe.

Die Apotheker fordern allerdings eine Anpassung der Arzneimittelpreisverordnung an die wirtschaftliche Entwicklung, da durch die 1981 in Kraft getretene

---

[1] BGBl. I S. 2445, 2448
[2] Vgl. Deutsche Apotheker Zeitung 49/80, S. 2454
[3] Vgl. § 3 AMPreisV, zit. nach Deutsche Apothekerzeitung 49/80, S. 2456
[4] Bundesminister für Wirtschaft 1979

Verordnung die Apotheker deutliche Umsatzminderungen hätten hinnehmen müssen und sie auch in den Folgejahren rückläufige Gewinne zu verzeichnen gehabt hätten.[1]

4.2.2.3 Rationalisierung

Bei der Frage nach Möglichkeiten und Auswirkungen der Rationalisierung in Apotheken stehen im wesentlichen zwei Aspekte im Mittelpunkt des Interesses, die elektronische Datenverarbeitung und die neuen Medien, allen voran Btx.

Der Einzug der EDV in die Apotheke vollzog sich in erster Linie über den Bereich der Betriebs- und Warenbewirtschaftung. Die Tatsache, daß der Apotheker nicht nur ein sehr umfangreiches Warenlager unter betriebswirtschaftlichen Gesichtspunkten zu führen, sondern auch die Sicherheit der von ihm gelagerten und abgegebenen Arzneimitteln zu überwachen hat, schuf hier ein beträchtliches Einsatzpotential. Der wesentliche Faktor ist hier die computerunterstützte Sortimentsverwaltung, durch die z.b. das Bestellwesen, die Verfallsdatenüberwachung, die Kontrolle der Verweildauer, die Optimierung der Herstellerrabatte oder die Etikettenerstellung nennen. Für den Apotheker treffen sich hier Interessen der Gewinnoptimierung oder Verlustreduzierung durch ein rationelles Lagerhaltungs- und Bestellsystem mit dem im Interesse der Arzneimittelsicherheit in § 8 ApoBO (bzw. § 15 der am 1. Juli 1987 in Kraft tretenden Fassung) formulierten Anspruch einer optimalen „Vorratshaltung".

Weitere administrativ-betriebswirtschaftliche Einsatzmöglichkeiten sind die Rezepttaxierung und -abrechnung, die Lohn- und Gehaltsabrechnung, Finanzbuchhaltung, interne Betriebsvergleiche und Statistiken.

Nicht für jede Apotheke ist jedoch der Einsatz der EDV in diesen Bereichen immer rentabel. Für kleinere und mittlere Apotheken – so unsere Gesprächspartner – sei die Nutzung der EDV durchaus verzichtbar, da auch andere Hilfsmittel, z.B. die ABDA-Lochkarte eine sinnvolle Lagerverwaltung ermöglichten. Für umsatzstarke Apotheken dagegen werde die rechnergestützte Organisation des Warenlagers aus betriebswirtschaftlichen Gesichtspunkten wohl unverzichtbar.[2]

Nicht zuletzt kann der Computer in der Apotheke zur Speicherung von Patientendaten genutzt werden. Im Sinne des Datenschutzgesetzes müssen die Betroffenen in jedem Fall über die Datenspeicherung informiert werden. Als Schutz vor unerlaubtem Zugriff ist mit einem bestimmten Programm grundsätzlich auch die Datenverschlüsselung möglich.[3]

---

[1] Vgl. Bundesverband Deutscher Apothekervereine e.V. 1980
[2] Vgl. hierzu z.B. Neumann/Stephani 1981, S. 29 ff; Pharmazeutische Zeitung 47/85, S. 3041 ff
[3] Vgl. Deutsche Apotheker Zeitung 19/85, S. 960

Neben dem vielfältigen Leistungsspektrum im administrativ-betriebswirtschaftlichen Bereich gewinnt der Einsatz des Computers vor allem auch angesichts der wachsenden Informationsanforderungen an den Apotheker zunehmend an Bedeutung. Neue Informationstechnologien für den Apotheker seien notwendig, da Forderungen hinsichtlich mehr Sicherheit und Effizienz im Gesundheitswesen den steigenden Bedarf nach Informationsdienstleistungen bedingen. Ein hochstehender Informationsstandard bei den Apothekern erfordere zunehmend die Einbeziehung neuer Technologien wie z.B. computergestützter Informationssysteme. Der zentrale Einsatz elektronischer Datenverarbeitung ermögliche eine Verbesserung der Informationslage aufgrund der Aktualität von Daten, des Datenangebots (Umfrage) und des Zugriff-Komforts. Bei gezieltem Einsatz eines computergestützen Informationssystems könne somit die Kommunikation Apotheke-Arzt und der interne Informationsfluß in der Apotheke gefördert und positiv beeinflußt werden.[1]

Zur Befriedigung dieses Informationsbedarfs hat die ABDA eine Informations-Datenbank entwickelt, in der neben bibliographischen Daten zu wissenschaftlichen Publikationen auch Zielinformationen als Volltexte (Fakte) abrufbar sind.[2] Die Inhalte der Informationen beziehen sich auf zwei Bereiche apothekenrelevanter Gebiete:

- wirtschaftliche Daten wie Arzneimittelpreise, mit den zur Abgabe notwendigen Daten, Hilfstaxen u.a. und

- medizinisch-pharmazeutische Daten, hier geht es um die Wirkungsweise von Arzneimitteln, Indikationen, Interaktionen, Zusammensetzung von Fertigarzneimitteln u.a.

Der Zugriff auf dieses Informationssystem kann über das Bildschirmtextnetz der Deutschen Bundespost mittels Bildschirmtelefon, Btx-Fernsehgerät, Dialogstation oder Mikrocomputer erfolgen.[3] Vor allem das Btx eröffnet nach Auffassung eines Angehörigen des Arzneibüros der ABDA optimale Möglichkeiten, eine Vielzahl von angebotenen Dienstleistungen zu nutzen.

Insgesamt zeichnen sich also auch im Bereich des Apothekenwesens Rationalisierungseffekte ab, die nicht nur unter den Gesichtspunkten der Arbeitserleichterung oder der Wirtschaftlichkeit die Berufsausübung positiver beeinflussen, sondern auch unmittelbare Auswirkungen auf die Qualität der Versorgung der Bevölkerung mit Arzneimitteln haben. Dabei kommt der verbesserten Überwachung der Verfallsdaten ebenso große Bedeutung zu wie dem Gewinn an Sicherheit bei der Beratung des Kunden oder des Arztes durch den Apotheker.

---

[1] Pharmazeutische Zeitung 46/1985, S. 2981 f
[2] Vgl. Neumann/Stephani 1981, S. 37 ff; Pharmazeutische Zeitung 46/85, S. 2981 f
[3] Vgl. Pharmazeutische Zeitung 47/85, S. 3044

4.2.3 Prozeß- und Ergebnisqualität

Gegenüber den Überlegungen zur Sicherung und Verbesserung der Struktur-qualität spielen Überlegungen bzgl. einer Qualitätssicherung über die Prozeß- oder Ergebniskomponente bei den Apothekern nur eine untergeordnete Rolle. Sofern derartige Aspekte Berücksichtigung finden, betrifft dies vor allem die Bereiche Standesaufsicht und Berufsgerichtsbarkeit und die von ihnen geleistete Kontrollfunktion.

4.2.3.1 Standesaufsicht und Berufsgerichtsbarkeit

Das Verhalten des Apothekers wird neben der Bundesapothekerordnung und dem Bundesapothekengesetz nachhaltig auch durch die Apothekenbetriebs-ordnung bestimmt.

Nach § 23 Bundesapothekengesetz wird „wer vorsätzlich oder fahrlässig ohne die erforderliche Erlaubnis oder Genehmigung eine Apotheke, Krankenhaus-apotheke oder Zweigapotheke betreibt oder verwaltet, ... mit Freiheitsstrafe bis zu sechs Monaten oder mit Geldstrafe bis zweihundertachtzig Tagessätzen bestraft."

Verstöße gegen weitere Paragraphen des Bundesapothekengesetzes sowie gegen die Apothekenbetriebsordnung gelten nach § 25 als Ordnungswidrigkeiten und werden mit Geldstrafen belegt.[1]

Verletzungen der Berufs- und Standespflichten stellen keine Ordnungswidrig-keiten dar, sondern werden im berufsgerichtlichen Verfahren geahndet. Die Berufsaufsicht sowie die Berufsgerichtsbarkeit sind wie die entsprechenden Richtlinien der Ärzteschaft, mit denen sie weitgehend identisch sind, in den Kammergesetzen der Länder geregelt.

Die Aufgabe der Überwachung der Einhaltung der berufs- und standesrechtli-chen Regelungen liegt bei den Kammern, die je nach Schwere des Vergehens darüber entscheiden können, ob sie ein berufsgerichtliches Verfahren einleiten oder andere Maßnahmen ergreifen wollen. Die bei berufsgerichtlichen Verfahren zur Verfügung stehenden Sanktionsmaßnahmen sind im allgemeinen:

- die Verwarnung
- der Verweis
- Geldstrafe bis 20.000 DM.[2]

Wie auch bei den übrigen hier betrachteten Freien Berufen gilt für den Apothe-ker, daß diese Form der Qualitätskontrolle lediglich eine allgemeine Rahmen-qualität des Verhaltens sicherstellt, daß jedoch eine konkrete Überprüfung der Leistungsqualität nicht erfolgt.

---

[1] Vgl. auch Pfeil/Vevera /Pieck 1969, S. 175 f
[2] Vgl. auch 4.1.3.2

4.2.3.2 Analysen der Prozeß- und Ergebnisqualität

Der gesetzliche Auftrag der Sicherstellung der ordnungsgemäßen Arzneimittelversorgung der Bevölkerung umfaßt auch die Entwicklung und Herstellung sowie die Kontrolle von Arzneimitteln. In diesem Rahmen erfolgen auch bei den Apothekern Qualitätsanalysen zur Feststellung von eventuellen Mängeln. Qualitätsbeurteilungen im Rahmen der Lagerung und des Verkaufs von Arzneimitteln bzw. der Beratung der Verbraucher wurden demgegenüber nur in Einzelfällen durchgeführt.

So wurde z.B. von zwei Apothekern in der eigenen Offizin eine Analyse des Beratungsbedarfs und der Beratungsleistungen beim Verkauf von Medikamenten durchgeführt, die erste Aufschlüsse darüber vermittelte, in welchem Rahmen eine Beratung gewünscht wird und wieweit die Beratungsleistungen vom Kunden aufgenommen wurden.[1]

Auch die Stiftung Warentest führte 1984 eine Untersuchung der Beratungstätigkeit des Apothekers durch, bei der Testpersonen in verschiedenen Apotheken bestimmte Medikamente kauften und das Ausmaß der vom Apotheker dann gegebenen Informationen testeten. Die Stiftung Warentest kam dabei zu dem Ergebnis, daß die Apotheker ihren Anspruch, Arzneimittelfachleute zu sein, „höchst unzureichend einlösen" bzw. „ihr Fachwissen nur recht sparsam" preisgeben.[2] Dem wurde von der ABDA entgegengehalten, die Stiftung Warentest sei von der unrealistischen Auffassung ausgegangen, die Bevölkerung verlange immer ungefragt nach einer Beratung, auch sei die individuelle Situation der Patienten nicht berücksicht worden. Der Test werde der besonderen Problematik der Beratungsleistungen nicht gerecht.[3]

Unabhängig von den konkreten Ergebnissen über die Leistungsqualität zeigen die beiden hier angegebenen Untersuchungen zweierlei:

1. Es sind immerhin Möglichkeiten denkbar, auch relativ unspezifische Leistungen wie die Beratungstätigkeit zu analysieren und standardisieren.

2. Aus der Sicht der Apotheker wird eine Untersuchung der Differenziertheit der Problematik sicherlich dann am ehesten gerecht, wenn sie von der Apothekenschaft selbst durchgeführt wird.

Insgesamt ist davon auszugehen, daß Analysen der Anforderungen an eine Berufstätigkeit sicherlich auch zur Beseitigung der Unsicherheit vieler Berufsangehörigen angesichts dieser neuen an sie herangetragenen Anforderungen beitragen würde.

---

[1] Meyer/Waßmus 1985
[2] Vgl. test 8/1984
[3] Vgl. Bundesverband Deutscher Apothekervereine e.V. 1984, S. 1777

4.2.4 Zusammenfassung

Ein systematisches Qualitätssicherungskonzept, das auch die Durchführung von Analysen beinhaltet, haben die Apotheker zur Prüfung und Sicherung der Arzneimittelqualität entwickelt. Qualitätssicherung als globale Aufgabe aller an der Herstellung, Zulassung und Anwendung von Arzneimitteln Beteiligten soll dabei die Garantie geben, „daß das Arzneimittel in Bezug auf Wirksamkeit und Sicherheit den Vorgaben entspricht"[1]. Die wesentlichen Elemente dieses Qualitätssicherungssystem sind:

- die die Arzneimittelsicherheit betreffenden Gesetze, Richtlinien und Verordnungen als allgemeine Grundanforderungen,

- die optimalen Herstellungsbedingungen (Grundregeln der GMP)[2],

- Richtlinien für die systematische Überprüfung der Produktionsvorgänge (beherrschte Prozeßführung),

- Einbeziehung ökologischer Aspekte,

- Definition von Standards für die Zulassung,

- Integration der Qualitätssicherung in das Pharmaunternehmen,

- Steuerung der Strukturqualität.

Obwohl auf einen eher technischen Bereich bezogen, sind die Parallelen zu dem in der industriellen Produktion entwickelten Qualitätssicherungskonzept sichtbar. Auch hier hat sich die Erkenntnis niedergeschlagen, daß nur die Berücksichtigung und Beherrschung aller den Herstellungs- und Zulassungsablauf beeinflussenden Faktoren eine optimale Grundlage für die Gewährleistung einer möglichst hohen Arzneimittelqualität bildet.

Bei der Sicherung der Qualität der Berufsausübung des Apothekers folgt der Berufsstand jedoch dem traditionellen Konzept der Freien Berufe und richtet seine Aufmerksamkeit in erster Linie auf die Sicherung der Berufsqualifikation sowie auf die Einhaltung der berufs- und standesrechtlichen Verhaltensmaximen, mit anderen Worten auf die Sicherung der Strukturqualität.

Der Stand der Qualitätssicherung hinsichtlich der einzelnen Aspekte der Strukturqualität stellt sich aus der Sicht der Berufsgruppe zusammenfassend wie folgt dar:

- Die berufliche Funktion hat sich immer mehr von der Herstellung der Arzneimittel auf die Abgabe und vor allem auf die Beratung über Arzneimittelanwendung und -risiken verlagert. Dieser Funktionsänderung muß in den die Berufsausübung des Apothekers betreffenden Verordnungen und

---

[1] Schmid 1985, S. 2515
[2] Good Manufactoring Practises

Gesetzen (z.B. Apothekenbetriebsordnung, Ausbildungsordnung) in angemessener Weise Rechnung getragen werden.

- Die Ausbildung bedarf nach Auffassung der Apothekerschaft dringend einer Verbesserung. Hauptforderungen sind eine stärkere Orientierung der Ausbildungsinhalte an den Anforderungen der Berufspraxis in Verbindung mit einer Verlängerung der theoretischen Ausbildungsphase um ein achtes Theoriesemester.

- Der Weiterbildungsordnung wird für die Verbesserung der Qualifikation in Spezialgebieten, vor allem aber auch unter dem Aspekt der Erhöhung der Wettbewerbsfähigkeit gegenüber anderen Berufsgruppen große Bedeutung zugemessen.

- Das Fortbildungsangebot wie auch das Fortbildungsverhalten der Berufsangehörigen ist nach Auffassung der ABDA ausreichend. Eine Kontrolle der Fortbildung sei nicht sinnvoll.

- Durch den ständigen Anstieg der Apothekenzahlen sowie durch die Kostendämpfungsbemühungen im Gesundheitswesen hat sich die wirtschaftliche Situation der Apotheken in der Bundesrepublik Deutschland nach Auffassung der Apothekerschaft erheblich verschlechtert. Wenn auch über die Möglichkeit einer Beschränkung der Niederlassungsfreiheit diskutiert wird, wird offiziell von der Apothekerschaft eine Zulassungsbeschränkung nicht gefordert.

- Wettbewerb wird zwar prinzipiell als qualitätsfördernd bezeichnet. Die Berufsvertreter der Apothekerschaft gehen jedoch davon aus, daß die Konkurrenz nicht durch Werbung mit dem Preis oder durch sonstige Werbemaßnahmen verzerrt werden dürfe.

- Der völlige Ausschluß eines Preiswettbewerbs zur Verhinderung gesundheitspolitisch unverminderter Mengensteuerung im Medikamentenverbrauch entspricht den Intentionen des Gesetzgebers und ist in der Arzneimittelpreisverordnung geregelt, die für die Leistungen der Apotheker lediglich Festzuschläge vorsieht.

- In den Satzungen der Apothekerkammern ist Werbung u.U. auch mit dem Argument, daß eine zu befürchtende Ausweitung des Arzneimittelverbrauchs verhindert werden müsse, auch für das Nebensortiment weitgehend verboten. Diese restriktiven Wettbewerbsregelungen sind allerdings bei einem Teil der Apotheker und auch in der zivilen Rechtsprechung zumindest umstritten.

- Die EDV ist ein wichtiges Hilfsmittel nicht nur bei der Lagerhaltung der Arzneimittel und der Erfüllung der administrativen und betriebswirtschaftlichen Anforderungen in einer Apotheke, sondern auch für die Beratung und Aufklärung der Verbraucher und der Ärzte über Arzneimittelwirkungen und -risiken.

– Die standes- und berufsrechtliche Kontrolle sichert zwar bei den Apothekern wie bei den übrigen verkammerten Freien Berufen einen allgemeinen Rahmen der Qualitätsanforderungen, für eine Prüfung der konkreten Leistungsqualität sind sie jedoch nicht geeignet.

– Verschiedene Ansätze zur Analyse der Leistungsqualität des Apothekers wurden zwar gemacht, die Initiative kam allerdings nicht von den Berufsorganisationen, sondern von einzelnen Berufsangehörigen sowie von einer Verbraucherorganisation.

Insgesamt kristallisieren sich zwei zentrale Faktoren zur Sicherung der Qualität der Berufsausübung in der Politik der Apothekerschaft heraus: die Qualifikation der Berufsangehörigen – sowohl im Ausbildungs-, Weiterbildungs- und Fortbildungsbereich – sowie die Förderung der Entwicklung und Verbreitung einer den berufsspezifischen Erfordernissen angepaßten EDV.

Weitere Kontrollen oder Restriktionen lehnt die ABDA ab, da der Apothekerberuf ohnehin bereits sehr durch rechtliche Beschränkungen und Vorschriften reglementiert sei.

4.3 Rechtsanwälte

Zum Stand der Qualitätssicherung bei den Rechtsanwälten wurden insgesamt 14 Interviews mit 21 Experten geführt. Das Hauptgewicht lag dabei auf der Befragung der Rechtsanwaltschaft selbst, die mit zehn Experten in fünf Interviews vertreten war. Befragt wurden dabei auf seiten der Kammern sieben Experten, davon ein Vertreter der Bundesrechtsanwaltskammer (BRAK). Vom Deutschen Anwaltsverein wurden zwei Vertreter befragt.

Des weiteren betrafen die Interviews zwei Vertreter aus der Richterschaft – der Deutsche Richterbund allerdings erklärte sich nicht zu einem Gespräch bereit – und vier Gesprächspartner aus dem Bereich Lehre und Forschung. Ebenfalls befragt wurde ein Vertreter des Ausschusses Haftpflichtversicherung des HUK-Verbandes als einer der Auftraggeber der Rechtsanwälte. Um Vergleiche mit der Situation in den übrigen rechtsberatenden Berufen anstellen zu können, wurde auch ein Gespräch mit Vertretern der Notare geführt.[1]

In der folgenden Darstellung wird in einem ersten Punkt kurz auf das Berufsbild und das Qualitätsverständnis in der Anwaltschaft eingegangen; der zweite Abschnitt beschreibt die Ergebnisse der Untersuchung zum Stand und die Möglichkeiten der Qualitätssicherung im Bereich der strukturellen Rahmenbedingungen. In einem dritten Teil werden Ansätze zur Sicherung der Prozeß- und Ergebnisqualität erörtert. Der vierte Teil faßt die vorangegangenen Abschnitte zusammen.

---

[1] Vgl. auch die Aufstellung der befragten Organisationen in 3.2

4.3.1 Berufsbild und Qualitätsverständnis

Im Gegensatz zu den akademischen freien Heilberufen, die traditionell bis heute ein vergleichsweise hohes Ansehen genießen, sehen sich die Rechtsanwälte schon von jeher mit einem Negativ-Image behaftet, das auch Rückschlüsse auf die diesem Berufsstand zugeschriebene Qualität der Tätigkeit zuläßt. „Dem Anwalt, der der berufene Wahrer der Interessen seiner Klienten ist, hat man zu allen Zeiten vorgeworfen, er identifiziere sich auch mit der ungerechten Sache seines Mandanten. Und obwohl man nie bezweifelt hat, daß der Anwalt für seine Dienste eine angemessene Vergütung zu beanspruchen hat, hat es immer den Verdacht gegeben, die Aussicht auf Gebühren, nicht die Sache, bestimmten das anwaltliche Handeln".[1] In letzter Zeit tritt zu dieser eher das Selbstverständnis der Anwaltschaft in Frage stellenden Einschätzung noch der Vorwurf der mangelden Qualifikation.

Demgegenüber versteht sich die Rechtsanwaltschaft selbst als wesentliches Element des Rechtssystems bzw. „Organ der Rechtspflege"[2]: Neben der Wahrung der subjektiven Interessen seines Mandanten übernehme der Anwalt mit der Rechtsberatung und -vertretung auch eine Gemeinwohlverpflichtung. Die Qualität anwaltlicher Leistung sei infolgedessen auch Teil der öffentlichen Verantwortung, die jeder Dienst am Recht mit sich bringe. Wesentliche Voraussetzung der anwaltlichen Leistung ist dabei seine wirtschaftliche, vor allem aber geistige Unabhängigkeit sowie das besondere Vertrauensverhältnis zum Mandanten.[3]

Dieser Mittlerrolle zwischen Staat und Bürger ist allerdings, wie die Anwaltschaft auch selbst erkennt, der Ansatz zu Spannungen, Gefährdungen und Versuchungen durch die Zugehörigkeit zu zwei Ordnungen mit z.T. konfligierenden Ansprüchen bereits immanent.[4]

Um dennoch die „zentrale" und „hochrangige" Funktion der Anwaltschaft zur Sicherung der gesellschaftlichen Ordnung[5] zu gewährleisten, werden im Berufs- und Standesrecht der Rechtsanwälte einige grundlegende Merkmale ihrer Tätigkeit formuliert:

- die Unvereinbarkeit der anwaltlichen Tätigkeit mit beliebigen anderen Tätigkeiten,
- die Verschwiegenheitpflicht und ihr gesetzlicher Schutz,
- die Kollegialitätsgrundsätze,
- das Verbot der Wahrnehmung widerstreitender Interessen,

---

[1] Zuck, 1985, S. 63
[2] Vgl. z.B. Kalsbach, 1960, S. 1 f
[3] Vgl. Zuck 1985
[4] Vgl. Hättich 1984
[5] Vgl. Warmuth 1985, S. 62

- das Werbeverbot,
- das Gebot der Sachlichkeit.

Gerade gegen letzteres würden, so Warmuth, als Folge beruflichen Dilettantismus' zunehmend Verstöße begangen.[1]

Diese Grundsätze anwaltlicher Tätigkeit, die auch als allgemeine Qualitätskriterien aufgefaßt werden können, sind jedoch heute, wie die nachfolgenden Ausführungen zeigen werden, in der Anwaltschaft nicht mehr unumstritten.

Die in der Bundesrechtsanwaltsordnung (BRAO) festgeschriebenen Qualitätskriterien für die anwaltliche Tätigkeit, die als Beratung und Vertretung in allen Rechtsangelegenheiten (§ 3 BRAO) definiert ist, beziehen sich eher auf die Darstellung möglicher „Verstöße"[2] als auf die Beschreibung der Merkmale des richtig ausgeübten Anwaltsberufes. „§ 43 Satz 1 BRAO begnügt sich mit der Feststellung, daß der Rechtsanwalt seinen Beruf ,gewissenhaft' auszuüben hat. Das verweist uns, wie wir wissen, auf die Standesrichtlinien, also darauf, 'was im Einzelfall nach der Auffassung angesehener und erfahrener Standesgenossen der Meinung aller anständig und gerecht denkenden Rechtsanwälte und der Würde des Anwaltsstandes entspricht'. Die Richtlinien wiederholen aber in § 1 Abs. 1 lediglich § 43 Satz 1 BRAO. Die Qualität anwaltlicher Tätigkeit ist ihnen wohl so selbstverständlich, daß es keines weiteren Wortes mehr bedurfte."[3] So sei die Struktur anwaltlicher Leistung erst post factum aus der Regreßrechtsprechung des Bundesgerichtshofs entwickelt worden. Dementsprechend fordert Zuck als Beitrag zur Qualitätssicherung in seinem Berufsstand die Formulierung von Qualitätsmerkmalen anwaltlicher Leistung und ihre Umwandlung in verbindliche Sätze.

Bei der Befragung der Experten, wie ihrer Meinung nach Qualität im Rahmen der anwaltlichen Tätigkeit zu definieren sei, kristallisierten sich im wesentlichen drei Dimensionen heraus:

- Von allen befragten Experten wurde Qualität als Qualität der fachlichen Leistung bezeichnet. Der Anwalt müsse es verstehen, Sachverhalte richtig und auf das Wesentliche komprimiert darzustellen; er müsse die Rechtsproblematik erkennen und eine effektive Lösung im Sinne und zum Nutzen der Rechtssache anstreben. In diesem Zusammenhang wurde von drei Vertretern der Rechtsanwaltschaft auf die große Bedeutung der konfliktvermeidenden Tätigkeit hingewiesen. Effektives Handeln müsse nicht unbedingt Prozessieren bedeuten. Einer der befragten Richter hielt es für einen wesentlichen Aspekt der Leistungsqualität, daß der Rechtsanwalt vor allem vor Gericht bei der Beurteilung des Falles eher objektive juristische Maßstäbe anlegt, anstatt den Sachverhalt primär aus der Sicht seines Mandanten darzustellen.

---

[1] Vgl. Warmuth 1985, S. 63
[2] Vgl. z.B. §§ 14 und 15 BRAO
[3] Zuck 1985

Übersicht 11: Dimensionen der Qualität anwaltlicher Tätigkeit

Dimensionen der Qualität	Qualitätsfaktoren	Anzahl der Experten
fachliche Qualität	Komprimieren des Sachverhalts auf seine wesentlichen Inhalte, Erkennen der Rechtsproblematik, die richtige Darstellung des Sachverhalts	17 Experten (darunter 7 Nicht-Anwälte)
menschliche Dimension	psychologisches Einfühlungsvermögen, Vertrauen schaffen beim Mandanten, „sich optimal verkaufen können"	6 Experten (darunter 2 Nicht-Anwälte)
moralische Dimension	Einhaltung der berufs- und standesrechtlichen Regeln	5 Experten (darunter 3 Nicht-Anwälte)
wirtschaftliche Dimension	unternehmerisches Geschick, technisch-organisatorisches Können	2 Experten (darunter 1 Nicht-Anwalt)

- Sechs der Befragten hielten neben der fachlichen Leistung vor allem das psychologisch einfühlsame Eingehen auf den Mandanten und das Schaffen eines Vertrauensverhältnisses zwischen Anwalt und Mandant für einen wesentlichen Faktor anwaltlicher Leistungsqualität, ohne den das Erbringen einer optimalen fachlichen Leistung kaum möglich wäre.
- Von fünf Experten, davon drei Vertretern aus Forschung und Lehre, wurde auch eine moralische Qualität zur Sprache gebracht, die sich in der Einhaltung der berufs- und standesrechtlichen Regelungen hinsichtlich Kollegialität, Wettbewerbsverhalten und (ungeschriebener) beruflicher Standards manifestiere.

Neben diesen drei vorwiegend angesprochenen Aspekten der Leistungsqualität wurde in zwei Interviews die freiberufliche Tätigkeit als unternehmerische Tätigkeit angesprochen, die neben einem fachlich einwandfreien Verhalten auch wirtschaftlich-technisch-organisatorisch gute Leistungen erforderte.

4.3.2 Strukturqualität

Sowohl die Analyse der Literatur als auch der Verbandspresse hat gezeigt, daß sich aus der Sicht der Anwaltschaft die Überlegungen zur Qualitätssicherung im wesentlichen auf den Bereich der Strukturqualität und hier wiederum auf die Sicherung einer ausreichenden fachlichen Qualifikation als der grundlegenden Voraussetzung für das Erbringen angemessener Leistungen konzentrieren.

4.3.2.1 Qualifikation

Bereits bei der Frage nach den wesentlichen Aspekten anwältlicher Leistungsqualität trat die Qualifikation des Anwaltes als zentraler Bestimmungsfaktor anwaltlichen Verhaltens hervor. Dies zeigt sich auch daran, daß lediglich zwei Experten bei der Umschreibung Qualität ohne Variablen wie „Qualifikation" oder „Kompetenz" auskamen. Aus der Auflistung der Qualitätsdefinitionen läßt sich auch ablesen, daß die Experten für die Rechtsanwaltschaft neben der fachlichen Qualifikation im Sinne des juristischen Handwerkzeugs die menschliche und moralische Kompetenz der Berufsausübenden beinahe noch in stärkerem Maße betonen als die Ärzte. Dies und Ausdrücke wie „charakterliche Eignung", „technisch-organisatorisches Geschick" oder „menschliche Qualifikation", wie sie von verschiedenen Experten genannt wurden, macht deutlich, daß nach Auffassung der Mehrheit der Befragten die Qualifikation zu einem großen Teil in der Persönlichkeit des einzelnen Anwalts begründet sein muß.

4.3.2.1.1 Sicherung der persönlichen Eignung

In § 7 nennt die BRAO verschiedene Gründe zur „Versagung" der Zulassung zur Rechtsanwaltschaft, die eine Berufsausübung dann ausschließen sollen, wenn die Gefahr besteht, „daß der Bewerber als Rechtsanwalt seiner Stellung und seiner Aufgabe nicht gerecht zu werden vermag und dadurch die Rechtspflege und die Interessen der Rechtsuchenden, kurz die Allgemeinheit, gefährdet wird". Die dort aufgezählten zehn Gründe betreffen zum einen die mangelnde charakterliche Eignung für den Beruf des Rechtsanwalts, durch die die für die Berufsausübung erforderliche persönliche Integrität fraglich erscheint.[1]

Eine weitere Gruppe von Gründen betrifft äußere, mit dem Beruf und der Stellung des Rechtsanwalts nicht zu vereinbarende Umstände, d.h. Tätigkeiten des Bewerbers, die mit der Stellung und dem Beruf des Anwalts nicht vereinbar sind (Ziff. 8 und 10), sowie Verfügungsbeschränkungen, die die freie Entschließung des Rechtsanwalts beeinträchtigen könnten (Beschränkung zur Verfügung über sein Vermögen, Ziff. 9).

Schließlich kann die Zulassung auch versagt werden, wenn die für den Beruf erforderliche körperliche und geistige Leistungsfähigkeit nicht gegeben ist (Ziff. 7).

Zu den Gründen, die die persönliche Qualifikation des Bewerbers in Frage stellen, gehören die Versagungsgründe „Verwirkung eines Grundrechts"

---

[1] Kalsbach 1960, S. 27

(Ziff. 1), „strafbare Bekämpfung der freiheitlich demokratischen Grundordnung" (Ziff. 6), „Verlust der Amtsfähigkeit (Ziff. 2), Entfernung aus dem Dienst der Rechtspflege" (Ziff. 4), „unwürdiges Verhalten" (Ziff.5) sowie „früherer Ausschluß aus der Rechtsanwaltschaft" (Ziff. 3).

Der Versagungsgrund „unwürdiges Verhalten" ist nach Kalsbach eine „Generalklausel", die darauf ausgerichtet ist zu entscheiden, „ob der Bewerber nach seinem Verhalten unter Berücksichtigung seiner Gesamtpersönlichkeit unwürdig ist, in den Anwaltstand aufgenommen zu werden"[1]. Eine Aufzählung konkreter Tatbestände sei angesichts der Vielfältigkeit der möglichen Sachverhalte, ihres Wechsels und ihrer nicht immer vorhersehbaren Fortentwicklung unmöglich.[2]

Während die bislang aufgezählten Zulassungskriterien zum Beruf darauf abzielen, sicherzustellen, moralisch oder hinsichtlich psychischer bzw. physischer Konstitution zur Berufsausübung grundsätzlich ungeeigneten Bewerbern den Zutritt zum Beruf zu verwehren, stellt sich andererseits die Frage, ob die Zulassungsbedingungen zum Studium oder später zum Beruf geeignet sind, eine Auslese von besonders geeignetem Nachwuchses zu erleichtern.

Im Gegensatz zu den Ärzten und Apothekern basiert die Qualifikation als Rechtsanwalt nicht auf einer berufsspezifischen Ausbildung, sondern auf einem für sämtliche Juristen (Rechtsanwalt, Richter, Verwaltungsjurist etc.) einheitlichen Studium. Abgesehen von den Problemen, die sich daraus für die Sicherung der fachlichen Qualifikation ergeben[3], wird es dadurch unmöglich, die Zulassung zur Ausbildung z.B. an Eignungsprüfungen oder an das Absolvieren eines berufsbezogenen Praktikums vor dem Studium zu knüpfen, wie dies von den akademischen Heilberufen, aber auch von den Architekten und Ingenieuren diskutiert bzw. teilweise bereits praktiziert wird.

Auch die von uns zu dieser Problematik befragten Experten wiesen darauf hin, daß ein eignungsbezogener Numerus clausus zwar schon allein aufgrund des Einheitsstudiums nicht durchsetzbar sei; sie waren sich jedoch weitgehend einig, daß er im Hinblick auf die Qualifikation der späteren Anwälte sicherlich wünschenswert sei. Jedoch wiesen sie auch auf das Problem hin, daß ein Abiturnotendurchschnitt, wie er bisher in der Regel praktiziert werde, kein geeigneter Indikator für die persönliche Eignung sein könne.

Lediglich einer der befragten Rechtsanwälte vertrat die Auffassung, daß bislang keinerlei Anhaltspunkte darüber bestünden, welche persönliche Qualifikation ein Jurist und speziell ein Rechtsanwalt aufweisen müsse, daß Überlegungen hinsichtlich einer eignungsbezogenen Zulassungsbeschränkung also bereits deshalb müßig seien.

---

[1] Begründung zum Entwurf zur BRAO, zit. nach Kalsbach, 1960, S. 36
[2] Vgl. Kalsbach 1960, S. 36
[3] Vgl. hierzu 4.3.2.1.1

Noch mehr als die übrigen hier betrachteten Freien Berufe wären die Rechtsanwälte unter den gegebenen Ausbildungsbedingungen darauf angewiesen, daß die berufsvorbereitende Ausbildung auch eine eignungsbezogene Kanalisierung der Studenten in die später zu ergreifenden Berufe ermöglicht und fördert. Daß dies nicht so ist, darin waren sich die befragten Experten einig. Die Gründe hierfür werden deutlich, wenn man die Ausbildungsbedingungen der Rechtsanwälte näher betrachtet.

4.3.2.1.2 Ausbildung

Die fachliche Qualifikation und die damit verknüpften Auswahlregelungen werden im einzelnen nicht unmittelbar durch die BRAO bestimmt, sondern werden durch § 4 BRAO, der als allgemeine Qualifikationsvoraussetzung den Erwerb der Fähigkeit zum Richteramt nennt, der Regelung durch das Deutsche Richtergesetz überlassen, das die Ausbildung für alle juristischen Berufe einheitlich regelt.

Nach der zuletzt 1984 als 3. Gesetz zur Änderung des Deutschen Richtergesetzes novellierten Regelung gliedert sich die juristische Ausbildung in zwei Phasen:

- ein vornehmlich auf die Vermittlung theoretischer Inhalte angelegtes Universitätsstudium von sieben Semestern (dreieinhalb Jahren) mit einem mindestens drei Monate dauernden Praktikum während der Semesterferien, das mit der sog. „1. Staatsprüfung" abgeschlossen wird,

- daran anschließend ein zweieinhalbjähriger Referendardienst zur Vermittlung praktischer Kenntnisse, bei dem der Auszubildende verschiedene Pflicht- und „Wahlstationen" durchläuft, dessen Abschluß in Form des sog. „2. Staatsexamens" die Ausbildung beendet.

Das Jurastudium ist auf eine einheitliche juristische Ausbildung angelegt unabhängig davon, welchen Beruf – Richter, Verwaltungsjurist, Tätigkeit in der Industrie, Rechtsanwalt – der Student später ergreifen wird. Dementsprechend soll das Studium nicht tätigkeitsspezifische Kenntnisse, sondern allgemeine juristische Grundkenntnisse vermitteln.[1]

Allerdings wird von der Anwaltschaft allgemein kritisiert, daß auch nach der Ausbildungsreform die traditionelle Justizlastigkeit der Ausbildung und die starke inhaltliche Orientierung am Richterberuf beibehalten wurde, obwohl ca. 95-97 % des juristischen Nachwuchses später andere juristische Berufe und davon zwei Drittel der Studenten den Rechtsanwaltsberuf ergreifen würden.

Dies führt dazu, daß aus der Sicht der Anwaltschaft für die spätere Berufsausübung wesentliche Kentnisse und Fertigkeiten nicht oder nicht ausreichend

---

[1] Senninger 1984

gelehrt werden: z.B. Steuerrecht oder Erbrecht, vor allem aber auch das weite Feld der prozeßverhütenden oder streitschlichtenden Tätigkeit, der im Vergleich zu der Tätigkeit als Justiz- und Verwaltungsjurist in der anwaltlichen Berufsausübung ein hoher Stellenwert beigemessen wird. Obwohl über die Überlastung der Gerichte und über die zu große Streitfreudigkeit der Anwälte geklagt werde, stehe im juristischen Studium immer noch die Prozeßführung im Mittelpunkt.

Die Anwaltschaft fordert deshalb eine stärkere Berücksichtigung anwaltsspezifischer Fragestellungen in der Ausbildung, wenn nicht sogar eine schwerpunktmäßige Ausrichtung des Studiums auf den Anwaltsberuf[1], was aufgrund der Tatsache, daß ca. zwei Drittel der Studenten später in den Rechtsanwaltsberuf eintreten, eher gerechtfertigt sei als eine richterspezifische Orientierung. Diskutiert wird auch eine Spezialisierung bereits während des Studiums nach einer einheitlichen Grundausbildung.

Diese Auffassung wurde auch von der Mehrheit der befragten Rechtsanwälte sowie von den befragten Vertretern aus dem universitären Bereich vertreten. Lediglich zwei Rechtsanwälte meinten, daß der Vorwurf der Justizlastigkeit für die heutige Ausbildung nicht mehr zuträfe, sondern daß die Ausbildungsinhalte zur Zeit weitgehend den Anforderungen der anwaltlichen Praxis entsprächen. Die übrigen Rechtsanwälte und die Vertreter aus dem universitären Bereich waren sich jedoch einig, daß im Interesse der Verbesserung der anwaltlichen Qualifikation eine stärkere Berücksichtigung anwaltsspezifischer Inhalte (Standesrecht, Vertragsgestaltung, streitverhütende Strategien) in der universitären Ausbildung sinnvoll wäre.

Zur Zeit würden die Studenten ausschließlich lernen zu denken und zu entscheiden wie Richter. Der spätere Anwalt müsse jedoch neben dem Lösen von Fällen auch rechtsgestaltendes Handeln lernen. Rechtsanwälte und Universitätsvertreter forderten einhellig, daß vor allem auch anwaltsspezifische Fragestellungen Gegenstand der Klausuren und Prüfungen werden müßten. Inhaltliche Reformen des Studiums würden nur dort wirklich wirksam werden, wo sie Eingang in den prüfungsrelevanten Stoff finden würden.

Sowohl einer der befragten Rechtsanwälte als auch zwei der befragten Universitätsprofessoren wiesen jedoch darauf hin, daß die Einführung anwaltsbezogener Übungen oder Vorlesungen wie sie z.T. (z.B. am OLG Nürnberg, Hamburg und München) bereits realisiert seien, jedoch die Bereitschaft zu einer verstärkten Mitarbeit der Anwaltschaft voraussetzen würde. Die Rechtsanwälte müßten mehr als bisher bereit sein, in der Universität den Studenten ihre praktische Berufserfahrung zu vermitteln. Der dieses Problem ansprechende Vertreter der Rechtsanwälte schränkte jedoch ein, daß es schwierig sei, die Berufsausübenden hier zur Mitarbeit zu motivieren.

---

[1] Rüping 1984, S. 55

Kritisiert wird von einem Teil der Anwaltschaft auch der mangelnde Praxisbezug des Studiums wie der Ausbildung generell. Dies bezieht sich zum einen auf die Praxisferne der Studieninhalte, von Rüping als „Lehrbuchkriminalität" bezeichnet.[1] Gravierender stellt sich aus der Sicht der Anwaltschaft jedoch die grundsätzlich zu kurze Phase der praktischen Ausbildung sowie die mangelnde Verzahnung von Theorie und Praxis dar.[2]

Eine stärkere Einbeziehung der Praxis in die Ausbildung war das Ziel der an acht bundesdeutschen Universitäten durchgeführten Modellversuche für eine sog. „einphasige" Ausbildung. Die traditionelle und nach der Novellierung der Ausbildungsordnung nunmehr wieder bundesweit geltende Trennung von theoretischer und praktischer Ausbildung wurde dabei durch den mehrfachen Wechsel von theoretischen und praktischen Abschnitten ersetzt.[3]

Während auf seiten der juristischen Berufe bei der Diskussion um die Ausbildungsreform der Deutsche Richterbund die einphasige Ausbildung propagierte, setzten sich die Vertreter der Anwaltschaft für eine gemäßigte Verzahnung von Theorie und Praxisintervallen ein, z.B. in Form von Intervallausbildungen außerhalb der Universitäten.

Die seit 1984 geltende Fassung der Ausbildungsverordnung, die wieder zur traditionellen Ausbildung in zwei Phasen zurückkehrte, sieht zur Verbesserung des Praxisbezugs während des Studiums lediglich Ferienpraktika von insgesamt mindestens drei Monaten sowie eine stärkere inhaltliche Abstimmung zwischen Studium und Vorbereitungsdienst (Referendarzeit) durch den Landesgesetzgeber vor; die von der BRAK zusätzlich geforderte zweisemestrige Studienphase wurde nicht berücksichtigt.[4]

Die Einführung dieser Ferienpraktika, in die auch die Anwaltstätigkeit einbezogen ist, wird von der Anwaltschaft zwar prinzipiell begrüßt[5], sie sieht jedoch auch nach der Reform die notwendige Verbindung zwischen Theorie und Praxis als nicht ausreichend gegeben an.[6]

Die Frage des mangelnden Praxisbezugs des Studiums bzw. das einphasige Ausbildungsmodell wurde auch von fünf der Experten angesprochen, darunter von drei Vertretern des universitären Sektors. Sowohl letztere als auch die beiden Rechtsanwälte vertraten diesbezüglich jedoch unterschiedliche Standpunkte. Zwar gaben beide Rechtsanwälte an, daß eine Stärkung des Praxisbezugs sich positiv auf die Qualifikation auswirken müßte und angesichts der heutigen Ausbildungssituation auch wünschenswert sei; nur einer der beiden

---

[1] Rüping 1984
[2] Vgl. z.B. Süddeutsche Zeitung v. 28.9.84
[3] Vgl. z.B. Bundesrechtsanwaltskammer 1984, Handelsblatt v. 23.11.1981; Senninger 1984
[4] Vgl. BRAK-Mitteilungen 3/84, S. 125; Bundesrechtsanwaltskammer 1984
[5] Vgl. Handelsblatt 1983
[6] Vgl. Schmalz 1984

sah jedoch in der einphasigen Ausbildung die im Vergleich zur heutigen Praxis bessere Alternative. Und auch seine Meinung war nicht zuletzt durch die Überlegung beeinflußt, daß dieses Konzept wegen seines günstigeren Verhältnisses zwischen Lehrenden und Studenten generelle Vorteile biete. Der zweite Rechtsanwalt befürwortete eher die Einrichtung von Arbeitsgruppen und ein verstärktes Besuchen von Gerichtsverhandlungen im Verbund mit Rollenspielen, bei denen die Studenten im Rollentausch die verschiedenen Argumentations-, Denk- und Verhaltensweisen der an der Rechtsfindung und -gestaltung beteiligten Parteien (Richter, Staatsanwalt, Rechtsanwalt) lernen könnten.

Auch die Experten aus dem Ausbildungsbereich zeigten kein einhelliges Meinungsbild. Während zwei von ihnen die einphasige Ausbildung prinzipiell als tatsächliche Reform der Ausbildung befürworteten, aber davon ausgingen, daß nach Beendigung der Modellversuche und der Rückkehr zur Trennung von Theorie und Praxis keine Verbesserungen, sondern nur eine Verschulung des Studiums geblieben sei, vertrat der dritte Experte die Auffassung, daß, obwohl sich die Ergebnisse der Modellversuche auch in gewissen Reformen der traditionellen Ausbildung niedergeschlagen hätten, prinzipiell die jetzige Form der einphasigen vorzuziehen sein. Die einphasige Ausbildung habe keine wirkliche Verbesserung des Praxisbezuges gebracht, sondern zusätzlich auch noch zu einer Reglementierung der vorlesungsfreien Zeit geführt.

Als ein weiterer Kritikpunkt stellten sich nach den Ergebnissen der Literaturanalyse die Prüfungsregelungen dar. Nicht zuletzt auch im Hinblick auf die hohen Studentenzahlen wurden bei der Ausbildungsreform drei „studienbegleitende Leistungkontrollen" nach dem 4. Semester vorgesehen, die frühzeitig zeigen sollen, ob der Student für die weitere Ausbildung fachlich geeignet ist.[1] Obwohl eine Zwischenprüfung von der Anwaltschaft nachdrücklich befürwortet wird[2], wird ihr Nutzen kritisch beurteilt, da zum einen noch keine sicheren Kriterien über die Studierfähigkeit für das Jurastudium existierten[3], zum anderen vom Gesetz nur für mindestens eine Leistungskontrolle echte Prüfungsbedingungen vorgeschrieben seien. Die Anwaltschaft hatte dies für alle Zwischenprüfer gefordert.[4] Nicht unerheblich ist jedoch auch der Einwand, daß durch die Leistungskontrollen das ohnehin schon stark klausurorientierte Studium noch stärker als bisher zu einem reinen Paukstudium werde.[5] Dieser Aspekt wurde von den Experten allerdings nicht angesprochen.

Neben der Qualität der universitären Ausbildung wird aus der Sicht der Anwaltschaft und – wie sich bei den Interviews zeigte – aus der Sicht ihrer

[1] Vgl. z.B. Handelsblatt v. 23.11.1983, Schmalz 1984; BRAK-Mitteilungen 3/84; Hahn 1984
[2] Vgl. Mundorf 1985
[3] Rüping 1984, S. 59 und S. 140 f.
[4] Vgl. Handelblatt v. 18./19.1.1985
[5] Vgl. Handelblatt v. 18./19.1.1985

Kooperationspartner auch die Qualität der zweiten Ausbildungsphase, des Referendariats, kritisiert. Dieses sei nicht geeignet, die Ausbildungsmängel aus dem universitären Bereich aufzufangen, sondern weise im Gegenteil die gleichen Strukturmängel wie das Studium auf.

Kritisiert wird von der Anwaltschaft neben der Dauer der praktischen Ausbildung, die ihrer Meinung nach im Vergleich zum theoretischen Abschnitt zu kurz ist und aufgewertet werden sollte[1], die Justizlastigkeit auch der Referendariatszeit. Selbst nach der Ausbildungsreform würde der praktischen Ausbildung beim Anwalt nicht das notwendige Gewicht beigemessen. So werde in einigen Bundesländern die gesetzlich vorgesehene Mindestdauer von drei Monaten Anwaltspflichtstation nicht überschritten. Sei sie dann noch der letzte Pflichtausbildungsabschnitt und damit der letzte Abschnitt vor den schriftlichen Prüfungen, werde sie noch zusätzlich entwertet.[2] Diese Auffassung wurde auch von den Experten vertreten.

Eine ausreichende anwaltsorientierte Ausbildung ist nach Meinung der Rechtsanwälte nur dann gegeben, wenn wie in Bremen und Bayern mit fünf Monaten Anwaltsstation die Mindestdauer bei der Pflichtstation erheblich überschritten wird. Dann sei, so die Experten, wenn der Referendar zusätzlich auch die sog. Wahlstation von sechs Monaten bei einem Anwalt absolviere, im Idealfall eine Zeit von maximal elf Monaten zu erreichen, was jedoch in den wenigsten Fällen in die Realität umgesetzt würde. Insgesamt bestünde auch bei der Referendarzeit ein Übergewicht der justizorientierten Ausbildung von – so einer der Experten – drei zu eins. Darüber hinaus müßte auch im Rahmen des 2. Staatsexamens die anwaltliche Tätigkeit eine Aufwertung erfahren, indem praxisnahe, vor allem aber auch anwaltsspezifische Prüfungsaufgaben gestellt werden.[3]

Andererseits sieht die Anwaltschaft in der Referendarzeit die Möglichkeit, mehr als im universitären Bereich die praktische Ausbildung mitzugestalten.[4] „In unserem eigenen Interesse" – so der DAV-Präsident – „müssen wir unser Engagement in der Ausbildung erheblich intensivieren. Die ... Ausbildung der Referendare in der Pflichtstation und in der Wahlstation stellt eine Chance dar, die sorgfältig genutzt werden muß".[5]

Eine Möglichkeit, die Qualifikation des Nachwuchses positiv zu beeinflussen, sind die Ausbildungslehrgänge. „Es ist Aufgabe der Standesorganisationen, an die Bundesländer mit entsprechenden Forderungen und Angeboten heranzutreten. Ausbildungslehrgänge bieten die Chance, in kurzer Zeit verhältnismäßig viel Wissen zu vermitteln."[6]

---

1) Vgl. Rüping 1984, Senninger 1984
2) Vgl. Purrucker 1985, S. 127
3) Vgl. Hahn 1984; Schmalz 1984; Rüping 1984, S. 58
4) Vgl. Mett 1984
5) Vgl. Greißinger 1985, S. 450
6) Vgl. Greißinger 1985, S. 451

Eine weitere Möglichkeit seien die die Anwaltsstation begleitenden Arbeitsgemeinschaften, wie sie in München und Berlin bereits durchgeführt werden. Allerdings seien diese Modelle wegen organisatorischer und didaktischer Probleme noch nicht ausgereift. Wichtig sei, daß die die Anwaltsstationen begleitenden Ausbildungsangebote von Anwälten gehalten werden; Richter und Justizbeamte seien nicht ausreichend kompetent, um anwaltsspezifische Fähigkeiten und Fertigkeiten zu vermitteln.

Über das Problem der begleitenden Arbeitsgruppen wurden auch die Experten ausführlich befragt. Neben den Rechtsanwälten selbst und den Universitätsvertretern äußerten sich hierzu auch die befragten Richter, die – einer sogar als Arbeitsgruppenleiter – beide weitgehend Einblick in diese Thematik haben. Auch hier waren sich alle Experten einig, daß durch eine Intensivierung der die Anwaltsstation begleitenden Seminare und Arbeitsgruppen eine wesentliche Verbesserung der berufsspezifischen Ausbildung der späteren Rechtsanwälte erreicht werden könnte. Voraussetzung sei jedoch auch hier eine wesentlich höhere Bereitschaft der praktizierenden Rechtsanwälte, solche Veranstaltungen regelmäßig abzuhalten. Es seien – so einer der Experten – mindestens fünfhundert Arbeitsgruppenleiter aus der Rechtsanwaltschaft notwendig, die mit Material versorgt werden, vor allem aber eine entsprechende Qualifikation als Ausbilder erhalten müßten. Der Deutsche Anwaltverein und die Kammern führen hierzu bereits Seminare durch.

Insgesamt waren sich Rechtsanwälte, Richter und Vertreter aus dem universitären Bereich einig, daß hier auf seiten der Anwaltschaft noch erhebliche Defizite hinsichtlich der Motivation der Berufspraktiker bestünden, die nur sehr schwer für eine solche Tätigkeit zu interessieren seien. Hier sehen die Experten eine wesentliche Aufgabe für die Berufsorganisationen.

Neben der Intensivierung und Verbesserung der die Anwaltsstationen begleitenden Ausbildungsangebote, sind auch die Erfahrungen, die der Referendar während der Wahl- oder Pflichtstationen – die für den Nachwuchs mit Ausnahme der Ferienpraktika den ersten Kontakt mit der anwaltlichen Praxis bedeuten[1] – sammelt, für die Qualifikation des späteren Berufsanfängers von Bedeutung.

§ 59 BRAO und § 33 der Standesrichtlinien verpflichten die Rechtsanwälte, die ihnen zur Ausbildung zugewiesenen Referendare in der anwaltlichen Tätigkeit zu unterweisen. Die Bereitschaft, einen Referendar oder Praktikanten zur Ausbildung zu übernehmen, ist jedoch bei vielen Rechtsanwälten gering.[2] Andererseits klagen Referendare darüber, daß sich die ausbildenden Rechtsanwälte vielfach nicht die Zeit nähmen, Fragen der Referendare ausreichend zu beantworten. „Eine Verbesserung der Ausbildung der Referendare mit Lehrin-

---

[1] Vgl. Mett 1984
[2] Vgl. Mett 1984

halten aus der Berufswelt der Anwaltschaft wird deshalb auch die Einsicht voraussetzen, die eigene Ausbilderqualifikation zu verbessern. Es wäre wünschenswert, wenn Rechtsanwälte an Fortbildungstagungen teilnehmen würden, in denen pädagogische und didaktische Probleme der Ausbildung ebenso vermittelt werden wie inhaltliche. Für Richter und Staatsanwälte werden derartige Tagungen seit Jahren angeboten. Es ist kaum erkennbar, daß für Rechtsanwälte entsprechende Programme durchgeführt werden."[1] Dies sei, so einer der Experten allerdings auch ein Kapazitätsproblem von seiten der Kammern, die hauptsächlich andere Aufgaben zu erfüllen hätten.

Problematisch ist jedoch nicht allein die Frage der Qualifikation, sondern vor allem auch die fehlende Motivation der ausbildenden Rechtsanwälte wie der Referendare. Oft, so beklagten die Vertreter der Universitäten und einer der Richter, hätten Anwalt wie Referendar wenig Interesse daran, dem Referendar tatsächlich sinnvolle Aufgaben zur Erledigung zu übergeben. Vor allem, wenn die Anwaltsstation unmittelbar vor dem zweiten Prüfungsabschnitt läge, würden viele Referendare es vorziehen, ihre Zeit für die Prüfungsvorbereitungen verwenden zu können. Aber auch für viele Rechtsanwälte bedeute der Referendar eine organisatorische und zeitliche Belastung. Viele Referendare würden sich deshalb nach Auskunft eines der befragten Professoren darüber beklagen, daß sie nicht selbständig Aufgaben hätten bearbeiten können.

Auch einer der Rechtsanwälte wies auf die relativ häufige Praxis hin, über die Anwaltsstation lediglich ein „Gefälligkeitszeugnis" auszustellen. Er sah jedoch nur wenig Möglichkeiten, zumindest auf seiten der Anwälte die Situation zu verbessern. Man könne zwar versuchen, die Rechtsanwälte zu motivieren, sich stärker um die Qualifikation des Nachwuchses zu bemühen, in der Regel würden jedoch gerade jene Anwälte von den Appellen erreicht, die ohnehin bereits engagiert seien.

Es sei allerdings sinnvoll – so der Befragte weiter –, den Kollegen dadurch Hilfestellungen zu geben, daß ihnen Richtlinien zur Verfügung gestellt würden, wie die Anwaltsstationen inhaltlich zu strukturieren seien. Derartige Richtlinien habe die BRAK bereits vor zehn Jahren erarbeitet. Sie seien in die Ausbildungsverordnungen einiger Bundesländer als Mindestrichtlinien für die Anwaltsstationen übernommen worden, z.T. seien darauf aufbauend detaillierte Richtlinien aufgestellt worden. Solche Richtlinien müßten bundesweit geschaffen werden. Man müsse aber auch die Grenzen sehen. Die Ausbildung in der Anwaltsstation dürfe nicht zu sehr verschulen, sondern müsse sich nach dem Tagesgeschäft richten. Nicht bei jedem Rechtsanwalt könnten alle in den Mindestrichtlinien enthaltenen Aspekte durch das Tagesgeschäft abgedeckt werden. Die Anwendung solcher Richtlinien dürfe also nicht starr reglementiert erfolgen, sondern müsse flexibel gehandhabt werden.

---

[1] Vgl. Mett 1984

Insgesamt ist nach Auffassung der Mehrheit der Anwaltschaft, die sich auch in den Experteninterviews widerspiegelte, durch die Ausbildung in ihrer jetzigen Form die Qualifikation des anwaltschaftlichen Nachwuchses nicht in ausreichendem Maße sichergestellt.[1] Die 1984 verabschiedete neue Ausbildungsregelung, mit der eine dreizehnjährige Experimentierphase und eine noch länger anhaltende Diskussion um eine mögliche Ausbildungsreform abgeschlossen wurde, hatte zwar das Ziel, verschiedene Kritikpunkte zu beseitigen, indem durch sie unter Berücksichtigung der Erkenntnisse aus den Modellversuchen Theorie und Praxis enger verbunden, die Möglichkeiten für eine vertiefte Ausbildung erweitert sowie durch studienbegleitende Leistungskontrollen den Studenten eine frühzeitige Orientierung ermöglicht wurden. Aus der Sicht der Anwaltschaft läßt die schließlich verabschiedete Form jedoch „viele Wünsche offen", da wesentliche Vorstellungen der Rechtsanwälte nicht berücksichtigt wurden. „Vieles, wenn nicht fast alles, ist beim alten geblieben. Die große Chance, die Juristenausbildung wirklich zu reformieren, wurde vertan. Die jungen Juristen haben sich mit einigen Verbesserungen am Rande zufriedenzugeben."[2]

Dennoch wird die neue Ausbildungsregelung von der Mehrheit der Rechtsanwälte als Faktum angesehen, das es zu akzeptieren und aus dem es das Beste zu machen gilt.[3] „Die Chance, zu neuen Ufern vorzustoßen, ist wohl für dieses Jahrhundert dahin... Es bleibt zu hoffen, daß trotz aller Kritik die neue 'konservierende' Regelung vielleicht doch einen Anstoß zu strafferer und praxisnäherer Ausbildung gibt und zusätzlichen Schritten dahin nicht im Wege stehen wird."[4]

Die aus der Sicht der Rechtsanwaltschaft immer noch bestehende Ausbildungsmisere führt allerdings dazu, daß alternative Ausbildungskonzepte zumindest diskutiert werden. So ist z.B. die in § 4 festgeschriebene Orientierung am Einheitsjuristen als (alleinige) Zulassungsvoraussetzung in der Anwaltschaft nicht mehr unumstritten. Es sei, so der Vorsitzende des DAV-BRAK-Ausschusses für Ausbildungsfragen „für das Selbstverständnis jedes Berufsstandes eine äußerst schwerverdauliche Kost..., wenn seine Berufsordnung über die Ausbildung des Nachwuchses und über Erkenntnisse und Erfahrungen, Qualitäten, die der Beruf voraussetzt, kein einziges Wort verliert, sondern sich damit begnügt, auf die Befähigung der Ausübung eines anderen Berufes zu verweisen."[5] Der Einheitsjurist habe heute nur die einzige Konsequenz, den Anwaltsberuf zum Überlaufbecken für jene Absolventen der juristischen Ausbildung zu machen, die andere juristischen Berufe nicht aufnehmen könnten oder – wegen ihrer schlechten Qualifikation – nicht aufnehmen wollten.

---

1) Vgl. hierzu auch o.V. 1984
2) Greißingerr 1985; vgl. auch Hahn 1984; Bundesrechtsanwaltkammer 1984; Handelsblatt v. 25./26.11.1983
3) Gralla o. J.
4) Schmalz 1984
5) Senninger 1984

Auch die für die vorliegende Studie interviewten Experten wurden hinsichtlich ihrer Einstellung zum Einheitsstudium befragt. Die Auffassungen hierzu waren unterschiedlich. Die Mehrzahl der Experten vertrat die Meinung, daß eine einheitliche Grundausbildung aller juristischen Berufe, vor allem aber der Richter und Rechtsanwälte sinnvoll sei, nicht nur um sicherzustellen, daß eine gemeinsame Grundqualifikation bestehe, sondern auch um die Rechtsanwälte in die Lage zu versetzen, richterliche Denk- und Entscheidungsstrukturen mit bei ihrer Tätigkeit berücksichtigen zu können. Lediglich einer der Rechtsanwälte befürwortete eine rein berufsspezifische Ausbildung.

Sowohl drei der Vertreter aus dem universitären Bereich als auch zwei der Rechtsanwälte, die prinzipiell eine einheitliche Grundausbildung befürworteten, hielten allerdings eine berufsspezifische Spezialisierung nach Vermittlung einer gemeinsamen „Sockelqualifikation" für wünschenswert. Während einer der Universitätsprofessoren für eine möglichst frühzeitige Spezialisierung bereits während des Studiums eintrat, sprachen sich die übrigen Experten für eine berufsspezifische Schwerpunktbildung im letzten Abschnitt des Studiums oder nach dem Studium, d.h. in der Referendarzeit, aus. Dies sei sinnvoll, um beim angehenden Anwalt eine für eine selbständige Berufsausübung ausreichende Qualifikation zu vermitteln.

Aber auch die meisten derjenigen Experten, die sich im Prinzip für eine Einheitsausbildung ausgesprochen hatten, betonten, daß eine berufsspezifische Zusatzqualifikation aus Gründen der Qualitätssicherung unerläßlich sei. Ohne eine solche Zusatzausbildung sei ein junger Anwalt praktisch nicht in der Lage, selbständig in seinem Beruf zu arbeiten, weil ihm das für seine Tätigkeit notwendige Handwerkzeug, aber auch die für eine qualitativ gute Leistung unbedingt erforderliche praktische Erfahrung fehle. Bereits bei der Frage nach der Definition anwaltlicher Leistungsqualität ist von allen Rechtsanwälten und der Mehrheit der nicht-anwaltlichen Gesprächspartner vor allem dem Aspekt der praktischen Erfahrung große Bedeutung beigemessen worden. Die Ausbildung – wie auch immer sie gestaltet sei –, könne zwar, wenn sie gut sei, ausreichendes fachliches Handwerkzeug vermitteln, das Geschick des Anwalts zu entscheiden, wie ein Fall am besten „anzupacken" sei, das menschliche Einfühlungsvermögen in seinen Mandanten, die Gegenpartei und den Richter wie auch das Abschätzen der wirtschaftlichen Dimensionen könne ein angehender Anwalt weder während des Studiums noch während der Referendarzeit lernen. Hierzu sei eine längere praktische Tätigkeit unter Anleitung erfahrener Kollegen unerläßlich.

Ein wesentlicher Beitrag zur Sicherung dieser praktischen Qualifikation sei es früher gewesen, daß die Anwälte sich nicht gleich in einem eigenen Büro niedergelassen hätten, sondern in eine Sozietät oder größere Kanzlei eingetreten seien. Diese Möglichkeit stünde jedoch aufgrund der „Anwaltsschwemme" einem immer größeren Teil des anwaltlichen Nachwuchses nicht mehr zur

Übersicht 12: Alternativen zur derzeitigen Ausbildung zum Rechtsanwalt

anwaltsspezifische Ausbildung	eigener Ausbildungsgang	1 Experte
	gemeinsame Basisausbildung bei – frühzeitiger Spezialisierung im Studium	1 Experte (Nicht Anwalt)
	– berufsspezifischer Schwerpunktbildung im letzten Abschnitt des Studiums oder in der Referendarzeit (Vertiefungsstudium)	4 Experten (2 Nicht-Anwälte)
insgesamt		6 Experten (3 Nicht-Anwälte)
anwaltsspezifische Zusatzausbildung	Anwaltsassessorat/praktische Tätigkeit als Voraussetzung für die Zulassung zum Beruf oder zumindest zum Gericht	7 Experten (2 Nicht-Anwälte)
	Ausbildungskanzleien/Law-clinics	2 Experten 1 (Nicht-Anwalt)
	3. Staatsexamen	1 Experte
insgesamt		7 Experten (2 Nicht-Anwälte)

Verfügung. Es müsse deshalb eine Regelung gefunden werden, diese früher zwar nicht institutionalisierte, aber funktionierende „Anlern"-Zeit durch andere, wenn es sein müßte, formale Alternativen zu ersetzen.

Immerhin sieben der befragten Experten, darunter fünf Rechtsanwälte, befürworteten unter diesem Gesichtspunkt eine (Wieder-)Einführung des Anwaltsassesorats oder einer ähnlichen Regelung, durch die gewährleistet würde, daß der Junganwalt vor der selbständigen Tätigkeit einige Zeit unter Anleitung eines erfahrenen Kollegen praktiziere. Die erforderliche Länge dieser Phase wurde von den Experten mit 1 Jahr (1 Experte) bzw. mit 3 bis 5 Jahren (6 Experten angegeben. Von zwei Rechtsanwälten wurde jedoch darauf hingewiesen, daß eine politische Realisierung dieses im Prinzip sinnvollen Instruments derzeit unmöglich sei, da es in Verbindung mit der Diskussion um die Verringerung der Anwaltsschwemme in Verruf gekommen sei. Hinzu kämen finanzielle und organisatorische Probleme einer Umsetzung. Von zwei Experten wurden deshalb Alternativen zum Anwaltsassessort genannt, die zwar die gleiche Wirkung hätten, jedoch politisch und rechtlich nicht so problematisch seien:

- von den Kammern finanzierte Gemeinschaftskanzleien zum Zwecke der Ausbildung des Nachwuchses,

- qualifikationsbezogene Beschränkungen zumindest für die Zulassung zum Gericht analog der Kassenarztzulassung oder der Ernennung zum Notar (3 bis 5 Jahre praktische Tätigkeit).

Obwohl in den Interviews nicht angesprochen, werfen auch diese Alternativen z.T. erhebliche rechtliche, finanzielle und organisatorische Fragen auf.

Ein weiterer Rechtsanwalt machte den Vorschlag eines dritten Staatsexamens für Rechtsanwälte, um eine gewisse, für eine qualitativ ausreichende Leistung erforderliche Mindestqualifikation des Nachwuchses sicherzustellen. Er begründete dies mit dem bereits erwähnten und auch von verschiedenen Experten angeprochenen Problem der Anwaltschaft, daß aufgrund fehlender Qualifikationsanforderungen im Berufs- oder Standesrecht der Anwaltsberuf immer mehr zu einem Sammelbecken vor allem für durchschnittlich und minderqualifizierte Absolventen der juristischen Ausbildung würde, da kein „Numerus Clausus" den Eingang in den Beruf erschwere. Demgegenüber sei es kein Geheimnis, daß nur Bewerber mit den besten Noten die Chance hätten, in die öffentliche Verwaltung oder in den Richterberuf aufgenommen zu werden.

Daß keiner der Experten bei der Diskussion dieser Vorschläge eventuelle Probleme einer Änderung des § 2 BRAO erwähnte, deutet darauf hin, daß dieser Punkt von den Experten scheinbar nicht als wesentlich empfunden wird oder angesichts der erheblichen Ausbildungsmängel in den Hintergrund tritt.

4.3.2.1.3 Spezialisierung/Spezialisierende Weiterbildung

Bis auf den „Fachanwalt für Steuerrecht" gab es bei den Rechtsanwälten bislang keine Möglichkeit zur Angabe von Spezialgebieten. Informell ist die Spezialisierung in der Anwaltschaft jedoch z.T. bereits verhältnismäßig weit fortgeschritten. So haben es die rasche Zunahme der rechtlichen Normen und die wachsende Komplexität unseres Rechtswesens wie auch die Herausbildung verschiedener Zweige der Gerichtsbarkeit fast unmöglich werden lassen, daß ein Rechtsanwalt, wie in § 3 Abs. 1 BRAO aufgeführt, der unabhängige Berater in *allen* Rechtsgebieten sein kann. Der Anwalt wird den Beratungsanforderungen des modernen Fiskal- und Rechtsstaats, der international verflochtenen Industrie und Wirtschaft ohne Spezialisierung auf Teilgebiete schwerlich gerecht werden können.[1] Dementsprechend hat sich bei den Rechtsanwälten bereits seit längerem eine informelle Spezialisierung, vor allem auch in den Sozietäten

---

[1] Haas o. J.

durchgesetzt. „Ihre Notwendigkeit ist innerhalb der Anwaltschaft unbestritten, weil sie für die optimale Beratung des rechtssuchenden Bürgers notwendig und für einen Partner im Rechtsgespräch mit den spezialisierten Gerichten unerläßlich ist."[1] Diese Auffassung – zumindest bezogen auf die informelle Spezialisierung in größeren Kanzleien – wurde auch von den befragten Experten geteilt, die grundsätzlich die Meinung vertraten, daß eine maßvolle Spezialisierung den Interessen des Mandanten diene, da sie die fachliche Qualifikation erhöhe. Ein spezialisierter Rechtsanwalt kenne sich in seinem Fachgebiet nicht nur besser aus und habe dadurch das fachliche Problem besser in Griff, er arbeite auch schneller[2] und sei mit den Richtern und Usancen bei Gerichtsverhandlungen besser vertraut als ein Rechtsanwalt, der sich in das Gebiet erst einarbeiten müsse oder nur hin und wieder ein derartiges Problem bearbeite. Aus der Sicht der Rechtsanwälte diene die Spezialisierung außerdem, so drei der Experten, der Stärkung der Wettbewerbsfähigkeit und damit der Existenzsicherung.

Dies bedeutet jedoch nicht, daß Spezialisierung in jedem Fall als Qualitätsverbesserung angesehen wird.

Vorteile für die Leistungsqualität bringe – so die Befragten – die Spezialisierung nur dann, wenn sie maßvoll sei, was nach Auffassung von zwei Experten, darunter auch einem Nicht-Anwalt, bedeutet, daß es sich lediglich um eine Schwerpunktbildung, nicht aber um die ausschließliche Betätigung auf diesem Gebiet handeln dürfe. Auch einer der Hochschulprofessoren ging davon aus, daß eine zu hochgradige und das Tätigkeitsspektrum zu sehr einschränkende Spezialisierung dazu führen könne, daß die ganzheitliche Aufgabe der Anwaltschaft und damit die traditionelle Funktion des Berufes im Rechtssystem verloren gehen könnte. Für den Anwalt bestünde die Gefahr, daß er zum reinen Interessenvertreter werde. Auf der anderen Seite sei ein guter angestellter Rechtsanwalt auch ein spezialisierter Anwalt.

Während drei der Befragten urteilten, daß Spezialisierung vor allem in Sozietäten und großen Kanzleien sinnvoll sei, wiesen zwei der Experten darauf hin, daß auch der Niederlassungsort entscheidenen Einfluß auf den Bedarf an Spezialisierung habe. So sei Spezialisierung in der Stadt auch für den Einzelanwalt möglich und teilweise sinnvoll, auf dem Land würde sich ein spezialisierter Anwalt wirtschaftlich jedoch kaum halten können.

Allerdings kann der Rechtsuchende von den Vorteilen der Spezialisierung nur dann profitieren, wenn er die Möglichkeit hat, sich vor seinem Besuch beim Anwalt über die entsprechende Spezialisierung zu informieren. Bislang behalf man sich in einigen örtlichen Anwaltvereinen und Kammern damit, Listen zu führen, in denen sich die Anwälte mit ihren Tätigkeitsschwerpunkten eintragen können. Auf Anfrage werden dem Rechtsuchenden Anwälte mit dem jeweili-

---

[1] BRAK-Mitteilungen 2/1983, S. 57
[2] Dies erspart nicht nur dem Mandanten Zeit, sondern auch dem Anwaltsbüro Kosten

gen Spezialgebiet benannt. Darüber hinaus waren die Berufsvertretungen jedoch seit Jahren um die Einführung weiterer Fachgebietsbezeichnungen bemüht. Die mittlerweile verabschiedete BRAO-Novelle sieht nunmehr Fachgebietsbezeichnungen für vier Tätigkeitsbereiche vor: neben dem Steuerrecht das Sozialrecht, Arbeitsrecht und Verwaltungsrecht. Die Einführung der Fachgebietsbezeichnungen begründete das Bundesjustizministerium mit der Notwendigkeit der Spezialisierung des Anwalts auf bestimmte Fachgebiete und stellt fest, daß eine nicht geringe Zahl von Rechtsanwälten sich bereits Spezialgebieten zugewandt und damit ihr berufliches Interesse auf das Verlangen der Mandantschaft nach einer möglichst hohen Befähigung ausgerichtet habe.[1]

Die Auswahl gerade dieser vier Fachgebietsbezeichnungen beruhte zum einen auf der Überlegung, mit diesen Spezialisierungshinweisen ein Pendant zu den verschiedenen Zweigen der Gerichtsbarkeit zu schaffen und die Frage der Prozeßvertretung vor den Obersten Bundesgerichten zu klären. Andererseits handelt es sich dabei um Randgebiete anwaltlicher Tätigkeit, die von der großen Mehrzahl der Rechtsanwälte weitgehend vernachlässigt wurden. Die Folge war eine wachsende nichtanwaltliche Konkurrenz, wie etwa im Sozial-, Verwaltungs- und Arbeitsrecht durch das Vordringen von Verbänden oder im Steuerrecht durch die steuerberatenden Berufe. Darüber hinaus standen die Anwälte schon seit längerem vor dem Problem, daß ihnen auch von den Repräsentanten der drei Gewalten der Anspruch bestritten wurde, den besonderen Qualitätserwartungen in diesen Fachgebieten überzeugend nachzukommen, was sich im Rahmen der geplanten Änderung des Prozeßvertretungsgesetzes auch in der drohenden Zulassung nichtanwaltlicher Vertreter vor Gericht niederschlug. „Das Problem sachgemäßer Vertretung vor den Obersten Bundesgerichten ist nur durch institutionalisierte Spezialisierung lösbar. Eine lokalisierte Rechtsanwaltschaft mit ausschließlicher Vertretungsbefugnis, wie wir sie beim BGH in Zivilsachen kennen (§ 174 BRAO, § 78 ZPO), ist bei den anderen Obersten Gerichtshöfen des Bundes (BVerwG, BSG, BAG, BFH) nicht lebensfähig. So läßt sich sinnvoll nur durch die Einführung von Fachgebietsbezeichnungen die seinerzeit durch den vom Bundesjustizministerium und Bundesarbeitsministerium vorgelegten Entwurf eines Prozeßvertretungsgesetzes beschworene Gefahr bannen, daß nichtanwaltliche Prozeßvertreter auch vor diesen Gerichten zugelassen werden neben einem beschränkten Kreis von auf diese Weise ‚hochdekorierten' Kollegen. Dies wäre auch deshalb unerwünscht, weil diese besonders zugelassenen Kollegen verstreut im Lande niedergelassen wären, ihre anderweitige Zulassung beibehalten und der Wettbewerb der Kollegen so verfälschen würden."[2]

---

[1] Haas o. J.
[2] Vgl. Gellner o. J.

Die Entscheidung zur Kundmachung von Fachgebieten hat also, darauf wiesen auch die meisten Experten hin, in erster Linie wettbewerbspolitische Gründe. So versprechen sich die Anwälte von diesem Schritt vor allem eine Intensivierung der anwaltlichen Tätigkeit in diesen Bereichen und damit eine Sicherung der anwaltlichen Tätigkeitsfelder vor außerberuflicher Konkurrenz. Ziele der Wettbewerbspolitik und Qualitätssicherung entsprechen sich jedoch in diesem Fall, da eine Intensivierung der Tätigkeit auf diesen Gebieten sicherlich auch eine Steigerung der Leistungsqualität mit sich bringt. Die Möglichkeit zur Kundmachung von Spezialkenntnissen und die dadurch zu erwartende größere Bereitschaft zur vertieften Beschäftigung bzw. überhaupt zur Beschäftigung mit diesen Rechtsgebieten dürfte nicht nur zu einer zuverlässigeren und schnelleren Leistung des einzelnen Anwalts führen, sondern auch (wie z.B. im Sozialrecht) die Rechtsfortbildung fördern, die eine wesentliche Aufgabe der anwaltlichen Tätigkeit ist.

Von den Experten wurde die Einführung der zusätzlichen Fachgebietsbezeichnungen unter den oben genannten Gesichtspunkten allgemein begrüßt. Lediglich einer bezweifelte, daß ein Anwalt bereit sein werde, Fachanwalt für Sozialrecht zu werden, da dieses Gebiet zu eng sei, um davon leben zu können. Allerdings standen nicht alle Experten einer Aufwertung der Spezialisierung, vor allem in Verbindung mit ihrer Kundmachung, positiv gegenüber. Die Bedenken bezogen sich vor allem auf eine mögliche Wettbewerbsverzerrung. So wurde immerhin von sechs Rechtsanwälten die Auffassung vertreten, daß durch die Kundmachung von Spezialgebieten eine Negativauslese provoziert werden könnte, weil Mandanten mit anderen rechtlichen Problemen den Fachanwalt für nicht zuständig halten würden. Dies könne nicht im Interesse des einzelnen Anwalts sein, der lediglich einen Tätigkeitsschwerpunkt, aber keine Ausgrenzung anderer Bereiche beabsichtige. Unter diesem Gesichtspunkt seien dann größere Kanzleien und Sozietäten im Vorteil, die leichter als der Einzelanwalt mehrere oder alle Fachgebietsbezeichnungen erwerben könnten.

Hinzu kommt in der Diskussion der Fachpresse auch das grundsätzliche Argument: „Der Begiff des 'Fachanwaltes' knüpft allzu sehr an den der Allgemeinheit vertrauten Begriff des ausschließlich für ein bestimmtes umgrenztes Gebiet zuständigen 'Facharztes' an und würde bei einer allgemeinen Einführung für verschiedene Rechtsgebiete zu der Gefahr einer Aufsplitterung der Anwaltschaft in verschiedene, für bestimmte forensische Tätigkeiten ausschließlich zuständige Fachanwaltschaften führen; dies liegt nicht im Interesse der Rechtsuchenden und der Anwaltschaft."[1]

Vor diesem Argumentationshintergrund ist es verständlich, daß nicht alle Experten die Frage bejahten, ob für die Zukunft eine Ausweitung der Fachge-

---

[1] Vgl. Gellner o. J.

bietsbezeichnungen auf andere Tätigkeitsbereiche wünschenswert sei.[1] Lediglich acht der Experten, vor allem auch die Gesprächspartner aus dem nicht-anwaltlichen Bereich, sprachen sich dafür aus, weitere Fachanwaltstitel einzuführen, z.B. den Fachanwalt für Strafrecht, Zivilrecht oder Verkehrsrecht, um die ohnehin bereits bestehende Spezialisierung auch für den Mandanten transparent zu machen.[2]

Ist bereits die Frage nach der Regelung der Kundmachung von Spezialqualifikationen durch eine Fachgebietsordnung in der Anwaltschaft umstritten, gilt das noch mehr für die Kennzeichnung von Tätigkeitsschwerpunkten in Form einer Selbstbenennung durch den einzelnen Rechtsanwalt, ohne daß dieser einen Qualifikationsnachweis erbringen muß. Hier bedeutet die Regelung durch die Fachgebietsordnung für die Mehrzahl der Anwälte einen wesentlichen Faktor der Qualitätssicherung.

Bei der Selbstbenennung – so argumentierten drei der befragten Rechtsanwälte – könne jeder Berufsangehörige ungeprüft jedes Tätigkeitsgebiet angeben, ohne daß der Mandant sicher sein könne, daß der Anwalt dort besonders qualifiziert sei. Dies schließe die Gefahr des Mißbrauchs in der Art ein, daß die Rechtsanwälte auch solche Bereiche als Spezialgebiet nennen könnten, in denen sie sich nicht auskennen. Dies wäre kaum im Interesse des Mandanten und der Leistungsqualität nicht förderlich. Der Rechtsuchende, der mit der Fachgebietsbezeichnung auch ein gewisses Qualitätsniveau verbinde, müsse vor solchen falschen Versprechungen geschützt werden; dies sei Aufgabe der Fachgebietsordnung.

Diese soll sicherstellen, daß der Fachanwalt überdurchschnittliche Kenntnisse in diesem besonderen Rechtsgebiet aufweist. So kann lt. § 42a Abs. 1 BRAO nur derjenige eine Fachanwaltsbezeichnung führen, „der besondere Kenntnisse in einem Gebiet erworben hat".

„Das Führen einer Fachgebietsbezeichnung setzt nach Absatz 1,3 voraus, daß der Rechtsanwalt besondere Kenntnisse in dem fraglichen Rechtsgebiet erworben hat. Seine Kenntnisse müssen erheblich das Maß dessen übersteigen, was die berufliche Ausbildung und die praktische Erfahrung im Beruf im Durchschnitt vermitteln. Weil ein hohes Niveau verlangt wird und die Glaubwürdigkeit, eines solchen Fachhinweises gewahrt werden soll, dürfen nicht mehr als zwei Fachgebietsbezeichnungen zur gleichen Zeit geführt werden."[3]

Voraussetzung ist nach der mittlerweile von der Anwaltschaft erarbeiteten einer Fachgebietsordnung, daß der Anwalt diese besonderen Kenntnisse entweder

[1] § 42 Abs. 2 BRAO enthält in der neuen Fassung die Ermächtigung, bei Bedarf weitere Fachanwaltstitel aufzunehmen.
[2] Vgl. auch Schardey 1984
[3] Vgl. BRAK-Mitteilungen 2/83, S. 58

durch eine langjährige praktische Tätigkeit oder durch die Teilnahme an Seminaren sowie durch eine Prüfung nachweist. Gleichzeitig wird damit dafür gesorgt, daß in der Praxis einheitliche Anforderungen an die Erlaubnis des Führens eines Fachanwalttitels und deren Rücknahme gestellt werden.

Demgegenüber vertraten die nichtanwaltlichen Interviewpartner die Auffassung, daß die Angabe von Tätigkeitsschwerpunkten auch durch Selbstbenennung, d.h. ohne Kontrolle der Qualifikation möglich sein solle, etwa durch Zusatz im Telefonbuch. Der Anwalt werde, schon allein weil er sich ständige Mißerfolge in einem ihm nicht vertrauten Rechtsgebiet nicht erlauben könne, lediglich solche Schwerpunkte angeben, in denen er sich auskenne bzw. mit denen sich näher zu beschäftigen er bereit sei. Eine Gefahr des Mißbrauchs sehen sie nicht. Sie verwiesen dabei auf die in der Regel positiven Erfahrungen mit den Spezialistenkarteien der Kammern und örtlichen Anwaltvereine.

Ob eine relativ unflexible berufsrechtliche Regelung der grundsätzlichen Möglichkeit zur Eigenbenennung vorzuziehen ist und wie weit hier tatsächlich die Gefahr des Mißbrauchs besteht, kann an dieser Stelle nicht entschieden werden. Es scheint allerdings widersprüchlich, einerseits die positiven Auswirkungen einer faktisch bereits weitgehenden Spezialisierung auf die Leistungsqualität zu betonen, aber andererseits die Möglichkeit der Kundmachung nur auf wenige Ausnahmen zu beschränken und die Mehrzahl der üblichen Schwerpunktsbildungen davon auszuschließen. Die kontrollierte Verleihung von Fachgebietsbezeichnungen in ihrer jetzigen Form sichert zwar vermutlich eine relativ hohes Qualifikationsniveau, kommt jedoch dem Informationsbedürfnis der Mandanten nur beschränkt entgegen.

4.3.2.1.4 Fortbildung

Der Fortbildung wird von der Anwaltschaft ein hoher Stellenwert zugeschrieben. Neben der Aktualisierung des Wissens dient sie in erster Linie der Vorbereitung von Berufsanfängern auf die Anforderungen der beruflichen Praxis sowie der Vermittlung von Spezialkenntnissen.

Das nicht auf die anwaltliche Tätigkeit orientierte Einheitsstudium und die mangelnde praktische Ausbildung der Berufsanfänger wurde nach Auskunft unserer Gesprächspartner bislang weitgehend dadurch ausgeglichen, daß der juristische Nachwuchs sich nicht gleich im eigenen Büro niederließ, sondern in eine Sozietät oder größere Kanzlei eintrat. Er wurde dort durch die erfahrenen Kollegen gleichsam angelernt und konnte jene praktische Erfahrungen sammeln, die nach Meinung der befragten Experten die eigentliche anwaltliche Qualität sicherstellen. Die Bereitschaft von Sozietäten, Berufsanfänger einzustellen, ist jedoch – auch nach Meinung der Experten – deutlich zurückgegangen. Dies und die bereits jetzt spürbar werdende Nachwuchsschwemme führten dazu, daß immer mehr junge Anwälte sich gleich nach der Ausbildung allein oder in Sozietät mit anderen Berufsanfängern niederließen. Es werde für den jungen Anwalt zwangsläufig schwieriger, ausreichende praktische Erfahrungen zu sammeln und so Qualifikationsdefizite auszugleichen. Berufsbegleitende Aus- und Fortbildung sei derzeit das einzige präsente Mittel solchen Erfahrungsdefizite zu begegnen.[1] „Unter dem Stichwort Fortbildung muß in Wirklichkeit erst die fehlende Ausbildung nachgeholt werden."[2] Diese in verschiedenen Referaten auf einem Seminar der Rechtsanwälte zur Qualitätssicherung geäußerte Einschätzung wurde auch von den von uns befragten Experten geteilt.

Fortbildung hat bei den Rechtsanwälten auch die Funktion der Vermittlung von Spezialkenntnissen. Defizite (z.B. im Steuerrecht) und fehlende Spezialisierungsmöglichkeiten während der Ausbildung einerseits sowie bislang außer im Steuerrecht nicht vorhandene Weiterbildungsmöglichkeiten haben dazu geführt, daß die spezialisierende Ausbildung in die Zeit nach der Berufszulassung verlagert wurde. Unter dem Druck der wachsenden Konkurrenz wird in diesem Bereich der Bedarf sicherlich noch zunehmen.

„Daher ist der Anwalt in der Zukunft darauf angewiesen, daß ihm berufständische Fort- und Ausbildungseinrichtungen umfassende und spezialisierte Angebote zum Ausgleich praktischer Erfahrung zur Spezialisierung auf Fachgebieten machen. Hinzu kommt, daß anwaltliche Beratungsgebiete nach Möglichkeit nur durch Förderung der Spezialisierung auf Fachgebieten ausgeschöpft werden können. Fortbildung mit dem Ziel der Spezialisierung erleichtert dem jungen Anwalt den Einstieg in den Beruf und Sozietät mit anderen Kollegen und vermeidet somit die befürchteten Qualitätsminderungen, zumal nur durch Spezialisierungen von Kollegen auf Fachgebieten in etwa noch brachliegende Betätigungsmöglichkeiten erschlossen werden. Die Erweiterung des Aus- und Fortbildungsangebots durch berufständische Einrichtungen scheint z.Zt. das einzige Mittel zu sein, um die sich aus dem starken Zugang zur Anwaltschaft sich sicherlich ergebenden wirtschaftlichen Probleme für den jungen Anwalt auf Dauer bewältigen zu können und auch der Öffentlichkeit die ganze Breite der anwaltlichen Beratungsangebote eindringlicher zu verdeutlichen."[3]

Hinter der dringlichen Aufgabe, über die Fortbildung Defizite in der grundlegenden und spezialisierten Qualifikation auszugleichen, scheint die ursprüngliche Funktion der berufsbegleitenden Fortbildung, die ständige Anpassung des Wissens an die aktuelle Entwicklung, etwas in den Hintergrund getreten zu sein. Zumindest wurde in den Expertengesprächen dieser Aspekt weniger angesprochen. Lediglich von zwei der Befragten wurde darauf hingewiesen, daß die sich ständig verändernde und ausweitende Gesetzgebung und Recht-

---

[1] Vgl. Haas o. J.
[2] Vgl. Senninger 1984
[3] Vgl. Haas o. J.

sprechung auch beim erfahrenen Anwalt die permanente Fortbildung zu einer wesentlichen Grundlage hoher Leistungsqualität macht.

Die Fortbildung der Rechtsanwälte ruht auf zwei Säulen: der Lektüre der Fachliteratur, vor allem der Fachpresse, in der die neuesten Gesetze und Urteile veröffentlicht und kommentiert werden, und der Teilnahme an Fortbildungsveranstaltungen der Kammern und Anwaltsvereine andererseits. Beide Formen entsprechen einem spezifischen Fortbildungsbedürfnis und können einander nur bedingt ersetzen. So dient die Lektüre der Veröffentlichungen in erster Linie der Aktualisierung des Wissens über Urteile und Gesetze, während die Fortbildungsveranstaltungen primär das Ziel verfolgen, Kenntnisse in einem bestimmten Bereich zu vermitteln oder zu vertiefen. Dabei kann es sich ebenso um ein bestimmtes Fachgebiet handeln wie um die Erläuterung der Auswirkungen neuer Gesetze, z.B. des neuen Scheidungsrechts.

Bundesrechtsanwaltskammer und Deutscher Anwaltverein haben beide je eine Institution gegründet, das Deutsche Anwaltsinstitut und die Deutsche Anwaltsakademie, die vor allem zentrale Lehrgänge und Seminare ausrichten. Beide Institute haben die Aufgabe der Aus- und Fortbildung in allen Rechtsgebieten. Das DAI gliedert sich in die Fachinstitute für Steuerrecht, Arbeitsrecht, Sozialrecht, Verwaltungsrecht und Notare, die mehrtägige bis mehrwöchige Lehrgänge, Arbeits- und Ausspracheveranstaltungen durchführen. Diese Gliederung ist auf die von der BRAK erwartete Änderung des sog. Prozeßvertretungsgesetzes zurückzuführen, das nur noch qualifizierten Rechtsanwälten eine Zulassung vor den Obersten Gerichtshöfen gewähren wollte. Das daraufhin einsetzende Bemühen der Anwaltschaft um die Einführung von Fachgebietsbezeichnungen fand ihren Niederschlag in der Struktur des Instituts.[1]

Das Aus- und Fortbildungsangebot der DAA richtet sich in seiner Struktur an vier Gruppen aus: Zum einen werden systematische Kurse (Wochenendveranstaltungen, Blockseminare oder zweiwöchige Lehrgänge) und Expertenseminare in den einzelnen Rechtsgebieten angeboten, die sich ständig wiederholen (Gesellschafts-, Wettbewerbs-, Gebührenrecht). Zweitens werden Seminare aus aktuellem Anlaß (z.B. Gesetzesänderungen) veranstaltet. Eine dritte große Gruppe sind Veranstaltungen speziell für Berufsanfänger (z.B. über Zivil-, Straf- oder Familien- und Unterhaltsrecht). Die vierte Gruppe von Kursen dient der Heranführung an Fachgebietsbezeichnungen.[2] Ein Teil dieser Seminare wird in Zusammenarbeit mit den Kammern und Vereinen auch regional und örtlich angeboten.

Nach Auffassung der Gesprächspartner aus der Anwaltschaft (die übrigen Gesprächspartner konnten über die Fortbildungsveranstaltungen kein Urteil abgeben), ist das Angebot an Fortbildungsveranstaltungen ausreichend groß

---

[1] Vgl. Haas o. J.
[2] Vgl. Commicheau o. J., S. 112

und praxisbezogen. In Anbetracht der wachsenden Anforderungen in der Zukunft werde es jedoch vermutlich noch auszudehnen sein. Mit den derzeitigen organisatorischen und finanziellen Kapazitäten, so einer der Rechtsanwälte, sei eine Ausweitung des Angebots jedoch nicht realisierbar.

Kritik wurde von Vertretern der Rechtsanwälte, aber auch von einem der befragten Richter, an der Dauer und dem zentralen Veranstaltungsort der meisten Veranstaltungen geäußert: Einzelanwälte seien hier gegenüber Sozietäten benachteiligt, da sie nicht mehrmals im Jahr für ein mehrtägiges/-wöchiges Seminar abkömmlich seien. Eine Verlagerung der Veranstaltungen auf regionale und lokale Wochenendseminare oder Abendlehrgänge wäre demnach zu überlegen. Kritisiert wurde in diesem Zusammenhang auch die Frage der Finanzierung. Gerade für junge Anwälte würden die erhobenen Kursgebühren erhebliche Kosten bedeuten. Gebührennachlässe für Berufsanfänger sollten deshalb generell eingeführt werden.

Von einem der Experten wurden die Heranziehung staatlicher Fördermittel als wünschenswert bezeichnet. Auch der Vorstandsvorsitzende des DAI hält solche Überlegungen für notwendig. Der Staat müßte ein Interesse daran haben, etwaige Qualitätsminderungen anwaltlicher Beratungen aufgrund von Erfahrungsdefiziten, die ihre Ursache in der ausschließlich justizförmigen Ausbildungspolitik haben, durch Kostenübernahme von berufständischen Fortbildungseinrichtungen zu beheben. Eine solche Verpflichtung dazu könnte sich u.a. aus § 42 d Abs. 1 BRAORefE herleiten. Diese Bestimmung ermächtigt die Bundesregierung, Rechtsverordnungen nach Anhörung der Rechtsanwaltskammern unter Zustimmung des Bundesrates zu erlassen, durch die im Interesse der Rechtspflege die Anforderung an den Nachweis besonderer Kenntnisse oder auf den Fachgebieten notwendige Fortbildung geregelt wird. Wolle der Staat also die Qualitätskontrolle des Fachgebietlers überprüfen, so müsse er dafür auch die Mittel bereitstellen. Allerdings könnte das Mitspracherecht des Staats bei der Festlegung und Überprüfung der Voraussetzungen für die Gestattung der Fachgebietsbezeichnungen und somit den Eingriff des Staates in die anwaltliche Autonomie zur Folge haben. Das solle man aber nicht initiieren. Da allerdings eine finanzielle Hilfe des Staates zur Fort-und Ausbildung des Anwalts unwahrscheinlich sei, bleibe es der anwaltlichen Selbsthilfe überlassen, berufsständische Aus- und Fortbildungseinrichtungen zu fördern.[1]

Trotzdem wurde von der Mehrheit der befragten Vertreter der Anwaltschaft das Fortbildungsinteresse sowohl der Berufsanfänger als auch der älteren Berufsangehörigen einheitlich als gut bewertet. Die Nutzung der Fortbildungsveranstaltungen erfolge gleichermaßen durch alle Altersgruppen, wenn auch die speziell für Berufsanfänger angebotenen Veranstaltungen auf besonders großes Interesse stießen. Gut besucht seien auch die Seminare über den Einsatz von

---

[1] Vgl. Haas o. J.

EDV und neuen Medien in der Anwaltspraxis, die von beiden Instituten veranstaltet wurden. Zwei der Rechtsanwälte kritisierten jedoch, daß die Anwälte früher mehr Bereitschaft gezeigt hätten, sich fortzubilden. Auch von den Experten aus dem Ausbildungsbereich, vor allem aber von den befragten Richtern wurde kritisiert, daß Rechtsanwälte mit den von ihnen zitierten Urteilen oft nicht auf dem neuesten Stand seien, daß hier also erhebliche Defizite sichtbar würden, die auf eine nicht ausreichende Fortbildung hinwiesen.

Über das Fortbildungsverhalten des einzelnen Rechtsanwalts stehen keine Daten zur Verfügung. Die Teilnehmerzahlen der Fortbildungsinstitute[1] sind keine hinreichende Indikatoren, da sie keinen Aufschluß erstens über die Nutzungsintensität des einzelnen Besuchers und zweitens über die Teilnahmehäufigkeit des einzelnen Rechtsanwalts geben. So gab einer der befragten Rechtsanwälte an, daß vor allem Anwälte in Sozietäten relativ häufig Fortbildungveranstaltungen besuchten – man würde dort immer die selben Gesichter sehen -, während Einzelanwälte für derartige Veranstaltungen wenig Zeit hätten. Auch über Umfang und Art der Fachlektüre existieren keine Informationen.

Wir befragten die Experten für die Qualitätssicherung in der Rechtsanwaltschaft auch danach, wie sie zu der Einführung einer Fortbildungspflicht oder sogar einer Kontrolle des Fortbildungsverhaltens des einzelnen Anwalts stehen. Die Meinungen unserer Gesprächspartner waren dazu relativ unterschiedlich:

- Drei Experten (davon ein Nicht-Anwalt) sprachen sich gegen eine Reglementierung der Fortbildung aus. Der Rechtsanwalt sei mündig genug, um selbst entscheiden zu können, wie, auf welchen Gebieten und in welchem Umfang er sich fortbilden müsse. Einer der beiden Rechtsanwälte gab allerdings zu, daß die Einführung einer Fortbildungspflicht sicherlich der Qualitätssicherung zuträglich sei, daß aber zur Erhaltung des freiberuflichen Charakters der Tätigkeit davon Abstand genommen werden sollte. Bislang sei man mit Appellen auch erfolgreich gewesen. Es sei allerdings fraglich, ob nicht die wachsende „Anwaltsschwemme" hier ein Umdenken notwendig machen würde.

- Vier Experten (darunter ein Nicht-Anwalt) meinten, daß eine eingeschränkte Reglementierung wünschenswert sei. So vertraten zwei der Befragten die Auffassung, daß die Rechtsanwälte im Hinblick auf die Fortbildung einer gewissen Führung bedürften, konnten jedoch nicht konkretisieren, wie diese im einzelnen aussehen sollte. Ein weiterer Rechtsanwalt hielt es für sinnvoll, für Berufsanfänger den Besuch bestimmter Fortbildungsveranstaltungen zur Pflicht zu machen. Dies sei eine mögliche Alternative zum Anwaltsassessorat, fände jedoch auf den Kammerversammlungen keine Mehrheit, da der größte Teil der Anwaltschaft das Assessorat präferiere. Auch der vierte dieser

---

[1] Die DAA gab z.B. für 1984 bei 38 Fachveranstaltungen eine durchschnittliche Besucherzahl von 6 000 bis 7 000 pro Jahr an (Commicheau o. J., S. 113).

Gruppe von Experten sprach sich für die Einführung bestimmter Pflichtveranstaltungen aus.

– Zwei Rechtsanwälte befürworteten die Einführung einer Standespflicht zur Fortbildung, also die Verankerung der Fortbildungspflicht im Berufs- und Standesrecht, um den hohen Stellenwert dieses Qualitätsfaktors zu unterstreichen. Eine Kontrolle des einzelnen dagegen widerspräche der freien Berufsausübung.

– Einer der befragten Richter dagegen sprach sich ausdrücklich für eine kontrollierte Fortbildungspflicht des einzelnen aus, da diese die Qualität der anwaltlichen Leistungen sicherlich fördern würde.

Insgesamt plädierten die Experten jedoch dafür, das Prinzip der Freiwilligkeit so weit wie möglich beizubehalten.

4.3.2.2 Wirtschaftliche Situation

Auch bei den Rechtsanwälten zeigt die Diskussion, daß wirtschaftliche und Qualitätsgesichtspunkte eng miteinander verknüpft sind. Angesichts der wachsenden Zahl von Anwälten gewinnt sogar die Frage nach den Auswirkungen einer veränderten Wettbewerbs- und Einkommenssituation auf die Leistungsqualität sowie nach Möglichkeiten zur Verhinderung eventueller Qualitätsverluste neben den Bemühungen um die Sicherung einer angemessenen Qualifikation der Berufsangehörigen für die Anwaltschaft eine herausragende Bedeutung.

4.3.2.2.1 Konkurrenzsituation

Für die nächsten beiden Jahrzehnte wird eine „Juristenschwemme" prognostiziert, „die Lehrer-, Ärzte- oder Architektenschwemme in den Schatten stellen dürfte". „Vor der Ärzteschwemme warnen die Verbände, weil 148.720 praktizierenden Ärzten 77.100 Medizinstudenten gegenüberstehen und 1982 auf jede freie Arztstelle im Durchschnitt 1,2 Bewerber entfielen. Den etwa 100 000 berufstätigen Juristen standen schon im Winter 1981/82 insgesamt 76 125 Jurastudenten und 14 105 Rechtsreferendare gegenüber und 1982 bewarben sich 8 Juristen um jede freie Stelle".[1]

1953 studierten im Bundesgebiet 11 270 Juristen. Bis 1969 verdreifachte sich die Studentenzahl auf 33 550 und bis zur letzten Zählung für das Wintersemester 1981/82 versiebenfachte sie sich auf 76 125, d.h. ein Jurastudent auf 800 Einwohner. Jährlich nehmen nun zwischen 12 000 und 13 000 Abiturienten das Jura-Studium auf, mehr als in den 50er Jahren insgesamt studierten. Allein in Münster, der größten deutschen Rechtsfakultät, werden knapp 7 000 Juristen ausgebildet; die Matrikelzahl für 1953 war 1 045, etwas mehr als 1/7. Auf die Zahl der Hochschulabsolventen hat die „Studentenlawine" nach Harms erst

---

[1] Harms 1984, S. 113

zur Hälfte durchgeschlagen. Sie lag zwischen 1952 und 1958 im Jahresdurchschnitt bei 2 542 und stieg zuletzt auf das Dreifache an. Unverändert werden die Referendare drei Jahre später mit wenigen Ausnahmen zu Volljuristen. In den 50er Jahren lag das Verhältnis der Berufsanfänger eines Jahres zur Gesamtzahl der damals weniger als 70 000 berufstätigen Juristen bei 3,5 %; diese Rate entsprach der des jährlichen natürlichen Abgangs und hätte ausgereicht, den Juristenstand in 30 Jahren zu regenerieren. Seit etwa 1965 stieg die Zahl der Volljuristen nach letzten Schätzungen auf etwa 100 000. Trotzdem erhöhte sich die Nachwuchsrate auf 7,5 %. „Sollten die Assessoren- zu den Studentenzahlen aufschließen, also gleichfalls auf das Siebenfache anwachsen, käme es zu einer Regenerationsrate von 17 % und einer Verdoppelung des Berufsstandes in jeweils 7 Jahren. Dürfte man diese Zahlen extrapolieren, würden in 30 Jahren mehr als 400 000 Juristen nach Beschäftigung suchen."[1]

Eine gewisse Abschwächung zeichnet sich – so Harms – jedoch dadurch ab, daß nach Beobachtungen ca. 10 bis 15 % mehr Studenten als noch vor zehn Jahren anscheinend nicht mehr vorhaben, sich zur Prüfung zu melden. Des weiteren sei langfristig, d.h. für die Zeit nach 1995, damit zu rechnen, daß durch ein Nachrücken der geburtenschwachen Jahrgänge eine Entspannung der Situation eintritt.

Dem gegenwärtigen „Angebotsberg" steht ein – wie Harms meint – früher nie gekanntes „Bedarfstal" gegenüber. Dem sechs- bis siebenfach vergrößerten Angebot stehe eine auf Wirtschaft und Anwaltschaft reduzierte, halbierte Nachfrage gegenüber, da der Bedarf der Justiz an jungen Juristen in den letzten Jahren ständig gesunken sei und zumindest bis 1990 äußerst gering bleibe.[2]

„An eine Vermehrung der Planstellen für Juristen im öffentlichen Dienst ist mittelfristig nicht zu denken. Gemessen an der Zahl der Teilnehmer an den Zweiten Juristischen Staatsprüfungen kann jeweils nur ein kleiner Kreis überdurchschnittlich qualifizierter Assessoren – nämlich nur der zur Befriedigung des Ersatzbedarfs erforderliche – in den höheren Staatsdienst bei der Justiz eingestellt werden".[3]

Auch im Notardienst bestehen nur sehr beschränkte Einstellungsmöglichkeiten, da nach § 4 BNotO nur so viele Notare bestellt werden dürfen, wie es den Erfordernissen der Rechtspflege entspricht. Ähnlich begrenzt ist die Aufnahmekapazität in der freien Wirtschaft. „Es gibt keine Umstände, die den Schluß zuließen, hier werde sich in den nächsten Jahren eine deutliche Änderung ergeben. Das hat zur Folge, daß einer ständig wachsenden Zahl junger Juristen praktisch nur der Beruf des Rechtsanwalts offensteht"[4], auch wenn die Nieder-

---

[1] Vgl. Harms 1984, S. 113
[2] Vgl. Harms 1984, S. 114 f; Gellner 1986, S. 32f
[3] BRAK-Mitteilungen 2/1984, S. 69
[4] Bayerischer Staatsminister für Justiz 1984

lassung als Rechtsanwalt „ursprünglich keineswegs auf der Liste seiner Berufs-
wünsche stand und obwohl er auch als zugelassener Anwalt häufig keine
ausreichende Beschäftigung haben wird."[1] Schon seit Jahren sei eine Zunahme
der Zahl der Rechtsanwälte zu verzeichnen, die nicht dem Bedarf entspreche.

Gellner rechnet damit, daß es sich bei der sog. „Juristenschwemme" in Wahrheit um eine „Anwaltschwemme" handeln wird, „denn die Folgen einer ver-
fehlten Bildungspolitik und die dadurch bedingte Inkongruenz von Bildungs-
und Beschäftigungssystem werden einem einzigen Berufstand innerhalb der
juristischen Profession, eben der Anwaltschaft, aufgebürdet".[2]

Die Zunahme der Rechtsanwälte sei alarmierend. „Nachdem die Nachkriegs-
periode 1954 abgeschlossen war (mit z.T. unnormalen Steigerungsraten wegen
der kriegsbedingten Ausbildungsverzögerung), gab es von 1955 bis 1965 ein
Jahrzehnt maßvollen Wachstums (1,2 % bis 2,1 %), dem neun Jahre starker
Zunahme bis 1974 folgten (2,3 % bis 4,3 %). Seitdem haben wir, abgesehen von
einem Wellental 1979/80 (2,8 % und 3,4 %), die Phase pathologischen Wachstums (4,6 % bis 8,7 %). Illustrierende Vergleiche der Perioden lassen sich leicht
anstellen, z.B.: Der Zuwachs des einen Jahres 1983 (3 037) übertrifft den des
Jahrzehnts von 1955 bis 1965 (2 939). Oder: Ein Zuwachs um 10 000 Anwälte
brauchte ab 1952 einundzwanzig Jahre. Im Zeitraum 1980 bis 1984 bedurfte es
dazu weniger als fünf Jahre, demnächst sind es wahrscheinlich noch knapp vier
Jahre".[3]

"Die Studienanfängerzahlen deuten darauf hin, daß sich das pathologische
Wachstum 1986 in ähnlicher Weise fortsetzen könnte. Das wären dann für
1985 bis 1988 12 000 Rechtsanwälte mehr. Danach wird es bis 1992 Zuwächse
zwischen wahrscheinlich 4 000 bis 5 500 geben; gerechnet mit dem geringsten
Wert von 4 000 wäre das ein nochmaliger Zuwachs von 16 000 Rechtsanwälten.
Würden wir aber nur den derzeitigen Zuwachs von ca. 3 000 fortschreiben, was
aufgrund der Studenten- und Referendarzahlen allerdings unrealistisch, nämlich zu wenig wäre, würde in einem Jahrzehnt die 80 000-Marke überschritten
sein.

Gewiß enthalten solche Rechnungen manche Unbekannte, aber selbst eine
Verdoppelung der derzeitigen Anwaltszahlen erscheint nicht unwahrscheinlich
... Seien es um 80 000 oder 100 000 Anwälte um 1995: Was sie tun werden,
wovon sie leben werden, das kann man nicht einmal vermuten".[4]

Verstärkt wird diese Entwicklung noch dadurch, daß die Anwälte mehr als die
akademischen freien Heilberufe nicht nur mit einer steigenden berufsinternen
Konkurrenz konfrontiert sind, sondern sich auch einem wachsenden Wettbe-

---

[1] Bundesrechtsanwaltskammer 1983 (BRAK-Mitteilungen 3/83, S. II)
[2] Gellner 1986, S. 26
[3] Gellner 1986, S. 28 f
[4] Gellner 1986, S. 28

werbsdruck durch andere Berufsgruppen, vor allem Steuerberater und Institutionen (Industrie- und Handelskammern, Handwerkskammern, Berufskammern etc.) gegenübersehen. Vor allem von letzteren, so beklagte auch der DAV, würde in immer größerem Maße Rechtsberatung betrieben.[1]

Erste Auswirkungen auf die wirtschaftliche Situation vor allem des Nachwuchses sind, so Gellner, bereits spürbar. Bereits jetzt läge der Umsatz bei vielen jungen Anwälte unterhalb der für den Erhalt ihrer Kanzlei erforderlichen Mindestgrenze. Volljuristen, speziell Rechtsanwälte, die Arbeitslosenunterstützung oder Sozialhilfe beziehen, seien keine Seltenheit mehr. Nur zwischen 30 bis 70 % der ab 1980 zugelassenen Rechtsanwälte lebten – dies ein Ergebnis einer Umfrage der RAK Hamm – ausschließlich von den Einnahmen aus ihrer Praxis.[2]

Zwar ist für die vorliegende Untersuchung die Frage nach den Auswirkungen der „Anwaltsschwemme" auf die wirtschaftliche Situation von untergeordneter Bedeutung, auch bei den Rechtsanwälten besteht jedoch, wie auch die Experteninterviews zeigten, ein enger Zusammenhang zwischen den quantitativen und qualitativen Folgen der wachsenden Konkurrenz. Grundsätzlich lassen sich die Prognosen darüber, wie sich der erhöhte Wettbewerb auf die anwaltlichen Berufsausübung auswirken wird, in zwei Kategorien gliedern: Zum einen wird (auch von sechs der Experten) auf die zu erwartende Verringerung der Qualifikation eines großen Teils der Rechtsanwälte als Folge fehlender Zugangsbeschränkungen hingewiesen. Da auf die Bedeutung einer ausreichenden Qualifikation für die Leistungsqualität sowie auf Konzepte der Rechtsanwaltschaft zur Verhinderung einer Niveauabsenkung bereits im voranstehenden Kapitel ausführlich eingegangen wurde, soll an dieser Stelle auf eine Erörterung dieses Aspektes verzichtet und die Aufmerksamkeit in erster Linie auf die zweite Kategorie möglicher Folgen eines verstärkten Konkurrenzdrucks für die Berufsausübung gerichtet werden: die vermutliche Verringerung der Umsätze bzw. Einkünfte der einzelnen Rechtsanwälte.

Befürchtungen werden dabei nicht allein von der Rechtsanwaltschaft selbst geäußert, sondern auch von politischen Mandatsträgern. So beschrieb z.B. der Bayerische Staatsminister für Justiz die von der wachsenden Anzahl der Anwälte ausgehende Gefahr wie folgt: „Der Anwaltsberuf ist ein Dienstleistungsberuf. Die Nachfrage nach anwaltlichen Dienstleistungen steigt aber nicht in gleichem Maße wie die Zahl der zugelassenen Rechtsanwälte. Dies führt zu einer verstärkten Konkurrenzsituation innerhalb der Anwaltschaft. Wenn der Konkurrenzkampf existenzbedrohende Formen annimmt, kann sich dies negativ auf das gesetzlich zugewiesene Berufsbild des Rechtsanwalts auswirken. Es besteht dann die Gefahr, daß der Anwalt die ihm gesetzlich zugewiesene

[1] Vgl. Deutscher Anwaltsverein 1984, S. 35
[2] Vgl. Gellner 1986, S. 30 ff

Funktion als Organ der Rechtspflege nicht mehr in Unabhängigkeit und frei von berufsfremden Sachzwängen ausüben kann und daß dadurch die Berufsethik beeinträchtigt wird oder verloren geht. Es läßt sich nicht ausschließen, daß einzelne Rechtsanwälte die ihnen anvertrauten Interessen der Mandantschaft nicht mehr mit der gebotenen Sachlichkeit vertreten und im Zusammenhang damit die allgemein schon große Prozeßbereitschaft der Bürger im Interesse des eigenen Gebührenaufkommens noch fördern. Das verteuert für den Bürger die Rechtsberatung und hätte bei den ohnehin schon stark belasteten Gerichten ein weiteres Ansteigen der Geschäftszahlen zur Folge. Der eine oder andere Rechtsanwalt kann in finanzielle Notlage geraten. Es ist dann vereinzelt sogar schon vorgekommen, daß sich ein Rechtsanwalt an dem ihm anvertrauten Mandantengeldern vergriffen hat. Eine solche Entwicklung wäre geeignet, das Vertrauen des rechtsuchenden Publikums in eine unabhängige Anwaltschaft zu erschüttern. Dies wäre aber der Rechtspflege insgesamt in starkem Umfang abträglich; unser demokratischer Rechtsstaat, der ohne eine unabhängige Rechtsanwaltschaft nicht denkbar ist, würde erheblichen Schaden erleiden".[1]

Gefahren für die Rechtspflege generell befürchtete z.B. auch der Vorsitzende des rechtspolitischen Arbeitskreises der SPD-Landtagsfraktion Baden-Württemberg: „Die wirtschaftliche Lage wird einen fatalen Zwang ausüben, auch Prozesse zu führen, die von vornherein aussichtslos sind. Dies führt nicht nur zu einer weiteren Überlastung der Justiz, sondern auch zu einem fortschreitenden Verfall des Ansehens der Gerichte. Kein Anwalt, der zu einem Prozeß rät, wird ja von vornherein offen erklären, daß ein Scheitern wahrscheinlich ist. Die Enttäuschung der prozeßführenden Bürger wird sich folglich allein gegen die Richter wenden."[2]

In beiden Statements sind bereits alle wesentlichen Aspekte enthalten, die auch von den für die vorliegende Studie befragten Experten zu diesem Problem genannt wurden und die hier nochmals kurz gegenübergestellt werden sollen:

- Auch sechs Experten, darunter drei Nicht-Anwälte, befürchteten, daß der Anwalt versuchen werde, seinen sinkenden Umsatz dadurch auszugleichen, daß er eher bereit sei, auch (gegen die wirtschaftlichen Interessen eines Mandanten) seiner Meinung nach aussichtslose Prozesse zu führen. Der Klient könne nicht mehr darauf vertrauen, vom Rechtsanwalt der Rechtslage gemäß beraten zu werden.

- Ebenfalls zur Förderung der Prozeßbereitschaft könne es führen, wenn der Rechtsanwalt im „Kampf" um den Mandanten die von ihm geforderte Unabhängigkeit bei der Behandlung des Sachverhalts aufgebe und gegen sein besseres Wissen auf die vom Mandanten ausgehende Prozeßbereitschaft eingehe, um den Mandanten nicht an einen Kollegen zu verlieren. Der

---

[1] Bayerischer Staatsminister für Justiz 1984
[2] Kurt Bantle, zit. nach Pressedienst der SPD-Landtagsfraktion Baden-Württemberg 1984

Rechtsanwalt werde damit zum reinen Interessenvertreter. Dieser Aspekt wurde von drei Experten genannt.

In beiden Fällen trete die berufliche Ethik hinter erwerbswirtschaftliche Eigeninteressen zurück, die Rechtsanwaltschaft verliere die ihnen traditionell zugeschriebende Funktion. Es entwickle sich eine "Grenzmoral".

Einher geht nach Auffassung der Experten dieses Absinken der „Arbeitsmoral" mit einer „Verrohung der Sitten" im Umgang untereinander, die den Auflösungsprozess des Berufsbildes weiterhin begünstige:

– Immerhin fünf der Experten (lediglich ein Nicht-Anwalt) befürchteten, daß durch die verstärkte Konkurrenz die Einbindung in den Berufsstand verloren gehe, es komme zur Entfremdung von den Kollegen und unkollegialem Verhalten; die Bereitschaft zur Einhaltung der standesrechtlichen Regelungen gehe zurück. „Bei 90 000 Rechtsanwälten wird es kein Standesrecht und kein Gebührenrecht mehr geben".

Während sich die Experten in der Einschätzung der prinzipiell möglichen Auswirkungen des steigenden Wettbewerbs weitgehend einig waren – nicht einer der Experten (auch nicht aus dem nicht-anwaltlichen Bereich) beurteilte die zukünftige Entwicklung der Rechtsanwaltszahlen ausschließlich positiv – gingen die Meinungen darüber, wieweit solche Effekte tatsächlich zum Tragen kommen bzw. wieweit bereits heute erste Auswirkungen spürbar würden, auseinander.

So wiesen zwei der Rechtsanwälte sowie einer der befragten Richter darauf hin, daß eine realistische Prognose erst möglich sei, wenn abschätzbar werde, wie weit das wachsende Angebot an rechtsberatenden Leistungen durch eine ebenfalls wachsende Nachfrage aufgefangen werden könnte. Prinzipiell sei der Bedarf an Rechtsberatung unendlich, es sei lediglich die Frage, wie weit der Bürger bereit sei, für diesen Bedarf auch zu zahlen. Diese Bereitschaft auf Seiten des Bürgers könne durchaus noch wachsen, wenn sich das Selbstbewußtsein und das Anspruchsverhalten des Bürgers weiterhin stärker entwickele. Hinzu käme, daß die Anwaltschaft bislang weite Tätigkeitsfelder weitgehend vernachlässigt habe. Es sei durchaus vorstellbar, daß bei einer entsprechenden Entwicklung dieser beiden Variablen die Nachfrage soweit gesteigert werden könnte, daß der Konkurrenzdruck unterhalb der Grenze bliebe, ab der solche berufs- und qualitätszerstörenden Tendenzen in Gang gerieten.

Auch die übrigen Experten waren mit einer Ausnahme der Auffassung, daß eine derartige Entwicklung erst zu befürchten sei, wenn der Konkurrenzkampf die Schwelle zum ruinösen Wettbewerb überschreiten würde, wenn also die berufliche Existenz des einzelnen Freiberuflers bedroht würde. Diese Schwelle sah die Mehrheit der Experten noch nicht überschritten. Befürchtungen einer erhöhten Prozeßbereitschaft hätten sich bislang als grundlos erwiesen. Zwei der Rechtsanwälte sahen im Moment sogar eine für die Leistungsqualität positive

Entwicklung, da die Büros vielfach den bereits jetzt spürbaren Rückgang an Mandanten durch einen verbesserten Service (mehr Freundlichkeit, kürzere Wartezeiten) begegneten, auch die Bereitschaft, Fälle anzunehmen, werde wieder größer. Lediglich einer der befragten Richter glaubte bereits heute eine steigende Prozeßbereitschaft auch in aussichtslosen Fällen vor allem von jungen Anwälten beobachtet zu haben.

Auch Gellner warnte vor zuviel Pessimismus und Schwarzmalerei. Bislang habe nach den Statistiken der Berufshaftpflichtversicherer keine signifikant erhöhte Zunahme der Haftpflichtfälle bei jungen Rechtsanwälten festgestellt werden können. Die Zahl der Beschwerdefälle bei der Berufsaufsicht sei zwar leicht angestiegen, jedoch auch hier gäbe es keine signifikant höhere Beteiligung junger Anwälte. Bei der Prozentzahl der in ein berufsgerichtliches Verfahren verwickelten Rechtsanwälte, deren Anteil an der Gesamtheit der Berufsangehörigen sich nicht erhöht habe (durchschnittlich ca. 1 % im Jahr), überwiege eher die mittlere Altersgruppe. „Mit diesen Feststellungen soll die Gefahr einer Qualitätsverschlechterung keineswegs gemindert oder gar ausgeschlossen werden. Sie sollte aber auch nicht nur der nachwachsenden Anwaltsgeneration angelastet werden".[1]

Ohne empirisch gesicherte Daten über die Wirkungszusammenhänge zwischen Wettbewerbs- bzw. wirtschaftlicher Situation und beruflicher Ethik bzw. Leistungsqualität ist kaum zu entscheiden, inwieweit die in diesem Abschnitt dargestellten Auswirkungen voll wirksam werden. Gerade aber solche Analysen der anwaltlichen Berufstätigkeit fehlen noch fast völlig. So stehen z.B. auch keine Informationen zur Verfügung, die als Indikator dafür herangezogen werden können, inwieweit der Vorwurf zutrifft, daß die Anwaltschaft auf Kosten der streitverhütenden Tätigkeit eine zu hohe Prozeßbereitschaft an den Tag legt. Vergleiche der heutigen Situation mit etwa dem beruflichen Verhalten von vor 10 Jahren sind gänzlich unmöglich. Erste Ansätze zur empirischen Analyse derartige Fragen sind drei von der Anwaltschaft (BRAK, DAV) zusammen mit dem Bundesjustizministerium in Auftrag gegebene Forschungsprojekte zu den Auswirkungen einer „Juristenschwemme" auf die wirtschaftliche Situation der Rechtsanwälte wie auf die Rechtspflege insgesamt.[2]

Diese Forschungsvorhaben versprechen erste gesicherte Erkenntnisse über die in diesem Abschnitt angesprochenen Fragen. Wenn auch ohne die Möglichkeit einer endgültigen wissenschaftlich fundierten Klärung der Problematik, soll nun im folgenden auch für die Rechtsanwälte geprüft werden, inwieweit die berufsrechtlichen Wettbewerbsregelungen eine oben dargestellte Entwicklung begünstigen oder aufhalten können bzw. welche Lösungsstrategien speziell für die Rechtsanwälte erörtert werden.

---

[1] Gellner 1986, S. 33 f
[2] Vgl. recht 5/85

4.3.2.2.2 Zugangsregelungen

Wie bereits erwähnt bestehen außer den Anforderungen an die fachliche Qualifikation (Befähigung zum Richteramt)[1] sowie den an die persönliche (moralische und körperliche) Qualifikation gebundenen Gründe zur Versagung bzw. Rücknahme der Zulassung[2], die auch als subjektive (personenbezogene) Zugangskriterien bezeichnet werden können, keine weiteren Zugangsbeschränkungen zum Rechtsanwaltsberuf. Dies ist nach Auffassung der Rechtsanwaltschaft, die auch von mehreren Experten vertreten wurde, eine der wesentlichen Ursachen für die sowohl unter Existenz- als auch aus Qualitätssicherungsgesichtspunkten bedenkliche Situation der Anwaltschaft, da sie dadurch zum Auffangbecken für alle jene Nachwuchsjuristen wird, die – unter anderem auch wegen zu schlechter Examensnoten – keinen Eingang in die übrigen juristischen Berufssparten finden.[3]

Es lag deshalb nahe, den Experten die Frage vorzulegen, ob und, wenn ja, in welcher Form die Einführung von Zugangsbeschränkungen im Hinblick auf die Sicherung der anwaltlichen Leistungsqualität für die Rechtsanwaltschaft ratsam erscheint. Grundsätzlich stehen hierzu zwei Möglichkeiten zur Debatte: eine Verschärfung der Qualifikationsanforderungen sowie eine an objektive Bedarfskriterien geknüpfte Zugangsregelung wie z.B. § 4 BNotO vorsieht.[4]

Eine am Bedarf ausgerichtete Steuerung über die Qualifikationsanforderungen wäre

- vor dem Studium (Numerus Clausus),
- während bzw. zum Ende der Ausbildung (Prüfungsordnungen),
- vor der Zulassung zum Beruf („Drittes Staatsexamen", Numerus Clausus anhand der Examensnoten)

denkbar.

Obwohl derartige Überlegungen verschiedentlich angestellt werden, sind sich Gesetzgeber, politische Mandatsträger und die Berufsorganisationen der Rechtsanwaltschaft weitgehend einig, daß solche Zugangsbeschränkungen verfassungswidrig wären, da sie dem Grundrecht der freien Berufswahl widersprächen.[5] Darüber hinaus – so Harms – hätten Erfahrungen in der Vergangenheit gezeigt, daß solche Instrumente nur wenig zur Nachwuchssteuerung geeignet seien.

---

[1] § 4 BRAO; vgl. auch 4.3.2.1.2
[2] §§ 7 und 14 BRAO; vgl auch 4.3.2.1.1
[3] Vgl. auch 4.3.2.2.1
[4] Nach § 4 BNotO dürfen nur so viele Notare bestellt werden, wie es den Erfordernissen einer geordneten Rechtspflege entspricht.
[5] Vgl. z.B. Pressedienst der SPD-Landtagsfraktion Baden-Württemberg 1984, Harms 1984; Die Welt 19.11.1985; Gellner 1986, S. 34

„In der Geschichte der deutschen Juristenausbildung hat es Versuche zur Nachwuchssteuerung durch Numerus Clausus, wie sie von medizinischen Fakultäten erfolgreich praktiziert wurden, nur zweimal, nämlich nach dem zweiten Weltkrieg und 1832 gegeben, als die Prüfungsnote ‚gut' zur Zugangsvoraussetzung erhoben wurde. Schon damals reagierten weniger die Studentenzahlen als die Abiturzeugnisse, aus denen die Note ‚3' weitgehend verschwand. Heute würde ein Numerus Clausus nur die gegenwärtigen Belegungszahlen festschreiben und an der Überfüllung nichts mehr ändern können."[1]

Ebenso wenig langfristige Wirkungen hätten auch die stets als Steuerungsmittel beliebten Prüfungsordnungen gezeigt. „Die Prüfer weigerten sich, im Angesicht der Kandidaten nach Bedürfnis zu entscheiden. Im Vormärz und während der Reaktion nach 1850 versuchte man sogar, den Nachweis aus Gründen der politischen und sittlichen Lebensführung zu reduzieren, erreichte damit aber mehr disziplinierende als quantitative Wirkungen".[2]

Allerdings hielten die von uns befragten Experten die Einführung einer Eignungsprüfung vor dem Studium[3] bzw. qualifikationsbezogene Beschränkungen vor der Zulassung zum Beruf[4] unter Qualitätsgesichtspunkten für wünschenswert. Auch der Hauptgeschäftsführer der BRAK lehnt zwar einen bedarfsorientierten Numerus Clausus ab, fordert aber gleichzeitig die Einführung eines Eignungstests für Juristen sowie eine stärkere Auslese im Studium, vor allem durch eine Zwischenprüfung unter Examensbedingungen.[5]

Die gleichen Vorbehalte wie gegen die qualifikationsgebundene Bedarfsplanung gelten auch für die Einführung objektiver, also unmittelbar an bestimmte Bedarfskriterien gebundener Zugangsbeschränkungen, wenn auch einer der befragten Rechtsanwälte einen derartigen Vorschlag zur Diskussion stellte. Er wies jedoch selbst auf seine politische Undurchführbarkeit hin. Die allgemeine Einstellung zu diesem Thema faßt der Bayerische Staatsminister für Justiz treffend zusammen: „Trotz der auf uns zukommenden Juristenschwemme und der sich abzeichnenden Entwicklung kann die Zulassung zur Rechtsanwaltschaft nicht beschränkt werden. Nach dem geltenden Recht muß grundsätzlich jeder, der die Befähigung zum Richteramt nach dem Deutschen Richtergesetz erlangt hat, auf seinen Antrag zur Rechtsanwaltschaft zugelassen werden. Es gibt nur ganz wenige, in der Bundesrechtsanwaltsordnung abschließend aufgezählte Gründe, aus denen die Zulassung versagt werden kann. Diesen Rechtszustand kann auch der Gesetzgeber nicht ändern, denn im Hinblick auf das Grundrecht der Freiheit der Berufswahl ist es ihm verwehrt, den Zugang zum Anwaltsberuf nach der Bedürfnislage zu steuern oder einzu-

---

[1] Harms 1984, S. 115
[2] Harms 1984, S. 115
[3] Vgl. 4.3.2.1.1
[4] Vgl. 4.3.2.1.2
[5] Vgl. Gellner 1986, S. 33 f

schränken. Dies ist das Ergebnis der ständigen Rechtsprechung des Bundesverfassungsgerichts zum Zugang zu einem freien Beruf".[1]

Das einzig sinnvolle und praktikable Mittel zur Drosselung der Nachwuchszahlen ist aus der Sicht der anwaltschaftlichen Berufsorganisationen „eine rückhaltlose Aufklärung über die Berufschancen für Juristen und die Warnung vor einem unbedachten Jurastudium". Ein vom DAV entwickeltes Flugblatt zur Information von Abiturienten scheint dabei ein Hilfsmittel zu sein. Erfreulicherweise hätten sich auch die Landesjustizministerien und der Bundesjustizminister zur Mitwirkung bereit gefunden. „Die Warnungen scheinen bereits erste Früchte zu tragen. Wenn die Meldungen stimmen, die in der Presse gebracht wurden, ist die Zahl der Studienanfänger im Fach Rechtswissenschaft für das kommende Wintersemester im Vergleich zum Wintersemester 1984 um 25 % rückläufig".[2] Erstaunlicherweise wurde diese Form der Nachwuchssteuerung lediglich von zwei der befragten Rechtsanwälte – befürwortend – angesprochen.

Im übrigen hat natürlich auch die von der BRAK[3] und einem Teil der Experten geforderte assessorale Ausbildung zugangsregelnde Auswirkungen, da damit gerechnet werden kann, daß bei einer eventuell relativ schlecht bezahlten zusätzlichen praktischen Ausbildung[4] ein Teil des juristischen Nachwuchses abgeschreckt wird oder daß es wegen eventuellen Stellenengpässen zu Wartezeiten kommen könnte. Die Experten, die das Assessorat befürworteten, wollten es jedoch ausdrücklich nicht als Instrument der Bedarfsregelung verstanden wissen.

Insgesamt ist angesichts des brennenden Nachwuchsproblems aus der Sicht der Anwaltschaft noch keine befriedigende Lösung gefunden. „Gespräche mit Politikern über Abhilfemöglichkeiten haben ein völlig unbefriedigendes Einheitsergebnis. Numerus Clausus: Keine Chance. Anwaltsassessorat: Keine Chance. Sonstige Maßnahme: Keine Chance. Soll der Berufsstand mit seinen Problemen alleingelassen werden? Viel erwarten wir von der Politik nicht, Lösungsmöglichkeiten sind in der Tat schwer zu finden. Aber wenigstens etwas können wir doch erwarten: Daß staatliche Stellen oder von staatlichen Stellen unterstützte Organisationen der Anwaltschaft nicht Konkurrenz machen, oft dazu noch unter Ausnutzung von Werbemöglichkeiten, die der Anwaltschaft versagt sind".[5]

Der hier zitierte Geschäftsbericht des Deutschen Anwaltvereins spricht damit den bereits erwähnten stärker werdenden Wettbewerbsdruck durch die nicht-

---

[1] Bayerisches Staatsministerium für Justiz 1984
[2] Gellner 1986, S. 33 f
[3] Vgl. Gellner 1986, S. 34 sowie 4.3.2.1.2
[4] Harms (1984) spricht sogar von einem unbezahlten Assessorat
[5] Deutscher Anwaltverein 1984, S. 34

anwaltliche Rechtsberatung durch Industrie-und Handelskammern, Handwerks-kammern, Berufskammern an. „Der DAV hat gegenüber dem Bundeswirt-schaftsministerium deutlich darauf hingewiesen, daß die Kammern in großem Umfang Rechtsberatung betreiben, z.B. sogar Rechtsbesorgung. Dies kann nicht wünschenswert sein. Erst recht nicht für eine Bundesregierung, die die Privatisierung öffentlicher Aufgaben als ihre vorrangige Aufgabe ansieht. Wenn dies nicht anders erreicht werden kann, muß dies durch eine Eingrenzung der gesetzlichen Befugnisse der Kammern erreicht werden. Eine originäre Aufgabe öffentlich-rechtlicher Körperschaften ist Rechtsberatung sicher nicht. Ein Grund-problem liegt sicher darin, daß die staatliche Aufsicht über die Kammern nur begrenzt funktioniert, jedenfalls im Hinblick auf die penible Einhaltung des gesetzlichen Aufgabenbereichs der Kammern".[1]

In diesem Zusammenhang haben sich drei der Rechtsanwälte auch für ein Verbot der rechtsberatenden Tätigkeit von – wie sie es nannten – „Feierabend-advokaten" ausgesprochen. Unter diesem Aspekt begrüßten sie eine Erweite-rung des von § 20 Abs. 1 Nr. 1 BRAO betroffenen Personenkreises um Beamte auf Zeit sowie die zeitliche Verlängerung der Zulassungssperre von 5 auf 10 Jahre. Die Bundesregierung stellte hierzu fest, daß die Beschränkung der örtli-chen Zulassung nach § 20 Abs. 1 Nr. 1 der BRAO vermeiden solle, daß in der öffentlichen Meinung oder bei Parteien eines Verfahrens auch nur der der Rechtspflege abträgliche Anschein entstehe, die aus dem früheren Amt erwach-senen Verbindungen könnten sich möglicherweise auf die Rechtsfindung aus-wirken. Die räumliche Ausdehnung solcher Zulassungsbeschränkungen auf den Bezirk des Oberlandesgerichtes und die zeitliche Verlängerung der Zulas-sungsbeschränkung auf 10 Jahre seien aus folgenden Gründen erforderlich geworden: Eine nicht unerhebliche Zahl hoher und höchster Richter und Beamter, davon ein hoher Anteil von kommunalen Wahlbeamten, habe nach dem Ausscheiden aus dem öffentlichen Dienst die Zulassung zur Rechtsanwalt-schaft erlangt. Die kommunalen Wahlbeamten seien in der Öffentlichkeit durch die Art ihrer Tätigkeit häufig noch bekannter als andere Beamte oder als Richter, so daß es angezeigt sei, sie in die Regelung des § 20 Abs. 1 Nr. 1 BRAO einzubeziehen.

Ihr Bekanntheitsgrad nehme oft auch jenseits der Grenzen des Landesgerichts-bezirks nicht wesentlich ab. Die Landgerichtsbezirke seien vielfach sehr klein. Als Anknüpfungspunkt für § 20 Abs. 1 Nr. 1 BRAO sei der Landgerichtsbezirk auch dann ungeeignet, wenn es um Richter oder Beamte an Gerichten oder Behörden gehe, deren Zuständigkeitsbereich über einen Landgerichtsbezirk hinausreiche.

Für die zeitliche Verlängerung der Zulassungsbeschränkung von 5 auf 10 Jahre spreche der nach den Erfahrungen der Zulassungsbehörden nicht unerhebliche

---

[1] Deutscher Anwaltverein 1984, S. 35

Anteil von Richtern und Beamten an solchen Gerichten und Behörden. Bei ihnen sei eine Karenzzeit von nur 5 Jahren, auch wenn sie voll eingehalten werde, zu kurz, um zu verhindern, daß sie nach der Zulassung zur Rechtsanwaltschaft mit ihrem früheren Amt identifiziert würden. Darüber hinaus sei die Frist von 5 Jahren auch allgemein zu kurz, etwa bei Richtern, die wegen ihrer oft jahrzehntelangen Tätigkeit in einem Gericht einen erheblichen Bekanntheitsgrad hätten.[1]

4.3.2.2.3 Vergütungsregelungen

Die Höhe der Vergütung für anwaltliche Leistungen ist in der sog. Bundesrechtsanwaltsgebührenordnung (BRAGO)[2], nach der jede Berufstätigkeit des Anwalts zu entlohnen ist, festgeschrieben[3] Die Bemessung der Gebühren erfolgt nicht nach dem tatsächlichen, zeitlichen und organisatorischen Aufwand, den eine Leistung dem Rechtsanwalt verursacht, sondern „nach dem Wert ..., den der Gegenstand der anwaltlichen Tätigkeit hat" (Gegenstands- oder Streitwert).[4] Für jeden Streitwert wird in § 11 die Höhe der vollen Gebühr (10/10) in DM festgelegt. Welcher Bruchteil oder das Wievielfache der vollen Gebühr im Einzelfall zu berechnen ist, wird durch die Vorschriften der §§ 20 ff. BRAGO bestimmt. Eine Beschränkung der Gebühren auf einen Höchstsatz ist – soweit nicht Rahmengebühren anfielen – nicht angeordnet worden. Dagegen ist die Berechnung eines Mindestbetrages (§ 11 Abs. 2) bestimmt. Für die einzelnen anwaltlichen Leistungen sind in der BRAGO entweder feste Gebührensätze (z.B. Vergleichsgebühr,[5] Erledigungsgebühr,[6] Prozeßgebühr[7] etc.) oder Rahmengebühren vorgesehen.

Letztere sind entweder in ihrem Mindest- und Höchstbetrag bestimmt (z.B. in Strafsachen, Auslieferungsverfahren: §§ 83ff., 106ff.) oder hinsichtlich der Bruchteile der vollen Gebühr nach Höchst- und Mindestsätzen festgelegt (z.B. § 20 Gebühren für Rat und Auskunft).[8]

Bei Rahmengebühren bestimmt der Rechtsanwalt die Gebühr im Einzelfall unter Berücksichtigung aller Umstände, insbesondere der Bedeutung der Angelegenheit, des Umfangs und der Schwierigkeit der anwaltlichen Tätigkeit sowie

---

[1] Handelsblatt vom 4.11.1985
[2] In ihrer derzeit gültigen Fassung trat die BRAGO nach dem Fünften Gesetz zur Änderung der Bundesgebührenordnung für Rechtsanwälte am 1.1.1981 in Kraft.
[3] Die BRAGO gilt nicht für Tätigkeiten, die der Rechtsanwalt als Vormund, Pfleger, Testamentsvollstrecker, Konkusverwalter, Vergleichsverwalter, Mitglied des Gläubigerausschusses oder Gläubigerbeirats, Nachlaßverwalter, Zwangsverwalter, Treuhänder, Schiedsrichter oder in ähnlicher Stellung erbringt (§ 1 Abs. 2 BRAGO).
[4] § 7 Abs. 1 BRAGO
[5] § 23 BRAGO
[6] § 24 BRAGO
[7] § 31 BRAGO
[8] Vgl. Slowana 1978, S. 208

der Vermögens- und Einkommensverhältnisse des Auftraggebers nach billigem Ermessen.[1]

Ist in der BRAGO nichts über die Gebühren für eine anwaltliche Tätigkeit gesagt, so sind die Gebühren in „sinngemäßer Anwendung der Vorschriften" des Gesetzes zu bemessen.[2]

Nach § 3 BRAGO kann der Rechtsanwalt durch eine Vereinbarung eine höhere Gebühr als die gesetzlich bestimmte vom Mandanten fordern. Dies bedarf jedoch der Schriftform, um sicherzustellen, daß der Auftraggeber sich bewußt ist, daß die vorgeschlagene Vergütung von den gesetzlichen Gebühren abweicht. Dies wird auch durch § 51 Abs. 4 der Standesrichtlinien für Rechtsanwälte (RichtlRA) nochmals bekräftigt. Nach § 51 Abs. 1 ist es jedoch unzulässig geringere Gebühren und Auslagen zu vereinbaren, als sie die Bundesgebührenordnunge vorsieht. In Ausnahmefällen darf im Einzelfall der Rechtsanwalt bei Vorliegen besonderer Umstände, etwa der Bedürftigkeit eines Auftraggebers, die Gebühren der Auslagen nach Erledigung des Auftrages ermäßigen oder streichen. „Es ist jedoch darauf zu achten, daß der Anschein unzulässigen Werbens vermieden wird."[3]

Eine freie Preisgestaltung durch den Anwalt ist damit zwar in geringen Grenzen möglich, die Wertmargen dienen jedoch weniger dem Erhalt des Preiswettbewerbs, als der Berücksichtigung des unterschiedlichen Aufwands für die jeweiligen Fälle. Preiswettbewerb ist damit praktisch ausgeschlossen. Eine offene Grenze nach oben, wie sie durch § 3 BRAGO mit Zusatzvereinbarung möglich ist, kann nicht als Wettbewerbsinstrument betrachtet werden, zudem verbiete, so die Anwaltschaft, in vielen Fällen die Praxis, von dieser Möglichkeit Gebrauch zu machen. Zum einen seien bald die Hälfte aller privaten anwaltlichen Mandanten in Rechtsschutzversicherungen, die nur die gesetzlich vorgeschriebenen Gebühren zahlten. Zum anderen habe die in einem Zivil- oder Verwaltungsprozeß obsiegende Seite den Rechtsanspruch, daß ihr die unterlegene Partei die notwendig angefallenen Kosten erstattet. Notwendig entstanden seien aber in aller Regel nur die nach der BRAGO abgerechneten Anwaltskosten. Der siegreiche Mandant habe kein Verständnis dafür, wenn ihm sein Rechtsanwalt Kosten berechnet, die der unterlegene Prozeßgegner nicht erstatten müsse.

Die gesetzliche Vergütung nach der BRAGO gelte auch in den Prozeßkostenhilfesachen, in denen es um die Rechtsdurchsetzung für Minderbemittelte gehe und die Staatskasse die Anwaltskosten zahle. Die weitaus überwiegende Zahl der Rechtsanwälte rechne in nahezu allen Fällen nach der BRAGO ab; die wenigen Ausnahmen vor allem im Bereich der Verteidigung in umfangreichen Strafsachen fielen zahlenmäßig nicht ins Gewicht.[4]

---

[1] § 12 BRAGO
[2] § 2 BRAGO
[3] § 51 Abs. 3 RichtlRA
[4] Vgl. Handelsblatt vom 30.10.1985

Dieser weitgehende Verzicht eines Preiswettbewerbs wurde von den befragten Experten aus der Rechtsanwaltschaft allgemein als qualitätssichernd begrüßt. Preiswettbewerb sei standesrechtlich – zu Recht – nicht zulässig, er könne die Qualität der Leistung nur verschlechtern. Fünf der Experten (darunter zwei Nicht-Anwälte) bezweifelten jedoch, ob bei immer stärker werdendem Konkurrenzdruck die Gebührenordnung von den Rechtsanwälten noch eingehalten würde. Hier bliebe nur eine verstärkte Kontrolle; allerdings, so zwei der Befragten, sei es unwahrscheinlich, daß Unterschreitungen der Mindestgebühren den Kammern angezeigt würden. Eine Kontrolle der Abrechnungen z.B. anhand der Akten wie sie etwa bei den Notaren erfolge, sei jedoch sowohl aus Datenschutzgründen als auch unter dem Aspekt der freien Berufsausübung undenkbar.

Demgegenüber hoben vier der nicht-anwaltlichen Experten vor allem die dysfunktionalen Wirkungen der gegenwärtigen Gebührenordnung hervor. Während einer der Hochschulprofessoren die Meinung vertrat, daß Gebührenordnungen grundsätzlich zu einer Schematisierung und nicht im Interesse des Klienten liegenden Standardisierung beruflicher Leistungen führten, da man davon ausgehen könne, daß nur die Leistung erbracht werde, die auch vergütet wird, kritisierten die übrigen Befragten den qualitätsfeindlichen Leistungskatalog und Bewertungsmaßstab. In der Kritik wurden jedoch unterschiedliche Aspekte angesprochen:

– Zwei der Hochschulprofessoren bezeichneten die Gebührenregelung als zu undifferenziert. Die vornehmliche Orientierung am Streitwert lasse zu wenig Raum für die Berücksichtigung des tatsächlich für die Leistungserbringung erforderlichen Aufwands durch den Rechtsanwalt. Dies führe bei Sachverhalten mit geringem Streitwert, aber hohem Aufwand entweder zu mangelnder Sorgfalt bei der Bearbeitung oder zur Ablehnung des Falles. Eine Gebühr, die auch oder vor allem den Zeitaufwand mitberücksichtige, wäre der Leistungsqualität deshalb sicherlich zuträglich. Demgegenüber vertraten vier der befragten Rechtsanwälte die Auffassung, die am Gegenstandswert orientierte Vergütung führe zu einem gewissen sozialen Ausgleich. Aus der Sicht des Mandanten sei es sinnvoller, daß die Vergütung sich auf den Gegenstandswert beziehe als auf den Leistungsaufwand, da er es sich sonst kaum leisten könne, seine mit einem geringeren Gegenstandswert bemessenen, dafür aber aufwendig zu bearbeitenden Interessen durch einen Rechtsanwalt vertreten zu lassen. Aus der Sicht des Rechtsanwalts dagegen würden sich auf längere Sicht Fälle mit nicht kostendeckender Vergütung und solche, bei denen das Honorar die entstandenen Betriebskosten relativ weit übersteigt, ausgleichen.

– Die übrigen Experten wie auch einer der bereits oben zitierten Hochschullehrer kritisierten die qualitätsfeindliche Relation der Bewertung der unterschiedlichen Leistungen. Angesprochen wurde einerseits – vor allem von den

Nicht-Anwälten – die Diskrepanz in der Vergütung der streitverhütenden Tätigkeit und der bei Führung eines Prozesses anfallende Honorierung. Die Tatsache, daß die vor Gericht anfallende Vergütung deutlich höher sei als die beim Vergleich anfallende Gebühr, sei sicherlich ein wesentlicher Grund für die vielbeklagte und auch von den nicht-anwaltlichen Experten konstatierte übermäßige Prozeßbereitschaft der Anwälte, die angesichts der wachsenden „Anwaltsschwemme" für die Zukunft sicherlich noch mehr an Bedeutung gewinnen werde. Eine Anhebung der Vergütung im Falle eines Vergleichs würde nach Auffassung der Experten der streitverhütenden Leistung der Anwälte sicherlich zuträglich sein und damit wesentliche qualitätssichernde Funktionen erfüllen. Schließlich könne man davon ausgehen, daß in vielen Fällen die Vergleichsbereitschaft der Mandanten wesentlich von der Beratung durch den Rechtsanwalt beeinflußt werde.[1]

- Von den Rechtsanwälten wurde noch auf eine andere, ebenfalls schwerwiegende Steuerungswirkung der BRAGO auf die anwaltliche Tätigkeit hingewiesen: die nicht leistungs- und risikogemäße Vergütung in einzelnen Tätigkeitsgebieten, die deren Attraktivität für die Anwälte erheblich vermindere. Als Beispiel wurde in erster Linie die Vergütung für Leistungen im Sozialrecht genannt. Der angesichts der erheblichen Haftungsrisiken und anfallenden Kosten viel zu geringe Gebührensatz sei nicht zuletzt auch ein wesentlicher Grund dafür, daß dieses Rechtsgebiet von vielen Anwälten vernachlässigt werde. Einer der Experten wies jedoch darauf hin, daß die mangelnde Lukrativität sicherlich nicht zu vernachlässigen sei, daß jedoch das eigentliche Hemmnis in einer psychologischen Schwelle bestehe. Auch in diesem Fall würde jedoch eine ausreichende Vergütung das Überschreiten der Schwelle leichter fallen lassen.

Insgesamt waren sich alle Anwälte und Nicht-Anwälte weitgehend darin einig, daß der Gebührenordnung sowohl eine nicht unbeträchtliche Steuerungsfunktion der anwaltlichen Tätigkeit zuzuschreiben ist, als auch die gültige Fassung unter Qualitätsgesichtspunkten sicherlich noch verbesserungsfähig und -bedürftig ist. Einer der befragten Rechtsanwälte vertrat dagegen die Auffassung, daß das derzeitige Gebührensystem ein in sich ausgewogenes, jedoch sensibles Konstrukt sei, das ständig in der Gefahr sei, vom Gesetzgeber aus fiskalischen Erwägungen in seinem Gleichgewicht gestört zu werden. Neben der Struktur des Bewertungsmaßstabes spielte aus der Sicht der Anwälte hierbei auch eine angemessene Höhe der Vergütung insgesamt eine Rolle. So wurde von vier der Rechtsanwälte darauf hingewiesen, daß die 1981 zuletzt erhöhten Gebühren in keiner Weise mehr den heutigen Kosten entsprächen. Entsprechend wurde auch auf der Hauptversammlung der BRAK von der Konferenz der Gebührenreferenten der regionalen Rechtsanwaltskammern vom Gesetzgeber aufgrund

---

[1] Die Rechtsanwälte betonten dagegen immer wieder, daß vielfach der Mandant auf dem Prozessieren bestehe.

eines einstimmigen Beschlusses der Gebührenreferenten gefordert, die Rechtsanwaltsgebühren der wirtschaftlichen Entwicklung anzupassen.

Eine Gebührenanpassung sei zur Existenzsicherung der Anwälte und ihrer Mitarbeiter unumgänglich, heißt es in diesem Beschluß. Die freie und unabhängige Anwaltschaft könne „ihren gesellschaftlichen und rechtsstaatlichen Auftrag nur erfüllen, wenn eine ausreichende wirtschaftliche Grundlage besteht. Die Einnahmen der Anwaltschaft sind aber geknüpft an die gesetzliche Gebührenregelung der Bundesgebührenordnung für Rechtsanwälte (BRAGO). Die Kosten einer Anwaltspraxis sind seit Januar 1981 bis heute derart gestiegen, daß es wirtschaftlich nicht mehr verkraftet werden kann, zu den Gebührensätzen von Januar 1981 anwaltliche Dienste zu leisten".[1]

Auch der Vorsitzende der Konferenz, Rechtsanwalt und Notar Dr. Eberhard Strohm wies in der Begründung darauf hin, daß zwar die Rechtsanwälte eine höhere als in der BRAGO bestimmte Tätigkeitsvergütung mit dem Auftraggeber schriftlich vereinbaren und sich zahlen lassen dürften, in der Praxis aber in den meisten Fällen ein derartiges Vorgehen unmöglich sei. Da im Dienstleistungsbereich, zu dem auch die Anwaltstätigkeit gehöre, niemand mehr zu den Preisen von Januar 1981 vergütet werde, sei es dringend geboten, daß sich der Bundesgetzgeber an seine rechtsstaatliche Aufgabenstellung und Verpflichtung erinnere und die BRAGO den geänderten wirtschaftlichen Bedingungen anpasse.

4.3.2.2.4 Werberichtlinien

Nach § 2 RichtlRA handelt ein Rechtsanwalt „standeswidrig, wenn er um seine Praxis wirbt. Er darf eine ihm verbotene Werbung auch durch andere nicht dulden. Bei seinem Auftreten vor Gericht und im Umgang mit Presse, Rundfunk und Fernsehen hat er den Anschein zu vermeiden, er wolle sich oder die von ihm bearbeitete Sache sensationell herausstellen". Für Rechtsanwälte gilt also ein generelles Werbeverbot, dessen zentrale Bedeutung sich an seiner Plazierung innerhalb der Standesrichtlinien gleich nach Festlegung der allgemeinen Berufsaufgaben ablesen läßt.

Weitere die mögliche berufliche Werbung betreffende Einschränkungen sind in dem im bereits angesprochenen § 51 Abs. 4 (unzulässige Preiswerbung)[2] verankert sowie in den §§ 69ff., die Regelungen über Bekanntgaben der Praxis, Praxisschilder, Drucksachengestaltung, Eintragung in Namenspresse, Führen von Zusatz- und Berufsbezeichnungen etc. Die Rechtsanwälte sind hier ähnlichen Reglementierungen unterworfen wie etwa die Ärzte.

---

[1] Beschluß der Konferenz der Gebührenreferenten der Rechtsanwaltskammern, zit. nach Handelsblatt vom 29.10.1985
[2] Vgl. 4.3.2.2.3

Hinsichtlich der Funktion der Werbung auf dem „Markt" anwaltlicher Dienstleistungen gingen die Auffassungen der von uns befragten Anwälte und Nicht-Anwälte deutlich auseinander. So waren sich die Rechtsanwälte mit lediglich zwei Ausnahmen einig, daß die Aufrechterhaltung eines strikten Werbeverbots unerläßlich sei, wenn man das traditionelle Berufsbild des Rechtsanwalts aufrechterhalten wolle. Werbung durch einzelne Rechtsanwälte schade dem Image des ganzen Berufsstandes: „Qualität ist die einzige erlaubte und beste Werbung". Die bisherigen Informationskanäle für den ratsuchenden Bürger (die Empfehlung durch den Bekanntenkreis) hätten sich bewährt und seien völlig ausreichend. Lediglich zwei der befragten Rechtsanwälte würden eine maßvolle Lockerung des Werbeverbots im Interesse erhöhter Markttransparenz für den Klienten sowie aus wettbewerbspolitischen Erwägungen heraus begrüßen.

Während also die Mehrheit der Rechtsanwälte die Auffassung vertrat, daß sich der bislang funktionierende Leistungswettbewerb durch Werbung nur verschlechtern könnte – vor allem auch, weil Werbung zu Wettbewerbsverzerrungen führen müsse –, gingen die befragten Experten aus dem nichtanwaltlichen Bereich davon aus, daß die für einen Leistungs- oder Qualitätswettbewerb erforderliche Transparenz des Angebotes hinsichtlich der für die Entscheidung des Nachfragers für einen bestimmten ihm geeignet erscheinenden Anwalt derzeit so gut wie gar nicht gegeben sei.

Der Nachfrager habe bislang noch nicht einmal Kenntnis von den hauptsächlichen Tätigkeitsgebieten des Anwalts, so daß er eine völlige Zufallsauswahl treffen müßte. Werbung i.S. der Vermittlung von Sachinformation über besondere Kenntnisse und Spezialgebiete wäre sicherlich im Interesse des Mandanten.

Dies zeigt bereits, daß die derzeitige Diskussion um die Werbung im Anwaltsberuf weitgehend identisch ist mit der Frage nach der Zulässigkeit der Kundmachung von Spezialkenntnissen, auf die bereits unter dem Aspekt Spezialisierung und spezialisierende Weiterbildung eingegangen wurde. Die in diesem Zusammenhang vertretene Auffassung der Experten sei hier nochmals kurz zusammengefaßt: Während die zunehmende Spezialisierung auch im Hinblick auf die Qualitätssicherung weitgehend als notwendig befürwortet wurde, begegnete die Mehrheit der befragten Rechtsanwälte einer Kenntlichmachung der Tätigkeitsschwerpunkte mit Vorbehalten:

- Sechs der Rechtsanwälte sprachen sich prinzipiell gegen eine Kundmachung von Spezialkenntnissen aus.

- Von den übrigen wurde zwar die Einführung der drei weiteren Fachgebietsbezeichnungen begrüßt, lediglich acht der Gesprächspartner wünschten jedoch eine Ausweitung der Fachgebietsordnungen auf weitere, allerdings sehr weit gefaßte Gebiete (Strafrecht, Zivilrecht).

- Sieben der befragten Rechtsanwälte lehnten eine Möglichkeit der Selbstbenennung von Tätigkeitsschwerpunkten nach Spezialkenntnissen durch den einzelnen Rechtsanwalt ab. Lediglich einer der Rechtsanwälte versprach sich hier mehr Transparenz und Sachinformation für die Mandanten. Demgegenüber begrüßten die nicht-anwaltlichen Experten, soweit sie sich zu diesem Thema äußerten, eine Ausweitung der Kundmachung auch über die Fachgebietsbezeichnung hinaus.

Die Gründe für eine Befürwortung oder Ablehnung bezogen sich im wesentlichen auf drei Aspekte:

- Vier der Rechtsanwälte nannten als Grund für die Ablehnung einer unkontrollierten Selbstbenennung die Gefahr des Mißbrauchs durch den einzelnen Rechtsanwalt. Es sei möglich, daß dieser, um möglichst viele Mandanten zu werben, auch Gebiete angebe, in denen er keine Spezialkenntnisse besitze. Zwei der nichtanwaltlichen Experten sowie zwei Rechtsanwälte sahen hierin keine Gefahr. Letztere verwiesen auf die im allgemeinen positiven Erfahrungen mit den Fachgebietslisten der Kammern, die nicht auf ein derartiges Fehlverhalten hindeuteten.

- Von der Mehrzahl der Rechtsanwälte wurde durch die Möglichkeit zur Kundmachung von Spezialkenntnissen Auswirkungen auf die Wettbewerbsfähigkeit einzelner Gruppen von Rechtsanwälten befürchtet. Der „kleine" (Einzel-) Anwalt sei hier gegenüber den Sozietäten erheblich benachteiligt, da er nicht so viele Fachgebiete angeben könne wie die Kanzleien mit mehreren Anwälten. Hinzu komme, daß die Angabe von ein oder zwei Fachgebieten nach Auffassung der Rechtsanwälte eher die Wirkung einer „Negativwerbung" habe, da viele Mandanten dies als ausschließliche Spezialisierung verstehen und deshalb bei Fällen, die nicht in dieses Fachgebiet gehörten, einen anderen Anwalt aufsuchen würden. Von zwei Anwälten wurde aufgrund dieser Befürchtung die Einführung von Spezialisierungshinweisen abgelehnt, obwohl sie in ihnen eine aus der Sicht der Mandanten zu befürwortende Verbesserung der Informationsmöglichkeiten sahen.

Dem ist allerdings die Auffassung zweier Nicht-Anwälte entgegenzusetzen, daß bei einer grundsätzlichen Möglichkeit zur Angabe von Tätigkeitsschwerpunkten auch über die jetzt erlaubten, sehr speziellen Gebiete hinaus (z.B. Verkehrsrecht, Familienrecht etc.), die von allen Berufsangehörigen genutzt werde, keine Gefahr der Wettbewerbsverzerrung bestehe. In einer solchen Form bestehe auch nicht mehr die von den Rechtsanwälten heraufbeschworene Gefahr, daß die Mandanten die Kenntlichmachung von Tätigkeitsgebieten als Qualitätsprädikat mißverstünden.

Andererseits, so die nicht-anwaltlichen Experten wie auch vier Anwälte, böte eine solche Möglichkeit zum Hinweis auf die überwiegenden oder bevorzugten Spezialgebiete jungen Anwälten eher die Chance, sich auf dem „Markt" zu etablieren.

- Die dritte Gruppe von Gründen, die vor allem von den nicht-anwaltlichen Experten zur Befürwortung einer weitgehenden Ausweitung der Möglichkeit zur Kundmachung (auch über die Fachgebietsordnungen hinaus) angeführt wurde, bezieht sich auf die Erhöhung der Markttransparenz für den Mandanten, die diesem die Möglichkeit gebe, seinen Anwalt nicht nur nach dem Zufallsprinzip oder aufgrund von Mundpropaganda, sondern aufgrund sachlicher Informationen auszuwählen. Die Angabe der Tätigkeitsgebiete könne dabei von den Mandanten insofern als Indikator für Leistungsqualität verstanden werden, als sie entweder Hinweis dafür sein könne, daß ein Anwalt hier bereits intensiv tätig gewesen sei und deshalb eine gewisse Erfahrung aufweise, oder aber insofern Hinweis auf die Leistungsmotivation sein könne, als der Anwalt damit seine Bereitschaft bekunde, sich in dieses Gebiet einzuarbeiten.

Einer der Experten verwies in diesem Zusammenhang auf die Handhabung dieses Problems in den USA oder in England. So ist in den USA das strikte Werbeverbot inzwischen dahingehend aufgelockert worden, daß es standesrechtlich zulässig ist, wenn der Rechtsanwalt in den Medien zutreffende Sachinformationen über seine Kanzlei veröffentlicht. Die Angaben dürfen allerdings keinen irreführenden oder anpreisenden Charakter haben und müssen sich auf bestimmte Informationen (Name, Sitz, Bürostunden, vorrangig bearbeitete Rechtsgebiete, Gesprächsgebühren, Testhonorare für Routineleistungen) beschränken.[1]

So weit sei zwar – so Kötz – die Entwicklung in England noch nicht vorangeschritten, auch hier scheine sich jedoch ein Wandel anzubahnen. „Die britische Monopolies Commission, von der der Anwaltsstand zu seinem Verdruß schon zweimal unter eine kritische Lupe genommen worden ist, hat 1976 rundheraus erklärt, daß das strenge standesrechtliche Verbot der Individualwerbung gegen das öffentliche Interesse verstoße, und auch der Benson Report, dem man übermäßigen Reformeifer gewiß nicht nachsagen kann, hat nach gründlicher Abwägung die Zulassung von Individualwerbung gefordet: Zwar müßten die mitgeteilten Informationen sachlich zutreffen und dürften weder irreführen noch Qualitätsargumente enthalten. Jedoch müsse es zulässig sein, daß in der Anzeige auf Spezialgebiete hingewiesen werde, auch besondere Fremdsprachenkenntnisse müßten publik gemacht werden dürfen und ebenso ‚the types of legal work which the firm is willing and not willing to undertake and whether it is prepare to accept legal aid work‘"[2]

Demgegenüber herrsche in der Bundesrepublik Deutschland in dieser Hinsicht „ein geradezu bedrückender Immobilismus", obwohl bereits Friedlaender (1930) gefordert habe, daß ein Anwalt öffentlich auf Spezialkenntnisse hinweisen dürfe. Es sei „nicht einzusehen", warum es grundsätzlich verboten und standeswidrig sein sollte, dem rechtsuchenden Publikum in sonst üblicher

---

1) Vgl. hierzu auch Kötz 1982, S. 85f
2) Vgl. 1982, S.87

und würdiger Weise den Weg zu zeigen, auf dem es diejenigen finden kann, die ihre Arbeit dem betreffenden Spezialfach vornehmlich gewidmet haben.[1]

In der Bundesrepublik habe sich seitdem jedoch – so Kötz weiter – kaum etwas bewegt. Und auch die wenigen Veränderungen, die sich vorzeigen lassen, beruhten nicht etwa auf dem Wunsch der Anwaltschaft, den Zugang des Publikums zu spezialisierten und deshalb besseren Beratungsleistungen zu erleichtern. Vielmehr hätten sie sich in der Profession in erster Linie deshalb durchsetzen lassen, weil sie zur Abwehr unerwünschter Konkurrenz durch Dritte notwendig erschienen. So sei die Fachgebietsbezeichnung für Steuerrecht nur deshalb eingeführt und bis heute beibehalten worden, weil man gehofft habe, auf diese Weise den Terrainverlust zugunsten der Steuerberater in Grenzen zu halten. Auch der „Fachanwalt für Verwaltungsrecht" ursprünglich eingeführt zwecks Abwehr der Konkurrenz durch die Verwaltungsrechtsräte – sei in dem Augenblick wieder abgeschafft worden, in dem sicher gewesen sei, daß neue Verwaltungsrechtsräte nicht mehr zugelassen werden würden.

„Nach § 73 der Standesrichtlinien darf ein Rechtsanwalt nicht dulden, daß sein Name in Anwaltsverzeichnisse oder Anwaltslisten aufgenommen wird. Daß gemäß Abs. 4 keine Bedenken bestehen, wenn es sich um Anwaltsverzeichnisse handelt, die 'ausschließlich dem internationalen Rechtsverkehr dienen', beruht wiederum nur auf der Befürchtung, es könnten anderenfalls die deutschen Rechtsanwälte von ihren Auslandskollegen 'aus dem internationalen Rechtsverkehr herausgedrängt' werden. Und das beste Argument mit dem man heute den Anwälten eine Spezialisierung auf dem Gebiet des Arbeitsrechts und vor allem die Zuverlässigkeit der Kundbarmachung solcher Spezialisierung schmackhaft machen kann, ist immer noch der Hinweis darauf, daß nur so ein weiteres Vordringen der gewerkschaftlichen Rechtsberatungsdienste verhindert oder ein Teil verlorengegangenen Mandanten vielleicht sogar zurückgewonnen werden kann."[2] Daß diese Einschätzung nicht völlig abwegig ist, wurde durch die von der Mehrzahl der befragten Rechtsanwälte vertretene Meinung bestätigt, daß die Einführung der neuen Fachgebietsbezeichnungen in erster Linie der Wettbewerbsfähigkeit nach außen auf diesen Gebieten diente.

Tatsächlich wird das intern geltende Werbeverbot nicht auf die Gemeinschaftswerbung der Anwaltschaft übertragen. Vielmehr wird nach Auffassung z.B. des DAV angesichts des bereits angesprochenen wachsenden Konkurrenzdrucks nicht-anwaltlicher Beratungsstellen Werbung für den Berufsstand immer notwendiger, insbesondere um „der Bevölkerung bewußt zu machen, welche Dienstleistungen die Anwaltschaft bietet". Dies gelte vor allem auch im Hinblick auf die sich durch die neuen Medien, z.B. den Bildschirmtext, eröffnenden

---

[1] Friedlaender 1930, zit. nach Kötz 1982, S. 87 f
[2] Kötz 1982, S. 88f

Möglichkeiten. Auch „Werbespots im Fernsehen, Werbekampagnen durch Anzeigen, umfassende und aktuelle Präsenz durch Bildschirmtext wären sicher geeignete Instrumente einer Gemeinschaftswerbung. Sie lassen sich im Hinblick auf die damit verbundenen Kosten nicht realisieren. Der Deutsche Anwaltverein muß intensive Öffentlichkeitsarbeit betreiben, um auf diesem Wege 'Gemeinschaftswerbung' zu betreiben."[1]

Auch das Instrument der Fachgebietslisten der örtlichen Vereine sei – obwohl nicht eigentlich Gemeinschaftswerbung – ein wesentlicher Beitrag zur Information der Öffentlichkeit. Die vielfach in den Reihen der Anwaltschaft geäußerte Kritik sei unberechtigt, die „angemaßten" Spezialkenntnisse eher ein Randproblem. Die Notwendigkeit solcher Listen bestätige sich immer wieder durch die positiven Reaktionen der Bevölkerung.

Brangsch vertritt dagegen die Auffassung, daß der von örtlichen Anwaltkammern und -vereinen gewählte Weg der Fachgebietsliste nicht sehr hilfreich sei, weil „die Existenz dieser Listen ... gerade in denjenigen Kreisen der Bevölkerung unbekannt ist, die bei der Anwaltswahl Rat suchen"[2]. Auch Kötz verwies auf die seiner Meinung nach sinnvollere Praxis in England, wo die Law Society seit einigen Jahren umfassende Verzeichnisse derjenigen solicitors herausgebracht hat, die sich zur Erteilung von Rechtsrat an Minderbemittelte nach dem englischen Beratungshilfesystem bereit erklärt haben. Diese Verzeichnisse („Legale Aid Solicitors' Lists") erstrecken sich jeweils auf bestimmte Regionen des Landes, sind in Auflagen von Zehntausenden von Exemplaren erschienen und liegen bei allen in Betracht kommenden Behörden, Gerichten, Polizeirevieren und öffentlichen Büchereien aus. In ihnen werden für jede Kanzlei nicht nur Name und Anschrift, sondern auch – soweit gewünscht – eine Nottelefonnummer genannt, unter der der Anwalt auch außerhalb der Bürostunden erreicht werden kann. Vor allem sind aber in diesen Verzeichnissen nicht weniger als 14 verschiedene Rechtsgebiete genannt, für die jeweils vermerkt ist, ob der einzelne Anwalt zur Erteilung von Rechtsrat bereit ist oder nicht. Der potentielle Mandant kann also mit einem Blick feststellen, welcher Anwalt Ehescheidungen durchführt, Strafverteidigungen übernimmt, Unfallschäden reguliert, in Mietsachen vertritt oder Rechtsrat auf dem Gebiet des Sozialversicherungsrechts, Ausländerrechts, Baurechts oder Arbeitsrechts erteilt.[3]

Insgesamt stellt sich beim Problem der anwaltlichen Werbung die Frage, ob hier nicht aus Angst vor Konkurrenz und Wettbewerbsverzerrungen legitime Interessen der Gemeinschaft an einem gewissen Maß an Markttransparenz unerfüllt bleiben. Ohne die Antwort hier vorwegnehmen zu wollen, muß die Anregung gegeben werden, z.B. durch eine Analyse der Situation in anderen Ländern

---

[1] Deutscher Anwaltverein 1984, S. 36
[2] Brangsch 1980. S. 1819
[3] Vgl. Kötz 1982, S. 86f

nachzuprüfen, ob sich aus einer Werbung i.S. der Vermittlung von Sachinformationen über die Angebotsstruktur auch des einzelnen Anwalts tatsächlich Auswirkungen auf das Verhalten und die Struktur des Berufsstandes ergeben, die in so weitreichendem Maße die Qualität der Leistungen in Frage stellen, daß die gesellschaftliche Funktion der Anwaltschaft bedroht ist.[1]

4.3.2.3 Kooperationsformen

§ 28 RichtlRA sieht zwei Formen der gemeinschaftlichen Berufsausübung bei den Rechtsanwälten vor: Sozietäten und Bürogemeinschaften. Eine Sozietät ist „eine dauernde Vereinigung mehrerer Rechtsanwälte, welche die Berufsausübung der Gesellschafter im Interesse und auf Rechnung aller Sozien unter Benutzung gemeinsam zu treffender Einrichtungen· bezweckt".[2] Von diesen „echten" Sozietäten, sind die bei Rechtsanwälten relativ seltenen bloßen „Bürogemeinschaften" streng zu unterscheiden. „Die Bürogemeinschaft beruht nicht auf einem Vertrag, der die gemeinschaftliche Berufsausübung zum Ziel hat, sondern ist lediglich eine Absprache über die gemeinsame Nutzung eines Büros"[3] zum Zwecke der Senkung der Bürokosten. Bürogemeinschaften, vor allem aber Sozietäten, haben bei den Rechtsanwälten eine lange Tradition, wenn auch die vorherrschende Praxisform nach Aussage der Experten das Ein-Mann-Büro war und auch heute noch ist. In den letzten Jahren hat sich jedoch die Anzahl der Organisationen zur gemeinschaftlichen Berufsausübung relativ stark erhöht,[4] eine Tendenz, die nach Einschätzung aller Experten in der Zukunft noch zunehmen wird.

Alle der befragten Experten – Rechtsanwälte wie auch Richter und Universitätsprofessoren – waren sich einig, daß der beruflichen Kooperation zwischen Rechtsanwälten unter dem Aspekt der Sicherung und Verbesserung der Qualität der anwaltlichen Leistungen ein wesentlich höherer Stellenwert einzuräumen ist als der Einzelpraxis. Die gemeinschaftliche Berufsausübung sei die Berufsform der Zukunft. Die für die Kooperation angeführten Gründe entsprechen weitgehend den auch von den Ärzten angeführten Argumenten:

– Kooperation fördert – so die Meinung aller hierzu befragten Experten – die interne und informelle Spezialisierung, die nach Auffassung der Rechtsanwälte angesichts der Ausdifferenzierung des Rechts unumgänglich geworden ist.[5] Gegenüber der Einzelpraxis böte die gemeinsame Berufsausübung den Vorteil, daß sie im Idealfall einerseits intern eine weitgehende Aufgabentei-

---

1) Vgl. Kötz 1982, S. 88f
2) Friedlaender: Kommentar zur Rechtsanwaltsordnung, 3. Aufl. 1930, Exkurs zur § 40 Anw.1
3) Deutscher Anwaltverein (Hrsg.): DAV-Ratgeber, Praktische Hinweise für junge Anwälte, Bonn 1978, S. 24
4) Vgl. z.B. Paul 1982, S. 26; Oellers 1981
5) Vgl. 4.3.2.1.3

lung ermögliche, andererseits aber nach außen hin weiterhin eine umfassende Rechtsberatung anböte. Der Klient – so einer der Rechtsanwälte – müsse nicht mühsam einen geeigneten Anwalt für sein Problem finden, sondern das gemeinschaftliche Büro stelle für ihn eine breite Angebotspalette bereit.

Von zweien der Gesprächspartner wurde jedoch mit Blick in die USA darauf hingewiesen, daß in zu großen Kanzleien oder „Anwaltsfabriken" der qualitätssteigernde Effekt wieder ins Gegenteil umschlagen könne. In dem Moment, wo die Aufgabe des Rechtsanwalts nicht mehr von einem Anwalt wahrgenommen werde, sondern zwischen einem Berater, einem Rechercheur, einem Prozeßvertreter usw. aufgeteilt werde, gehe die Nähe zum Mandanten und damit die persönliche Verantwortung als zentrales Element des anwaltlichen Berufs verloren, die Qualität der Leistung sinke.

Von sechs Experten wurde als weiterer qualitätssteigernder Effekt die Möglichkeit zum Meinungsaustausch zwischen den Partnern genannt, die dazu beitrage, daß in schwierigen Fällen alle relevanten Aspekte Berücksichtigung fänden. Von ebenso vielen Experten wurde der Aspekt der Kollegenkontrolle angesprochen, für die bei der gemeinschaftlichen Berufsausübung optimale Bedingungen bestünden.
Weitere Argumente für eine Kooperation waren

- der Erfahrungsgewinn für junge Anwälte durch die Zusammenarbeit mit erfahrenen Kollegen (4 Experten);
- die Senkung der Kostenbelastung für den einzelnen Partner (drei Experten);
- die Steigerung der Lebens-/Arbeitsqualität an sich (zwei Experten).

Das Problem der Rechtsform der Kooperation wurde mit einer Ausnahme nicht angesprochen und auch von uns nicht zur Diskussion gestellt. Allerdings handelt es sich hierbei z.Zt. um kein umstrittenes Thema. Während das relativ „junge"Standesrecht der steuerberatenden und wirtschaftsprüfenden Berufe ihren Berufsangehörigen Zusammenschlüsse auch in Form der Personen-und Kapitalgesellschaften des Handelsrechts erlaubt, sieht das Standesrecht der Rechtsanwälte auch nach heute einhelliger Auffassung die Bürgerliche Gesellschaft nach den §§ 705 ff. als einzig zulässige Form der gemeinsamen Berufsausübung an.[1]

4.3.2.4 Rationalisierung

Die Rationalisierung mit Hilfe der elektronischen Datenverarbeitung und/oder des Einsatzes neuer Kommunikationsmedien steht im Anwaltsbüro erst am Anfang. Während Anwälte, die bereits derartige Rationalisierungsmaßnahmen in ihrem Büro durchgeführt haben, in der Verbandspresse überwiegend von

---

[1] Vgl. z.B. Borggreve 1982, S. 279f

positiven Erfahrungen berichten, stehen die Standesorganisationen, dies wurde auch in der Mehrzahl der Interviews deutlich, der neuen Entwicklung, vor allem der EDV eher abwartend gegenüber, obwohl die prinzipiell große Bedeutung der neuen Technik für die zukünftige anwaltliche Tätigkeit nicht bestritten wird.

Die Einsatzmöglichkeiten von Personal Computern (PCs) im anwaltlichen Büro sind vielfältig[1]: Von der Stammdatenverwaltung und elektronischen Aktenanlage über die Dokumenten-, Informations- und Terminverwaltung, Fristenverfolgung, Gebührenabrechnung, Buchhaltung, Mahnwesen- und Verkehrsachenabwicklung bis hin zur Textverarbeitung zum Zwecke des Schriftverkehrs reicht die Anwendung. Gerade angesichts des erheblichen Akten-und Dokumentenaufkommens in einem Anwaltsbüro bieten sich hier erhebliche Möglichkeiten für eine zeitsparende Speicherung und einen schnelleren Zugriff. So können z.B. Personaldaten und zentrale Angaben für jeden Fall nicht nur gespeichert, sondern über Parameter in beliebige Texte eingegeben und per Kennwort oder -ziffer sämtliche Informationen zu einem Fall in voller Länge abgerufen bzw. ausgedruckt werden. Neben dem im Vergleich zu der Ablage in Akten schnelleren Zugriff wird von Anwendern vor allem auch das Unnötigwerden mehrmaligen Erfassens solcher Daten als Vorteil genannt.

Wesentliche Rationalisierungseffekte gehen auch von der elektronischen Textbe- und -verarbeitung aus, die zum einen auf die Verwendung der oben genannten Stammdaten ohne erneute Eingabe zurückzuführen sind, zum anderen auf die Möglichkeit der Verwendung von standardisierten Textbausteinen. Briefe, Schriftsätze oder Standardverträge müssen also nicht mehr vollständig diktiert werden, sondern es werden lediglich die Parameter oder Nummern der entsprechenden Textbausteine sowie der entsprechenden Daten aus der Mandantenkartei eingegeben. Einsatzmöglichkeiten sind hier vor allem die Bereiche Notariat, Strafsachen, Bußgeldsachen, Unfallsachen, Mahnwesen- und Vollstreckung, während Schriftsätze in Zivilprozessen weitgehend aus Individualtexten bestehen (die im übrigen über den Bildschirm auch leichter zu schreiben sind als auf der Schreibmaschine). Einige Programme bieten bereits auch Textkonserven für Spezialgebiete wie Ehe-/Familienrecht, Arbeitsrecht oder Ausländerrecht. Es wird gerechnet, daß ca. 50-70 % des Textbedarfs in einem Anwaltsbüro durch die standardisierte Textverarbeitung abgedeckt werden können.[2] Die Vorteile dieser PC-Funktionen liegen neben der Zeitersparnis vor allem in der Vermeidung von Übertragungsfehlern.

Unmittelbare Chancen zur Qualitätsverbesserung bieten sich durch die EDV-überwachte Terminverwaltung und Fristenverfolgung. Dies gilt vor allem, wenn man bedenkt, daß als anwaltliches Fehlverhalten in den Interviews immer

---

[1] Vgl. z.B. Xanke 1984; Kröger/Kattmann 1983; Kreuzer 1984
[2] Vgl. Computerwoche v. 10.3.1985; Vakily 1984, S. 24

wieder gerade das Versäumen von Fristen genannt wurde. Eine erhebliche Arbeitserleichterung für den Anwalt selbst stellt auch die Möglichkeit der Speicherung aller für die berufliche Tätigkeit wesentlichen Informationen, wie Gesetze und Verordnungen, wichtige Literatur etc., dar. Durch den Einsatz eines PC wird hier mit Kennwörtern ein unmittelbarer und problemspezifischer Daten-Zugriff realisiert, wie er mit den herkömmlichen Informationsmedien (Buch, Zeitschriften, Kartei) nicht denkbar ist. Eine Vereinfachung durch EDV ist auch bei der Gebührenabrechnung (Zinsrechnung, Gebührenberechnung anhand BRAGebO-Tabellen) und in der Buchhaltung möglich.

Insgesamt wird von den bereits EDV ausgestatteten Büros die Einführung von PCs als erheblicher Fortschritt für die anwaltliche Tätigkeit beurteilt. Die Einführung eines PCs sei oft Anlaß, daß die „Kanzleiarbeit auf ihre Zweckmäßigkeit überprüft und manch unnötiger 'alter Zopf' wegrationalisiert" werde.[1] Als wesentliche Vorteile sind vor allem drei Faktoren zu nennen:

1. erhöhte Transparenz der Büroabläufe für die Verantwortlichen,

2. höhere Bearbeitungsgeschwindigkeit der einzelnen Vorgänge,

3. Einsparung von Kosten.

Die Bedeutung des Bürocomputers als Arbeits- und Hilfsmittel des Anwalts wurde auch von der BRAK erkannt, die vor allem seine Einsatzmöglichkeit als Kommunikationsinstrument betont. „Richtig geplant und eingesetzt kann er die Standesorganisation transparenter und beweglicher machen. Er kann Informationen liefern und verteilen, die wir brauchen aber heute nicht haben. Der Zugriff auf Informationen ist ein Element unserer berufsständischen Leistungsfähigkeit".[2] Die derzeitigen Anwendungsmöglichkeiten von PCs im Anwaltsbüro beurteilt die BRAK jedoch noch zurückhaltend: „Dem Einsatz des PC im Anwaltsbüro sind zur Zeit Grenzen gesetzt. Das liegt einmal daran, daß eine begrenzte Speicherkapazität verfügbar ist. Dazu fehlt zur Zeit ein für den Anwalt nutzbares Programmpaket, das kostengünstig und zukunftsicher ist. Deutlich wurde jedoch, daß die Weiterführung der Betriebssysteme, der Ausbau auf ein Mehrplatzsystem durch Verwendung von Netzwerken und die Kompatibilität zu EDV-Anlagen der mittleren Größenordnung dem Personalcomputer eine erheblich Bedeutung und Einsatzmöglichkeit geben."[3]

Eine Alternative oder Ergänzung zum Bürocomputer sind die von der Deutschen Bundespost angebotenen Kommunikationsdienste, die ebenfalls die Kommunikation des Anwaltsbüros mit externen Stellen verbessern. Im Rahmen von „Teletex", ein öffentlicher Kommunikationsdienst zur elektronischen Korrespondenzabwicklung, werden Endgeräte eingesetzt, die der Erstellung, Spei-

---

[1] Vgl. Kreuzer 1984, S. 26
[2] BRAK-Mitteilungen 3/1983, S. 121
[3] Vgl. BRAK-Mitteilungen 2/1985, S. 87

cherung, der Korrektur, Darstellung und elektronischem Übermittlung von Texten dienen. Durch sie wird es möglich, daß auch außerhalb der Dienstzeit Fernschreiben an Gerichte und andere Justizbehörden mit fristwahrender Wirkung aufgenommen werden können.[1] Bei „Telefax" werden über das öffentliche Fernsprechnetz Kopiergeräte miteinander verbunden. Als Kombination der Vorteile dieser beiden Systeme wurde „Textfax" entwickelt. „Damit soll es möglich sein, auch Schriftsätze, die nach den Prozeßordnungen die Unterschriften der Prozeßvertreter verlangen, auf elektronischem Wege zuzustellen. Damit wäre eine erhebliche Beschleunigung der Kommunikation zwischen den Prozeßbeteiligten und damit eine schnellere Abwicklung von Prozessen insgesamt zu erreichen.[2]

Große Beachtung findet in der Anwaltschaft auch der Bildschirmtext, der von der Bundesrechtsanwaltskammer als für den Berufsstand geeignetes Mittel des Leistungswettbewerbs unter den Berufsangehörigen gesehen wird. Für den einzelnen Rechtsanwalt ist der Btx in verschiedener Hinsicht von Interesse. Zum einen ermöglicht er ihm den Zugriff auf aktuelle Informationen, etwa vom Gesetzgeber oder den Gerichten oder auf Datenbanken, vor allem auf das im folgenden noch näher dargestellte juristische Informationssystem „JURIS". Auch der Bundesgerichtshof in Karlsruhe hat eine Dokumentationsstelle eingerichtet, die mit der Aufbereitung ausgewählter Entscheidungen der ordentlichen Gerichtsbarkeit befaßt ist. Andererseits ist auch ein geschlossenes Kommunikationssystem im Dialog mit den Mandanten denkbar. Hier bestehen von Seiten der Standesvertretung jedoch noch Zweifel hinsichtlich der Sicherheit der im System befindlichen Daten. „Falls der Anwalt Bildschirmtext für seine Mandanten im geschlossenen Benutzerkreis nutzt, muß das System die Erhaltung der anwaltlichen Schweigepflicht gewährleisten. Jedenfalls in der Öffentlichkeit ist der Eindruck entstanden, daß es zweifelhaft ist, ob Btx diese Gewährleistung übernehmen kann."[3]

Dem Auftreten des einzelnen Rechtsanwalts als Anbieter im Btx sind jedoch durch das Standesrecht enge Grenzen gesetzt, da die Aufnahme in Verzeichnisse, auch in das elektronische Anbieter- und Schlagwortverzeichnis des Btx-Systems, oder die Aufgabe von Anzeigen den gleichen Werbebeschränkungen unterliegen, wie sie bisher im Bereich der Printmedien und des Rundfunks gelten. Unzulässige Werbung, unzulässige gewerbliche Tätigkeit, Verstöße gegen das Gebot zur sachlichen und einzelfallbezogenen Raterteilung sind Hemmnisse, die ein Btx-Engagement von Einzelanwälten und Sozietäten unmöglich machen können.[4]

---

[1] Vgl. z.B. BRAK-Mitteilungen 1/84, S. 22 f, BRAK-Mitteilungen 3/84, S. 128
[2] Vgl. BRAK-Mitteilungen 3/84, S. 122
[3] Rolf Lichtner, Geschäftsführer der Bundesrechtsanwaltskammer, zit. nach Blick durch die Wirtschaft v. 11.9.1985
[4] Vgl. Blick durch die Wirtschaft v. 11.9.1985

Allerdings ist auch ein Btx-Angebot durch die BRAK in seiner standesrechtliche Zulässigkeit noch nicht völlig geklärt. Dies betrifft z.B. „die Veröffentlichung der Spezialisierungslisten, die bei den einzelnen Kammern liegen und den Ratsuchenden auf Anfrage zur Verfügung gestellt werden. Wenn dies, einschließlich des Hinweises auf Sprachkenntnisse, über Btx abrufbar wird, werden die durch die BRAO häufig zugelassenen Spezialisierungshinweise ebenso rasch überholt wie entwertet."[1]

Die Nutzung von Btx als Anbieter kommt für den Einzelanwalt aus Sicht der BRAK lediglich über die geschlossene Benutzergruppe in Betracht. Eine Steigerung der Transparenz des anwaltlichen Angebots wird aus der Sicht des Klienten durch Btx ohne gleichzeitige Liberalisierung des Werbeverbots nicht zu erreichen sein.

Allerdings bietet die Bundesrechtsanwaltskammer in der Erkenntnis, daß angesichts der wachsenden externen Konkurrenz der Rechtsberatung die Anwaltschaft die neuen Medien auch aktiv nutzen muß, um auch weiterhin in allen Bereichen der Rechtsberatung vertreten zu sein, seit Anfang 1985 ein bundesweites Angebot an allgemeinen Informationen über Rechtsanwälte und Rechtsanwaltskammern (Leitseite *23 959]), welches 1986 durch ein regionales Angebot der Rechtsanwaltskammer Stuttgart ergänzt werden soll.[2] Die Kammer nennt als maßgebende Gründe für ihren Schritt, der dazu dient, das Berufsbild und den Tätigkeitsumfang der Anwaltschaft zu verdeutlichen, daß „in dem neuen Medium frühzeitig auf den Rechtsanwalt als den unabhängigen und berufenen Berater und Vertreter in allen Rechtsangelegenheiten hingewiesen und über die Rolle der Anwaltschaft im Rechtsstaat informiert werden sollte. In einem Medium wie Bildschirmtext, das sich nicht unerheblich verbreiten wird und in dem sich im Schlagwortverzeichnis Verlage, Versicherungen und andere gewerbliche und nichtgewerbliche Insitutionen unter Schlagwörtern wie Arbeitsrecht, Baurecht, Bürgerliches Recht, Bußgeld, Handelsrecht, Mietrecht, Rechtsberatung, Rechtsanwälte und Scheidung angebunden haben, darf der Hinweis auf die Anwaltschaft nicht fehlen."[3] Ziel des Engagements der BRAK ist also die Sicherung der anwaltlichen Tätigkeitsfelder gegenüber externer Konkurrenz, unmittelbare Auswirkungen auf die Qualität oder Qualitätssicherung sind hieraus nicht abzuleiten.

Im Gegensatz dazu kann ein anderes Projekt der Bundesrechtsanwaltskammer, das juristische Informationssystem JURIS, in der Zukunft zu einem wichtigen Hilfsmittel anwaltlicher Qualitätssicherung werden. Das im Bundesministerium für Justiz entwickelte JURIS wurde 1985 einer breiten Öffentlichkeit zur Benutzung zugänglich gemacht. Das Informationssystem bietet folgende Da-

---

1) Zuck 1984, S. 49
2) Vgl. Blick durch die Wirtschaft v. 11.9.1985
3) BRAK-Mitteilungen 1/1985, S. 29, vgl. auch BRAK-Mitteilungen 2/1985, S. 88

tenbanken an: Rechtsprechung mit über 200 000 Dokumenten, Rechtsliteratur mit rund 188 000 Dokumenten, Bundesrecht mit mehr als 55 000 Normendokumenten (Rahmen-, Gliederungs- und Einzeldokumente) und Verwaltungsvorschriften mit rund 22 500 Dokumenten. Der Datenbestand ist in weiten Bereichen vollständig, wenn auch im Verwaltungs-, Straf- und Privatrecht noch Lücken vorhanden sind und die aktuelle Dokumentation noch nicht den Anforderungen entspricht, die die BRAK gemeinsam mit dem DAV fordert.[1]

Ab 1.1.85 wurde der Vertrieb der Dokumente durch eine GmbH übernommen.[2] Seither ist der Zugriff auch über Btx möglich.[3] Die BRAK rechnet damit, daß ein großer Teil der JURIS-Benutzer sich des Btx-Systems bedienen wird, daß gemessen an der Nutzungsdauer jedoch andere Anschlußformen – beispielsweise über die DATEX-Netze der Deutschen Bundespost – überwiegen werden. JURIS ist die Anwort auf die Erkenntnis, daß der hohe Bedarf an aktuell aufbereiteter Rechtsinformation auf Dauer mit den herkömmlichen Mitteln nicht erfüllt werden kann und daß zur Lösung der Kommunikationsprobleme auf die moderne Daten- und Informationstechnik nicht verzichtet werden kann.

Von den interviewten Experten wurde dem Einsatz neuer Technologien, vor allem der EDV, im Anwaltsbüro eher mit Zurückhaltung begegnet. Prinzipiell wird zwar die erreichbare Kosten- und Zeitersparnis als positiv bewertet und die große Bedeutung der EDV vor allem für die wirtschaftliche Existenzsicherung (besonders angesichts hohen Kostendrucks und wachsender Konkurrenz) und für die Schnelligkeit der Leistungserbringung betont, die Möglichkeit, die neuen Arbeitshilfen für die eigene Tätigkeit zu nutzen, erschien den meisten Befragten jedoch undenkbar. Das „elektronische" Anwaltsbüro entspräche nicht dem Charakter des „typischen" Rechtsanwalts. Mit dem Nachwachsen der jüngeren Generation werde sich die Einstellung der Berufsangehörigen zur Elektronik und den neuen Kommunikationsmedien jedoch vermutlich verändern. Insgesamt wurde die Rationalisierung im Anwaltsbüro von den Experten jedoch eher als Aufgabe der Zukunft und weniger als aktuelles Problem angesehen.

Dennoch befassen sich sowohl die Kammern als auch der Deutsche Anwaltsverein mit den neuen Techniken. So hat die BRAK erkannt, daß die Einführung der neuen Techniken in den anwaltlichen Bürobetrieb nicht der Initiative der einzelnen Berufsangehörigen allein überlassen werden kann. „Würde jeder Anwalt auf sich allein gestellt den Markt sondieren, Angebote prüfen und ohne Erfahrung den Einstieg wagen, wäre dies ein Aufwand von immensem Ausmaß, der wirtschaftlich nicht zu vertreten, ja praktisch kaum realisierbar wäre.

[1] Vgl. BRAK-Mitteilungen 3/1984, S. 127
[2] Vgl. BRAK-Mitteilungen 3/1984, S. 127
[3] Vgl. BRAK-Mitteilungen 3/1984, S. 127f.

Die notwendigen Innovationen würden aufgeschoben oder weitgehend unterbleiben, die sich abzeichnenden Chancen nicht genutzt. Hier können die Kammern ihre Aufgabe wahrnehmen, die berufliche Fortbildung der Anwaltschaft zu fördern. Wenn heute und morgen der Umgang mit den neuen Bürotechniken zur Erhaltung von Produktivität und Lebensstandard zwingend geboten ist, dann gehören Wissen und Erfahrung um die EDV-Nutzung zu den beruflichen Grundvoraussetzungen."[1] Hinzu kommt, daß es im Interesse eines weitgehenden und raschen Informationsflusses sowohl berufsintern als auch nach außen ist, ein weitgehend kompatibles Netz von Informations- und Kommunikationsmitteln zu schaffen. „Wir streben weder eine Zentralisierung oder die Schaffung neuer Funktionen bei BRAK oder Kammern an. Aber wir sollten auf dem Weg in die EDV sicherstellen, daß trotz der Vielfalt des Marktes und der Entscheidungsfreiheit des einzelnen durch eine Ausrichtung von Konzepten und Schnittstellen der überbetriebliche Infomationsaustausch oder übergreifende Informationsstrategien möglich sind, damit auch zukünftigen Anforderungen an den Anwalt entsprochen werden kann. Mit der Schaffung dieser Voraussetzungen würde auch unser Berufsstand als Ganzes seine Innovationsfähigkeiten unter Beweis stellen."[2]

Neben dem bereits erwähnten Btx-Engagement der BRAK ist die Bundesrechtsanwaltskammer Mitglied in einem Arbeitskreis Btx, den neben ihr auch noch die Bundessteuerberaterkammer, die Wirtschaftsprüferkammer, die Bundesnotarkammer und die Patentanwaltskammer angehören.[3] Ein EDV-Ausschuß der BRAK informiert sich über die für die Anwaltschaft zur Verfügung stehende Hard- und Software. Darüber hinaus führen sowohl BRAK als auch DAV Informationsveranstaltungen und Seminare über neue Medien und EDV im Anwaltsbüro durch. Auch hat die BRAK geplant, in Kürze einen Kriterienkatalog für Hardware und anwaltliche Software zu entwickeln und den Anwälten über die regionalen Rechtsanwaltskammern zur Verfügung zu stellen.[4]

4.3.3 Prozeß- und Ergebnisqualität

Die Qualitätssicherungsüberlegungen der Rechtsanwaltschaft konzentrieren sich primär auf den Bereich der Strukturqualität. Verglichen mit den Bemühungen um die Schaffung zufriedenstellender Ausbildungs- und Berufsausübungsregelungen spielt der Aspekt der Analyse und Steuerung des Leistungsprozesses bzw. der Untersuchung der Leistungsergebnisse – nicht zuletzt wegen der vermeintlichen Unmöglichkeit der Standardisierung anwaltlicher Leistungen – im Konzept der Berufsorganisationen nur eine geringe Rolle.

---

[1] Vgl. BRAK-Mitteilungen 2/1985, S. 88
[2] Vgl. BRAK-Mitteilungen 3/1983, S. 121f.
[3] Vgl. BRAK-Mitteilungen 2/1985, S. 88
[4] Vgl. BRAK-Mitteilungen 2/1985, S. 88

4.3.3.1 Standesaufsicht und Berufsgerichtsbarkeit

Mehr als die anderen verkammerten Freien Berufe betonten die Rechtsanwälte in den Expertengesprächen die große Bedeutung der berufs- und standesrechtlichen Regelungen für die Qualität und die Qualitätssicherung anwaltlicher Tätigkeit. So waren sich sowohl nicht-anwaltliche Experten als auch die Rechtsanwälte selbst einig, daß angesichts der z.T. schwer standardisierbaren Leistungen der standesrechtliche Rahmen die wesentliche Grundlage für eine einwandfreie Berufsausübung darstellt. Das Standesrecht – so zwei der Rechtsanwälte – sei die einzige Möglichkeit auf die für die Erfüllung der beruflichen Funktion erforderliche persönliche Qualität des Anwalts hinzuwirken. Von vier Experten wurde Leistungsqualität u.a. auch als Einhaltung der Standesrichtlinien definiert. Weniger einheitlich war jedoch die Einschätzung der Experten, wieweit die im Berufsrecht und Standesrecht etablierten Aufsichts- und Sanktionsformen eine ausreichende Kontrolle der beruflichen Leistungsqualität gewährleisten.

Die Aufsicht über die angemessene Erfüllung der Berufspflichten obliegt der Kammer, deren Vorstand nach § 73 BRAO die Aufgabe hat,

– bei Streitigkeiten unter Mitgliedern der Kammer oder zwischen Mitgliedern der Kammer und ihren Auftraggebern zu vermitteln,

– die Erfüllung der den Mitgliedern der Kammer obliegenden Pflichten zu überwachen und das Recht der Rüge zu handhaben.

Während die Kammer im ersten Fall lediglich auf Antrag tätig werden darf, kann sie im zweiten Fall auch aus eigener Initiative eingreifen.

Darüber hinaus ist in den §§ 92 ff BRAO für jeden Kammerbezirk die Einrichtung einer Ehrengerichtsbarkeit (Ehrengericht, Ehrengerichtshof) sowie die Bildung eines Senats für Anwaltssachen am Bundesgerichtshof festgeschrieben und geregelt.[1] Die Ehrengerichte sind – so Kalsbach – nicht bloße Standes-oder Verbandsgerichte, sondern staatliche Instanzen, deren Mitglieder von den Landesjustizverwaltungen – wenn auch unter Anhörung der zuständigen Kammern bestellt und die von den Landesjustizverwaltungen beaufsichtigt werden.[2]

Die für eine schuldhafte Pflichtversicherung vorgesehenen ehrengerichtlichen Maßnahmen sind[3]:

– Warnung,
– Verweis,
– Geldbuße bis zu zwanzigtausend Deutsche Mark,

---

[1] Die Zuständigkeiten und Zusammensetzung der verschiedenen Gerichte sind in den oben genannten Paragraphen der BRAO ausführlich geregelt. Vgl. hierzu auch z.B. Kalsbach 1960. S. 558ff
[2] Vgl. §§ 92 Abs. 3 bis § 94 und §§ 100 bis 102 BRAO; Kalsbach 1960, S. 558ff
[3] Vgl. §§ 113 und 114 BRAO

– Verbot, auf bestimmten Rechtsgebieten als Vertreter und Beistand für die Dauer von einem Jahr bis zu fünf Jahren tätig zu werden,
– Ausschließung aus der Rechtsanwaltschaft.

Bei der Einschätzung der Wirksamkeit dieser Sanktionsinstanzen hinsichtlich der Qualitätssicherung vertraten vor allem die nicht-anwaltlichen Experten die Auffassung, daß die berufsrechtliche Kontrolle kaum geeignet sei, ein angemessenes Leistungsniveau der Anwaltschaft sicherzustellen, da hier lediglich schwere Verstösse, also Extremfälle der Verletzung der Berufspflichten geahndet würden. Auch die Mehrheit der befragten Rechtsanwälte (sieben Experten) vertrat die Auffassung, daß die Berufsgerichte nur bedingt als Qualitätssicherungsinstrumente geeignet seien. Ihre Bedenken richteten sich jedoch eher gegen die – wie sie meinten kaum lösbare Schwierigkeit, die Leistungsqualität auf einem derartigen Weg zu überprüfen. So meinte einer der Rechtsanwälte, zwar sei das Standesrecht für die Qualität der Berufsausübung von großer Bedeutung, zur Sicherung der Qualität in Form der Qualitätskontrolle sei es wie auch die in ihm vorgesehenen Sanktionsinstanzen nicht prädestiniert. Die Kontrolle durch die Berufsgerichte – so ein anderer Experte – verhindere zwar standeswidriges Verhalten, aber nicht schlechte Qualität der Tätigkeit. Zwei der befragten Rechtsanwälte vertraten dementsprechend die Auffassung nicht die Ehrengerichtsbarkeit, sondern die Motivationsleistung der örtlichen Kammern und Vereine würden das eigentliche standesrechtliche Qualitätssicherungsinstrument darstellen. Lediglich einer der Rechtsanwälte meinte, daß durch die Ehrengerichtsbarkeit – wenn überhaupt, dann expost – die Qualitätsstandards anwaltlicher Tätigkeit definiert würden.

Neben der Berufsgerichtsbarkeit erfolgt eine gewisse Kontrolle der anwaltlichen Tätigkeit auch durch die aufgrund des Vertrags mit dem Mandanten entstehende Haftpflicht des Rechtsanwaltes. Zwar bestehen für den Rechtsanwalt – anders als für den Notar[1] – keine besonderen rechtlichen Regelungen; die mit diesem Vertragsverhältnis verbundenen Pflichten und Nebenpflichten für den Anwalt, deren Verletzung zu Schadensersatzpflicht führen kann, leiten sich jedoch aus den allgemeinen Rechtsgrundsätzen des BGB (§§ 154ff) ab.[2]

Dieser Schadensersatzpflicht des Rechtsanwalts wurde von fünf der Experten eher noch eine stärkere Qualitätssicherungsfunktion zugeschrieben als der Berufsgerichtsbarkeit. Auch hier wurde jedoch der Einwand erhoben, daß nur wenige konkrete Verstösse (i.d.R. Unterlassung) geahndet werden könnten, da z.B. eine schlechte Qualität der Beratung nur in Extremfällen, also bei offensichtlicher Falschberatung, nachweisbar wäre.

Insgesamt gingen alle Experten davon aus, daß die Kontrolle durch Ehrengerichts- oder Haftpflichtprozesse nur geeignet seien, schwerwiegende Mängel in Gren-

---

[1] Vgl. § 19 BNotO
[2] Vgl. hierzu z.B. Rinsche 1984; Borgmann/Haug 1979

zen zu halten, daß sie für eine Gewährleistung des „normalen" Anspruchsni-
veau jedoch nicht geeignet seien. Eine derartige institutionalisierte Kontrolle –
so die Mehrheit der interviewten Rechtsanwälte – würde auch der Freiheit der
Berufsausübung widersprechen.

4.3.3.2 Qualitätskontrolle durch systematische Prozeß-/Ergebnisanalysen

Eine systematische Qualitätssicherung auf der Basis empirischer Qualitätsanalysen und -kontrollen, wie sie z.B. in der Medizin bereits angewandt werden,
hielten die befragten Rechtsanwälte für ihren Beruf für nicht durchführbar und
völlig undenkbar. Die anwaltliche Tätigkeit sei derart differenziert und auf den
einzelnen Fall bezogen, daß eine Normierung oder Schematisierung unmöglich
sei. Das Fachwissen – so einer der Rechtsanwälte – könne man zwar überprüfen, aber das eigentliche anwaltliche Können, das Eingehen auf den Mandanten
und die optimale Vertretung der individuellen Interessen in jedem speziellen
Fall sei nicht meßbar und beurteilbar, Prozeß-und Ergebnisanalysen, vor allem
auch Peer Review seien deshalb für den Anwaltsberuf völlig abwegig. Darüber
hinaus würden derartige Reglementierungen der Freiheit der Berufsausübung
widersprechen und am Widerstand der Rechtsanwälte scheitern.

Die befragten Rechtsanwälte führten zusätzlich den mangelnden Zugriff auf die
für die Prozeß-und Ergebnisanalyse notwendigen Daten ins Feld. Die Auswertung von Mandantenakten sei den Anwälten nicht zuzumuten und widerspreche außerdem dem Datenschutz.

Demgegenüber hielten die hierzu befragten nicht-anwaltlichen Experten die
Durchführung von Prozeß-/Ergebnisanalysen nicht nur für wünschenswert,
sondern auch für durchführbar. Beurteilungsgrundlage könnten ihrer Meinung
nach die Auswertung von Akten, Klageschriften etc. sein, die zumindest die
Beurteilung eines Teils der anwaltlichen Leistung erlaube. Auch bei den Rechtsanwälten gäbe es vergleichbare Situationen, die ein bestimmtes Verhalten erfor-
derten. In solchen Bereichen sei eine Qualitätsbeurteilung dringend notwendig,
da von den Rechtsanwälten nie viele Fehler begangen würden. Grundsätzlich
sei auch eine Prozeß- und Ergebniskontrolle anhand von Leitfäden oder Check-
Listen durch den Freiberufler selbst denkbar, dies setze jedoch das Vorhandensein standardisierter Tätigkeitsabläufe voraus. Das Aufstellen solcher Standards
sei vor allem durch Prozeßanalysen möglich.

Weitere Möglichkeiten zur externen Qualitätskontrolle, z.B. durch Interessenorganisationen der Verbraucher, hielten alle befragten Rechtsanwälte für nicht
realisierbar. Es stelle sich vor allem die Frage, nach welchen Qualitätskriterien
und Methoden eine solche Leistungsbeurteilung vorgenommen werden sollte.
Eine Umfrage bei ehemaligen Mandanten hielten die Befragten für ebenso wenig
aussagekräftig wie eine Analyse der Urteile. Im ersten Fall könnten Verzerrungen durch die subjektive Sichtweise des Mandanten zustande kommen, der
zufrieden sein werde, wenn er seine Ansprüche durchgesetzt habe, aber den

Anwalt kritisieren würde, wenn er einen Prozeß verloren habe. Ohne Berücksichtigung der objektiven Tatbestände könne hieraus kaum ein Kriterium für die anwaltliche Leistungsqualität gewonnen werden. Auch die Anzahl der verlorenen oder gewonnenen Prozesse erlaube kein Urteil darüber, wieweit das Vorgehen des Rechtsanwalts als gerechtfertigt zu sehen sei oder nicht.

Der hierzu befragte Vertreter einer Verbraucherschutzorganisation hielt dagegen Tests für realisierbar, die dem potentiellen Mandanten zumindest erste Anhaltspunkte z.B. über die Beratungsqualität der Anwaltschaft – auch im Vergleich zur nicht-anwaltlichen Rechtsberatung – geben könnten. So könnte z.B. ein relativ einfacher Fall – eventuell gestützt auf eine neuere BGH-Entscheidung im Mietrecht – ausgewählt, mehreren Anwälten immer in der gleichen Art vorgetragen und so Vergleiche hinsichtlich der Beratung, Einschätzung des Falles etc. erstellt werden.

Gegen ein derartiges Vorgehen wandten die befragten Rechtsanwälte ein, daß die Behandlung eines Falles durch den Rechtsanwalt nicht allein vom den einfachen Sachverhalt, der oftmals vom Mandanten sehr subjektiv dargestellt werde, abhinge, sondern vor allem auch vom Eindruck, den der Anwalt vom Verhalten des Mandanten, seiner Glaubwürdigkeit, seiner Zielsetzung gewinne. Diese Faktoren seien jedoch nicht so standardisierbar, daß eine darauf basierende externe Qualitätsbeurteilung möglich würde.

4.3.4 Zusammenfassung

Zum Abschluß des Gesprächs wurden die Experten jeweils danach befragt, wie ihrer Meinung nach ein Qualitätssicherungsmodell für den Anwaltsberuf beschaffen sein müßte. Bevor die hierzu gegebenen Antworten dargestellt werden, sollen nochmal die zu den einzelnen Qualitätsparameter gewonnenen Erkenntnisse kurz zusammengefaßt werden:

- Qualität der anwaltlichen Tätigkeit umfaßt neben der fachlich angemessenen Behandlung des Sachverhalts auch die ausreichende Berücksichtigung der persönlichen Situation und Interessen des Mandanten sowie ein den berufs- und standesrechtlichen Richtlinien angemessenes Verhalten des Berufsangehörigen.

- Wesentliche Grundlage der Leistungsqualität ist nach Meinung aller Experten eine ausreichende Qualifikation des Berufsangehörigen, die jedoch nur teilweise durch die Ausbildung vermittelt, sondern zu einem wesentlichen Teil erst während der praktischen Berufstätigkeit erworben werden kann.

- Die Ausbildungsqualität wird von allen Experten als nicht ausreichend zur Sicherung der erforderlichen Berufseingangsqualifikation der jungen Anwälte eingeschätzt. Hauptkritikpunkt ist die sog. Justizlastigkeit von universitärer Ausbildung und Referendarzeit, durch die wesentliche anwaltsspezifische Kenntnisse und Fertigkeiten dem angehenden Rechtsanwalt nicht vermittelt werden. Da andererseits immer weniger der Junganwälte Aufnahme in Sozietäten und damit Anleitung durch erfahrene Kollegen finden, werden hier erhebliche qualitätsmindernde Effekte für die Zukunft erwartet. Anwaltliche und nicht-anwaltliche Experten fordern deshalb eine stärker praxisbezogene, vor allem eine stärker auf den Anwaltsberuf bezogene universitäre Ausbildung sowie die Verlängerung der Anwaltsstation in der Referendarzeit. Neben einer diesbezüglichen Änderung der Ausbildungsordnung sehen die befragten Rechtsanwälte, vor allem aber auch die nicht-anwaltlichen Experten eine verstärkte Beteiligung der Rechtsanwälte in der Ausbildung (anwaltsspezifische Veranstaltungen, von Anwälten geleitete Arbeitsgruppen) für unbedingt erforderlich an. Beide Gruppen beklagten jedoch die mangelnde Motivation der Berufsangehörigen. Die Verbesserung dieser Motivation ist eine wesentlich Aufgabe der Kammern und Vereine. Von allen Experten wurde die Einführung einer berufspraktischen Vorbereitungszeit nach der Ausbildung, aber vor der Niederlassung z.B. in Form eines Anwaltsassessorats für sinnvoll gehalten.

- Spezialisierung im Beruf wird von den Rechtsanwälten als eine angesichts der wachsenden Differenzierung und Komplizierung der Rechtsprechung und Gesetzgebung unumgängliche – und informell vielfach bereits vollzogene – Entwicklung angesehen, die eine Vertiefung der fachlichen Kompetenz mit sich bringt. Umstritten ist von seiten der Anwaltschaft jedoch die Frage, wieweit eine derartige Spezialisierung auch durch Zusatzbezeichnungen kundgemacht werden sollte. Während ein Teil der Nicht-Anwälte hier Informationsgewinne für den Mandanten erwartet, lehnt ein Teil der Rechtsanwälte die Kundmachung aus Wettbewerbsgründen ab.

- Während die Nicht-Anwälte im Interesse der Mandanten eine möglichst differenzierte Kundmachung der Spezialkenntnisse (eventuell auch durch Selbstnennung des jeweiligen Rechtsanwalts) fordern, sprach sich die Mehrheit der Rechtsanwälte gegen eine formale und weitgehende Formalisierung und Förderung der Spezialisierung aus.

- Die Erweiterung der bislang auf ein Fachgebiet begrenzten Möglichkeit zu spezialisierender Weiterbildung wird allgemein begrüßt. Durch diese kontrollierte Form der Kundmachung sei der potentielle Mandant vor einer mißbräuchlichen Angabe von Spezialkenntnissen sicher. Die Fachanwaltsbezeichnung garantiere tatsächlich überdurchschnittliche Kenntnisse auf dem jeweiligen Gebiet. Die Einführung der neuen Fachanwaltsbezeichnungen wird zwar in diesen speziellen Fällen begrüßt, da sie die Attraktivität dieser Tätigkeitsbereiche in der Anwaltschaft erhöhen und durch die Qualifikationsverbesserung auch eine Steigerung der Wettbewerbsfähigkeit gegenüber nicht-anwaltlicher Konkurrenz erwartet wird. Andererseits wird eine sehr viel weitergehende Ausweitung der Fachgebietsbezeichnungen, wie sie von den nicht-anwaltlichen Experten gefordert wird, aus Angst vor Wettbewerbsverzerrungen innerhalb der Anwaltschaft von der Mehrheit abgelehnt.

- Das Fortbildungsangebot wurde allgemein als ausreichend bezeichnet. Demgegenüber divergieren die Auffassungen von Anwälten und Nicht-Anwälten hinsichtlich das Fortbildungsverhältnis der Berufsangehörigen. Die Mehrheit der Rechtsanwälte bezeichnete das Fortbildungsverhalten der Berufsangehörigen als angemessen und lehnte dementsprechend die Einführung einer Fortbildungspflicht oder- kontrolle ab. Allenfalls sollten die regionalen Kammern und Vereine versuchen, die Fortbildungsmotivation ihrer Mitglieder zu stärken; hierbei wäre u.U. die Einführung einer allgemeinen Fortbildungspflicht im Standesrecht und/ oder eine Verbilligung der Teilnahme an Fortbildungsveranstaltungen, vor allem für junge Anwälte förderlich. Weitere Eingriffe in die berufliche Freiheit wurden abgelehnt.

- Demgegenüber ging eine kleinere Zahl der anwaltlichen wie auch die nichtanwaltlichen Experten davon aus, daß in der Fort- und Weiterbildung erhebliche Defizite zu verzeichnen seien und hielt die Einführung von Pflichtveranstaltungen (für Berufsanfänger) und Formen der Fortbildungskontrolle für einen wesentlichen Beitrag zur Sicherung der Qualifikation.

- Die erheblich wachsende Zahl des anwaltlichen Nachwuchses ließ die Mehrheit der Experten für die Zukunft die Gefahr einer Verminderung der Leistungsqualität befürchten. Wesentlicher Faktor war hier in den Augen der anwaltlichen wie nicht-anwaltlichen Gesprächspartner die Tatsache, daß die Mehrzahl der (schlechter qualifizierten) Nachwuchsjuristen in den Anwaltsberuf drängen werden, der als einziger der möglichen Berufszweige keine Möglichkeit hätte, den Zugang zu beschränken. Von der Mehrzahl der Experten wurde aus verfassungsrechtlichen Gründen eine Beschränkung des Zugangs zum Studium oder zum Beruf jedoch abgelehnt. Lediglich drei Rechtsanwälte schlugen ein „3. Staatsexamen" als Voraussetzung für die Zulassung oder eine bedarfsorientierte Zugangsregelung vor. Als geeignetes Mittel scheint der Anwaltschaft dagegen eine frühzeitige Aufklärung der Schüler über Probleme und Chancen im Anwaltsberuf.

- Die zunehmenden Schwierigkeiten der jungen Anwälte, sich nach der Niederlassung ein für die wirtschaftliche Existenz der Kanzlei ausreichendes Klientel zu verschaffen und die auch bei etablierten Anwälten zu erwartenden Umsatzrückgänge können nach Auffassung der Rechtsanwälte die Leistungsqualität insofern gefährden, als einerseits die Bereitschaft der Anwälte wachsen könnte, die Umsätze durch eine verstärkte Prozeßfreudigkeit zu erhöhen und andererseits die Tendenz zunehmen könnte, die berufs- und standesrechtlichen Regeln zu verletzen („Grenzmoral").

- Die Gebührenordnung ist nach Auffassung der Rechtsanwälte notwendig, um einen qualitätsschädlichen Preiswettbewerb zu verhindern und einen Ausgleich zwischen sehr aufwendigen und kaum aufwendigen anwaltlichen Leistungen zu schaffen. Auswirkungen auf die Leistungsqualität sehen die Experten durch die Bewertungsmaßstäbe, die bislang bestimmte Leistungskomplexe (streitverhütende Tätigkeit) oder Tätigkeitsgebiete (Sozialrecht) nicht ihrer Bedeutung entsprechend honorierten, so daß in diesen Leistungsbereichen zum Schaden des einzelnen Mandanten wie der Gemeinschaft die Anwälte nicht ausreichend tätig geworden seien. Die Mehrheit der Experten forderte deshalb eine bedarfsgerechte Neustrukturierung des Bewertungsmaßstabs.

– Die gemeinschaftliche Berufsausübung ermöglicht nach Auffassung der befragten Experten eine verstärkte interne Spezialisierung und interkollegiale Kommunikation und Kontrolle und kann deshalb als qualitätsfördernd angesehen werden. Eine Förderung der Kooperation, vor allem auch durch eine Ausweitung der als zulässig geltenden Organisationsformen auf Handelsgesellschaften, hielten sowohl Anwälte als auch Nichtanwälte allerdings nicht für sinnvoll.

– Den Einsatz von neuen Medien und EDV in der anwaltlichen Praxis sahen die Rechtsanwälte für nur bedingt, vor allem für administrative Zwecke, als sinnvoll an. Die Möglichkeit der Speicherung und Abfrage von Informationen in Datenbanken wurde zwar prinzipiell für gut befunden, die bislang geschaffenen Grundlagen seien jedoch noch bei weitem nicht ausgereift. Mit wenigen Ausnahmen sahen die Rechtsanwälte in den neuen Technologien Qualitätsfaktoren, die erst für zukünftige Anwaltsgenerationen relevant werden.

– Während das Berufs- und Standesrecht zur Sicherung eines für die Qualität der Berufsausübung unbedingt erforderlichen, angemessenen beruflichen Verhaltens für unerläßlich gehalten wird, ist die Mehrheit auch der anwaltlichen Experten der Überzeugung, daß die Berufsgerichtsbarkeit nur in extremen Fällen Verstösse gegen die Berufspflichten ahnden kann. Ein Teil der Experten hält die zivilrechtliche Haftung für das effektivere Instrument zur Sicherung der Qualität.

– Während die nicht-anwaltlichen Experten Prozeß- und Ergebnisanalysen zur Standardisierung und Beurteilung anwaltlicher Leistungsqualität für notwendig und auch durchführbar halten, gehen die befragten Rechtsanwälte davon aus, daß die Individualität und Differenziertheit der beruflichen Tätigkeit eine Normierung oder Standardisierung der Handlungsabläufe als Voraussetzung für derartige Analysen und Kontrollen unmöglich macht. Darüber hinaus halten die Befragten derartige Maßnahmen für eine Verletzung der Freiheit der Berufsausübung.

Während also die nicht-anwaltlichen Experten zur Sicherung oder Anhebung der Leistungsqualität eher geneigt waren, Reglementierungen des beruflichen Verhaltens (z.B. in Form der Fortbildungskontrolle oder der Prozeß-/ Ergebnisanalyse und -kontrolle) zu fordern, betonten die Vertreter der Rechtsanwaltschaft die Auffassung, daß durch Maßnahmen der Qualitätssicherung die

Freiheit der Berufsausübung möglichst nicht über das bereits bestehende Maß hinaus eingeschränkt werden sollte. So gab einer der anwaltlichen Experten im wesentlichen die Auffassung der meisten der befragten Rechtsanwälte wieder, wenn er konstatierte, daß man zur Sicherung der Qualität viele Maßnahmen ergreifen könnte, daß solche Konzepte jedoch dort ein Ende haben müßten, wo sie die Freiberuflichkeit bedrohten. Sicherlich ist den Vertretern der Anwaltschaft prinzipiell zuzustimmen in ihrer Auffassung, daß eine von „oben" verordnete, jedoch von den Berufsangehörigen nicht akzeptierte Qualitätssicherung nicht den gewünschten Zweck erfülle. Es ist jedoch zweifelhaft, ob die Anwaltschaft angesichts des wachsenden Kritikbewußtsein der Öffentlichkeit sowie der zu erwartenden zahlenmäßigen Entwicklung der Berufsangehörigen mit allen damit für die Qualität der Leistung möglicherweise verbundenen Konsequenzen einerseits Fortbildungskontrollen und Prozeß- oder Ergebnisanalysen mit dem Argument des mündigen Anwalts, der in eigener Verantwortung das richtige tut, ablehnen kann, andererseits jedoch eine Liberalisierung der standesrechtlichen Reglementierungen (wie z.B. Kundmachung von Spezialkenntnissen) mit der Begründung als nicht sinnvoll bezeichnet, daß die erhöhte Freiheit von den Berufsangehörigen zu einem Verstoß gegen die Berufspflichten verleiten könnte.

Insgesamt kann wohl einem der nicht-anwaltlichen Experten zugestimmt werden, der die für die Zukunft von der Anwaltschaft geforderte Qualitätsstrategie wie folgt umschreibt:

1. Außenkontrollen in Form von zivilrechtlichen oder strafrechtlichen Regelungen werden auch in Zukunft unverzichtbar sein, ohne daß jedoch eine Ausweitung der bestehenden Regelungen erforderlich wäre.

2. Die Motivation und die Fähigkeit des einzelnen Berufsangehörigen zur Qualitätssicherung ist weiterhin von grundlegender Bedeutung, wird aber in Zukunft allein nicht ausreichen, um in der Anwaltschaft eine ausreichende Leistungsqualität zu gewährleisten.

3. Qualitätskontrollen in Form von Prozeß- oder Ergebnisanalysen werden in Zukunft unverzichtbar sein. Durch Untätigkeit in diesem Bereich verspielen die Anwälte die Chance, auf diesem Wege Qualitätssicherung in Selbstkontrolle ohne staatliche Eingriffe vorzunehmen. Den Beigeschmack einer tatsächlichen Leistungskontrolle verlieren solche Maßnahmen dann weitgehend, wenn sie auf der Grundlage einer weitgehenden Motivation der Anwälte zur Teilnahme freiwillig und anonym erfolgen und damit in erster Linie der individuellen Selbstkontrolle dienen.

4.4 Steuerberater

Zur Berufsgruppe der Steuerberater wurden insgesamt sechs Experten befragt. Neben zwei Vertretern der Bundessteuerberaterkammer und einem Vertreter des Deutschen Steuerberaterverbandes waren dies auf Seiten der Leistungsempfänger je ein Vertreter des Bundes der Steuerzahler und des Europaverbands der Selbständigen sowie ein Vertreter der Datenverarbeitungsdienstleistungsorganisation DATEV e.G. Da Wirtschaftsprüfer und Steuerberater in ihrer Tätigkeit weitgehende Überschneidungen aufweisen, wurde zusätzlich auch ein Vertreter der Wirtschaftsprüferkammer über Qualitätsicherungsmaßnahmen in seinem Berufsstand in die Expertenauswahl miteinbezogen.

4.4.1 Berufsbild und Qualitätsverständnis

Der steuerberatende Beruf gliederte sich ursprünglich in zwei Berufsgruppen, den Steuerberater und den Steuerbevollmächtigten[1], die bereits durch das Steuerberatungsgesetz vom 16.8.1961 in ihren beruflichen Funktionen weitgehend vereinheitlicht wurden, indem beiden Berufsgruppen dieselben Aufgaben[2] und Berufspflichten[3] zugewiesen und sie derselben Berufsgerichtsbarkeit unterstellt wurden.[4] Unterschiede bestanden weiterhin in den Vorbildungsvoraussetzungen[5] sowie in folgenden Punkten, die jedoch nur von sehr geringer praktischer Bedeutung waren:

1. Steuerberater wurden und werden von der obersten Landesbehörde, Steuerbevollmächtigte wurden von der Oberfinanzdirektion bestellt;[6]

2. Steuerberatungsgesellschaften können grundsätzlich nur von Steuerberatern geleitet werden;[7]

3. (nur) Steuerberater haben im Verfahren vor den Gerichten der Finanzgerichtsbarkeit die Vertretungen eines Beteiligten im Armenrecht zu nehmen;[8]

4. Steuerberater durften nicht Angestellte von Steuerbevollmächtigten sein[9] (geändert);

Auch hatten beide Berufsgruppen eine eigene berufliche Selbstverwaltung[10].

---

1) Ursprünglich „Helfer in Steuersachen"
2) Vgl. § 2 StBerG in der Fassung v. 16.8.1961 und § 33 StBerG v. 4.11.1975
3) Vgl. § 22 ff StBerG (16.8.1961) bzw. § 57 StBerG v. 4.11.1975
4) Vgl. §§ 46 ff StBerG v. 16.8.1961 bzw. §§ 95 ff StBerG v. 4.11.1975
5) Vgl. §§ 35 ff sowie § 156 Abs. 1 und 2 StBerG
6) Vgl. § 40 sowie § 156 Abs. 4 StBerG (i.d.F.v. 4.11.1975)
7) Vgl. § 50 Abs. 1 und 2 StBerG (i.d.F.v. 4.11.1975)
8) Vgl. § 65 StBerG
9) Vgl. § 23 StBerG in der Fassung v. 16.8.1961; im StBerG § 58 Abs. 1 (i.d.F.v.4.11.1975) geändert.
10) Vgl. §§ 31 ff und 46 ff

Mit dem 2. Änderungsgesetz zum Steuerberatungsgesetz wurden die Berufe Steuerberater und Steuerbevollmächtigter schließlich zu einem Einheitsberuf mit gemeinsamen Berufskammern[1] zusammengeführt. Gleichzeitig wurde der Zugang zum Beruf des Steuerbevollmächtigten zum 12.8.1980 geschlossen.[2] Aufgrund der Vereinheitlichung wird im folgenden nur noch vom Steuerberater gesprochen, sofern nicht ausdrücklich auf Unterschiede bezug genommen wird.

Laut § 33 Abs. 1 Steuerberatungsgesetz haben Steuerberater (und Steuerbevollmächtigte) „die Aufgabe, im Rahmen ihres Auftrages ihre Auftraggeber in Steuersachen zu beraten, sie zu vertreten und ihnen bei der Bearbeitung ihrer Steuerangelegenheiten und bei der Erfüllung ihrer steuerlichen Pflichten Hilfe zu leisten. Dazu gehören auch Hilfeleistung in Steuersachen und in Bußgeldsachen wegen einer Steuerordnungswidrigkeit sowie die Hilfeleistung bei der Erfüllung von Buchführungspflichten, die aufgrund von Steuergesetzen bestehen, insbesondere die Aufstellung von Steuerbilanzen und deren steuerrechtliche Beurteilung."

Die Tätigkeit des Steuerberaters umfaßt somit zwei bedeutende, begrifflich zu trennende Aufgabengebiete: a) die Beratung in Steuersachen – lt. Endriss die Steuerberatung im engeren Sinne –, auch als „interne Steuerberatung" bezeichnet, und b) die Vertretung der Auftraggeber in Steuersachen („externe Steuerberatung").[3]

Neben den bereits oben angesprochenen Hilfeleistungen in Buchführungssachen sowie in Steuerstrafsachen und Bußgeldsachen wegen Steuerordnungswidrigkeiten umfaßt die Tätigkeit des Steuerberaters insbesondere auch

– die Aufstellung oder Prüfung von Handelsbilanzen und deren Entwicklung zu Steuerbilanzen,

– die Fertigung von Unterlagen für Steuererklärungen,

– das Stellen von Anträgen auf Stundung,

– die Prüfung von Steuerbescheiden oder von Buch- und Betriebsprüfungsberichten,

– die Ausfüllung und Ergänzung von Steuererklärungen.[4]

---

[1] Vgl. § 73 Abs. 1 StBerG v. 4.11.1975
[2] Laut § 156 Abs. 5 Satz 1 StBerG (i.d.F.v. 4.11.1975) konnte ein Antrag auf Zulassung zur Prüfung als Steuerbevollmächtigter nur noch bis zum 31.12.1980 gestellt werden. Für Bewerber, die nach dem 1.1.1979 die Prüfung nicht bestanden oder nicht an ihr teilgenommen hatten oder deren erforderlich hauptberufliche Tätigkeit durch Ableistung des Grundwehr-, Ersatz- oder Entwicklungsdienstes unterbrochen wurde, verlängerte sich diese Frist bis zum 12.8.1983.
[3] Vgl. Endriss 1977, S. 27
[4] Vgl. Bundesanstalt für Arbeit (Hrsg.) 1978, S. 2f

In vielen Fällen besteht dabei die Aufgabe des Steuerberaters darin, „im Nachhinein die günstigsten Konsequenzen aus einem bereits gegebenen Lebenssachverhalt zu ziehen". Darüber hinaus gehört es nach Endriss zu den wichtigsten und schwierigsten Aufgaben, „einen möglicherweise Steuerfolgen auslösenden Sachverhalt von vornherein so zu gestalten, daß spätere ungünstige Steuerfolgen nach Möglichkeit vermieden werden."[1] Voraussetzungen hierfür sind neben Menschenkenntnis und Einfühlungsvermögen u.a. auch die eingehende Kenntnis des Steuerrechts einschließlich der dazu in den letzten Jahren ergangenen Rechtsprechung und einer Reihe von Teilgebieten des bürgerlichen Rechts sowie darüber hinaus noch „eine Art Ahnungsvermögen, ob und in welcher Richtung sich in den nächsten Jahren die Rechtssprechung ändern könnte oder ändern wird".[2]

In den letzten Jahrzehnten gewinnt im Tätigkeitsspektrum des Steuerberaters zunehmend auch die betriebswirtschaftliche Beratung vor allem mittelständischer Unternehmen an Bedeutung, z.B. hinsichtlich der Frage nach der Standort- oder Rechtsformwahl, Investitionsentscheidungen usw. „Weil die Steuergesetzgebung in den 80er Jahren noch bedeutungsvoller für das Wohl und Wehe eines Unternehmens sein wird, tut sich besonders bei den mittelständischen Unternehmen eine Lücke auf, die praktisch nur durch einen neuen Typ von Steuerberater geschlossen werden kann, der als besonders vertrauter Berater des Unternehmers zunehmend Einblick in unternehmerische Entscheidungsvorgänge haben wird und haben muß. Seine künftige Bedeutung für das mittelständische Unternehmen wird nicht allein mehr darin liegen, das Ergebnisprotokoll über die wirtschaftliche Entwicklung des Unternehmens zu führen, sondern zunehmend an der Gestaltung dieser Entwicklung beratend mitzuwirken. Neben der Einhaltung, Ausschöpfung und Verknüpfung steuerlicher Bestimmungen und Rahmenbedingungen werden zunehmend solche Forderungen an den künftigen Steuerberater gestellt, die zunächst nur wenig mit seiner eigentlichen Aufgabe zu tun haben scheinen, etwa mit Fragen der Unternehmenspolitik, der Betriebsorganisation und der Personalführung".[3]

„Die Beratung der Mandanten in Fragen von Steuerwirkung und Steuerplanung ist wegen der engen wechselseitigen Abhängigkeit von allgemeinen betriebswirtschaftlichen Entscheidungen und steuerlichen Sachverhaltsgestaltungen in eine umfassende Unternehmungsplanung miteinzubeziehen".[4]

In § 57 StBerG sind die allgemeinen Berufspflichten der Steuerberater und Steuerbevollmächtigten festgeschrieben, die auch als allgemeine Qualitätskriterien gelten können. Diese haben ihren Beruf „als freien Beruf unabhängig,

[1] Endriss 1977, S. 29
[2] Endriss 1977, S. 32
[3] Bundessteuerberaterkammer 1985
[4] Fischer 1979, S. 222

eigenverantwortlich, gewissenhaft, verschwiegen und unter Verzicht auf berufswidrige Werbung auszuüben". Sie „haben sich jeder Tätigkeit zu enthalten, die mit ihrem Beruf oder mit dem Ansehen des Berufes nicht vereinbar ist. Sie haben sich auch außerhalb der Berufstätigkeit des Vertrauens und der Achtung würdig zu erweisen, die ihr Beruf erfordert."[1] Diese „Generalklausel" entspricht wörtlich den Standesrichtlinien für Steuerberater Nr. 1 Abs. 1.

Unmittelbar auf die Qualität der Leistungserbringung, soweit sie die Tätigkeit für den Auftraggeber betrifft, zielen lediglich die Attribute "gewissenhaft" und „verschwiegen", allenfalls noch „eigenverantwortlich" ab. Hinzu kommt die in Grundsatz 1 Abs. 2 der Standesrichtlinien (RichtlStB) festgeschriebene Verpflichtung, daß die Steuerberater „die ihnen anvertrauten Interessen sachlich und in angemessener Form zu vertreten" haben. Mit Ausnahme des Begriffs der Eigenverantwortlichkeit sind jedoch diese Qualitätsanforderungen weder in der Berufsordnung noch im Standesrecht näher erläutert. Ihre Interpretation bleibt den Kommentaren zum Berufsrecht sowie der Interpretation im (berufs)gerichtlichen Verfahren vorbehalten.

Mit dem Attribut der Gewissenhaftigkeit ging der Gesetzgeber über die in § 276 Abs. 1 S. 2 BGB formulierte Sorgfaltspflicht hinaus. „Die Pflicht, den Beruf gewissenhaft auszuüben, schließt die Verpflichtung ein, dabei die allgemeinen Vorschriften der §§ 1 ff zu beachten. Zur gewissenhaften Ausübung des Berufs gehört nicht nur die sorgfältige Wahrnehmung der Interessen des Auftraggebers, sondern auch die Beachtung der steuerlichen und berufsgesetzlichen Vorschriften, wenn ein Auftrag angenommen und durchgeführt wird."[2] ,Gewissenhaftigkeit' bedeutet also kein höheres Maß an Sorgfalt oder Pflichtgemäßheit ... Durch diesen Begriff soll vielmehr klargestellt werden, daß die Berufsangehörigen nicht nur gegenüber ihren Auftraggebern verpflichtet sind, sondern daß auch übergeordnete berufsrechtliche Pflichten bestehen, die den Pflichten gegenüber dem Auftraggeber vorgehen können."[3]

Die Pflicht zur Verschwiegenheit bezieht sich auf alles, was dem Steuerberater in Ausübung oder bei Gelegenheit seiner Berufstätigkeit anvertraut worden oder bekannt geworden ist, soweit es die Verhältnisse des Auftraggebers betrifft.[4] Dazu gehört auch, daß der Berufsangehörige nicht unbefugt Geschäfts- und Betriebsgeheimnisse verwertet.[5] Verstöße gegen die Verschwiegenheits-

---

[1] § 57 Abs. 1 und 2 StBerG. entspricht Grundsatz 1 Abs. 1 der Richtl StB. § 57 Abs. 3 nennt dann solche Tätigkeiten, die mit dem Beruf des Steuerberaters/Steuerbevollmächtigten vereinbar sind, Abs. 4 solche, die nicht damit vereinbar sind (gewerbliche Tätigkeit, Tätigkeit als Arbeitnehmer).

[2] Vgl. Deutscher Bundestag, II. Wahlperiode, Drucksache 128, S. 32, zit. nach Mittelsteiner/Gehre 1973, S. 49

[3] Mittelsteiner/Gehre 1973, S. 49

[4] Mittelsteiner/Gehre (1973) stützen sich dabei auf Urteile des OLG Nürnberg (Die Steuerberatung 1969, S. 195) und des OLG Hamm (Der Betriebsberater 1969, S. 860)

[5] Vgl. Gerhard 1961, S. 54

pflicht werden nicht nur in berufsgerichtlichen Verfahren geahndet, sondern sind auch nach § 300 StGB strafbar.[1] Mit dem Begriff der Eigenverantwortlichkeit wird der Berufsausübende verpflichtet, sein Urteil selbst zu bilden und seine Entscheidung selbst zu treffen.[2]

Demgegenüber zielt die Verpflichtung zur Unabhängigkeit auf die Form der Berufsausübung ab, durch die mittelbar die Leistungsqualität gesichert werden soll. So dürfen Steuerberater keine Bindungen eingehen, die die berufliche Entscheidungsfreiheit des Berufsausübenden gefährden könnten. Dadurch soll gewährleistet werden, daß der Berufsangehörige nicht zu einem Verhalten veranlaßt wird, das nicht mit den Gesetzen oder den Berufspflichten vereinbar ist. Dies bedeutet jedoch keine grundsätzliche Weisungsfreiheit z.B. gegenüber dem Auftraggeber, sondern der Berufsangehörige soll sich lediglich die Freiheit erhalten, dem Verlangen nach ungesetzlichem oder berufswidrigem Handeln entgegentreten zu können. Andererseits ist auch eine gewisse Parteilichkeit i.S. der Interessenvertretung mit der Unabhängigkeitspflicht vereinbar, solange sie nicht berufswidrig ist. Untersagt ist es jedoch – mit Ausnahme der in den §§ 58 und 59 StBerG vorgesehenen Formen –, ein Angestelltenverhältnis einzugehen, wie auch wirtschaftliche Beteiligungen an den Geschäften der Auftraggeber sorgfältig zu überprüfen sind.[3]

Darüber hinaus wird weder in der Berufsordnung noch im Standesrecht auf die geforderte inhaltliche Leistung der Steuerberater eingegangen. Allerdings existiert eine Vielzahl von Vorschriften, die Teilbereiche der steuerberatenden Tätigkeiten streng reglementieren und vorschreiben.[4]

Die von den befragten Experten angegebenen Definitionen der Qualität der steuerberatenden Leistungen sind relativ unterschiedlich. So bezeichnete ein Vertreter der Leistungsempfänger Qualität als fachliche Qualifikation, Fundiertheit und Aktualität der Tätigkeit, während der zweite Vertreter der Klienten zwischen „Produkt-" und Servicequalität unterschied. Einer der befragten Steuerberater definierte Qualität als „sorgfältige umfassende Beratungsleistung, die auf den geltenden Gesetzen beruht und bei der alle steuerlichen und gesetzlichen betriebswirtschaftlichen Möglichkeiten eines Beratungsfalles ausgeschöpft werden". Demgegenüber vertraten die beiden übrigen Steuerberater die Auffas-

---

[1] Der Verschwiegenheitspflicht entspricht ein Zeugnisverweigerungsrecht im Strafprozeß (§ 53 Abs. 1 Nr. 3 StPO), im Zivilprozeß (§ 383 Abs. 1 Nr. 3 ZPO) und gegenüber der Finanzverwaltung (§ 177 Abs. 1 Nr. 3 AO) sowie ein Beschlagnahme- und Verwertungsverbot von Akten gemäß § 97 StPO. Einschränkungen dieses Schweigerechts siehe § 53 Abs. 2 StPO, § 385 Abs. 2 ZPO und § 177 Abs. 2 AO. Vgl. dazu auch Mittelsteiner/ Gehre 1973, S. 50 f

[2] § 4 Abs. 1 RichtLStB. Diese Pflicht gilt lt. § 4 Abs. 2 auch für die Tätigkeit als Angestellter nach § 58 StBerG, sofern dem Berufsangehörigen nicht durch Weisungen die Freiheit zu pflichtgemäßem Handeln genommen wird. Vgl. auch § 24 StBerG.

[3] Vgl. Mittelsteiner/Gehre 1973, S. 48

[4] Vgl. Deutscher Steuerberaterverband e.V. 1985

sung, daß die Leistungsqualität im steuerberatenden Beruf eigentlich nicht definierbar sei, da sie im wesentlichen vom subjektiven Empfinden des einzelnen Berufsangehörigen bestimmt sei. Vor allem gäbe es keine geeigneten Standards zur Messung der Qualität. Als mögliche Umschreibung des Qualitätsbegriffs nannten sie die optimale Wahrnehmung der Interessen des Mandanten.

4.4.2 Strukturqualität

Wie in den anderen hier betrachteten Freien Berufen konzentrieren sich die Überlegungen zur Qualitätssicherung bei den Steuerberatern auf den Bereich der Strukturqualität. Ausbildungs- und Wettbewerbsfragen stehen auch hier im Vordergrund. Der relativ weitgehende Einsatz der Computertechnik in den Steuerberaterpraxen hat allerdings den Aspekt des Einsatzes elektronischer Hilfsmittel bei der Sicherung und Verbesserung der Leistungsqualität erheblich an Bedeutung gewinnen lassen.

4.4.2.1 Qualifikation

Die Definition durch die befragten Experten deutet, wenn auch in geringerem Maße als z.B. bei den Rechtsanwälten, darauf hin, daß die Qualifikation und Kompetenz der Berufsangehörigen auch bei den Steuerberatern als zentraler Qualitätsfaktor angesehen wird.

4.4.2.1.1 Persönliche Eignung

Die Zulassung zur Prüfung als Steuerberater, die wiederum Voraussetzung für die Bestellung als Steuerberater ist[1], ist lt. § 37 Abs. 2 StBerG zu versagen, wenn die persönliche Eignung des Bewerbers fehlt. Dies ist dann der Fall, „wenn der Bewerber

1. infolge strafgerichtlicher Verurteilung die Fähigkeit zur Bekleidung öffentlicher Ämter nicht besitzt;

2. infolge eines körperlichen Gebrechens oder wegen Schwäche seiner geistigen Kräfte dauernd unfähig ist, den Beruf des Steuerberaters ordnungsgemäß auszuführen".[2]

Die Tätigkeit als Steuerberater wird also versagt, wenn die grundlegende körperliche, geistige und moralische Qualifikation nicht gegeben ist. Als Einschränkung der moralischen Eignung ist auch Abs. 3 Nr. 1 desselben Paragraphen zu verstehen, nach dem die Zulassung zur Prüfung versagt werden kann, "wenn der Bewerber sich so verhalten hat, daß die Besorgnis begründet ist, er werde den Berufspflichten des Steuerberaters nicht genügen".

---

1) § 35 Abs. 1 StBerG
2) § 35 Abs. 1 StBerG

Weitere Voraussetzungen für die Sicherstellung der persönlichen Eignung werden darüber hinaus nicht genannt. Allerdings vertreten die befragten Experten die Auffassung, daß die verhältnismäßig vorbereitungsintensive und schwere Steuerberaterprüfung den Kreis der Bewerber zumindest weitgehend auf wirklich Interessierte beschränkt.

4.4.2.1.2 Ausbildung

Voraussetzung für die Bestellung zum Steuerberater ist die erfolgreiche Ablegung der Steuerberaterprüfung. Die Vorbildungsvoraussetzungen für diese Prüfung können im wesentlichen über zwei Wege erlangt werden:

1. über ein abgeschlossenes wissenschaftliches Hochschulstudium mit anschließender dreijähriger praktischer Tätigkeit auf dem Gebiet des Steuerwesens; wobei vom Gesetz nur solche Studiengänge zugelassen sind, deren Lehrstoff den Bewerber auf sein späteres berufliches Aufgabengebiet vorbereitet, d.h. ein rechts-, wirtschafts- oder anderes wissenschaftliches Studium mit wirtschaftswissenschaftlicher Richtung;

2. über einen Realschul- oder entsprechenden Schulabschluß, eine ordnungsgemäße Lehrzeit im steuerberatenden, wirtschaftsberatenden oder kaufmännischen Beruf mit Ablegung der Gehilfenprüfung sowie einer zehnjährigen hauptberuflichen praktischen Tätigkeit auf dem Gebiet des Steuerwesens, davon mindestens fünf Jahre als Mitarbeiter in einer in § 58 StBerG bezeichneten Person, Gesellschaft oder Einrichtung. Liegt ein abgeschlossenes Fachhochschulstudium wirtschaftswissenschaftlicher Richtung vor, wird die Studienzeit einschließlich Berufspraktikum als hauptberufliche Tätigkeit auf dem Gebiet des Steuerwesens angerechnet, die Mindestdauer der Mitarbeit in einer in § 58 StBerG bezeichneten Person, Gesellschaft oder Einrichtung reduziert sich dann auf mindestens drei Jahre. Die Voraussetzung einer abgeschlossenen Lehre entfällt in diesem Fall.[1]

Direkt für die Prüfung zugelassen werden ehemalige Finanzbeamte und Angestellte des gehobenen Dienstes der Finanzverwaltung, die mindestens sieben Jahre auf dem Gebiet des Steuerwesens als Sachbearbeiter oder mindestens in gleichwertiger Stellung tätig waren.[2]

Im Regelfall weisen heute die Bewerber zur Steuerberaterprüfung jedoch den Abschluß eines rechts-, wirtschaftswissenschaftlichen oeder anderen wissenschaftlichen Hochschulstudiums auf.

Ehemalige Finanzrichter und Beamte und Angestellte des höheren Dienstes der Finanzverwaltung, der gesetzgebenden Körperschaften sowie der obersten Rechnungsprüfungsbehörden des Bundes und der Länder, die mindestens zehn

---

[1] § 36 StBerG Abs. 1
[2] § 36 Abs. 2 StBerG

Jahre auf dem Gebiet des Steuerwesens als Sachgebietsleiter oder mindestens in gleichwertiger Stellung tätig waren, sind von der Prüfung zu befreien. Im Falle einer Laufbahn im gehobenen Dienst erhöht sich die nachzuweisende Zeit praktischer Tätigkeit auf 15 Jahre. Ebenfalls von der Prüfungspflicht befreit sind Hochschul- und Fachhochschulprofessoren, die mindestens fünf Jahre auf dem Gebiet des Steuerwesens gelehrt haben.[1]

Eine weitere Möglichkeit ist der Zugang zum Beruf über den Beruf des Steuerbevollmächtigten.[2] Voraussetzung für die Bestellung ist, daß der Bewerber den Beruf als Steuerbevollmächtigter mindestens sechs Jahre hauptberuflich ausgeübt und anschließend erfolgreich an einem Seminar der zuständigen Berufskammer teilgenommen hat.[3]

Die Steuerberaterprüfung gliedert sich in einen schriftlichen und einen mündlichen Teil. Als Prüfungsgebiete schreibt § 12 der Verordnung zur Durchführung der Vorschriften über Steuerberater, Steuerbevollmächtigten und Steuerberatungsgesellschaften (DVStB) folgende Fächer vor:

1. Steuerrecht I: Einkommensteuer, Körperschaftsteuer und Gewerbesteuer; Grundzüge des Berlinförderungsgesetzes, Zonenrandförderungsgesetzes, Entwicklungsländer-Steuergesetzes, Investitionszulagengesetzes, Wohnungsbauprämiengesetzes, Sparprämiengesetzes und Vermögensbildungsgesetzes; Grundzüge des Umwandlungssteuerrechts und des Außensteuerrechts; Doppelbesteuerungsabkommen und Rechtshilfeabkommen auf dem Gebiet des Steuerrechts.

2. Steuerrecht II: Allgemeines Abgabenrecht, insbesondere Abgabenordnung, Finanzverwaltungsgesetz und Finanzgerichtsordnung; Bewertungsrecht und Vermögensteuer, Erbschaft- und Schenkungsteuer, Grundsteuer, Umsatzsteuer, Grunderwerbsteuer und sonstige Verkehrsteuern; Grundzüge des Zollrechts, der Verbrauchsteuern und der Finanzmonopole.

---

[1] § 38 StBerG

[2] Voraussetzung für die Zulassung zur Prüfung als Steuerbevollmächtigter war nach § 156 Abs. 2 StBerG
  1. ein Zeugnis der mittleren Reife, der zweijährige Besuch einer staatlich anerkannten Handelsschule oder der Erwerb entsprechender Kenntnisse auf andere Weise,
  2. eine ordnungsgemäße Lehre im steuerberatenden, wirtschaftsprüfenden oder kaufmännischen Beruf mit Ablegung der Gehilfenprüfung oder der viersemestrige Besuch einer Verwaltungsakademie oder gleichwertiger Lehranstalt,
  3. daran anschließend eine mindestens vierjährige hauptberufliche Tätigkeit auf dem Gebiet des Steuerwesens.
  Seit dem 12.8.1980 ist der Zugang zum Beruf des Steuerbevollmächtigten jedoch geschlossen.

[3] § 157 Abs. 1 StBerG. Für Steuerbevollmächtigte, die ein rechts- oder wirtschaftswissenschaftliches Studium abgeschlossen haben, verkürzt sich die Zeit der erforderlichen praktischen Tätigkeit auf drei Jahre.

3. Betriebswirtschaft, Volkswirtschaft, Wirtschaftsrecht, Berufsrecht: Buchführung und Bilanzwesen, einschließlich des Rechts der Buchführung und des Jahresabschlusses, steuerliches Revisionswesen, Aufstellung und steuerliche Beurteilung von Bilanzen, Bewertungsfragen, Gründung und Finanzierung unter besonderer Berücksichtigung der steuerlichen Auswirkungen; Grundzüge der Finanzwirtschaft, allgemeine und besondere Steuerlehre, Grundzüge der Volkswirtschaftslehre und Volkwirtschaftspolitik; Grundzüge des bürgerlichen Rechts, insbesondere des Rechts der Schuldverhältnisse und des Sachenrechts, Grundzüge des Handels-und Gesellschaftsrechts, Bilanzierungsvorschriften des Aktiengesetzes, Berufsrecht der Steuerberater und Steuerbevollmächtigten[1])

Die Einschätzung der Qualität der Ausbildung war bei den von uns befragten Steuerberatern und Vertretern der Leistungsempfänger unterschiedlich. So forderte einer der befragten Experten der Mandantenorganisationen eine breite Ausrichtung der Ausbildungsinhalte, während der zweite die Ausbildungsqualität zwar als prinzipiell ausreichend bezeichnete, jedoch als zu wenig praxisrelevant sowie wesentlich zu lang.

Die Vertreter der Steuerberaterorganisationen bezeichneten die Ausbildung einhellig als gut bis sehr gut. Das Steuerberaterexamen sei sehr schwer und stelle hohe Anforderungen an die Bewerber, so daß nur sehr gute Bewerber übrigblieben. Dabei sei es unwichtig, auf welchem Wege die Prüfungsvorbereitung erfolgt, obwohl das Gros der Absolventen mittlerweile eine akademische Ausbildung hinter sich hätten. Eine einheitliche Regelung der Zulassungsvoraussetzungen zur Prüfung sei nicht sinnvoll, die Ausbildung in der bisherigen Form habe sich bewährt.

Mit Hinweis auf die Aufgabenverschiebung in der steuerberatenden Tätigkeit in Richtung einer verstärkten betriebswirtschaftlichen Beratung der Mandanten, haben sich jedoch in letzter Zeit nach Meinung eines der befragten Steuerberater die Anforderungen an die fachliche Qualifikation der Berufsangehörigen erweitert. Er verwies auf das von der Bundessteuerberaterkammer in Zusammenarbeit mit dem Arbeitskreis der Professoren der Betriebswirtschaftlichen Steuerlehre erarbeitete neue Anforderungsprofil des Steuerberaters mit den darauf aufbauenden Empfehlungen zur theoretischen und praktischen Grundausbildung. Danach setzt Steuerberatung fundierte juristische Kenntnisse nicht nur im gesamten Steuerrecht, sondern auch im Zivil-, Handels- und Wirtschaftsrecht voraus. Diese Grundlagenkenntnisse betreffen auch die Bereiche der jeweiligen Rechtssprechung und Verwaltungsauffassung.

Das Anforderungprofil betont neben der rechtlichen die betriebswirtschaftliche Ausbildung. Ausbildungsziele in diesem Bereich sind:

---

[1]) Wirtschaftsprüfer und vereidigte Buchprüfer können auf Antrag die Prüfung in verkürzter Form ablegen (vgl. § 13 DVStB).

- das Urteilsvermögen in wirtschaftlichen Fragen für die ökonomische Gewichtung von Normen und Handlungsmöglichkeiten zu schulen;
- die zweckmäßige Anwendung wirtschaftswissenschaftlicher Methoden und Verfahren zur Lösung eines bestimmten Beratungsauftrages zu erlernen.

Der Steuerberater kann die Anforderungen an eine solche betriebswirtschaftlich qualifizierte Steuerberatung nur erfüllen, wenn diese sowohl in der Ausbildung als auch in der Steuerberaterpüfung ihren Niederschlag finden. Dementsprechend umfassen die Empfehlungen einen differenzierten Katalog der für in der theoretischen Grundausbildung zu vermittelnden rechts- und wirtschaftswissenschaftlichen Kenntnisse.

Wesentliche Bedeutung für die Vermittlung der ausreichenden fachlichen Qualifikation mißt das Anforderungsprofil auch der ebenfalls als Voraussetzung für die Steuerberaterprüfung vorgeschriebenen praktischen Grundausbildung bei. Diese erfolgt in Form einer hauptberuflichen Tätigkeit auf dem Gebiet des Steuerwesens, die bei Hochschulabsolventen mindestens drei Jahre, bei den übrigen Bewerbern normalerweise zehn Jahre beträgt. "Während dieser praktischen Grundausbildung soll der zukünftige Steuerberater lernen, die in der theoretischen Grundausbildung erworbenen Kenntnisse und Fertigkeiten in der Praxis anzuwenden. Ziel dieser praktischen Grundausbildung ist in erster Linie die Berufsfertigkeit, d.h. ein unabhängiges, eigenverantwortliches und gewissenhaftes Tätigwerden auf dem Berufsfeld der Steuerberatung. Eine solche Berufsfertigkeit erfordert vor allem

- fundierte fachliche Kenntnisse auf den einschlägigen steuerrechtlichen, rechtlichen und betriebswirtschaftlichen Gebieten sowie die Fähigkeit, diese praktisch anzuwenden;
- den jeweiligen Sachverhalt entscheidungsreif aufzubereiten, Prioritäten zu setzen und Alternativlösungen zu entwickeln;
- die Fähigkeit, den Mandanten Ratschläge und Empfehlungen verständlich und präzise zu vermitteln.

Diese Fähigkeiten werden dem zukünftigen Steuerberater am besten in der Praxis eines Steuerberaters, Steuerbevollmächtigten oder einer Steuerberatungsgesellschaft vermittelt. Der zukünftige Steuerberater soll in der Praxis insbesondere an Aufgaben mitwirken, die die Selbständigkeit des Denkens und das praktisch-methodische Vorgehen sowie sein wirtschaftliches, rechtliches und soziales Verständnis fördern. Dabei soll er sich eine zweckmäßige Arbeitsweise aneignen. Am Ende der praktischen Grundausbildung soll er in der Lage sein, sich selbständig auch in solche Fachgebiete einzuarbeiten, in denen er nicht ausgebildet worden ist."[1]

---

[1] Bundessteuerberaterkammer 1985, S.

Die Bundessteuerberaterkammer fordert, die derzeitigen Anforderungen in der Steuerberaterprüfung, die mit diesem Anforderungsprofil nicht mehr vollständig übereinstimmen, durch eine entsprechende Änderung der DVStB, den neuen Empfehlungen anzupassen.

Abgesehen von diesen inhaltlichen Reformen, die weniger einer grundsätzlichen Kritik an der Qualität der Ausbildung entspringt als vielmehr eine notwendige Anpassung der Ausbildungsanforderungen an ein verändertes Berufsprofil bedeuten, sind die befragten Experten allgemein mit der Ausbildungsqualität zufrieden. Die derzeitige Form der Ausbildung – individuelle Vorbereitungsmöglichkeiten zur Prüfung, praktische Tätigkeit und eine hohe Anforderung stellende Prüfung – habe sich als funktionierendes Instrument zur Sicherung einer hohen Qualifikation des Nachwuchses erwiesen. Grundlegende strukturelle Änderungen seien deshalb nicht erforderlich.

4.4.2.1.3 Weiterbildung/Spezialisierung

Eine Weiterbildung innerhalb des Berufs des Steuerberaters gibt es weder i.S. einer formalen Qualifikationserhöhung noch i.S. einer Spezialisierung. Laut § 8 Abs. 2 Satz 2 und § 9 Abs. 3 WPO können Steuerberater jedoch unter vereinfachten Bedingungen die Prüfung zum Wirtschaftsprüfer ablegen und damit weitere Prüfungsrechte erlangen. Durch das am 5.12.1985 vom Bundestag endgültig beschlossene Bilanzrichtlinien-Gesetz hat der Steuerberater nun auch die Möglichkeit des Zugangs zum Beruf des vereidigten Buchprüfers und damit des Rechts zur Durchführung der neuen GmbH-Pflichtprüfungen.[1]

Im Gegensatz zu vielen anderen Freien Berufen führen die berufsrechtlichen Regelungen, vor allem die Prüfungserleichterungen beim Übergang vom steuerberatenden zum wirtschaftsprüfenden Beruf bei diesen Berufsgruppen formal nicht zur Spezialisierung, sondern zur Zusatz- und Mehrfachqualifikation. So waren in der Wirtschaftsprüferkammer Ende 1985 3 667 (76 % aller Wirtschaftsprüfer) Wirtschaftsprüfer registriert, die gleichzeitig den Titel des Steuerberaters trugen, 212 (4,4 %) der Mitglieder waren gleichzeitig Wirtschaftsprüfer, Steuerberater und Rechtsanwalt. 1970 betrug die Anzahl 1 436 (56,2 % aller Wirtschaftsprüfer) bzw. 27 (1 %). Demgegenüber ist die Anzahl der „Nur"-Wirtschaftsprüfer von 1 047 im Jahre 1970 auf 886 im Jahr 1984 zurückgegangen. Ihr Anteil ist damit von 41 % auf 18 % gesunken (vgl. Tabelle 7).

Darüber hinaus verböte – so die befragten Steuerberater – die breitgefächerten Anforderungen in der beruflichen Praxis eine weitgehende Spezialisierung. Die Mandanten – i.d.R. Dauermandanten – verlangten vom Steuerberater eine umfassende Beratung in allen steuerrechtlich relevante Sachverhalten. Der Steuerberater müsse darum ein Allroundwissen besitzen, da die steuerliche

---

[1] Vgl. Strobel 1985

Tabelle 7: Bei der Wirtschaftprüferkammer gemeldete Wirtschaftprüfer nach Qualifikation

Jahr[1]	insgesamt	WP	WP/RA	WP/StB	WP/StB/RA
1970	2 555	1 047	45	1 436	27
1976	3 324	1 061	56	2 108	99
1980	3 848	989	57	2 657	145
1982	4 217	925	60	3 052	180
1984	4 637	909	59	3 468	202
1985	4 836	886	61	3 677	212

Quelle: Wirtschaftsprüferverzeichnis 1970, 1976/77, 1980. Angaben der Wirtschaftprüferkammer, Düsseldorf

Problematik sehr komplex sei. Dennoch hielt einer der Steuerberater eine gewisse Spezialisierung für wünschenswert. Denkbar wäre sie z.B. bezogen auf ein bestimmtes Klientel. Auch die befragten Vertreter der Auftraggeberorganisationen vertraten die Auffassung, daß Spezialisierung nur so weit gehen sollte, daß sie nicht die Gesamtkompetenz in Frage stellt.

Im Gegensatz zu den übrigen hier betrachteten Freien Berufen geht also bei den Steuerberatern die Tendenz nicht in Richtung Aufgabenteilung, sondern Qualifitätsfaktor ist hier vielmehr eine möglichst breite Qualifikation.

4.4.2.1.4 Fortbildung

Das Steuerrecht ist wie kein anderes Rechtsgebiet einem ständigen Wandel unterworfen. Darüber hinaus werden auf dem Gebiet des betrieblichen Rechnungswesens im Zusammenhang mit der fortstrebenden Entwicklung der elektronischen Datenverarbeitung immer neue Erkenntnisse gewonnen. Der Steuerberater kann seinen Beruf deshalb auf die Dauer nur mit Erfolg ausüben, wenn er Gesetzgebung, Rechtsprechung und Fachliteratur regelmäßig verfolgt und sich systematisch auf allen Fachgebieten seines Berufes stetig weiterbildet.[2]

Dementsprechend wurde bei der Änderung des Steuerberatungsgesetzes im Jahr 1972 die Förderung der beruflichen Fortbildung als ausdrückliche Aufgabe der Bundessteuerberaterkammer festgeschrieben.[3] Daneben bieten auch die

---

1) Stand Mai 1970, 1.10.1976, 15.2.1980; 1982, 1984 und 1985 jeweils 31.12.
2) Vgl. Blätter zur Berufskunde: Steuerberater, 3-IX BO1, 6. Auflage 1978, S. 19
3) § 86 StBerG

Länderkammern, die Steuerberatervereine sowie private Akademien und Fachschulen Fortbildungsveranstaltungen an.

Eine Pflicht zur Forbildung besteht für den Steuerberater nicht. Auch eine Überwachung der Fortbildung des einzelnen Berufsangehörigen erfolgt nicht.

Auch von den befragten Experten wurde die hohe Bedeutung der permanenten Fortbildung für den steuerberatenden Beruf unterstrichen. Die Steuerberater wiesen darauf hin, daß der hohe Informationsbedarf einerseits durch eine Vielzahl von Fachzeitschriften, andererseits durch die von den Kammern und Verbänden in ausreichendem Maße angebotenen Veranstaltungen befriedigt wird. Die meisten Verbände hätten ein Fachinstitut zur Aktualisierung der Fortbildungsangebote. Unter anderem bietet auch die DATEV e.G., das Rechenzentrum für den steuerberatenden Beruf Fortbildungsveranstaltungen zum Einsatz der EDV in der Kanzlei des Steuerberaters an.

Über das Fortbildungsverhalten der Steuerberater stehen keine gesicherten Erkenntnisse zur Verfügung. Die befragten Experten betonten jedoch das große Interesse an den Fortbildungsangeboten in Form von Tagesseminaren oder Wochenendseminaren. Vor allem bei Verabschiedung und Inkrafttreten neuer Gesetze wie z.B. beim Bilanzrichtlinien-Gesetz wäre eine große Resonanz zu beobachten.

Die Einführung eines Fortbildungszwanges oder einer Überwachung der Fortbildung lehnten die Berufsvertreter einhellig ab, da dies den Prinzipien der freien Marktwirtschaft und Freiheit der Berufsausübung widersprechen würde. Der Steuerberater müsse selber entscheiden, in welchem Ausmaß und in welcher Form er sich fortbilden wolle. Zudem sei hier der Marktzwang so stark, daß ein Steuerberater, der seine berufliche Existenz erhalten wolle, sich von selbst ständig fortbilden müsse. Stelle der Mandant fest, daß der Steuerberater nicht ausreichend informiert sei, würde er den Steuerberater wechseln. Diese Auffassung vertrat auch Küffner in seinem Referat anläßlich eines vom Institut für Freie Berufe veranstalteten Symposions über Qualitätssicherung bei Freien Berufen: Die eigentlichen Veranlassungen zur Fortbildung kommen dann auch tatsächlich von außen: die überbordende Gesetzesproduktion, das natürliche Spannungsverhältnis zwischen Steuererhebungstechnik und Gestalten der Steuervermeidung – getragen aus dem Wettbewerb der Kollegen um den Markt und auch aus dem Pflichtbewußtsein des einzelnen heraus, seine Tätigkeit gewissenhaft und unabhänig sowie eigenverantwortlich auszuüben. Es steht nicht schlecht um die Fortbildung und insgesamt ist damit eine gewisse Qualitätssicherung gewährleistet."[1]

---

[1] Küffner 1985, S. 159

4.4.2.2 Wirtschaftliche Situation

Auch der steuerberatende Beruf sieht sich einer zunehmenden Konkurrenz weniger durch die Angehörigen des eigenen Berufsstandes als durch die wachsende Zahl berufsfremder Leistungsanbieter ausgesetzt. Die Sicherung einer hohen Leistungsqualität wird damit auch zu einem Wettbewerbsinstrument bei der Sicherung von Marktanteilen für den gesamten Berufsstand.

4.4.2.2.1 Konkurrenz

Seit Anfang 1971 hat sich die Zahl der bei den Steuerberaterkammern als Pflichtmitglieder eingetragenen Steuerberater (vor allem durch den Übergang vom Steuerbevollmächtigten zum Steuerberater) mehr als verfünffacht und zwar auf 28.822 im Jahr 1985 (vgl. auch Tabelle 8). Mit den ebenfalls bei den Steuerberaterkammern als Pflichtmitglieder geführten 14 373 Steuerbevollmächtigten, deren Zahl seit 1971 von 21.146 auf 14.373 gesunken ist, sowie den Steuerberatungsgesellschaften, deren Zahl von 1971 bis 1981 von 349 auf 2.600 (!) gestiegen ist, umfaßt der steuerberatende Berufsstand damit über 45.795 Angehörige gegenüber 26 516 Anfang 1971.

Zwar wurden in den letzten Jahren die Berufsmöglichkeiten im steuerberatenden Beruf von den Berufsvertretungen insgesamt trotz großer Nachwuchszahlen nicht ungünstig eingeschätzt, da neue Gesetze und immer kompliziertere Auslegungen die Nachfrage nach steuerberatenden Leistungen stetig ankurbeln[1], Küffner sieht jedoch in der „Akademikerschwemme" und den sich daraus abzeichnenden möglichen Überfüllungskrise das zentrale Problem des steuerberatenden Berufs.[2] Auch die befragten Steuerberater prognostizierten, daß die eigentliche „Schwemme" erst noch komme. Allerdings rechnet der Geschäftsführer der Bundessteuerberaterkammer, Timm Rohweder, damit daß durch die Schließung des Steuerbevollmächtigtenberufs zumindest für einige Jahre der jährliche Zugang an Berufsangehörigen zurückgeht bzw. stagniert. „Die Zahl der Bewerber, die die Steuerberaterprüfung abgelegt haben, betrug von 1973 bis 1977 durchschnittlich 500 pro Jahr und ist seit 1978 stetig angestiegen. Im Jahre 1984 haben 930 Bewerber die Steuerberaterprüfung abgelegt. Man kann davon ausgehen, daß in den nächsten Jahren ein durchschnittlicher Zugang von jährlich 1.000 Steuerberatern zu erwarten ist. Die Schließung des Steuerbevollmächtigtenberufs hat somit zur Folge, daß zumindest für einige Jahre der jährliche Zugang an Berufsangehörigen zurückgeht bzw. stagniert."[3]

Die weiteren Aussichten des Berufs werden jedoch im wesentlichen davon abhängen, wieweit – bedingt durch eine Harmonisierung des EG-Rechts neue

---

[1] Vgl. z.B. UNI Berufswahl-Magazin 6/85, S. 23 ff; 9/83, S. 24; 6/78, S. 29
[2] Vgl. Küffner 1985, S. 155
[3] Rohweder 1986, S. 55

Tabelle 8: Mitglieder der Steuerberaterkammern in der Bundesrepublik Deutschland von 1971 bis 1985

Jahr[1]	Steuer-bevollmäch-tigte	Steuer-ratungsge-sellschaften	Steuerbe-nach §32/§74 Abs. 2. StBerG	Personen	ingesamt
1971	5 021	21 146	349	127	26 643
1972	5 278	21 648	408	146	27 480
1973	5 614	22 603	454	168	28 839
1974	7 058	22 248	519	182	30 007
1975	13 785	16 718	591	158	31 252
1976	15 919	15 810	685	146	32 560
1977	16 680	16 309	790	158	33 937
1978	17 968	16 118	929	179	35 194
1979	19 551	16 073	1 092	186	36 902
1980	21 030	16 175	1 319	197	38 721
1981	22 349	16 603	1 599	219	40 770
1982	23 909	17 500	1 895	251	43 555
1983	25 430	16 767	2 096	255	44 549
1984	27 001	15 646	2 369	265	45 281
1985	28 822	14 373	2 600	274	46 069

Quelle: Bundessteuerberaterkammer, Bonn

bzw. zusätzliche Gesetze und Verordnungen über Aufstellungs-, Prüfungs-und Offenlegungspflichten auch für den steuerberatenden Beruf geöffnet werden. Tatsächlich sah Rohweder in einem Referat zum Nachwuchsdruck auf den steuerberatenden Beruf negative Entwicklungen vor allem durch den wachsenden Konkurrenzdruck externer Gruppen.

Neben Steuerberatern, Steuerbevollmächtigten und Steuerberatungsgesellschaften sind auch Wirtschaftsprüfer, Wirtschaftsprüfungsgesellschaften, vereidigte Buchprüfer[2], Buchprüfungsgesellschaften[3] und Rechtsanwälte zur unbeschränkten Hilfeleistung in Steuersachen befugt. Darüber hinaus besitzt ein größerer Kreis von Personen, Gesellschaften und Verbänden, der in § 4 StBerG abschlie-

---

[1] Stichtag: 1.1.
[2] Angesichts der Tatsache, daß der Beruf des vereidigten Buchprüfers durch die WPO v. 1961 zum „Aussterbeberuf" wurde und die Anzahl der Berufsangehörigen allein von 1970 bis 1984 von 376 auf 100 zurückging, läßt diese Konkurrenz zur Zeit als relativ bedeutungslos erscheinen. Die Frage ist jedoch, wie sich die im neuen Bilanzrichtlinien-Gesetz vorgesehene Wiederbelebung des Buchprüferberufs auswirken wird.
[3] Vgl. § 3 StBerG

ßend genannt wird, das Recht zur beschränkten Hilfeleistung in Steuersachen. Die Beschränkung bezieht sich dabei entweder auf einen bestimmten Mandantenkreis oder auf einen Teilbereich der Steuerberatung. Zu dieser Gruppe gehören u.a. Notare und Patentanwälte – jeweils mit den einschränkenden Maßgaben ihrer speziellen Berufsordnung – sowie Behörden, Körperschaften des öffentlichen Rechts, Genossenschaftsverbände, land- und forstwirtschaftliche Buchstellen und Lohnsteuerhilfevereine.[1]

Wesentliche Konkurrenz entsteht den Steuerberatern dabei vor allem durch die Wirtschaftsprüfer, die laut § 2 Abs. 2 und § 3 Abs. 2 StBerG befugt sind, die gleichen Funktionen im Steuerwesen wahrzunehmen wie die Steuerberater, mit ihnen also in Substitutionskonkurrenz stehen, durch das alleinige Recht zur Vornahme von gesetzlich vorgeschriebenen Pflichtprüfungen[2] und zur Erteilung von Bestätigungsvermerken über die Vornahme einer solchen Prüfung jedoch einen nicht unbeträchtlichen Wettbewerbsvorteil genießen. Das im Dezember 1985 endgültig verabschiedete Bilanzrichtlinien-Gesetz, das die Pflichtprüfung der Einzelabschlüsse auch auf mittelgroße GmbH's ausdehnt[3], hat zwar das Prüfungsmonopol der Wirtschaftsprüfer dadurch, daß die neuen Pflichtprüfungen über die Zusatzqualifikation zum vereidigten Buchprüfer auch Steuerberatern und Rechtsanwälten möglich werde, gelockert, aber nicht beseitigt, da alle übrigen Pflichtprüfungen weiterhin nur vom Wirtschaftsprüfer durchgeführt werden können. So werden jene Unternehmen, die auch weiterhin der Pflichtprüfung durch den Wirtschaftsprüfer unterliegen, kaum zusätzlich zu diesem noch einen Steuerberater beauftragen.

Dennoch wird die nach langen berufspolitischen Auseinandersetzungen gefundene und verabschiedete Fassung des Bilanzrichtlinien-Gesetzes von den Steuerberatern als Beitrag zur Sicherung ihrer beruflichen Existenz begrüßt. Zwar konnten sie ihre Vorstellungen einer uneingeschränkten Prüfungsbefugnis für die Steuerberater nicht durchsetzen, der ursprüngliche Gesetzentwurf, der am Wirtschaftsprüfermonopol festgehalten hätte, wäre jedoch nach Meinung der Steuerberater einer Disqualifikation ihres Berufsstandes gleichgekommen und hätte dessen Besitzstand in sachlich nicht gerechtfertigter Weise beeinträchtigt. So habe sich die Qualifikation der Steuerberater zur GmbH-Prüfung bereits dadurch gezeigt, daß viele bislang nicht prüfungspflichtige GmbH's sich schon freiwillig von Steuerberatern hätten prüfen lassen und es bislang keine Beanstandungen gegeben habe. Dieser Mandantenstamm wäre bei Beibehaltung des Prüfungsmonopols für Wirtschaftsprüfer verloren gegangen.[4]

---

[1] Vgl. § 4 StBerG
[2] Gesetzlich vorgeschriebene Abschlußprüfungen bei AG, Versicherungsunternehmen etc. sowie nach dem sog. „Publizitätsgesetz" (Gesetz über Rechnungslegung von bestimmten Unternehmen und Konzernen vom 15.8.-1969, BGB/I S. 1189)
[3] Prüfungspflichtig werden alle GmbH's, die zwei der drei folgenden Kriterien erfüllen: 2,6 Mio DM Bilanzsumme, 5,2 Mi DM Umsatz, mehr als 50 Beschäftigte
[4] Vgl. z.B. SZ v. 19.1.82, S. 16; Handelsblatt v. 5.5.82, S. 4

Konkurrenz zum Wirtschaftsprüfer ergibt sich jedoch nicht nur im Prüfungsbereich, sondern auch im Bereich der Beratung. „Gerade in den letzten Jahren sind die Wirtschaftsprüfer stärker steuerberatend tätig geworden, weil sie mit der reinen Prüfungstätigkeit nicht auf ihre Kosten gekommen sind".[1] Auch Grote stellte bereits 1970 fest, daß freiberufliche Wirtschaftsprüfer weitestgehend mit der Steuerberatung beschäftigt und nicht mehr auf dem Gebiet der Prüfung tätig sind. Die Pflichtprüfungen werden praktisch von den großen Prüfungsgesellschaften durchgeführt.[2] Diese Konkurrenz wird vor allem dann problematisch, wenn – wie dies in den letzten Jahren geschehen ist – die für die Steuerberatung zur Verfügung stehenden Mandanten, d.h. die mittelständischen Unternehmungen als Hauptauftraggeber, in ihrer Zahl immer weiter zurückgehen.[3]

Auch mit dem Tätigkeitfeld der Rechtsanwälte bestehen Überschneidungen. Rechtsanwälte sind durch § 2 BRAO Berater und Vertreter in allen Rechtsangelegenheiten und damit auch zur Beratung und Vertretung im steuerrechtlichen Bereich als einem Teilgebiet des Rechts befugt.[4] Umgekehrt ist jedoch der Steuerberater lt. Art. 1 § 4 Abs. 3 RBerG formal zur Tätigkeit in anderen Rechtsgebieten außer dem Steuerrecht nicht ermächtigt. Wegen des engen Zusammenhangs vieler steuerrechtlicher Fragen mit den übrigen Rechtsgebieten kommt es hier jedoch ständig zu Konflikten mit den Anforderungen der steuerberatenden Berufspraxis. Infolgedessen hat auch die Rechtssprechung anerkannt, daß Angehörige der steuerberatenden Berufe dann auf anderen Rechtsgebieten tätig werden können, wenn diese mit ihren Aufgaben in einem unmittelbaren Zusammenhang stehen. Dies entspricht praktisch einer Anwendung des (nach dem Wortlaut nur für Wirtschftsprüfer und vereidigte Bücherrevisioren geltenden) Art. 1 § 5 R BerG als einem allgemeinen Rechtsgedanken auch für die steuerberatenden Berufe.[5]

Durch die großzügige Auslegung der Beratungsbefugnis des Steuerberaters über das Steuerrecht hinaus einerseits und die Tatsache, daß die Rechtsanwälte das Steuerrecht als berufliches Tätigkeitsfeld bislang weitgehend vernachläßigt haben, andererseits, kann die Konkurrenzsituation zwischen diesen beiden Berufsgruppen als bislang relativ unproblematisch bezeichnet werden.

Die Bestrebungen der Rechtsanwälte, aufgrund ihrer Nachwuchsschwemme auch die Beratung und Vertretung im Steuerrecht als neues Berufsfeld mit in ihre Tätigkeit einzubeziehen und vor allem die Bemühungen um eine möglichst

---

1) UNI 6/78, S. 28
2) Vgl. Grote 1970, S. 52
3) UNI 5/78, S. 28
4) Ausdrücklich auch genannt in § 3 Abs. 2 StBerG
5) Während eine Reihe von Autoren – z.B. Paulick 1962, Thoma 1963/64, Friesecke 1961, Hüffer 1962, Hauffen 1956 – diese Auffassung teilt, wird diese „weitere" Auslegung von anderen Autoren- z.B. Kampmann 1968 – als dem klaren Wortlaut von Art. 1 § 4, Abs. 3 RBerG widersprechend abgelehnt. Vgl. hierzu Endriss 1977, S. 30 ff

breite Etablierung des Fachanwalts für Steuerrecht lassen jedoch für die Zukunft eine Intensivierung des Wettbewerbs zu den Steuerberatern erwarten.

Von den befragten Steuerberatern wurden jedoch die Wirtschaftsprüfer wie auch die Fachanwälte für Steuerrecht nicht oder nur bedingt als Konkurrenz angesehen. So hätten Wirtschaftsprüfer und Steuerberater zwar eine ähnliche Qualifikation jedoch unterschiedliche Tätigkeitsschwerpunkte. Auch die Rechtsanwälte seien bislang keine „ernstzunehmende" Konkurrenz gewesen. Allerdings – so gaben die Experten zu – könnte sich durch z.b. das neue Bilanzrichtlinien-Gesetz bzw. auch durch die Intensivierung der anwaltlichen Betätigung auf dem Gebiet des Steuerrechts (Fachanwalt) für die Zukunft eine Verschärfung des Wettbewerbs mit diesen Berufen ergeben.[1]

Dazu konstatiert der Bundessteuerberaterverband, „daß der Beruf des Steuerberaters, dessen Aufgabenbereich von Gesetzes wegen hinreichend definiert ist, in seinem Kern Teilgebiete sowohl der Rechtsanwalts- als auch der WP-Befugnisse umfaßt. Die 'Einmischung' von seiten der RA ist ungeachtet der Existenz der Fachanwälte für Steuerrecht weder ernstlich vorhanden noch zukünftig in nennenswertem Umfang zu erwarten. Dieses nicht zuletzt deshalb, weil die Tätigkeit des Steuerberaters hinsichtlich der sachlichen Voraussetzungen eine den sonstigen Erfordernissen des Anwaltsberufes zuwiderlaufende Ausgestaltung und Spezialisierung erfordern würde.

Ganz anders stellt sich hingegen die Situation StB/WP dar, da nicht nur, insbesondere im Bereich der Beratung, die Aufgaben beider Berufe kongruent sind, sondern weitgehend auch die zur Berufsausübung erforderlichen sachlichen Voraussetzungen."[2]

Negative Auswirkungen auf die Qualität der Berufsausübung, etwa durch eine Kommerzialisierung zeichnen sich – so die befragten Steuerberater – (noch) nicht ab. Wie auch bei anderen Freien Berufen, z.B. den Rechtsanwälten und Wirtschaftprüfern, führt jedoch der Versuch, neue Tätigkeitsgebiete für den Beruf zu erschließen bzw. alte Tätigkeitsbereiche durch eine Leistungsintensivierung gegen exteren Konkurrenz zu verteidigen zu einer Änderung der Leistungsstruktur nicht nur des gesamten Berufsstandes, sondern auch des einzelnen Anbieters. Ein Beispiel hierfür ist die Ausweitung der Tätigkeit auch auf unternehmens- und vermögensberatende Leistungen. Obwohl in den Interviews nicht angespochen, ist davon auszugehen, daß das verstärkte Bemühen des gesamten Berufsstandes, gegen berufsfremde Gruppen wettbewerbsfähig zu bleiben bzw. zu werden, sich zumindest in den peripheren Bereichen in einer Erhöhung der Qualifikations anstrengungen und damit in einer Verbesserung der Strukturqualität niederschlagen werde. Auch die befragten Vertreter der

---

[1] Vgl. hierzu auch Rohweder 1986, S. 54f
[2] Deutscher Steuerberaterverband 1985, S. 400

Mandanten vertraten die Auffassung, daß verstärkter Konkurrenz, so lange sie nicht zu einem ruinösen Wettbewerb ausarte, grunsätzlich als positiv für die Leistungsqualität zu beurteilen sei.

4.4.2.2.2 Zugangsregelungen

Im Gegensatz zu den Rechtsanwälten zeichnet sich das Berufsrecht der Steuerberater durch strenge berufsspezifisch-qualifikationsbezogene Zugangsregelungen aus. Das Steuerberatungsgesetz läßt zwar bei der Regelung der erforderlichen Ausbildung[1] weitgehend offen, auf welchem Wege die notwendigen Voraussetzungen für die Zulassung zur Prüfung erworben werden, die Steuerberaterprüfung selbst erfüllt jedoch durch die hohen Ansprüche, die sie an die Bewerber stellt, praktisch die Funktion einer erheblichen Reglementierung des Zugangs. So führt nach Aussage der befragten Steuerberater die hohe Durchfallquote dazu, daß nur die Besten unter dem Nachwuchs übrig bleiben. Eine darüber hinausgegende Zulassungsbeschränkung wird z.Zt. von den Steuerberatern nicht diskutiert.

4.4.2.2.3 Vergütungsregelungen

Bereits im 1961 in Kraft getretenen Steuerberatungsgesetz wurde durch § 28 bestimmt: „Steuerberater und Steuerbevollmächtigte sind an eine Gebührenordnung gebunden, die der Bundesminister der Finanzen durch Rechtsverordnung mit Zustimmung des Bundesrates erläßt. Der Bundesminister der Finanzen hat vorher die Bundessteuerberaterkammer zu hören. Die Höhe der Gebühren darf den Rahmen des Angemessenen nicht übersteigen und hat sich nach 1. Zeitaufwand, 2. Wert der Objektes und 3. Art der Aufgabe zu richten"[2] Durch das 3. Steuerberatungsänderungsgesetz vom 24.6.1975 trat an die Stelle des § 28 der wortgleiche § 64.

Die vom Gesetzgeber selbst als „Gebührenordnung" bezeichnete Rechtsvorschrift trat jedoch erst im April 1982 als Steuerberatergebührenverordnung (StBGebV) in Kraft.[3] Seitdem ist dem Steuerberater, Steuerbevollmächtigte und Steuerberatungsgesellschaften bei den ihnen nach § 33 StBerG ausdrücklich zugeschriebenen Tätigkeiten Art und Höhe ihrer Vergütung bindend vorgeschrieben.

„Für den Auftraggeber (Mandanten) hat dies den Vorteil, daß er die auf ihn durch die Beauftragung eines Steuerberaters zukommenden Kosten innerhalb eines gewissen Rahmens von vornherein abschätzen kann. Die Vorhersehbar-

---

[1] Vgl. auch Punkt 4.4.2.1.2
[2] Zit. nach Eckert/Böttcher 1982, S. 118
[3] Gebührenverordnung für Steuerberater, Steuerbevollmächtigte und Steuerberatungsgesellschaften (Steuerberatergebührenverordnung – StBGebV) vom 17.12.1981 (BGBl/I, S. 1442)

keit der Vergütung ist auch eines der Hauptziele jeder staatlich vorgeschriebenen Auskommens für den Berufsträger"[1]

Entsprechend heißt es auch in der amtlichen Begründung zur StBGebV: „Zweck der Gebührenverordnung ist, sowohl im Interesse des Auftraggebers als auch im Interesse der Steuerberater, angemessene Gebühren festzusetzen und durch Schaffung klarer Verhältnisse Auseinandersetzungen vermeiden zu helfen".[2]

Die StBGebV ist in ihrem Aufbau weitgehend an die bereits 1957 verkündete Bundesrechtsanwaltsgebührenordnung (BRAGO) angelehnt. Allgemeine Bestimmungen und Regelungen für Tätigkeitsbereiche, die beiden rechtsberatenden Berufen zugerechnet werden können, sind in beiden Gebührenordnungen gleich. So wurden Bestimmungen, deren Regelungsinhalt gleich war, wörtlich von der BRAGO übernommen. In Bereichen wie den Verfahren vor den Gerichten der Finanzgerichtsbarkeit und der Verwaltungsgerichtsbarkeit, im Steuerstrafverfahren, in berufsgerichtlichen Verfahren, in Bußgeldverfahren und in Gnadensachen sowie bei der Prozeßkostenhilfe (§§ 45 und 46 StBGebV) enthält die StBGebV überhaupt keine eigenen Gebührenvorschriften, sondern verweist auf die entsprechenden Bestimmungen der BRAGO.[3] Für diese Tätigkeiten gelten demzufolge auch die Tabelle zu §§ 11 und 123 BRAGO. Für die übrigen Tätigkeiten gelten eigene Gebühren der StBGebV.

Wie die BRAGO basiert auch die StBGebV weitgehend auf der Wertgebühr, die – so der Bundessteuerberaterverband – die „optimale, eine geistige Leistung meßbare Gebühr und damit die einzige der Tätigkeit eines Rechtsanwalts adäquate Vergütung darstellt".[4]

„Die Besonderheit der von einem Steuerberater erbrachten Leistungen, die wie die des Rechtsanwalts geistige Leistungen und als solche nicht meß-, zähl- oder wägbar sind, hat zur Folge, daß ein angemessenes Entgelt dafür nicht am verbrauchten Material oder an der objektiv nicht feststellbaren aufzuwendenden Zeit ausgerichtet werden kann. Die angemessene Vergütung richtet sich daher in erster Linie an der Bedeutung der bearbeiteten Angelegenheit für den Auftraggeber und an der Schwierigkeit der erbrachten Leistungen und nur sekundär an der aufgewendeten Zeit aus. Der „Wert des Objektes" bringt die Bedeutung der Angelegenheit für den Auftraggeber am besten zum Ausdruck". Die Zeitgebühr sei immer eine Ausnahmegebühr, die auch in der StBGebV bewußt „auf eine geringe Anzahl von Gebührentatbeständen beschränkt" worden ist.[5]

---

1) Deutscher Steuerberaterverband e.V. 1985, S. 113
2) Amtliche Begründung zur StBGebV, Allgemeiner Teil, zit. nach Eckert/ Böttcher 1982, S. 134
3) Vgl. Eckert/Böttcher 1982, S. 129
4) Bundessteuerberaterverband e.V. 1985, S. 114
5) Bundessteuerberaterverband e.V. 1985, S. 114; vgl. auch Amtliche Begründung zur StBGebV, Allgemeiner Teil, Zit. nach Eckert/Böttcher 1982, S. 134f

„Es sind die Fälle, in denen im allgemeinen kein Gegenstandswert bestimmt werden kann oder in denen der Zeitaufwand für die betreffende Tätigkeit nach den Erfahrungen der Praxis so unterschiedlich sind, da ein Gebührenrahmen in vielen Fällen nicht zu einem wirtschaftlich vernünftigen Ergebnis führen würde".[1] Allerdings schließt auch bei den Steuerberatern die Gebührenordnung einen Preiswettbewerb nicht völlig aus. So ist hier wie bei den Rechtsanwälten die vorherrschende Vergütungsart sowohl bei den Wertgebühren als auch bei den Zeitgebühren die Rahmengebühr, die einen Mindest- und Höchstsatz bzw. -betrag festlegt „Die Bestimmung der konkreten Gebühr innerhalb des jeweiligen Rahmens hat nach billigem Ermessen zu erfolgen. Hier sind alle Umstände, insbesondere die Bedeutung der Angelegenheit sowie der Umfang und die Schwierigkeit der einzelnen Steuersache zu berücksichtigen. Die Entscheidung ist also jeweils von Fall zu Fall zu treffen".[2]

Darüber hinaus schließt die Gebührenordnung Abweichungen von den vorgesehenen Gebühren zivil- und preisrechtlich nicht aus; dies gilt sowohl für Gebührenüber-[3] als für Gebührenunterschreitungen. Die berufsrechtlichen Grenzen einer Unter- oder Überschreitung aufzuzeigen und deren Einhaltung zu überwachen, gehört im Rahmen der gesetzlichen Ermächtigungen zu den Aufgaben der beruflichen Selbstverwaltungskörperschaften".[4]

Durch diesen Zusatz wird die prinzipielle Möglichkeit zum Unterschreiten der Mindestgebühren wieder aufgehoben, da Nr. 22 Abs. 2 RichtlStB ausdrücklich feststellt: „Eine Unterschreitung der angemessenen Vergütung ist berufswidrig. Ausnahmsweise darf besonderen Umständen, etwa der Bedürftigkeit eines Auftraggebers, durch Ermäßigung oder Streichung von Gebühren oder Auslagenersatz nach Erledigung des Auftrages Rechnung getragen werden. Es ist jedoch darauf zu achten, daß der Anschein unzulässigen Werbens vermieden wird". Damit ist auch für den steuerberatenden Beruf das Abweichen bei der Honorierung nach unten praktisch unmöglich. Wie die übrigen hier betrachteten Freien Berufe halten auch die Steuerberater ein derartiges Verbot für notwendig, um den ihrer Auffassung nach qualitätsmindernden Preiswettbewerb zu verhindern. Auch hier geht man davon aus, daß die einzelnen Berufsangehörigen lediglich hinsichtlich ihrer Leistungen miteinander in Wettbewerb stehen sollen. Andererseits diene seine berufliche Tätigkeit, auch wenn die Berufsausübung nicht um des Gewissens Willen erfolge, dem Berufsträger auch als Lebensgrundlage, die ihm sein Auskommen sichern solle. Durch die Gebührenregelung sei er der Notwendigkeit enthoben, sich bei Übernahme eines Auftrages in

---

[1] Amtliche Begründung zur StBGebV, Allgemeiner Teil, zit. nach Eckert/ Böttcher 1982, S. 134f
[2] Amtliche Begründung zur StBGebV, Allgemeiner Teil, zit. nach Eckert/ Böttcher 1982, S. 135
[3] ebenda
[4] Wie bei § 4 BRAGO schreibt auch § 4 StBGebV bei der Vereinbarung höherer Gebühren die Schriftform vor.

Verhandlungen über seine Vergütung einlassen zu müssen[1]. Demnach sehen die Steuerberater in der Gebührenregelung auch einen Garanten der Unabhängigkeit der Berufsausübung.

Eine Gefährdung der Einhaltung dieser berufsrechtlichen Regelung durch verstärkte Konkurrenz zeichnet sich nach Auskunft der befragten Steuerberater nicht ab.

4.4.2.2.4 Werberichtlinien

§ 8 StBerG untersagt grundsätzlich „das unaufgeforderte Anbieten der eigenen Dienste oder Dienst Dritter zur geschäftsmäßigen Hilfeleistung in Steuersachen" (Verbot der Werbung). In § 57 StBerG wird dieses Werbeverbot nochmals für die Angehörigen des steuerberatenden Berufs wiederholt und in den §§ 33 ff der Richtl StB konkretisiert. „Als berufswidrige Werbung gilt jedes eigene oder geduldete fremde Verhalten, insbesondere jeder unmittelbare oder mittelbare Hinweis auch in Veröffentlichungen und bei Veranstaltungen jeder Art, das bei verstärkter Würdigung als direkte oder indirekte Anregung oder Aufforderung zur Auftragsanbahnung verstanden werden kann".[2] [3]

In den Gesprächen wurden die Experten auch danach befragt, welche Auswirkungen das strenge Werbeverbot bzw. eine Liberalisierung dieser Bestimmungen auf die Qualität der Berufsausübung haben könnten. Erstaunlicherweise war es ein Vertreter aus dem nichtsteuerberatenden Bereich, der die Auffassung vertrat, Werbung sei eher schädlich; die beste Werbung sei „nahe am Kunden zu arbeiten".

Demgegenüber betrachteten die Vertreter der Steuerberater dieses Problem ausschließlich aus wettbewerbspolitischer Sicht. Angesichts der wachsenden Konkurrenz berufsexterner Gruppen, die in ihrem Werbeverhalten keinen derartigen Restriktionen unterworfen seien (Lohnsteuerhilfevereine, selbständige Buchführer, Kontierer) bedeute die bestehende Regelung einen erheblichen Wettbewerbsnachteil. Während einer der Befragten eine Liberalisierung aus diesem Grunde ausdrücklich befürwortete, hielten die beiden übrigen Steuerberater eine Lockerung in Teilbereichen zumindest für denkbar. Negative Auswirkungen auf die Leistungsqualität wurden nicht befürchtet.

---

1) Deutscher Steuerberaterverband 1985, S. 113
2) § 33 Richtl StB; die übrigen Paragraphen regeln die Gestaltung von Anzeigen (§ 34), Rundschreiben (§ 35), die Aufnahme in Verzeichnisse (§ 36), die Gestaltung des Praxisschilds (§ 37) und der Geschäftspapiere (§ 38) sowie Werbung durch Dritte.
3) Auf der Grundlage des oben zitierten § 8 StBerG unterliegen auch zur Hilfeleistung in Steuersachen befugte Körperschaften des öffentlichen Rechts, Berufsständische Vereinigungen und Lohnsteuerhilfevereine Werbebeschränkungen, die in der Verordnung über Art und Inhalt der zulässigen Hinweise auf die Befugnis zur Hilfeleistung in Steuersachen (WerbeVO StBerG) festgelegt sind.

4.4.2.3 Kooperation

Während bei den Rechtsanwälten die Kooperation unter Kollegen bereits eine lange Tradition hat, gewinnt die gemeinschaftliche Berufsausübung auch in den übrigen Beraterberufen erst in den letzten Jahren zunehmend an Bedeutung: „Die Anforderungen, die in sachlicher und personeller Sicht an die Angehörigen der freien Berufe in der Rechts-, Wirtschafts- und Steuerberatung gestellt werden, sind in der jüngeren Vergangenheit erheblich gestiegen. Eine wesentliche Maßnahme, mit der die Berufsangehörigen dieser Entwicklung Rechnung tragen können, ist der Zusammenschluß zur gemeinschaftlichen Berufsausübung."[1]

Neben der Berufsausübung in Sozietäten und Bürogemeinschaften ist dem Steuerberater lt. Berufsordnung und Standesrecht auch die Gründung von und/oder die Mitarbeit in einer Steuerberatungsgesellschaft erlaubt.[2] Die Kooperation ist dabei unter bestimmten Voraussetzungen auch mit Angehörigen anderer, vor allem Angehörigen der wirtschafts- und rechtsberatenden Berufe, möglich.[3] Darüber hinaus besteht für den Steuerberater die Möglichkeit, ein Angestelltenverhältnis einzugehen. Um eine den Berufspflichten widersprechende Abhängigkeit des Steuerberaters zu verhindern, ist diese Möglichkeit jedoch nur auf einen ausdrücklich genannten Ausnahmefall beschränkt. Erlaubt ist eine Angestelltentätigkeit demnach einerseits nur bei anderen Steuerberatern, Steuerbevollmächtigten und bei Steuerberatungsgesellschaften, also Unternehmungen, die ebenfalls dem Berufsrecht unterstehen, sowie andererseits bei Rechtsanwälten, Wirtschaftsprüfern, vereidigten Buchprüfern, Wirtschaftsprüfungs- oder Buchprüfungsgesellschaften. Weitere Möglichkeiten bestehen, unter bestimmten Bedingungen verschiedene, bei genau bezeichneten, im Steuerwesen tätigen genossenschaftlichen Organisationen, Körperschaften und Anstalten des öffentlichen Rechts, Lohnsteuerhilfevereinen sowie Steuerberaterkammern.[4] Dabei gilt in der Regel auch für den angestellten Steuerberater der Grundsatz der Eigenverantwortlichkeit, die ihm die volle Verantwortung für seine Handlungen zuweist und auf die Einhaltung der Berufsgrundsätze verpflichtet.[5]

Ausdrückliche Regelungen für Sozietäten und Bürogemeinschaften sind lediglich in § 30 Richtl. StB getroffen, der in Abs. 1 die gemeinschaftliche Berufsausübung in dieser Form für Steuerberater und Steuerbevollmächtigte nur mit

---

[1] Borggeve 1982, S. 278;
[2] Vgl. §§ 32 und 58 StBerG
[3] Vgl. Nr. 30 Abs. 1 Richtl StB
[4] Vgl. § 58 StBerG
[5] Vgl. § 60 Abs. 3 StBerG, § 4 Richtl. StB sowie Mittelsteiner/Gehre 1973, S. 49 und 55; Ausnahmen für den Grundsatz der Eigenverantwortlichkeit regelt § 60 Abs. 2 StBerG. Auf die besondere Form der Angestelltentätigkeit im öffentlich-rechtlichen Dienst- oder Amtsverhältnis (§ 59 StBerG) soll hier nicht eingegangen werden.

Angehörigen der verkammerten steuerberatenden, wirtschaftsprüfenden und rechtsberatenden Berufe erlaubt, wodurch jedoch sichergestellt ist, daß alle Partner einer Berufsordnung und berufsrechtlichen Kontrolle unterstellt sind. Laut Satz 2 dürfen Bürogemeinschaften nach außen nicht den Anschein einer Sozietät erwecken. Sie dürfen nicht nach außen kenntlich gemacht werden, insbesondere keine gemeinsamen Geschäftspapiere oder Praxisschilder verwenden.

Anders als die verkammerten freien Heilberufe und die Rechtsanwälte, deren Berufs- und Standesrecht lediglich die Bildung von BGB-Gesellschaften nach § 705 ff BGB zuläßt, erklärt das relativ junge Steuerberatungsgesetz in Anlehnung an die Wirtschaftsprüferordnung auch die Berufsausübung in Form einer Steuerberatungsgesellschaft in dem mögliche Rechtsformen eine AG, KGaA, GmbH und – nach der Neufassung des StBerG von 1975 – auch die OHG und die KG[1] sind, für zulässig, womit der Gesetzgeber die Steuerberatung der sehr liberalen Praxis bei den Wirtschaftsprüfern gleichstellte.

Die Steuerberatungsgesellschaften sind wie auch Steuerberater und Steuerbevollmächtigte uneingeschränkt zur Hilfeleistung in Steuersachen befugt[2] und als Firma – ebenso wie auch die Mitglieder des Vorstandes – Mitglied der Berufskammern.[3] Sie bedürfen jedoch der ausdrücklichen Anerkennung durch die oberste Landesbehörde. Außerdem müssen sie von Steuerberatern verantwortlich geführt werden.[4]

Steuerberatungsgesellschaften können wie auch Sozietäten und Bürogemeinschaften berufsübergreifend sein. Zwar setzt die Anerkennung als Steuerberatungsgesellschaft u.a. voraus, daß die Mitglieder des Vorstands, Geschäftsführer und persönlich haftenden Gesellschafter Steuerberater sind, bei bereits bestehenden Steuerberatungsgesellschaften können aber auch Rechtsanwälte, Wirtschaftsprüfer, vereidigte Buchprüfer und Steuerbevollmächtigte sowie besonders befähigte Angehörige anderer Fachrichtungen z.B. Betriebswirte, Mitglieder des Vorstands, Geschäftsführer oder persönlich haftender Gesellschafter werden. Allerdings dürfen sie die Anzahl der Steuerberater nicht überschreiten.[5]

Um sicherzustellen, daß Steuerberatungsgesellschaften bzw. ihre Mitglieder und Leiter sich den beruflichen Normen entsprechend verhalten, unterliegen sie – auch als Nichtsteuerberater – ebenso den im Berufs- und Standesrecht festgeschriebenen Berufspflichten wie die Einzelmitglieder, insbes. gelten für sie die allgemeinen Berufspflichten, die Verschwiegenheitspflicht der Gehilfen und die

---

1) Vgl. § 49 StBerG
2) Vgl. § 51 Satz 1 RichtlStB sowie § 3 Nr. 1 StBerG
3) Vgl. § 74 StBerG
4) Vgl. § 32 Abs. 3
5) Vgl. § 50 StBerG sowie Nr. 30 Abs. 1 Richtl StB; vgl. auch Mittelsteiner/Gehre 1973, S. 42

Vorschriften zur Berufshaftpflichtversicherung.[1] Darüber hinaus bestehen für die Gründer oder Leiter einer Steuerberatungsgesellschaft besondere Berufspflichten[2], so etwa, die Beschränkung der Alleinvertretungsbefugnis nur auf Steuerberater, das Verbot, Vorstandsbeschlüsse gegen die Stimmen der vertretungsberechtigten Steuerberater zu fassen oder das Gebot für die leitenden Steuerberater der Wahrung ihrer Unabhängigkeit gegenüber Personen und Gesellschaftern, die nicht zu unbeschränkter Hilfeleistung in Steuersachen befugt sind und die Steuerberatungsgesellschaft kapitalmäßig oder in anderer Weise beeinflussen könnten.

Obwohl bei den rechts- und steuerberatenden sowie wirtschaftsprüfenden Berufen die Sozietät immer noch die wichtigste Rechtsform der partnerschaftlichen Verbindung darstellt, haben Bürogemeinschaften bei den Steuerberatern – mehr allerdings noch bei den Wirtschaftsprüfern – wohl auch aufgrund des zunehmenden Trends zur Internationalisierung im Laufe der Zeit eine dominierende Stellung im wirtschaftlichen Beratungswesen gewonnen.[3] So ist von 1971 bis 1985 die Anzahl der Steuerberatungsgesellschaften von 349 auf 2 600, also auf mehr als das Siebenfache gestiegen.[4] Insbesondere die Kapitalgesellschaft hat als Rechtsform der gemeinschaftlichen Berufsausübung eine augenfällige Bedeutung erlangt.[5]

Die gemeinschaftliche Berufsausübung wurde von den befragten Experten – Steuerberatern wie Nicht-Steuerberatern – prinzipiell als qualitätsfördernd bezeichnet. Sie sei sinnvoll, da

- die Partner(in) betriebswirtschaftlichen wie fachlichen Fragen miteinander beraten könnten,
- eine interne Spezialisierung möglich würde,
- der Mandant aber dennoch einen Ansprechpartner habe.

Darüber hinaus – so einer der Steuerberater – erleichtere die berufliche Kooperation die Teilnahme an Fortbildungsveranstaltungen oder die Urlaubsnahme.

Weniger einheitlich war die Beurteilung der möglichen Rechtsformen beruflicher Kooperation. So befürwortete einer der befragten Experten vor allem die Sozietät als geeignete Form der Kooperation, mußte jedoch zugeben, daß es in der beruflichen Praxis hier Probleme gibt. Die Sozietät sei „wie eine Ehe" – einen guten Sozius zu finden, sei ebenso schwer wie das Finden eines guten Ehepartners. Auch die übrigen Steuerberater wiesen darauf hin, daß Sozietäten vielfach keinen dauerhaften Bestand haben. Sie hielten deshalb für eine Koope-

[1] Vgl. § 72 StBerG; Vgl. dazu auch Endriss 1977, S. 37
[2] Vgl. § 52 und 54 RichlStB
[3] Vgl. Borggreve 1982, S. 280
[4] Vgl. Statistik der Bundessteuerberaterkammer
[5] Vgl. Borggeve 1982, S. 280

ration die Rechtsform der Steuerberatungsgesellschaft für eher geeignet. Daß diese Form jedoch nicht bei allen Steuerberatern unumstritten ist, zeigt die vom Deutschen Steuerberaterverband vertretene Auffassung: „Die Möglichkeit der Berufsausübung in Form einer Steuerberatungsgesellschaft ist in gewisser Weise ein Widerspruch zum höchstpersönlichen Charakter des steuerberatenden Berufes. Sie birgt angesichts der Tatsache, daß nicht Steuerberater die Anteilseigner einer solchen Gesellschaft sein müssen, zudem die Gefahr, daß die Unabhängigkeit der Berufsträger u.U. gefährdet wird".[1]

4.4.2.4 Rationalisierung

Wohl in keinem der in dieser Studie behandelten Freien Berufe ist die Anwendung der EDV in einem solchen Maße fortgeschritten wie bei den steuerberatenden Berufen, die die Elektronik nicht nur als Hilfsmittel für die Bewältigung betriebswirtschaftlicher Aufgaben, sondern auch zur Bewältigung der fachlichen Probleme einsetzen. Und – so die befragten Steuerberater – wohl kein Freier Beruf eignet sich hinsichtlich seiner Tätigkeitsstruktur derart gut für eine Rationalisierung mittels EDV – wie der ihre.

So ist ein großer Teil der Aufgaben aufgrund ihres hohen Grades an standardisierten Vorgängen, wie sie z.B. bei Buchführungsarbeiten, Jahresabschlüssen, Steuererklärungen usw. auftreten, verhältnismäßig leicht einer EDV-unterstützten Erfassung, Bearbeitung, Verarbeitung und Kontrolle zugänglich. Der erforderliche Rechenaufwand steigt ständig an, ohne daß der Anspruch auf exakte Berechnungen seine Gültigkeit verliert.

Zudem erfordert die steuerberatende Tätigkeit nicht allein die Berechnung vorgegebener Werte, sondern die Abwägung verschiedener Alternativen danach, welche für den Mandanten die günstigste ist. Die Zahl der dabei zu berücksichtigenden steuerlich relevanten Sachverhalte ist äußerst umfangreich. Der Steuerberater muß einen umfassenden und stets aktuellen Zugriff nicht nur auf steuerrechtliche, sondern auch auf darüber hinaus gehende Vorschriften, Urteile etc. besitzen.

Drittens stellt auch das neue Aufgabenfeld der Steuerberatung, die wirtschaftliche Beratung der Unternehmen, wachsende Ansprüche an den Informationsstand der Berufsausübenden. Die Notwendigkeit der genauen Abschätzung von Auswirkungen finanzieller Entscheidungen erfordert nicht nur die Berücksichtigung der vielfältigen aktuellen Informationen, sondern auch die exakte Berechnung der einzelnen Alternativen. Darüber hinaus spielen Schriftenerstellung und -verwaltung in den Kanzleien eine so große Rolle, daß auch noch eine erhebliche Rationalisierungsreserve vermutet wird.[2]

---

[1] Deutscher Steuerberaterverband 1985, S. 30
[2] Vgl. Wirtschaftswoche-Spezial-Supplement 1/84 v. 19.10.84, S. 49

Bereits 1966 wurde die DATEV als Dienstleistungsgenossenschaft für den steuerberatenden Beruf gegründet, durch die sowohl die Entwicklung von Hardware wie auch von berufsspezifischer Software wesentlich vorangetrieben wurde. Nach Auskunft des von uns befragten Vertreters der DATEV, hatte die Organisation 1985 ca. 25 700 Mitglieder, von denen eine geringerer Teil zu anderen in der Steuerberatung tätigen Berufsgruppen (Rechtsanwälte, Wirtschaftsprüfer etc.) gehörte, die Mehrheit jedoch Steuerberater bzw. Steuerbevollmächtigter war. So ergaben Untersuchungen, daß ca. 70 % aller selbständigen Steuerberater mit dem genossenschaftlichen Rechenzentrum zusammenarbeiten. Weitere 15 % lassen bei sonstigen Dienstleistern wie Taylorix oder Rhein-Main-Rechenzentrum rechnen; rund 5 % setzen eigene EDV-Anlagen noch aus der mittleren Datentechnik ein, und lediglich 10 % verzichten auf die Nutzung von EDV für ihre berufliche Arbeit.[1]

Über die Möglichkeiten des Einsatzes der elektronischen Datenverarbeitung bei der steuerberatenden Tätigkeit und die daraus resultierenden Auswirt Über die Möglichkeiten des Einsatzes der elektronischen Datenverarbeitung bei der steuerberatenden Tätigkeit und die daraus resultierenden Auswirkungen auf die Leistungsqualität wurde ein ausführliches Gespräch mit einem Vertreter der DATEV geführt, der auch einen Überblick über die Einsatzbereiche der von der DATEV angebotenen Dienstleistungen und Programme gab (vgl. dazu Übersicht 13).

Der erste und Haupteinsatzbereich der EDV sei, so der Experte, die Buchführung, die Jahresabschlüsse etc. also jene Bereiche, die z.T. sehr aufwendige Berechnungen erfordern. Hier würde durch den Computer nicht nur die Datenerhebung erleichtert und eher kontrollierbarer (z.B. durch Plausibilitätsberechnungen), sondern auch die Kapazität der Berechnungen ausgedehnt. Diese wesentliche Vereinfachung, die sich gerade im Bereich der Buchführung durch die Automatisierung ergab, war nach Aussagen des Experten der eigentliche Anstoß für die rasche Verbreitung der Elektronik im steuerberatenden Beruf. Durch sie seien auch kleine Betriebe, die sich das Personal für aufwendige Bilanzen nicht leisten konnten, in den Stand gekommen, in diesem Bereich tätig zu werden.

Immer größere Bedeutung erlange der Einsatz der EDV jedoch im Bereich der Steuerberatung, wo eine Wechselbezeichnung zwischen Ursache und Wirkung zu beobachten ist: Einerseits verlange der Mandant vom Steuerberater zunehmend Informationen auch über die steuerlichen Auswirkungen von verschiedenen Investitionsmöglichkeiten, Gesellschaftsformen etc.. Andererseits ermögliche aber die EDV-unterstützte Analyse dem Steuerberater auch eine wesentlich komplexere und differenziertere Auswertung der ihm durch den zunehmenden Einsatz der EDV auch beim Mandanten und die daraus resultierende Auswei-

---

[1] Vgl. Wirtschaftswoche-Spezial-Supplement 1/84 v. 19.10.84, S. 49

tung der Mengen der erhobenen Daten – im wesentlich größeren Ausmaß zur Verfügung stehenden Informationen über die betriebswirtschaftlichen Abläufe. Durch den gleichzeitig erhöhten Zugriff auf die relevanten rechtlichen Informationen sei der Steuerberater in ungleich höherem Maße als ohne Datenverarbeitung in der Lage, den Mandanten auch hinsichtlich der Eignung verschiedener Alternativen zu beraten.

Ein anderer Aspekt sei die Möglichkeit, durch Analyse der Bilanzen dem Mandanten Informationen über bestimmte (negative) Entwicklungstendenzen in seinem Betrieb geben zu können (z.B. durch MIDIAS) und ihm damit frühzeitig die Möglichkeit zu einer Gegensteuerung zu geben.

Übersicht 13: Dienstleistungsangebote der DATEV

Buchführung-Jahresabschluß-Abrechnung	1	2	3
Finanzbuchführung (FIBU)			X
Betriebswirtschaftliche Auswertung (BWA)			X
Offene-Posten-Buchführung (OPOS)			X
Kosten- und Ergebnisrechung (KOST)			X
Anlagenbuchführung (ANLAG)			X
Umsatzsteuerverprobung (UStVP)			X
Jahresabschluß (JAHR)			X
Jahresabschluß im Dialog (BILOG)	X		
Bilanzbericht (BIBER)			X
Bilanzentwicklung im Verbund (Bilanz-VB)		X	
Lohn- und Gehaltsabrechnung (LOHN)			X
Lohn-Vorwegberechnung		X	
Lohn- und Gehaltsabrechnung im Baugewerbe (BAULOHN)			X
Stammdatenverwaltung im Verbund (STADA-VB)		X	
Rechnungswesen für Land- und Forstwirtschaft (LAWI)			X
Abrechnungssystem zur Hausverwaltung (HAUS)			X
Kanzleiorganisation			
Adressen und Statistiken (ASP)			X
Festsetzungfristen (FRIST)			X
Rechnungs- und Artikelübersicht (RUE)			X
Programm zur Leistungsanalyse, Auftragsbearbeitung und Honorarabrechnung (LEA 85)		X	
Programm zur Leistungsanalyse, Auftragsbearbeitung und Honorarabrechnung im Verbund (LEA 85 VB)			X
Text-Organisationssystem (DATOS)			X
Korrespondenzhandbuch (DAKOR)			

Übersicht 13 (Fortsetzung)

Wirtschaftsberatung			
Betriebsvergleich (VG)			X
Finanzierungvergleich für Investition (FINA)	X		
Finanz-, Ergebnis- und Steuerplanung (PLAN)			X
Steuerbelastungsvergleich und Steuerplanungsrechnungen (SBV)			X
System zur Bestandführung und Inventurkontrolle (SBI)			X
Betriebswirtschaftliche Führungs- und Informations-system (BIS)			X
Management-Informations- und Diagnosesystem (MIDIAS)		X	
Zinsberechnung für Kontokorrentkonten (ZINS)	X		
Finanzmathematik (FIMATH)		X	
Planung privater Investitionen		X	
Gründungsberatung		X	
Planungsrechnung für Berlin-Darlehen		X	
Steuerberechnung – Steuerrecht			
Umsatzsteuererklärung (UStE)			X
Einkommensteuererklärung und Lohnsteuer-Jahresausgleich (ESt/LSt)		X	
Einkommensteuer- und Lohnsteuerverarbeitung im Verbund (ESt/LSt-VB)			X
Körperschaftssteuer- und Gewerbesteuererklärung für Kapitalgesellschaften (KSt)			X
Gewerbesteuererklärung für Einzelunternehmen und Personengesellschaften (GewSt)			X
Vermögensteuer (VSt)			X
Steuerrechtsdatenbank (LEXinform)			X
Betriebswirtschaftliche Branchenlösungen			
Handwerk			X
Dienstleistungen			X
Freie Berufe			X

---

[1] Im Dialog zu nutzende Programme
[2] in der Kanzlei auf dem DATEV-Verbund systemzunutzende Programme
[3] Rechenzentrumsprogramme

Große Bedeutung für die Verbesserung der Leistungsqualität hat auch die von der DATEV angebotene Steuerrechtsdatenbank LEXinform, deren Information im Dialog über Btx oder in Form einer Microfilmdatei abgerufen werden können. 1984 nutzten ca. 4 000 Mitglieder dieses Medium zu umfassenden und aktuellen Informationen und Transparenz bei der Beurteilung und Bearbeitung von steuerrechtlichen Zweifelsfragen. Gespeichert waren 1984 rd. 65 000 Dokumente, davon ca. 30 000 Entscheidungen der Bundesgerichte und Finanzgerichte, ca. 18 000 Verwaltungsanweisungen der Finanzminister des Bundes und der Länder sowie der Oberfinanzdirektionen und ca. 17 000 Zeitschriftenbeiträge aus rd. 30 Steuerfachzeitschriften. In 14-tägigem Rythmus werden ca. 200-300 Dokumente neu eingespeichert, um die Aktualität der Datenbank zu gewährleisten.[1]

Wie Übersicht 12 zeigt, besteht das Dienstleistungsangebot der DATEV heute aus drei Arten von Angeboten:

- in seiner Mehrheit als Rechenzentrumsleistung in der herkömmlichen Form der Stapelverarbeitung mit und ohne Datenfernarbeit (typische Beispiele sind die Finanzbuchführung (FIBU) und die Lohn- und Gehaltsabrechnung (LOHN),

- als Dialoganwendungen (typisches Beispiel ist die Steuerrechtsdatenbank LEXinform) und

- als Verbundprogramme (typische Beispiele sind die Bilanzentwicklung und die Einkommenssteuer- und Lohnsteuerberechnung), bei denen ein Teil der Verarbeitung unmittelbar vor Ort stattfindet.[2]

Als eine wesentliche Verbesserung des Services für den Mandanten, aber auch als Arbeitserleichterung für den Steuerberater, die sicherlich durch den zunehmenden Einsatz von EDV auch im Wirtschaftsunternehmen begünstigt wird, wertete der Experte eine neue Entwicklung, die sicherlich durch den zunehmenden Einsatz von EDV auch im Wirtschaftsunternehmen begünstigt wird, ist dabei die Einbeziehung des Mandanten in den bisher nur zwischen Steuerberater und Rechenzentrum bestehenden Verbund etwa durch kompatible Datenträger oder durch eine direkte Verbindung zwischen Mandanten und Rechenzentrum.[3]

Übersicht 12 macht auch deutlich, daß insgesamt der Einsatz von EDV im steuerberatenden Beruf eindeutig auf die zentrale Verarbeitung im Rechenzentrum ausgerichtet ist. Auch wenn durch das Verbundsystem Aufgaben teilweise in die Kanzlei ausgelagert werden, dominiert immer noch die Anbindung an das

---

[1] Vgl. Rudolph 1984, S. 269
[2] Vgl. hierzu auch Rudolph 1984
[3] Vgl. ebenda, S. 270

Rechenzentrum. Dies wird von Befürwortern des autonomen Bürocomputers kritisiert:

„Man ist Datev-orientiert beim Thema EDV in der Steuerberaterkanzlei, und nur 10 bis 20 Prozent hören überhaupt zu, wenn man Argumente für die eigenen Systeme vorbringt."

Wesentliches Argument für mehr Autonomie sei der Faktor Zeit. Selbst wenn der Zeitraum von der Datenerfassung bis zur externen Auswertung nur noch wenige Tage dauere, sei der Computer vor Ort schneller und direkter. Vor allem lasse er individuelle Auswertungswünsche zu, die die meist standardisierten Großanwendungen nicht böten.

Erfahrungen aus der Vergangenheit zeigten zudem, daß das Rechenzentrum zur Bequemlichkeit verführe. Steuerpraxen neigten dazu, die EDV des Service-Zentrums fast ausschließlich als Rechenhilfe und Listenproduzent zu betrachten, mit der Folge, daß angesichts der Papierflut schon mal der Überblick zu schwinden drohe. Neue Anforderungen würden so gut wie nie formuliert.

Außerdem führte die Verarbeitung außer Haus häufig zu verspäteten Korrekturen. Die Angewohnheit mancher Mandanten, Unterlagen meist unvollständig und dann mit Verzögerung anzuliefern, erfordere aber äußerste Flexibilität. Und so werde so manche Änderung schlicht auf den nächsten Monat verschoben, mit dem fatalen Ergebnis, daß sich betriebswirtschaftliche Vergleiche in vielen Fällen auf die Dauer äußerst schwierig gestalten.[1]

Demgegenüber hebt Bues die größere Leistungskapazität eines Rechenzentrums hervor. „Zusammenfassend läßt sich folgendes sagen: Die Mikroelektronik hat die Bürocomputer derart attraktiv gemacht, daß ein wirtschaftlicher Einsatz nahezu in jedem Unternehmen möglich ist. – Die Hardware bildet jedoch nur eine von mindestens vier Leistungskomponenten. Bei der Auswahlentscheidung muß neben der Hardware den übrigen Komponenten, vor allem der Anwendungssoftware und dem Service, hohe Aufmerksamkeit gewidmet werden. – Dem Steuerberater kann die Abkoppelung von einem Großrechenzentrum nicht empfohlen werden, weil er dadurch eher wirtschaftlich gerade die Leistungen der dritten und vierten Schicht (Anwendungssoftware und Service im weitesten Sinne) verlieren würde. Die Verbundlösung hingegen ist eine chancenreiche Lösung, der eine stark wachsende Bedeutung schon für die nächste Zukunft vorherzusagen ist. Längerfristig werden dabei immer mehr Aufgaben vom Großrechenzentrum auf den lokalen Bürocomputer übertragen werden. Am Ende einer solchen Entwicklung würde das Großrechenzentrum in erster Linie zu einer Art Methoden- und Softwarebank werden. – Die Bürocomputer, inbesondere in ihrer Ausprägung als Mikrocomputer, werden in den Kreisen der Klientel des Steuerberaters gleichfalls schon in sehr naher

---

[1] Vgl. Wirtschaftswoche-Special-Supplement, S. 50

Zukunft eine starke Verbreitung erfahren. Der Steuerberater kann in diesem Zusammenhang wichtige zusätzliche Beratungsaufgaben übernehmen. Er muß allerdings die dafür erforderlichen Fachkenntnisse besitzen, deren Aneignung hinsichtlich des Zeitaufwandes nicht unterschätzt werden sollte. Für den erforderlichen Know-how-Transfer könnte eine kooperative Lösung (zentrale Aufbereitung von Lernmaterial, Erarbeitung von Entscheidungshilfen etc.) viele Vorteile bringen."[1]

Der von uns befragte Experte wies zudem darauf hin, daß bestimmte Programme wegen des großen Datenvolumens nur zentral im Rechenzentrum laufen könnten. Des weiteren bilde die DATEV auch eine Instanz zur Qualitätssicherung, da die Programme und Rechenabläufe bereits während ihrer Erstellung laufend auf Abwechslung als Indikatoren für eventuelle Fehler überprüft werden, um Fehler möglichst bereits während der Produktionsphase eingrenzen und korrigieren zu können. Diese Qualitätskontrolle, die z.B. durch Simulationsprogramme oder Relationsmodelle erfolge und für die die DATEV eigens eine Stelle „Qualitätssicherung in der Produktion" eingerichtet habe, sei wichtig, da das Produzieren von Fehlern z.T. erhebliche Kosten verursache und andererseits die Glaubwürdigkeit der DATEV wie des steuerberatenden Berufsstandes auf dem Spiel stehe.

Um Fehler bei der Datenfernübertragung zwischen Rechenzentrum und Kanzlei zu vermeiden, erfolgen nach Auskunft des Vertreters der DATEV auch hier mehrfache Kontrollen. Deshalb bestehe eine hohe Sicherheit, daß Daten richtig zwischen Rechenzentrum und Steuerberater übermittelt werden. Unser Gesprächspartner betonte jedoch, daß diese Qualitätskontrollen durch die DATEV sich lediglich auf die Rechenabläufe, das Funktionieren der Programme, auf Algorithmen, die von der Eingabe zur Ausgabe führen bzw. auf die technischen Faktoren der Erfassung und der Abläufe erstrecken können. Eine Überprüfung der Richtigkeit der Dateneingabe am Bildschirm sei von der DATEV aus nicht möglich, sondern läge bei der einzelnen Kanzlei.

Auch hier biete der Computer eine vermehrte Sicherheit gegen Fehler, da laufende Kontrollen der Richtigkeit der Eingaben einerseits bereits bei der Datenerfassung (anhand von Kontrollwerten), andererseits bei der Auswertung (anhang von Kennziffern oder vorgegebenen Werten) durchgeführt werden könnten.

Insgesamt faßte der Vertreter der DATEV die Auswirkungen der EDV auf die Leistungsqualität des steuerberatenden Berufs wie folgt zusammen:

– Der Aufwand bei den Berechnungen konnte wesentlich verringert werden.

---

1) Vgl. Bues 1983

- Dem steht ein höheres Leistungsvolumen gegenüber, da die Durchführung bestimmter Analysen bei herkömmlichen Techniken nicht mit vertretbarem Aufwand möglich wäre.
- Die große Daten- und Analysekapazität ermöglicht ein umfangreicheres, differenzierteres, vor allem aber auch besser gesichertes Beratungsangebot.
- Übertragungs-, Abschreib- oder Rechenfehler werden vermieden.

Auch die übrigen der befragten Experten sahen in der EDV einen wesentlichen Beitrag zur Qualitätssicherung und Kostensenkung im steuerberatenden Beruf.

Befürchtungen, daß durch die zunehmende Ausstattung der Mandanten mit EDV dem steuerberatenden Beruf zentrale Aufgaben wie Buchführung, Bilanzerstellung etc. verloren gehen könnten, sah der Vertreter der DATEV nicht, er erwartete vielmehr eine Verschiebung und Differenzierung des Leistungsangebots. Einerseits werde der Steuerberater von Routine- und Standardtätigkeiten entlastet, andererseits gewinne die Auswertung und Anwendung der zur Verfügung stehenden Daten für Beratungszwecke zunehmend an Bedeutung.

4.4.3 Prozeß- und Ergebnisqualität

Wie bei allen verkammerten Freien Berufen unterstehen auch die Steuerberater in ihrer Berufsausübung einer Aufsicht, die Verstöße gegen die Berufspflichten kontrolliert und sanktioniert. Darüber hinaus gelten auch für die Steuerberater die allgemeinen strafrechtlichen und zivilrechtlichen Rahmenbedingungen, so daß bei Zuwiderhandlungen die Berufsangehörigen auch hier den entsprechenden Sanktionsinstanzen unterliegen. Es soll im folgenden erörtert werden, welche Bedeutung diese Form der Kontrolle und Sanktionierung für die Qualitätssicherung des steuerberatenden Berufes hat und welche weiteren Maßnahmen denkbar oder bereits realisiert sind, um eine mindere Leistungsqualität zu verhindern.

4.4.3.1 Standesaufsicht und Berufsgerichtsbarkeit

Für die berufsinterne Beaufsichtigung und Sanktionierung wurden vom Gesetzgeber zwei Instanzen geschaffen: die Kammern und die Berufsgerichtsbarkeit.

Berufskammern wurden für jeden Oberfinanzbezirk geschaffen. Für alle Berufsmitglieder, die in diesem Bezirk ihre berufliche Niederlassung haben, ist die Mitgliedschaft Pflicht.[1]

Die Berufskammer hat neben der Wahrung der beruflichen Belange ihrer Mitglieder die Aufgabe, die Erfüllung der beruflichen Pflichten zu überwachen. Dazu gehört nach § 76 Abs. 2 StBerG insbesondere auch,

---

[1] Vgl. § 73 StBerG

- die Mitglieder der Kammer in Fragen der Berufspflichten (§ 57) zu beraten und zu belehren:
- auf Antrag bei Streitigkeiten unter den Mitgliedern der Kammer zu vermitteln;
- auf Antrag bei Streitigkeiten zwischen Mitgliedern der Kammer und ihren Auftraggebern zu vermitteln:
- die Erfüllung der den Mitgliedern obliegenden Pflichten (§ 57) zu überwachen und das Recht der Rüge (§ 81) zu handhaben.[1]

Bei geringen Vergehen gegen die Berufspflichten kann der Vorstand der Berufskammer das Verhalten eines Mitglieds rügen[2], bei schwerwiegenderen Vergehen gegen die Berufspflichten wird ein berufsgerichtliches Verfahren eingeleitet.

Nach § 89 StBerG ist ein berufsgerichtliches Verfahren gegen ein Mitglied des steuerberatenden Berufs einzuleiten, wenn dieses seine Pflichten schuldhaft verletzt hat. Das StBerG sieht für berufsgerichtliche Verfahren drei Instanzen vor:

1. Rechtszug: die für den Sitz der Berufskammer zuständige Kammer des Landgerichts (Kammer für Steuerberater- und Steuerbevollmächtigtensachen)[3];

2. Rechtszug: der zuständige Senat des Oberlandesgerichts (Senat für Steuerberater- und Steuerbevollmächtigtensachen beim Oberlandesgericht)[4];

3. Rechtszug: der zuständige Senat des Bundesgerichtshofs (Senat für Steuerberater- und Steuerbevollmächtigtensachen beim Bundesgerichtshof)[5].

Die Berufsgerichte sind also staatliche Gerichte. Maßnahmen zur Ahndung des Vergehens sind

1. Warnung,
2. Verweis,
3. Geldbuße bis zu zwanzigtausend Deutsche Mark,
4. Ausschließung aus dem Beruf.[6]

Allerdings gilt auch bei den Steuerberatern, daß derartige Kontroll- und Sanktionsinstanzen zwar schwere Vergehen gegen den berufsrechtlichen

---

[1] § 76 Abs. 2 nennt noch weitere Aufgaben der Berufskammer, die jedoch nicht unmittelbar die Überwachung eines berufs- und standesrechtlichen angemessenen Verhaltens betreffen.
[2] Vgl. § 81 StBerG
[3] Vgl. § 95 StBerG
[4] Vgl. § 96 StBerG
[5] Vgl. § 97 StBerG
[6] Vgl. § 90 StBerG

und standesrechtlichen Kodex des Berufs ahnden, daß von ihnen jedoch eine Kontrolle der täglichen Leistungsqualität in dieser Hinsicht nicht erfolgen kann. Qualitätssicherung erfolgt von ihnen lediglich dadurch, daß die Einhaltung der für eine angemessene berufliche Leistung als wesentliche Voraussetzungen bestimmten Verhaltensregeln durch die große Mehrheit der Berufsangehörigen gewährleistet wird. Vor allem die fachliche Qualität der Leistung – so einer der befragten Steuerberater – wird von diesen Instanzen nicht überprüft.

4.4.3.2 Externe Kontrolle

Während zivil- und strafrechtliche Sanktionen von den befragten Steuerberatern nicht im Zusammenhang mit der externen Qualitätskontrolle angesprochen wurden, wurde von allen betont, daß die Kontrolle durch den Mandanten in ihrem Beruf eine wesentliche Rolle spiele. Der Steuerberater habe im Regelfall Dauermandanten, mit denen er ständig in Kontakt stehe und die seine Leistungen immer wieder überprüften. Große Bedeutung habe hier auch der zwischen den Mandanten stattfindende Informations- und Meinungsaustausch.

Die anspruchsvolle Erwartungshaltung der Mandanten, der es immer wieder gerecht zu werden gelte, habe für das Bemühen des einzelnen Steuerberaters um Qualitätgrößeres Gewicht als z.B. die Festschreibung einer Fortbildungspflicht.

4.4.3.3 Qualitätsanalysen und darauf aufbauende Konzepte zur Qualitätssicherung

Bevor auf den diesbezüglichen Stand der Qualitätssicherung bei den Steuerberatern eingegangen wird, soll zunächst das von den Wirtschaftsprüfern, deren Beruf zumindest z.T. Überschneidungen mit dem des Steuerberaters aufweist, entwickelte Qualitätssicherungskonzept auszugsweise dargestellt werden.

Einerseits die zunehmenden internationalen Verflechtungen der zu prüfenden Firmen, andererseits die strenge Qualitätskontrolle bei den amerikanischen Wirtschaftsprüfern und die dortigen Bestrebungen, das – auch in den USA – nicht unumstrittene System auf ausländische Prüfer auszudehnen, soweit diese Mandanten haben, die direkt oder indirekt der amerikanischen Aufsicht unterstehen, haben dazu geführt, daß bei den Wirtschaftsprüfern auch auf internationaler Ebene sich ein Bestreben nach einer verstärkten Qualitätskontrolle eingesetzt hat.

Mittlerweile wurden bereits unter dem Stichwort „Quality Control" internationale Leitsätze für die Gewährleistung und Verbesserung der Prüfqualität entwickelt. Beispielhaft sei eine dieser Empfehlungen zitiert:

„ 1.1. Unter Quality Control werden in dieser Empfehlung alle Maßnahmen von Prüfungspraxen verstanden, die dazu dienen, eine hohe Qualität der

Abschlußprüfungen und der Berichterstattung hierüber zu gewährleisten und – soweit dies erforderlich – zu verbessern.

1.2. Die Notwendigkeit solcher Maßnahmen ergibt sich aus der Pflicht der Abschlußprüfer, die ihnen übertragenen Aufgaben mit der ihrer beruflichen Verantwortung entsprechenden Sorgfalt und Gewissenhaftigkeit auszuführen.

1.3. Das Ziel der Quality Control-Maßnahmen ist es insbesondere, die sachgerechte Bildung und Weitergabe eines Urteils über die Rechnungslegung eines Unternehmens zu gewährleisten, um dadurch das Vertrauen der Urteilsempfänger in die Richtigkeit des Urteils zu stärken.

1.4. Darüber hinaus kann durch die Anwendung von Quality Control-Maßnahmen gegenüber Dritten der Nachweis erbracht werden, daß alles getan wurde, einen hohen Prüfungsstandard zu gewährleisten.

1.5. Im folgenden wird zwischen generellen Quality Control-Maßnahmen, d.h. Maßnahmen, die die Prüfungspraxen insgesamt betreffen, und Quality Control-Maßnahmen bei einzelnen Prüfungsaufträgen unterschieden."[1]

Die für die Prüfpraxen insgesamt zu ergreifenden Maßnahmen betreffen die gesamte Organisation des Büros, da „die Qualität der Abschlußprüfung durch die organisatorischen Gestaltungen und Maßnahmen direkt oder indirekt beeinflußt wird". Die Maßnahmen betreffen z.B.

– die Förderung der beruflichen Weiterbildung von Mitarbeitern,
– die Benennung von Personen, die bei auftretenden Problemen zwecks qualifizierter fachlicher Beratung zu konsultieren sind,
– die Benennung von Personen, die für eine unabhänige Überprüfung der Prüfungstätigkeiten und Prüfungsergebnisse zur Verfügung stehen,
– das Verfolgen und Auswerten von berufsständischen Verlautbarungen, Gesetzgebung, Rechtsprechung und Schrifttum zu Fragen der Rechnungslegung und Prüfung, um sicherzustellen, daß alle Fachkräfte der Prüfungspraxis hierüber vollständig und rechtzeitig informiert sind,
– die Schaffung der organisatorischen Voraussetzuungen für eine Gesamtplanung der Prüfungsaufträge einschließlich Personalzuordnung und -beaufsichtigung,
– das Aufstellen von Richtlinien, die bei der Durchführung einzelner Prüfungsaufträge zu beachten sind,
– die nachträgliche Durchsicht der Prüfungsunterlagen ausgewählter Prüfungsaufträge um festzustellen, welche Qualität diese Prüfungen hatten, und um hieraus Empfehlungen und Ratschläge zur Verbesserung der Qualität künftiger Prüfungen abzuleiten.

[1] Auditing Statements Board der UEC 1979

346

Der wesentliche Unterschied zu der sonstigen Praxis der Kanzleiführung, bei der sicherlich zu einigen dieser Punkte – in der Regel – informelle Regelungen bestanden, ist, daß im Rahmen der Quality Control hierzu nicht nur exakt definierte Richtlinien erlassen werden sollen, sondern daß deren Einhaltung von für die Quality Control verantwortlichen Personen zu überwachen ist. „Die Ergebnisse dieser Überwachungstätigkeit sollen in einem periodischen Bericht festgehalten werden und einer ständigen Verbesserung der Richtlinien dienen."[1]

Zur Gewährung der Qualität des einzelnen Prüfungsauftrages sollen Maßnahmen ergriffen werden, die sich auf die Prüfungsplanung, die Prüfungsdurchführung einschließlich Urteilsbildung und Berichterstattung sowie auf die im Prüfungsteam selbst durchgeführten Kontrollen erstrecken.[2] Vorgesehen sind dabei auch allgemeine Qualitätskontrollen.[3]

Auf der Grundlage der internationalen Empfehlungen hat auch die bundesdeutsche Wirtschaftsprüferkammer zusammen mit dem Institut für Wirtschaftsprüfer Leitlinien für eine Quality Control zur Gewährleistung der Prüfungsqualität verabschiedet. Neben Richtlinien zur Auftragsannahme, zur Sicherung der Unabhängigkeit und Unbefangenheit des Prüfers, Qualifikation und Information der Mitarbeiter sowie zur Planung des Prüfers enthält das Konzept auch Regelungen zur Prüfungskontrolle durch eine Beaufsichtigung durch den für Prüfung zuständigen Wirtschaftsprüfer,
– eine Überprüfung der wesentlichen Prüfungshandlungen und -ergebnisse durch einen anderen mit der Durchführung des Prüfungsauftrages nicht befaßten Kollegen oder anderen qualifizierten Mitarbeiter,
– eine Nachprüfung (Nachschau):

„Um die Einhaltung der für die Wirtschaftsprüfungspraxis geltenden Qualitätsnormen zu gewährleisten, ist das gesamte fachliche Kontrollsystem einer Wirtschaftsprüfungspraxis in angemessener Weise einer internen Nachschau zu unterziehen, dabei sind die fachliche Organisation und die Abwicklung ausgewählter Prüfungsaufträge mit den hierfür geltenden Normen zu vergleichen."[4] Die Richtlinien der Nachschau können dabei z.B. in Form eines Fragebogens gefaßt werden, der als Leitfaden und gleichzeitig als Dokumentation für die Nachschau dienen kann. Der mögliche Aufbau eines solchen Fragebogens ist aus Abbildung 12 ersichtlich.

---

[1] Auditing Statement Board der UEC 1979
[2] Vgl. Auditing Statement Board der UEC 1979
[3] Vgl. Auditing Statement Board der UEC 1979
[4] Wirtschaftsprüferkammer/Institut der Wirtschaftsprüfer in Deutschland e.V. 1982, S. 41

Abbildung 12

Beispiel eines Fragebogens
zur Nachprüfung der Maßnahmen zur Gewährleistung der Prüfungsqualität (Nachschau)

A. Nachprüfung der fachlichen Organisation der Wirtschaftsprüfungspraxis

Ja, Nein, entfällt | Erläuterungen

I. Auftragsannahme und -fortführung

1. Werden vor Annahme eines neuen Prüfungsauftrages Informationen über den neuen Mandanten eingeholt?

2. Wird vor Annahme eines neuen Prüfungsauftrags geprüft, ob keine Ausschließungsgründe durch
   - persönliche, verwandtschaftliche oder geschäftliche Beziehungen
   - finanzielle oder kapitalmäßige Bindungen
   - eigene Beziehungen zur Sache
   vorliegen?

3. Werden Kontakte mit dem bisherigen Abschlußprüfer hergestellt?

4. Gibt es über diese Kontakte Dokumentationen?

5. Wird jeder neue Prüfungsauftrag nach Inhalt und Umfang schriftlich bestätigt unter Hinweis auf die Allgemeinen Auftragsbedingungen des Institut der Wirtschaftsprüfer?

6. Enthält die Auftragsbestätigung klare Hinweise zum Haftungsumfang?

7. Entsprechen die im Auftragsschreiben genannten Bedingungen den Vorschriften des AGB-Gesetzes?

8. Wird bei Auftragsfortführung regelmäßig überprüft, ob die Bedingungen für eine Auftragsannahme noch gegeben sind?

II. Unabhängigkeit und Unbefangenheit

1. Gibt es ausreichende Regelungen zur Sicherung der persönlichen und finanziellen Unabhängigkeit des Fachpersonals von den Mandanten der Wirtschaftsprüfungspraxis?

2. Wird das Fachpersonal zur Einhaltung der persönlichen und finanziellen Unabhängigkeit von Mandanten schriftlich verpflichtet?

3. Sind die weiteren zur Sicherung der Unabhängigkeit und Unbefangenheit getroffenen Maßnahmen ausreichend, um den in den gesetzlichen Vorschriften und in den Berufsrichtlinien enthaltenen Anforderungen zu genügen?

III Qualifikation und Information

1. Gibt es angemessene Leitlinien zur Einstellung von Mitarbeitern?

2. Werden diese Leitlinien in jedem Falle beachtet?

3. Werden vor Einstellungen Unterlagen oder Auskünfte über einzustellende Mitarbeiter eingeholt?

4. Werden die Mitarbeiter bei Einstellung schriftlich zur Verschwiegenheit verpflichtet?

5 Werden alle fachlichen Mitarbeiter über die Berufsgrundsätze informiert?

6. Steht eine ausreichende Fachbibliothek allen fachlichen Mitarbeitern zur Verfügung?

7. Wird die Fachbibliothek auf dem laufenden gehalten?

8. Werden den Mitarbeitern Fachzeitschriften und andere fachliche Informationen zur Verfügung gestellt.

9. Erfolgt eine ausreichende Schulung durch Besuch:
   - von Aus- und Fortbildungskursen des Instituts der Wirtschaftsprüfer?
   - praxiseigener Aus- und Fortbildungsveranstaltungen?
   - sonstiger Schulungsveranstaltungen?

10. Gibt es im Hinblick auf die praktische Ausbildung entsprechende Einsatzpläne, die es ermöglichen, daß die fachlichen Mitarbeiter in angemessener Zeit mit den üblichen Aufgaben einer Abschlußprüfung in Berührung kommen?

11. Gibt es regelmäßigen Erfahrungsaustausch zwischen den fachlichen Mitarbeitern (Wirtschaftsprüfern, Prüfungsleitern, Assistenten)?

12. Gibt es klare Regelungen der fachlichen Zuständigkeiten?

13. Werden Fachfragen von grundsätzlicher Bedeutung einheitlich für die gesamte Wirtschaftsprüfungspraxis entschieden?

14. Gibt es Anweisungen an die fachlichen Mitarbeiter, solche Fragen dem dafür zuständigen Gremium der Wirtschaftsprüfungspraxis (Fachausschuß, Geschäftsleitung u.a.) zur Entscheidung vorzulegen?

15. Werden die fachlichen Mitarbeiter regelmäßig schriftlich beurteilt?

16. Werden die Beurteilungen bei der Betrauung der fachlichen Mitarbeiter mit Auftragsdurchführungen unterschiedlichen Schwierigkeitsgrades berücksichtigt?

IV. Gesamtplanung aller Aufträge

1. Gibt es eine Gesamtplanung in personeller, sachlicher und zeitlicher Hinsicht für alle durchzuführenden Prüfungsaufträge?

2. Enthält die Zeitplanung angemessene Reserven für unvorhersehbare Ereignisse wie
   - Mandantenwünsche für kurzfristige vorzunehmende Terminänderungen?
   - Ausfall von Mitarbeitern?
   - Zusatzaufträge?

3. Berücksichtigt die Personalplanung die persönlichen und fachlichen Voraussetzungen der einzusetzenden Mitarbeiter?

4. Wird der mögliche Einsatz von fachlich besonders qualifizierten Mitarbeitern (z.B. Steuerfachleute, Versicherungsmathematiker, EDV-Spezialisten, Branchenspezialisten) geplant?

5. Werden Planänderungen laufend erfaßt?

V. Prüfungsanweisungen

1. Werden angemessene Prüfungsanweisungen erteilt in Form von:
   - Literaturhinweisen?
   - Rundschreiben?
   - Prüfungsrichtlinien?

2. Erstrecken sich die Prüfungsanweisungen auf
   - Prüfungsdurchführung?
   - Dokumentation der Prüfungshandlungen?
   - Berichterstattung über das Prüfungsergebnis?

3. Werden die Prüfungsanweisungen regelmäßig aktualisiert?

4. Werden die Prüfungsanweisungen allen fachlichen Mitarbeitern ausgehändigt?

349

B. Nachprüfung der Abwicklung einzelner Prüfungsaufträge

I. Prüfungsplanung

1. Liegt ein langfristiger Prüfungsplan vor?

2. Sind die Erfordernisse des langfristigen Prüfungsplans bei der Erstellung des Prüfungsplans für das Berichtsjahr berücksichtigt worden?

3. Sind im Prüfungsplan folgende Aspekte berücksichtigt worden:
   - Beurteilung des internen Kontrollsystems?
   - vollständige Erfassung des Prüfungsstoffes?
   - zweckmäßige Aufteilung des Prüfungsstoffes in Prüffelder?
   - Zuordnung der Prüffelder zu den einzusetzenden Mitarbeitern?
   - hinreichende Bestimmung der Prüfungshandlungen?
   - Anzahl der einzusetzenden Mitarbeiter?
   - Qualifikation der einzusetzenden Mitarbeiter?
   - zeitliche Verfügbarkeit der Mitarbeiter?
   - zeitlicher Rahmen der Vor- und Hauptprüfung?
   - mögliche Interessenkollisionen?
   - Abstimmung mit der Gesamtplanung?
   - Berücksichtigung von Reserven für unvorhergesehene Schwierigkeiten?

4. Sind bei der Prüfungsplanung die Arbeitsergebnisse der Innenrevision des zu prüfenden Unternehmens berücksichtigt worden?

II. Beaufsichtigung der Prüfungsdurchführung

1. Sind wesentliche Abweichungen vom Prüfungsplan hinreichend begründet und vom zuständigen Wirtschaftsprüfer gebilligt worden?

2. Sind im Laufe der Prüfung angemessene Kontrollen über den tatsächlichen Zeitanfall im Verhältnis zum geplanten Zeitaufwand vorgenommen worden?

3. Ist die Dauerakte aktualisiert worden?

4. Ist die Dauerakte überschaubar und verständlich?

5. Enthält die Dauerakte folgende Informationen:
   - Satzung/Gesellschaftsvertrag?
   - Ergebnisabführungs-/Beherrschungsvertrag?
   - andere wesentliche Verträge?
   - Handelsregisterauszug?
   - Grundbuchauszüge?
   - Darstellung der Grundlagen der Altersversorgung?
   - Vollständigkeitserklärungen?
   - Beschreibungen oder Ablauf-Diagramme der Organisation und des internen Kontrollsystems des Unternehmens?
   - Aufbau des Rechnungswesens und Anwendung von EDV?
   - Richtlinien des Mandanten zur Buchführung und Bilanzierung?
   - Konzernschema?
   - Prüfungsfeststellungen?

6. Sind die laufenden Arbeitspapiere den Prüfungsanweisungen entsprechend geordnet und abgelegt?

7. Lassen sich aus den Arbeitspapieren für die jeweiligen Prüffelder
   - die Prüfspur
   - die einzelnen Prüfungshandlungen
   - das Prüfungsergebnis

nachvollziehen anhand angemessener und übersichtlicher
- Inhaltsverzeichnisse
- Blattnumerierung
- sachlicher Verweise
- Datierung und Abzeichnung?

8. Lassen die Arbeitspapiere erkennen, daß
- ausreichende Prüfungshandlungen vorgenommen wurden?
- alle Zweifelsfragen zufriedenstellend geklärt wurden?
- alle wesentlichen Prüfungsfeststellungen zusammengefaßt und mit dem zuständigen Wirtschaftsprüfer besprochen wurden?
- der zuständige Wirtschaftsprüfer den Fortgang der Prüfung angemessen überwacht hat?
- für die Prüfung einzelner Prüffelder Spezialisten (z. B. Steuerfachleute, Versicherungsmathematiker, EDV-Spezialisten, Branchenspezialisten) hinzugezogen wurden?

9. Sind
- die Prüfungsergebnisse
- die Begründungen für getroffene Entscheidungen
dokumentiert?

10. Sind wesentliche Prüfungsfeststellungen und darauf aufbauende Verbesserungsvorschläge, z. B. zum internen Kontrollsystem, zum Jahresabschluß oder zum Geschäftsbericht dem Mandanten schriftlich zugeleitet worden?

11. Ist die Vollständigkeitserklärung in geringem zeitlichen Abstand vor Datierung des Bestätigungsvermerks abgegeben worden?

12. Ist die Vollständigkeitserklärung
- eindeutig, zutreffend und lückenlos erstellt worden?
- rechtsgültig unterschrieben worden?

13. Sind in allen wesentlichen Teilen der Prüfungsdurchführung
- die Grundsätze ordnungsmäßiger Durchführung von Abschlußprüfungen (FG 1/1977)
- die Prüfungsanweisungen der Wirtschaftsprüfungspraxis
beachtet worden?

14. Wurde im Falle der Verwertung von Prüfungsergebnissen anderer Abschlußprüfer eine Abstimmung über Art und Umfang der Prüfungshandlungen vorgenommen?

15. Wurden im Falle der Verwertung von Prüfungsergebnissen eines ausländischen Abschlußprüfers
- Informationen über dessen berufliche Qualifikationen und Unabhängigkeit eingeholt?
- Einsicht in die Arbeitspapiere genommen?
- eine Bestätigung des ausländischen Abschlußprüfers über die Erfüllung der an seine Arbeit zu richtenden Erfordernisse eingeholt?

16. Sind bei der Abfassung des Prüfungsberichts
- die Grundsätze ordnungsmäßiger Berichterstattung bei Abschlußprüfungen (FG 2/1977)
- die Anweisungen der Wirtschaftsprüfungspraxis für die Berichterstattung
beachtet worden?

17. Sind wesentliche Ereignisse oder Entwicklungen nach dem Bilanzstichtag zutreffend dargestellt?

18. Wurde ggf. der Redepflicht Genüge getan?

19. Wurden die Grundsätze für die Erteilung von Bestätigungsvermerken bei Abschlußprüfungen (FG 3/1977) beachtet?

III. Prüfungskritik

1. Sind die wesentlichen Prüfungshandlungen und Prüfungsergebnisse vor Erteilung des Bestätigungsvermerkes durch einen mit der Prüfung nicht befaßten Wirtschaftsprüfer oder qualifizierten Mitarbeiter überprüft worden?

2. Ist im Rahmen dieser Überprüfung festgestellt worden, daß
   - die zur Erteilung des Bestätigungsvermerks unabdingbaren Prüfungshandlungen abgeschlossen waren?
   - ausreichende Prüfungshandlungen zur Prüfung von Ereignissen oder Entwicklungen nach dem Bilanzstichtag vorgenommen wurden?
   - alle aus der Prüfung resultierenden Fragen und Unklarheiten mit dem Mandanten zufriedenstellend geklärt waren?
   - der Entwurf des Prüfungsberichts alle für die Beurteilung des Jahresabschlusses wesentlichen Tatbestände vollständig und zutreffend darstellte?
   - eine Vollständigkeitserklärung vorlag?

3. Wurden diese Feststellungen dokumentiert?

4. Hat sich der Prüfungskritiker ein Urteil über die Übereinstimmung von Jahresabschluß und Geschäftsbericht mit den gesetzlichen Vorschriften gebildet?

5. Wurde der Prüfungsbericht vor Auslieferung im Hinblick auf formelle oder materielle Mängel durchgesehen?

Die Richtlinien zur Quality Control sind als Vorschläge und Anleitung für die Berufsangehörigen zu verstehen, die Durchführung ist freiwillig und wird nicht konrolliert. Damit distanzieren sich die bundesdeutschen, wie die europäischen Wirtschaftsprüfer insgesamt eindeutig von dem in den USA eingeschlagenen Weg des „Peer Review" – Prüfung der Prüfer durch die Prüfer.[1]

Diese Form der Qualitätssicherung wurde in den USA erst 1977 in breitem Umfang eingeführt, als das AICPA (American Institut of Certified Public Accountants) eine Abteilung für CPA-Firmen gründete, bei der die Mitgliedschaft davon abhängig gemacht wurde, daß die Wirtschaftsprüfungsgesellschaften sich einmal in drei Jahren einer Peer Review unterziehen. Die Mitgliedschaft ist freiwillig, aber die praktische Notwendigkeit, den Gütestempel einer positiven Peer Review zu erhalten, macht sie de facto zu einer Zwangsmitgliedschaft. Dies gilt vor allem für solche Firmen, deren Mandanten ihre Abschlüsse bei der amerikanischen Börsenaufsichtsbehörde SEC (Securities and Exchange Commission) einreichen müssen und die deshalb Mitglieder der AICP-

---

[1] Wirtschaftsprüferkammer/Institut der Wirtschaftprüfer 1982

Unterabteilung „SEC pracitce Section" sind, für die strengere Mitgliedschafts-
anforderung als für die zweite Unterabteilung, die „Private Compames Pracitice
Section", bestehen.[1] Zweck der Peer Review ist es sicherzustellen, daß

- das „Quality-Control"-System[2] für die Bilanzierungs- und Prüfungspraxis
  der betreffenden Firma angemessen ist und zweckentsprechend funktioniert,

- die „Quality-Control" genau und ausreichend dokumentiert ist,

- alle Fachmitarbeiter zur Einhaltung der „Quality-Control" angehalten
  werden,

- die Berufsgrundsätze wie auch die Bedingungen der Mitgliedschaft beachtet
  werden.[3]

Durchgeführt wird die Peer Review entweder durch ein vom „Peer Review-
Committee" (Überwachungsorgan der Peer Review) eingesetztes Team, durch
eine von der zu prüfenden Firma selbst gewählte PA-Gesellschaft (firm-onrom
review) oder durch eine von einer „association of CPA firms" ernanntes Team
(association review). In den letzten beiden Fällen wird die Prüfung durch ein
„Quality Control Review Panel" begleitet, das vom Peer Review-Committe
eingesetzt wird und einen eigenen Bericht über das Quality Control System der
geprüften Firma verfaßt.[4]

1980 erhielten von den 82 ausgewerteten Gesellschaften 7 nur einen einge-
schränkter Bestätigungsvermerk, eine Gesellschaft erhielt keinen Bestätigungsvermerk. Allerdings wurden auch jenen Firmen, die einen uneingeschränkten
Bestätigungsvermerk erhielten, Empfehlungen zur Verbesserung ihrer „Quality Control"-Grundsätze gegeben.

Der Widerstand der europäischen Berufsstände und damit auch der deutschen
Wirtschaftsprüfer gegen dieses Konzept wird vor allem mit der Befürchtung
begründet, daß solche Überprüfungen das hohe Ansehen der Prüfer in der
Öffentlichkeit beeinträchtigen und ein etwaiger Vertrauensschwund zu einer
Existenzgefährdung führen könnte. Weitere Vorbehalte betreffen eventuelle
Wettbewerbsverzerrungen, die relativ hohen Prüfungskosten sowie die Aufhe-
bung der Verschwiegenheitspflicht.[5]

Während bei der Ablehnung des amerikanischen Qualitätssicherungkonzeptes
sicherlich auch das Unbehagen angesichts der gegenseitigen Kontrolle eine
wesentliche Rolle gespielt haben dürfte, sehen die Wirtschaftprüfer – so ein

---

1) Vgl. Niehus 1980, S. 149 ff; Nücke 1982, S. 30 ff
2) Betriebsinternes Programm zur Qualitätssicherung
3) Vgl. Resolution of the Comcil of the AICPA, Adopted on September 17, 1977, in: The Journal of
   Accountancy, November 1977, S. 113 ff
4) Vgl. Niehus 1980, S. 154
5) Vgl. Niehus 1980, S. 158 f

befragter Vertreter der Wirtschaftprüferkammer – in dem in der Bundesrepublik Deutschland entwickelten Konzept keinen Eingriff in die Freiheit der Berufsausübung, da die Entscheidung, ob und wie die Quality Control durchgeführt wird, beim einzelnen Freiberufler liege. Die Richtlinien seien berechtigt, da auch oder gerade ein Freier Beruf die Verplichtung zu einer ausreichenden Leistungsqualität habe.

Es wäre immerhin zu prüfen, ob ein derartiges Konzept nicht auch auf die eine relativ ähnliche Aufgabenstruktur aufweisenden Steuerberater übertragbar wäre, und zwar nicht nur auf die auch bei ihnen anfallenden Prüfungstätigkeiten, sondern auch bezogen auf die Beratungstätigkeit. So vertrat auch der Gesprächspartner aus der Wirtschaftsprüferkammer die Auffassung, daß obwohl die oben dargestellten Richtlinien sich ausdrücklich auf die Prüfungsqualität beziehen, sie dennoch weitgehend auch auf die beratende Tätigkeit übertragbar seien, da auch in diesem Aufgabenbereich die Anwendung von Leitfäden sowohl für die Vorbereitung als auch für die Durchführung der Tätigkeit sinnvoll sei.

Demgegenüber betonten jedoch die befragten Vertreter der Steuerberater, daß eine geistige Leistung, wie sie der Steuerberater erbringe, weder meßbar noch kontrollierbar sei. Dies betreffe nicht nur die Beratungstätigkeit, für die eine Standardisierung überhaupt nicht möglich sei, sondern auch das Erstellen einer Bilanz oder das Abfassen einer Steuererklärung, die jeweils den individuellen Ansprüchen und Verhältnissen des Mandanten folgen müsse. Eine Übertragbarkeit des Quality Control Konzeptes der Wirtschaftsprüfer auf den steuerberatenden Beruf sei deshalb keinesfalls möglich.

4.4.4 Zusammenfassung

Bei den Steuerberatern konzentrieren sich – wie die Untersuchung zeigte – die Überlegungen zur Qualitätssicherung auschließlich auf die Sicherung der Strukturqualität. Darüber hinaus gehende Konzepte zur Sicherung der Prozeß- oder Ergebnisqualität werden sowohl von den Steuerberatern selbst als auch von den befragten Experten aus dem nichtsteuerberatenden Bereich für nicht durchführbar und die Berufsausübung beeinträchtigend erklärt. Beide Expertengruppen waren mit der Leistungsqualität der Steuerberater weitgehend zufrieden. Entsprechend wurden auch im Rahmen der Diskussion um die Strukturqualität nur wenige Kritikpunkte und neue Vorschläge zur Qualitätssicherung genannt:

- Wesentliche Grundlage für die Qualitätssicherung ist auch bei den Steuerberatern eine angemessene persönliche und fachliche Qualifikation. Besondere Rolle kommt dabei der Ausbildung zu.

Da der Zugang zum Steuerberaterberuf einer vom Bestehen anspruchsvollen berufsspezifischen Prüfung mit relativ hohen Durchfallquoten, ist eine nach den heutigen Anforderungen ausreichende Qualifikation weitgehend sichergestellt. Einen Beitrag zu einer vergleichsweise hohen Berufseingangsqualifikation stellt auch die vor der Prüfung zu absolvierende hauptberufliche Berufstätigkeit in Steuersachen dar. Demgemäß äußerten sich die befragten Steuerberater zufrieden mit der Ausbildungssituation. Die Experten aus dem Kundenbereich wünschten sich zwar eine breitere und praxisbezogenere Ausbildung, grundlegende oder heftige Kritik wie sie z.T. bei anderen in der Studie behandelten Berufsgruppen geäußert wurde, erfolgte jedoch nicht.

Einen Beitrag zur Qualitätsverbesserung sehen die Steuerberater in dem neuen als Grundlage für die Ausbildungsqualität konzipierten Anforderungsprofil für Steuerberater, das eine breitere rechts- und wirtschaftswissenschaftliche Grundausbildung vorsieht. Auch hierbei handelt es sich jedoch nicht um das Beseitigen von prinzipiellen Ausbildungsmängeln, sondern um die Anpassung der Ausbildung an die Umwandlung des Berufsbilds.

– Spezialisierung ist beim Steuerberater z.Zt. kein Thema. Hier geht im Gegenteil die Entwicklung in Richtung umfassender Beratung („fullservice"). Auch unter diesem Aspekt wird die Ausweitung der Ausbildung als wesentlicher Qualitätsfaktor angesehen.

– Es bestehen zwar keine gesicherten Erkenntnisse über das Fortbildungsverhalten der einzelnen Berufsangehörigen, die Experten gingen jedoch davon aus, daß die Steuerberater diesem wesentlichen Bestandteil der fachlichen Qualifizierung in ausreichendem Maße nachkommen. Eine Fortbildungspflicht oder -kontrolle wird nicht für notwendig befunden, der Zwang zur Fortbildung erfolge durch den Markt, vor allem durch die Kontrolle der Mandanten.

– Nicht zuletzt wohl auch aufgrund der strengen fachlichen Zulassungsvoraussetzungen haben die Steuerberater weniger unter dem Nachwuchsdruck zu leiden als andere hier behandelte Berufe. Allerdings wird hier die wachsende Konkurrenz durch andere in der Steuerberatung tätige Gruppen als gefährlicher angesehen. Es zeichnet sich jedoch ab, daß diese Konkurrenz sich zunächst in Form einer Qualifikations- und Leistungkonkurrenz äußern wird, so daß wenn nicht dirket eine Steigerung der Qualität, so doch zumindest eine Steigerung der fachlichen Kompetenz zu erwarten ist.

– Berufs- und Standesrecht wird zwar als allgemeiner Rahmen für die Berufsausübung und die berufliche Leistungsqualität gesehen, ein unmittelbarer (eventuell sogar negativer) Zusammenhang zwischen Wettbewerbsregelungen und Leistungqualität wird jedoch nicht vermutet.

Gemeinsame Berufsausübung wird prizipiell als qualitätsfördernd betrachtet, über die Vor- und Nachteile der einzelnen möglichen Rechtsformen beruflicher Kooperation bestand allerdings kein Konsens. Allerdings wurden hierzu lediglich Präferenzen und keine prinzipielle Kritik geäußert. Von keinem der Experten wurde die Möglichkeit der Bildung von Handelsgesellschafften als qualitätsschädigend bezeichnet.

– Die Einführung der elektronischen Datenverarbeitung scheint neben der Ausbildung der zentrale Qualitätsfaktor im steuerberatenden Beruf zu sein. Neben einer besseren Fehlerkontrolle und größerer Bearbeitungsschnelligkeit liegen die Vorteile vor allem in einer größeren Differenzierung und Komplexität des Leistungsangebots. Die Schaffung der DATEV als einem Rechenzentrum eigens für den steuerberatenden Beruf hat nicht nur dafür gesorgt, daß der Einsatz der EDV sich hier rapide ausgeweitet hat, sondern gewährleistet auch die ständige Weiterentwicklung berufsadäquater Programme.

Insgesamt scheint der steuerberatende Beruf der einzige unter den in dieser Studie hier untersuchten Berufsgruppen zu sein, der keine grundlegenden Probleme mit der Sicherung seiner Leistungsqualität hat. Allerdings sollte dies nicht dazu verleiten, daraus zu folgern, daß keine weiteren Maßnahmen, wenn nicht zur Sicherung, dann aber zur Verbesserung der Qualität der Berufsausübung möglich wären. Das Beispiel der Wirtschaftsprüfer zeigt, daß auch bei den Beraterberufen gewisse Bereiche der Berufstätigkeit durchaus standardisierbar und damit entsprechenden Qualitätskontrolle zuführbar wäre. Unter dem Aspekt, daß es sich bei einer derartigen Qualitätssicherungs- oder -verbesserungsstrategien tatsächlich um reine Leitlinien in Form von Anregungen. auf der Basis einer freiwilligen Selbstkontrolle handelt, sollte die Quality Control auch für die Steuerberater ein diskussionwürdiges Thema sein. Dies gilt vor allem auch im Hinblick auf die erhebliche, in der Zukunft vermutlich noch zunehmenden Konkurrenz zwischen Steuerberatern und Wirtschaftsprüfern, bei der das Vorweisen eines effektiven Qualitätssicherungsprogramms möglicherweise einen Wettbewerbsvorteil darstellen könnte.

4.5 Architekten

Zur Berufsgruppe der Architekten wurden in fünf Interviews neun Experten befragt. Sechs dieser Gesprächspartner vertraten die Architektenkammern, ein Befragter den Bundesverband der öffentlich bestellten und vereidigten Sachverständigen. Letzterer repräsentiert eine Berufsgruppe, in der auch ein erheblicher Teil von Architekten tätig ist, die das Sachverständigenwesen in einem Spezialgebiet oft als zweites berufliches „Bein" nutzen. Als Vertreter der Auftraggeberseite wurden zwei Vertreter des Hauptverbandes der Deutschen Bauindustrie befragt.

4.5.1 Berufsbild und Qualitätsverständnis

Hinter dem Begriff „Architekt" verbergen sich heute drei bzw. vier mittlerweile weitgehend verselbständigte Fachrichtungen: Neben dem Hochbauarchitekten, der die größte Gruppe der Architekten stellt, der Garten-und Landschaftsarchitekt, der Innenarchitekt sowie z.T. der Städtebauarchitekt, der sich in den letzten Jahren als eigenständiger Ausbildungsschwerpunkt und eigenständiges Berufsbild herauszubilden begann. Der Beruf des Architekten ist zwar nicht bundeseinheitlich gesetzlich geschützt und geregelt, in den Architektengesetzen der Länder sind jedoch zumindest die Berufsbezeichnungen „Architekt"

- „Garten- und Landschaftsarchitekt" bzw. „Landschaftsarchitekt" (in Bayern, Hessen und Schleswig-Holstein)
- „Innenarchitekt"
- sowie in Hessen auch „Städtebauarchitekt"

gesetzlich geschützt.[1] Ein über den reinen Titelschutz hinausgehender Schutz der Berufsausübung, wie er z.B. bei den Heilberufen und im Bereich der rechts-, steuerberatenden und wirtschaftsprüfenden Tätigkeit durch Berufsgesetze besteht, findet sich beim Architekten nicht, so daß Architektenleistungen auch von anderen Berufsgruppen erbracht werden können, sofern sie sich anders nennen.

Die Aufgaben der Architekten beschreibt die Bundesarchitektenkammer normativ wie folgt: „Berufsaufgabe der Architekten aller Fachrichtungen – Architekten (Hochbau), Innenarchitekten und Garten- und Landschaftsarchitekten – ist es, den Lebensraum, die räumliche Umwelt des Menschen, maßgeblich mitzuplanen und mitzugestalten. Dadurch sollen die Voraussetzungen für ein Optimum an Lebensqualität, Lebens- und Arbeitsbedingungen sowie Entfaltungsmöglichkeiten für den einzelnen geschaffen werden und gleichzeitig die dabei auftretenden, einander vielfach widersprechenden Nutzungsabsichten innerhalb der Gesellschaft zu einer bestmöglichen Lösung koordiniert werden.

Auftraggeber des Architekten sind Organe der Gesellschaft, Gruppen oder einzelne Personen, damit ist der Architekt sowohl dem einzelnen Bauherrn wie der Gesellschaft gleichermaßen verantwortlich. Für seinen Auftraggeber ist der Architekt beratend, konstruierend gestaltend sowie die Plandurchführung treuhänderisch überwachend und lenkend tätig."[2]

§ 1 des Architektengesetzes von Nordrhein-Westfalen[3], das weitgehend mit den Architektengesetzen der anderen Länder identisch und auch am Anfang der

---

1) Vgl. Wiesand/Fohrbeck/Fohrbeck 1984, S. 28
2) Architektenausbildung aus der Sicht der Berufspraxis, 1977 zit. nach Wiesand/Fohrbeck/Fohrbeck 1984, S. 30
3) Fassung vom 4.12.1969

berufspolitischen Grundsätze der Bundesarchitektenkammer von 1978 fast wörtlich übernommen ist, gliedert das Leistungsspektrum in:

„1. Berufsaufgabe des Architekten ist die gestaltende, technische und wirtschaftliche Planung von Bauwerken.

2. Berufsaufgabe des Innenarchitekten ist die gestaltende, technische und wirtschaftliche Planung von Innenräumen.

3. Berufsaufgabe des Garten- und Landeschaftsarchitekten ist die gestaltende, technische und wirtschaftliche Garten- und Landschaftsplanung.

4. Zu den Berufsaufgaben des Architekten, Innenarchitekten und Garten- und Landschaftsarchitekten gehören die Beratung, Betreuung und Vertretung des Bauherrn in den mit der Planung und Ausführung eines Vorhabens zusammenhängenden Angelegenheiten sowie die Überwachung der Ausführung.

5. Zu den Berufsaufgaben des Architekten und des Garten- und Landschaftsarchitekten können auch die Ausarbeitung städtebaulicher Pläne und die Mitarbeit an der Landesplanung gehören."[1]

Die allgemeine Leistung des Architekten läßt sich dabei wie folgt gliedern:[2]

1. Ermittlung oder Befassung mit Planungsgrundlagen,

2. Planung von Objekten mit Hilfe von Zeichnungen und Modellen (Vorentwürfen, Entwürfen, Bauvorlagen, Ausführungszeichnungen verschiedenen Maßstabs),

3. Vorbereitung der Ausführung von Objekten durch Objektbeschreibungen, Kostenvoranschlägen, Leistungsverzeichnisse von Ausschreibungen etc.,

4. Leitung, Überwachung und Überprüfung der Herstellung bzw. Ausführung des Objekts,

5. Zusammenfassung, Abnahme und Überprüfung von Rechnungen und Ergebnissen,

6. Objektbetreuung innerhalb der Gewährleistungsfristen und Dokumentation des Gesamtergebnisses.

Dabei übernimmt der Architekt auch die Koordinationsfunktion zur Zusammenführung der Leistungen aller an der Planung und Ausführung beteiligten Fachleute und Institutionen. Neben der technischen und ökonomischen Komponente beinhaltet die planerische Leistung des Architekten dabei auch in ihrer

---

[1] Zit. nach Wiesand/Fohrbeck/Fohrbeck 1984, S. 30
[2] Vgl. BDA (Hrsg.) 1985, S. 7 f; vgl. auch den Leistungskatalog in § 15 Absatz 1 HOA, sowie Blätter zur Berufskunde Architekt/Architektin, S. 5 f

gesetzlichen Normierung zumindest immer auch den Anspruch einer gestalterischen und künstlerischen Dimension.

Durch ihr Schaffen verändern die Architekten wie auch die Ingenieure die Umwelt und bestimmen die psychische und physische Lebensqualität der Menschen in entscheidendem Maße. Da es jedoch weder eine verbindliche Definition der individuellen noch der gesellschaftlichen Bedürfnisse gibt, ist das Aufstellen von Anforderungsnormen an die Architekten nur sehr grob und wegen der sich wandelnden Ansprüche und Erkenntnisse nie längerfristig oder absolut möglich. Hinzu kommt der in der Leistung des Architekten verankerte Anspruch auf Kreativität, Originalität und Individualität. Auf der anderen Seite muß sich jedoch der Architekt wie auch der Ingenieur aufgrund des dauerhaften und öffentlichen Charakters seiner Objekte bzw. Projekte eine Beurteilung der Qualität seiner Leistung auch nach einem längeren Zeitraum gefallen lassen. Damit sieht sich der Architekt, dessen Leistung mehr als bei anderen Freien Berufen aus der Intimität der direkten Freiberufler-Auftraggeber-Beziehung heraustritt und sich in der Öffentlichkeit manifestiert, in relativ größerem Umfang einer breiten Beurteilung seiner Leistungsqualität gegenüber.

Von den befragten Experten wurde die Qualität der Leistung des Architekten auf die Gestalt, Funktion, Technik, Konstruktion und Wirtschaftlichkeit der erstellten Objekte bezogen. Ein Gebäude z.B. müsse schön, seine Funktion und sein Zweck müßten erfüllt, es müsse dauerhaft und wirtschaftlich sein, wobei in die Beurteilung der Wirtschaftlichkeit auch die Dauer des Bestehens des Gebäudes miteinbezogen werden müsse.

Wichtig sei, daß der Architekt sich rechtzeitig mit neuen Trends sowohl hinsichtlich der verwendeten Baustoffe und Techniken wie auch hinsichtlich neuer Geschmacksrichtungen auseinandersetze, daß er also zeitgemäß bauen könne. Gerade unter diesem Aspekt seien die Anforderungen an seine Leistungen einem ständigen Wandel unterworfen. Zur Zeit fänden z.B. das ökologische Bauen, Umweltschutz, Schallschutz oder auch der Denkmalschutz wachsende Wertschätzung.

Insgesamt – so zwei der Vertreter der Architekten – bedeute Qualität einerseits die Erfüllung der gesellschaftlichen Verantwortung, besonders im Hinblick auf die Gestaltungsqualität der Umwelt, andererseits trage der Architekt gegenüber dem Bauherrn die Verantwortung, dessen Zielvorstellung zu erkennen und optimal umzusetzen.

Die beiden Vertreter der Auftraggeber betonten neben dem ästhetischen Aspekt bei ihrer Definition einer qualitativ guten Arbeit vor allem auch die Qualität der Leistungsbeschreibung. Diese müsse präzise, gründlich und ohne Fehler, um dem Bauunternehmen als sichere Kalkulationsgrundlage dienen zu können. Hier blieben allerdings viele Wünsche offen; die Unterlagen seien häufig unvollständig oder widersprüchlich. Dadurch seien spätere Probleme bei der Kalkulation, Bauabwicklung etc. bereits vorprogrammiert. Insgesamt bedeute Qualität bei Architekten, daß ihre Leistungen für den Auftraggeber zu befriedigenden Ergebnissen führen.

4.5.2 Sicherung der Strukturqualität

Auch bei den Architekten stehen im Rahmen der Qualitätssicherung Überlegungen hinsichtlich einer Sicherung und Verbesserung der Strukturqualität im Mittelpunkt. Vor allem auch das Problem der Durchsetzung von eine angemessene Qualifikation gewährleistenden Regelungen stellt derzeit ein wesentliches berufspolitisches Ziel dar.

4.5.2.1 Qualifikation

Qualifikation – so die Vertreter der Architekten – sei die zentrale Voraussetzung zur Schaffung von Qualität. Daß die Ansprüche, die an die Qualifikation der Architekten gestellt werden, hoch sind, zeigt die folgende Zusammenstellung des Bundes Deutscher Architekten[1]:

„1. Der Architekt muß die Rollen aller am Planungs- und Bauprozeß Beteiligten kennen, ihre Kompetenzen richtig einzuordnen wissen und die Verzahnung der verschiedenen Bereiche übersehen. Hierzu gehört auch die Kenntnis der politischen und wirtschaftlichen Ordnungen, Erfahrungen im Umgang mit Menschen, eine Kenntnis ihrer Bedürfnisse, Möglichkeiten und Rechte. Der Architekt muß bereit sein, sein Wissen kritisch zu überprüfen und auszuweiten. Er muß versuchen, bei Bauherren, Nutzern und in der Öffentlichkeit, auch in der Phase der Entscheidung über die Gestaltung des Programms und die Wahl des Standorts, als Sachverständiger kritischen Einfluß zu nehmen.

2. Der Architekt muß die äußeren Bedingungen und Voraussetzungen jedes Planungs- und Bauprozesses soweit beherrschen, um deren Einfluß auf die eigene Tätigkeit und die der übrigen am Planungsprozeß Beteiligten beurteilen zu können. Hierzu gehört u.a. die Kenntnis der wesentlichen Baugesetze, Verordnungen und Richtlinien, auch von Förderungsbestimmungen und anderen Finanzierungsvoraussetzungen. Die Zahl der Regelungen ist in den letzten Jahren ins fast Unermessliche gestiegen. Die Summe aller im einzelnen begründeten Festlegungen verhindert oft den Sinn des Ganzen. Es wird ebenso schwer wie notwendig sein, diese Entwicklung wieder zurückzudrehen.

3. Der Architekt muß über fundiertes Fachwissen verfügen. Angesichts der Schnellebigkeit aller technischen Entwicklungen genügt einmal erworbenes Fachwissen zur Anwendunge im Sinne von Rezepten den heutigen Anfor-

---

[1] Bund Deutscher Architekten (Hrsg.) 1985, S. 10

360

derungen nicht. Fachwissen kann allerdings auch nicht durch jeweils bei Bedarf abzurufende Information ersetzt werden. Auch in Zukunft wird der Architekt deshalb auf exemplarisches Fachwissen angewiesen sein, das ihm Prinzipien vermittelt, nach denen dann technische Lösungen im jeweiligen Bereich gefunden werden können.

4. Der Architekt muß durch entsprechendes Training die Fähigkeiten erwerben, sich in Zeichnung, Modell, Text und Sprache mitteilen zu können. Dieses Training ist auch notwendig, um seine gestalterischen Fähigkeiten zu entwickeln. Er muß die Wahl seiner Mittel nach Sachbezug und Empfänger orientieren und entsprechend ihre Anwendung ständig prüfen und weiterentwickeln.

5. Eine entscheidende Eigenschaft des Architekten ist die Fähigkeit zur Entwicklung einer integrierten Konzeption, d.h. komplexe Probleme zu durchdringen und Konzeptionen entwickeln zu können, in denen eine Vielfalt untereinander verflochtener Teilbereiche zu einer überzeugenden Gesamtheit verschmolzen ist. Das verfügbare Wissen muß in eine Gesamtlösung eingebracht werden, die gleichermaßen äußeren und inneren Bedingungen genügt und meßbare, ebenso wie irrationale Werte in sich vereint. Ein solcher Vortrag erfordert sowohl Systematik als auch Intuition. Er muß in seinem rationalen Bereich durchsichtig und nachvollziehbar sein, in ihn werden aber auch unverzichtbare gestalterische und künstlerische Elemente, ohne die Architektur nicht sein kann, einbezogen sein."

4.5.2.1.1 Persönliche Eignung

Die im Vorstehenden aufgelisteten Qualifikationsansprüche sowie der Anspruch auch zur kreativen bis hin zur künstlerischen Leistung stellen hohe Anforderungen nicht nur an das fachliche Wissen des Berufsangehörigen, sondern auch an seine persönliche Qualifikation, für die Entwerfen (Kreativität), räumliches Vorstellungsvermögen, komplexes Denken sowie Entscheidungsfähigkeit, manuelle Fähigkeiten usw. notwendig sind.

Für die Ausbildung im Fach Architektur bestehen zur Zeit außer den allgemeinen Bildungsvoraussetzungen und den für die Vergabe von Studienplätzen an Hochschulen z.T. im Rahmen der Zulassungsbeschränkungen geltenden Studienvoraussetzungen (Abitur, Durchschnittsnote, Alter, Wartezeit etc.) keine grundsätzlichen Auslesekriterien, die die Selektion geeignet erscheinender Bewerber möglich machen. Von einem Teil der Fachhochschulen wird ein Grundpraktikum von zwei bis sechs Monaten[1] bereits als Zulassungsvoraussetzung gefordert; die meisten Fachhochschulen[2] schreiben ein Vorpraktikum zu Be-

---

[1] FH Karlsruhe, FH für Technik Stuttgart, HS Bremen, Darmstadt, FH Wiesbaden
[2] FH Biberach, FH Konstanz, FH München, FH Augsburg, FH Coburg, FH Regensburg, FH Rosenheim, FH Würzburg-Schweinfurt

ginn des Studiums vor. Zum Teil wird auch der Nachweis der künstlerischen Eignung durch eine Aufnahmeprüfung gefordert.[1]

Bei den befragten Architekten wurde einhellig die Auffassung vertreten, daß der bei den wissenschaftlichen Hochschulen derzeit praktizierte Numerus Clausus als Auswahlkriteriun ungeeignet sei. Sinnvolle Alternativen seien eine eignungsspezifische Auslese, z.b. durch Tests oder Auswahlgespräche, und/oder eine praktische Tätigkeit (1/2 oder 1 Jahr) vor dem Studium, wie sie von den Fachhochschulen z.T. bereits vorgeschrieben sei.

Diese Auffassung entspricht der offiziellen Politik der Berufsvertretungen der Architekten, BAK[2] und BDA[3], die sich mit der Westdeutschen Rektorenkonferenz einig sind, daß die herkömmliche Zulassungsregelung durch sinnvollere Verfahren ersetzt werden muß.

So beabsichtigt die Westdeutsche Rektorenkonferenz in Übereinstimmung mit der Dekane- und Abteilungsleiterkonferenz, das Fach Architektur als „hartes" NC-Fach zu entschärfen und aus dem allgemeinen Auswahlverfahren herauszunehmen. Als Begründung wird auf eine Umfrage von 1977 verwiesen, bei der sich alle befragten Fakultäten und Fachbereiche für Architekten mit dem derzeit geübten Zulassungssystem für unzufrieden erklärt hatten, da es sich ausschließlich auf die Durchschnittsnote bezöge und deshalb nicht fachspezifisch sei. Für den Architektenberuf müßten jedoch spezifische Begabungsstrukturen vorhanden sein.[4] Um die für den Erfolg in Studium und Beruf notwendige Begabung des Nachwuchses sicherzustellen, plädiert die Architektenschaft für die Einführung von Eignungstests. Im härter werdenden beruflichen Konkurrenzkampf würden sich nur die Begabten und Gutausgebildeten durchsetzen können. Leider könne man nicht davon ausgehen, daß es stets die am besten Geeigneten seien, die zum Studium zugelassen würden. Die Auswahl anhand des Notendurchschnittes sei kein geeigneter Indikator für die Befähigung zum Beruf des Architekten.[5]

Bereits 1983 hatte der BDA in einer Pressemitteilung für die Einführung von Eignungstests plädiert: „Die Durchführung solcher Tests, die als Mittel zur Feststellung besonderer studiengangbezogener Eignung sowohl im Hochschulrahmengesetz des Bundes als auch in den Hochschulgesetzen des Landes Nordrhein-Westfalen und anderer Bundesländer ihre rechtliche Grundlage haben und deren Einführung an den Fachbereichen Architektur der Fachhochschulen und Gesamthochschulen des Landes Nordrhein-Westfalen durch den

---

[1] Staatliche Akademie der bildenden Künste, Stuttgart, Hochschule der Künste, Berlin
[2] Bundesarchitektenkammer
[3] Bund Deutscher Architekten
[4] Vgl. Arlt/Landfeldt-Nagel 1986, S. 42
[5] Vgl. Zinsmeister 1985, S. 437

Minister für Wissenschaft und Forschung für den Beginn des Studienjahres 1984/85 vorgesehen ist, stellt ein erfahrungemäß durchaus geeignetes und qualifiziertes Mittel dar, den Studienanfängern, die sehr häufig recht sachfremde Vorstellungen vom Architekturstudium und vom Architektenberuf haben, die speziellen gestalterischen Anforderungen zu verdeutlichen und ihnen im Vorfeld des Studiums klarzumachen, daß es besonderer Begabungen und Talente bedarf, um erfolgreich studieren und den Beruf des Architekten qualifiziert ausüben zu können.

Die gestalterische Komponente des Architekturstudiums und des Architektenberufes stellt eine besondere studiengangbezogene Eignung im Sinne der Gesetze dar, ohne deren Vorhandensein die dreifache Qualifikation des Architekten im Sinne der Architektengesetze der Länder (gestalterische, technische und wirtschaftliche Planung von Bauwerken) nicht erzielbar ist. Dabei kann dahingestellt bleiben, wieviel von dieser besonderen studiengangbezogenen Eignung angeborene Begabung oder vor dem Studium erworbene Fähigkeit sein mag.

Nach Kenntnis des BDA ist die übereinstimmende Erfahrung aller Architektur-Fachbereiche, daß ein hoher Prozentsatz der Studienanfänger (genannt werden bis zu 50 % eines jeden Jahrgangs!) über das Erfordernis der besonderen studiengangbezogenen Eignung sich weder im klaren ist noch über dieselbe verfügt. Dieser Zustand ist angesichts des anhaltenden Zustromes zum Architekturstudium den Hochschullehrern nicht zuzumuten, vor allem aber nicht den tatsächlich geeigneten Studenten. Die Feststellung der gestalterischen Eignung ist deshalb vor dem Architekturstudium ähnlich wichtig wie die Feststellung der Musikalität vor einem Musikstudium.

Der BDA hält die Feststellung der besonderen Eignung nicht zuletzt im Interesse des Bewerbers für sachlich gerechtfertigt und notwendig, schützt sie ihn doch vor Fehlentscheidungen und Enttäuschungen".[1]

Wie diese Begabungsstrukturen allerdings aussehen sollen und durch welche Tests sie verläßlich gemessen werden können, ist noch nicht geklärt. „Wenn Tests zur Studienberatung eingesetzt werden sollen, muß vordringlich untersucht werden, inwieweit die genannten oder vergleichbaren Tests eine Vorhersage des Studienerfolges erlauben. Dazu müßten Längsschnittuntersuchungen durchgeführt werden, bei denen zu Beginn des Studiums die Testleistungen und am Ende die Prüfungsleistungen erhoben würden. Erst wenn sich in empirischen Untersuchungen die prognostische Gültigkeit der Testverfahren bestätigt, sind diese als Beratungsgrundlage wissenschaftlich legitimiert und es ist begründet zu erwarten, daß Fehlentscheidungen verringert werden."[2]

---

[1] BDA-Pressemitteilung vom August 1983, veröffentlicht in: Der Architekt 10/1983, S. 461
[2] Vgl. Arlt/Langfeldt-Nagel 1986, S. 47

Darüber hinaus stellt sich auch das Problem, daß in standardisierten, auf möglichst hohe Objektivität abgestellten Tests für Architekten wesentliche Merkmale wie Kreativität oder Gestaltungsfähigkeit nicht optimal erfaßt werden können. Es wird zu prüfen sein, inwieweit individuellere Beurteilungen in das Zulassungsverfahren mit einbezogen werden können. Doch auch wenn Tests allein nicht alle für notwendig erachteten Fähigkeiten erfassen können, im „Rahmen einer obligatorischen Studienberatung können sie jedoch als wichtige Anhaltspunkte für die Selbsteinschätzung dienen. Auch mit nur einem Teil der notwendigen Informationen können Entscheidungen rationaler begründet werden. Eignungsdiagnostik im Zusammenhang einer für alle Studienbewerber des Studienganges Architektur erforderlichen Studienberatung halten wir für unerläßlich, um eine fachspezifische Eignung der Bewerber deutlich zu machen."[1]

4.5.2.1.2 Ausbildung

Voraussetzung für das Führen der Berufsbezeichnung „Architekt"[2] ist nach den Architektengesetzen der Länder die Eintragung in die Architektenlisten der Länder. Die Voraussetzungen für die Eintragung sind abhängig von den jeweiligen Regelungen des Landes, im Regelfall wird jedoch gefordert:

1. eine abgeschlossene Ausbildung in seiner Fachrichtung an einer Hochschule (Universität, Kunsthochschule, Technische Hochschule, Gesamthochschule) oder einer Fachhochschule oder gleichrangigen Fachschule und

2. der Nachweis einer zwei- oder dreijährigen (hier bestehen unterschiedliche Länderregelungen) praktischen Tätigkeit in seiner Fachrichtung.[3]

Darüber hinaus sehen die Architektengesetze besondere Ausnahmeregelungen für den Fall einer fehlenden Hoch- oder Fachhochschulausbildung vor. So heißt es im häufig als „Genieparagraph" bezeichneten § 4/II des Nordrhein-Westfälischen Architektengesetzes:

‚Ein Bewerber (...) ist in die Architektenliste einzutragen, wenn er mindestens acht Jahre eine praktische Tätigkeit in einer der Fachrichtungen (...) bei einem in die Architektenliste eingetragenen Architekten oder eine gleichwertige Tätigkeit ausgeübt hat und besondere Kenntnisse und Fähigkeiten auf mindestens einem Gebiet einer der Fachrichtungen (...) nachweist.'"[4]

Sieht man von der Ausnahmeregelung für den Fall einer fehlenden Hoch- oder Fachhochschulausbildung ab, verläuft die Ausbildung zum Architekten also über ein Fachhochschul- oder Hochschulstudium. Für das Hochschulstudium

[1] Arlt/Langfeldt-Nagel 1986, S. 50
[2] bzw. „Garten- und Landschaftsarchitekt", „Landschaftsarchitekt", „Innenarchitekt" oder „Städtebauarchitekt"
[3] Deutsches Architektenblatt 9/1979, S. 1034
[4] Vgl. Wiesand/Fohrback/Fohrbeck 1984, S. 127

ist dabei eine Regel- bzw. Mindeststudienzeit zwischen acht und zehn Semestern je nach Bundesland vorgesehen, an Fachhochschulen sind zwischen sechs und acht Semestern Studienzeit[1] vorgeschrieben.

Die Ausbildung der Architekten für die spätere Berufspraxis wird von den Berufsvertretungen der Architekten als nicht ausreichend kritisiert. So forderte z.B. Volkmann, daß sich die Ausbildung endlich auch den modernen Herausforderungen der Praxis widmen solle. „Die Ausbildungsqualität bleibt in vielen Bereichen nach wie vor hinter der im Beruf tatsächlich geforderten Qualifikation zurück."[2] Auch die Mehrzahl der Studenten ist mit dem Studium unzufrieden. So gaben in einer Umfrage 90 % der Befragten an, daß sie sich durch das Studium auf ihren künftigen Beruf nicht ausreichend vorbereitet fühlen.[3]

Zinsmeister nennt neben der allgemeinen zahlenmäßigen Überlastung vor allem drei Gründe für die Ausbildungsdefizite, die auch von den Berufsorganisationen als wesentliche Kritikpunkte angeführt werden: „Es gibt teilweise zuviel Spezialisierung an den Hochschulen, die auf Kosten der Breite des Wissens und Könnens geht; es gibt zu kurze Studiengänge, und der direkte Bezug zur Praxis ist vielfach zu gering."[4]

Von den von uns befragten Experten wurden bezüglich der Ausbildung vor allem vier Kritikpunkte genannt:

– die mangelnde gemeinsame Grundqualifikation,
– die Nivellierung der unterschiedlichen Ausbildungsgänge in der wissenschaftlichen Hochschule und Fachhochschule,
– die zu kurze Fachhochschulausbildung sowie
– die mangelnde Qualifikation der Dozenten.

Die Kritikpunkte fanden im wesentlichen Eingang in die 1985 vorgelegte Empfehlung der Studienreformkommission Architektur, die u.a. betonte, daß sich für alle Hochschulen die Notwendigkeit eines gemeinsamen Kernbestandes der Ausbildung ergibt, der eine gleichwertige Mindest- bzw. Grundqualifikation der späteren Architekten gewährleisten soll, wodurch auch eine nicht nur nominelle Gleichwertigkeit von Fachhochschule und wissenschaftlicher Hochschule sichergestellt würde. Diese Auffassung wird auch von der Bundesarchitektenkammer vertreten:

„Die derzeit typischen Tätigkeitsmerkmale des Architekten und die Zukunftsaussichten lassen u.a. erkennen, daß eine Architektenausbildung an der Realität vorbeigeht, wenn sie sich vorwiegend an Herstellungs- und Entwicklungsmethoden für Massenproduktionen und am künftigen Architekten als Teil eines großen Planungsstabes ausrichtet.

[1] Acht Semester in Baden-Württemberg und Bayern
[2] Deutsches Architektenblatt 11/1985
[3] Vgl. Zinsmeister 1985, S. 437
[4] Vgl. Zinsmeister, R. 1985, S. 437

Die Ausbildung muß sicherstellen, daß ein Architekt zur Arbeit im Team befähigt ist und auch auf sich alleine gestellt Bauaufgaben planen und abwickeln kann. Daneben muß Methodenwissen und müssen Fähigkeiten erworben werden, die eine Anpassung an Veränderungen bei der Berufsausübung in der Praxis ermöglichen."[1]

Dementsprechend wurde von der BAK bereits 1979 ein Katalog von Studieninhalten erarbeitet, der für alle Hochschulen, also auch die Fachhochschulen gelten soll.

„Es soll damit weder eine Gleichschaltung der Hochschulen noch eine Uniformität der Ausbildung gefordert werden. Die Architektenkammer ist im Gegenteil an einem großen Spektrum, an einer Mannigfaltigkeit differenziert geprägter Architekturschulen interessiert. Nur dadurch kann die Diskussion über Architektur belebt und die Qualität der gebauten Umwelt verbessert werden. Andererseits darf durch die Individualität der Ausbildungsstätten und ihrer Lehrer ein gemeinsamer Grundkonsens nicht verlorengehen."[2]

Die Forderung nach einer gemeinsamen Grundqualifikation bedeutet also nicht die Forderung nach Abschaffung der zweigleisigen Ausbildung, wie auch in den Expertengeprächen betont wurde. Die Richtigkeit und Notwendigkeit der Existenz verschiedener Hochschularten wurde vielmehr auch von der Studienreformkommission betont:

„Dies ergibt sich zunächst aus dem Bedarf der Praxis nach unterschiedlich veranlagten und ausgebildeten Architekten. So läßt sich auch von der Berufsqualifikation her keine Notwendigkeit zur Vereinheitlichung der Ausbildungswege ableiten. Gesellschaft und Berufspaxis stellen jedenfalls unterschiedliche Wünsche, Forderungen und Ansprüche an die Qualifikation des Architekten. Da aber Architektur eine eigenständige künstlerische Disziplin ist und da jede Generation ein anderes Bild davon entwickelt, was Architektur ist, müssen auch Versuche scheitern, ein Berufsbild oder eine ‚Einheitsausbildung' in einem engen Raster festzuschreiben. An jedem Hochschultyp wird ein bestimmter Aspekt weniger, ein anderer stärker ausgeprägt sein. Sei es der wissenschaftlich-künstlerische, der technischkonstruktive oder der praktische. Dies gilt nicht nur für die Differenzierung zwischen den unterschiedlichen Hochschularten, sondern auch für die Profile einzelner Hochschulen innerhalb ein- und derselben Hochschulart. Nur durch diese Pluralität des Ausbildungsweges kann den unterschiedlichen Anforderungen des Berufsfeldes Rechnung getragen werden."[3]

Gerade aber diese Differenzierung ist nach Meinung der Vertreter der Architektenschaft in der Realität nicht mehr gegeben. So beklagen z.B. Bredow/Döpfner

---

[1] Deutsches Architektenblatt 9/1979, S. 1034
[2] Deutsches Architektenblatt 9/1979, S. 1034
[3] Deutsches Architektenblatt 10/1985, S. 1249

die Tendenz zur Nivellierung, d.h. Egalisierung und Uniformierung der Hochschulen: „Das, was vorher die Vielfalt und differenzierte Pluralität der Hochschullandschaft ausgemacht hat, wurde weitgehend durch reglementierte Studiengänge, durch die Tendenz zur Gleichmacherei, eine gewisse Aversion gegen den Begriff der Leistung usw. nivelliert. 'Quality' oder 'Equality', das ist die Frage."[1]

Auch während unserer Interviews wurde sowohl von den befragten Architekten als auch von den Vertretern der Bauwirtschaft die Vereinheitlichung der Studiengänge kritisiert. Die Fachhochschulen als Nachfolgeinstitutionen der Ingenieurschulen hätten eine lange Tradition hinsichtlich einer fachorientierten und anwendungsbezogenen Ausbildung gegenüber der eher wissenschaftlich-theoretischen Lehre an den wissenschaftlichen Hochschulen. Diese stärkere Praxisorientierung sei jedoch in den letzten Jahren verloren gegangen. Aus der Sicht der Experten sind die Fachhochschulabsolventen schlechter gestellt, weil ihre Ausbildungszeit an einer kürzeren Mindeststudiendauer orientiert ist als die der Absolventen wissenschaftlicher Hochschulen. Eine wesentliche Nachfrage nach praxisnah ausgebildeten Architekten könne nicht mehr befriedigt werden. Entsprechend bestand Einigkeit in der Forderung, wieder zu einer primär praxisorientierten Ausbildung der Fachhochschule zurückzukehren, ohne daß dabei allerdings die gemeinsame Grundqualifikation verloren gehen dürfte.

Kritik wurde von den Vertretern der Architekten auch hinsichtlich der Ausbildungsdauer geäußert. Gegenüber der von Bund und Ländern geplanten Reduzierung der Regelstudienzeiten fordern die Berufsorganisationen der Architekten sogar eine Aufstockung, um die nötige Breite der Ausbildung zum Erwerb aller erforderlichen Kenntnisse, Fähigkeiten und Fertigkeiten sowie die Entwicklung gestalterischer Kreativität zu gewährleisten.[2]

Die Forderung nach Ausdehnung der Studienzeiten betrifft dabei vor allem den Fachhochschulbereich. Mit Ausnahme der Länder Bayern und Baden-Württemberg, für deren Fachhochschulen eine Studienzeit von vier Jahren einschließlich zwei Praxissemestern vorgeschrieben ist, beträgt die Mindeststudiendauer an bundesdeutschen Fachhochschulen sechs Semester, also drei Jahre. Diese Regelung wird von der Architektenschaft als bei weitem nicht ausreichend für den Erwerb einer absolut erforderlichen Mindestqualifikation angesehen. Nach ihrer Meinung ist eine mindestens achtsemestrige Ausbildung für Fachhochschulen notwendig[3]. Diese Forderung nach einer Erhöhung der Ausbildungszeit an Fachhochschulen auf vier Jahre wurde auch von den von uns befragten Architekten einhellig als zentrales Thema erhoben, wobei betont wurde, daß es sich hierbei um eines der wichtigsten Ziele der Architektenschaft handele.

---

[1] Bredow/Döpfner o. J.
[2] Vgl. Zinsmeister 1985, S. 437
[3] Vgl. Volkmann 1985; Zinsmeister 1985, Deutsches Architektenblatt 9/1979, S 1035

Mit Hinweis auf die Regelung in den übrigen europäischen Staaten, in denen zehn Semester und mehr als Mindestforderung für die Architekturausbildung üblich sind[1]), hält die Bundesarchitektenkammer im Interesse der Ausbildungszeit sogar eine Verlängerung der Ausbildung über vier Jahre hinaus für wünschenswert. Auch die Studienreformkommission Architektur kam zu dem Schluß, daß für die Vermittlung des Ausbildungskernbestands und unter Berücksichtigung eines fachlichen und persönlichen Reifeprozesses für die Überschaubarkeit der Vielzahl der heterogenen Studieninhalte in ihren Zusammenhängen für wissenschaftlich/künstlerische Hochschulen eine Studienzeit von 10 Semestern notwendig ist, der die Zeit für die Anfertigung und Bewertung der Diplomarbeit von sechs Monaten noch hinzugefügt werden muß. Für Fachhochschulen ergibt sich im Hinblick auf eine Studienzeit des Kernbestandes eine Regelstudienzeit von acht Semestern, wobei auch hier ein zusätzliches Semester für die Diplomarbeit angefügt werden sollte. Diese Regelstudienzeit von 11 bzw. 9 Semestern erscheint der Reformkommission für die Vermittlung der erforderlichen Qualifikation unabdingbar. „Eine Verkürzung des Studiums würde zu einer starken Belastung der Studenten führen, denen dann keine ausreichende Zeit für Vor- und Nachbereitung einzelner Lehrveranstaltungen zur Verfügung stehen würde. Dies wiederum würde dann notwendigerweise zu einer Überschreitung der Regelstudienzeit und damit zur Studienzeitverlängerung führen. Es wird darauf hingewiesen, daß die realistische Festlegung von Regelstudienzeiten zu einer Reduzierung der tatsächlichen Studienzeit führen kann.[2]) Die tatsächlichen Studienzeiten liegen jetzt an wissenschaftlichen Hochschulen bei elf bis 15 Semestern[3]).

Ein Vertreter der BAK machte dazu deutlich, daß die beschlossene Empfehlung, gemessen an den Forderungen der Bundesarchitektenkammer, allenfalls eine Mindestqualifikation im Sinne einer gerade noch ausreichenden Berufseingangsqualifikation, bezogen auf den für notwendig gehaltenen Kernbestand der Architektenausbildung, darstelle. Die Vertreter aus der Berufspraxis hätten jedoch der Empfehlung der Studienreformkommission nach sorgfältiger Abwägung als Kompromiß zugestimmt und ein Sondervotum für neun Studiensemester an der Fachhochschule und elf Studiensemester an der wissenschaflich/künstlerischen Hochschule, in denen das Prüfungssemester nicht enthalten ist, verzichtet[4]).

Demgegenüber haben sowohl die Kultusministerkonferenz als auch die Bundesregierung stets daran festgehalten, daß es in Fachhochschulen bei einer Regelstudienzeit von sechs Semestern bleiben solle. Entsprechend stellten die Staatsvertreter in der Studienreformkommission fest, daß die empfohlenen

---

[1]) Deutsches Architektenblatt 9/1979
[2]) Deutsches Architektenblatt 10/1985
[3]) Wertz 1982
[4]) Deutsches Architektenblatt 10/1985, S. 1250

Regelstudienzeiten erheblich über den derzeit geltenden Regelstudienzeiten liegen. Die staatlichen Vertreter hätten seit Beginn der Beratungen darauf gedrängt, eine Studienkonzeption zu entwerfen, die geeignet sei, die überlangen realen Studienzeiten deutlich zu senken. Die Erwartungen der staatlichen Vertreter, daß die Kommission sich die Empfehlungen der Vorgängerkommission hinsichtlich der Regelstudienzeiten (zehn bzw. acht Semester einschließlich berufspraktischer Studienanteile) zu eigen machen würde, hätten sich bedauerlicherweise nicht erfüllt. Die staatlichen Vertreter schlugen in einem Sondervotum als einen ersten Schritt zur Reduzierung der empfohlenen Regelstudienzeit vor, die Regelstudienzeit an wissenschaftlichen Hochschulen mit zehn Semestern und an Fachhochschulen mit acht Semestern (inklusive Diplomarbeit) festzuschreiben. Erreicht werde dies durch eine Reduzierung der Stundenzahl im Wahlpflichtbereich der Fachhochschulausbildung[1].

Gemessen an ihren Forderungen können die Berufsvertreter der Architekten mit der am 10. Juni 1985 verabschiedeten EG-Richtlinie über das Niederlassungsrecht und den freien Dienstleistungsverkehr für Architekten nur bedingt zufrieden sein. Das nach 18 Jahren verabschiedete Gesetz sieht als Voraussetzung für die gegenseitige Anerkennung der Diplome vor, daß die Gesamtdauer der Ausbildung mindestens 4 Studienjahre an einer Hochschule umfassen muß. Allerdings wird auch die an bundesdeutschen Fachhochschulen übliche Studiendauer von 3 Jahren anerkannt, wenn sie durch eine von der zuständigen Architektenkammer bestätigte berufspraktische Tätigkeit von insgesamt vier Jahren ergänzt wird. Da die ohnehin in der Bundesrepublik Deutschland als Voraussetzung zur Eintragung in die Architektenliste abzuleistende berufspraktische Tätigkeit von zwei (in einigen Bundesländern auch drei) Jahren auf diesen Zeitausgleich angerechnet werde, bedeute dies nur noch eine zusätzliche berufspraktische Tätigkeit von zwei bzw. einem Jahr.

Eine weitere Forderung der Architektenschaft bezieht sich auf die Vermittlung praktischer Fähigkeiten während der Ausbildung in der Erkenntnis, daß der praktischen Qualifikation für die Architekten große Bedeutung zukommt, daß jedoch die für die berufliche Tätigkeit notwendigen Fähigkeiten und Fertigkeiten sich nicht an der Hochschule allein erlernen und entwickeln lassen, sondern nur in der Wechselwirkung von Hochschule und Praxis.[2]

Nach Meinung der Architektenschaft wie auch der Bauwirtschaft ist dieser Praxisbezug jedoch heute nicht mehr hinreichend gewährleistet. Die Architektenschaft fordert deshalb die verstärkte Einführung von Praxissemestern, die – so einer der befragten Experten – nicht nur die Motivation und die Kontakte zur Praxis fördern, sondern auch die Lehre begünstigen, da sie den Studenten in die Lage versetzen, praxisnähere Fragen zu stellen und Schwerpunkte zu sehen.

---

[1] Deutsches Architektenblatt 10/1985, S. 1250
[2] Vgl. Deutsches Architektenblatt 9/1979, S. 1034; Zinsmeister 1985, S. 437

„Pflichtpraktika waren früher fester Bestandteil aller Hochschulen und Ingenieurschulen, die Architekten ausgebildet haben. Sie wurden jedoch Ende der sechziger Jahre in einer Welle einseitiger Theorie- und Wissenschaftsgläubigkeit teilweise abgeschafft. So wird zum Beispiel an der Stuttgarter Universität den Architekturstudenten eine einjährige Zwischenpraxis, wie sie früher gefordert war, nur empfohlen, aber nicht zwingend vorgeschrieben."[1]

Zur Sicherung eines ausreichenden Praxisbezugs sollte nach Auffassung der Bundesarchitektenkammer neben der notwendigen Praxis von mindestens zwei Jahren, die von allen Länderarchitektenkammern vor Eintragung in die Architektenliste gefordert ist, zusätzlich eine Vorpraxis und eine Zwischenpraxis durchgeführt werden. Die Praxisphasen im Studium sollen – so die Studienreformkommission – einerseits die Funktion haben, den Studenten mit den besonderen Arbeitsbedingungen seines künftigen Berufslebens vertraut zu machen, darüber hinaus aber auch eine Verlagerung des Lernorts von der Hochschule in die berufliche Praxis gewährleisten. Eine zusammenhängende Vorpraxis von sechs Monaten Dauer auf der Baustelle wird für Studierende beider Hochschularten empfohlen. Die Vorpraxis soll vor Beginn des ersten Studienabschnitts absolviert werden und dem angehenden Architekturstudenten Vorstellungen über Baustoffe und Bautechniken in den wichtigsten Gewerben des Bauhaupt- und Baunebengewerbes sowie über technische und betriebliche Abläufe und das soziale Umfeld der Baustelle vermitteln. Die Vorpraxis soll zugleich dem Studienbewerber die Möglichkeit einer Überprüfung der Motive für die Studienwahl bieten[1]. Insofern übernimmt das Vorpraktikum, auch wenn es nicht Voraussetzung für die Aufnahme, sondern Bestandteil des Studiums ist, eine Quasi-Funktion der Auslese von geeigneten Bewerbern. Das Vorpraktikum ist bereits bei den meisten Fachhochschulen, weniger bei den wissenschaftlichen Hochschulen, realisiert.[2]

Die Zwischenpraxis soll nach Abschluß der Diplomvorprüfung vor Beginn des zweiten Studienabschnittes liegen und zusammenhängend im Büro absolviert werden. Sie soll Anwendungs- und Realitätsbezug des Studiums verdeutlichen und eine Dauer von mindestens sechs Monaten haben. Grundsätzlich wird aber darauf hingewiesen, daß eine zwölfmonatige Zwischenpraxis wünschenswert wäre, um es dem Praktikanten in diesem Zeitraum zu ermöglichen, den Ablauf einer Planung und/oder Bauausführung weitgehend oder gar vollständig mitzuverfolgen. Die inhaltliche Lenkung der Zwischenpraxis und eine Betreuung durch die Hochschulen sollte in Form einer Absprache zwischen den Hochschulen, den zuständigen Landesministerien und den jeweiligen Architektenkammern erfolgen.[3]

---

[1] Zinsmeister 1985, S. 437
[2] Vgl. 4.5.2.1.1
[3] Deutsches Architektenblatt 10/85, S. 1250

Abbildung 13: Modell der BAK zur Architektenausbildung

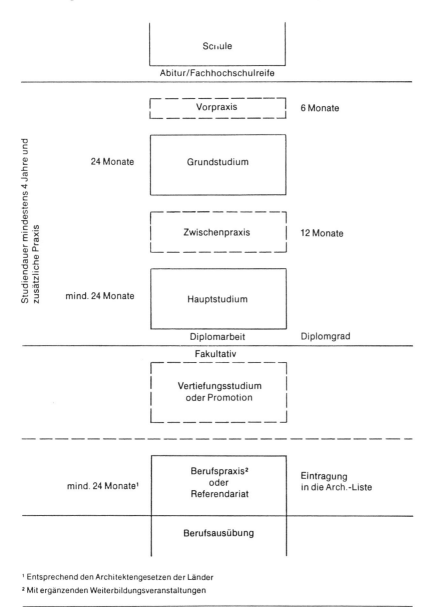

¹ Entsprechend den Architektengesetzen der Länder
² Mit ergänzenden Weiterbildungsveranstaltungen

Die Mindestforderung nach wenigstens 2 Praxissemestern wird auch von vielen Fachhochschulen, deren Schwerpunkt traditionell auf einer praxisnahen Ausbildung liegt, nicht erfüllt. So wäre es aus der Sicht der Architektenschaft bereits als Erfolg zu werten, wenn in die Fachhochschulausbildung, wie in Bayern und Baden-Württemberg bereits geschehen, generell zwei Praxissemester integriert würden, wie dies auch vom Bundesminister für Bildung und Wissenschaft befürwortet wird.[1]

Bereits 1979 hat die Bundesarchitektenkammer ihre Vorstellungen über eine den Mindestanforderungen genügende Architektenausbildung zu einem Modell zusammengefaßt (vgl. Abbildung 13).

Die dabei nach Abschluß des Studiums als Voraussetzung für die Eintragung in die Architektenlisten bereits jetzt vorgeschriebene (je nach Ländergesetz) zwei- bis dreijährige praktische Tätigkeit soll den Übergang von der Hochschule zur beruflichen Tätigkeit als kammerfähiger Architekt herstellen.

Dieses Praktikum wird in Architekturbüros, bei Baubehörden oder in der Bau- und Wohnungswirtschaft abgeleistet. Ein Referendariat wird als praktische Tätigkeit ebenfalls anerkannt.[2]

Zur vertieften Unterrichtung sieht die Bundesarchitektenkammer, wie auch von der Studienreformkommission vorgeschlagen[3], von der zuständigen Architektenkammer in Zusammenarbeit mit Hochschulen begleitende Weiterbildungsveranstaltungen in Form von Vorträgen, Kursen, Seminaren und Übungen vor, die zueinander in einem curricularen Zusammenhang stehen sollen. „Die sich wandelnden Inhalte der Bauaufgaben und das sich ändernde wissenschaftliche, technische und gestalterische Instrumentarium erfordern die Bereitschaft und Fähigkeit zur dauernden Überprüfung und Erweiterung der Kenntnisse, Arbeitsmethoden und Fähigkeiten.

Die Fort- und Weiterbildung soll den Architekten befähigen, die Entwicklungen in seinen beruflichen Tätigkeitsbereichen zu verfolgen, sein Wissen zu erweitern und im täglichen Wettbewerb zu stehen."[4]

Unter Einbeziehung des Konzepts der Bundesarchitektenkammer haben Wiesand u.a. ein Ausbildungsmodell entwickelt, das einen Kompromiß zwischen vorhandenem Ausbildungsangebot und den bislang vorgeschlagenen Ideallösungen darstellt und in das die Weiter- und Fortbildung als integrierter Bestandteil des Gesamtkonzepts bereits miteinbezogen ist:

1) Vgl. Der Freie Beruf /85, S. 15
2) Deutsches Architektenblatt 9/79, S. 1035
3) Deutsches Architektenblatt 10/85, S. 1250
4) Deutsches Architektenblatt 9/79, S. 1039

1. Die Ergänzung der Zulassungsregelungen durch eine fachnahe, freiwillige Eingangsprüfung (mit Prüfungsgespräch).

2. Eine breite, fächerintegrierende Orientierung des Vor- und Hauptstudiums mit einbezogenen Praxiserfahrungen, vor allem im Hinblick auf spätere Kooperations- und Koordinationsaufgaben der Architekten (über die Form dieser Praxiserfahrungen wird man sich vermutlich erst mittelfristig verständigen können).

3. Respektierung der zum Teil in langen Traditionen gewachsenen Besonderheiten bestimmter Hochschultypen und einzelner Hochschulen, dabei aber eine bessere Information vor allem der Studienanfänger über derartige Unterschiede, ihre berufspraktische und allgemeine Bedeutung sowie eine größere Wahlmöglichkeit zwischen verschiedenen Hochschulen und Ausbildungsrichtungen.

4. Möglichkeiten zu einer Spezialisierung oder wissenschaftlichen Vertiefung im Anschluß an das Hauptstudium oder zu einem späteren Zeitpunkt während der Berufslaufbahn (Aufbau-, Vertiefungs- und Kontaktstudiengänge).

5) Entscheidende Verbesserung und Vergrößerung des Weiterbildungsangebots, in Zusammenarbeit von Berufsorganisationen, Kammern und Hochschulen, dabei auch eine besondere Förderung dieser Weiterbildung durch die Arbeitgeber beziehungsweise durch Förderstipendien oder Volontariate für freiberufliche Berufsanfänger[1].

4.5.2.1.3 Spezialisierung

Beim Beruf des Architekten zeichnet sich eine gewisse Spezialisierung bereits durch die Gliederung in Fachgebiete wie Hochbauarchitektur, Innenarchitektur usw., die bereits eigene Berufsprofile besitzen, ab. Doch auch innerhalb der einzelnen Fachgebiete findet eine weitere Spezialisierung statt, die in zwei Dimensionen verläuft:

1. Zunächst erfolgt die Spezialisierung im Hinblick auf unterschiedliche Aufgaben-/ Objektbereiche wie zum Beispiel Stadtplanung (hier auch interne Spezialisierung wie auf Bauleitplanung oder Betreuung von städtebaulichen Großprojekten), Regional- und Landesplanung oder bestimmte Objekt- und Gebäudetypen (zum Beispiel Spezialisierung auf Verwaltungsbau, Krankenhaus- oder Privathausbau). In diesen Zusammenhang gehört auch die Spezialisierung auf Umbau, Innenausbau, Modernisierungsmaß-

---

[1] Vgl. Wiesand/Fohrbeck/Fohrbeck 1984, S. 83

nahmen etc., ein Bereich, in dem zunehmend auch Innenarchitekten aktiv werden.

2. Zum anderen findet eine Spezialisierung auf einzelne Leistungsbereiche innerhalb des Planungs- und Herstellungsprozesses statt. So ist inzwischen der Typus des freiberuflich tätigen Projektleiters oder Projektsteuerers (wie ihn die HOAI nennt), der ausschließlich Management- und Koordinationsfunktionen ausfüllt, relativ häufig. Auch die Position des Bauleiters, der für die Ausführungsphase von Bauprojekten verantwortlich ist, illustriert diese Tendenz. Zu nennen ist hier auch die Spezialisierung auf Wettbewerbe oder auch ausschließlich auf Entwürfe (eine Form der Spezialisierung ist letztlich auch der sog. „Zeichenarchitekt", der Zeichnungen/Ideen für den Kunstmarkt, die Publizistik oder im Wissenschaftsbereich produziert), ferner die Spezialisierung auf Gutachtertätigkeiten[1].

Von der Mehrheit der befragten Experten, auch von den Vertretern der Bauwirtschaft, wurde die Spezialisierung als qualitätsfördernd bezeichnet. Spezialisierende Schwerpunktbildung im Beruf führe zu einer Erhöhung der Kompetenz und damit zu einer besseren Beherrschung dieser Bereiche. Allerdings dürfe die Spezialisierung nicht zu weit gehen.

Einer der befragten Architekten wandte gegen die Spezialisierung ein, daß sie, sofern sie sich auf bestimmte Tätigkeitsphasen erstrecke, zu einem Verlust der für die Architektentätigkeit notwendigen ganzheitlichen Orientierung führe, ein Feed-back zum Gesamtobjekt sei dann nicht mehr gegeben. In dieser Form sei Spezialisierung also unter Qualitätsgesichtspunkten eher negativ zu bewerten. Demgegenüber könne eine objektbezogene Spezialisierung, z.B. auf den Bau von Krankenhäusern, eher sinnvoll sein.

Ein weiterer Architekt, der Spezialisierung unter Qualitätsgesichtspunkten als durchaus positiv bezeichnete, konstatierte jedoch, daß es angesichts der angespannten Auftragslage derzeit für die Büros gefährlich wäre, sich zu spezialisieren; er glaubte, hier im Vergleich zur Vergangenheit bereits eine rückläufige Tendenz festgestellt zu haben.

Alle Experten waren sich einig, daß, wenn eine Spezialisierung erfolgt, die Weichen hierzu nicht zu früh gestellt werden dürften. Spezialisierung im Studium, wie sie z.T. an den Ausbildungsstätten praktiziert werden, gehe auf Kosten der für die spätere Berufsausübung unverzichtbaren architekturwissenschaftlichen Grundqualifikation, da das Hochschulstudium derzeit zu kurz sei, als daß Schwerpunktsetzungen und Vertiefungen des Wissens zusätzlich zur Basisausbildung vermittelt werden könnten.[2]

---

[1] Vgl. Wiesand/Fohrbeck/Fohrbeck 1984, S. 96
[2] Vgl. auch 4.5.2.1.2

Am sinnvollsten sei deshalb eine Spezialisierung erst im Anschluß an das Studium durch ein Zusatzstudium und/oder in der beruflichen Praxis, wo der Berufsausübende dann die Schwerpunkte gemäß seinen persönlichen Neigungen oder – was eventuell noch wichtiger sein kann – gemäß den Anforderungen auf dem Markt setzen könne. Eine bereits im Studium erfolgte Festlegung auf bestimmte Tätigkeitsbereiche verhindere dagegen ein flexibles Reagieren auf Angebotsdefizite bzw. Verschiebungen in der Nachfrage. Darüber hinaus erschwere sie dem Anfänger das Fußfassen im Beruf, da Büros im allgemeinen bei der Einstellung von Mitarbeitern Kollegen mit einer generalistischen Orientierung vorzögen, die ihre Spezialisierung auch den Erfordernissen des Büros anpaßten.

Der Nachteil einer zu frühzeitig während des Studiums erfolgten Spezialisierung wird dann besonders deutlich, wenn – wie dies nach Auffassung von zwei der befragten Experten derzeit der Fall ist – die von den Hochschulen vermittelte Schwerpunktsetzung an den Erfordernissen der Praxis vorbeigeht. So werde in den Hochschulen die Ausbildung zu stark auf den Entwurf konzentriert, während in der Praxis z.B. ein Mangel an Bauleitern herrsche. Dies führe zu der grotesken Situation, daß Einser-Examenskandidaten in den Büros nicht unterkämen, da sie nur entwerfen könnten.

4.5.2.1.4 Weiter- und Fortbildung

Nach Wiesand u.a. hat seit Mitte der siebziger Jahre die Diskussion um eine angemessene Fort- und Weiterbildung der Architekten ständig an Bedeutung gewonnen. Der Grund hierfür seien nicht nur die Unterschiede und Unsicherheiten in der Gestaltung der Ausbildungsphase an den Hochschulen, sondern auch die Engpässe auf dem Arbeitsmarkt, die sich in einer raschen Zunahme von Arbeitslosen niederschlugen und die Frage angemessener Qualifikationen und ihrer Aktualisierung während der gesamten Berufspraxis zu einem überindividuellen Problem werden ließen. Architektenkammern – durch die Architektengesetze ohnehin mit der Förderung der Weiterbildung beauftragt – sowie Verbände und Gewerkschaften bemühen sich seit einiger Zeit, teilweise in Zusammenarbeit mit den Hochschulen, um die Entwicklung realisierbarer Weiterbildungsmodelle als Ergänzung oder Auffrischung der Studienangebote.

Die Angebote sollen
- den Berufspraktikern flexibel die erforderlichen, teilweise neuen Zusatzqualifikationen vermitteln können (etwa neue Verfahrenstechniken, Planungsmethoden oder Chancen im Berufsfeld);
- Defizite der bisherigen Studienangebote ausgleichen können;
- eine in der Berufspraxis notwendige oder aus Interesse gewünschte Spezialisierung der Berufsanfänger leisten können.[1]

---

[1] Vgl. Wiesand u.a. 1984, S. 79f

Bei den Architekten bestehen hier zwar keine formalen Weiterbildungsregelungen wie bei den akademischen freien Heilberufen und Rechtsanwälten, die Angebote im Rahmen des Vertiefungsstudiums sowie die das Berufspraktikum begleitenden Lehr- und Informationsangebote gehen jedoch auch in ihrer Funktion über den Rahmen des bei den oben genannten Berufsgruppen gemeinhin als Fortbildung definierten Angebote hinaus. Die z.T. primär auf Spezialisierung und Wissensvertiefung abzielenden Veranstaltungen kommen z.T., wenn auch nicht in einer Weiterbildungsordnung institutionalisiert, einer Quasi-Weiterbildung gleich. In diesem Sinne geht z.B. auch das von der FH Lippe (Lemgo) angebotene Zusatzstudium „Wohnungswirtschaft", dessen Abschluß mit einem Diplom oder Zertifikat bestätigt wird[1], über die reine Fortbildung hinaus.

Allerdings ist – so Wiesand u.a. – das Angebot an sog. Aufbaustudiengängen, die speziell für eine Qualifizierung im Anschluß an das Hauptstudium zur Verfügung stehen, noch „sehr mager". Auch die Möglichkeiten, nach absolviertem FH-Studium zum Erwerb von Zusatz- und Spezialwissen zu universitären Studiengängen überzuwechseln, sei angesichts drastischer Zulassungsbeschränkungen kaum ausreichend.[2]

Neben diesen erst in den Anfängen begriffenen eher als „Weiterbildung" einzustufenden Entwicklungen existieren bei den Architekten die Fortbildungsangebote in ihren traditionellen Formen, „also etwa über Tagungen, Seminare, Vortragsreihen, Studienreisen etc., insbesondere von den Bildungseinrichtungen der Kammern und Berufsverbände organisiert. Das Themenspektrum ist hier bereits heute relativ breit, orientiert sich aber in erster Linie an berufspraktischen Problemstellungen (wie Haftungsrecht, Steuerfragen, Betriebswirtschaft etc.) sowie bestimmten neuen Dimensionen des Tätigkeitsfelds der Architekten (Planungsprobleme, Denkmalpflege etc.). Den zuvor erwähnten übergreifenden Konzepten und Ansprüchen an eine Weiterbildung, die zugleich die Spezialisierungstendenzen an den Hochschulen auffangen könnten, wird dies naturgemäß nicht gerecht."[3]

Nach Auffassung der Mehrheit der von uns befragten Architekten deckt das Fortbildungsangebot der Kammern und Verbände alle Bereiche ab, in denen für die Berufsangehörigen entweder wegen der Weiterentwicklung der Architektur oder wegen Lücken in der Ausbildung keine Kenntnisse vermittelt werden bzw. werden können. Das Angebot sei ausreichend strukturiert und werde immer aktualisiert. Neben den unmittelbar fachbezogenen Themen wird nach Auskunft der Experten auch rechtliches Wissen angeboten. Darüber hinaus haben verschiedene Kammern (z.B. in Hannover, Nidda und München) in

---

[1] Vgl. Handelsblatt 3./4.2.1984, S. 23
[2] Vgl. Wiesand/Fohrbeck/Fohrbeck 1984, S. 80
[3] Vgl. Wiesand/Fohrbeck/Fohrbeck 1984, S. 80

Zusammenarbeit mit dem Bundesministerium für Forschung und Technologie sog. EDV-Labore eingerichtet, in denen die Berufsangehörigen im praktischen Umgang mit dem Computer unterwiesen werden. Des weiteren bieten die Kammern auch Fortbildungsveranstaltungen für arbeitslose Architekten an, die damit in die Lage versetzt werden sollen, Wissensdefizite auszugleichen. Insgesamt wurde also das Fortbildungsangebot von den Experten allgemein als inhaltlich und quantitativ ausreichend beurteilt. Durch Fragebogenaktionen der Kammern habe man auch eine ständige Kontrolle, wie das Angebot von den Berufsangehörigen akzeptiert werde.

Über das Fortbildungsverhalten der Berufsangehörigen stehen außer den Teilnehmerzahlen bei der Fortbildungsakademie der Kammern und bei den Veranstaltungen der Verbände keine Informationen zur Verfügung. Die Mehrheit der befragten Architekten bezeichnete das Fortbildungsverhalten jedoch als gut.

Zwei der Befragten erklärten allerdings, daß es immer wieder auch Berufsangehörige gebe, denen die Zeit zur ausreichenden Fortbildung fehle und daß z.T. Veranstaltungen nicht so gut besucht seien wie erwünscht. Noch kritischer beurteilte der fünfte Architekt das Fortbildungsverhalten: Die Resonanz der Fortbildungsveranstaltungen sei sehr schlecht.

Tatsächlich scheint bei den Architekten vor allem das Zeitproblem eine Rolle zu spielen. So konstatierten auch Wiesand u.a., daß die Beteiligung der Berufsangehörigen an Fortbildungsmaßnahmen relativ stark von den Bedingungen abhängig sei, die von der beruflichen Position gesetzt werden: „Besonders aktiv sind hier die Beamten und Angestellten des öffentlichen Dienstes, die zur Weiterbildung verpflichtet sind und darin auch gefördert werden, während etwa Angestellte in der Bauwirtschaft und sogar in Architektenbüros offensichtlich geringere Möglichkeiten zur Wahrnehmung entsprechender Angebote haben. Bei den Freiberuflern kommt erschwerend die häufig außerordentlich starke zeitliche Belastung im beruflichen Alltag hinzu."[1]

Die Einführung einer Fortbildungskontrolle wollte jedoch keiner der befragten Experten aus der Architekten- wie auch aus der Bauwirtschaft in Erwägung ziehen: Dies würde nicht nur, so einer der Befragten, einen Eingriff in den persönlichen Freiraum der Berufsangehörigen bedeuten. Alle Experten waren sich darüber hinaus einig, daß ein ausreichend starker Zwang zur Fortbildung bereits durch den Markt ausgeübt werde. Ein Architekt, der sich nicht ständig auf dem neuesten Stand des Wissens befinde, sei nicht mehr konkurrenzfähig. Auch trage das Standesrecht ebenso wie die zivilrechtliche Haftung des Architekten genügend zur Sicherung der Fortbildungsbereitschaft bei.

Die Vertreter der Bauwirtschaft führten des weiteren an, daß eine Fortbildungspflicht und -kontrolle nur möglich würde, wenn man die Fortbildung institutio-

---

[1] Wiesand/Fohrbeck/Fohrbeck 1984, S. 80

nalisierte. Damit ginge aber der Vorteil verloren, daß das Fortbildungsverhalten sofort flexibel auf den Markt reagieren könne. Wenn auch eine Kontrolle der Fortbildung nicht als wünschenswert betrachtet wurde, hielten es die befragten Architekten jedoch für sinnvoll, die Fortbildungsangebote der Kammern und Verbände zu beleben. Darüber hinaus ist nach Auskunft der Berufsvertreter auch die Verpflichtung zur Fortbildung in der Regel Bestandteil der Berufsordnungen.

Einen positiven Einfluß auf die Fortbildungsbereitschaft haben nach Auffassung von zwei der Gesprächspartner auch die Existenzgründungs- und sicherungsprogramme des Bundesministeriums für Wirtschaft für Freiberufler, die auch die Förderung von Informations- und Schulungsveranstaltungen umfassen, die von Kammern und Verbänden der Freien Berufe auf Bundesebene durchgeführt werden.[1] Nach Auskunft eines der Experten werden diese Programme vor allem von den Architekten viel in Anspruch genommen werden.

Insgesamt wurde von den befragten Architekten der Fortbildung neben der Ausbildung zentrale Bedeutung für die Sicherung und Verbesserung der beruflichen Leistungsqualität zugesprochen. Lediglich einer der Experten vertrat die Auffassung, daß auch durch intensive Fortbildung aus einem schlechten Architekten kein guter zu machen sei.

4.5.2.2 Wirtschaftliche Situation

Die relativ starke Konkurrenz berufsfremder Anbieter in Verbindung mit stagnierenden bzw. rückläufigen Auftragsaufkommen zumindest in einigen Marktbereichen lassen die Einkommens- und Wettbewerbssituation bei den Architekten auch unter Qualitätsgesichtspunkten zu einem wesentlichen Problembereich werden.

4.5.2.2.1 Konkurrenzsituation

In den 70er Jahren hat sich die Anzahl der Architekten ständig erhöht. Am 1.1.1985 waren insgesamt 66 813 Mitglieder bei der Bundesarchitektenkammer registriert, was gegenüber 1974 (43 870 Mitglieder) eine Steigerung von 52 % bedeutet. Demgegenüber ist die Anzahl der freischaffenden Architekten im gleichen Zeitraum von 23 963 auf 31 102, also um lediglich knapp 30 % gestiegen. Ihr Anteil an der Gesamtheit hat sich entsprechend von 55 % auf 47 % verringert.

Noch höher als bei der Zahl der Architekten insgesamt war der Anstieg der Anzahl der Studenten im Fachbereich Architektur/Innenarchitektur, die sich von 1973 bis 1983 mit ca. 92 % fast verdoppelt hat. Dies entspricht einem durchschnittlichen jährlichen Zuwachs von 1900 Architektur- und Innenarchi-

---

[1] Vgl. Deutscher Bundestag 1982

tekturstudenten bei überproportional steigender Tendenz. Gab es 1975 noch mehr Architekten als Studenten (1:0,9), war das Verhältnis 1983 umgekehrt (1:1,3).

Von den Berufsvertretungen wird auch für die Zukunft ein Anstieg der Studentenzahlen und damit auch der Zahl der Berufsangehörigen erwartet:

„Der Studienwunsch nach dem Fach Architektur ist ungebrochen. Obwohl gemäß Befragungen des Statistischen Bundesamtes für 1984 die Studienwilligkeit erstmals allgemein rückläufig war (-5,9 %), wollen 9,4 % mehr Abiturienten gegenüber dem Vorjahr Architektur studieren. Architektur und Innenarchitektur würden damit hinter Rechtswissenschaften auf den 7. Platz vor Informatik und Sozialwissenschaften in der Beliebtheitsskala vorrücken.

Pro Jahr verlassen derzeit ca. 3.300 Absolventen im Fachbereich Architektur/Innenarchitektur die deutschen Hochschulen. Die Tendenz ist bis in die 90er Jahre hin steigend. Der Höhepunkt des „Absolventenberges" ist erst Mitte der 90er Jahre zu erwarten. Dann dürften die Absolventenzahlen allerdings stark rückläufig sein."[1]

Auf dieser Basis und unter der von ihm selbst jedoch als unrealistisch bezeichneten Prämisse, daß der technische und technologische Fortschritt und eine rückläufige Baukonjunktur nicht zu einem weiteren Rückgang des Bedarfs an Architekten führt, sowie unter Berücksichtigung der Altersstruktur des Berufsstandes prognostizierte der Geschäftsführer der Bundesarchitektenkammer einen jährlichen Ersatzbedarf von etwa 800 bis 1.000 jungen Architekten durch frei werdende Stellen, dem jedoch pro Jahr ca. 3.500 bis 4.000 Absolventen gegenüberstehen werden.

Demgegenüber, so Jochem weiter, nahm die Nachfrage nach Leistungen der Architekten – ausgedrückt im bearbeiteten Planungsvolumen der Architekturbüros – ständig ab. Gemäß Erhebungen des IFO-Instituts im Rahmen der Architektenbefragung sei das geschätzte Bauvolumen der abgeschlossenen Verträge vom 4. Quartal 1979 bis zum 4. Quartal 1984 um mehr als die Hälfte gesunken. Im 4. Quartal 1984 hätte kaum mehr als die Hälfte aller befragten Büros neue Planungsaufträge abschließen können. Die Reichweite der Auftragsbestände sei rückläufig, die Tendenz derzeit stagnierend. Entsprechend sei die Anzahl der arbeitslos gemeldeten Architekten auf 8 116 (1984) gegenüber 2 035 (1979), also auf das Vierfache gestiegen.[2]

Konkurrenz besteht jedoch nicht nur innerhalb der Architektenschaft, sondern auch gegenüber anderen Leistungsanbietern. Da die Architektengesetze der Länder lediglich einen Titelschutz beinhalten, es den Architekten jedoch nicht

---

[1] Jochem 1986, S. 42 f.
[2] Jochem 1986, S. 42

Tabelle 9: Zahl der Architekten in der Bundesrepublik Deutschland von 1974 bis 1985/Jahr (jeweils 1.1.)

Tätigkeitsbereiche	1974	1975	1976	1977	1978	1979	1980	1981	1982	1983	1984	1985
Freischaffende Hochbauarchitekten	22.873	22.912	22.985	23.302	23.883	24.824	27.733	28.386	28.726	28.450	28.643	29.167
Beamtete und angestellte Hochbauarchitekten	16.656	22.062	22.779	23.658	24.491	25.306	26.424	28.264	28.034	28.297	28.430	28.812
Gewerblich tätige Hochbauarchitekten	1.833	2.256	2.678	2.319	2.3 98	2.539	2.599	2.684	2.732	3.677	4.152	4.286
Hochbauarchitekten insgesamt	41.362	47.230	48.442	49.279	50.772	52.669	56.756	59.334	59.492	60.424	61.225	62.265
Freischaffende Landschaftsarchitekten	479	501	533	562	587	638	757	800	836	848	901	958
Beamtete und angestellte Landschafts-architekten	410	531	530	588	601	642	695	739	768	809	816	853
Gewerblich tätige Landschaftsarchitekten	42	112	53	80	84	86	91	89	95	113	133	130
Landschaftsarchitekten insgesamt	91	1.144	1.116	1.230	1.272	1.366	1.543	1.623	1.699	1.770	1.850	1.941
Freischaffende Architekten	611	638	708	665	780	724	913	966	892	893	939	977
Beamtete und angestellte Innenarchitekten	865	1.097	1.201	1.247	1.247	1.274	1.335	1.374	1.355	1.355	1.371	1.374
Gewerblich tätige Innenarchitekten	101	196	63	103	109	117	132	135	146	214	248	256
Innenarchitekten insgesamt	1.577	1.931	1.972	2.015	2.136	2.115	2.380	2.475	2.393	2.462	2.558	2.607
Architekten insgesamt	43.870	50.305	51.530	52.524	54.180	56.150	60.679	63.437	63.584	64.656	65.633	66.813

Quelle: Zusammenstellung des Instituts für Freie Berufe auf der Grundlage der Angaben der Bundesarchitektenkammer

gelungen ist, wie die Ärzte, Rechtsanwälte oder Steuerberater einen Schutz auch der Berufsausübung und dadurch die gesetzliche Bindung der Architektenleistungen ausschließlich an ihre Berufsgruppe durchzusetzen, können und werden die gleichen Aufgaben auch von anderen Personen erbracht, die sich lediglich nicht als Architekt bezeichnen dürfen.[1] So finden sich auf dem Planungsmarkt neben den Architekten fünf Hauptgruppen von Planungseinrichtungen, die z.T. in deutlichem Wettbewerb zueinander stehen:

- die freien Ingenieurbüros,
- die Planungs-/Management-Gesellschaften,
- die Planungs- und Entwicklungsabteilungen in der Bauindustrie,
- die Planungsabteilungen bei bestimmten Bauträgern sowie
- die Planungsabteilungen der öffentlichen Hand.[2]

Während die freien Ingenieurbüros in den letzten Jahren eine ähnliche Entwicklung nahmen wie die Architekturbüros, dürfte sich lt. Wiesand u.a. der Marktanteil der übrigen Gruppen in den letzten Jahren mindestens verdoppelt haben.

Gegenüber den freien Architekten und Architektenbüros haben die gewerblichen Planungsgesellschaften und Bauträger z.T. erhebliche Wettbewerbsvorteile. Wiesand u.a. nennen hier z.B. die Möglichkeit zur umfassenden Planung, die angesichts der wachsenden Größenordnungen und technischen Komplexität der Projekte in vielen Baubereichen an Bedeutung gewinnt, die größeren Möglichkeiten zur Rationalisierung sowie fehlende Werbebeschränkungen. Ebenso wenig konkurrenzfähig sind die Architekten dort, wo große Unternehmen (Banken, Immobiliengesellschaften, Industrieunternehmen etc.) wegen ihrer intensiven Bautätigkeit dazu übergehen, auch die Planung selbst zu übernehmen, was bei kontinuierlicher Auslastung zunehmend rentabel wird.

Erhebliche Konkurrenz erwächst den freien Architekten nicht zuletzt von der öffentlichen Hand, die nach 1945 die Einrichtung von Planungsabteilungen/planender Verwaltung forciert hat und den Eigenplanungsanteil wesentlich erhöht hat. Vor allem die Kommunen – so Wiesand u.a. – lasten zunächst ihre eigenen Planungskapazitäten voll aus, ehe sie Aufträge an freie Büros vergeben.

Darüber hinaus erwuchs den Architekten durch die Nebentätigkeit der öffentlich Bediensteten (Hochschullehrer, die in der Regel nebenbei tätig sind bzw. ein Büro betreiben, Beamte, aber auch Angestellte der Verwaltungen) eine besondere, aber nicht unwesentliche Konkurrenz.

„Das Ausmaß der 'Verdrängungskonkurrenz' und der Verschiebung von Marktanteilen im Planungsmarkt wird deutlich, wenn man den Anteil der von Archi-

---

[1] Lediglich das Bremer Architektengesetz aus dem Jahre 1974 behält das Verfassen und Einreichen von Bauvorlagen ausschließlich den Architekten vor. (Vgl. Grote/Neswadba 1974, S. 13)
[2] Vgl. Wiesand/Fohrbeck/Fohrbeck 1984, S. 96 f

tekturbüros erbrachten Planungsleistungen am Gesamtplanungsvolumen der Bundesrepublik betrachtet. Dieser Anteil ist nach Schätzungen des BDA in den letzten zwanzig Jahren von etwa 80 % auf unter 30 %, nach Angaben von Feldhusen auf 40 % gesunken, eine Quote, die sich auch im internationalen Vergleich als sehr niedrig erweist (USA zum Beispiel etwa 70 %, Belgien, DDR und Polen sogar 100 %, Dänemark 5 %)."[1]

Auch die befragten Experten bezeichneten die derzeitige Konkurrenzsituation auf dem Planungsmarkt als problematisch. Zwei der Architekten nannten den derzeitgen Wettbewerb sogar „ruinös".

Die „Schwemme" gäbe es zwar bislang nur bei den Studierenden, während die Absolventenzahlen seit Anfang der 70er Jahre kaum gestiegen seien,[2] die schlechtere Ertragslage führe jedoch zu einem längeren Verweilen der älteren Architekten auf dem Arbeitsmarkt und bei ruhendem Bauvolumen seien sogar stagnierende Absolventenzahlen bedrohlich. Hier zeige sich die im Vergleich zu anderen Berufsgruppen erhebliche Konjunkturabhängigkeit der Architekten, die allerdings andererseits dazu führen könne, daß eine Ausweitung der Bautätigkeit die sog. „Schwemme" schnell abbauen würde.

Gründsätzlich bezeichneten die befragten Experten Wettbewerb und Konkurrenz als leistungsfördernd und qualitätsverbessernd. Der Wettbewerbsgedanke sei bei den technischen Freien Berufen wesentlich stärker verankert als z.B. bei den freien Heilberufen und ein wesentliches Element ihrer beruflichen Tätigkeit.

Entsprechend sahen die Experten in der sich verschärfenden Konkurrenzsituation auch keine unmittelbaren Gefahren für die Qualität der Leistungen, sofern die berufs- und standesrechtlichen Grenzen beachtet werden, vor allem das Unterschreiten der Mindestsätze verhindert werde, oder anders ausgedrückt, so lange die Leistungsvergütungen eine Kostendeckung einigermaßen sicherstellen. Zwei der befragten Experten befürchteten jedoch, daß bei steigender Konkurrenz (auch von außen) die Bereitschaft der Architekten, unter der Hand unterhalb der Gebührensätze anzubieten, steigen könnte, wobei die Möglichkeiten einer standesrechtlichen Kontrolle sehr begrenzt seien. Auch hier gelte das Prinzip: „Wo kein Kläger, da kein Richter".

Darüber hinaus, so einer der Experten weiter, bestehe die Möglichkeit bzw. Wahrscheinlichkeit, daß arbeitslose Architekten ohne Eintragung in die Architektenlisten (also unter anderer Bezeichnung) auf den Markt drängen, die dann der berufs- und standesrechtlichen Kontrolle nicht unterworfen sind. Hier könnte es durch „Dumping"-Preise und Halbbildung zu Qualitätsverlusten kommen. Der Experte glaubte jedoch, daß eine derartige Entwicklung derzeit

---

[1] Wiesand/Fohrbeck/Fohrbeck 1984, S. 97 f.
[2] Als Gründe hierfür nannte der Experte die mit 50-60 % sehr hohen Abbruchquoten und den erheblichen Anteil von „Park"-Studenten, die zwar eingeschrieben seien, aber einer anderen Beschäftigung nachgingen.

noch nicht festzustellen sei, da seines Wissens die Zahl der Haftpflichtfälle in den letzten Jahren nicht gestiegen sei. Allerdings – so die Bundesarchitektenkammer – besitzen derartige „Planer" zumeist keinen Versicherungsschutz, so daß die Statistik der Versicherer über die Anzahl der Haftpflichtfälle kein Indikator für derartige Qualitätsverluste sein kann.

Ob sich die Architekten in der Zukunft tatsächlich einem ruinösen Wettbewerb ausgesetzt sehen werden und dadurch gewisse Gefahren für die Einhaltung der Berufsordnung und damit für die Qualitätsausübung entstehen, wird wesentlich davon abhängen, inwieweit es den Architekten gelingt, den Zugang zum Planungsmarkt sowohl für den eigenen Nachwuchs als auch für externe Konkurrenten zu limitieren bzw. welche Möglichkeiten ihnen zur Verfügung stehen, auf die sich verschärfende Wettbewerbssituation zu reagieren.

4.5.2.2.2 Marktzugangsbeschränkungen

Zulassungsbeschränkungen zur Reduzierung des Architektennachwuchses sind aus der Sicht der befragten Experten kein probates Mittel, um die bedrohliche Entwicklung der Konkurrenzsituation zu entschärfen und damit eventuelle Gefahren für die Qualität zu verhindern. Bei bedarfsorientierten Zulassungsbeschränkungen – so einer der Vertreter der Berufsorganisationen – bestände im Gegenteil die Gefahr, daß auch oder vor allem solche Bewerber abgeschreckt würden, die die Veranlagung zu einem guten Architekten mitbrächten.

Tatsächlich scheint es aus der Sicht der Architektenschaft sinnvoller zu sein zu versuchen, die wachsende externe Konkurrenz zu begrenzen. Es wurde bereits darauf hingewiesen, daß im Gegensatz zu anderen Freien Berufen die Berufsordnungen der Architekten keine Ansätze dafür bieten, bestimmte Aufgabenbereiche für die Architekten zu reservieren, daß also prinzipiell auch Marktanbieter ohne eine vorgeschriebene Mindestqualifikation auf dem Planungsmarkt tätig werden können. Allerdings besteht eine gewisse Einschränkung durch das Bauvorlagerecht, das den Architekten zumindest einen teilweisen Vorteil gegenüber den übrigen Leistungsanbietern, vor allem auch den Beratenden Ingenieuren, verschafft. Das Bauvorlagerecht, das in den Bauordnungen der einzelnen Länder geregelt ist, begrenzt das Recht, genehmigungspflichtige Bauvorhaben bei den Behörden einzureichen, auf einige wenige Berufe, allen voran den Architekten.[1] Es handelt sich dabei jedoch aus der Sicht der Architekten um kein ausschließliches Privileg ihrer Berufsgruppe:

- Einerseits schließe das Recht zur Vorlage von Bauplänen in den meisten Bundesländern auch die Gruppe der Bauingenieure prinzipiell mit ein, in einigen Ländern kämen sogar noch, wenn auch mit Einschränkungen, weitere Berufe bis hin zu Bauhandwerksmeistern hinzu. In den Bauordnungen einzelner Länder umfasse das Bauvorlagerecht sogar Unternehmen und öffentliche Körperschaften, also juristische Personen, wenn auch mit der Ein-

---

[1] Schaeffer 1985, S. 4 f.

schränkung, daß die Bauvorlagen unter der Leitung eines Bauvorlageberechtigten aufgestellt werden müßten.

- Andererseits würden keineswegs alle Baumaßnahmen von den Bestimmungen erfaßt: Der Katalog der Gebäude, die von den Genehmigungsverfahren aufgenommen seien und somit auch ohne Bauvorlage errichtet werden könnten, sei sogar bundesweit ausgedehnt worden und erstrecke sich auch auf kleinere Gewerbebauten, Landwirtschaftsgebäude und Garagen, in einigen Bundesländern auch auf Einfamilienhäuser. Gerade in ländlichen Gebieten, wo solche Gebäudetypen einen besonders hohen Anteil der Bauvorhaben ausmachen, wirke sich dies für die Architekten sehr nachteilig aus.

- Schließlich sei auch eines der Architektur-Fachgebiete, nämlich die Tätigkeit des Innenarchitekten, bislang nur in vier Bundesländern (Bayern, Bremen, Niedersachsen, Nordrhein-Westfalen) ausdrücklich in das Bundesvorlagerecht einbezogen. Um eine Durchsetzung der wenigstens fachbezogenen Vorlage-Berechtigung hätte sich der Bund deutscher Innenarchitekten seit seiner Gründung bemüht.[1]

„Bei solcher Lückenhaftigkeit ist das Bauvorlagerecht kaum noch als wirksames Instrument zur Absicherung des Architektenberufes gegenüber berufsfremder Konkurrenz anzusprechen. Das entscheidende Argument der Architekten für einen derartigen Schutz, nämlich die Sicherung einer qualitativ hochstehenden Baukultur, die sich letztlich auch durch die Dauerhaftigkeit des Gebauten für die Allgemeinheit bezahlt macht und Planungsfehler vermeiden hilft, ist offensichtlich in der Bundesrepublik Deutschland noch nicht im gleichen Umfang Allgemeingut geworden wie in einigen westlichen und östlichen Nachbarländern."[2]

Während von seiten der Beratenden Ingenieure wie auch der übrigen Anbieter am Planungsmarkt immer wieder versucht worden ist, die Bauvorlageberechtigung auch für sich zu öffnen, bemühten sich die Berufsvertretungen der Architekten um eine Beibehaltung der bestehenden Regelungen bzw. sogar um eine verstärkte Ausgrenzung der Nicht-Architekten. Argumentiert wird dabei mit dem Aspekt der Qualitätssicherung. So diene laut BDA das Bauvorlagerecht dazu, „... die Gesellschaft vor unqualifizierter Planung und einer damit verbundenen, sich verschlechternden Umwelt zu schützen ..."[3]. Ähnlich argumentiert Seegy: „Es geht uns jedoch darum, Bauwillige vor unfähigen Planern zu schützen. Der Gesetzgeber sollte begreifen, wie sehr es im Interesse der Allgemeinheit notwendig ist, Bauten von eigens dazu Befähigten planen zu lassen".[4]

---

[1] Wiesand/Fohrbeck/Fohrbeck 1984, S. 131
[2] Wiesand/Fohrbeck/Fohrbeck 1984, S. 131
[3] Bund Deutscher Architekten 1972, S. 81
[4] Seegy 1972, S. 67

Grote sieht im Bestreben der Architekten zur Sicherung der Bauvorlageberechtigung dagegen weniger das Bemühen um die Interessen der Allgemeinheit und den Schutz der Umwelt als vielmehr um den Schutz ihrer eigenen wirtschaftlichen Interessen.[1]

Auch der Gesetzgeber erkennt in der Reglementierung der Vorlageberechtigung prinzipiell ein Instrument der Qualitätssicherung. So hat z.B. der Bayerische Verfassungsgerichtshof in einer Entscheidung vom 26.1.1978 das Wesen der Vorlageberechtigung in einer Sicherung der Gefahrenabwehr gesehen.[2] Die Gemeinschaftsgüter, deren Schutz die Schaffung einer Bauvorlageregelung rechtfertigt, hat er im einzelnen wie folgt zusammengefaßt[3]:

– die Abwehr von Gefahren für die öffentliche Sicherheit durch Bauten, die entgegen den Regeln der Baukunst errichtet werden;

– das Interesse der Gemeinschaft am sinnvollen und sparsamen Einsatz privater und öffentlicher Mittel infolge einer technisch einwandfreien und rationellen Planung;

– die Vermeidung baulicher Anlagen, die verunstaltet wirken oder mit ihrer Umgebung so wenig in Einklang stehen, daß sie das Straßen-, Orts- und Landschaftsbild verunstalten.

Allerdings hat das Gericht dabei die von den Beratenden Ingenieuren seit langem angestrebte, von den Architekten jedoch abgelehnte Gleichstellung von Architekten und Bauingenieuren im Bauvorlagerecht bejaht.

Den nachdrücklichen Hinweis der Architekten auf eine bessere Ausbildung im Gestaltungsbereich wies das Gericht zurück. In der gestalterischen Planung sei zwar ein wesentlicher Teil der Bauvorlage berührt; es handele sich aber weder um das einzige in Betracht kommende Schutzobjekt, noch habe es der Gesetzgeber als das vordringlichste ansehen können. In der Rangfolge der Schutzobjekte sei die Abwehr von Gefahren für die öffentliche Sicherung vordringlich. Die Fachkompetenz der Bauingenieure stehe hierbei derjenigen der Architekten nicht nach.[4]

Daß eine bundesweite Gleichstellung von Architekten und Beratenden Ingenieuren derzeit jedoch kaum zu erwarten ist, zeigt der von seiten der Beratenden Ingenieure heftig kritisierte Entwurf zur Novellierung der Landesbauordnung von Nordrhein-Westfalen, der für die Beratenden Ingenieure eine Beschränkung der Bauvorlageberechtigung nur für sog. Ingenieurbauwerke vorsieht.[5]

---

[1] Grote 1974, S. 43
[2] Vgl. Entscheidung des Bayerischen VerfGH, Vf 9 VII-75, S. 375
[3] Vgl. ebenda, S. 27
[4] Schaeffer 1985, S. 5
[5] Vgl. ebenda, S. 4-6

Gerade das Beispiel der Bauvorlage macht deutlich, daß hier wirtschaftliche und qualitative Gesichtspunkte eng zusammenhängen. Während die Architekten versuchen, bestimmte Tätigkeitsbereiche aufgrund ihrer besonderen Qualifikation für sich zu reservieren, muß es aus wettbewerbs-und ordnungspolitischen Erwägungen sinnvoll sein, Interesse der Gesellschaft sein, weiteren Gruppen dann den Markteingang zu ermöglichen, wenn sie aufgrund ihrer Qualifikation entsprechende Leistungen bieten können. Ob dies angebracht ist, muß – wie bei den Architekten und Beratenden Ingenieuren – im Einzelfall entschieden werden.

4.5.2.2.3 Leistungshonorierung

Nach Auffassung der Architektenschaft bildet zwar der Wettbewerb ein wesentliches Element in der Tätigkeit des Architekten, es sei jedoch im Interesse der Auftraggeber wie der Berufsausübenden, wenn er sich auf den Leistungswettbewerb konzentriere und ein Preis- oder Kostenwettbewerb verhindert würde. Entsprechend wird das Bestehen einer Honorarordnung als wesentlicher Faktor der Qualitätssicherung begrüßt, da durch sie der Preiswettbewerb begrenzt und der Leistungswettbewerb gesteigert werde.

Mit dem Erlassen einer Honorarordnung habe der Gesetzgeber unterstrichen, daß eine geistige freiberufliche Leistung nicht dem „Markthandel" von Angebot und Nachfrage unterworfen sein dürfe. Die Entscheidung garantiere die Unabhängigkeit der freien Architekten und ermögliche die Planung und Ausführung von Bauleistungen ohne gewerbliche Nebeninteressen. Damit werde der freie Architekt tatsächlich zum „Treuhänder im Interesse der Auftraggeber".[1]

Die zur Zeit gültige Honorarverordnung, die Honorarordnung für Architekten und Ingenieure (HOAI), trat zum 1.1.1977 als Nachfolger in der GOA[2] in Kraft und trägt den Auffassungen der Architekten prinzipiell Rechnung. Allerdings wurde die Neuregelung der Honorierung von Architektenleistungen primär mit dem Ziel unternommen, eine Begrenzung des Mietanstieges heranzuführen. So ist das Gesetz zur Regelung von Ingenieur-und Architektenleistungen, das die Ermächtigungsgrundlage für den Erlaß der HOAI bildet, Bestandteil (Art. 10) des Gesetzes zur Verbesserung des Mietrechts und zur Begrenzung des Mietanstiegs sowie zur Regelung von Ingenieur- und Architektenleistungen vom 4.11.1971.[3]

Zweck dieses Gesetzes war es, die durch erheblichen Nachfrageüberhang und den Anstieg der Baupreise verzerrte Marktsituation auf dem Wohnungsmarkt für den Mieter bis zu einer endgültigen Lösung des Marktproblems zu mildern und ihn vor unerträglichen Folgen der derzeitigen Marktsituation und den

---

[1] Vgl. Bund Deutscher Architekten
[2] Gebührenordnung für Architekten
[3] BGBl. I, S. 1745 ff, vgl. auch Hesse/Korbion/Mantscheff 1978, S. 93

durch sie ermöglichten Auswüchsen zu sichern. Diesen Zwecken sollte das Gesetz zur Regelung von Ingenieur- und Architektenleistungen „wenigstens mittelbar" dienen[1].

„Die Wirtschaflichkeit eines Bauwerkes oder einer Anlage, also das Verhältnis von Ertrag zum Aufwand, wird entscheidend durch die Leistungen der Ingenieure und Architekten beeinflußt. Soweit zur Zeit Honorarregelungen für diese Berufe bestehen, tragen sie diesem Sachverhalt nicht ausreichend Rechnung. Es ist daher erforderlich, das Honorarrecht neu zu regeln und Regelungen zu treffen, die dem Ingenieur und dem Architekten auch einen materiellen Anreiz geben, durch rationalisierungswirksame besondere Leistungen die Bau- und Nutzungskosten zu senken."[2]

Zum Schutz des Bauherren bzw. des Mieters vor zu hohen finanziellen Belastungen sowie vor schlechter Qualität, sah die Honorarordnung für Architekten und Ingenieure (HOAI) dem Ermächtigungsgesetz (GIA) folgend die Festsetzung von Höchst- und Mindestsätzen vor. In der Begründung zum Ermächtigungsgesetz maß dabei die Bundesregierung den Höchstsätzen unter Hinweis auf die Zielsetzung des Gesetzes, zur Begrenzung des Mietanstiegs beizutragen, besondere Bedeutung bei.[3]

Die ebenso zwingend vorgeschriebene Festsetzung von Mindestsätzen sollte marktwirtschaftlichen Gesichtspunkten dienen, den Verhandlungsspielraum verdeutlichen und verhindern, „daß aus Höchstsätzen in der Praxis Festsätze werden"[4]. Entsprechend wurden die Mindestsätze als Regelsätze konzipiert, die stets gelten, wenn keine andere Vereinbarung getroffen wird.[5]

Die Festsetzung einer Honorarspanne soll zwar den Preiswettbewerb vor allem aufgrund von Kostenüberlegungen begrenzen, ihn jedoch nicht völlig verhindern, um die Vertragsfreiheit der Parteien nicht weiter einzuschränken, „als es durch die primär preisrechtliche Zielsetzung der HOAI erforderlich ist". Innerhalb des von der HOAI festgeschriebenen Gebührenrahmens seien die Parteien deshalb lt. Hesse u.a. in der Honorargestaltung vollständig frei. „Weder ist die Vereinbarung der Mindestgebühr davon abhängig, daß es sich um eine verhältnismäßig unkomplizierte Leistung handelt, noch darf die Höchstgebühr nur für entsprechend schwierige und umfangreiche Leistungen vereinbart werden; diesen Gesichtspunkten tragen zahlreiche andere Bestimmungen der HOAI ausreichend Rechnung, zum Beispiel die Vorschriften über Honorarzonen und Objektlisten (§§ 11 bis 14, 53) und über Schwierigkeitsstufen (§ 34 Abs. 6, 7, § 38 Abs. 10, § 41 Abs. 10, § 46 Abs. 7, § 48 Abs. 6, 7, § 49 Abs. 1)"[6].

---

[1] Begründung der Bundesregierung in: BT-Drucksache VI/1549, S. 6
[2] BT-Drucksache VI/1549, S. 14
[3] Vgl. BT-Drucksache 270/76, Begründung S. 2
[4] Vgl. BT-Drucksache VI/1549, S. 14
[5] Vgl. § 4 Abs. 4 HOAI sowie §§ 1 Abs. 3 Nr. 3, 2 Abs. 3 Nr. 3 GIA
[6] Hesse/Korbion/Mantscheff 1984, S. 171 sowie BR-Drucks. 270/76, S. 8

Es stehe im Interesse der Bundesregierung, den Preiswettbewerb nur insoweit zu begrenzen, als es im Interesse von Bauherren und Mietern notwendig ist. Dementsprechend „muß es notwendig auch den Auftragnehmern erlaubt sein, mit dem Angebot unterschiedlicher Preise um die Aufträge der Bauherren zu werben; ob sich eine solche Werbung, wie auf dem gewerblichen Sektor, in der Öffentlichkeit abspielt oder ob standesrechtliche Erwägungen den Auftragnehmern in dieser Hinsicht Zurückhaltung auferlegen, ist in diesem Zusammenhang ohne wesentliche Bedeutung"[1].

Dabei schließt sich die Bundesregierung wie auch die Gerichte der Auffassung der Kartellbehörden an, daß Architekten wie auch die Angehörigen anderer Freier Berufe unter dem Unternehmensbegriff des § 1 des Gesetzes gegen Wettbewerbsbeschränkungen GWB und damit unter das Kartellrecht fallen.

„Das hat zur Folge, daß es den Anbietern von Leistungen, die durch die HOAI erfaßt werden, verboten ist, durch Vereinbarungen oder sonstige einvernehmliche Maßnahmen den Preiswettbewerb weiter einzuschränken, als dies durch die preisrechtlichen Bestimmungen der HOAI geboten ist. Damit ist freilich nicht schlechthin gesagt, daß Preiswettbewerb in diesem Rahmen ohne Einschränkung zulässig ist. Ein Gebührenwettbewerb, der, etwa durch die Art der Ankündigung oder das Ausmaß der Gebührenunterschreitung, gegen die guten Sitten (§ 138 BGB) oder gegen die Grundsätze des lauteren Wettbewerbs (§§ 1, 3 UWG) verstößt, bleibt selbstverständlich verboten, auch wenn er nicht von den Regelungen des GWB erfaßt wird (vgl. BGH NJW 1973, 755, 756). ... Preiswettbewerb bedroht weder die Existenzgrundlage der Freien Berufe, noch läuft er dem öffentlichen Interesse an der Sicherung der Qualität des Bauens in einem Maße zuwider, daß man ihn weiter beschränken müßte, als dies aus preisrechtlichen und wettbewerbsrechtlichen Gesichtspunkten ohnedies schon geschehen ist. Die Beschränkung des Preiswettbewerbs zu keinem anderen Zweck als dem, die Auftragnehmer vor den allgemeinen Risiken zu schützen, die die Teilnahme am Wirtschaftsleben mit sich bringt, ist kein legitimer Gegenstand standesrechtlicher Regelung."[2]

Deshalb ist es zwar den berufsständischen Organisationen der Architektenschaft erlaubt, Wettbewerbsregeln aufzustellen, ihre Befugnis endet jedoch dort, wo bundesgesetzliche Regelungen wie das GWB oder die HOAI eingreifen[3].

Demgegenüber wurde von den befragten Vertretern der Berufsorganisationen die Auffassung vertreten, daß Preiswettbewerb grundsätzlich die Leistungsqualität mindere. Auch der Bund Deutscher Architekten konstatiert: „Freie Archi-

---

1) Hesse/Korbion/Mantscheff 1984, S. 176-177
2) Hesse/Korbion/Mantscheff 1984, S. 177 – 178
3) Vgl. ebenda S. 178

tekten konkurrieren bei gleichem Honorar durch unterschiedliche Qualitäts-
und Leistungserfüllung." Bei den Architekten bestünde Konsens, daß ein Preiswettbewerb auch innerhalb der HOAI nicht möglich sei, da die Preisspannen
allein zur Würdigung des unterschiedlichen Aufwands konzipiert seien.

Während angesichts der derzeitigen angespannten Auftragssituation die Höchst-
satzregelung aus der Sicht der Architektenschaft eine geringere Rolle spielen
dürfte, maßen die befragten Experten der Mindestsatzregelung eine erhebliche
Bedeutung auch für die Qualitätssicherung bei.

Längerfristig gesehen sei es für die Qualität der Berufsausübung unerläßlich,
daß die Höhe der Vergütung sicherstelle, daß eine sorgfältige und umfassende
Leistung kostendeckend erbracht werden könne. Ständiges Kalkulieren unterhalb der Wirtschaftlichkeitsgrenze müsse auf Dauer dazu führen, daß bestimmte Leistungen nicht oder nachlässig erbracht werden, um die Erstellungs-
kosten zu senken. Eine weitere Folge sei, daß die Architektenbetriebe ihre
Bürosubstanz nicht halten könnten und durch Personaleinsparungen die Leistungskapazität weiter eingeschränkt werde. Dies führe zu einer Verschlechterung der Bausubstanz und damit zu einem Anstieg der Bauschäden und der
Folgekosten.

Die möglichen Folgen von „Dumpingpreisen" auf die Leistungsqualität schil-
dert aus der Sicht der Architekten auch ein Gutachten der Architektenkammer
Baden-Württemberg:

„Der Architekt vermindert die Planungsqualität oder vermindert seine Leistungen. In beiden Fällen verkehrt sich die vom Gesetzgeber beabsichtigte Wirkung,
nämlich durch höhere Planungsqualität und vermehrte Leistungen eine Senkung der Bau- und Nutzungskosten zu erreichen. Das Gegenteil wird eintreten,
ohne daß dies in den allerwenigsten Fällen nachweislich erkennbar wird oder
zur Planungs- und Baumängeln führt. So wird aber ein Absinken der Planungsqualität zu unüberschaubaren volkswirtschaftlichen Schäden führen, die zudem
in ihrer Mehrzahl irreparabel sind. Mit einer Verminderung der Planungsqualität besteht außerdem die Gefahr, daß mühsam in Gang gekommene Erkenntnisse zur Umwelt und zur Humanisierung unserer Umwelt dort vernachlässigt
werden, wo sie am notwendigsten wären, nämlich beim Wohnungsbau. Hiervon sind vor allem sozial schwächere Gesellschaftsschichten betroffen, wobei
gerade hier höchste Planungsqualität nicht nur zur Senkung der Bau- und
Nutzungskosten erforderlich wäre."[1]

Deshalb sei es einerseits notwendig, die Honorarhöhe so zu bemessen, daß eine
sorgfältige Leistungserbringung kostendeckend vorgenommen werden kann,
was nach Meinung der Architektenvertreter in der HOAI dadurch weitgehend
gewährleistet ist, daß die Honorarsätze aufgrund eines Gutachtens erstellt

---

[1] Zit. nach Deutsches Architektenblatt 1/84, S. 47

wurden. Andererseits ist es nach Auffassung der Experten von entscheidender Wichtigkeit, daß die Mindestsatzregelungen auch tatsächlich sowohl vom Auftraggeber als auch von seiten der Architekten beachtet würden. Hier bestehe jedoch bei einer weiteren Verschärfung der Konkurrenzsituation die Gefahr, daß die Architekten unter der Hand versuchen könnten, durch gegenseitiges Unterbieten wettbewerbsfähig zu bleiben und so die oben beschriebenen negativen Folgen für die Leistungsqualität einträfen.

Nachdem durch ein Urteil des Bundesverfassungsgerichts vom 20.10.1981 die Aufhebung der Mindestsatzregelung in der HOAI erfolgte, weil die in der HOAI vorgenommene Einschränkung der Unterschreitung auf „Ausnahmefälle" über den im Ermächtigungsgesetz festgesteckten Rahmen hinausginge,[1] war damit für die Architekten und Ingenieure ein nach unten unbegrenzter Preiswettbewerb möglich. Doss beschrieb die Situation nach dem Karlruher Urteil bei einer Parlamentsdebatte über die Änderung der HOAI wie folgt:

„Die im Bauwesen tätigen freien Berufe haben seit dem 20. Oktober 1981 keine funktionierende Gebührenordnung mehr. Durch den Wegfall der Mindestsatzbegrenzung wurde die Honorarordnung für Architekten und Ingenieure zu einer unverbindlichen Empfehlung. Der für die freien Berufe typische Qualitätswettbewerb geistiger Leistungen zu vergleichbaren Preisen wurde damit ausgesetzt. Die Folge war ein zum Teil ruinöser Preiswettbewerb, der viele Büros erschütterte, wenn nicht sogar zerstörte. Arbeits- und Ausbildungsplätze gingen verloren. Nebentätigkeit mit Unterbietung der Honorare freiberuflich Tätiger wurde möglich. Und dies alles in einer Zeit schwieriger Baukonjunktur mit einem entsprechend harten Wettbewerb um die wenigen Aufträge, die durch die verstärkte Eigenplanung der öffentlichen Hände noch reduziert wurden. Die Folge: eine drastische Zunahme der Arbeitslosenquote bis zu 10 % aller Architekten."[2]

Die Effektivität solcher Mindestpreisregelungen hängt allerdings im wesentlichen davon ab, inwieweit ihre Einhaltung gewährleistet ist. Dabei handelt es sich einerseits um die Kontrolle möglicher Unterschreitungen, die nach Auffassung der befragten Experten in der Realität sehr problematisch ist; zum anderen betrifft es jedoch die Frage danach, inwieweit die Gebührenregelung hier Ausnahmen erlaubt.

Bereits die erste Fassung der HOAI von 1976 wie auch die 1985 in Kraft getretene HOAI-Novelle sehen vor, daß sowohl die Höchst- als auch die Mindestsätze unter bestimmten Bedingungen über- bzw. unterschritten werden können. Bei Höchstsätzen darf dies nur bei außergewöhnlich aufwendigen und

---

[1] Vgl. Wiesand/Fohrbeck/Fohrbeck 1984, S. 129
[2] Zit. nach Deutsches Architektenblatt 1/84, S. 45

ungewöhnlich lange dauernden Leistungen geschehen[1], wobei deutlich gemacht wurde, daß es sich dabei – wie bei der bis dahin geltenden Regelung – um eine nicht vom Architekten zu vertretende Verzögerung handelt[2]. Denn es könne nicht Absicht des Gesetzgebers sein – argumentieren auch Hesse u.a. -, dem Architekten für Verzögerungen, deren Entstehung in seinem Risikobereich liegt, auch noch Gebührenvorteile zuzusichern.[3]

Die Frage der Unterschreitung der Mindestsätze wurde auch bei der 1. Fassung der HOAI erst nach lebhaften Diskussionen entschieden. So nahm der Bundestag zunächst eine Fassung des Ermächtigungsgesetzes an, nach der die Mindestsätze nicht unterschritten werden dürften, um zu verhindern, daß Unterschreitungen der Mindestsätze zu einer Minderung des Umfangs und der Qualität der Leistung führen könnten.[4] Durch den Bundesrat wurde jedoch die Zulässigkeit von Abweichungen von den Mindestsätzen durchgesetzt, da befürchtet wurde, daß eine fehlende Unterschreitbarkeit der Mindestsätze bei wenig aufwendigen Leistungen, insbesondere bei kleineren Umbau- und Reparaturarbeiten, zu erheblichen Verteuerungen führen würde, die besonders die sozial schwächeren Kreise der Kleinhauseigentümer und Mieter treffen würde.[5] Entsprechend sah damit die schließlich verabschiedete Fassung der HOAI die Unterschreitung der Mindestsätze, allerdings nur „in Ausnahmefällen", vor.[6] Bereits damals sah die Architektenschaft das Ziel der Honorarregelung – „Mehr Qualität bei niedrigeren Baukosten" – durch diese Abweichungsmöglichkeit gefährdet: "Diese Regelung provoziert gerade in der jetzigen Situation Dumpingpreise für Planungen, die sich zwangläufig in verminderter Qualität niederschlagen müssen. Die Folge sind oft höhere Baukosten und vermeidbare Bauschäden"[7], konstatierte der damalige Präsident der Bundesarchitektenkammer. So zeigten auch die Erfahrungen nach 1976, daß ohne nähere Bestimmung dessen, was als Ausnahmefall zu verstehen ist, diese Bezeichnung – nicht zuletzt auch von der öffentlichen Hand – dazu benutzt wurde, die Honorare der Architekten und Ingenieure unter die Mindestsätze zu drücken.[8]

Auch bei der Änderung des Ermächtigungsgesetzes wurde darauf verzichtet, die Ausnahmefälle näher zu kennzeichnen, um einem Mißbrauch vorzubeugen. Die Gefahr, daß durch eine zu weite Auslegung der Ausnahmefälle die Mindest-

[1] Vgl. § 4 Abs. 3 HOAI sowie §§ 1 Abs. 3 Nr. 2, 2 Abs. 3 Nr. 2 GIA
[2] Vgl. BT-Drucks. VI/1549, S. 14
[3] Vgl. Hesse/Korbion/Mantscheff 1978, S. 102
[4] Vgl. Schriftlicher Bericht des Rechtsausschusses ... BT-Drucks. IV/2421, S. 6
[5] Vgl. BR-Drucks. 392/2/71 sowie BR-Drucks. 270/76, S. 9
[6] Vgl. § 4 Abs. 2 HOAI
[7] Zit. nach: Deutsches Architektenblatt 5/76, S. 337
[8] Vgl. Bundestagsdebatte... Deutsches Architektenblatt 11/84, S. 1437 f. Vgl auch DAB 1/84, S. 46

satzregelung vor allem von potenten Auftraggebern außer Kraft gesetzt wird, besteht also weiterhin. Allerdings wurde in der Diskussion um die Regelung deutlich gemacht, in welche Richtung die Intention des Gesetzgebers hinsichtlich der Ausnahmefälle abzielte, auch wenn eine Konkretisierung in der endgültigen Fassung des Gesetzes fehlt. So wurde vornehmlich an Fälle gedacht, „in denen die Leistung des Architekten/Ingenieurs mit außergewöhnlich geringem Aufwand erbracht werden kann, wenn das Honorar in einem Mißverhältnis zur Leistung steht oder in Fällen naher Verwandtschaft."[1] Conradi konstatiert dazu: „Das Problem ist ja nicht der Bauherr mit dem kleinen Häuschen, der hier im Parlament so häufig beschworene 'kleine Mann'; da findet man immer eine vernünftige Regelung. Das Problem ist doch die Gemeinde, die sagt: Wir haben jetzt kein Geld mehr, mach es ein bißchen billiger. Das ist kein Ausnahmefall. Das Problem ist die kirchliche Organisation oder der Bürger- oder Schützenverein, der sagt: Unter Freunden, komm, du kriegst den Auftrag, aber ein bißchen runter mit dem Honorar. Dies sind alles keine Ausnahmefälle."[2]

Die Frage, ob durch diese Regelung die Zielsetzung der HOAI, eine ausreichende Leistungshonorierung als Voraussetzung für Leistungsqualität zu sichern, gewährleistet ist, wird dabei im wesentlichen davon abhängen, inwieweit Auftraggeber und Auftragnehmer sich an die Mindestsätze und ihre Ausnahmeregelungen halten. Dies betrifft auch die bereits erwähnte, nicht mit der Intention der HOAI in Einklang stehende Orientierung des öffentlichen Auftraggebers an den Mindest- als Regelsätzen. „In der Praxis ist der Architekt beim Aushandeln des Honorars am kürzeren Hebel. Da sagt die Oberfinanzdirektion: Da gibt es doch viele, die würden es zum Mindestsatz machen; der soll sich nicht so anstellen. Ich will hier meinen Vorschlag wiederholen: Die Architektenkammern sollten sich darum bemühen, gemeinsam mit der öffentlichen Hand Schiedsstellen einzurichten, damit diese in Streitfällen über die Höhe des Honorars entscheiden. Denn ich halte es für unwürdig, ich halte es auch nicht für dem Gesetz entsprechend, daß die öffentliche Hand als quasimonopolistischer Auftraggeber der Architekten die Honorare diktiert."[3]

Die weiterhin steigende Anzahl der Architekten und die Befürchtungen einer weiteren Verschärfung des Wettbewerbs lassen vermuten, daß auch für die Zukunft die Tendenz besteht, die Honorarregelungen in der Praxis außer Kraft zu setzen.

Angesichts der auch von seiten der Architektenschaft geäußerten Zweifel, ob die Honorarordnung dem Druck der Architektenschwemme standhalten kann, stellt Grote die Frage, ob das Festhalten an einer Honorarordnung für beide

---

[1] Conradi, zit nach Deutsches Architektenblatt 11/84, S. 1436
[2] Antwort des Bayerischen Staatsministers für Wirtschaft und Verkehr auf eine Anfrage an die Bayerische Staatsregierung (Landtagsdrucksache 10/7818 vom 6. September 1985, zit. nach: DAB 11/85
[3] Zit. nach Deutsches Architektenblatt 11/84, S. 1436

Parteien, Bauherren und Architekten, noch sinnvoll ist. So habe die Gebührenordnung für Architekten u.U. die strukturelle Entwicklung des Berufszweiges sogar ungünstig beeinflußt. „Wenn die Architekten sich an keine Gebührenordnung mehr klammern können, dann lassen sie wahrscheinlich auch das überholte Denken in ‚Verdienstspannen' fallen. Das Spannendenken hat bereits in anderen Branchen – vor allem im Handel – zu unrentablen Unternehmensstrukturen geführt. Auch bei den Architektenbüros können sogenannte ‚Grenzbetriebe' auf die Dauer nicht mit Hilfe von verbindlichen Gebührenordnungen, m.a.W. mit überhöhten Honorarsätzen bzw. zu großen Verdienstspannen künstlich am Leben erhalten werden. Auch sie müssen in ihrem eigenen Büro an Kostensenkungen und Rationalisierung denken."[1] Deshalb stelle sich die Frage, ob es nicht ratsamer wäre, über die Rationalisierung der Architektenbüros zu einer günstigeren Struktur dieses Berufsstandes und damit zu marktgerechteren Gebührensätzen zu kommen.[2]

Nicht zu vernachlässigen ist dabei auch der Aspekt, daß in Anbetracht der scharfen externen Konkurrenz von gewerblichen Leistungsanbietern, die nicht an eine Honorarordnung gebunden sind, die HOAI für die freischaffenden Architekten und Ingenieure einen Wettbewerbsnachteil bedeutet. „Wenn man daher überhaupt an einer Gebührenordnung festhalten möchte, sollte man sich vor allem von dem sogenannten ‚Baukostenbezug' lösen. Hier könnten zum Beispiel der Kubikmeter umbauter Raum oder bei Krankenhausbauten die Zahl der Betten als Bezugsgröße zugrundegelegt werden. Warum sollten sich aber die freischaffenden Architekten in ihrer Honorarpolitik Bindungen auferlegen, während die Baugesellschaften völlig frei sind? Wäre es nicht für alle Beteiligten besser, von einer Gebührenordnung Abstand zu nehmen, dafür aber für Maßnahmen zu sorgen, die die Markttransparenz erhöhen? Die öffentliche Hand könnte z.B. in regelmäßigen Abständen Baukostenindices veröffentlichen. Dies dürfte aller Voraussicht nach zu Rationalisierungsmaßnahmen im Baugewerbe führen. Damit würden gleichzeitig auch die Architektenhonorare stabilisiert."[3]

Unter dem Aspekt des Preiswettbewerbs ist auch die 1984 erfolgte Neufassung der VOL/A[4] von Bedeutung, nach der die Leistungsvergabe an Freiberufler nicht mehr der VOL/A unterliegt, sondern grundsätzlich nur noch freihändig über den Leistungswettbewerb und nicht mehr durch Ausschreibungen im Preiswettbewerb erfolgen darf. Die Neufassung folgte damit der Absichtserklärung der Bundesregierung, „die zwischen den freien Berufen und den Vergabestellen bisher ungeklärten Frage der Anwendbarkeit der VOL/A auf die freien Berufe in der Weise zu lösen, daß die freien Berufe ausdrücklich aus dem Anwendungsbereich der VOL/A herausgenommen werden. Damit soll dem

---

[1] Grote 1974, S. 27
[2] Vgl. ebenda, S. 23
[3] Ebenda, S. 25 f
[4] Verdingungsordnung für Leistungen – ausgenommen Bauleistungen/Teil A

Umstand Rechnung getragen werden, daß die primär auf die Beschaffung von Waren ausgerichteten Bestimmungen von VOL den wesensmäßigen Besonderheiten der vorwiegend geistig-schöpferischen Leistungen der freien Berufe nicht entsprechen."[1]

Dies entspricht der von der Bundesarchitektenkammer vertretenen Auffassung, daß eine Gleichbehandlung des Freien Berufs mit der gewerblichen Wirtschaft im Rahmen der VOL/A den Freien Beruf in Frage stellt. „Das Berufsbild des Architekten als unabhängiger Mittler zwischen den Interessen des Bauherrn, dem Bauausführenden und der Bauaufsicht gerät in Gefahr. Um im beabsichtigten Preiswettbewerb konkurrenzfähig zu bleiben, wird der Architekt gezwungen, seine Mittlerposition aufzugeben und in das Lager gewerblicher Wirtschaft zu wechseln. Als Folge verliert der Bauherr seinen unabhängigen und sachverständigen Anwalt des Bauens und wird den Interessen gewerblicher Wirtschaft schutzlos preisgeben."[2]

Demgemäß wurde von den befragten Architekten die Neufassung der VOL/A ausdrücklich als Würdigung des besonderen Charakters der freiberuflichen Leistung und als Faktor für die Qualitätssicherung begrüßt, da sie die Architekten und Ingenieure ausdrücklich vom Preiswettbewerb ausschließe.

4.5.2.2.4 Wettbewerbswesen und Werberichtlinien

Bei der Übertragung von Planungsaufgaben an freiberufliche Architekten sind zwei Auftragsformen nach wie vor typisch:

– die freihändige Vergabe, die insbesondere im individuellen Wohnungsbau praktiziert wird sowie

– die Vergabe aufgrund von Architektur- und Planungswettbewerben, wobei zwischen 'offenen' und (auf bestimmte Architekten) 'beschränkten' Wettbewerben zu unterscheiden ist.

Eine weitere Form der Beauftragung freiberuflicher Architekten ist außerdem die mehr oder weniger enge freie Mitarbeit (zum Beispiel bei einer Baufirma).[3]

Vor allem für die freihändige Vergabe von Aufträgen ist es von Bedeutung, auf welche Art und Weise der Architekt sich potentiellen Auftraggebern als möglicher Anbieter darstellen kann oder anders ausgedrückt, auf welchem Weg ein Auftraggeber den für ihn geeigneten Architekten findet.

Wie bei allen verkammerten Berufen bestehen auch für die Architekten hinsichtlich der Werbung erhebliche, im Vergleich zu den akademischen freien

---

[1] Deutscher Bundestag 1979
[2] Volkmann 1978
[3] Vgl. Wiesand/Fohrbeck/Fohrbeck 1984, S. 93

Heilberufen sowie den verkammerten rechts-, wirtschafts- und steuerberatenden Freien Berufen allerdings großzügigere Beschränkungen durch die Berufsgrundsätze. Beispielhaft für die übrigen Architektenordnungen seien hier die
Berufsgrundsätze der Architektenkammer Nordrhein-Westfalen zitiert:

„Berufsgrundsatz VII (§ 2 Abs. 2h):
Der Architekt wirbt durch seine Leistung und enthält sich bei der Ausübung
seines Berufes jeder unlauteren Bewerbung oder unlauteren Werbung.

Richtlinien zu VIII:
Für zulässig erachtet werden u.a. unbeschadet Berufsgrundsatz IV[1] folgende
Möglichkeiten des Hinweises auf das eigene Architekturbüro:

a) Die Namensnennung an dem ausgeführten Werk und die Ausstellung eigener Werke.

b) Veröffentlichungen, Sonderdrucke, Präsentationen von eigenen Werken,
   auch wenn diese dazu dienen, der gezielten Bewerbung um den Auftrag
   beigefügt zu werden. Die Richtlinie a) zum Berufsgrundsatz IV[1] bleibt
   unberührt.

c) Namensnennung im redaktionellen Teil sowie in Firmenanzeigen in einer
   Fachzeitschrift oder Tageszeitung ohne oder zusammen mit einer Abbildung des Bauwerks.

d) Bezahlte Anzeigen in der Tageszeitung, die in ihrem sachlichen Inhalt und
   der Form weder aufdringlich noch anpreisend sind, wie: neue Anschrift,
   neue Telefonnummer, aus dem Urlaub zurück, dreimaliger Hinweis auf die
   Niederlassung, auf die Gründung einer Bürogemeinschaft oder Sozietät
   innerhalb des ersten Jahres.

Als Formen einer unzulässigen Werbung gelten:

e) Anzeigen oder Beilagen in Zeitungen oder Illustrierten oder Rundschreiben
   und Informationen, in denen unmittelbar oder mittelbar um Aufträge geworben wird bzw. die Lieferung von Architektenleistungen angeboten wird.

f) Anpreisen, öffentliches Anbieten von Architektenleistungen und die Werbung mit dem Unterbieten der Gebührensätze.

g) Werbung eines Architekten für einen Gewerbebetrieb, an dem er beteiligt ist,
   unter gleichzeitiger werbender Verwendung der Berufsbezeichnung
   „Architekt“.

h) Hinweis auf Name und Wohnort des Architekten mit einer Firmenanzeige
   in einer Fachzeitschrift, Illustrierten oder Tageszeitung, die für ein bestimmtes Bauprodukt wirbt, das vom Architekten empfohlen wird.“

---

[1] Berufsgrundsatz IV verbietet dem Kammermitglied, sich bei der Ausübung seines Berufes ungerechtfertigte Vorteile zu verschaffen.

Auch von der Architektenschaft wird diese Restriktion mit der Funktion der Qualitätssicherung begründet. So solle ein Architekt lediglich mit seiner Leistung werben, ohne sich durch übermäßige Werbung gegenüber seinem Konkurrenten Wettbewerbsvorteile verschaffen zu können.

Der Sinn der Werbebeschränkungen liegt auch nach dem Tenor der Expertenaussagen vor allem in der Verhinderung von Wettbewerbsverzerrungen, die dadurch entstehen könnten, daß Büros mit hohen Werbekapazitäten (finanziell besser gestellte Büros) beim Auftragsaufkommen ungerechtfertigte Vorteile erzielen könnten. Daß die Werbebeschränkungen auch der Leistungsqualität dienen können – wie von den Experten betont, aber nicht näher begründet wurde – kann damit erklärt werden, daß ohne Werbung tatsächlich die Leistung des einzelnen Architekten im Mittelpunkt der Beurteilung stehe. Im Gegensatz zu den Leistungen der Ärzte oder Rechtsanwälte sei beim Architekten jedes Objekt ein öffentlicher Werbeträger und damit ein für jeden potentiellen Auftraggeber sichtbarer Nachweis der Leistungsqualität.

Eine weitere Möglichkeit zur Werbung sei die Darstellung seiner Objekte in den Medien, z.B. aufgrund einer erhaltenen Auszeichnung. Auch hier sei eine überdurchschnittliche Leistung Voraussetzung. Solche Formen der Werbung bildeten besonders für junge Architekten auch einen Leistungsansporn und seien deshalb in hohem Maße qualitätsfördernd.

Da darüber hinaus die für zulässig erklärten Werbemaßnahmen in Form von Sonderdrucken, Veröffentlichungen und Präsentationen immerhin eine relativ hohe Transparenz der Leistungen und in gewissen Grenzen auch Vorabqualitätsbeurteilungen durch potentielle Auftraggeber erlauben, kann bei den Architekten im Gegensatz zu den vorher behandelten Berufsgruppen nicht davon ausgegangen werden, daß die Werberichtlinien Leistungs- und Qualitätstransparenz und damit -wettbewerb weitgehend verhindern.

Neben der freihändigen Vergabe, bei der neben der Qualifikation des Bewerbers auch Faktoren wie örtliche Präsenz, Marktkenntnisse, Beziehungen etc. eine Rolle spielen, besteht bei den Architekten die besondere Form der Auftragsvergabe durch Architekten- und Planungswettbewerbe. Diese sollen im Prinzip dem Auftraggeber (zumeist die öffentliche Hand) -Auslober genannt – die Möglichkeit geben, alternative Planungskonzeptionen im Hinblick auf ihre funktionale/gestalterische und wirtschaftliche Qualität zu vergleichen. Für das Verfahren bei einem solchem Wettbewerb bestehen feste Regeln, die in den vom Bundesbauminister (1977) erlassenen Grundsätzen und Richtlinien für Wettbewerbe (GRW 77) festgeschrieben sind. Die GRW regeln bis ins einzelne die Auslobungsinhalte, Verfahrensformen, ausgelobte Preise, Teilnahmeberechtigungen, wechselseitige Pflichten und Rechte von Auslobern, Teilnehmern und Preisrichtern.

Diese differenzierten Regelungen sind nach Auffassung der Architektenschaft notwendig, um „dem großen ideellen Aufwand der Architekten auch ein sauberes, anonymes Verfahren, angemessene Preise und ein Auftragsversprechen" gegenüberzustellen.[1]

Architekten- und Planungswettbewerbe, die im Gegensatz zum Preiswettbewerb einen rigorosen Leistungswettbewerb darstellen, sind sicherlich ein Faktor, um dem Auftraggeber vor Erteilung des Auftrags die Möglichkeit zum Qualitätsvergleich zu geben. „Der Architektenwettbewerb ist eine freiwillige Leistung, der sich Architekten mit dem Ziel stellen, für eine gestellte Aufgabe die beste Lösung zu ermitteln. Die Auftragsvergabe an einen Preisträger ist gegenüber der Direktbeauftragung ein Verfahren, das sich durch Transparenz und Nachvollziehbarkeit für die Öffentlichkeit auszeichnet und alle nicht sachbezogenen Erwägungen, die zu einer Beauftragung führen könnten, ausschließt. Kein anderer Berufsstand stellt sich freiwillig einem so rigorosen qualitativen Auswahlverfahren, ohne daß sein geleisteter riskanter Aufwand den Steuerzahler einen Pfennig kostet."[2]

Die für diese Qualitäts- und Leistungskonkurrenz notwendigen Vorleistungen sind dabei beträchtlich. Nach Feststellung der Bundesarchitektenkammer werden jährlich – mit der Konjunktur zu- und abnehmend – etwa 400-500 Wettbewerbe im Bundesgebiet durchgeführt, bei denen etwa 20-30 Mio. DM an Preisen und Ankäufen durch die Auslober bereitgestellt werden, denen aber 200-300 Mio. DM als Vorab-Investitionen der Teilnehmer gegenüberstehen dürften.

Eine Chance, die eingesetzten Investitionen ganz wieder hereinzuholen, haben in erster Linie die Gewinner von sogenannten 'Realisierungswettbewerben', die bei einem fest umrissenen Programm die planerischen Voraussetzungen für die Realisierung eines Projekts liefern sollen und die eine Verpflichtung des Auslobers zur weiteren Verfolgung des Projekts umfassen.[3]

Insgesamt zahlen sich die Vorleistungen laut Wiesand u.a. materiell jedoch kaum aus, da nicht einmal 10 % der erbrachten Planungsleistungen über Preise wieder „hereingeholt" werden können. Zu berücksichtigen sind jedoch auch positive Wirkungen für das Renomme eines Architekten, die sich auch in materiellen Erfolgen niederschlagen können.[4]

Für die teilnehmenden Architekten dient der Wettbewerb der Auftragsbeschaffung, aber auch zum Nachweis der beruflichen Qualifikation und damit als legitime Form der beruflichen Werbung, die ansonsten im Standesrecht erheblichen Beschränkungen unterworfen ist.[5] Wegen der großen Vorkosten, die nur

---

[1] Bund Deutscher Architekten 1979, S. 23
[2] Bund Deutscher Architekten 1979, S. 23
[3] Davon zu unterscheiden sind 'Grundsatz- oder Programmierungswettbewerbe', die der Ermittlung von grundsätzlichen Lösungen dienen, sowie 'Ideenwettbewerbe' zur Erlangung einer Vielfalt von Ideen für die Lösung der Aufgabe (GRW 77). (Vgl. Wiesand/Fohrbeck/Fohrbeck 1984, S. 94)
[4] Vgl. ebenda S. 129
[5] Vgl. hierzu auch 3.1.5.5.4

im Falle einer Wettbewerbsprämie beziehungsweise beim Ankauf von Entwürfen – und dort durchaus nicht immer kostendeckend – honoriert werden, nimmt nur eine relativ kleine Zahl der freiberuflichen Architekten öfter an Wettbewerben teil (Schätzungen in der Branche: 3-5 %). Von diesen hat sich wiederum ein Teil ganz auf Wettbewerb spezialisiert und erhält auf diesem Wege überwiegend die Planungsaufträge.

Nachdem schon die Teilnahme an Wettbewerben für den größeren Teil der Betroffenen eher eine Art von 'indirekter Akquisition' darstellt, geschieht insgesamt der weitaus größte Teil der Auftragsbeschaffung mit Hilfe anderer Methoden. So wichtig also das Prinzip des Architektenwettbewerbs als Musterfall einer Qualitätskonkurrenz für die Berufsgruppe ist, so sehr ist diese berufsgruppenspezifische Selbstverpflichtung durch die mehr preisorientierte Konkurrenz gewerblicher Anbieter von Planungsleistungen und aufgrund des Drucks der öffentlichen Hand relativiert.[1]

Einen Überblick über die Anzahl der in der Bundesrepublik Deutschland veranstalteten Wettbewerbe gibt Tabelle 10. Die Statistik ist in den ersten Nachkriegsjahren lückenhaft, aber sie weist doch die große Zahl von Wettbewerben in der Wiederaufbauphase aus, d.h. auch in dieser eher hektischen Situation wurden Wettbewerbsverfahren in großem Maße durchgeführt. Andererseits zeigt die Statistik auch die Abhängigkeit des Wettbewerbsgeschehens von den jeweiligen konjunkturellen Schwankungen und den Einbrüchen bei der Bauwirtschaft. Trotzdem ist in den vergangenen Jahren eine gewisse Verfestigung eingetreten, was – so Weinberger – vor allem auf das Bemühen der Landeswettbewerbsausschüsse, neue Wettbewerbsfelder zu erschließen, zurückzuführen ist.

Dennoch hat das Wettbewerbswesen in der Bundesrepublik in der Öffentlichkeit eine Bedeutung gewonnen wie in kaum einem anderen Staat, vielleicht mit Ausnahme der Schweiz, die ebenso „wettbewerbsfreundlich" zu sein scheint. In manchen Bundesländern wird kaum noch ein bedeutender öffentlicher Auftrag ohne Bauwettbewerb vergeben.[2] Ein grundsätzliches Bekenntnis zum Architektenwettbewerb wie zum Wettbewerb prinzipiell legte auch der Bundesrechnungshof ab. Dieser sieht in seinem „Bericht über häufige und wiederkehrende Mängel bei der Vorbereitung und Durchführung von Bauaufgaben des Bundes" „in einem umfassenden Wettbewerb die Gewähr dafür, daß alle tauglichen Bieter sich ungehindert unter gleichen Bedingungen um öffentliche Aufträge bewerben können, die Auswahl der Bieter unbeeinflußt von sachfremden Gesichtspunkten vorgenommen wird und angemessene Preise erzielt werden".

---

[1] Vgl. Wiesand/Fohrbeck/Fohrbeck 1984, S. 94; vgl. auch 5.1.5.5.4;
[2] Vgl. Weinbrenner 1986, S. 52

398

Jahr	Wettbewerbe
1961	354
1962	406
1964/1965	964
1973	310
1974	332
1975	240
1976	ca. 300
1977	223
1978	398
1979	476
1980	391
1981	286
1982	225
1983	215
1984	243

Tabelle 10:
Anzahl der Architektenwettbewerbe in der Bundesrepublik Deutschland

Quelle: Weinbrenner 1986, S. 52

Trotz der oben angesprochenen Einschränkungen muß den Wettbewerben, vor allem in der „offenen" Form, für die Sicherstellung einer möglichst hohen Leistungsqualität eine erhebliche Bedeutung beigemessen werden, da hier auf einem ideellen „Markt" prinzipiell viele Anbieter unter gleichen Bedingungen ihre Vorschläge bzgl. eines bestimmten Projekts für den Auftraggeber vergleichbar darstellen können. Nur so könnten Baumaßnahmen wirtschaftlich durchgeführt werden. Anlaß für diese Ausführungen war die Kritik des Rechnungshofes, daß Bauämter zu häufig die Bauleistungen beschränkt ausgeschrieben oder freihändig vergeben hätten, ohne daß die in der VOB verankerten Ausnahmen vorlagen.[1]

Das eindeutige Bekenntnis des Bundesrechnungshofes zur Durchführung von Architektenwettbewerben beinhalte, so die Architektenschaft, jedoch logischerweise auch, daß die Bestimmungen der GWR eingehalten würden.[2] Diese Form des rigorosen Leistungswettbewerbs werde jedoch häufig vom Auftraggeber mißbraucht und verliere dadurch ihre ursprüngliche Funktion.

„Auslober, d.h. die späteren Bauherren, nutzen Wettbewerbe zunehmend zur geistigen und materiellen Ausplünderung von freischaffenden Architekten. So geht es z.B. im Wettbewerb oft nicht mehr um die beste Idee für die Bauaufgabe, sondern zunehmend um die Vorwegnahme von Planungsleistungen, die eigentlich erst mit der Beauftragung erforderlich werden, dann allerdings honorarpflichtig wären. Auch durch andere Maßnahmen versucht der Auslober, sich

---

[1] Deutsches Architektenblatt 11/85, S. 1389
[2] ebenda

die Architekten gefügig zu machen. So besteht man immer häufiger darauf, daß mit der Wettbewerbsteilnahme auch die Anerkennung des Architektenvertrags gekoppelt ist. Der Vertrag beinhalte dann aber üblicherweise eine Knebelung des Architekten vor allem in den Bereichen des Urheberrechts sowie der Haftungsübernahme."[1] Eine solche restriktive Praxis dürfte auf lange Sicht die Qualitätssicherungsfunktion der Architektenwettbewerbe eher mindern.

4.5.2.3 Kooperationsformen

Auch bei den Architekten beobachteten die befragten Experten eine zunehmende Tendenz zur gemeinschaftlichen Berufsausübung. Drei wesentliche Gründe hierfür haben sich dabei herauskristallisiert:

- Erstens bieten Partnerschaften wirtschaftliche Vorteile, da die Kostenanteile sinken und Gewinne und Verluste verteilt werden, womit auch das Verlustrisiko sinkt.

- Zweitens erfordert die Entwicklung im modernen Baugeschehen mit ihren Tendenzen zur Rationalisierung und Anwendung industrieller Baumethoden, die Anhebung der Planungsqualität wie auch die Wirtschaftlichkeit der Planung, nicht zuletzt die notwendige Konkurrenzfähigkeit mit den Gesellschaften, die Planung und Durchführung in einer Hand vereinigen, Kooperationsformen, die auch dem einzelnen Architekten die Möglichkeit zur Spezialisierung geben. Ein-Mann-Büros, so einer der befragten Experten, hätten in Zukunft kaum noch Überlebenschancen, da sie den komplexen Anforderungen nicht gewachsen seien.

- Drittens verstärkt sich durch die Ausweitung und Differenzierung der Aufgaben bei der Planung und Erstellung von Objekten auf seiten der Auftraggeber die Tendenz, die Gesamtleistung und -überwachung in eine Hand zu legen. „So hat die Fülle der am Bau zu bewältigenden Probleme immer mehr Fachleute auf den Plan gerufen, die im Zusammenwirken das gemeinsame Ziel sicherstellen sollen. Für den leidgeprüften Bauherren, der für jede Einzelfrage einen speziellen Fachingenieur hinzuzieht, gibt es da inzwischen neben dem traditionellen Ingenieur für Tragwerksplanung Spezialisten für jeden Bauteil, für die Gründung, die Fassade, die Ökologie, die Akustik, die Energieprobleme, den Brandschutz, die Sicherheits- und Regeltechnik, Fachingenieure für jede Art der Haustechnik, für Rationalisierung und Bauablaufoptimierung, für Netzplantechnik und EDV-Abrechnung. Bauprozesse, die geführt werden, wenn trotz des geballten Sachverstandes irgend etwas schief gegangen ist, sind eben deswegen außerordentlich schwierig und langwierig, weil es bei der so geteilten Verantwortung schwer ist, den wirklich

---

1) Bund Deutscher Architekten 1979, S. 23 f

Verantwortlichen zu finden." Entsprechend hat – so einer der Experten – bei den Architekten der Trend vor allem zur objektbezogenen Partnerschaft auch mit Ingenieuren eingesetzt.

Trotz der wachsenden Kooperationsbereitschaft überwiegen jedoch bei den zur Zeit in der Bundesrepublik Deutschland etwa 17.000 (nach der Umsatzsteuerstatistik sogar rund 23.000) Architekturbüros, (noch) die Ein-Mann-und Kleinbüros, was der noch immer starken Differenziertheit des Baugewerbes und der hohen Anzahl von Einzelprojekten entspricht. Schätzungen[2] gehen davon aus, daß zur Zeit etwa 40 % der Büros keine Angestellten und nochmals der gleiche Anteil höchstens drei Angestellte beschäftigen, von denen wiederum nur ein Teil dem Büroinhaber vergleichbare Qualifikationen hat (Fachhochschul- oder Hochschulabsolventen Hochbau oder Bauingenieurwesen). Der Rest der Büros beschäftigt vier und mehr Angestellte. In einem Großteil der Büros werden somit die Architektenleistungen kaum arbeitsteilig erbracht, sondern der Inhaber wird für Entwurf, Planung und zum Teil auch Bauausführung verantwortlich zeichnen.

„Kammeruntersuchungen in Bremen und Nordrhein-Westfalen ergaben zwar jeweils eine geringere Zahl von Büros ohne Angestellten (etwa 1/5), decken sich aber mit Feldhusen darin, daß in 80 % der Fälle die Zahl der tätigen Personen pro Büro, einschließlich Inhaber, höchstens fünf beträgt."[3]

Eine etwas geringere Personalintensität nannte einer der befragten Experten, nach dem in 92 % der Büros lediglich maximal 6 Mitarbeiter beschäftigt sind, wobei dieser Experte davon ausging, daß der Anteil von ca. 40 % Ein-Mann-Büros auch in Zukunft bleiben werde.

Mögliche Rechtsformen der gemeinschaftlichen Berufsausübung sind für Architekten

– Partnerschaften (Sozietäten) mit Vollhaftung der Einzelpartner als Gesellschaft bürgerlichen Rechts),
– GmbHs, OHGs, KGs etc. sowie eingetragenen Genossenschaften.[4]

Darüber hinaus besteht die Möglichkeit zur Bildung sog. Bürogemeinschaften, deren Mitglieder zwar Büroräume, technische Einrichtungen und Mitarbeiter gemeinsam nutzen, aber sonst selbständige Unternehmer sind.

Strukturuntersuchungen zeigen, daß bei der Unternehmensform immer noch die Einzelinhaberschaft bei weitem dominiert; im Fall vertraglich geregelter

---

[1] Schramm 1984, S. 68
[2] Feldhusen 1982
[3] Wiesand/Fohrbeck/Fohrbeck 1984, S. 89
[4] In den Architektengesetzen der Bundesländer bestehen hierzu z.T. unterschiedliche Regelungen, im Zusammenhang mit handelsrechtliche Gesellschaftsformen allerdings nur insoweit, wie eine gewerbliche Tätigkeit gesehen wird.

Kooperation überwiegen die Sozietäten. Die im Gewerbe verbreitete GmbH wie auch die OHG werden dagegen nur in seltenen Fällen gewählt[1].

Auch die befragten Architekten sprachen das sog. Partnerschaftsgesetz zur Ermöglichung einer Architekten-GmbH an. Es bestehe auch bei dieser Unternehmensform keine Gefahr, daß die persönliche Verantwortung des einzelnen Partners sinkt oder daß Haftungsprobleme entstehen, da in der Praxis der Bauherr den Architekten ohnehin zur Zusatzversicherung verpflichtet.

Insgesamt – so der Tenor der Expertenmeinungen – ist Kooperation als qualitätsfördernd zu betrachten, da sie, sofern sie zwischen sich in ihren Fachgebieten ergänzenden Spezialisten geschlossen wird, dem Auftraggeber ein breiteres Leistungsspektrum in einer Hand mit vertiefter Kompetenz in Detailfragen bietet. Die wirtschaftlichen Vorteile auf Seiten des Architekten werden jedoch bei dauerhaften Partnerschaften vielfach dadurch aufgehoben, daß sie eine erhöhte räumliche und personelle Ausstattung verlangen, die zwischen den Aufträgen zu einem nicht vertretbaren Kostenfaktor werden.

Entsprechend geht nach Auskunft der Experten bei den Architekten die Tendenz zu objektbezogenen Partnerschaften (Planungsringe), bei denen sich Architekten und Fachleute anderer an der Gesamtleistung beteiligter Berufe für die Dauer eines Projekts zusammenschließen, wodurch gegenüber dem Auftraggeber die Verantwortung in einer Hand und die Ganzheitlichkeit der Leistung erhalten bleibt.

4.5.2.4 Rationalisierung

Die elektronische Datenverarbeitung gewinnt auch für die Tätigkeit des Architekten immer mehr an Bedeutung. Grund für das steigende Interesse der Architekten an der EDV ist einerseits die mittlerweile erhebliche Qualität der zur Verfügung stehenden Hard- und Software. So haben sich nach Aussagen des Geschäftsführers der BAK, Joachim Arlt, „bis heute sowohl das Marktangebot als auch die Marktdurchdringung und der Informationsstand wesentlich verbessert".[2]

---

[1] Die Strukturuntersuchung der Architektenkammer Nordrhein-Westfalen, der bei weitem mitgliederstärksten Architektenkammer, ergab bei ihren freischaffenden Mitgliedern 1981 folgende Verteilung (die dem anderer Bundesländer weitgehend entspricht):

Alleininhaber eines Büros	2.077	83,0 %
Partner einer Partnerschaft (GbR)	366	14,6 %
Gesellschafter einer GmbH	51	2,0 %
Sonstige Rechtsformen	11	0,4 %
Rücklauf insgesamt	2.505	100 %

(Vgl. Wiesand u.a. 1984, S. 90)

[2] Vgl. Arlt zit. nach Wirtschaftswoche 1/84, S. 50

Für die überwiegend in Kleinstbüros organisierten Architekten sind durch die ständige Leistungsverbesserung bei gleichzeitig sinkenden Einstiegspreisen Investitionsvorhaben überschaubar geworden.[1] Allerdings wird gerade bei den Ein-Mann-Büros die Bereitschaft zur Tätigung einer solchen immer noch relativ hohen Investition angesichts der schlechten Auftragslage verständlicherweise nicht sehr groß sein.

Für Architekturbüros, die Personal beschäftigten, kann dagegen die Rationalisierung mittels EDV zu einer erheblichen Senkung der Personalkosten führen, was angesichts der unsicheren Konjunkturlage ein wesentlicher Faktor für die wirtschaftliche Existenzsicherung ist.

Darüber hinaus erleichtert der Einsatz der EDV die Erfüllung der mit den wachsenden technischen Möglichkeiten steigenden Anforderungen an die Schnelligkeit wie auch die Komplexität der Leistung des Architekten. Entsprechend konstatiert der Geschäftsführer der Bundesarchitektenkammer, Arlt: „Es ist erkennbar, daß das Büro der nahen Zukunft kaum noch ohne elektronische Datenverarbeitung denkbar sein wird."[2]

Neben dem Einsatz für betriebswirtschaftliche Aufgaben ist die EDV für die Architekten vor allem auch als Hilfsmittel für die Erarbeitung fachlicher Lösungen von Bedeutung. Ein breites Anwendungsfeld ist dabei die rechnergestützte Informationsverarbeitung. So ist es dem Architekten mit Hilfe des Computers möglich, in weit stärkerem Maße und wesentlich schneller als zuvor, große Mengen für die Planung notwendiger Informationen zu verwalten, aufzubereiten und miteinander in Beziehung zu setzen; was einerseits zu einer verläßlichen Datenbasis als Grundlage für das darauf aufbauende kreative Handeln führt und andererseits den Architekten von zeitraubenden Routinearbeiten befreit. Insofern kann die EDV als wesentlicher Qualitätsfaktor bezeichnet werden. „Die Qualität des Entwerfens kann entscheidend erhöht werden. Planen wird intensiver mit der Abwägung von Kosten und Nutzen und einer besseren Zielkontrolle betrieben."[3] „Das kreative Wirken kann durch Verbesserung in der Informationsorganisation der Informationsverarbeitung und dem Informationsaustausch entscheidend unterstützt werden ... Neben der Schnelligkeit liegen die Vorteile der elektronischen Informationsverarbeitung vor allem in der Präzision und Fehlerfreiheit."[4]

Die Organisationen der Architekten erkennen und bejahen prinzipiell die Bedeutung der EDV für die Rationalisierung des Architekturbüros und die Qualität der Architektenleistungen. Dies zeigt sich nicht zuletzt auch darin, daß sich die Länderkammern wie auch die Bundesarchitektenkammer nicht nur in

---

[1] ebenda
[2] Zit. nach Stabiles Fundament v. 19.10.84, S. 50
[3] Vgl. Glaser 1985, S. 176
[4] z.B. Deilmann 1984, S. 452, Glaser 1984, S. 759

Ausschüssen und Arbeitskreisen mit der Entwicklung der EDV für Architekten beschäftigten[1], sondern auch durch Informations- und Fortbildungsangebote die Unsicherheit der Berufsangehörigen im Zugang und bei der Auswahl von Anlagen zu beseitigen versuchen.[2]

Auch in den Experteninterviews wurde der Beitrag der EDV für die Qualität der Leistungserbringung weitgehend als positiv bezeichnet. Die wesentlichen Vorteile wurden von den Gesprächspartnern wie folgt dargestellt:

- Der Einsatz der EDV ermöglicht eine schnellere und transparentere Leistungserbringung, was vor allem auch bei der Teilnahme an Ausschreibungen von Wichtigkeit ist.

- Die Fehlerwahrscheinlichkeit vor allem bei Berechnungen wird verringert; im Idealfall, so einer der Experten, gibt es nur noch Erfassungsbzw. Eingabefehler, wobei auch hier Fehlerkontrollen möglich sind.

- Die größeren und schnelleren Möglichkeiten des Zugriffs auf und der Auswertung von Informationen ermögliche eine schnellere und sicherere Abwägung der technischen und finanziellen Auswirkungen von gewünschten Modifikationen sowie das „Durchspielen" einer größeren Anzahl von Alternativen.

- EDV ermöglicht das schnellere Erstellen attraktiver Modelle und Zeichnungen aus verschiedenen Perspektiven.

Dem CAD-System (Computer Aided Design) standen die Experten in der Mehrheit jedoch eher ablehnend gegenüber. Für die von ihm gebotenen Leistungen – bislang sei es lediglich eine Zeichenhilfe – sei das System noch wesentlich zu teuer.

Die in der Literatur z.T. vertretene Auffassung, die EDV zwinge „oft zu strukturiertem Handeln bei eigentlich wenig strukturierbaren Arbeitsprozessen, es entstehen Inflexibilität und Schwerfälligkeit, die die Effektivität und Anpassungsfähigkeit des Dienstleisters verringern"[3] – Lucien Kroll bezeichnet dieses Problem als „die Macht des Werkzeugs über das Produkt"[4] – wurde jedoch lediglich von einem der Befragten geteilt. Die übrigen Gesprächspartner sahen keine Gefahren für die Kreativität. Die Aufgabenstellung sei immer wieder unterschiedlich, so daß ein individuelles Vorgehen immer gefordert sei. Im Gegenteil werde der Spielraum für die eigentliche gestalterische Leistung durch EDV sogar eher größer. Problematisch war aus der Sicht der Experten jedoch das Problem der relativ hohen Investitionskosten vor allem für kleine Büros.

---

[1] Vgl. z.B. Glaser 1984, S. 759
[2] So etwa durch sog. EDV-Seminare oder durch eine Informationsbroschüre
[3] Rettberg, W. in: DAB 10/85, S. 1311
[4] Vgl. Kroll 1984, S. 48

In einem der Interviews wurde ein völlig anderer Aspekt des Einsatzes der EDV angesprochen: EDV sei die Antwort des Architekten auf die von Seiten des Bauherren zunehmende Forderung nach dem Generalplaner[1], da sie im Rahmen von Verbundsystemen oder durch Einsatz kompatibler Systeme die Partnerschaft mit den anderen am Bau beteiligten Fachleuten ermögliche.

4.5.3 Prozeß- und Ergebnisqualität

Während die Diskussion um die Wechselbeziehungen zwischen den Strukturvariablen und der Leistungsqualität auch bei den Architekten vor allem hinsichtlich der Qualifikation relativ intensiv ist, finden die beiden übrigen Qualitätsaspekte „Prozeß" und „Ergebnis" bei der Frage nach Möglichkeiten zur Qualitätssicherung und -verbesserung kaum Berücksichtigung, was allerdings nicht heißt, daß die traditionelle Form der Kontrolle der Berufsausübung, vor allem die zivilrechtliche Haftung aus der Sicht der Architekten nur eine geringe Bedeutung für das berufliche Verhalten der einzelnen Mitglieder des Berufsstandes haben.

4.5.3.1 Berufs- und standesrechtliche Kontrolle

Im Gegensatz zu den bislang betrachteten Freien Berufen ist das in den Architektengesetzen der Länder fixierte Berufsrecht relativ wenig strukturiert. Die Architekten schufen sich jedoch über ihre Kammern selbst einen verbindlichen Katalog von Berufspflichten, deren Nichteinhaltung als 'berufsunwürdiges Verhalten' gilt und mit Sanktionen belegt ist. Festgelegt sind diese Pflichten in den errichteten Berufsordnungen, „die gleichsam eine standesrechtliche Fixierung des Berufsethos darstellen und die – durch bestimmte Beschränkungen (zum Beispiel der Vorteilsannahme oder der 'unlauteren Werbung') – sowohl dem 'Schutz der Öffentlichkeit' wie dem 'Miteinander innerhalb des Berufsstandes' dienen" sollen.

Von den meisten Kammern wurden Richtlinien erlassen, die die in den Berufsordnungen formulierten Grundsätze durch Aufzählung einzelner Tatbestände konkretisieren. Beispiele für diese Richtlinien sind z.B. die in 4.5.2.2.4 dargestellten Werbebeschränkungen oder auch die Pflicht zum Abschluß einer ausreichenden Haftpflichtversicherung.

Darüber hinaus haben z.T. auch die freien Berufsverbände (z.B. der BDLA) gültige Standesordnungen, die – so Wiesand – auch versuchen, einen allgemeinen Maßstab für die Qualifikation der Berufsausübenden zu setzen.[2]

Die Verletzung der Berufsgrundsätze und berufliche Streitigkeiten unter Kollegen werden wie bei den übrigen verkammerten Berufen auch durch Berufsge-

---

[1] Vgl. 4.5.2.3
[2] Wiesand/Fohrbeck/Fohrbeck 1984, S. 128

richte bzw. Ehrenausschüsse geprüft und sanktioniert. In diesem Berufs- und Ehrengerichtsverfahren kann unter anderem erkannt werden auf Verwarnung, Verweis, Geldbußen (bis zu 20.000 DM) und Löschung der Listeneintragung, das heißt Aberkennung des Rechts, die Berufsbezeichnung zu führen.[1]

Zur außergerichtlichen Behebung von Streitigkeiten sowohl von Architekten untereinander als auch zwischen Architekten und Dritten haben die meisten Architektenkammern[2] sog. Schlichtungsstellen eingerichtet. Die Schlichtungstätigkeit und -verpflichtung ist dabei teilweise in den Architektengesetzen ausdrücklich als Aufgabe der Kammer genannt oder ergibt sich aus der Satzung der jeweiligen Architektenkammer.[3]

Nach einer Erhebung von Morasch enden die Schlichtungsverfahren im allgemeinen mit einem Vergleich oder einer gütlichen Einigung.[4] Allerdings können die Architektenkammern ihre Mitglieder nicht zwingen, sich einem eventuellen Schiedsspruch der Schlichtungsstelle zu unterwerfen.[5]

Daß die berufs- und standesrechtlichen Kontroll- und Sanktionsinstanzen bei der Frage nach den Möglichkeiten zur Sicherung der Handlungs- und Ergebnisqualität von keinem der Experten angesprochen wurde, läßt auf ihre, aus der Sicht der Berufsausübenden, relativ geringe unmittelbare Bedeutung für die Qualitätssicherung der Leistung schließen. Auch hier wird man wie bei den übrigen Berufsgruppen in dieser Untersuchung davon ausgehen müssen, daß hier lediglich schwerwiegende Verstöße gegen die Berufspflichten behandelt werden. Eine wesentlich größere Bedeutung wurde von den Experten dagegen der zivilrechtlichen Haftung des Architekten zugeschrieben.

4.5.3.2 Zivilrechtliche Haftung

„Der Architektenvertrag ist in der Regel ein Werkvertrag im Sinne der §§ 631 ff. BGB. Durch zahlreiche Einzelleistungen (siehe § 15 HOAI) hat der Architekt dafür zu sorgen, daß das Bauwerk plangerecht und mängelfrei erstellt wird. Er schuldet jedoch nicht das Bauwerk als körperliche Sache, sondern 'sein Entste-

---

[1] ebenda
[2] Schlichtungsstellen zur Beilegung von Streitigkeiten zwischen Architekten und Dritten gibt es in Bremen, Düsseldorf, Hamburg, Hannover, Mainz, München, Saarbrücken und Stuttgart, jeweils zuständig für das entsprechende Bundesland. Als Ziel dieser Einrichtungen wird fast gleichlautend genannt, daß Streitigkeiten aus der Berufsausübung zwischen einem Angehörigen der Architektenkammer und Dritten im Einvernehmen mit den Parteien gütlich beigelegt werden sollen. In Schleswig-Holstein und Hessen gibt es sog. Schiedsstellen für Streitigkeiten zwischen Architekten untereinander. In Dortmund, Augsburg und Frankfurt/Main nehmen sog. Bauschlichtungsstellen der Handwerkskammern ähnliche Funktionen wahr.
[3] Vgl. Morasch 1984, S. 67 f
[4] Vgl. Morasch 1984, S. 69
[5] Vgl. Presse- und Informationsamt der Bundesregierung 1984, S. 56

henlassen'. Das 'Architektenwerk' ist demnach streng von dem zu errichtenden Bauwerk zu unterscheiden. Baumängel sind daher nur dann Mängel des Architektenwerks, wenn sie durch eine mangelhafte Erfüllung der Architektenaufgaben verursacht worden sind."[1]

Die Gewährleistungsansprüche des Bauherrn gegen den Architekten verjähren gemäß § 638 BGB nach fünf Jahren, während Gewährleistungsansprüche gegen den Bauunternehmer nach § 13 VOB nach zwei Jahren verjähren, wenn keine längere Verjährungsfrist vereinbart ist. In der Architektenschaft werden diese unterschiedlichen Verjährungsfristen beanstandet.

In dem von der Bundesarchitektenkammer beim Bundeskartellamt als der empfohlenen Grundlage für die Zusammenarbeit vor allem zwischen freiberuflichem Architekt und Bauherren angemeldeten Einheitsvertrag[2] ist neben den oben angesprochenen Haftungs- und Verjährungsansprüchen auch der Nachweis einer Haftpflichtversicherung durch den Architekten Vertragsinhalt. Die Verpflichtung zum Abschluß einer Berufshaftpflichtversicherung für Architekten und andere bauvorlageberechtigte Entwurfsverfasser ist landesgesetzlich bisher nur in der hessischen sowie in der nordrhein-westfälischen Bauordnung geregelt. Architekten sind jedoch aufgrund der bestehenden Berufsordnungen der Kammern standesrechtlich verpflichtet, sich ausreichend gegen Haftpflichtansprüche zu versichern (so etwa § 2 Abs. 2 der Satzung der AK Nordrhein-Westfalen).[2]

Dieser Verpflichtung zu ausreichender Versicherung gegen Haftpflichtansprüche wurde in den Interviews von den befragten Experten große Bedeutung für die Sicherung der Leistungsqualität beigemessen, da sie einerseits den Auftraggeber im Falle eines Fehlers vor übermäßigem Schaden bewahrt und zum anderen das z.T. erhebliche wirtschaftliche Risiko der Architekten mindert.

Einerseits bieten diese Haftpflichtversicherungen sicherlich Wettbewerbsvorteile gegenüber gewerblichen Leistungsanbietern, die einer solchen Verpflichtung nicht unterliegen, andererseits führten jedoch die bei komplexen Objekten z.T. sehr hohen Haftungsrisiken zu ebenfalls sehr hohen Versicherungsprämien, die für das Architekturbüro eine erhebliche finanzielle Belastung bedeuten können. Die oft sehr unterschiedlichen Größenordnungen der in einem Büro bearbeiteten Projekte machen zudem eine Pauschalregelung der Haftungshöhe schwierig, weil eine pauschale Deckungssumme im Rahmen einer Jahresversicherung für Großprojekte möglicherweise nicht ausreicht, für alltägliche Planungen dagegen unverhältnismäßig teuer sein kann. Für erhöhte Risiken im Einzelfall kann allerdings, wenn die Deckungssumme nicht ausreicht, eine zusätzliche Objektversicherung abgeschlossen werden.

[1] Wiesand/Fohrbeck/Fohrbeck 1984, S. 131
[2] Vgl. Wiesand/Fohrbeck/Fohrbeck 1984, S. 131 f

Angesichts der gesamtschuldnerischen Haftung von Architekt und Bauunternehmer, der ungleichen Verjährungsfristen, aber auch angesichts der immer höheren Anforderungen, die die Rechtsprechung an den Pflichtenkreis des Architekten stellt (insbesondere im Bereich der Beratungspflichten), dürfte es im Interesse der Architekten liegen, durch vertragliche Vereinbarungen eine Begrenzung dieser Haftung auf ein vernünftiges und vertretbares Maß herbeizuführen. Formularvertraglichen Haftungsbeschränkungen sind allerdings seit Inkrafttreten des Gesetzes zur Regelung des Rechts der Allgemeinen Geschäftsbedingungen (AGB-Gesetz) vom 1.4.1977 erhebliche Grenzen gesetzt worden, so daß bestimmte Haftungsbegrenzungen nur noch durch Individualabreden wirksam vereinbart werden können.

Aus dem Interesse einer Haftungsbegrenzung heraus, hat auch die Vorlage des sog. „Partnerschaftsgesetzes" die ausdrückliche Unterstützung der Architekten gefunden, dessen wesentlicher Aspekt u.a. die Möglichkeit zur Haftungsbeschränkung ist. Demgegenüber schreiben die im Regelfall vorzufindenden Partnerschaften als BGB-Gesellschaften die unbeschränkte Haftung vor.[1] Nachteile für die Qualität der Leistung etwa aufgrund einer Verringerung der persönlichen Verantwortung sahen die befragten Experten nicht. Eine finanzielle Absicherung etwaiger Regreßansprüche des Auftraggebers sei durch die oben angesprochene Zusatzversicherung gegeben.

4.5.3.3 Systematische Analysen der Prozeß- und Ergebnisqualität

Über die berufs- bzw. standesrechtliche und die zivilrechtliche Kontrolle durch Haftungspflichten hinaus, sahen die befragten Experten keine Möglichkeit zur Qualitätskontrolle oder gar zur Durchführung von systematischen Qualitätsanalysen. Derartige Versuche müßten bereits bei der Aufstellung der Qualitätskriterien scheitern, da es keine allgemeinen Maßstäbe für die gestalterische, jeweils auf die individuellen Bedürfnisse und den individuellen Geschmack des Auftraggebers zugeschnittene Komponente der Leistung gebe. Allenfalls die Korrektheit der technischen Grundlagen und statistischen Berechnungen ließen sich überprüfen. Auch hier gebe es jedoch bestimmte „Schulen" und Modetrends.

Für die technischen Aspekte dagegen gebe es bereits verschiedene Kontrollen:

- Prüfung der Planung im Rahmen der Bauvorlage,
- Überprüfung der Statik,
- Bauabnahme,
- Überprüfung der Sicherheitsbedingungen.

Diese Formen der Überprüfung, so einer der Befragten, erfassen jedoch nicht die Qualität insgesamt, sondern lediglich Teilaspekte. Außerdem seien die Prüfingenieure vielfach nicht auf dem neuesten Stand der Entwicklung und

---

[1] Vgl. auch Wiesand/Fohrbeck/Fohrbeck 1984, S. 131 – 133

damit praktisch für eine Überprüfung der freien Architekten und Ingenieure nicht qualifiziert.

Aus der Sicht der Experten sind jedoch Prozeß- und/oder Ergebnisanalysen und -kontrollen insofern überflüssig, als im Gegensatz zu den Leistungen vieler anderer Freier Berufe die Leistung des Architekten als „körperliches Objekt", als etwa „Dauerhaftes" der Beurteilung durch die Öffentlichkeit zugänglich ist und auch nachträglich hinsichtlich etwaiger Mängel überprüft werden kann. Die Öffentlichkeit bzw. der einzelne Auftraggeber sei eine derart gewichtige Kontrollinstanz, daß sich weitere Maßnahmen bzw. Qualitätskontrollen erübrigten.

4.5.4 Zusammenfassung

Wie bei den übrigen verkammerten Freien Berufen setzen auch bei den Architekten berufs- und standesrechtliche Regelungen den allgemeinen Rahmen der Qualitätssicherung, in dem sie einerseits die Tätigkeitsfelder und Berufsaufgaben sowie die Qualifikationsanforderungen bestimmen und andererseits die Maßstäbe für das Verhalten im Beruf festlegen, die für eine den Erwartungen der Gemeinschaft entsprechende Aufgabenerfüllung für notwendig gehalten werden.

Die vom Architekten zu erbringende Leistung umfaßt dabei gemäß dem Selbstverständnis und den Architektengesetzen der Länder sowohl die gestalterische, technische als auch die wirtschaftliche Veränderung der Umwelt gemäß den Interessen der Auftraggeber und der Allgemeinheit. Leistungsqualität kann deshalb nicht allgemein definiert werden, sondern nur in bezug auf die individuellen Bedingungen beim einzelnen Auftraggeber. Vor allem die gestalterisch Komponente verlangt vom Architekten eine Kreativität und Flexibilität der Lösungsentwicklung, die sich einer Normierung entzieht.

Qualitätssicherung bei den Architekten umfaßt in erster Linie die Sicherung der Strukturqualität, wobei einerseits die berufs- und standesrechtlichen Rahmenbedingungen als Grundlage eines einer hohen Leistungsqualität angemessenen Verhaltens, andererseits die Qualifikation der Berufsangehörigen die zentralen Elemente der Qualitätssicherung darstellen. Projekt- und/oder Ergebniskontrollen spielen vor allem im Hinblick auf die Gewährleistung eines berufswürdigen Verhaltens eine Rolle. Kontrollen der tatsächlichen Leistungsqualität werden aufgrund der Individualität und Originalität der zu erbringenden Entwurfsleistungen für weitgehend undurchführbar gehalten.

Bevor jedoch auf die einzelnen Aspekte des Qualitätsprogramms der Architekten zusammenfassend eingegangen wird, soll die Qualität der strukturellen Rahmenbedingungen als den Parametern der Strukturqualität, wie sie sich aus der Sicht der Architektenschaft wie der Bauwirtschaft darstellt, nochmals kurz beschrieben werden:

- Die Qualität der universitären Ausbildung entspricht nach einhelliger Auffassung der Experten nicht den Anforderungen der beruflichen Praxis. Hauptkritikpunkte sind einerseits die zu kurzen Ausbildungszeiten (vor allem an den Fachhochschulen) und die zu frühzeitige und nicht bedarfsgerechte Spezialisierung, die beide dazu führen, daß dem Nachwuchs die für die spätere hohe Leistungsqualität erforderliche allgemeine Grundqualifikation fehlt. Andererseits wird der nicht ausreichende Praxisbezug der Ausbildung bemängelt.

- Spezialisierung im Sinne einer Tätigkeits- oder objektbezogenen Schwerpunktsetzung wird allgemein als qualitätsfördernd aufgefaßt. Die Experten sind sich jedoch einig, daß die Bildung von Schwerpunkten erst im Anschluß an die Ausbildung im Rahmen eines Zusatzstudiums oder in der beruflichen Praxis erfolgen sollte.

- Neben der Ausbildung ist für die Architektenschaft die Fortbildung der wichtigste Qualitätsfaktor. Sowohl die Angebote als auch deren Nutzung durch die Berufsangehörigen werden von den Architekten wie auch von den Vertretern der Bauwirtschaft als ausreichend bezeichnet. Untersuchungen über das tatsächliche Fortbildungsverhalten bzw. über die Fortbildungseffizienz existieren allerdings nicht.

- Die Entwicklung der wirtschaftlichen Situation wird weniger aufgrund übermäßig steigender Nachwuchszahlen, sondern vielmehr aufgrund einer stagnierenden bis rückläufigen Baukonjunktur sowie erheblicher Konkurrenz anderer Anbieter auf dem Planungsmarkt als bedrohlich empfunden. Qualitätsmindernde Effekte resultieren aus dieser Situation nach Auffassung der befragten Experten innerhalb der Architektenschaft jedoch so lange nicht, wie die berufs- und standesrechtlichen Rahmenbedingungen beachtet werden. Bei außerhalb der Architektenlisten operierenden Anbietern könne dagegen aufgrund eines immer ruinöser werdenden Preiswettbewerbes mit Qualitätsverlusten gerechnet werden.

- Ein unverzichtbarer Strukturfaktor ist aus der Sicht der Architektenschaft nicht nur aus wirtschaftlichen, sondern auch aus Gründen der Qualitätssicherung die Gebührenordnung und hier vor allem die Mindestsätze, durch die ein Absinken der Leistungsvergütung unter die Kostendeckungsgrenze und damit unvollständige und mit mangelnder Sorgfalt erbrachte Leistungen verhindert werden. Auch die Tatsache, daß die VOL/A die Architektenleistungen ausdrücklich ausschließt und damit keinem Preiswettbewerb unterzieht, wird als Beitrag zur Qualitätssicherung befürwortet.

- Die Architekten haben im Vergleich zu den freien Heilberufen und den rechts- und steuerberatenden Berufen vergleichsweise liberale Werberegelungen, da ihnen die Möglichkeit zur Veröffentlichung von Broschüren und Dokumentationen ohne werbenden Charakter sowie zur Werbung durch

410

Dritte offensteht. Nach Auffassung aller befragten Experten bieten diese zur Verfügung stehenden Maßnahmen ausreichenden Raum für eine leistungsgerechte Werbung.

- Architektenwettbewerbe bilden immer noch eine wesentliche Form der Auftragsvergabe. Aufgrund der hohen finanziellen Vorleistungen sind sie jedoch nicht für alle Büros von Bedeutung.

- Gemeinschaftliche Berufsausübung wird von den befragten Experten als prinzipiell qualitätsfördernd angesehen, da sie die Spezialisierung bei gleichzeitiger Beibehaltung der Ganzheitlichkeit der Aufgabenlösung ermöglicht. Bei den Architekten geht jedoch der Trend zur projektbezogenen Kooperation kleinerer Büros. Eine GmbH, die eine Haftungsbeschränkung für die einzelnen Partner ermöglicht, würde von den Architekten begrüßt. Probleme für die Qualität werden nicht befürchtet.

- Insgesamt gesehen wird im Rahmen der Strukturqualität den die Qualifikation betreffenden Komponenten als unmittelbar die Qualifikation beeinflussende Faktoren das meiste Gewicht beigemessen.

- Neben den strukturellen Rahmenbedingungen, die primär die Qualität der Leistungen der Architektenschaft betreffen, bilden Maßnahmen zur Regelung des Marktzugangs wie die Bauvorlageberechtigung, allgemeine Instrumente zur Sicherung der Leistungsqualität auf dem Gesamtplanungsmarkt, indem bestimmte Tätigkeiten an bestimmte Mindestqualifikationen (Architekt) gebunden werden.

- Qualitätskontrollen, gleich, ob sie den Handlungsprozeß oder das Handlungsergebnis betreffen, sind nach Meinung der Experten wegen der mangelnden Standardisierbarkeit der beruflichen Leistungen nicht möglich. Berufs- und standesrechtliche sowie zivilrechtliche Kontrollen und Sanktionen greifen nur im (extremen) Einzelfall. Ein gewisser Schutz des Auftraggebers ist durch die vorgeschriebene Haftpflichtversicherung der Architekten gewährleistet.

Auf der Grundlage dieser Einschätzungen der Leistungsqualität und der sie bedingenden Faktoren läßt sich das Qualitätssicherungskonzept mit seinen Prämissen wie folgt darstellen:

Wichtigster Faktor der Qualitätssicherung ist die Qualifikation des Berufsausübenden.

Zur Sicherung dieser Qualifikation hat die Architektenschaft detaillierte Vorstellungen über die Ausbildung:

- Einführung einer Vorpraxis vor der universitären Ausbildung als Orientierungshilfe für die Auszubildenden sowie zur Schaffung eines ersten praktischen Bezugs;

- Eignungsspezifische Zulassungskriterien zur Selektion des besonders studier- und berufsfähigen Nachwuchses;

- eine einheitliche, genügend lange Ausbildung zur Gewährleistung einer gemeinsamen Grundqualifikation, in die ausreichend lange Praxisphasen zur Verbesserung des Praxisbezuges des Studiums integriert sind;

- eine zweigleisige Ausbildung in wissenschaftlichen und Fachhochschulen, die den Bedarf der Praxis nach sowohl wissenschaftlich-theoretisch als auch nach mehr praktisch orientierten Architekten, was die Forderung nach einer Umorientierung der Fachhochschulausbildung zu wieder stärker praxisbezogenen Inhalten bedeutet;

- Verzicht auf Spezialisierung in der Ausbildung, statt dessen Schwerpunktsetzung im Anschluß an das Studium durch ein Vertiefungsstudium oder in der beruflichen Praxis;

- eine berufspraktische Phase von mindestens zwei Jahren im Anschluß an das Studium, die garantieren soll, daß mit der Berufsbezeichnung „Architekt" eine gewisse praktische Erfahrung gewährleistet wird;

- die Gliederung des Berufspraktikums in mehrere Tätigkeitsbereiche und die Begleitung des Berufspraktikums durch besondere Weiterbildungsveranstaltungen, durch die die praktische Phase zu einem integrierten Bestandteil der Gesamtausbildung und eine Spezialisierung im Sinne der Anforderungen der beruflichen Praxis gewährleistet wird;

- eine sinnvolle und inhaltlich konsistente Fortbildung, die jedoch weiterhin dem einzelnen Berufsangehörigen überlassen bleiben soll;

- Sicherung des Leistungswettbewerbs als einzigem Wettbewerb durch Festlegung einer kostendeckenden Vergütung (HOAI);

- Sicherung des Leistungswettbewerbs durch Verhinderung von Wettbewerbsverzerrungen durch das Verbot unlauterer Werbung;

- Sicherung der Leistungsqualität durch die Möglichkeit, herausragende Leistungen öffentlich zu machen (Prämierungen, Werbung durch Dritte);

- berufs- und standesrechtliche Regelungen zur Normierung eines qualitätsfördernden beruflichen Verhaltens.

Weniger durch Reglementierungen und steuernde Eingriffe in die Berufsausübung als vielmehr durch Verzicht auf Eingriffe in die Berufsausübung und flankierende Maßnahmen zeichnen sich zwei weitere Qualitätsbedingungen aus:

- Förderung einer ganzheitlichen Leistungserbringung bei gleichzeitiger Vertiefung der Detailkompetenz durch Verzicht auf Einschränkungen bei der gemeinschaftlichen Berufsausübung, wobei die Schaffung einer GmbH der Kooperation sicherlich förderlich sein könnte;

- Verzicht auf Reglementierung des Einsatzes von EDV, aber Anbieten von Fortbildungsmöglichkeiten auf diesem Sektor.

412

Grundsätzliches Prinzip der Qualitätssicherung ist dabei, so viele Grundlagen wie möglich durch die Qualifikationsbedingungen und das Standesrecht zu schaffen, um soweit wie möglich auf Kontrollen und Reglementierungen verzichten zu können.

Ungeeignet zur Qualitätssicherung sind nach Auffassung der Architekten insbesondere:

- bedarfsorientierte Zulassungsbeschränkungen für die Ausbildung, da sie eventuell begabte Bewerber abschrecken könnten;

- eine Reglementierung des Fortbildungsverhaltens mit Ausnahme der eventuellen Einführung bestimmter Pflichtveranstaltungen für Berufsanfänger;

- jegliche Normierung und Kontrolle über den derzeitigen berufs- und standesrechtlichen Rahmen hinaus.

Obwohl die Architekten damit sicherlich einen wesentlichen Teil der Strukturkomponente der Leistungsqualität abdecken, ist das Qualitätssicherungskonzept aus zwei Gründen als unvollständig einzuschätzen:

- Es fehlt der gesicherte Nachweis, daß die getroffenen Qualitätssicherungsmaßnahmen tatsächlich die besten Alternativen darstellen und ausreichend effizient sind.

- Es fehlt die Rückkoppelung zur Prozeß- und Ergebnisqualität, so daß nur vermutet werden kann, daß diese Form der Regelung der strukturellen Rahmenbedingungen tatsächlich zu einer hohen Gesamtqualität führt.

Sinnvoll wäre deshalb die Durchführung von systematischen empirischen Qualitäts- und Berufsfeldanalysen, um die grundlegenden Defizite im Wissen um die Wechselbeziehungen zwischen der beruflichen Leistungsqualität und den sie bestimmenden Faktoren zu beseitigen und so eine gesicherte Grundlage für weitere qualitätssichernde und ander berufpolitische entscheidungen zu schaffen.

4.6 Beratende Ingenieure

Zum Stand der Qualitätssicherung bei den Beratenden Ingenieuren wurden fünf Interviews mit insgesamt neun Vertretern dieser Berufsgruppe oder ihrer beruflichen Interaktionspartner geführt. Aus der Gruppe der Beratenden Ingenieure wurde mit vier Vertretern des Verbandes Beratender Ingenieure VBI gesprochen, auf Seiten der Interaktionspartner stellten sich uns drei Experten aus der Landesgewerbeanstalt Bayern sowie zwei Vertreter des Hauptverbandes der Deutschen Bauwirtschaft zur Verfügung.

4.6.1 Berufsfeld und Qualitätsverständnis

Eine exakte Abgrenzung des Berufsbildes „Beratender Ingenieur" ist problematisch, da hier keine formalen Kriterien zur Verfügung stehen. Einen Titelschutz „Beratender Ingenieur" gibt es nicht; gesetzlich geregelt ist bislang – wie auch bei den Architekten – durch Titelschutzgesetz der Länder lediglich die Berufsbezeichnung „Ingenieur". Der Inhalt der Ländergesetze ist im wesentlichen gleich und richtet sich nach dem am 7. Juli 1965 verabschiedeten[1] und am 25. Juni 1969 vom BVerfG als verfassungswidrig[2] erklärten Bundesgesetz. Dieses Gesetz – bzw. die einzelnen Ländergesetze – regeln die möglichen Ausbildungsarten, die die Voraussetzung zur Erlangung des Titels „Ingenieur" bilden, sowie die Übergangsbestimmungen für die vor Erlaß des Gesetzes bereits als „Ingenieur" Tätigen. Über den Schutz des Titels „Ingenieur" hinausgehende berufsrechtliche Regelungen bestehen nur in solchen Bundesländern, die eigene Ingenieurkammergesetze erlassen haben (Saarland, Rheinland-Pfalz) oder die die Berufsausübung als (Beratender) Ingenieur im Rahmen der Architektengesetze geregelt haben (Berlin-West, Schleswig-Holstein). In diesen Bundesländern sind Ingenieur- (bzw. Architekten- und Ingenieur-) Kammern eingerichtet und die allgemeinen Berufspflichten der Ingenieure festgeschrieben worden. Darüber hinaus wurden die gesetzlichen Grundlagen für ein Standesrecht gelegt.

Nach Schätzungen des VBI sind derzeit ca. 12 000 bis 13 000 Ingenieure freiberuflich tätig, ca. zwei Prozent der Ingenieure insgesamt.

Das Tätigkeitsfeld der Beratenden Ingenieure ist der gesamte technisch-wirtschaftliche Bereich. Die Berufsausübung erstreckt sich vom Bausektor über das Sachverständigen- und Prüfungswesen, den Maschinenbau, die Elektrotechnik, Heizungs-/ Lüftungs-/Klima- und Gesundheitstechnik bis hin zur technischen und wirtschaftlichen Unternehmensberatung, um nur die wichtigsten Bereiche zu nennen.[3] Die Tätigkeit umfaßt dabei sowohl Planung und Beratung für einzelne Projekte als auch für Gesamtprojekte etwa bei der Industrialisierung ganzer Regionen.[4]

Darüber hinaus – so unsere Gesprächspartner – sei eine formale Standardisierung von Qualitätsmaßstäben bei der Tätigkeit des Ingenieurs generell nicht möglich. Die Entwicklung der Technik schreite so schnell voran, daß das technische Wissen alle fünf Jahre praktisch überholt sei. Qualität der Leistung

---

[1] Gesetz zum Schutze der Berufsbezeichnung „Ingenieur" (Ingenieurgesetz) vom 7. Juli 1965, in: Bundesgesetzblatt Teil I, Bonn, den 5. Juli 1965, Nr. 30, S. 601 f.
[2] Beschluß des 2. Senats des Bundesverfassungsgesetzes vom 25. Juni 1969 – 2 BvR 128/66 – abgedruckt in: Entscheidungen des Bundesverfassungsgerichts, Band 26, Tübingen 1970, S. 246 ff.
[3] Vgl. hierzu auch 4.6.2.1.3
[4] Vgl. Grote/Neswadba 1974

heiße beim Ingenieur deshalb auch, immer auf dem jeweils notwendigen Level an Wissen zu sein.

Die Vertreter der Bauwirtschaft und der LGA definierten die Qualität der Berufsausübung in ähnlicher Weise. Ein Berater sei dann qualitativ gut, wenn er dazu verhelfe, mit minimalen Kosten den Zweck optimal zu erreichen (optimale Problemlösung). Die Lösung sollte dabei nicht nur die gegenwärtigen Anforderungen erfüllen, sondern auch zukünftige Anforderungen wie z.B. den Umweltschutz miteinbeziehen. Der neueste Stand der Technik müsse bekannt sein.

Die Vertreter der Bauwirtschaft sprachen darüber hinaus die Qualität der Unterlagenführung als wesentlichen Aspekt der Leistungsqualität an. Sie beklagten jedoch, daß die Unterlagen oft unvollständig oder widersprüchlich seien. Hierdurch würden die späteren Probleme bei der Kalkulation, Bauabwicklung etc. bereits vorprogrammiert.

Anhaltspunkte über die wirtschaftlichen Auswirkungen von Qualitätsdefiziten gibt der „Bericht über Bauschäden an Gebäuden". So trifft auch im Bausektor mangelnde Qualität nicht nur den einzelnen Auftraggeber, sondern die auftretenden Bauschäden „verursachen für alle am Bau Beteiligten immer wieder erheblichen Kosten- und Arbeitsaufwand und erreichen insgesamt ein volkswirtschaftliches Niveau."[1] Ein wesentlicher Teil dieser Mängel wird dabei, so das Ergebnis des Berichts, durch Unzulänglichkeiten bei der Baudurchführung, d.h. durch Planungs-, Ausführungs- und Materialfehler, verursacht, wozu auch der Einsatz konstruktiver und technologischer Entwicklungen, für die der Bewährungsnachweis noch nicht erbracht wurde, zu zählen ist. Dies betrifft sowohl die Architekten als auch die Leistungsqualität der Beratenden Ingenieure, die als Planer und Bauleiter nicht zuletzt auch für ein qualitativ gutes Gesamtergebnis (mit)verantwortlich sind.

„Gerade sie sollten dafür sorgen, daß Pläne vor Baubeginn fertiggestellt sind und Bauleistungen lückenlos und zweifelsfrei beschrieben sind. Darüber hinaus sollten sie bei neuen Baustoffen, Konstruktionen und Verfahren mit besonderer Sorgfalt arbeiten und Bauherren über die wirtschaftlichen Konsequenzen etwa im Hinblick auf das Verhältnis zwischen Investitions- und Folgekosten hinweisen. Und nicht zuletzt können sie durch eine optimale Koordinierung der Bauvorgänge Schäden vermeiden, die aus unzulänglicher Zusammenarbeit resultieren. Dabei ergibt sich selbstverständlich die Notwendigkeit, das Architekten und Ingenieure ihre fachliche Qualifikation gerade auch auf bau- und vergaberechtlichem Gebiet auf einem hohen Stand halten".[2]

Etwa 3 000 Beratende Ingenieure, also ungefähr ein Viertel aller freischaffenden Ingenieure, sind Mitglied im Verband der Beratenden Ingeniere, der für sich in

---

[1] Vgl. Schneider 1985, S. 4
[2] Schneider 1985, S. 5

Anspruch nimmt, „die qualitative Auslese auf dem Gebiet des unabhängigen Beraterwesens im Ingenieurberuf im Interesse der Allgemeinheit maßgebend zu beeinflussen."[1]

Nach Auffassung dieses Verbandes beinhaltet die Definition von Qualität bei Beratenden Ingenieuren nicht nur den fachlichen Aspekt, auch die Unabhängigkeit und Eigenverantwortlichkeit des Beraters seien wesentliche Qualitätsmerkmale. So wies einer der befragten Vertreter des VBI vor allem auf die Bedeutung der Unabhängigkeit hin, durch die sichergestellt werde, daß der Berater seine Leistungen frei von Produktions- und Lieferinteressen erbringe. Diese vom Auftraggeber in jüngster Zeit dringend geforderte Unabhängigkeit versetze den Beratenden Ingenieur in die Lage, solche Aufträge abzulehnen, die ihm aus sachlichen, grundsätzlich ethischen oder weltanschaulichen Gründen als nicht annehmbar erschienen. Die Entscheidungsfreiheit, Aufträge ablehnen zu können, sei unbedingte Notwendigkeit, wenn der freischaffende Ingenieur seine Funktion für Gesellschaft und Staat erfüllen wolle.[2] Zur Sicherung dieser Unabhängigkeit verlange der VBI von seinen Mitgliedern, daß sie sowohl finanziell als auch lieferunabhängig seien (double independence).

4.6.2 Sicherung der Strukturqualität

Über die bereits angesprochenen Ingenieurgesetze hinaus bestehen keine formalen Kriterien, die die Bedingungen der Berufsausübung als Beratender Ingenieur regeln. Dadurch, daß die Beratenden Ingenieure auch nicht bundesweit verkammert sind, fehlt ein einheitliches berufliches Standesrecht zur Regelung der Berufspflichten. Die Ansatzmöglichkeiten zur Beeinflussung der Strukturqualität sind bei den Beratenden Ingenieuren daher weniger zahlreich als bei den bislang betrachteten Berufsgruppen.

4.6.2.1 Qualifikation

Da die Beratenden Ingenieure noch weniger als die übrigen Freien Berufe in ihrer Berufsausübung nach berufs- und standesrechtlichen Vorschriften und Kontrollen reglementiert sind, gewinnt bei ihnen die Sicherung der Berufseingangsqualifikation entscheidende Bedeutung. Beratende Ingenieure sind freischaffend und unabhängig tätig, dies erfordert von der Ausbildung, daß sie gewährleistet, daß der spätere Berufsausübende fachlich und persönlich zu einer eigenständigen beruflichen Leistung befähigt ist.

4.6.2.1.1 Persönliche Eignung

Auch in jenen Bundesländern, die die Berufausübung der Beratenden Ingenieure berufsrechtlich geregelt haben, bestehen keine Auslesekriterien hinsichtlich der

1) Verband Beratender Ingenieure o.J., S. 1
2) Vgl. hierzu auch Verband Beratender Ingenieure o.J., S.1

persönlichen oder moralischen Eignung der Berufsangehörigen, festgeschrieben sind lediglich die Qualifikationsvoraussetzungen. Die die Aufnahmevoraussetzungen des VBI betreffen ebenfalls lediglich die fachliche und praktische Qualifikation der Bewerber.

Die Auslese von aufgrund der Persönlichkeitsstruktur nicht geeignetem Nachwuchs muß also weitgehend bereits während der Ausbildung oder aber später im Beruf erfolgen. Prinzipiell besteht bei der Ingenieurausbildung in wesentlich geringerem Ausmaß als z.B. beim Medizin- oder Jurastudium die Gefahr, zur Prestige- oder Verlegenheitsausbildung zu werden, da die spezifischen Anforderungen während der Ausbildung und im späteren Beruf den Erfolg im wesentlichen von einer ausreichenden technischen und handwerklichen Begabung abhängig machen. So scheint nach einer Untersuchung des Bayerischen Staatsministeriums für Hochschulforschung und Hochschulplanung die Entscheidung für oder gegen ein wissenschaftlich-technisches Studium tatsächlich in erster Linie von der Neigung zu den Ingenieurwissenschaften, gefolgt von der Einschätzung der persönlichen Eignung für den Beruf, bestimmt zu sein.[1] Und auch während der Ausbildung findet durch die z.T. hohen Studienanforderungen und die relativ umfangreichen Praktika eine weitere Auslese statt. Dies belegt auch die hohe Zahl der Studienabbrecher an Hochschulen, die mit ca. 50 % höher ist als in den meisten Studiengängen.[2]

Allerdings kommt eine Untersuchung des Instituts für Medienpädagogik und Hochschuldidaktik der TU Berlin u.a. zu dem Ergebnis, daß im Verlaufe der Ausbildung zumindest an der Hochschule eher eine Negativ-Auslese zu beobachten sei. „Aus unseren Ergebnissen geht hervor, daß die Beweglicheren, Geschickteren, Erfolgreicheren, die mit wenig Aufwand viel leisten, die stärkste Tendenz zeigen, doch lieber nicht Ingenieur zu werden. Ingenieur werden danach vor allem diejenigen Studenten, die – eher angepaßt zu einer guten Leistung auch hohen Arbeitsaufwand investieren müssen oder gar trotz großen Aufwandes weniger als andere schaffen, aber mit zusammengebissenen Zähnen durchhalten. Wir bezweifeln, daß das geeignete Auslesekriterien für Ingenieure sind, die im Beruf kreativ und flexibel neue Technologien entwickeln und verantworten sollen."[3]

Die Autoren weisen selbst darauf hin, daß die Begrenztheit der Stichprobe eine Verallgemeinerung dieser Ergebnisse nicht möglich macht.

Auch für die Ingenieurausbildung wären jedoch Überlegungen über die Möglichkeit zur Einführung von Eignungstests, wie sie bei den Architekten angestellt werden[4], durchaus sinnvoll. Eine gewisse Auslesefunktion erfüllen die

---

[1] Vgl. Frankfurter Allgemeine Zeitung v. 29.7.81
[2] Vgl. UNI Berufswahl-Magazin 6/85, S. 33
[3] Ebenda, S. 35
[4] Vgl. 4.5.2.1.1

dem Studium vorgeschalteten Praktika, die im Gegensatz zur Architektenausbildung auch für die wissenschaftliche Hochschulausbildung i.d.R. Voraussetzung sind.[1])

4.6.2.1.2 Ausbildung

Die Ingenieurgesetze der Länder zum Schutz der Berufsbezeichnung machen das Tragen des Ingenieurs-Titels in erster Linie abhängig von der fachlichen Qualifikation. Ingenieur dürfen sich nur nennen:

- Personen, die das Studium einer technischen oder naturwissenschaftlichen Fachrichtung an einer deutschen wissenschaftlichen Hochschule oder an einer deutschen Fachhochschule mit Erfolg abgeschlossen haben.

- Personen, die das Studium an einer früheren deutschen öffentlichen oder ihr hinsichtlich des Studienabschlusses rechtlich gleichgestellten deutschen privaten „Ingenieurschule" mit Erfolg abgeschlossen haben.

- Personen, die einen Betriebsführer-Lehrgang einer früheren deutschen staatlich anerkannten Bergschule mit Erfolg abgschlossen haben.

- Personen, denen durch die zuständige Behörde das Recht verliehen worden ist, die Bezeichnung „Ingenieur (grad.)" zu führen.[2])

- Personen, die aufgrund eines Abschlußzeugnisses einer ausländischen Hochschule oder einer sonstigen ausländischen Schule von der zuständigen deutschen Behörde eine entsprechende Genehmigung erhalten haben.

- Personen, die vor Inkrafttreten der Ingenieurgesetze (1970 und 1971) eine Tätigkeit unter der Berufsbezeichnung „Ingenieur" ausgeübt haben und die Absicht, diese Berufsbezeichnung weiter zu führen, der zuständigen Behörde angezeigt haben.[3])

Auch der Eintrag in eine der vier Ingenieur-Kammern setzt die Befugnis zum Tragen des Ingenieur-Titels voraus.

---

[1]) Vgl. 4.6.2.1.2
[2]) Diese Bestimmung gilt rückwirkend für Absolventen der früheren deutschen „Ingenieurschulen", die bei erfolgreichem Abschluß des Studiums die Berechtigung erhalten haben, die Berufsbezeichnung „Ingenieur" zu führen.
[3]) Diese Anzeige mußte spätestens bis zum 31. Dezember 1974 abgegeben worden sein. Personen, die bei Inkrafttreten der Ingenieurgesetze (1970 und 1971) ihren Wohnsitz außerhalb der Bundesrepublik Deutschland einschließlich des Landes Berlin hatten, konnten diese Anzeige noch innerhalb eines Jahres nach Begründung ihres Wohnsitzes in der Bundesrepublik Deutschland einschließlich des Landes Berlin erstatten.

Nachdem die früheren staatlichen Ingenieurschulen aufgrund eines Abkommens zwischen den Ländern der Bundesrepublik zur Vereinheitlichung auf dem Gebiet des Fachhochschulwesens" vom 31. Oktober 1968 durch entsprechende Gesetze der Länder in „Fachhochschulen" umgewandelt wurden, die Ausbildung an einer Bergschule für den Bereich des Beratenden Ingenieurs nicht von Relevanz ist und die nachfolgenden Punkte Übergangsregelungen für bereits vor Inkrafttreten der Titelschutzgesetze unter der Berufsbezeichnung „Ingenieur" Tätige oder im Ausland Ausgebildete bilden, kann man davon ausgehen, daß in der Bundesrepublik die Ausbildung zum Ingenieur gegenwärtig im allgemeinen auf zwei Wegen erfolgt:

– über die mehr praxisbezogene Fachhochschulausbildung von mindestens sechs Semestern Dauer

– und über die mehr wissenschaftsorientierte Hochschulausbildung von acht bis neun Semestern.

Die Gestaltung der beiden Studiengänge ist in den einzelnen Bundesländern z.T. unterschiedlich.

Von wesentlicher Bedeutung in der Ingenieurausbildung ist die Vermittlung berufspraktischer Fertigkeiten. Auf allen Gebieten der Technik habe sich immer wieder gezeigt, daß die Vermittlung praktischer Kenntnisse und Fähigkeiten unbedingt zur Ausbildung des Ingenieurs gehöre. „Eine noch so gute Ausbildung in den naturwissenschaftlich-mathematischen Fächern nutzt erst dann, wenn der junge Ingenieur Theorie und Praxis der Technik sinnvoll miteinander verbinden kann", stellte z.B. die Deutsche Kommission für Ingenieurausbildung (DKI) fest.[1] „Die berufliche Erfahrung der Hochschullehrer, die praxisorientierte Lehre und die Einbeziehung berufspraktischer Ausbildungsanteile stellen für die Studiengänge der Ingenieurwissenschaften deshalb ein traditionelles Chrakteristikum dar. Die Hochschulpraktika der Studenten sind gesetzlich oder von den Hochschulen verbindlich vorgeschriebene Zeiten praktischer Ausbildung, die hauptsächlich in Industrie- und Handwerksbetrieben beziehungsweise in entsprechenden Einrichtungen des öffentlichen Dienstes abzuleisten sind."[2]

Art und Dauer des Praktikums variieren einerseits zwischen universitären Hochschulen und Fachhochschulen, andererseits bestehen durch die Kulturhoheit der Länder Unterschiede zwischen den Regelungen in den einzelnen Bundesländern. Die Dauer des Praktikums für die Studiengänge an den universitären Hochschulen beträgt bis zu 26 Wochen. In der Regel ist ein Teil davon vor Aufnahme des Studiums, also vor der Immatrikulation abzuleisten. Die Praktikantenämter der einzelnen Fachbereiche regeln die Dauer und Inhalte

---

[1] Zit nach Handelsblatt v. 12./13.3.1982
[2] Vgl. Handelsblatt v. 12./13.3.1982

und sind für die Anerkennung der geleisteten Tätigkeit zuständig. Im allgemeinen muß das gesamte Praktikum bis zur Vordiplom-Prüfung abgeschlossen sein.

Art und Dauer der praktischen Ausbildung für die Ingenieurstudenten an den Fachhochschulen variieren sehr stark von Bundesland zu Bundesland, teilweise von Hochschule zu Hochschule. Das Spektrum reicht hier von Praktika unterschiedlicher Dauer ähnlich denen der universitären Studiengänge über praktische Studiensemester bis hin zur vorgeschalteten Berufsausbildung als Facharbeiter.[1]

Aus der Sicht der Ingenieure wie auch der Bauwirtschaft birgt jedoch die derzeitige praktische Ausbildung, vor allem im Fachhochschulbereich, schwerwiegende Mängel.

Traditionell sei die Ausbildung zum Ingenieur eine zweigleisige Ausbildung, die über die Universitäten eher wissenschaftlich orientierte, über die Ingenieurschulen als den Vorgängern der heutigen Fachhochschulen anwendungsbezogen ausgebildete Ingenieure hervorgebracht habe. Dieser Dualismus habe den Anforderungen der Praxis entsprochen, für die beide Typen von Ingenieuren unentbehrlich und gleich wichtig seien.

Die Bildungspolitik habe jedoch in den letzten Jahren zu einer weitgehenden Angleichung der Ausbildungsgänge und -inhalte in den beiden Hochschulbereichen geführt. Zwar sei der Ausbildungsauftrag der Fachhochschule, den Schwerpunkt weiterhin auf die Vermittlung berufspraktischer Inhalte zu legen; die Realisierung dieses Ziels sei in der Praxis jedoch nicht mehr gegeben. Die Fachhochschulabsolventen unterschieden sich in der Struktur der Qualifikation kaum mehr von den Hochschulabsolventen, seien jedoch aufgrund der kürzeren Studienzeiten in allen Bereichen weniger gut ausgebildet. Beratende Ingenieure wie Vertreter der Bauwirtschaft waren sich deshalb weitgehend einig in ihrer Forderung nach einer wieder stärkeren Betonung des Praxisbezugs an den Fachhochschulen.

Zur Sicherung des Praxisbezuges propagiert auch der VDI in Anlehnung an die früheren Ingenieurschulen eine integrierte duale Ausbildung, d.h. die inhaltliche und formale Einbindung von zwei praktischen Semestern in das theoretische Studium, wie sie in Bayern und Baden-Württemberg eingeführt wurde. Sie sei ein gangbarer Weg, die allgemeine Orientierungsfähigkeit des Studenten für die technischen, wissenschaftlichen und sozialen Realitäten zu fördern. „Es ist im Sinne einer auf Bundesebene einheitlichen Ingenieurausbildung zu wünschen, daß die Einführung der integrierten praktischen Studiensemester als Hauptgarant für den Praxisbezug der Fachhochschulausbildung allgemeine Anerken-

---

[1] Vgl. Handelsblatt v. 12./13.3.1982

nung findet. Weitere praxisnahe Lehrformen und -inhalte sollen als Ergänzung dienen."[1]

Allerdings scheint die Bereitstellung einer ausreichenden Anzahl von Praktikantenplätze nicht unproblematisch zu sein. So bekundete die DKI „die Sorge, daß sich aus einem Mangel an geeigneten Ausbildungsplätzen für Praktikanten erhebliche Nachteile" für die Ausbildung ergeben.[2]

Neef führt die Forderung nach einer dualistischen Orientierung der Ausbildung jedoch weniger auf Sachzwänge, sondern auf ideologische Prinzipien und Interessen der Status-Sicherung der wissenschaftlich qualifizierten Ingenieure zurück. Untersuchungen hätten zwar keinen signifikanten Zusammenhang zwischen einer mehr anwendungs- oder theoriebezogenen Ausbildung und dem jeweiligen beruflichen Einsatzbereich nachweisen können, dafür jedoch eine eindeutige Zuordnung zwischen formalem Ausbildungsabschluß und sozialem Status. Das einmütige Festhalten von Berufsverbänden und Bauwirtschaft an der Zweiteilung sei einer der Gründe, der eine sinnvolle Studienreform verhindere.[3]

Zwei der befragten VBI-Mitglieder sowie die Vertreter der Interaktionspartner kritisierten im Zusammenhang mit der beklagten Tendenz zur Nivellierung und Angleichung der Ausbildung auch die Vereinheitlichung der früher unterschiedlichen Abschlußgrade von Fachhochschule und wissenschaftlicher Hochschule zu dem Titel „Diplom-Ingenieur", wodurch die Unterscheidung zwischen praxisbzw. theorieorientiertem Studium auch äußerlich verhindert werde. Sie forderten deshalb zusätzlich zur Neuorientierung der Fachhochschulausbildung auch die Wiedereinführung unterscheidbarer Diplome, die den Studiengang durch einen Zusatz zur Graduierung erkennbar machen.

An der allgemein konstatierten zu geringen praktischen (handwerklichen) Qualifikation der Absolventen sind nach Auffassung der deutschen Bauindustrie neben der Nivellierung der Ausbildungsgänge auch die in Hochschulen beider Studiengänge vielfach zu kurzen Praktika schuld. Darüber hinaus sei die praktische Erfahrung der Hochschuldozenten, deren Qualifikation entscheidend sei für die Qualität der Ausbildung, nicht immer ausreichend, nicht zuletzt auch deshalb, weil bei der Berufung die praktische Qualifikation nicht genügend berücksichtigt werde. Die Bauwirtschaft fordert deshalb zum einen für die wissenschaftliche Hochschule die bundesweite Einführung von mindestens einem halben Jahr Praxis bis zum Vordiplom, für die Fachhochschule ein mindestens einjähriges Praktikum. Letzteres entspricht der Forderung des VDI nach bundesweit zwei Praxis-Semestern an der FH.[4] Zum anderen richtet die

---

[1] Thesenpapier des VDI zu einer Expertentagung am 1./2.3.1979 über die „Weiterentwicklung und Konkretisierung berufsfeldorientierender Lernziele, Lerninhalte und Lernformen..."
[2] Ebenda
[3] Vgl. Neef 1982, S. 235 ff.
[4] Vgl. Thesenpapier des VDI, a.a.O.

Bauwirtschaft zur Ergänzung des Hochschulangebots Dozentenseminare aus, in denen sie über Fertigteilbau, Industrial-Bauten, Abdichtungsproblematik etc. informiert.

Ein weiterer vom Vertreter des Hauptverbandes der Deutschen Bauindustrie genannter Kritikpunkt sind die sich z.T. sogar in Grundsatzfragen unterscheidenden Ausbildungsregelungen in den einzelnen Bundesländern. Die Bezeichnung der Hochschulen, der Studiengänge und der Gradmessung sei nicht mehr vergleichbar. Ein Beispiel dafür ist die z.T. auf unterschiedliche Länderregelungen, z.T. auf ständige Änderungen der Ausbildungsbedingungen zurückzuführende Titelvielfalt bei den Ingenieuren, die ebensowenig im Interesse der späteren Auftrag- und Arbeitgeber sei wie ein Einheitstitel. Sinnvoll sei vielmehr eine zwar einheitliche Bemessung, die jedoch Unterscheidungen zwischen anwendungs- und wissenschaftsbezogener Ausbildung erlaubt[1]. Gefordert wird deshalb neben einheitlichen Praktika u.a. die Einführung einheitlicher Mindestvoraussetzungen bereits für den Zugang zur Fachhochschule bzw. wissenschaftlichen Hochschule. Auch sei die zu frühzeitige Spezialisierung während des Studiums zugunsten einer breiten Grundausbildung wieder rückgängig zu machen. Letzteres entspricht auch der von den Vertretern des VBI geäußerten Meinung.[2]

Für den beratenden Ingenieur bildet jedoch die Erringung technisch-wissenschaftlicher Fertigkeiten während des Studiums nur einen Aspekt des Qualifikationsprozesses. „Als wesentliches Element muß für ihn die Berufserfahrung hinzukommen. Studium und ergänzende Praktika werden kaum ein so umfassendes Beurteilungsvermögen, wie von einem Berater im Ingenieurwesen erwartet werden muß, vermitteln können."[3] Die große Bedeutung der Berufserfahrung wurde auch von den befragten Experten einhellig hervorgehoben. So erklärten die Vertreter des VBI, daß für die Beratungsqualität in erster Linie die in der beruflichen Praxis gesammelte Erfahrung von Bedeutung sei. Das Studium bilde lediglich die Grundvoraussetzung. Der Student lerne in der Ausbildung zwar die theoretischen Grundlagen, bei Eintritt in den Beruf müsse er jedoch zunächst lernen, diese Kenntnisse auch umzusetzen. Auch die Vertreter der Bauwirtschaft halten das Sammeln von Erfahrungsgut in praktischen Fällen für den wichtigsten Qualifikationsaspekt. Wie beim Architekten gelte auch für den Beratenden Ingenieur die Forderung, daß er eine langjährige Praxis in einem entsprechenden Büro hinter sich haben müßte, um sich niederlassen zu dürfen. Diese allgemeine, zum Berufschutz der Berufsgruppe für notwendig gehaltene Voraussetzung[4] konnte jedoch bislang nach Aussage der Experten noch nicht

---

[1] Vgl. auch Hauptverband der Deutschen Bauindustrie e.V./Zentralverband des Deutschen Baugewerbes e.V.
[2] Näheres siehe Punkt 4.6.2.1.3
[3] Neswadba 1974, S. 69 f.
[4] Vgl. Neswadba 1974

allgemeinverbindlich, z.B. über eine Berufsordnung, realisiert werden. Sie ist jedoch Bestandteil der Aufnahmebedingungen beim VBI, nach denen die Bewerber zusätzlich zum abgeschlossenen Studium mindestens fünf Jahre einschlägig beruflich tätig gewesen sein müssen. „Davon müssen sie mindestens zwei Jahre ununterbrochen beruflich unabhängig und eigenverantwortlich in einem Unternehmen tätig gewesen sein, das während dieser Zeit weder an Handels-, Produktions- oder Lieferinteressen gebunden war und die berufliche Leistung ohne eine Bindung an Dritte innerhalb oder außerhalb des Unternehmens erbracht hat. Diese Bedingungen für die Mitgliedschaft im VBI stellen für den Bauherren sicher, daß der von ihm gewählte Berater zumindest zum Zeitpunkt der Aufnahme in den VBI fachlich diesen Qualifikationsanforderungen entsprach."[1]

Auch in den vier Bundesländern, die das Führen der Berufsbezeichnung „Beratender Ingenieur" berufsrechtlich geregelt haben, ist die Ausübung einer einschlägigen drei- (in Berin zwei-) jährigen Tätigkeit als Ingenieur Voraussetzung für den Eintrag in die Kammerliste. In Rheinland-Pfalz und dem Saarland erweitert sich die nachzuweisende Zeit der praktischen Berufsausübung für Bewerber, die zwar berechtigt sind, die Bezeichnung „Ingenieur" zu führen, jedoch keinen Hochschulabschluß besitzen, auf mindestens zehn Jahre.

Insgesamt hielt die Mehrheit der Experten die Ausbildung des Ingenieurs für dringend verbesserungsbedürftig. Lediglich einer der befragten VBI-Vertreter äußerte die Auffassung, daß sie eine ausreichende Grundlage für die Berufseingangsqualifikation bilde. Neben der fakultativen Ausbildung sahen die Experten den wesentlichen Qualifikationsfaktor jedoch vor allem in der praktischen Berufserfahrung, die den Ingenieur erst befähige, das gelernte Wissen anzuwenden. Für das Erbringen einer qualitativ guten Leistung reiche die in der Ausbildung erworbene Qualifikation beim Berufsanfänger nicht aus.

4.6.2.1.3 Spezialisierung

Nach Auskunft des VBI vereinigt der Verband Mitglieder aus 1 200 Ingenieursparten. Einschließlich Doppelnennungen hätten die Mitglieder 3 000 verschiedene Beratungsbereiche angegeben. Z.T. arbeiteten Ein-Mann-Büros weltweit in einem ganz kleinem Spezialgebiet. Diese Zahlen belegen eindrucksvoll, wie stark fortgeschritten die Spezialisierung im Ingenieurwesen ist. Dabei ist Spezialisierung, wenn auch nicht so differenziert, wie oben dargestellt, bereits durch die Ausbildung vorgegeben: Der Titel „Ingenieur" kennzeichnet den Abschluß verschiedenster technischer Studienfächer. „'Ingenieurwissenschaft' als Studienfach gibt es nicht. Es gibt jedoch eine Anzahl Studienfächer, die traditionell die Ingenieurfächer bilden. Dazu gehören im wesentlichen: Maschinenbau, Elektrotechnik, Bauingenieurwesen, Bergbau und Hüttenkunde. Rechnet man

---

[1] Verband Beratender Ingenieure o.J., S. 2

alle Studiengänge, die innerhalb dieser klassischen Disziplinen zur Zeit an Hochschulen angeboten werden, dazu, kommt man auf eine große Vielfalt von möglichen Ingenieuren: Produktionsingenieur, Feinwerkingenieur, Energieingenieur, Verfahrensingenieur, Werkstoffingenieur, Nachrichteningenieur und so weiter."[1]

Darüber hinaus – so der VDI – werde das Ingenieurdiplom zunehmend auch an Absolventen von Studiengängen verliehen, deren Bezug zu ingenieurwissenschaftlichen Denk- und Arbeitsweisen fragwürdig sei, z.B. Wirtschafts-, Forst-, Gartenbau-, Landschafts- und Agraringenieur.[2]

Da über die Spezialisierung im Bereich des Beratungswesens keine weiteren Informationen zur Verfügung stehen, sei hier nochmals auf die Statistik des VBI zurückgegriffen. Dessen Mitglieder sind gegenwärtig in elf Fachgruppen organisiert, die die größeren Schwerpunktbereiche abbilden:

- Akustik und Thermische Bauphysik,
- Bodenmechanik-, Erd- und Grundbau,
- Elektrotechnik,
- Technische Gebäudeausrüstung,
- Konstruktiver Ingenieurbau,
- Maschinen- und Verfahrenstechnik,
- Technisch-wirtschaftliche Unternehmensberatung,
- Vermessungswesen,
- Wasserwesen und Abfall,
- Verkehr,
- Industrieanlagen und Verfahrenstechnik

Die Spezialisierung bildet nach Auffassung der befragten Experten eine notwendige Voraussetzung der Kompetenz in Detailfragen und damit für eine optimale Beratungsqualität. Allerdings waren sich Ingenieure und Vertreter der Bauwirtschaft einig, daß die zunehmende Zersplitterung des Studiums und damit eine Schwerpunktsetzung bereits während der Ausbildung keine begrüßenswerte Entwicklung sei. Dies müsse auf Kosten einer ausreichenden Grundqualifikation gehen und mache vor allem auch den späteren Ingenieur unfähig, sich auf die sich gerade im technischen Bereich rasch wandelnden Anforderungen und Funktionen schnellstmöglich einstellen zu können.

So wurde einheitlich gefordert, daß im Studium in erster Linie ein möglichst breit angelegtes Grundlagenwissen vermittelt werden müsse, da dies die breiten Voraussetzungen für die spätere berufliche Entfaltung böte. Die Praxis und die Anforderungen des Marktes führten von selbst zur Spezialisierung nach Neigung, Begabung und Aufgaben. Auch sollten den Studenten bereits während

---

[1] Vgl. VDI-Nachr. v. 19.11.82, S. 19
[2] Vgl. ebenda sowie Handelsblatt v. 20./21.1.84

der Ausbildung Informationen darüber vermittelt werden, welche Tätigkeitsgebiete die Technik über ihren eigenen Aufgabenbereich hinaus noch umfaßt und an wen sie spezielle Aufgaben abgeben können. Denn die Kenntnis aller Aspekte und Möglichkeiten der Technik sei für den beratenden Ingenieur Voraussetzung für eine optimale Leistung. Dies gelte nicht nur für die rein technische Seite, sondern auch für die ökonomischen Möglichkeiten. Schließlich solle der beratende Ingenieur nicht nur nach einer technisch perfekten Lösung suchen, sondern seinen Auftraggeber auch über die Fragen der Wirtschaftlichkeit beraten.

Auch bei den Beratenden Ingenieuren zeichnet sich allerdings die Tendenz zur Generalplanung ab, wofür nicht nur die fortschreitende Arbeitsteilung verantwortlich ist, sondern auch der Trend zu immer komplizierteren und umfangreicheren Projekten, die immer mehr auch im internationalen Rahmen abgewickelt werden. „Dem Projektmanagement kommt dementsprechend eine immer größere Bedeutung zu, wobei hier weniger die reine Projektabwicklung als Verwaltungsakt verstanden werden soll, als vielmehr eine konsequent gestaltende und steuernde Funktion mit klar abgegrenzter Verantwortung und Kompetenz."[1]

Diese Entwicklung bedeutet nach Auffassung der Experten jedoch wegen der andererseits wachsenden Anforderungen an die Detailkompetenz nicht die Entwicklung zum Generalisten, der die gesamte erforderliche Kompetenz in sich vereinigt. Generalplanung bedeute vielmehr, die Gesamtverantwortung und -koordination der im Rahmen eines Projektes (von Spezialisten) zu erbringenden Teilleistungen in einer Hand zu vereinigen. Der Generalplaner lenke und koordiniere die Tätigkeiten der übrigen am Projekt Beteiligten. Dies erfordere – so Fröhlich[2] – die Fähigkeit zur Behandlung übergreifender Fragestellungen und eine interdisziplinäre Orientierung des Generalplaners[3]. Es ist zu vermuten, daß sich auch bei den Ingenieuren wie bei den Architekten ein eigenes Spezialgebiet entwickelt. Darüber hinaus verdeutlicht dies die Notwendigkeit einer einheitlichen Grundqualifikation des Nachwuchses, durch die eine Abstimmung der einzelnen Spezialleistungen erleichtert wird.

Grundsätzlich bietet diese Entwicklung für die Qualität der Leistungserbringung aus der Sicht des Auftraggebers die gleichen Vorteile, wie sie bereits bei den Architekten dargestellt wurden: Die Kompetenz und damit die Fähigkeiten zur höheren Leistungsqualität bei den einzelnen Detailproblemen steigt durch die Spezialisierung erheblich. Sie birgt jedoch für sich allein gesehen die Gefahr, daß die Koordination und die Verantwortung hinsichtlich der Gesamtlösung verloren geht. Dadurch könnte abgesehen davon, daß sich der Auftraggeber mit den verschiedensten Leistungserbringungen auseinandersetzen muß, die Quali-

---

[1] Vgl. Fröhlich 1985
[2] Fröhlich 1985
[3] Vielfach wird diese Funktion von größeren Büros übernommen. Vgl. hierzu 4.6.2.3

tät der Gesamtleistung sogar leiden. Die Entwicklung zur Generalplanung durch die Koordination der Teilleistungen in einer Hand ist hierbei der ergänzende Qualitätsfaktor, der gegenüber dem Auftraggeber die Ganzheitlichkeit der Aufgabenerbringung gewährleistet.

4.6.2.1.4 Fortbildung

Die Notwendigkeit einer permanenten Fortbildung ergibt sich beim Beratenden Ingenieur bereits durch den rapiden Erkenntnisfortschritt im technischen Bereich und ist damit wesentliche Voraussetzung für den Erhalt der Leistungs-und damit Berufsfähigkeit des einzelnen Berufsangehörigen. So muß sowohl der angehende als auch der berufserfahrene Ingenieur sein Know-how bezüglich neuer Technologien immer auf aktuellem Stand halten. Als Beispiele seien genannt der verstärkte Einsatz von Handhabungsautomaten oder Robotern sowie die rasante Entwicklung der EDV. Dies gilt für Mikrocomputer von der Hardware-Seite ebenso wie für technische Anwendungen wie CAD/CAM. Will ein Ingenieur auf den genannten Gebieten immer up to date sein, so genügt selbstverständlich die einmal absolvierte Grundausbildung nicht, das ständig wachsende technische Wissen macht vielmehr ein kontinuierliches Lernen unumgänglich.[1]

Als „Halbwertzeit" des Ingenieurwissens wird heute ein Zeitraum von rund drei bis fünf Jahren angenommen. Mit anderen Worten muß ein Ingenieur bereits nach den ersten Berufsjahren 50 % seiner Kenntnisse aktualisiert bzw. erneuert haben. Ständige Weiterbildung im Beruf ist also kein Selbstzweck, sondern für jeden Ingenieur unumgängliche Notwendigkeit.[2]

Entsprechend steht dem freischaffenden Ingenieur ein – nach Auffassung der befragten Experten – mehr als reichhaltiges Fortbildungsangebot zur Verfügung.

Veranstalter sind vor allem

- technische Akademien,
- Ingenieurverbände wie z.B. der VDI,
- wissenschafltiche Hochschulen, Fachhochschulen, Akademien.

Auch die Landesgewerbeanstalt bietet Fortbildungsveranstaltungen für Ingenieure an.

Der VBI selbst versteht sich nach Aussage seiner Vertreter weniger als technisch-wissenschaftlicher Verein, sondern als berufsständischer Verband und bietet nur dort Fortbildungsveranstaltungen an, wo er Lücken im Angebot der übrigen Veranstalter sieht. Als Beispiele nannten die Experten Anwendungsmöglichkeiten der HOAI, Wochenendseminare über Tragwerksplanung etc. Dar-

---

[1] Vgl. Fröhlich 1985
[2] Vgl. Amerongen 1982

über hinaus hat der VBI – so einer der Experten – u.a. einen Vertrag mit der TH Hannover über ein Fernstudium zur Weiterbildung.

Der Schwerpunkt der bislang angesprochenen Fortbildungsveranstaltungen liegt dabei primär auf der fachlichen Fortbildung.

Vor allem der freischaffende Ingenieur hat jedoch darüber hinaus auch Bedarf an zusätzlichem Grundwissen, das in der Ausbildung nicht vermittelt wird. Neben betriebswirtschaftlichen Kenntnissen[1] nannten die befragten Vertreter des VBI vor allem Kenntnisse im Bauordnungsrecht und Umweltschutzgesetzen (z.B. Emmissionsschutzgesetz) sowie in der Menschenführung als Voraussetzung zur Führung eines Betriebes bzw. zur Durchführung oder Überwachung von Projekten. Zur Beurteilung von Fortbildungsangeboten in diesem Bereich, die natürlich auch, wenn auch in geringem Maße, von den oben angesprochenen Veranstaltern behandelt werden, kooperiert der VBI mit der UNITA-Gesellschaft, die ihre Veranstaltungen mit dem Bedarf des Verbandes abstimmt. Themen sind z.B.: Das Ingenieurbüro als GmbH, Finanzplanung, EDV (CAD) im Ingenieurbüro, Buchhaltung etc.

Die Qualität der Fortbildung ist nach Einschätzung der Vertreter des VBI wie auch der Bauwirtschaft sowohl hinsichtlich des Angebots als auch bezogen auf die Nutzung gut und bedarf keiner Korrektur. Obwohl die beratenden Ingenieure die Fortbildungskosten selbst zu tragen und vielfach keine Zeit hätten, würden sie allein durch den internationalen Konkurrenzdruck gezwungen, die Weiterbildungsangebote (vielfach aufwendige Kurse) wahrzunehmen, da sie ständig auf dem neuesten technischen Stand sein müßten. Wolle ein Beratender Ingenieur weiterhin gute Aufträge erhalten, könne er sich nicht um die Fortbildung mogeln. Dies gelte auch für kleine und mittlere Unternehmen, denen die erforderliche Fortbildung oft schwer falle, da jeder durch die Teilnahme an Fortbildungsveranstaltungen ausfallende Mitarbeiter nur schwer ersetzt werden könne. Einer der Experten hielt allerdings eine Verbesserung des Fortbildungangebots im nicht-technischen Bereich für wünschenswert.

Die Einführung einer evtl. sogar kontrollierten Fortbildungspflicht hielten sowohl die Experten des VBI als auch der Deutschen Bauwirtschaft für nicht nötig, da durch den Druck des Marktes faktisch bereits eine Fortbildungspflicht bestehe. Darüber hinaus würde die Fortbildungspflicht eine Institutionalisierung erfordern, die angesichts des sich schnell wandelnden Bedarfs eher fortschrittshemmend wirken würde. Auch habe man so die Vertreter der Bauwirtschaft – keine Bestätigung, daß durch eine Zwangsfortbildung die Qualität der freiberuflichen Leistung wirklich steigt. Darüber hinaus – so einer der VBI-Vertreter – sei z.B. die Einführung eines Fortbildungsausweises oder von Pflichtveranstaltungen ohne Berufsordnungen bwz. Kammern undenkbar.

---

[1] Vgl. hierzu auch Fröhlich 1985

Zur Sicherung einer ausreichenden Fortbildung hielten sie deshalb das Ansprechen einer dringenden Empfehlung, von den Fortbildungsveranstaltungen Gebrauch zu machen, für ausreichend. Die Vertreter des VBI würden es für sinnvoll halten, wenn bereits während der Ausbildung den Studenten nicht nur vorhandenes Wissen, sondern auch die Einsicht vermittelt würde, sich ständig für neues Wissen offenzuhalten.

4.6.2.2 Wirtschaftliche Situation

Der Stellenwert der wirtschaftlichen Situation für die Qualitätssicherung entspricht bei den Beratenden Ingenieuren im wesentlichen dem bei den Architekten. Im Gegensatz zu den Architekten ist bei den Beratenden Ingenieuren jedoch lediglich die Leistungsvergütung bundeseinheitlich verbindlich geregelt. Das Wettbewerbsverhalten ist aufgrund fehlender einheitlicher standesrechtlicher Regelungen in den meisten Bundesländern weitgehend frei.

4.6.2.2.1 Konkurrenzsituation

Die Anzahl der Beratenden Ingenieure ist nach Auskunft der VBI in den letzten Jahren ständig gestiegen. So wurden für 1984 ca. 12.500 Beratende Ingenieure geschätzt, was gegenüber 1970 (6.700 Beratende Ingenieure) nahezu eine Verdoppelung darstellt (vgl. auch Tabelle 11).

Tabelle 11: Zahl der Beratenden Ingenieure und ihrer Büros

Jahr	1970	1974	1978	1981	1984
Beratende Ingenieure	6 700	7 800	11 000	11 400	12 500
Büros Beratender Ingenieure	5 200	6 000	8 500	8 800	·

Diese steigende Tendenz ist nach Auffassung des VBI allerdings „mit an Sicherheit grenzender Wahrscheinlichkeit nicht auf den 'Nachwuchsdruck' zurückzuführen, sondern, soweit dies heute schon mit allen Einschränkungen erkennbar ist, auf eine größere Nachfrage nach freiberuflichen und vor allem unabhängigen Beratungsleistungen in den Bereichen Energiever- und -entsorgung, Verfahrenstechnik, Informatik sowie in den derzeit nur unscharf zu beschreibenden Bereichen Umweltschutz und Sanierung."[1]

Im Bereich des Hochbaus sehen sich die Beratenden Ingenieure allerdings mit ähnlichen Problemen konfrontiert wie die Architekten: Der steigenden Anzahl

---

[1] Kapp 1986, S. 62

von Beratern stehen ein sinkendes Volumen und eine rückläufige Reichweite der Auftragsbestände gegenüber. Nach Einschätzung des VBI sind jedoch die Beratenden Ingenieure hier möglicherweise anpassungsfähiger an neue Forderungen des Markts als die Architekten, was eventuell auch auf die bei den Bauingenieuren fachlich tiefere Ausbildung zurückzuführen sein könnte.

Im Tiefbau zeichnet sich für die technischen Berater ebenfalls ein wachsender Konkurrenzdruck ab, den der VBI jedoch zum einen auf das sinkende Bauaufkommen, zum anderen auf die wachsende Bedeutung ausländischer Consultingbüros zurückführt.

Für alle Tätigkeitsbereiche gelte jedoch: „Das Hauptproblem für die freiberuflich Tätigen Beratenden Ingenieure und ihre Büros liegt nicht im Nachwuchsdruck, sondern binnenwirtschaftlich bei der Eigenplanung der öffentlichen Hände in Bund, Ländern und Gemeinden der Bundesrepublik Deutschland. Selbst bei Einstellungsstop in allen diesen Bereichen (einschließlich Landschaftsverbände, Straßenverkehrsämter, Geologische Landesämter) sind die jeweiligen Institutionen auf Grund des drastisch eingeengten finanziellen Handlungsspielraums der öffentlichen Hände personell heute und auf eine absehbare Zeit immer noch überbesetzt. Das führt zwangsläufig zu einer Beschäftigung der im öffentlichen Dienst tätigen Ingenieure mit Beratungs- und Planungsleistungen, um nur diese zu nennen, die genuin nicht Aufgabe der öffentlichen Hand als staatliche Hoheitsverwaltung im Interesse und zum Schutz der Bürger sein können. Eine Differenzierung dieser Problematik, die möglicherweise sogar über den Bereich der Beratenden Ingenieure hinausgeht, würde das Thema dieser Tagung sprengen. Beiläufig und abschließend sei allerdings noch die wettbewerbsverzerrende Situation gegenüber den Technischen Überwachungsvereinen genannt, die sich gelegentlich mit dem 'Bundesadler auf der Stirn' gegenüber dem Bürger unzulässigerweise gelegentlich sogar als Hoheitsverwaltung, sehr häufig mindestens aber als 'Dienstleistungsverwaltung' ausgeben."[1]

Auch die befragten Experten vertraten die Auffassung, daß die Beratenden Ingenieure im allgemeinen nicht mit einer „Schwemme" zu kämpfen haben, sondern daß in einzelnen Gebieten (z.B. Informatik, Umweltschutz) sogar eher Defizite zu konstatieren seien. Sie bestätigen jedoch den erheblichen Konkurrenzdruck vor allem im Bereich des Bauwesens.

Negative Auswirkungen des Wettbewerbs auf die Leistungsqualität sehen die Vertreter der Beratenden Ingenieure im Prinzip nicht. Im Gegenteil sehen auch sie den Wettbewerb mit Leistungen im wesentlichen als qualitätsfördernd an. Negative Auswirkungen könnten sich jedoch dann ergeben, wenn durch zuviel Konkurrenz die Existenz der Freiberufler bedroht sei, wenn also ein ruinöser Wettbewerb eingesetzt habe, was derzeit im Bauwesen – so die Meinung der Mehrzahl der Gesprächspartner – der Fall sei.

---

[1] Kapp 1986, S. 63

Qualitätsmindernde Effekte sahen die Experten dabei vor allem in zweierlei Hinsicht. Einerseits sei bereits jetzt zu beobachten, daß die in der HOAI festgestellten Mindestsätze sowohl von den Auftraggebern als auch von den Anbietern nicht mehr eingehalten würden, was zu „schlampiger" Leistung und damit zu schlechterer Qualität führen müsse.[1] Andererseits führe die schlechte Auftragslage dazu, daß der Nachwuchs vielfach nach der Ausbildung keine Anstellung fände, so daß der Anteil der jungen Ingenieure zunehme, die sich ohne vorherige praktische Tätigkeit gleich nach dem Studium im eigenen Büro niederließen. Damit fehlten ihnen jedoch die wesentlichen Grundlagen zur Befähigung für eine eigenständige und fachlich angemessene Leistungserbringung.[2]

4.6.2.2.2 Zugangsregelungen

Da nach Auffassung der Beratenden Ingenieure weniger der Nachwuchsdruck aus den eigenen Reihen als vielmehr berufsexterne Konkurrenz für die anfangs genannte Wettbewerbssituation verantwortlich ist, hielten die befragten Experten dementsprechend eine Beschränkung des Berufszugangs aus Gründen der Bedarfsregelung nicht für sinnvoll.[3] Die Anforderungen im Studium bzw. die Durchfallquote seien bekanntermaßen so hoch, daß vergleichsweise wenig Bewerber in das Ingenieurstudium drängten.

Wesentlich größere Bedeutung aus der Sicht der Freien Berufe hat dagegen die sog. Bauvorlageberechtigung[4], die die Zugangsmöglichkeiten der Beratenden Ingenieure zu bestimmten Tätigkeitsfeldern wesentlich beeinflußt. Da dieses Problem bereits im Zusammenhang mit den Architekten erörtert wurde[4], soll hier im wesentlichen nur noch die Position der Beratenden Ingenieure dargestellt werden. Diese fordern bereits seit längerem eine Gleichstellung mit den Architekten im Bauvorlagerecht. Die Bauordnung sei aus dem früheren Baupolizeirecht entstanden und solle im weitesten Sinne der Abwehr von Gefahren dienen, die für die Gemeinschaft durch nicht einwandfreie und/oder nicht den Regeln der Baukunst entsprechende Bauten entstehen könnten. An dieser Zweckbestimmung habe sich auch das Bauvorlagerecht zu orientieren. Eine Ungleichbehandlung von Architekten und Beratenden Ingenieuren könne jedoch nicht mit dem Hinweis auf das Schutzbedürfnis der Allgemeinheit gerechtfertigt werden, da – wie auch das Bayerische Verfassungsgericht[5] in seinem Urteil vom 26.1.1978 deutlich gemacht habe – die Beratenden Inge-

[1] Vgl. hierzu auch 4.6.2.2.2
[2] Vgl. auch 4.6.2.1.2
[3] Anders eingeschätzt wurden jedoch, wie bereits berichtet, weitere qualifikationsbezogene Zugangskriterien (vgl. 4.6.2.1)
[4] Vgl. auch 4.5.2.2.2
[5] Vf 9-VII-75

nieure im gleichen Maße wie die Architekten qualifiziert seien, den Sicherheits- und Wirtschaftlichkeitsinteressen der Gesellschaft zu genügen.[1]

Aus der Sicht der Ingenieure stellt sich damit eine Einschränkung der Bauvorlageberechtigung für Ingenieure z.B. auf „Ingenieurbauten", wie sie im § 65 Abs. 3 der neuen Landesbauordnung von Nordrhein-Westfalen vorgesehen ist, nicht als Maßnahme zur Qualitätssicherung im Baubereich, sondern als Einschränkung der Freiheit der Berufsausübung dar, „die freilich diese Freiheit an einer gewichtigen Stelle trifft, so daß sogar die Möglichkeit der Annahme eines Eingriffs in die Berufswahl gegeben ist"[2]. Dies sei verfassungsrechtlich nicht zulässig. Eine Regelung wie das Bauvorlagerecht in Nordrhein-Westfalen begünstigte die Monopolbildung und enge den Markt unzulässig ein.

Eine weitere wesentliche Einschränkung stellt sich in diesem Zusammenhang aus der Sicht der Beratenden Ingenieure dadurch, daß sie im Allgemeinen von der Teilnahme an Wettbewerben ausgeschlossen sind. Die Teilnahme an diesen Wettbewerben sei den Beratenden Ingenieuren lange Zeit nur über einen Architekten möglich gewesen, mit dem der Beratende Ingenieur zusammengearbeitet oder den er angestellt habe. Es handelt sich hierbei jedoch zumindest heute nicht mehr um eine formal-rechtliche Zugangsbeschränkung, da die GRW 77, anders als ihr Vorläufer, die GRW 52/54, auch Leistungen umfaßt, die über den ursprünglichen Fachbereich der Architekten hinausgehen, und grundsätzlich auch für Leistungen gilt, die von Ingenieuren erbracht werden.[3] Eine lange Zeit mangelnden Interesses der Ingenieure selbst habe jedoch, so einer der befragten Experten, dazu geführt, daß dies in der Praxis von den Wettbewerbsveranstaltern noch nicht entsprechend berücksichtigt werde. Da die Beratenden Ingenieure sich in letzter Zeit zunehmend um eine stärkere Hinzuziehung zu solchen Ausschreibungen bemühten, erschlösse sich die Berufsgruppe damit nun eine weitere Form echter Leistungskonkurrenz, die sicherlich der Qualität der Berufsausübung förderlich sein werde.

4.6.2.2.3 Vergütungsregelungen

Die Beratenden Ingenieure unterliegen bei der Abrechnung ihrer Leistungen der HOAI[4], die im allgemeinen Mindest- und Höchstgrenzen für die Vergütung der jeweiligen Leistungen vorsieht, eine Honorarvereinbarung zwischen Auftraggeber und Beratenden Ingenieure ist möglich, sofern sich die vereinbarten

---

[1] Vgl. Schaeffer 1985
[2] Schaeffer 1985, S. 5
[3] So heißt es z.B. in Punkt 3.2.1 der GRW (Wettbewerbsteilnehmer – Rechtsform und Vertretungsbefugnisse): „Teilnehmer können natürliche Personen oder juristische Personen, deren satzungsmäßiger Geschäftszweck auf Leistungen im Sinne der Honorarordnung für Architekten und Ingenieure (HOAI) oder Planunsleistungen anderer Art ausgerichtet sind, sowie Arbeitsgemeinschaften solcher Personen sein."
[4] Die wesentlichen Aspekte für Architekten und Ingenieure wurden bereits in Punkt 4.5.2.2.3 ausführlich erörtert; an dieser Stelle erfolgt deshalb nur eine verkürzte Darstellung.

Honorare im Rahmen der Mindest- und Höchstsätze bewegen. Eine Unterschreitung der Mindestsätze ist „nur durch schriftliche Vereinbarung in Ausnahmefällen" möglich.

Wie die Architekten bezeichneten auch die befragten Vertreter der Beratenden Ingenieure die HOAI als wesentlichen Faktor zur Sicherung der Qualität in der Berufsausübung, da auch sie die Auffassung vertraten, daß ein Preiswettbewerb im Gegensatz zum Leistungswettbewerb zu einer Verschlechterung der erbrachten Leistungen führe. Wie die Architekten argumentierten auch die Beratenden Ingenieure, daß die Möglichkeit des Preiswettbewerbes vor allem bei starker Konkurrenz dazu führe, daß die Berufsangehörigen bereit wären, ihre Leistungen zu Honoraren anzubieten, die nicht mehr kostendeckend seien. Nicht mehr die Qualität der Leistung, sondern ihr Preis bestimme dann das Marktgeschehen. Ein Kalkulieren unterhalb der Rentabilitätsgrenze führe jedoch bei großen Projekten zu erheblichen Defiziten und damit zu einer akuten Existenznot der Büros. Es sei abzusehen, daß die Berufsangehörigen versuchen würden, diese Defizite dadurch zu mindern, daß sie weniger sorgfältig planen, indem sie z.B. darauf verzichten, eine Prüfung des Baugrundes und eine genaue Fundamentskalkulation vorzunehmen. Solche Qualitätsmängel würden bei der Abnahme des Projekts noch nicht offensichtlich. Mangelnde Sorgfalt führe jedoch zu Unwirtschaftlichkeit und einer Vermehrung der Bauschäden. Ein derartiger Preiswettbewerb führe zu einer nicht den Interessen des Bauherrn bzw. der Allgemeinheit entsprechenden Planung und damit zu mangelnder Qualität.

Im Gegensatz zu den befragten Architekten, die bezüglich der möglichen Auswirkungen eines Preiswettbewerbs entsprechend argumentierten, jedoch i.d.R. betonten, daß eine Unterschreitung der Mindestsätze zwar bei zunehmender Konkurrenz möglich sei, derzeit aber kaum vorkomme, waren sich die VBI-Vertreter einig, daß im Bauwesen eine derartige für die Leistungsqualität gefährliche Praxis bereits heute zu beobachten sei. Dies wurde auch von den Experten der LGA und der Bauwirtschaft bestätigt. Dennoch betonte die Mehrheit der Experten die qualitätssichernde Wirkung der HOAI. Ohne sie würde der ruinöse Preiswettbewerb noch wesentlich größere Ausmaße annehmen.

Als eine weitere Möglichkeit zur Verhinderung einer Preiskonkurrenz und damit als Beitrag zur Qualitätssicherung bezeichneten die befragten Vertreter des VBI auch die Änderung der VOL/A.[1] Die Tatsache, daß freiberufliche Leistungen nun ausdrücklich aus dem Geltungsbereich der VOL/A ausgeschlossen seien und damit grundsätzlich nur noch freihändig im Leistungswettbewerb und nicht mehr im Preiswettbewerb vergeben werden dürften, werde dem besonderen geistigen Charakter dieser Leistungen eher gerecht als eine Gleichstellung mit gewerblichen Leistungen.

---

[1] Vgl. auch 4.5.2.2.3

4.6.2.2.4 Werberichtlinien

Die Vertreter des VBI wie auch der beiden Kooperationspartner hielten es für wünschenswert, Werbung bei den Beratenden Ingenieuren so weit einzuschränken, daß die Qualität der Leistung im Mittelpunkt stehe und nicht durch übertriebene oder reißerische Werbeversprechen überlagert würde. Wie beim Architekten bestünde auch beim Beratenden Ingenieur die Möglichkeit, durch seine Projekte zu werben. „Das Werk sollte den Meister loben und nicht der Meister das Werk." In dieser Form sei Werbung förderlich für die Leistungsbereitschaft und -qualität.

Die VBI hat dementsprechend in seinen Grundsätzen seinen Mitgliedern aufdringliche Werbung durch Dritte verboten. Wie bei den Architekten ist jedoch die Werbung durch Dritte (durch Berichte in den Medien) und die sachliche Selbstdarstellung in Broschüren etc. erlaubt. Ebenso erlaubt ist – hierbei ist der Verband liberaler als die Berufsordnung der Architekten – nach Aussagen der VBI-Experten die unaufgeforderte Werbung beim Bauherrn. Damit sei einerseits in ausreichendem Maß sichergestellt, daß der Beratende Ingenieur Gelegenheit erhält, sich den potentiellen Auftraggebern zu präsentieren, eine unangemessen aufdringliche Werbung werde jedoch verhindert. Hier hielten es die Experten für sinnvoll, derartige Regelungen in eine Berufsordnung aufzunehmen.

Dieser Forderung wird in den Berufsordnungen der vier Kammern – allerdings in unterschiedlicher Form – Rechnung getragen. Vor allem die Berufsordnung von Schleswig-Hostein sieht Restriktionen des Werbeverhaltens vor, die weit über das Standesrecht der Architekten hinausgehen. In den übrigen Kammern sind die Beschränkungen weniger weitreichend.

4.6.2.3 Kooperationsformen

Bei den beratenden Ingenieuren besteht ein Zusammenhang zwischen Bürogröße und Leistungspalette. Sicherlich hat auch der einzelne selbständige Berater seine Marktchance, wenn er auf einem engen Raum als Spezialist (als Sachverständiger) tätig ist. Je mehr und breitgefächertere Leistungen er anbieten will, desto größer muß sein Büro sein, um konkurrenzfähig bleiben zu können. Will er auch im internationalen Rahmen arbeiten, dann ist dies im allgemeinen nur im Rahmen eines sehr großen Ingenieurbüros mit entsprechend vielen Mitarbeitern und ausreichender Kapitaldecke möglich. Denn bei Auslandsaufträgen müssen einerseits genügend Fachkräfte aus dem Mitarbeiterstamm abziehbar sein, und andererseits entstehen in der Regel sehr hohe Auftragsvorkosten, die erst einmal vom Ingenieurbüro zu tragen sind. In dieser Beziehung haben die deutschen Berater wegen ihrer niedrigeren Mitarbeiterzahl und der sehr viel geringeren Kapitalausstattung einen entscheidenden Wettbewerbsnachteil auf dem internationalen Markt.[1]

---

[1] Vgl. Kapferer 1968, S. 89

Allerdings sind die deutschen, mittelgroßen Beratungsbüros „mehr auf die in Deutschland traditonellen Bereiche der technischen Beratung wie Planung, Projektierung, Konstruktion und Überwachung der Bauausführung ausgerichtet..."[1]. Diese sind hinsichtlich ihrer Unabhängigkeit im Gegensatz zum Einzelberater wesentlich weniger gefährdet[2], weshalb sich eine mittlere Bürogröße für die deutschen Verhältnisse wohl als am günstigsten erweist.

Nach Auskunft der befragten Experten nimmt in der Bundesrepublik Deutschland die Tendenz zur Kooperation ständig zu, da sich durch den Zusammenschluß zu rechtlich gebundenen Partnerschaften die Probleme im fachlichen Bereich leichter lösen sowie wirtschaftliche Risiken und Belastungen besser verteilen lassen. Auch bei den Beratenden Ingenieuren ist die vorherrschende Rechtsform der gemeinschaftlichen Berufsausübung die BGB-Gesellschaft. Daneben sind auch Formen der Handelsgesellschafen vertreten. Vor allem die GmbHs[3], so zwei der Experten, nähmen zahlenmäßig deutlich zu – einer der Experten meinte sogar, sie nähmen überhand, da sogar sehr kleine Büros würden immer mehr diese Rechtsform wählen.

Wie bei den Architekten stellt sich auch bei den Beratenden Ingenieuren das Problem, daß große Büros mit vielen Mitarbeitern z.T. erhebliche Betriebskosten haben, die zwischen zwei Projekten eine (zu) große finanzielle Belastung bedeuten. Auch bei den Beratenden Ingenieuren werde deshalb – so unsere Gesprächspartner – die projektgebundene Kooperation in sog. Planungsringen oder Arbeitsgemeinschaften immer attraktiver. Die Vorteile für die Leistungsqualität aus der Sicht des Auftraggebers sind die gleichen, wie sie bereits bei den Architekten[4] dargestellt wurden: vertiefte Detailkompetenz bei gleichzeitiger Wahrung der Ganzheitlichkeit der Problemlösung, weil Koordination und Verantwortung in einer Hand liegen. Eine mögliche Form solcher Partnerschaften beschrieb einer der befragten Ingenieure: Eine Firma übernehme alle Vorkosten, was besonders auch bei Auslandsaufträgen interessant sei, sowie die genannte Haftung. Dafür werde das Honorar der übrigen am Projekt beteiligten Büros um einen gewissen Prozentsatz verringert. Als Gegenleistung brauchten sie kein Risiko tragen. Neben den oben genannten Vorteilen ergebe sich – so der Experte – auch dadurch eine qualitätsfördener Effekt, daß es so auch jungen Kollegen und kleinen Büros möglich sei, sich an größeren Aufträgen (z.B. im Ausland) zu beteiligen und Erfahrungen zu sammeln.

Insbesondere für kleine Büros mit einseitiger Spezialisierung erweist sich zur Verbesserung der Marktchancen die Kooperation mit anderen Büros als sehr nützlich. So schreibt Neswadba: „Durch eine permanente Spezialisierung bei gleichzeitiger Ausweitung des Ingenieurwissens ist die Kooperation für die

---

[1] Neswadba 1974, S. 74
[2] Vgl. Neswadba 1974, S. 75
[3] Zum Problem der Haftung bei GmbHs siehe 4.6.3.2
[4] Vgl. 4.5.2.3

beratenden Ingenieure bereits zum Teil zur zwingenden Notwendigkeit geworden." ... „Dadurch würde (es) für die beratenden Ingenieure möglich, ihre Wettbewerbslage gegenüber ihren Konkurrenten zu verbessern und ihre Kapitalknappheit, die auch durch eine nötig werdende teurere Ausrüstung entstehen kann und „wie z.B. bei elektronischen Datenverarbeitungsanlagen, kaum wirtschaftlich von einem einzelnen Freiberufler genutzt werden kann, zu verringern."[1]

Nach Meinung der befragten VBI-Vertreter können Kooperationen in jeder Form der Qualitätssicherung dienen, da hier die Möglichkeit besteht, daß mehrere Spezialisten ihr Wissen gemeinsam verwerten und damit die Leistungsqualität verbessert wird. Auch die Vertreter der Bauwirtschaft halten Kooperationen für sinnvoll, da die Komplexität eines Projektes oftmals die Möglichkeiten eines einzelnen Büros übersteigt. Deshalb sei der projektbezogene Zusammenschluß von Büros zu Arbeitsgemeinschaften zu begrüßen. Ein-Mann-Büros hätten kaum noch Überlebenschancen, da sie nicht in allen Bereichen das notwendige Wissen haben könnten und bei größeren Projekten überfordert seien.

Vor allem auch die Kooperation sonst eigenständiger Büros in Form von Planungszusammenschlüssen scheint hier für die Zukunft eine wesentliche Möglichkeit zu sein, einerseits den Anforderungen einer immer komplexeren Projektgestaltung zu genügen und andererseits eine möglichst hohe Wirtschaftlichkeit als Unternehmen zu gewährleisten. So sind kleine Büros i.d.R. innovationsfreudiger, damit anpassungsfähiger an neue Markterfordernisse und technologische Weiterentwicklungen und damit allgemein leistungsfähiger. Andererseits macht die projektgebundene Zusammenarbeit ein Aufrechterhalten des umfangreichen Mitarbeiterstabs zwischen den Projekten überflüssig und verhindert damit unnötige Kosten. Der Gefahr der zu starken Distanz zum Auftraggeber durch Zersplitterung der Aufgabe kann durch eine zentrale Koordinationsinstanz begegnet werden.

4.6.2.4 Rationalisierung

Obwohl einer der befragten Experten darauf hinwies, daß Rationalisierung im Ingenieurbüro nicht erst mit dem Computer begonnen habe, sondern bereits vorher z.B. Rechenmaschinen als Hilfsmittel eingesetzt wurden, sind die EDV und ihre Einsatzmöglichkeiten auch bei den Beratenden Ingenieuren das zentrale Thema im Hinblick auf die Rationalisierung.

Prinzipiell können beim Beratenden Ingenieur wie beim Architekten drei Produktions- und Anwendungsbereiche für den Einsatz von EDV unterschieden werden:

---

[1] Vgl. Neswadba 1974, S. 125

- Entwurf von Zeichnungen (Unterstützung kreativer Planungsprozesse),
- Speicherung, Anpassung und Ausgabe von Entwürfen,
- Unterstützung von Zeichnungsentwürfen durch ingenieurtechnische Berechnungen,
- Projektkalkulation und Projektsteuerung,
- die Erstellung von Ausschreibungsunterlagen und Prüfung von Angeboten,
- die Zusammenstellung von konkurrenzfähigen Wettbewerbsangeboten,
- die Finanzbuchhaltung, Kostenarten- und Kostenstellenrechnung.[1]

Die Vorteile, die sich daraus für die Tätigkeit des Beratenden Ingenieurs ergeben, sind vielfältig. So ermöglicht es der Computer, zuverlässigere Kostenschätzungen abzugeben und aktuellere und detailliertere Aussagen über den jeweiligen Kostenstatus einer Baustelle zu machen. Durch den Einsatz eines Computers können selbst größere Projekte mit geringerem Personalaufwand in vertretbarer Zeit abgewickelt und dabei die Forderung der Auftraggeber nach einer immer detaillierteren Kostenermittlung und -verfolgung voll erfüllt werden. „Ein Computer ist als Problemlöser hier nicht nur nützlich, sondern geradezu (über-)lebensnotwendig."[2]

Darüber hinaus entlastet er den Ingenieur und dessen qualifizierten Mitarbeiter von zeitraubenden Routinearbeiten, vor allem in den Leistungsfeldern „Vorbereitung der Vergabe", „Mitwirkung bei der Vergabe" und „Objektüberwachung". Für jede Baumaßnahme werden in den einzelnen Projektphasen umfangreiche Informationsmengen benötigt. Dabei handelt es sich zum großen Teil um immer wieder verwendbare Daten wie Richtwerte für Bauwerke und Raumelemente, Baumassenkataloge, Standard-Leistungsbücher, büroeigene Grund-Leistungsverzeichnisse und Altprojekte. Werden diese wichtigen Daten auf einem Computer geführt, so erleichtert dies nicht nur ihre laufende Aktualisierung, sondern es ermöglicht auch und vor allem eine sachgerechte und rationelle Projektbearbeitung. Ein Computer kann die errechneten Massen in Objektleistungsverzeichnisse übertragen, Positionstexte in beliebigen Variationen schreiben; eingegangene Angebote prüfen und vergleichen und alle für die Kostenkontrolle und Bauabrechnung erforderlichen Rechenarbeiten übernehmen.

Weitere Stichpunkte sind „computerunterstützte Ablauforganisation von Projekten" und „Computer Aided Design (CAD): „Das künftig mögliche Einsatzspektrum für CAD-Anwendungen in Architektur- und Ingenieurbüros reicht vom Vorentwurf über die Errechnung der Massen, das Fertigen der Ausschreibungsunterlagen bis hin zur Erstellung der für die technische Entwicklung erforderlichen Unterlagen. Mit entsprechend ausgelegten CAD-Systemen könne Vorentwürfe dreidimensional dargestellt werden. Das ermöglicht eine neue

---

[1] Vgl. Leschke 1985, S. 20
[2] Bauernfeind 1985, S. 24

Qualität in der Beratung von Bauinteressenten. Der Computer liefert ein sehr plastisches Bild des Bauprojektes. Dabei lassen sich diverse Variationen durchspielen und jeweils sofort dreidimensional umsetzen."[1]

Von den befragten Experten wurden die Auswirkungen dieser Entwicklung auf die Leistungsqualität wie folgt beschrieben:

- Durch den Computer ist der Ingenieur in der Lage, schneller und kostengünstiger zu arbeiten, was zum einen die Leistung für den Auftraggeber wirtschaftlicher macht, andererseits aber auch die Konkurrenzfähigkeit des Ingenieurs gegenüber anderen Anbietern verbessert.

- Durch den Computer verbessert sich die Leistungsqualität unmittelbar, da der Ingenieur in der Lage ist, schneller und verläßlicher zu planen und zu kalkulieren bzw. mehr Alternativen zu berücksichtigen als früher.

- Die Entwicklung von Routinearbeiten und die erweiterten Ausdrucksmöglichkeiten im Rahmen von CAD dienen der Kreativität und Optimierung der Konstruktionen und Planungen.

Allerdings, so die Experten, könnten diese Vorteile voll wirksam werden, wenn die Beratenden Ingenieure und ihre Mitarbeiter ausreichend qualifiziert sind im Umgang mit den Systemen und wenn ausreichend ausgereifte Programme zur Umsetzung zur Verfügung stehen. Damit erst würde gewährleistet, daß die EDV mit dem Denken überlagert und die Kreativität nicht der EDV untergeordnet werde.[2]

Insgesamt vertrat jedoch die Mehrheit der befragten Experten die Auffassung, daß die zu erwartende Entwicklung sich eher qualitätsfördernd auswirken werde. Lediglich einer der Ingenieure ging davon aus, daß möglicherweise die qualitätsmindernden Effekte des EDV-Einsatzes die Vorteile überlagern könnten.

Die perfektionierte Elektronik könne eine gewisse Stereotypisierung und Standardisierung der Tätigkeit nach sich ziehen, die daraus resultiere, daß sich die Berechnungen und Entwürfe an die Anforderungen der EDV anlehnten und nicht die EDV-Systeme an den Anforderungen der individuellen Erwartungen der Auftraggeber. Darüber hinaus könnte gerade bei jüngeren und unerfahreneren Ingenieuren die Gefahr bestehen, daß sie die Beziehungen zu den nicht mehr von ihnen, sondern vom Computer erbrachten Leistungen verlieren und damit die Fähigkeit, fehlerhafte Ergebnisse zu erkennen. Allerdings gab auch dieser Experte zu, daß es ungeachtet dieser Problematik mit Hilfe des Computers möglich sei, komplexe Berechnungen durchzuführen, wie sie mit der Hand nicht möglich sind.

---

[1] Bauernfeind 1985, S. 25
[2] Vgl. hierzu auch Ast/Hilers 1983, S. 34

Auch bei den Beratenden Ingenieuren zeigt sich also, daß durch die Rationalisierung durchaus wesentliche – die Leistungsqualität verbessernde – Effekte ausgehen können. Eine derartige Entwicklung birgt jedoch die Gefahr einer Verflachung des Leistungsangebotes in sich, wobei die Frage, in welche Richtung die zukünfige Entwicklung gehen wird, im wesentlichen davon abhängt, welche Kompetenz die Ingenieure im Umgang mit der Elektronik entwickeln. Ausreichenden Beratungs-, Aus- und Fortbildungsangeboten über den Umgang mit EDV kommt damit eine wesentliche Bedeutung zu. Dabei ist zu erwarten, daß bei technischen Freien Berufen eine höhere Akzeptanz solcher Hilfsmittel besteht als z.B. bei den Ärzten und Rechtsanwälten.

Auch bei den Beratenden Ingenieuren ist allerdings nach Schätzung eines der Experten der Einsatz der EDV noch nicht übermäßig verbreitet. Unser Gesprächspartner ging davon aus, daß in höchstens einem Drittel der Büros PC's installiert seien, während die für die CAD-Anwendung notwendigen Plotter (Zeichenmaschinen) in lediglich ca. fünf Prozent der Büros eingesetzt würden.

4.6.3 Prozeß- und Ergebnisqualität

Im Vergleich zu den verkammerten Freien Berufen sind die Möglichkeiten der Beratenden Ingenieure zur Kontrolle und Sanktionierung des beruflichen Handelns der Mitglieder ihres Berufsstandes, wie im folgenden sichtbar wird, relativ gering, da die allgemeinen zivil- und strafrechtlichen Rahmenbedingungen und Kontrollinstanzen nicht generell durch eine Berufsordnung sowie durch Selbstkontrolle der Berufsgruppe z.B. über Kammer ergänzt wird. Darüber hinaus zeigt sich, daß auch eine Analyse der Qulität des Handlungsprozesses oder des Leistungsergebnisses ohne eine entsprechende berufliche Organisation kaum realisierbar scheint.

4.6.3.1 Berufsinterne Kontrolle

Mit Ausnahme der Ingenieurgesetze der Länder, die primär dem Titelschutz dienen, existieren für die Beratenden Ingenieure keine bundeseinheitlichen berufsrechtlichen Regelungen. Im Gegensatz zu den Architekten bestehen mit wenigen Ausnahmen auch keine Berufskammern.[1)]

Dies bedeutet, daß die Beratenden Ingenieure in der Mehrzahl der Bundesländer keinen Berufspflichten, wie sie im Standesrecht formuliert werden, unterworfen sind und daß auch eine den übrigen hier betrachteten Freien Berufen gemeinsame Berufsgerichtsbarkeit sowie eine berufsinterne Kontrollinstanz fehlt.

Für die ca. 3 000 Mitglieder des VBI hat allerdings der Verband quasi die Funktionen einer Kammer übernommen, indem er Berufspflichten, z.B. über

---

1) Berufskammern bestehen im Saarland, in Rheinland-Pfalz, Berlin und in Schleswig-Holstein. Dort besteht auch eine Berufsgerichtsbarkeit und Standesaufsicht.

das Werbeverhalten oder die Haftpflichtversicherung, formuliert sowie ein Verbandsgericht etabliert hat, dem ein Volljurist angehören muß und das Verstösse gegen die vom Verband aufgestellten Berufsregeln ahndet. Die dem Gericht zur Verfügung stehenden Strafen entsprechen denen der Berufsgerichte der verkammerten Berufe:

- Verweise,
- Geldbußen,
- Ausschluß aus dem Verband.[1]

Diese Kontrolle der Einhaltung der Berufspflichten mag zwar geeignet sein, die Qualität der Leistungserbringung indirekt dadurch mitzubeeinflussen, daß sie überwacht, daß die Mitglieder
- wirklich unabhängig sind,
- sich ausreichend gegen Haftpflichtgefahren versichern,
- keine aufdringliche Werbung treiben;
eine Kontrolle der Qualität des beruflichen Handelns – gemessen am Handlungsziel – oder eine Überprüfung der Angemessenheit der Ergebnisse erfolgt jedoch nicht, so daß die Effizienz in bezug auf die Qualitätssicherung als eher gering eingeschätzt werden muß. Dies gilt um so mehr, da diese Kontrollen und Regelungen lediglich ein Viertel der gesamten Berufsgruppe erfassen. Die höchste Strafe, der Ausschluß aus dem Verband, hat höchstens zur Folge, daß der Berufsangehörige ohne VBI-Zugehörigkeit weiter praktiziert.

4.6.3.2 Zivilrechtliche Haftung

Die Frage der Haftung hat für den Beratenden Ingenieur schon allein deshalb große Bedeutung, weil die z.T. sehr komplexen Projekte erhebliche finanzielle Risiken für den beteiligten Berater bedeuten können. Hinzu komme – so die VBI-Vertreter – , daß von den Bauunternehmen immer wieder versucht werde, die Schuld an Baumängeln und damit die Haftungsansprüche auf die Architekten und Beratenden Ingenieure abzuschieben. Aus diesen Gründen sei eine Begrenzung der Haftung unbedingt erforderlich.

Aus diesem Grunde hätten die Beratenden Ingenieure auch den sog. Partnerschaftsgesetzentwurf[2] begrüßt, mit dem die Bildung einer Freiberufler-GmbH ermöglicht werden sollte. Derzeit überwiegen noch die BGB-Gesellschaftsformen, bei denen der einzelne unbeschränkt haftet.

Die Frage, ob die Haftpflicht eine entscheidende Rolle für die Qualität der Leistungserbringung spielt, wurde von den befragten Experten nicht einheitlich beantwortet. Während einer der Gesprächspartner die Auffassung vertrat, daß

---

[1] Vgl. Verband Beratender Ingenieure VBI o.J., S. 3
[2] Der „Entwurf eines Partnerschaftsgesetzes" wurde 1971 im Bundestag eingebracht (BT-Drucks. VI/2047, Bonn, den 1. April 1971, Vorblatt), wurde jedoch mit der Auflösung des Bundestages 1971 hinfällig.

die drohende Haftpflicht die Sorgfalt der Leistung positiv beeinflusse, waren zwei weitere VBI-Vertreter eher gegenteiliger Meinung. Jeder Ingenieur versuche Fehler zu vermeiden; im Kalkül des einzelnen Berufausübenden spiele deshalb die Gefahr, zur Haftung herangezogen zu werden, keine entscheidende Rolle.

Als wesentlichen Qualitätsfaktor bezeichneten die VBI-Vertreter jedoch die Tatsache, daß die Verbandsmitglieder durch die Berufsregeln des VBI verpflichtet seien, sich, soweit dies möglich ist, gegen Haftungsforderungen zu versichern. Damit soll verhindert werden, daß aus eventuellen Fehlern des Beratenden Ingenieurs entweder dem Berufsangehörigen oder dem Bauherrn finanzielle Nachteile entstehen.

Um für die Verbandsmitglieder einen möglichst hohen Versicherungsschutz gegen Haftpflichtforderungen bei gleichzeitig tragbaren Kosten zu gewährleisten, hat der VBI für seine Mitglieder die Möglichkeit einer Zusatzversicherung „zu sehr niedrigen" Preisen abgeschlossen, die Schäden bis zu 2 Mio. DM deckt. Seitdem sei die Forderung nach einer Partnerschafts-GmbH nicht mehr so stark.

Insgesamt ist in den Augen der Verbandsvertreter dem Versicherungsschutz gegen Haftpflichtforderungen als Qualitätsfaktor eine wesentlich größere Bedeutung zuzuschreiben als der Verpflichtung zur Haftung selbst.

4.6.3.3 Prozeß- und Qualitätskontrollen

Wie bei den Architekten sieht nach Informationen der Experten das Baurecht auch für die Beratenden Ingenieure gewisse Kontrollen ihrer fachlichen Leistungsqualität vor. So erfolge vor dem Bau eine Kontrolle der Entwürfe durch einen Prüfingenieur; eine weitere Überprüfung erfolge im Rahmen der Funktionsabnahme nach Fertigstellung des Baus. Während einer der Experten daraus folgerte, daß damit eine ständige und ausreichende Kontrolle der Planungs- und Ausführungsqualität sichergestellt sei, waren sich die übrigen Experten weitgehend einig, daß im Rahmen dieser baurechtlich verordneten Prüfung lediglich die Übereinstimmung der Vorlage bzw. des Objekts mit den Verordnungen kontrolliert werde. Dies sei aber lediglich das Notwendigste, um die Sicherheit der späteren Nutzer nicht zu gefährden. Den Prüfungen unterworfen seien darüber hinaus nur einige Gruppen von Beratenden Ingenieuren, z.B. die Statiker und Tragwerksplaner, die Leistungen der übrigen Berufsangehörigen würden hierdurch nicht erfaßt.

Während die Mehrheit der Experten die Auffassung vertrat, daß weitere Kontrollen nicht möglich und nicht sinnvoll seien, entwickelte einer der befragten Ingenieure ein Konzept zur berufsinteren Kontrolle der Prozeßund Ergebnisqualität. So forderte er einerseits die Formulierung von Anforderungskatalogen, an dem das Ergebnis bzw. die Leistung gemessen werden sollte. Wichtig sei dabei eine ständige Aktualisierung und Modifizierung gemäß den Anforderungen der Auftraggeber. Dieser Anforderungskatalog könne z.B. die Struktur einer Matrix haben, die man über bestimmte Teilphasen der Tätigkeit legen mußte. Dabei sei es sinnvoll, derartige Kontrollen zur Pflicht zu machen.

Eine weitere Möglichkeit böte sich über sog. Controlling-Abteilungen, die allerdings bislang hauptsächlich die Funktion hätten, die preisliche Entwicklung festzustellen. Andere Aspekte des Controlling seien bislang nur z.T. vorhanden, sollten aber vom Baumanagement wesentlich stärker berücksichtigt werden, wie dies z.B. auch beim Bau eines Flughafens erfolge. Als Beispiele für Leistungsabschnitte, an denen von solchen Abteilungen Kontrollen vorgenommen werden könnten, nannte der Experte:

– den Abschluß der Entwurfsplanung,
– den Abschluß der Genehmigungplanung,
– den Abschluß der Ausführungsplanung.

Dies seien Zwischenkontrollen, die man auch dem Bauherrn empfehlen könne.

Als weitere denkbare Form der Prozeß- oder Ergebniskontrolle nannte der VBI-Vertreter auch die innerbetriebliche Überprüfung der Berechnungen und Planungen durch einen Sachbearbeiter oder Kollegen. Letzteres würde in seinem Büro mit Erfolg praktiziert.

Mit den zuletzt aufgeführten Vorschlägen zeichnet sich für die Beratenden Ingenieure und vermutlich auch auf die Architekten übertragbar ein Qualitätssicherungskonzept ähnlich der Quality Control bei den Wirtschaftsprüfern ab.[1] Die Chancen einer freiwilligen, weitgehend büro- bzw. unternehmensinternen Qualitätsprüfung anhand von Check-Listen oder Anforderungskatalogen wären es wert, als Qualitätssicherungsinstrument in Ergänzung zu den Maßnahmen zur Sicherung der Strukturqualität hinsichtlich der beruflichen Praxis im Berufsstand zumindest diskutiert zu werden.

4.6.4 Zusammenfassung

Innerhalb der hier betrachteten Freien Berufe nehmen die Beratenden Ingenieure insofern eine Sonderstellung ein, als sie weder über Berufsordnungen noch über eine berufliche Selbstverwaltung in Form von Kammern[2] verfügen. Entsprechend sind die die berufliche Leistungerbringung regelnden Vorschriften bzw. die deren Einhaltung kontrollierenden Instanzen relativ begrenzt. Insgesamt stellt sich der Stand der Qualitätssicherung bei den Beratenden Ingenieuren wie folgt dar:

---

[1] Vgl. hierzu 4.4.3.3
[2] Ausnahmen sind die Ingenieurkammern im Saarland, Rheinland-Pfalz, Berlin sowie die Architekten- und Ingenieurkammer in Schleswig-Holstein.

– Gemessen an den Anforderungen, die die berufliche Praxis an den späteren Beratenden Ingenieur stellt, ist die Qualität der Ausbildung zum Ingenieur nach Meinung der Mehrheit der Experten nicht ausreichend. Hauptkritikpunkt ist dabei der mangelnde Praxisbezug der Ausbildung generell, vor allem aber der Fachhochschule, die ihre Ausbildungsinhalte in den letzten Jahren weitgehend an die der wissenschaftlichen Hochschule angepaßt habe und damit die von Beratenden Ingenieuren sowie Bauwirtschaft dringend gewünschte „Zweigleisigkeit" der Ausbildung aufgehoben habe.

– Vor allem der Beratende Ingenieur als selbständig Tätiger müsse in der Lage sein, Aufgaben eigenständig zu bearbeiten und zu erfüllen. Die dafür erforderliche praktische Erfahrung könne der junge Ingenieur in der Ausbildung nicht vermittelt bekommen. Die Experten forderten deshalb die Einführung einer berufspraktischen Tätigkeit im Anschluß an das Studium als Voraussetzung für die Tätigkeit als Beratender Ingenieur im Rahmen einer Berufsordnung.

– Die Anforderungen der beruflichen Praxis machen zwar im späteren Beruf eine Spezialisierung, die als Vertiefung der Qualifikation in bestimmten Bereichen wesentlich zur Qualitätssicherung beiträgt, weitgehend unverzichtbar. Nach einhelliger Auffassung der Experten sollte die Schwerpunktsetzung jedoch nicht, wie es derzeit geschieht, bereits während der fakultativen Ausbildung erfolgen, sondern erst nach dem Studium während des Berufspraktikums oder später im Beruf. Nur so wäre eine ausreichende allgemeine Grundqualifikation sichergestellt, die es eben Berufsausübenden ermöglicht, flexibel auf die sich veränderten Anforderungen im Beruf zu reagieren.

– Andererseits gewinnt durch die fortschreitende Arbeitsteilung bei der Lösung des Gesamtproblems sowie durch das Interesse des Auftraggebers, die Planung und Durchführung in eine Hand zu legen, die sog. Generalplanung, durch die sämtliche Teilleistungen koordiniert und zu einer ganzheitlichen Lösung zusammengeführt werden, immer mehr an Bedeutung. Die Sicherstellung dieser Aufgabe muß einerseits durch eine entsprechende übergreifende Ausbildung erfolgen, andererseits ist die zunehmende Tendenz zur gemeinschaftlichen Berufsausübung ein in diesem Zusammenhang wichtiger Qualitätsfaktor.

– Das sich ständig ausweitende und erneuernde Ingenieurwissen fordert vom Berufsangehörigen nach Auskunft der Experten eine ständige Fortbildung. Der Markt übe dabei bereits einen derartigen Zwang zur Fortbildung aus, daß sich die Einführung einer Fortbildungspflicht oder -kontrolle erübrige. Das Fortbildungsangebot sei ausreichend.

– Während in einigen Bereichen, z.B. im Umweltschutz, eher ein Mangel an Ingenieuren herrsche, sähen sich die Beratenden Ingenieure im Bauwesen

(Hoch- und Tiefbau) einem ähnlichen Konkurrenzdruck gegenüber wie die Architekten. Problematisch ist aus Sicht der Berufsvertretungen und Experten jedoch weniger der berufsinterne Nachwuchsdruck, sondern die bedeutende externe Konkurrenz (Architekten, ausländische Firmen, öffentliche Hand) bei stagnierenden oder sinkenden Auftragsvolumen. Weniger direkte Konsequenzen für die Leistungsqualität als vielmehr für die Konkurrenzfähigkeit des Berufsstandes hat in diesem Zusammenhang das Problem der Bauvorlageberechtigung auch für Beratende Ingenieure.

- Wettbewerb gilt zwar prinzipiell als leistungsfördernd, solange er nicht über den Preis ausgetragen wird, die verschärfte Konkurrenzsituation führt jedoch einerseits zu einem „Abrutschen" in den Preiswettbewerb durch Unterlaufen der HOAI-Sätze. Andererseits resultiert daraus auch eine Qualifikationsverschlechterung des beruflichen Nachwuchses, von dem ein Teil angesichts der verschlechterten Auftragslage nicht mehr die für eine ausreichende berufliche Qualifizierung nahezu unerläßliche Praxisphase vor der Niederlassung durchlaufen kann.

- Wettbewerb über den Preis gilt bei den Beratenden Ingenieuren als negativ für den Leistungswettbewerb. Entsprechend werden die neue VOL/A, die die freiberuflichen Leistungen ausdrücklich vom Preiswettbewerb ausnimmt sowie die HOAI, die Preiswettbewerb zwar nicht völlig ausschließt, aber weitgehend eingrenzt, von den Experten als wesentliche Qualitätsfaktoren angesehen. Besondere Bedeutung kommt den Mindestsätzen zu, die ein gegenseitiges Unterbieten im Preis verhindern solle. Negative Folgen eines bereits jetzt z.T. zu beobachtenden Wettbewerbs mit Dumping-Preisen ist nach Meinung der befragten Experten eine zu beobachtende Verminderung der Leistungsintensität und -sorgfalt, die sich in Unwirtschaftlichkeit und einer erhöhten Zahl von Bauschäden niederschlägt.

- Werbung fördert die Qualität der Berufsausübung nur so lange, wie sie allein durch die Präsentation der Leistung erfolgt. Die Experten würden es deswegen begrüßen, den Beratenden Ingenieuren in einer Berufsordnung nur solche Formen der Werbung zu gestatten, die sich unmittelbar auf die Leistung beziehen, z.B. in Form von Berichten in Medien oder durch Broschüren etc. Entsprechende Reglementierungen wurden vom VBI für seine Mitglieder festgesetzt.

- Angesichts der fortschreitenden Spezialisierung und des wachsenden wirtschaftlichen Drucks steigt auch bei den Beratenden Ingenieuren die Tendenz zu gemeinschaftlicher Berufsausübung, wobei vor allem auch projektbezogene Partnerschaften an Bedeutung gewinnen. Wie bei den Architekten verbinden sich hier zwei Vorteile für die Qualität der Leistungserbringung: vertiefte Detailkompetenz durch interne Spezialisierung sowie Koordination und Überwachung der Teilleistungen durch einen Verantwortlichen. Bei den Beratenden Ingenieuren umfassen die Möglichkeiten zur Kooperation auch handelsrechtliche Gesellschaftsformen, was nach Auffassung der Experten auch nicht geändert werden sollte.

– Die Einsatzmöglichkeiten der EDV entsprechen denen bei den Architekten. Prinzipiell werden die Auswirkungen auf die berufliche Leistung zwar als positiv eingestuft, da der Computer die Wirtschaftlichkeit der Leistung erhöhe und das Leistungsangebot auf eine breitere und sicherere Basis stelle. Fast mehr als bei den Architekten wurden jedoch auch Befürchtungen geäußert, daß durch die Anpassung des Denkens an die vorgegebene Schematisierung des Computers die Kreativität und Leistungsqualität in Gefahr sei.

Eine Sicherung der Kontrolle der Ergebnisqualität findet bei den Beratenden Ingenieuren so gut wie nicht statt:

– In jenen Bundesländern, in denen es keine Berufsordnung und Kammern gibt, entfallen die Kontrollmöglichkeiten über die Selbstverwaltung oder Eigengerichtsbarkeit. Allerdings hat der VBI versucht, hier für seine Mitglieder die Kammer zu ersetzen, indem er Berufsregeln festlegte und ein Verbandsgericht einrichtete.

– Zur Absicherung des Berufsangehörigen wie auch des Auftraggebers gegen finanzielle Verluste bei eventuellen Fehlern hat der VBI seinen Mitgliedern nicht allein eine ausreichende Haftpflichtversicherung vorgeschrieben, sondern auch die Möglichkeit einer Zusatzversicherung geschaffen.

– Unmittelbare Beurteilungen und Kontrollen des beruflichen Leistungsprozesses und -ergebnisses erfolgen lediglich allgemein im Rahmen der im Baurecht vorgeschriebenen Abnahme und Funktionsprüfung. Vorschläge eines der befragten VBI-Vertreter zeigen jedoch, daß auch für die Beratenden Ingenieure ein Quality Control-Konzept zur freiwilligen und betriebsinternen Qualitätssicherung denkbar ist.

Insgesamt liegen auch bei den Beratenden Ingenieuren die Grundlagen zur Qualitätssicherung eher im Bereich der strukturellen Rahmenbedingungen als im Prozeß- oder Ergebnisbereich. Die besondere berufsrechtliche Situation der Beratenden Ingenieure, fehlende Berufsordnungen und fehlende Kammern stellen die Berufsgruppe jedoch bei eventuellen Maßnahmen zur Sicherung der Strukturbedingungen vor erhebliche Probleme. Die zentrale Forderung des VBI, die nicht nur unter dem Gesichtspunkt der Qualitätssicherung, aber auch hierfür von Bedeutung ist, betrifft daher die Schaffung einer einheitlichen Berufsordnung[1], durch die die für ein qualitativ hochwertiges Leistungsangebot für notwendig erachteten Regelungen der Strukturvariablen wie auch eine gewisse Kontrolle des beruflichen Handelns für die gesamte Berufsgruppe gewährleistet würde. Die Berufsordnung sollte dabei nach Auffassung der befragten VBI-Vertreter im wesentlichen den Verbandsregeln und Mitgliedschaftsbedingungen entsprechen.

---

[1] Bereits 1967 und 1971 brachte der VBI Gesetzentwürfe für eine bundes- oder landeseinheitliche Berufsordnung ein, bislang blieb sein Bemühen jedoch ohne Erfolg.

444

5. Konzepte zur Qualitätssicherung ausgewählter Freier Berufe

Während im vorangehenden Kapitel versucht wurde, den Stand der Problematik „Qualität/Qualitätssicherung" der Berufsausübung für die im Rahmen der Studie ausgewählten Freien Berufe darzustellen, soll in den folgenden Punkten eine Bilanz der bisherigen Ergebnisse gezogen werden, bei der folgende Aspekte Berücksichtigung finden:

- ein Vergleich der Qualitätsdefizite und ihrer Ursachen bei den einzelnen Freien Berufe,

- ein Vergleich der Struktur und Effizienz der bislang praktizierten Regelungen zur Qualitätssicherung,

- ein Vergleich der in den einzelnen Freien Berufen als mögliche Alternativen und zusätzliche Maßnahmen diskutierten Qualitätssicherungskonzepte.

Grundlage dieser Erörterungen werden dabei weniger theoretische Erwägungen sondern in erster Linie die Einschätzung der Problematik durch die Freien Berufe und ihre Interaktionspartner sein. Dies hat seinen Grund vor allem im Fehlen ausreichend (empirisch) gesicherter Erkenntnisse über die Zusammenhänge zwischen den Bedingungen der Berufsausübung und der Leistungsqualität in nahezu allen angesprochenen Bereichen.

Die im nachfolgenden zusammengestellten Defizite und Lösungsansätze können deshalb in ihrer Bedeutung für die Qualitätssicherung der Leistungen eines Freien Berufes oder der Freien Berufe insgesamt auch nicht abschließend bewertet werden, sondern es kann lediglich dargestellt werden, welche Bedeutung ihnen im Vergleich der verschiedenen Berufsgruppen zuschrieben wird.

5.1 Die Strukturqualität und ihre Sicherung

Während die Ärzte entsprechend dem von Donabedian entwickelten, in dieser Studie in Punkt 2.4.2 dargestellten Ansatz die Leistungsqualität in die drei Dimensionen Struktur-, Prozeß- und Ergebnisqualität gliedern, die sie alle drei, wenn auch in unterschiedlichem Ausmaß, mittlerweile zum Gegenstand ihrer Qualitätssicherungsüberlegungen gemacht haben, konzentrieren sich die Konzeptionen der übrigen hier betrachteten Freien Berufe vor allem, z. T. sogar ausschließlich, auf die Sicherung angemessener struktureller Rahmenbedingungen.

Die Ausgangsbedingungen, Probleme und Lösungsansätze in diesem Bereich sind jedoch aufgrund der unterschiedlichen historischen Entwicklung und inhaltlichen Struktur der Berufsausübung in den einzelnen Berufen teilweise höchst verschieden.

5.1.1 Qualifikation

Die Sicherung der persönlichen und fachlichen Qualifikation des Berufsausübenden ist in allen hier betrachteten Freien Berufen eine wesentliche Grundlage der Qualitätssicherung, da durch sie der Freiberufler erst in die Lage versetzt wird, das an ihn herangetragene Problem der Problemstellung und den Interessen des Patienten bzw. Klienten angemessen zu bearbeiten.

Prinzipiell unterscheiden die Freien Berufe zwischen der Vermittlung der Berufseingangsqualifikation durch die Ausbildung bei den akademischen freien Heilberufen sowie – in analoger Begriffsdefinition – neuerdings auch bei den Rechtsanwälten durch die Weiterbildung einerseits und der berufsbegleitenden Qualifikation andererseits als und dem Lernen im Beruf mit dem Ziel der Auffrischung und Erweiterung der für die berufliche Praxis erforderlichen Kenntnisse und Fertigkeiten, auch als Fortbildung bezeichnet.

5.1.1.1 Ausbildung

Die Ausbildung schafft bei den Freien Berufen die fachlichen Voraussetzungen für die Zulassung zum Beruf. Ihr erfolgreicher Abschluß soll im allgemeinen zur selbständigen und eigenverantwortlichen Berufsausübung befähigen. Entsprechend bildet die Ausbildung jenen Engpaß, in dem zum größten Teil die qualifikationsbezogene Auslese des Nachwuchses erfolgt oder zumindest erfolgen sollte.

Neben den unterschiedlichen Inhalten der Ausbildung, die auf die verschiedenartigen Tätigkeitsfelder der einzelnen Freien zurückzuführen sind, weisen die hier betrachteten Berufsgruppen auch erhebliche Unterschiede hinsichtlich der organisatorischen Struktur der Ausbildung auf.

Lediglich in den akademischen freien Heilberufen, hier vertreten durch Ärzte und Apotheker, erhält der Nachwuchs eine einheitliche und direkt und ausschließlich auf die Tätigkeit in diesem Beruf ausgerichtete Ausbildung. Bei den Rechtsanwälten ist die Ausbildung zwar prinzipiell einheitlich in dem Sinn, daß bundesweit allgemeine Rahmenrichtlinien für den Ausbildungsgang zum Juristen existieren, sie ist jedoch nicht speziell auf den Anwaltsberuf ausgerichtet, sondern befähigt auch zu anderen beruflichen Tätigkeiten. Das gleiche gilt auch für das Architektur- bzw. Ingenieurstudium, das zwar im allgemeinen Voraussetzung für das Führen der Berufsbezeichnung Architekt und Ingenieur ist, das neben der Tätigkeit als Architekt oder Beratender Ingenieur ebenfalls den Zugang zu weiteren Berufsbereichen eröffnet. Einen Sonderfall stellt die Ausbildung zum Steuerberater dar, die nicht wie bei den übrigen Berufen in ihrer inhaltlichen Struktur und in ihrem Ablauf in Ausbildungsordnungen näher bestimmt, sondern dem einzelnen überlassen ist. Hier erfolgt die inhaltliche Bestimmung der zu erwerbenden Qualifikation ausschließlich über die Bestimmung der Prüfungsinhalte.

Unterschiedlich lang und unterschiedlich plaziert sind die Ausbildungsabschnitte zum Erwerb praktischer Fähigkeiten, die z.T. (bei den Ärzten, Apothekern, Rechtsanwälten) nach der theoretischen Phase liegen und bei den Architekten und Ingenieuren ins Studium integriert sind. Auch hierbei bilden wiederum die Steuerberater eine Ausnahme, deren Prüfungsregeln zwar eine bestimmte Zeit praktischer Tätigkeit vorschreiben, jedoch darüber hinaus keine Angaben machen.

Noch unterschiedlicher als die Ausbildung selbst ist die Einschätzung der Ausbildungsqualität im Hinblick auf die Sicherung einer hinreichenden Befähigung zur selbständigen Berufsausübung. Die Einschätzungen der Berufsgruppen und ihrer Interaktionspartner reichen von „sehr schlecht bis gefährlich" (Ärzte/Rechtsanwälte) über „nicht ausreichend" (Apotheker/Architeken/Ingenieure) bis hin zu „gut, aber verbesserungsfähig" (Steuerberater). Kritikpunkte sind vor allem die Ausbildungsinhalte, der nicht ausreichende Praxisbezug, die Prüfungsregelungen sowie die zu hohen Studentenzahlen. Insgesamt lassen sich aus der Analyse der geäußerten Kritik einige allgemeine Schlußfolgerungen aufstellen:

– Auch eine grundsätzlich den beruflichen Anforderungen entsprechende Ausbildungsordnung führt dann zu suboptimalen Ergebnissen, wenn die Richtlinien aufgrund zu vieler Studenten nicht entsprechend umgesetzt werden können. Beispiele sind hierfür Ärzte und Rechtsanwälte.

– Im Allgemeinen muß die Auslese des geeigneten Nachwuchses in der Ausbildung z.B. durch eignungsspezifische Zulassungsbeschränkungen oder entsprechende Prüfungen erfolgen, so daß mit Beendigung der Ausbildung tatsächlich der junge Freiberufler in der Lage ist, eigenverantwortlich tätig zu werden. Hier wird allerdings von allen Freien Berufen beklagt, daß die Zulassungs- und Prüfungsmodalitäten nicht den Anforderungen entsprechen.

– Eine nicht ausschießlich auf die Qualifikationsbedürfnisse des Freien Berufes bezogene Ausbildung führt dann zu einer nicht angemessenen fachlichen Kompetenz, wenn die berufsspezifische Eignung nicht darüber hinaus durch qualifikationsbezogene Zugangsbeschränkungen zum Beruf gewährleistet wird. Die bezeichnenden Gegensätze sind hier die Berufe des Rechtsanwalts und des Steuerberaters, die beide keinen ausdrücklich berufsspezifischen Ausbildungsgang als Zulassungsvoraussetzung vorsehen. Während jedoch die Rechtsanwälte aufgrund fehlender zusätzlicher Qualifikationsanforderungen für die Zukunft damit rechnen müssen, daß immer mehr nicht ausreichend ausgebildete junge Juristen den Berufsstand „überschwemmen" und so das durchschnittliche Qualifikationsniveau langsam senken, hat sich bei den Steuerberatern zwar auch die Anzahl der Berufsangehörigen erhöht, durch die hohen Anforderungen in der Berufseingangsprüfung haben sich daraus jedoch keine negativen Auswirkungen auf ihre Qualifikation ergeben.

- Bei allen hier betrachteten Freien Berufen erfordert die Befähigung zur selbständigen Berufsausübung auch ein Minimum an praktischen Fertigkeiten, die dem beruflichen Nachwuchs im eigenen Interesse wie im Interesse der Auftraggeber vermittelt werden sollten, bevor dem Anfänger die Erlaubnis erteilt wird, sich eigenständig beruflich zu betätigen. Auch dies ist nicht in allen Freien Berufen (z.B. bei den Ärzten und Rechtsanwälten) in ausreichendem Maße sichergestellt.

Die zur Behebung der Ausbildungsmängel von den einzelnen Freien Berufen geforderten Maßnahmen und Konzepte sind gemäß den verschiedenartigen Berufsanforderungen, aber auch gemäß dem beruflichen Selbstverständnis in den einzelnen Gruppen z.T. höchst unterschiedlich. Dies sowie die teilweise auch berufsintern auftretenden Interessengegensätze machen eine Übersicht relativ schwierig. Als nahezu für alle Berufsgruppen gültig, kristallisierten sich jedoch folgende Grundsätze heraus:

- Alle Berufsgruppen forderten eine inhaltliche Verbesserung der Ausbildung. Die Apotheker verknüpften damit zusätzlich die Forderung nach einer Ausbildungsverlängerung.

- Alle Freien Berufe halten einen eignungsspezifischen Numerus Clausus als Voraussetzung für die Aufnahme des Studiums für sinnvoll; wünschenswert, aber in den Augen der meisten Experten politisch nicht durchsetzbar, ist auch eine praktische Tätigkeit oder Ausbildung vor dem Studium.

- Alle Freien Berufe mit Ausnahme der Steuerberater fordern eine Verbesserung und Verlängerung der praktischen Ausbildung, wobei es auf die Bedürfnisse des einzelnen Berufs ankommen mag, ob diese in die theoretische Ausbildung ganz oder teilweise integriert wird oder ob eine Zweiteilung vorzuziehen ist. Eine Alternative für die in die Ausbildungsordnung einbezogene Vermittlung der erforderlichen praktischen Kenntnisse ist vor allem für jene Berufe, die keinen eigenen Ausbildungsgang haben, eine zusätzliche berufspraktische Tätigkeit, wie sie z.B. beim Steuerberater vor Ablegen der Prüfung oder in Form des Notarassessorats sowie als Vorbereitungszeit für Kassenärzte teilweise bereits praktiziert und von den Rechtsanwälten gefordert wird.

- Alle Freien Berufe sind sich einig, daß die Prüfungen während und nach der Ausbildung so gestaltet sein müssen, daß sie einen hohen fachlichen Qualifikationsstand haben. Für einen Teil der Rechtsanwälte stellt sich die Alternative, daß entweder in den Prüfungen anwaltsspezifische Problembereiche stärker Berücksichtigung finden oder daß die Prüfungen durch ein anwalts-spezifisches sog. „3. Staatsexamen" ergänzt werden.

Prinzipiell ist davon auszugehen, daß unabhängig davon, mit welcher Struktur die Vermittlung der Berufseingangsstruktur in den verschiedenen Freien Beru-fen aufgebaut ist, einer optimal gestalteten Ausbildung grundlegende Bedeutung für die spätere Leistungsqualität zukommt, da es sich bei ihr auch um jene Phase handelt, in der neben den fachlichen Voraussetzungen dem Berufsanfänger auch die für die Berufsausübung erforderliche Motivation und „berufliche Ethik" vermittelt werden soll. Es scheint daher sinnvoll und verständlich, daß Berufe wie die Rechtsanwälte, denen kein eigenständiger Ausbildungsgang vorangeht, die Forderung stellen, daß zumindest darauf aufbauend eine berufs-spezifische Zusatzausbildung in Form z.B. eines Anwaltsassessorats oder in Form einer Spezialisierung im Referendariat eingerichtet wird.

Die große Bedeutung, die einer den Anforderungen der jeweiligen Berufs-gruppe angemessenen Ausbildung beigemessen werden sollte, leitet sich auch aus einem anderen wesentlichen Merkmal der hier betrachteten Berufsgruppen ab. Will man tatsächlich auch unter dem Aspekt der Qualitätssicherung die Freiheit der Berufsausübung, die ja von den Freien Berufen besonders betont wird, weiterhin gewährleisten, will man also auf Reglementierungen während der Berufsausübung so weit wie möglich verzichten, dann sollte der Ausbildung auch unter diesem Aspekt besonderes Gewicht zugeschrieben werden. Denn es ist zwar empirisch nicht erwiesen, aber plausibel, daß die Wahrscheinlichkeit einer hohen Leistungsqualität im späteren Beruf cet. par. am größten ist, wenn dem Berufsangehörigen bereits in der Ausbildung ein breites Fundament fachli-cher Kenntnisse und Fähigkeiten vermittelt wird, die ihn auch befähigen, sich im Beruf adäquat neues Wissen anzueignen, und wenn in ihm bereits in dieser Phase ein Qualitätsbewußtsein und eine Berufsmoral geweckt wird, die eine entsprechende Motivation auch im späteren beruflichen Alltag zumindest erleichtern.

Gerade aber im Bereich der Ausbildung ergibt sich bei den Freien Berufen das Dilemma, daß die Verantwortung für die Gestaltung dieses wichtigen Instru-ments der Qualitätssicherung nicht in der Kompetenz des Berufsstandes liegt, sondern staatlich (von Bund bzw. Ländern) vorgeschrieben ist. Die Freien Berufe können hier zwar Anregungen und Forderungen stellen, auf deren Realisierung sie jedoch keinen unmittelbaren Einfluß haben. Ist dies einerseits dadurch gerechtfertigt, daß sich der Gesetzgeber damit einen gewissen Einfluß auf die mit wesentlichen Aufgaben für die Gesellschaft betrauten Berufsgruppen sichert, ergeben sich aus der Sicht der Freien Berufe jedoch dann Probleme für die Qualitätssicherung, wenn ihre Forderungen hinsichtlich der konkreten Gestaltung der Ausbildung keine politische Mehrheit finden. Beispiele hierfür sind etwa das zusätzliche 8. Studiensemester der Apotheker oder der Streit um die Ausbildungsreform des Jurastudiums.

Die teilweise auch innerhalb der Berufsgruppen bestehenden Differenzen lassen es jedoch zweifelhaft erscheinen, ob ein größerer Einfluß der beruflichen Selbstverwaltung auf die Konzeption der Ausbildung auf jeden Fall die Durchsetzung der aus Gründen der Qualtitätssicherung erforderlich scheinenden Maßnahmen bedeuten würde. Grundsätzlich sollte jedoch gewährleistet sein, daß den Freien Berufen im Rahmen ihrer Selbstverwaltung die Möglichkeit gegeben wird, die aus ihrer Sicht bestehenden Ausbildungsmägel durch eine zusätzliche Qualifizierung der Berufsangehörigen zu beseitigen.

5.1.1.2 Weiterbildung

Die Möglichkeit, nach der Ausbildung bzw. Befähigung zur Berufsausübung, eine Zusatzqualifikation zu erwerben, besteht vor allem in den akademischen freien Heilberufen durch die Weiterbildung, in deren Rahmen die Berufsangehörigen über die Grundausbildung hinaus Spezialkenntnisse erwerben können, auf die später durch einen Zusatz zur Berufsbezeichnung auch hingewiesen werden darf. Ursprünglich tatsächlich als Instrument einer über den Rahmen einer sinnvollen allgemeinen Ausbildung hinausgehenden Vermittlung von Spezialkenntnissen konzipiert, hat die Weiterbildung vor allem bei den Ärzten schon fast den Charakter einer Ersatzausbildung angenommen, die die Mängel in der Berufseingangsqualifikation zu beheben hat. Auch bei den Rechtsanwälten spielt zumindest z.T. bei der Wahl der zusätzlich in die BRAO aufgenommenen Fachgebiete deren Vernachlässigung in der Ausbildung eine Rolle.

Die Frage nach der Bedeutung der Weiterbildung für die Qualitätssicherung fordert zunächst die Klärung der Fragen, welche Bedeutung Spezialisierung für die Qualität der Berufsausübung in den einzelnen Freien Berufen hat und inwieweit es sinnvoll und notwendig ist, die Kundmachung einer Spezialisierung durch die einzelnen Berufsangehörigen durch Vorschriften zu reglementieren.

Die Spezialisierung hat bei den Freien Berufen angesichts der wachsenden Differenzierung und Komplexität der beruflichen Aufgaben in den letzten Jahren zunehmend an Bedeutung gewonnen und wird nach Auffassung der befragten Experten auch in Zukunft weiter fortschreiten. Diese Entwicklung wird einerseits wegen der möglichen Vertiefung der Kompetenz und der Ausweitung des Gesamtleistungsangebots des Berufsstandes als qualitätsfördernd begrüßt. Es zeigt sich jedoch, daß eine fortschreitende Aufgabenteilung das Wirksamwerden von Koordinationsmechanismen notwendig macht, da das Interesse des Patienten, Mandanten bzw. Kunden nachwievor darauf ausgerichtet ist, die Erfüllung der Gesamtaufgabe an einen verantwortlich zeichnenden Ansprechpartner zu vergeben. Tatsächlich sind die hier betrachteten Freien Berufe im allgemeinen – wenn auch in unterschiedlichem Ausmaß – mit zwei gegenläufigen Entwicklungen konfrontiert: fordert der Auftraggeber einerseits immer differenziertere und kompetentere Leistungen in Detailfragen, stehen

dem andererseits wachsende Ansprüche hinsichtlich der Breite des Leistungsangebots gegenüber. Entsprechend beginnen sich z.B. bei den Architekten und
Beratenden Ingenieuren (Generalplaner), aber auch bei den Ärzten (Allgemein-/
Hausarzt) neben der Spezialisierung auf die Tätigkeitsbereiche Generalisten zu
entwickeln, deren Qualitfikation nicht darauf ausgerichtet ist, alle Fachbereiche
gleichermaßen zu beherrschen, sondern die Leistungen der verschiedenen spezialisierten Fachleute zu koordinieren. Bei den Ärzten geht diese Entwicklung
bereits so weit, daß darüber diskutiert wird, ob die allgemeine ärztliche Ausbildung ausreicht, um diesem Generalisten die für seine Aufgaben notwendige
Qualifikation zu sichern, oder ob auch für diesen Tätigkeitsbereich eine spezifische Weiterbildung geschaffen werden muß (Diskussion um die Pflichtweiterbildung zum Allgemeinarzt).

Unabhängig von dieser Entwicklung wird zur Sicherung einer allgemeinen
Grundqualifikation, die das Eingebundensein auch des einzelnen Spezialisten in
die berufliche Gesamtaufgabe fördern soll, fordern alle Freien Berufe eine so
spät wie möglich einsetzende Spezialisierung des beruflichen Nachwuchses,
wenn möglich erst eine Spezialisierung im Beruf.

Angesichts der Fülle möglicher und tatsächlicher Spezialisierung im Beruf stellt
sich die Frage, wieweit die Berufsangehörigen diese Schwerpunktsetzungen
öffentlich machen darf. Die Freien Berufe haben hier im allgemeinen sehr
strenge Reglementierungen, die einerseits dem Schutz des Auftraggebers vor
falschen Angaben dienen mögen, in erster Linie jedoch wohl auch wettbewerbspolitische Aspekte haben. Unter dem Aspekt der Sicherung einer tatsächlich
über die allgemeine Qualifikation hinausgehenden Kompetenz des Spezialisten
kommt der formalisierten und kontrollierten Spezialisierung in Form einer
Weiterbildungs- oder Fachgebietsordnung theoretisch eine erhebliche Bedeutung zu, da der Berufsangehörige hierbei eine vorgeschriebene Qualifikation
erwerben und nachweisen muß. Ob dies tatsächlich vom Auftraggeber als
Indikator für eine überdurchschnittliche Kompetenz gewertet werden kann,
hängt allerdings davon ab, inwieweit die in der Weiterbildung gestellten Ansprüche den Anforderungen der späteren Berufsausübung entsprechen.

Es stellt sich jedoch bei den Freien Berufen die grundsätzliche Frage, ob die
Bekanntgabe solcher fachlichen Schwerpunktsetzungen in jedem Fall an Qualifikationsnachweise gebunden werden sollten oder ob es sich hier nicht zumindest z.T. um Eingriffe in die Freiheit der Berufsausübung handelt, die mit dem
traditionellen Bild des Freien Berufes mit seinem zentralen Element der Eigenverantwortlichkeit kollidieren. So ließ die Argumentation der Experten bei
einigen Freien Berufen die Vermutung aufkommen, daß hier weniger Qualitätsgesichtspunkte, sondern wirtschaftliche Interessen einer Liberalisierung entgegenstehen. Um dieses Problem jedoch abschließend klären zu können, wäre
eine Analyse der Auswirkungen einer Lockerung der Reglementierung auf die
Qualität der beruflichen Leistungen z.B. durch eine Auswertung der Erfahrun-

gen in anderen Ländern (z.B. England) oder von Modellversuchen in der Bundesrepublik Deutschland erforderlich.

5.1.1.3 Fortbildung

Die Fortbildung erfüllt in den hier betrachteten Freien Berufen prinzipiell drei Funktionen:

– die Behebung von Ausbildungsdefiziten (besonders deutlich bei den Rechtsanwälten, die eigens Fortbildungsveranstaltungen für Berufsanfänger durchführen,

– die Vermittlung von Zusatzwissen und -ferigkeiten,

– die Aktualisierung der fachlichen Qualifikation;

Unter allen drei Gesichtspunkten muß die Fortbildung als wesentliche Grundlage der Qualitätssicherung angesehen werden.

Soweit für die hier betrachteten Freien Berufe entsprechende Gesetze erlassen sind, ist die Förderung der beruflichen Fortbildung als Pflicht der Kammern festgeschrieben. Das ärztliche Berufs- und Standesrecht beinhaltet darüber hinaus auch eine Verpflichtung der einzelnen Berufsangehörigen zur Fortbildung. Während die Kammern und z.T. auch die freien Verbände sowie wissenschaftliche oder wirtschaftliche Organisationen für ein vielfach reichhaltiges Fortbildungsangebot sorgen, das im allgemeinen von den Experten als durchaus ausreichend angesehen wird, liegt die Nutzung dieser Angebote allein in der Eigenverantwortlichkeit des einzelnen Berufsangehörigen, da in der Regel davon ausgegangen wird, daß der Freiberufler jeweils selbst entscheiden könne, in welchem Ausmaß und in welchen Bereichen er sich fortbilden müsse. Da mit Ausnahme der Ärzte bislang für die Freien Berufe keine empirischen Untersuchungen über das Fortbildungsverhalten der Freiberufler existieren, waren die Experten bei der Einschätzung der Qualität auf Teilnahmestatistiken der Fortbildungsveranstaltungen und auf ihren persönlichen Eindruck angewiesen. Unabhängig von der Berufsgruppe schwankten die Urteile zwischen gut, in der Mehrheit ausreichend bis ungenügend. Je nachdem, wie dieses Urteil ausfiel, wurde durch die Frage nach einer eventuellen Reglementierung des Fortbildungsverhaltens mit Zustimmung oder Ablehnung beantwortet, wobei ablehnende Meinungen überwogen. Während z.B. bei der Frage nach einer Liberalisierung der Kundbarmachung von Spezialkenntnissen argumentiert wurde, der Freiberufler würde diese Freiheit zum Schaden des Auftraggebers mißbrauchen, wurde die Kontrolle des Fortbildungsverhaltens von den Experten zum Teil als unzumutbare Gängelung und ungerechtfertigtes Infragestellen des Verantwortungsbewußtseins der Freiberufler aufgefaßt. Tatsächlich kann es weder im Interesse des Berufsstandes noch im Interesse des Auftraggebers sein, traditionelle Freiräume wie die Fortbildung zu reglementieren, ohne daß dies durch erhebliche Defizite von Seiten der Berufsangehörigen gerechtfertig wäre. Die

452

persönliche Einschätzung durch die Berufsvertretungen sowie Statistiken über das Ausmaß des Besuchs von Veranstaltungen scheinen jedoch keine hinreichende Grundlagen für die Entscheidung zu sein, ob die derzeitige Fortbildungssituation in den einzelnen Freien Berufen den Qualitätsansprüchen des einzelnen Auftraggebers wie der Allgemeinheit an die Leistungen der Freien Berufe tatsächlich angemessen ist. So sind sich, wie die Expertengespräche zeigten, auch die Freien Berufe darüber klar, daß das bloße Buchführen über die Teilnahme an bestimmten Veranstaltungen allein kein Indikator dafür ist, daß das Fortbildungsverhalten des einzelnen Freiberuflers wie des Berufsstandes insgesamt tatsächlich zu einer Sicherung und Verbesserung der Leistungsqualität führt. Dies beinhaltet einerseits die Frage, ob der einzelne Freiberufler sich seiner Qualifikationsmängel auch in jedem Fall hinreichend bewußt bzw. auch daran interessiert ist oder auch die Zeit findet, die notwendigen Maßnahmen zur Fortbildung zu ergreifen. Andererseits ist z.B. auch noch nicht erwiesen, daß das traditionelle Fortbildungsangebot in seinen Inhalten und seiner Didaktik tatsächlich dem Fortbildungsbedarf entspricht.

Erste Hinweise, daß entgegen der von der Mehrzahl der befragten Experten vertretenen Auffassung, tatsächlich eine Lücke zwischen Angebotsstruktur und Bedarf klaffen könnte, zeigen die bei den Ärzten im Zusammenhang mit den medizinischen Qualitätsanalysen vor allem in den USA gewonnenen Erkenntnisse, daß Fortbildung dann am effektivsten ist, wenn sie nicht in Form einer abstrakten Informationsvermittlung dargeboten wird, sondern mit konkretem Bezug auf die Probleme des Berufsalltags und gleichzeitiger Möglichkeit zur praktischen Umsetzung des Gelernten.

Ohne daß die Effizienz der traditionellen Fortbildungsformen grundsätzlich in Frage gestellt wird, sollte jedoch zumindest überprüft werden, ob nicht die Angebotspalette um neue Formen der Fortbildung erweitert werden sollte, wobei auch die Möglichkeiten des Einsatzes neuer Medien sowie der EDV in Betracht gezogen werden sollten. Grundlage einer solchen Betrachtung sollte jedoch eine empirische Analyse der die Fortbildung bestimmenden Variablen sein: der sich in der Praxis abzeichnende Fortbildungsbedarf, das Rezeptionsverhalten der Berufsangehörigen, die Effizienz verschiedener Fortbildungsformen.

Eine wichtige Dimension für die Qualitätssicherung gewinnt die Fortbildung, wenn man in ihr nicht nur ein allgemeines Instrument der berufsbegleitenden Aktualisierung der Kenntnisse sieht, sondern sie als Methode zur direkten Umsetzung der im Rahmen von Qualitätssicherungsanalysen gewonnenen Erkenntnisse über Standards, Fehler und Fehlerursachen versteht. Wie im Zusammenhang mit den Ansätzen zur evaluativen Qualitätsanalyse in der Medizin dargestellt wurde, führt zwar auch die Beobachtung der beruflichen Tätigkeitsabläufe sowie das zur Verfügungstellen von Informationen über den Standard der eigenen Leistung im Vergleich zu anderen Ergebnissen bereits zu einer Steigerung der Leistungsqualität, die eigentliche Effizienz ergibt sich jedoch erst durch eine bewußte Auseinandersetzung des einzelnen mit den Ursachen für eventuelle Abweichungen. Es scheint sinnvoll, solche Effekte nicht dem Zufall zu überlassen, sondern die Auswertung der Informationen zum Gegenstand von Qualitätssicherungskreisen zwischen Kollegen zu machen, wie dies im Krankenhaus z.T. bereits praktiziert wird. Auch im ambulanten Sektor könnten derartige Gesprächskreise, in denen Probleme an konkreten Fällen besprochen werden, sicherlich zur Qualitätssicherung beitragen. Allerdings setzt dies eine hohe Bereitschaft zur Kooperation und zum interkollegialen Meinungsaustausch voraus, die bei vielen Freiberuflern (noch) zu fehlen scheint. Derartige „Qualitätszirkel" können zwar eventuell in Krankenhäusern oder großen Kanzleien „von oben" geschaffen werden, im Normalfall muß die Bereitschaft hierzu von den Freiberuflern selbst kommen.

5.1.2 Wirtschaftliche Situation und Wettbewerbsbedingungen

Alle der hier betrachteten Freien Berufe waren sich einig, daß Gewinnstreben zwar nicht der primäre Anlaß der freiberuflichen Tätigkeit ist, daß aber eine ausreichende sichere Existenz eine notwendige Voraussetzung für die Sicherung der Leistungsqualität darstellt. Sei diese wirtschaftliche Mindestgrundlage nicht gewährleistet, bestehe nicht bei allen, aber bei einem Teil der Berufsangehörigen die Gefahr, daß sie mit Verletzungen der Berufspflichten und mangelnder Sorgfalt reagieren, um konkurrenzfähig zu bleiben bzw. um sich Wettbewerbsvorteile zu verschaffen. Entsprechend wird in den Freien Berufen zumindest für den Fall, daß der berufsinterne Wettbewerb ruinöse Formen annimmt, eine Minderung der beruflichen Leistungsqualität prophezeit.

Unter diesem Gesichtspunkt wird von den meisten der hier betrachteten Freien Berufe die zu erwartende zahlenmäßige Enwicklung des Nachwuchses mit Besorgnis betrachtet. Lediglich die Steuerberater sehen derzeit (noch) keinen Grund zur Sorge.

Die Möglichkeiten der Freien Berufe, auf die „Nachwuchsschwemme" mit Reglementierungen zum Berufszugang zu reagieren, sind beschränkt. So besteht zwar bei den Studiengängen Medizin, Pharmazie, Architektur und Ingenieurwissenschaften jeweils ein Numerus Clausus, die Anzahl der jährlich aufgenommenen bzw. abschließenden Studenten übersteigt jedoch nach Auffassung der Freien Berufe bei weitem den Bedarf. Aussagen darüber, wie weit die Hochschulabsolventen tatsächlich in die jeweiligen Freien Berufe eintreten, sind nur bei Zugrundelegung der gegenwärtigen Bedingungen möglich und deshalb unsicher. Problematisch sind auch Prognosen des Bedarfs an Leistungen der einzelnen Berufsgruppen, ohne daß vorher analysiert wurde, welche Möglichkeiten sich ihnen bieten, neue Aufgabenfelder zu entwickeln und für sich zu belegen. Da dies vielfach – wie sich bei einigen Berufsgruppen wie Rechtsanwälten und Steuerberatern bereits abzeichnet – nur auf Kosten anderer Berufe geschehen kann, wird ein ausschlaggebender Faktor für den Erfolg der

Freien Berufe, ihre Tätigkeitsfelder auszudehnen, ihre externe Konkurrenzfähigkeit sein. Dies bezieht sich einerseits auf die fachliche Kompetenz, die bei verstärkter Konkurrenz vermutlich zu steigern versucht wird. Dies bezieht sich aber z.b. auch auf die Fähigkeit zur Preiskonkurrenz sowie zur Werbung. Sofern hier für die externen Konkurrenten keine Reglementierungen bestehen, kann sich dies nachteilig für die Freien Berufe auswirken. Tatsächlich zeichnet sich unter dem Wettbewerbsdruck z.b. bei den Rechtsanwälten und Steuerberatern eine Liberalisierung der standesrechtlichen Regelungen ab: So erwägen die Rechtsanwälte z.b. die kollektive Werbung z.b. über die neuen Medien und auch die Einführung der Fachgebietsbezeichnungen ist eine Maßnahme zur Steigerung der Konkurrenzfähigkeit nach außen; die befragten Steuerberater hielten dagegen eine Auflockerung des Werbeverbots für wünschenswert. Sofern also sich der Wettbewerb mit anderen Berufsgruppen in einer Ausweitung des Leistungsangebots bei gleichzeitiger Forcierung der Qualifikation und stärkerer Markttransparenz durch mehr Informationen über das Leistungsangebot niederschlägt, kann diese Entwicklung sogar als qualitätsfördernd angesehen werden. Voraussetzung sind jedoch, dies sei nochmals betont, gleiche Wettbewerbsbedingungen für die verschiedenen Gruppen.

Erst wenn relativ sicher abgeschätzt werden kann, wieweit durch solche Strategien der Bedarf nach den Leistungen der einzelnen Berufsgruppen ausgedehnt werden kann, ist abzuschätzen, wieweit die sich abzeichnende berufsinterne Konkurrenz tatsächlich die Gefahr eines ruinösen Wettbewerbs in sich birgt. Bevor diese Grenze erreicht ist, kann – so die Experten – zunächst mit einer Intensivierung des Qualitätswettbewerbs gerechnet werden, der sich vor allem in einem verbesserten Service, eventuell auch in einer Verbesserung der beruflichen Qualifikation niederschlägt.

Derartige Thesen sind in mehrfacher Hinsicht problematisch. So wird zum einen die Bestimmung der Grenze, ab der ein ruinöser Wettbewerb herrscht, wesentlich von dem wirtschaftlichen Interesse des einzelnen Berufsangehörigen wie des Berufsstandes insgesamt bestimmt sein. Traditionelle Besitzstände könnten hier die Beurteilung verzerren. Zum anderen aber muß ein vordergründig verbesserter Service nicht notwendigerweise den allgemeinen Qualitätsanforderungen an die berufliche Leistungserbringung entsprechen. Gerade das Beispiel der Ärzte wo eine apparate- oder medikamentenintensive Versorgung zeitweise als Wettbewerbsfaktor galt und z.T. immer noch gilt, zeigt, daß dabei zwar aus der Sicht des Patienten vordergründig Qualitätsanforderungen erfüllt werden, durch erhöhte Kosten und eventuell sogar gesundheitliche Gefährdung im Endeffekt die Qualität sogar sinken kann. Entsprechendes gilt für die Rechtsanwälte, bei denen ein verstärktes Eingehen auf die Prozeßbereitschaft der Mandanten auch bei vermeidbaren Prozessen nicht den von der Gesellschaft an den Rechtsanwaltsberuf gestellten Anforderungen entspricht und unter Kostengesichtspunkten auch den Interessen des Mandanten entgegensteht.

Wesentlichen Einfluß darauf, wie sich ein verstärkter berufsinterner Wettbewerb letztlich auf die Qualität der Berufsausübung im Einzelfall wie auch bezogen auf die Gesamtheit auswirken wird, wird auch die Möglichkeit der Berufsangehörigen haben, auf die erhöhte Konkurrenz zu reagieren. Während es einerseits durchaus plausibel erscheint, wenn – vor allem von Nicht-Freiberuflern – die Auffassung vertreten wird, daß eine maßvolle Liberalisierung der Wettbewerbsregelungen auch untereinander für den Freiberufler sogar ein Ansporn sein kann, seine Qualität zu steigern, müssen andererseits die individuellen wie gesellschaftlichen Interessen an einer auch von wirtschaftlichem Gemeinstreben weitgehend unabhängigen Leistungserbringung berücksichtigt werden. So kann einerseits die Möglichkeit, Spezialkenntnisse oder besondere Anstrengungen in der Fortbildung dem Patienten/Klienten bekannt zu machen durchaus die Bereitschaft, solche Qualifikationen zu erwerben, erhöhen, andererseits besteht bei Lockerung der berufs- und standesrechtlichen Regelungen die Gefahr der Kommerzialisierung und Vergewerblichung.

Die Gespräche mit den Experten wie auch die Ergebnisse der Literaturanalyse machten deutlich, daß die Vertretung des einen oder anderen Standpunktes wesentlich geprägt ist vom jeweiligen ideologischen und (wirtschafts)politischen Hintergrund. Tatsächlich spielen gerade in diesem Zusammenhang derartig viele und unterschiedliche, z.T. sogar gegenläufig wirkende Faktoren eine Rolle, daß Aussagen über eventuelle Wirkungszusammenhänge allenfalls Ceterisparibus-Hypothesen oder Glaubenssätze sind. Vor allem bezüglich des vermutlichen Verhaltens der Freiberufler, das für derartige Prognosen von zentraler Bedeutung ist, kann überhaupt nicht auf empirisch gesicherte Erkenntnisse zurückgegriffen werden. Auch zur Klärung dieses Problems sind also multivariate empirische Analysen der Marktmechanismen beim Angebot freiberuflicher Dienstleistungen notwendig, wobei jeweils den spezifischen Rahmenbedingungen der verschiedenen Berufsgruppen Rechnung getragen werden muß. Darüber hinaus sollte grundsätzlich bedacht werden, daß es logisch nicht schlüssig ist, einerseits – etwa bei Fragen von Leistungskontrollen oder Reglementierungen des Fortbildungsverhaltens – Einschränkungen mit Hinweis auf das hohe Verantwortungsbewußtsein als Einschränkungen der beruflichen Freiheit abzulehnen, dort aber, wo es um wirtschaftliche Konkurrenz geht, den Freiberuflern ein verantwortungsvolles Verhalten weitgehend abzusprechen.

5.1.3 Gemeinschaftliche Berufsausübung

Obwohl traditionell der Freiberufler eigenständig im eigenen Büro tätig war, gewinnt die gemeinschaftliche Berufsausübung auch in den Freien Berufen zunehmend an Bedeutung. Einerseits handelt es sich hierbei, wie in den Gesprächen deutlich wurde, um eine Reaktion auf den wachsenden Kostendruck: Die Kostenbelastung pro Partner ist bei gemeinschaftlich genutzten räumlichen, technischen und personellen Ressourcen geringer, der Auslastungsgrad ist höher, die Rationalisierungsmöglichkeiten steigen. Darüber hinaus kann die

Arbeitsbelastung des einzelnen Partners reduziert werden, das Nehmen von Urlaub ist erleichtert, die Lebensqualität steigt. Andererseits steht die berufliche Kooperation auch in engem Zusammenhang mit der fortschreitenden Spezialisierung. So ermöglicht und fördert sie nicht nur praxis-/bürointerne Schwerpunktsetzungen, sondern ist auch notwendige Folge der Aufgabenteilung, da durch sie die differenzierten Tätigkeiten nach außen hin wieder zu einer Einheit zusammengefaßt werden. Dies hat für den Auftraggeber den Vorteil, daß er nicht mühsam nach einem geeigneten Spezialisten für sein Problem suchen muß, daß sein Problem mit der größtmöglichen Kompetenz bearbeitet wird und daß dennoch die Verantwortung für die gesamte Leistung in einer Hand liegt. Weiterhin qualitätsfördernd ist die Möglichkeit zum kollegialen Meinungsaustausch, zur kollegialen Kontrolle und zur verstärkten Wahrnehmung von Fortbildungsangeboten.

Zwar wird von allen der hier betrachteten Freien Berufe die Kooperation zwischen Kollegen als Faktor der Qualitätssicherung bezeichnet, die Meinungen darüber, in welcher Form, vor allem in welcher Rechtsform, die gemeinschaftliche Berufsausübung erfolgen darf, sind jedoch in den einzelnen Berufsgruppen unterschiedlich.

Während bei Berufen mit einem relativ jungen Berufsrecht wie den Steuerberatern, aber auch bei den Architekten und Beratenden Ingenieuren als Gesellschaftsformen unter bestimmten Bedingungen auch die Bildung von Handelsgesellschaften erlaubt ist und auch hier eine befriedigende Lösung der Haftungsprobleme gefunden wurde, gelten bei den Freien Berufen mit relativ alten Berufsordnungen im allgemeinen lediglich BGB-Gesellschaften als einzige mögliche Rechtsform der gemeinschaftlichen Berufsausübung.

Während bei letzteren auch von den nicht-freiberuflichen Experten die Meinung vertreten wird, eine Ausweitung der Regelungen würde sich nicht mit dem Berufsbild vertragen, sahen die übrigen Berufsgruppen durch die Handelsgesellschaften keine prinzipielle Gefahr für die Qualität der Berufsausübung. Architekten und Beratende Ingenieure bedauerten sogar das Scheitern des im Entwurf zur sogenannten „Freiberufler-GmbH" konzipierten Ansatzes zu einer Haftungsbeschränkung auch für Freie Berufe.

Insgesamt gesehen beeinflußt der Rahmen der im Berufs- oder Standesrecht hinsichtlich der rechtlichen Gestaltung der gemeinschaftlichen Berufsausübung abgesteckt ist auch die Kooperationsbereitschaft. So kann grundsätzlich davon ausgegangen werden, daß eine Liberalisierung der diesbezüglichen Vorschriften bei Ärzten und Rechtsanwälten der Kooperationsbereitschaft sicherlich förderlich wäre. Daß prinzipiell Fragen wie die Haftung, freie Arztwahl etc. durch entsprechende Regelungen gelöst werden können, zeigt das Beispiel der steuerberatenden und wirtschaftsprüfenden Berufe. Demgegenüber zeichnet sich bei den Architekten und Beratenden Ingenieuren die Entwicklung ab, daß einer dauerhaften Koopcration vor allem aus wirtschaftlichen Gründen die projektbezogene Zusammenarbeit vorgezogen wird. Ist der Auftrag erfüllt, löst sich der Planungsring auf, wodurch in der Zeit zwischen großen Aufträgen hohe Personalkosten eingespart werden können. Auch hier zeigt sich also, daß eine für die Freien Berufe insgesamt optimale Lösung wegen der unterschiedlichen Bedürfnisse der einzelnen Berufsgruppen unmöglich ist.

5.1.4 Rationalisierung

Der Einsatz technischer Hilfsmittel hat für die einzelnen Freien Berufe unterschiedliche Bedeutung. Während die Tätigkeit des Arztes wie auch die des Steuerberaters bereits jetzt so wesentlich durch die Technik geprägt ist, daß ohne sie der derzeitige Leistungsstandard dieser Berufsgruppen nicht aufrecht zu erhalten wäre, und auch der Apotheker weitreichende Funktionen der Lagerhaltung, Bestellung und Überwachung der Arzneimittel mit Hilfe des Computers wesentlich schneller erledigen kann, steht bei den Rechtsanwälten, Architekten und Beratenden Ingenieuren die Rationalisierung erst am Anfang.

Die mögliche qualitätsfördernden Auswirkungen des Einsatzes technischer Hilfsmittel auf die Leistungsqualität sind vielfältig:

- der Freiberufler wird von Routinearbeiten entlastet und gewinnt damit Zeit für seine eigentlichen geistigen Aufgaben;
- bestimmte Fehler, z.B. bei Berechnungen oder Analysen, entstehen entweder überhaupt nicht mehr oder können leichter kontrolliert werden; .pa
- der Zugriff auf für die Leistungserbringung wichtige Informationen wird erleichtert;
- der Freiberufler gewinnt bei seinen Entscheidungen und Lösungskonzeptionen wegen der umfassenderen Informationsbasis eine größere Sicherheit;
- die Speicherung von Daten in der EDV erlaubt interne und externe Qualitätsanalysen.

Dem stehen mögliche Gefahren gegenüber, und zwar:

- die Vergrößerung der Distanz zwischen Freiberufler und Klient/Patient, da der Freiberufler seine Aufmerksamkeit immer stärker auf die technischen Hilfen richtet und das Gespräch mit dem Mandanten oder Patienten immer weiter in den Hintergrund tritt; oder der Freiberufler sich gegenüber dem Patienten immer mehr durch die Technik vertreten läßt (Verlust des Gefühls der persönlichen Verantwortung);
- die Nivellierung und Schematisierung der freiberuflichen Leistung, die zum Zwecke der Arbeitserleichterung den vorgegebenen Möglichkeiten der Technik angepaßt wird, anstatt individuelle Lösungen zu suchen.

Die Frage, ob die Entwicklung bei den einzelnen Freien Berufen eher positiv oder negativ ausfallen wird, wird u.a. weitgehend davon abhängen, wie weit es dem jeweiligen Berufsstand bzw. dem einzelnen Freiberufler gelingen wird, die von ihm eingesetzten technischen Hilfsmittel zu „beherrschen". Dies bezieht sich sowohl auf die Qualifikation des Freiberuflers und seiner Mitarbeiter im Umgang mit der Technik als auch auf die Eignung der eingesetzten Geräte zur Bewältigung berufsspezifischer Aufgaben. Da bei den Ärzten die nicht sachgerechte Handhabung ebenso wie ein fehlerhaftes Funktionieren der Geräte sorgar gesundheitsgefährdende Folgen haben kann, wurden hier bereits vielfache Qualifikationsvoraussetzungen (für die kassenärztliche Abrechenbarkeit), Fehlerkontrollen und Maßnahmen zur Gewährleistung der Gerätesicherheit (Gerätesicherheitsverordnung) entwickelt.

Der Einsatz der EDV ist allerdings vor allem in den Praxen der niedergelassenen Ärzte nur wenig verbreitet. Hier wie auch bei den Rechtsanwälten, Architekten und Beratenden Ingenieuren erschwert einerseits die Unsicherheit der Berufsangehörigen gegenüber dieser neuen Technik, zum anderen die größtenteils nicht bedarfsgerecht konzipierte Hard- und Software eine raschere Verbreitung sowie einen sinnvollen Einsatz. Die Berufsorganisationen beschäftigen sich zwar mittlerweile auch mit dem Thema und veranstalten z.B. Informationsabende und -seminare über die Einsatzmöglichkeiten der EDV in der Praxis, insgesamt stehen sie jedoch der neuen Entwicklung eher abwartend gegenüber, die eher als Medium der Zukunft betrachtet wird.

Daß ein Berufsstand jedoch dadurch, daß er die Entwicklung einer den Anforderungen der praktischen Berufsausübung Hard- und Software in eigener Regie vorantreibt und dem berufsspezifischen Bedarf anpaßt, erhebliche Steigerungen der Leistungsqualität erzielen kann, zeigt sich am Beispiel der Steuerberater, die durch die Gründung der DATEV die Verbreitung des Einsatzes der EDV wie auch die Konzeption leistungsfähiger Software wesentlich vorangetrieben haben.

Die Unterstützung der Verbreitung einer leistungsfähigen EDV im jeweiligen Beruf durch die Mitwirkung an der Entwicklung einer bedarfsgerechten Hard- und Software sowie die Information und Schulung der Berufsangehörigen über den Einsatz in der beruflichen Praxis kann dazu beitragen, dieses potentielle Hilfsmittel so zu gestalten, daß es tatsächlich für die berufliche Leistungserbringung nützlich ist, sowie beim Freiberufler eine Motivation und Kompetenz zu entwickeln, die ihn befähigt, den Computer für seine Zwecke einzusetzen und sich nicht stattdessen dem Computer anzupassen. Dies wäre ebenso wie die Gewährleistung der Sicherheit medizinisch-technischer Geräte ein Beitrag zur Sicherung der Qualität der technischen Strukturen.

5.1.5 Die Bedeutung der Sicherung der Strukturqualität für die Qualitätssicherung bei Freien Berufen

Die Sicherung einer für die Berufsausübung angemessenen Qualität der strukturellen Rahmenbedingungen nimmt bei den Freien Berufen im Rahmen der Überlegungen zur Qualitätssicherung den bei weitem größten Raum ein. Dies geht, wie diese Studie zeigt, soweit, daß bei einigen Berufen auch berufsinterne Maßnahmen zur Beurteilung und Kontrolle der beiden übrigen Dimensionen der Leistungsqualität nicht in Erwägung gezogen werden.

Bereits im theoretischen Teil wurde darauf hingewiesen, daß es zwar plausibel ist anzunehmen, daß die Qualität der strukturellen Rahmenbedingunen in einem unmittelbaren Zusammenhang mit der Leistungsqualität insgesamt steht, es wurde jedoch auch festgestellt, daß der empirische Nachweis einer derartigen Wechselbeziehung noch aussteht.

Daraus zu folgern, daß die Richtigkeit dieses Plausibilitätsschlusses grundsätzlich in Frage zu stellen sei, wäre jedoch verfrüht. Als Ursache für die mangelnde empirische Nachweisbarkeit kam wohl vielmehr, daß noch sehr unterentwickelte methodische Instrumentarien zur Messung und Beurteilung der Leistungsqualität in allen ihren Dimensionen angesehen werden. Besonders problematisch ist es gerade bei der Beurteilung der Effizienz der strukturellen Rahmenbedingungen, weil es sich hierbei nicht um monokausale Zusammenhänge handelt, sondern um komplexe in unterschiedlicher Wechselbeziehung zueinanderstehende Variablenbündel, die sich zudem in ihren alternativen Ausprägungen vielfach einer empirischen Beobachtung entziehen. So besteht zumeist lediglich die Möglichkeit zum Aufstellen von Hypothesen über die vermutlichen Zusammenhänge zwischen Strukturparameter und Leistungsqualität anhand eines theoretischen Modells unter Einbeziehung verschiedener exakt definierter Modellannahmen. Auf diese Weise besteht dann zumindest die Möglichkeit, die im Modell getroffenen Annahmen mit der Praxis zu vergleichen.

In der berufspolitischen Diskussion z.B. um die Auswirkungen der sich verändernden Wettbewerbsbedingungen auf die Leistungsqualität wird jedoch im allgemeinen sogar auf die Fundierung der Standpunkte mit derartigen Modellen verzichtet, was dazu führt, daß tatsächlich völlig konträre Behauptungen einander gegenübergestellt werden können, ohne daß eine gesicherte Entscheidung getroffen werden kann, welche der beiden Thesen unter welchen Bedingungen eintreten wird.

Bezogen auf die strukturellen Rahmenbedingungen für die Qualifizierung der Berufsangeh rigen besteht in den einzelnen Freien Berufen in der sachlichen Einschätzung zwar eine größere Einigkeit, jedoch auch das Problem, daß die Beurteilungen und Entscheidungen i.d.R. nicht anhand von empirisch nachgewiesenen Erfordernissen erfolgen, sondern aufgrund von normativen Vorgaben. Dies ist z.B. bei der Ausbildung zu beobachten, deren Inhalt im wesentlichen auf Erfahrungswerten sowie auf Soll-Vorgaben eines theoretischen Berufsbildes aufgebaut ist, da bei den Freien Berufen Berufsfeld- und Tätigkeitsanalysen z.B. über das konkrete Aufgabenspektrum in der Praxis noch weitgehend fehlen.

Dies bedeutet allerdings nicht, daß die in allen hier betrachteten Freien Berufen bis auf die Steuerberater beklagten Ausbildungsmängel vor allem auf diese

Forschungsdefizite zurückzuführen seien. Verantwortlich für die erheblichen Lücken zwischen Ausbildungsangebot und -bedarf dürfte vielmehr in erster Linie die Tatsache sein, daß die Entscheidungen über die Strukturierung im wesentlichen von politischen Institutionen betroffen werden, die der jeweiligen Berufsgruppe zwar ein Anhörungsrecht einräumen, die sich jedoch von übergeordneten politischen und wirtschaftlichen Prämissen leiten lassen, die den Bedürfnissen des Berufsstandes zumindest teilweise konträr sind. Hier wäre jedoch eventuell die Möglichkeit gegeben, daß ein Belegen der Forderungen der Freien Berufe nach Reformen der Ausbildungsbedingungen durch empirische Untersuchungen, eine bessere Argumentationsbasis für die Berufsvertretungen schafft.

Fast noch deutlicher als bei der Ausbildung wird das Problem der mangelnden Sicherheit der Beurteilung bei der Diskussion um die Qualität der Fortbildungsbedingungen. Obwohl die Freien Berufe in der Mehrheit – natürlich – davon ausgehen, daß sowohl das Fortbildungsangebot als auch das Fortbildungsverhalten den Anforderungen gerecht wurde, die im Interesse der Gewährleistung eines annehmbaren Qualitätsniveaus der Berufsausübung an den jeweiligen Freien Beruf gestellt werden (müssen), sollte dies auch aus der Sicht der Freien Berufe selbst keine ausreichende Ausgangsbasis für Überlegungen sein, wie die Fortbildungsbedingungen optimiert werden können, da es sich hier lediglich um eine subjektive Selbstbeurteilung aufgrund persönlicher Erfahrungswerte handelt. Statistiken über den Besuch von Fortbildungsveranstaltungen sind auch in den Augen der Freiberufler selbst kein hinreichender Indikator für die Fortbildungsqualität.

Gerade aber die Fortbildung ist jedoch und wird auch von den Freiberuflern selbst neben der Ausbildung als die wohl wichtigste Qualitätsvoraussetzung im Bereich der Strukturbedingungen angesehen, wobei ihr aus der Sicht der Freien Berufe gegenüber der Ausbildung insofern noch eine größere Relevanz zukommen müßte, als im Gegensatz zur Regelung der Berufseingangsqualifikation die Fortbildung (wie auch die Weiterbildung) eine ausdrückliche Aufgabe der freiberuflichen Selbstverwaltung ist. Berücksichtigt man außerdem die bei fast allen Freien Berufen z.T. bereits jetzt beklagten und für die Zukunft befürchteten Ausbildungsmängel, so kommt man zu dem Schluß, daß die Fort- und Weiterbildung für die Freien Berufe der zentrale Qualitätsparameter der Zukunft sein dürfte. Dies gilt noch mehr, wenn man weiterhin die Widerstände der Berufsvertretungen wie auch der einzelnen Berufsangehörigen gegen etwaige Tätigkeitskontrollen und -reglementierungen in Betracht zieht. Ein durch einen hohen Ausbildungs- und Fortbildungstandard gesichertes angemessenes Qualifikationsniveau wird zwar Reglementierungen und Qualitätskontrollen nicht völlig unnötig machen, zumindest aber auf ein Minimum reduzieren können. Dies erfordert jedoch, daß die Freien Berufe die Qualität ihrer Fortbildung gegenüber der Allgemeinheit nachweisen.

Die erheblichen theoretischen und methodischen Probleme beim Versuch, Zusammenhänge zwischen der Strukturqualität und der Gesamtqualität der Leistung (i.d. Regel gemessen an der Ergebnisqualität) haben dazu geführt, daß zwar in den berufspolitischen Überlegungen die Strukturqualität im Mittelpunkt steht, daß jedoch dort, wo versucht wird, eine Qualitätsforschung zu betreiben, das Hauptaugenmerk auf die Prozeß- und Ergebnisdimension gerichtet wurde, da hier eine unmittelbare Beurteilung der freiberuflichen Handlungen und ihrer Ergebnisse möglich wird.

Schwartz schreibt der Qualitätssicherung über die Struktur sogar prinzipiell nur einen untergeordneten Beitrag zu. „Gerade die relative Stabilität der Strukturen macht diese wenig geeignet für ein kontinuierliches Monitoring dessen, was in der aktuellen Versorgung geschieht. Struktur ist also sowohl ein relativ stumpfes Meßinstrument wie ein schwerfälliges Steuerungsinstrument".[1] Eingriffe würden für die Masse der Berufsangehörigen erst nach Jahren voll wirksam.

Tatsächlich hat sich bei den hier betrachteten Strukturparametern gezeigt, daß auch über das Problem der vielfach fehlenden gesicherten Entscheidungsgrundlagen hinaus, eine Regelung der Strukturbedingungen im Rahmen der Qualitätssicherung teilweise kaum realisierbar ist, da einerseits z.B. bei den durch Berufsgesetze geregelten Fragen direkte Einflußmöglichkeiten der Berufsvertretungen fehlen, andererseits teilweise vehementer berufsinterner oder auch -externer politischer Widerstand eine Umsetzung unmöglich macht.

Dennoch mag eine Vernachlässigung der Strukturkomponente zwar im Hinblick auf die empirische Qualitätsbeurteilung und -kontrolle vertretbar sein, eine effektive Qualitätssteuerung, die immer Folge der Qualitätsanalysen sein sollte, ist ohne Berücksichtigung der Strukturvariablen undenkbar, da in der Mehrzahl der Fälle, wie Untersuchungen in der Medizin zeigten, die beobachteten Fehler neben Qualifikationsmängeln auf die organisatorische Rahmenbedingungen zurückzuführen sind. Aus diesem Grunde kann ein systematisches und umfassendes Qualitätssicherungskonzept trotz der erheblichen methodischen Probleme und trotz der z.T. mangelnden direkten Steuerungsmöglichkeiten durch die freiberufliche Selbstverwaltung auf eine Berücksichtigung der Strukturqualität nicht verzichten.

5.2 Sicherung der Prozeß- und Ergebnisqualität

Während die Strukturqualität nicht das berufliche Handeln selbst, sondern dessen Rahmenbedingungen betrifft, erlaubt die Betrachtung und Steuerung der Prozeßqualität einen unmittelbaren Zugriff auf das letztendlich zur Leistung führende Verhalten; die Ergebnisqualität dagegen mißt das Endergebnis der Leistung, das vielfach mit der Leistungsqualität gleichgesetzt wird, direkt. Auch bei diesen beiden Leistungskomponenten hat sich allerdings gezeigt, daß ein unmittelbarer Zusammenhang empirisch noch nicht nachweisbar ist. Dies ist einerseits darin begründet, daß neben den vom Freiberufler und seinen Mitarbeitern zur Leistungserbringung vollzogenen Tätigkeiten noch weitere, z.T. nicht meßbare, z.T. gar nicht offensichtlich werdende Faktoren den Leistungserfolg mitbestimmen. Andererseits ist auch hier wieder auf das noch mangelhaft entwickelte Instrumentarium zur exakten Messung der beiden Qualitätskomponenten hinzuweisen.

In den meisten Freien Beurfen erfolgt auch heute eine Kontrolle des Leistungsprozesses bzw. des Leistungsergebnisses nur in Ausnahmefällen über Haftpflichtprozesse bzw. Schlichtungsstellen, in Extremfällen in Strafprozessen. Diese Form der Qualitätskontrolle kann jedoch lediglich außergewöhnliche Abweichungen von der „Norm" ahnden, die nachträgliche Überprüfung des Sachverhalts bleibt wegen Mangels an relevanten Informationen trotz z.B. der Dokumentationspflicht der Ärzte vielfach unzureichend. Deshalb sind im Prinzip solche Sanktionsinstanzen zwar geeignet, dem Freiberufler gewisse Grenzen zu setzen, eine Orientierungsgröße für die berufliche Praxis sind sie, wie aus den Expertengesprächen in unserer Untersuchung deutlich wurde, jedoch nicht.

Weitere Sanktionsmechanismen betreffen die Einhaltung der Regeln, die bestimmen, welches Verhalten „berufswürdig" bzw. „berufsunwürdig" ist. Kontroll- und Sanktionsinstanzen sind hier die Kammern und Berufsgerichte, die Verstösse gegen die Berufsordnungen ahnden. Auch hier werden lediglich gröbere Abweichungen behandelt, wobei nicht die direkte Beurteilung der Leistungsqualität, sondern das Verhalten des Berufsangehörigen im Vergleich zu den vom Berufsstand gesetzten Grenzen im Mittelpunkt steht. Auch hier geht es im wesentlichen eher darum, Abweichungen von diesen Rahmenrichtlinien zu sanktionieren. Indirekte Effekte für die Leistungsqualität ergeben sich dadurch, daß zumindest ein Teil dieser Richtlinien für das berufliche Verhalten auch die Voraussetzung für eine hohe Qualität der Berufsausübung darstellt.

Zwar werden bei den Freien Berufen z.B. bei den Ärzten durch kassenärztliche Vereinigungen, bei den Rechtsanwälten durch die Gerichte oder bei den Architekten und Beratenden Ingenieuren durch die Baubehörden gewisse Formen der Kontrolle praktiziert, es handelt sich jedoch auch hierbei um wenig systematische Überprüfungen ohne direkte Auswirkungen auf den Freiberufler selbst. Kollegiale Kontrollen sind durch die standesrechtliche Kollegialitätspflicht so gut wie ausgeschlossen.

Insgesamt hat das dazu geführt, daß ebenso wie bei der Strukturqualität kaum gesichertes Wissen über die Qualität der Handlungsabläufe und über den tatsächlichen Leistungserfolg zur Verfügung steht. I.d.R. wird davon ausgegangen, daß der Freiberufler selbst in eigener Verantwortung nach einer möglichst hohen Qualität strebt.

Der Grund für diese Defizite liegt zum einen darin, daß etwaige Maßnahmen zur Qualitätsbeurteilung von der Mehrheit der Freiberufler als Eingriff in die

Freiheit der Berufsausübung aufgefaßt wird. Zum anderen sind die meisten Freien Berufe immer noch der Auffassung verhaftet, freiberufliche Tätigkeiten als persönliche, individuelle und geistige Leistungen entzögen sich jeglicher Normierung und Kontrolle. Dieser Standpunkt wurde vor allem von den Interviewpartnern über Rechtsanwälte sowie Architekten und Beratende Ingenieure deutlich.

Empirische Analysen bei den Ärzten haben jedoch gezeigt, daß hinsichtlich der Qualität der einzelnen Leistungen durchaus erhebliche Unterschiede zwischen den Berufsangehörigen bestehen und sich hier wesentliche Möglichkeiten und Notwendigkeiten zur Qualitätsverbesserung abzeichnen. Auch machen sie deutlich, daß es – zwar nicht bei allen Leistungsarten in gleicher Form – durchaus möglich ist, durch Zergliederung der Gesamtleistung in einzelne Leistungsschritte gewisse Ansätze zur Standardisierung und Beurteilung zu finden.

Deutlich wurde gerade am Beispiel der medizinischen Qualitätsforschung auch, daß Entscheidungen über die Gestaltung der Strukturvariablen ohne das Feedback zur Prozeß- und Ergebnisqualität ohne ausreichende Informationsbasis erfolgen. Qualitätssichernde Eingriffe in die berufliche Tätigkeit, so die Erkenntnisse der medizinischen Qualitätsforschung, haben nur eine Berechtigung und einen Wert, wenn sie sich in einer tatsächlichen Verbesserung der Leistungsqualität, in diesem Fall der medizinischen Versorgung niederschlagen.

Ohne Qualitätsbeurteilungen und -kontrollen können jedoch weder Defizite in der beruflichen Praxis gezielt aufgefunden noch der Erfolg der zur Qualitätssteuerung ergriffenen Maßnahmen überprüft werden.

Qualitätssicherungskonzepte auch in Freien Berufen, die auf eine empirisch-analytische Überprüfung ihrer Leistungsqualität verzichten, reduzieren die Anstrengungen auf jenen Aspekt der Leistungsqualität, der vom letztendlichen Leistungserfolg am weitesten entfernt ist.

Die Forderung nach Qualitätsanalysen des Prozesses oder Ergebnisses beinhaltet dabei nicht notgedrungen die Forderung nach einem ständigen Leistungsüberprüfungen ausgesetzten Freiberufler, sondern zielt darauf ab, zunächst in den einzelnen Freien Berufen explorative Studien über die im Rahmen der Berufsausübung stattfindenden Handlungsabläufe und die sie bestimmenden Faktoren durchzuführen, um erste Anhaltspunkte über die grundsätzlichen Möglichkeiten und Erfordernisse zu weiteren qualitätssichernden Anstrengungen zu erhalten. Hier bestehen bei den Freien Berufen mit Ausnahme der Ärzte und Zahnärzte erhebliche Defizite, die sich allerdings nicht nur auf die Empirie beziehen, sondern auch auf die Akzeptanz derartiger Maßnahmen.

5.3 Die Bedeutung der Freiberuflichen Selbstverwaltung für die Qualitätssicherung

Zwar ist der einzelne Freiberufler für die Qualität der von ihm erbrachten Leistungen prinzipiell selbst verantwortlich, die kollektive Leistungsqualität des gesamten Berufsstandes liegt jedoch im Verantwortungsbereich der jeweiligen Selbstverwaltung. Die Funktionen, die die berufliche Selbstverwaltung in Form von öffentlich-rechtlichen Körperschaften dabei ausübt, sind vielfältig und seien hier nochmals in Kürze zusammengefaßt:

– Die Berufsgesetze regeln zwar die grundsätzlichen Pflichten und Rahmenbedingungen der Berufsausübung, die Entwicklung einer darauf aufbauenden und sie konkretisierenden Berufsordnung ist jedoch Sache der Kammern. Die von ihnen auf dieser Basis konzipierten standesrechtlichen Richtlinien setzen den Rahmen für das berufliche Handeln der Mitglieder, der für eine den Anforderungen entsprechende Leistungserfüllung notwendig scheint.

– Den Kammern ist in den Berufsgesetzen neben der Belehrung ihrer Mitglieder über die Berufspflichten auch die Überwachung der Einhaltung dieser Normen als Aufgabe zugesprochen. Dieser Funktion kommen sie zum einen durch eigene Schieds- und Schlichtungstätigkeiten nach oder durch ihre Beteiligung an den Berufsgerichten, z.B. durch Benennung der Mitglieder des Gerichts.

– Die Ausbildung der Freiberufler ist zwar bei den hier betrachteten Freien Berufen durch Bundes- oder Landesrecht geregelt, die Weiterbildung und Fortbildung liegen dagegen in der Verantwortung der Selbstverwaltung, wobei die Kammern zur Sorge um die Fortbildung im allgemeinen ausdrücklich verpflichtet sind.

– Aufgabe der Kammern ist laut den Berufsgesetzen die Verbreitung der Interessen ihres Berufsstandes. Die Berufsvertretungen haben sich demnach bei allen für den Berufsstand relevanten politischen Entscheidungen zu Wort zu melden und die Belange ihrer Mitglieder zu Gehör zu bringen. Dies betrifft z.B. auch Regelungen der Ausbildung oder die Aufstellung von Gebührenordnungen.

– Die Kammern haben die rechtliche und fachliche Kompetenz Qualitätssicherungsanalysen und -kontrollen durchzuführen. .pa

Zusammenfassend ist festzuhalten, daß die Kammern von den Berufsgesetzen zwar nicht ausdrücklich mit der Qualitätssicherung betraut wurden, daß sich jedoch aus den ihnen zugeschriebenen Funktionen die Verpflichtung zur Qualitätssicherung zwingend ergibt.

5.4 Allgemeine Thesen zur Qualitätssicherung in den Freien Berufen

Die Tätigkeitsinhalte und die Rahmenbedingungen sind in den einzelnen Freien Berufen derart unterschiedlich, daß die Entwicklung einer einheitlichen, für alle Freien Berufe geltenden Strategie zur Qualitätssicherung nicht möglich scheint. Am Beispiel der Ärzte zeigte sich, wie problematisch sich die Entscheidungsfindung bereits innerhalb einer, wenn auch relativ differenzierten Berufsgruppe darstellt. Es ist deshalb notwendig, daß jede Berufsgruppe die für sie erforderlichen Schritte und Maßnahmen unter Berücksichtigung ihrer speziellen gesellschaftlichen Funktionen und berufsspezifischen Ausgangsbedingungen selbst konzipiert.

Einige allgemeine Kriterien für die Qualitätssicherung in Freien Berufen lassen sich dennoch zusammenstellen:

- Qualitätssicherung ist nach Auffassung der Freien Berufe selbst ausschließlich eine Sache der freiberuflichen Selbstverwaltung. Dieses Prinzip sollte solange beibehalten werden, wie diese Selbstkontrolle einen ausreichenden Qualitätsstandard gewährleistet.

- Die konkrete inhaltliche Ausprägung des Qualitätssicherungkonzepts kann nur in enger Anlehnung an die spezifische Aufgaben und Tätigkeitsinhalte des Berufs erfolgen.

- Die wachsenden Anforderungen an die Leistungsqualität, aber auch das verbesserte sozialwissenschaftliche Forschungsinstrumentarium, vor allem aber die Notwendigkeit, die Maßnahmen zur Qualitätssicherung auf eine ausreichend gesicherte Entscheidungsbasis zu stellen, erfordern ein systematisches Vorgehen.

- Die Maßnahmen zur Qualitätssicherung dürfen sich nicht allein auf die Strukturvariablen beziehen, sondern müssen, um wirklich das genannte Spektrum der Leistungsqualität zu erfassen, auch den beruflichen Handlungsprozeß sowie das Leistungsergebnis berücksichtigen.

- Die Beurteilung und Beeinflussung setzt das Aufstellen von Qualitätsstandards als Maßstäbe voraus. Diese sollten so weit wie möglich empirisch gewonnen werden.

- Qualitätsbeurteilungen sollten sich primär auf empirische Analysen der tatsächlichen Leistungen stützen und weniger auf Erfahrungswerte oder subjektive Beobachtungen.

- Maßnahmen zur Qualitätssteuerung sollten durch gesicherte Kenntnisse über die Qualitätsmängel und ihre Fehler begründet sein. Fehlen diese Kenntnisse, so sollten sie durch Berufsanalysen gewonnen werden.

- Zur Berücksichtigung der Effizienz der eingeleiteten Maßnahmen ist eine spätere Kontrolle durch eine erneute Beurteilung der Qualität unerläßlich.

Auch bei Maßnahmen zur Steuerung der Strukturqualität muß die effektive Verbesserung des Leistungsprozesses und -ergebnisses der Maßstab für die Beurteilung des Erfolgs sein.

- Die sich wandelnden gesellschaftlichen Bedürfnisse sowie die fortschreitende Ausweitung und Differenzierung der beruflichen Aufgaben und der ihnen zugrundeliegenden Kenntnisse und Fertigkeiten machen permanente Anstrengungen zur Qualitätssicherung erforderlich.

Von diesem normativen Konzept, dessen Realisierbarkeit durch die Ärzte bereits ansatzweise dokumentiert wurde, ist die Wirklichkeit in den Freien Berufen jedoch, wie diese Untesuchung zeigt, noch weit entfernt. Bis auf die Ärzte beschränken sich alle hier behandelten Freien Berufe bislang noch auf die Sicherung der Strukturqualität. Tätigkeitsanalysen als Grundlage für weitere Entscheidungen und Maßnahmen fehlen so gut wie völlig. .pa

Im Rahmen der Sicherung der Strukturqualität lassen sich wiederum einige allgemeine Kriterien für die Qualitätssicherung aufstellen, da hier die grundlegende Strategie der Freien Berufe ungeachtet der Unterschiede in der konkreten Umsetzung relativ gleich ist:

- Das Berufs- und Standesrecht mit seinen Vorschriften über Berufspflichten und berufliches Verhalten gilt als allgemeiner Rahmen der Qualitätssicherung. Die Vorstellungen darüber, wie die einzelnen Richtlinien abgefaßt sein sollen, gehen jedoch weit auseinander. Erinnert sei an dieser Stelle nur an die möglichen Rechtsformen beruflicher Kooperation.

- Zentraler Faktor der Qualitätssicherung ist die Qualifikation des Freiberuflers. Nur eine optimale Aus-, Weiter- und Fortbildung gewährleistet, daß der Berufsausübende, der im allgemeinen in seiner späteren Berufstätigkeit kaum mehr Kontrollen ausgesetzt ist, tatsächlich in der Lage ist, die ihm gestellten Aufgaben selbständig und fachgerecht zu lösen. Die Ausbildungskonzepte sind bei den einzelnen Freien Berufen relativ unterschiedlich.

- Wettbewerb gilt grundsätzlich als qualitätsfördernd. Das Bestreben der Freien Berufe ist jedoch darauf ausgerichtet, wirtschaftlichen Wettbewerb und Werbung weitgehend auszuschalten. Wie weit dies tatsächlich notwendig ist, muß ebenfalls am konkreten Fall entschieden werden.

- Berufsspezifische fachliche Zugangsbeschränkungen dienen der Sicherung der allgemeinen Leistungsqualität im Beruf. Bedarfsorientierte Reglementierungen sind im allgemeinen nicht mit der Freiheit der Berufswahl vereinbar. Sofern mit einer Überfüllung des Berufs jedoch qualitätsmindernde Auswirkungen verbunden sind, sind bedarfsbezogene Zulassungskriterien vertretbar. Auch hier muß die berufsspezifische Situation geprüft werden.

- Einschränkungen der rechtlichen Regelungen der Berufsausübung sollten nur erfolgen, wenn nachweislich die Qualität der Berufsausübung nicht durch andere Regelungen geschützt werden kann. Hier bestehen bei den einzelnen Freien Berufen erhebliche Unterschiede in der standesrechtlichen Toleranz der verschiedenen Rechtsformen der Kooperation.

– Die Kammern sollten der Einführung von rationalisierenden Maßnahmen, vor allem der EDV, verstärkte Aufmerksamkeit widmen. Das Beispiel der Steuerberater zeigt, daß so am ehesten gewährleistet ist, daß die Entwicklung dem Bedarf der Berufsgruppe entsprechend verläuft.

6. Ausblick

Die Ergebnisse der Studie haben gezeigt, daß bei allen hier betrachteten Freien Berufen, wenn auch in mehr oder weniger starkem Ausmaß, Defizite hinsichtlich der Qualität der Berufsausübung bestehen bzw. durch die sich verschärfende Konkurrenzsituation für die Zukunft zu erwarten sind. Es hat sich aber auch gezeigt, daß die Einstellungen der Berufsvertretungen der einzelnen Freien Berufe hierzu eine erhebliche Spannbreite aufweisen, wobei den Ärzten mit ihrem zunehmenden Bemühen um empirische Qualitätsanalysen auch im Prozeß- und Ergebnisbereich andere Freie Berufe gegenüberstehen, die jegliche Ansätze zur Standardisierung und Messung ihrer beruflichen Leistungen als nicht realisierbar und ausnutzbar abwehren.

Hier wird deutlich, daß Qualitätssicherung in Freien Berufen vor allem auch ein Akzeptanzproblem ist: Traditionelle Berufsideologien verhindern weitgehend eine sachliche Auseinandersetzung sowohl mit den Notwendigkeiten als auch mit den Mögichkeiten einer Beurteilung und Messung der Leistungsqualität. Qualitätsanalyse, dies wurde in den Interviews deutlich, wird hier vielfach mit Kontrolle gleichgesetzt und provoziert damit fast automatisch Widerstand nicht nur bei den einzelnen Freiberuflern, sondern auch bei den Berufsvertretungen. Sogar bei einem Teil der Ärzte, bei denen Qualitätsanalysen bereits mit Erfolg praktiziert werden und bei denen sich gezeigt hat, daß es hier zu wertvollen Informationsgewinnen auch aus der Sicht der einzelnen Berufsangehörigen kommt, wurden derartige Restriktionen noch deutlich.

Auch die Freien Berufe sollten sich jedoch klar machen, daß Qualitätssicherung in der Zukunft, sowohl in Konkurrenz mit externen Berufsgruppen als auch gegenüber staatlichem Druck z.B. im Rahmen der Kostendämpfungspolitik zu einem wesentlichen Wettbewerbs- bzw. Argumentationsfaktor werden kann.

Auf der anderen Seite ist Qualitätssicherung derzeit vor allem auch noch ein methodisches Problem. In nahezu allen Bereichen fehlen grundlegende Informationen, sowohl hinsichtlich des tatsächlichen Qualitätsstandards gemessen an den Möglichkeiten, die der Beruf bietet und an den an den Beruf gestellten Erwartungen, als auch über die Ursachen von Qualitätssteuerung zugrundezulegenden Wirkungszuammenhängen. Obwohl auch die Ärzte hier bereits erste Ansätze verwirklicht haben, können aufgrund der vorliegenden Gesprächsergebnisse für alle Freien Berufe folgende allgemeinen Untersuchungsthemen als zentrale Fragestellungen abgeleitet werden:

- Die Durchführung empirischer Berufsfeld- und Tätigkeitsanalysen als Grundlage für die Beurteilung der Leistungsqualität sowie für die Klärung der Frage, ob und wenn ja, in welchen Bereichen der beruflichen Tätigkeit eventuelle Standardisierungen möglich sind. Wichtige Themen sind hier neben der Analyse der bei der beruflichen Tätigkeit ablaufenden Prozesse und der Messung der Leistungseffizienz vor allem die Erforschung der Angemessenheit der Aus-, Weiter- und Fortbildungsformen in den Freien Berufen.

- Die Durchführung von empirischen Analysen und vergleichenden Untersuchungen, um Erkenntnisse über die Wechselwirkungen zwischen beruflichen Rahmenbedingungen und der Qualität der Leistungserbringung. Wesentliche Themen sind hier die Bedeutung der Wettbewerbsregelungen und der Konkurrenzentwicklung sowie die Auswirkungen der Vergütungsformen auf die Struktur und Qualität der Berufsausübung.

Erst wenn in diesen Bereichen gesicherte Erkenntnisse vorliegen und in entsprechende Strategien umgesetzt sind, kann von einer effektiven Qualitätssicherung in den Freien Berufen gesprochen werden bzw. stehen ausreichende Indikatoren zur Verfügung, um den Stand der Qualitätssicherung letztlich beurteilen zu können.

LITERATURVERZEICHNIS

Literatur mit Verfassungsangabe

Adel, J. (1983):
CAD-Anwendung im konstruktiven Ingenieursbau
in: Beratende Ingenieure H. 10, S. 14-18

Akerlof, G.A. (1970):
The Market of „Lemmons": Qualitative Uncertaincy and Market Mechanism
in: Quarterly Journal of Economies 84, S. 488-500

Amerongen, O.W. (1982):
Ingenieure aktualisieren ständig ihre Kenntnisse
in: VDI-Nachrichten v. 29.10.82

Ammon, H. (1982):
Apotheker sind wichtige „Weichensteller"
in: Deutsches Ärzteblatt 36/1982, S. 53 f

Arlt, M./Langfeldt-Nagel, M. (1986):
Eignungsdiagnostik und Beratung zum Architekturstudium
in: Deutsches Architektenblatt H., S. 47-50

Arnold, H. (1984):
Wer tüchtig büffelt

Auditing Statements Board der UEC (1979):
Empfehlung Nr. 6 (=ASB6): Gewährleistung und Verbesserung der Prüfungsqualität –
Quality Control
in: Die Wirtschaftsprüfung 17/1979, S. 479-482

Bauernfeind, U. (1985):
Von der Teillösung zum Gesamtkonzept
in: Beratende Ingenieure, H. 10, S. 24-28

Bayerische Staatsregierung (1985):
Antwort der Bayerischen Staatsregierung auf eine Anfrage zum Begriff des Ausnahme-
falls in der HOAI
Landtagsdrucksache 10/7818 v. 6.9.1985

Bayerisches Staatsministerium der Justiz (1984):
Bericht über die Zahl der Rechtsanwälte in Bayern und die Berufsaussichten junger
Juristen – Rechtsanwaltszahl in Bayern um 81 % gestiegen.
in: BRAK-Mitt. H. 2, S. 68-70

Becker, P. (1985):
Hoch aufgetürmt sind die Barrieren vor dem Arztberuf
in: Frankfurter Rundschau v. 17.1.

Berlin, H. (1985):
Bewerbung zum Medizinstudium: Das neue Zulassungsverfahren
in: Deutsches Ärzteblatt, H. 15, S. 1057

Berg, D. (1984):
Möglichkeiten und Grenzen der Qualitätssicherung in der Bayerischen Perinatal-
Erhebung
in: Selbmann, H.K. (Hrsg.) (1984), S. 85-90

Bischoff, W. (1978):
Zuständigkeit, Aufgabenbereich und Arbeitsweise der ärztlichen Schlichtungsstelle
in: Bayerisches Ärzteblatt, H. 1, S. 41-44

Blatt, H. (1985):
Fachübergreifende Gemeinschaftspraxis
in: Der Allgemeinarzt, H. 14, S. 988 f

Böhm, C. (1971):
Praxisbezogene Fortbildung des niedergelassenen Arztes
in: Verband der niedergelassene Ärzte Deutschlands e.V. (NAV) (1971), S. 9 ff.

Bohl, W. (1986):
Der Jahresabschluß nach dem neuen Recht
in: Die Wirtschaftsprüfung, H. 2, S. 29-36

Borggreve, H. (1982):
Soziierungsgrundsätze der freien Beraterberufe
in: Die Steuerberatung, H. 10, S. 278-288

Borgmann, B./Haug, K.H. (1979):
Anwaltspflichten – Anwaltshaftung. Ein Handbuch für die Praxis
Frankfurt/Main

Brandi, J. (1980):
Die Zunkunft gehört auch kleinen Spezialistenbüros
in: Beratende Ingenieure, H. 3, S. 38 f

Brangsch, H. (1980):
Spezialisierung und Werbung im Bereich des Anwaltsberufs
in: Neue Juristische Wochenschrift, H. 34, S. 1817-1822

Bredow, J./Döpfner, O.C (o.J.):
Gedanken zur Architektenausbildung
Bonn

Brehm, R.G. (1980):
Auswahlgespräche bei den Beteiligten umstritten
in: Ärzte Zeitung v. 11.11., S. 19

Breinersdorfer, A.W. (1985):
Bewerbung zum Medizinstudium: Kritik des neuen Zulassungsverfahrens
in: Deutsches Ärzteblatt, H. 37, S. 2613-2614

Brenner, G. (1978):
Mehr Technik bei jüngeren Ärzten
in: Der praktische Arzt, H. 23/24, S. 2704-2709

Brenner, G. (1979):
Erhebliches Gefälle bei den Sacheinrichtungen
in: Arzt und Wirtschaft, H. 22, S. 48-59

Brinkmann, E.P. (1985):
Das Qualitäts- und Leistungspotential im eigenen Unternehmen mobilisieren
in: Handelsblatt vom 29.1.

Brönner, H. (1980):
Perspektiven unseres Berufs an der Schwelle der 80er Jahre
in: Die Wirtschaftsprüfung, H. 5, S. 124

Brockdorff, U. Gräfin (1985):
Niederlassungsfreiheit heißt auch Unternehmensrisiko
in: Ärztliche Praxis v. 4.5., S. 1649 f

Brook, R.H. et al. (1973):
Quality-of-Care Assessment: Choosing a Method for Peer Review
in: New English Journal of Medicine, H. 282, S. 904 ff

Brown, C.R./Fleischer, D.S. (1971):
The Bi-Cycle Concept-Relating Continuing Education Directly to Care
in: New English Journal of Medicine, H. 284., S. 88-97

Bues, M. (1983):
Möglichkeiten und Grenzen der Bürocomputer
in: DSWR (Datenverarbeitung, Steuer, Wirtschaft, Recht), Sonderheft 2, S. 147-150

Büschges, G. (1985):
Voraussetzungen, Möglichkeiten und Grenzen der Qualitätssicherung in den Freien
Berufen: Zusammenfassung
in: Institut für Freie Berufe (Hrsg.) (1985), S. 192-197

Bund Deutscher Architekten BDA (Hrsg.) (1972):
Bundessekretariat Arbeitsbericht 1.1.1970 bis 31.12.1971
in: Der Architekt 2/1972, S. 67

Bund Deutscher Architekten BDA (Hrsg.) (1979):
Freischaffende Architekten, ein unverzichtbares Element der Demokratie
Bonn

Bund Deutscher Architekten BDA (Hrsg.) (1982):
Leitfaden zur Architektenausbildung
Bonn

Bund Deutscher Architekten BDA (1983):
Eignungstest für Architekturstudenten (Pressemitteilung vom August 1983)
in: Der Architekt, H. 10, S. 461

Bund Deutscher Architekten BDA (Hrsg.) (1984):
BDA Handbuch 1984/85
Hamburg/Bonn

Bund Deutscher Architekten BDA (Hrsg.) (1985):
Architektur Informationsschrift für Studienanfänger
Bonn

Bundesärztekammer (1979):
Tätigkeitsbericht '79
Köln – Lövenich

Bundesärztekammer (1981):
Tätigkeitsbericht '81
Köln – Lövenich

Bundesärztekammer (1983):
Tätigkeitsbericht '83
Köln – Lövenich

Bundesärztekammer (1984):
Tätigkeitsbericht '84
Köln – Lövenich

Bundesärztekammer (1985a):
Berufsordnung für die deutschen Ärzte
in: Deutsches Ärzteblatt, H. 45, S. 3371-3375

Bundesärztekammer (Hrsg.) (1985b):
Stenografische Wortberichte des 88. Deutschen Ärztetages vom 14. bis 18. Mai 1985 in
Lübeck-Travemünde

Bundesärztekammer (Hrsg.) (1985c):
Tätigkeitsbericht '85
Köln – Lövenich

Bundesanstalt für Arbeit (1983):
Blätter zur Berufskunde, Band 3, Architekt/Architektin
Bielefeld

Bundesarchitektenkammer (Hrsg.) (1979):
Architektenausbildung aus der Sicht der Berufspraxis
Bonn

Bundesminister für Arbeit und Sozialordnung (Hrsg.) (1980):
Untersuchung der Zusammenhänge zwischen Umfang/Struktur des ambulanten ärzt-
lichen Leistungsvolumens und der Arztdichte – eine empirische Untersuchung im
Auftrage des Bundesministeriums für Arbeit und Sozialordung
Bonn

Bundesminister für Arbeit und Sozialordnung (Hrsg.) (1981a):
Effektivitätsmessung und Qualitätsbeurteilung im Gesundheitswesen
Bonn

Bundesminister für Arbeit und Sozialordnung (Hrsg.) (1981b):
Entwicklung des Bedarfs und des Angebots an Apothekern und pharmazeutischem
Personal, Gesundheitsforschung, Bd. 81,
Bonn

Bundesminister für Bildung und Wissenschaft (Hrsg.) (1974):
Hochschulabsolventen im Beruf Bd. 1, Ausbildungsbedarf der Mediziner bis zum
Jahr 2000
Koblenz

Bundesminister für Bildung und Wissenschaft (Hrsg.) (1975a):
Hochschulabsolventen im Beruf Bd. 2, Bedarf und Angebot an Ingenieuren und
Naturwissenschaftlern in der Bundesrepublik Deutschland bis 1990
Köln

Bundesminister für Bildung und Wissenschaft (Hrsg.) (1975b):
Hochschulabsolventen im Beruf Bd. 3, Beschäftigungslage und Berufsaussichten für
Wirtschaftswissenschaftler – Juristen – Sozialwissenschaftler 1961 bis 1990
Augsburg

Bundesminister für Bildung und Wissenschaft (Hrsg.) (1976):
Hochschulabsolventen im Beruf Bd. 6, Voraussichtliche Entwicklung des Angebots
und Bedarfs an Pharmazeuten unter Einbeziehung der pharmazeutischen Hilfsberufe
zum Jahr 2000
Hagen

Bundesminister für Jugend, Familie und Gesundheit (1979):
Bericht über die Arbeit der „Kleinen Kommission zu Fragen der ärztlichen Ausbildung
und der künftigen Entwicklung im Bereich des ärztlichen Berufsstandes" im Beratungs-
zeitraum vom 20. Februar 1979 bis zum 18. September 1979
Bonn

Bundesministerium für Jugen, Familie und Gesundheit (1980):
Bericht über die Arbeit der „Kleinen Kommission zu Fragen der ärztlichen Ausbildung
und der künftigen Entwicklung im Bereich des ärztlichen Berufsstandes" im Beratungs-
zeitraum vom 29. Januar 1980 bis zum 12. August 1980
Bonn

Bundesrechtsanwaltskammer (1984):
Nullreform der Juristenausbildung, Presseerklärung der BRAK vom 9.4.1984
in: BRAK-Mitteilungen, H. 2, S. 68

Bundessteuerberaterkammer (1985):
Anforderungsprofil des Steuerberaters (Empfehlungen zur theoretischen und praktischen Grundausbildung)
in: Deutsches Steuerrecht v. 6.12., Beiheft zum H. 23

Bundesverband der Freien Berufe BFB (Hrsg.) (1986):
Nachwuchsdruck in den Freien Berufen
Bonn

Bundesvereinigung Deutscher Apothekerverbände (Hrsg.) (1984):
ABDA-Bericht 1983/84
Frankfurt a.M.

Bundesvereinigung Deutscher Apotherverbände (Hrsg.) (1985a):
Informationstätigkeit des Apothekers, Zukunft des Apothekerberufs, Regelungen im
Arzneimittelmarkt – Einflüsse auf den Apothekerberuf (Apotheken-Report 27)
Frankfurt/M.

Bundesvereinigung Deutscher Apothekerverbände (Hrsg.) (1985b):
ABDA-Bericht 1984/85
Frankfurt/M.

Caemmerer, E.v./Jeschek, H.-H. (1982):
Anwaltsberuf im Wandel
Frankfurt/M.

Clade, H. (1984):
Ausbildungsreformpläne keine Ideallösung
in: Deutsches Ärzteblatt, H. 24, S. 1924-1928

Clade, H. (1985):
Befristete Arbeitsverträge sind indiskutabel
in: Deutsches Ärzteblatt, H. 50, S. 3753-3754

Clark, M.R./MacIntyre, K.A. (1978):
Patient case appraisal as a guide for the design of continuing medical education: 10
year's experience in the Maritime provinces
in: Can. Med. Assoc. J., S. 131-138

Clute, K.F. (1963):
General practitioner: Study of medical education on practise in Ontario and Nova
Scotia
Toronto

Commicheau, G. (o.J.):
Fortbildung in der Praxis: Konzepte – kritische Rückschau – Perspektiven. Referat
anläßlich eines Seminars der Rechtsanwaltskammer für den OLG-Bezirk München
vom 16. – 18.11.1984 in Tutzing
in: Rechtsanwaltskammer für den Oberlandesgerichtsbezirk München, o.J. S. 74-83,
112-114 und S. 172

Conen, D. (1984):
Die Qualität ärztlicher Leistungen
Bern/Stuttgart/Wien

Conradt, M. (1985):
Auch der Patient gewinnt
in: Hamburger Abendblatt v. 19. 10.

Deilmann, Th. (1984):
EDV im Architekturbüro
in: Der Architekt, H. 102

Deneke, J.F.V. (1956):
Die freien Berufe
Stuttgart

Deneke, J.F.V. (1982):
Die Bedeutung der Qualitätssicherung für das ärztliche Handeln. Definition und
Thesen (unveröff. Referat zur Einleitung der 2. Intern. Arbeitstagung „Sicherung der
Qualität ärztlichen Handelns" am 23. September 1982 in München)

Deneke, J.F.V. (1985):
Grundlagen, Möglichkeiten und Grenzen der Qualitätssicherung in den Freien Berufen: Einführung
in: Institut für Freie Berufe (Hrsg.) (1985), S. 101-112

Deutscher Ärztetag (1983):
Entschließungen des 86. deutschen Ärztetages
in: Deutsches Ärzteblatt, H. 21, S. 51-58

Deutscher Bundestag (1982):
Lage der im Bauwesen tätigen freien Berufe – (VD) (Antwort der Bundesregierung auf
eine kleine Anfrage)
BT-Drucksache 9/1596 v. 26.4.1982

Deutscher Bundestag (1985a):
Leistungsfähigkeit des Gesundheitswesens und Qualität der gesundheitlichen Versor-
gung der Bevölkerung
BT-Drucksache 10/3374 vom 22.5.1985

Deutscher Bundestag (1985b):
Entwurf eines Fünften Gesetzes zur Änderung der Bundesärzteordnung
BT-Drucksache 10/3559 v. 25.6.1985

Deutsches Krankenhaus-Institut (1981):
Effektivitätsmessung und Qualitätsbeurteilung im Gesundheitswesen – Auszug
Düsseldorf

Deutscher Steuerberaterverband e.V. (1985):
Steuerberater-Handbuch 1985
Bonn

Donabedian, A. (1966):
Evaluating the Quality of Medical Care
in: Milbank Mem. F.Q. 44, S. 66-206

Donabedian, A. (1969):
Medical Care Appraisal – Quality and Utilisation. A Guide to Medical Care Administra-
tion Vol. II, N.Y. American Public Health Organisation

Donabedian, A. (1979):
An Exploration of Structure, Process and Outcome as Approaches to Quality Assessment. Interpersonal Working Conference of the Robert-Bosch-Foundation
Ludwigsburg

Eckert, L. (1982):
Berufskompendium für Steuerberater, Wirtschaftsprüfer, Rechtsanwälte. Recht der Steuerberatung – Recht der Wirtschaftsprüfung – Recht der Rechtsberatung – Gebührenrecht – Kostenrecht
München

Eckert, L./Böttcher, H.G. (1982):
Steuerberatergebührenordnung mit steuerlichem Kostenrecht
München

Eimeren, W. van (1977):
Qualitätskontrolle in der Medizin
in: Münchner Medizinische Wochenschrift, H. 45, S. 1447

Eimeren, W. van (1978a):
Gesundheitsindices – Probleme und Aufgaben
in: ders. (Hrsg.) (1978b), S. 134-144

Eimeren, W. van (1978b):
Perspektiven der Gesundheitssystemforschung
Berlin/Heidelberg/New York

Einecke, G. (1983):
Computer im Architekturbüro
in: Deutsche Bauzeitung, H. 3, S. 64-73

Endriss, W. (1977):
Der Beruf des Steuerberaters und des Steuerbevollmächtigten
Herne/Berlin

Etmer, F./Lundt, P.v./Schiwy, P. (1982):
Bundesärzteordnung und das Recht der übrigen Heilberufe mit Approbations-und Berufsordnungen, Kassenarztrecht, dem Recht der Kammern und Berufsgerichtsbarkeit (Stand 15. Oktober 1981)
Percha

Fehr, H. (1985):
Qualitätsbewußtsein kann sogar Kontrollen überflüssig machen
in: Handelsblatt vom 18.2.

Ferber, Chr.v./Reinhard, W.E./Schaefer, H./Thiemeyer, Th. (Hrsg.) (1985):
Kosten und Effizienz im Gesundheitswesen
München

Fiedler, E. (1985):
Medizinerschwemme und Ärzteausbildung aus der Sicht der Kassenärzteschaft
in: Mensch Medizin Gesellschaft, H. 10, S. 4-9

Fischer, M. (1979):
Zum neuen Selbverständnis des Steuerberaters
in: Die Steuerberatung, H. 10, S. 222 f

Fischer, J. (1985):
Apothekenwerbung: Den Vorstellungen einer kleinen Minderheit nicht nachgeben
in: Deutsche Apotheker Zeitung, H. 22, S. 1120-1123

Flatten, G. (1981):
Aspekte der Qualitätssicherung innerhalb der kassenärztlichen Wirtschaftlichkeitsprüfung
in: Schwarz/Selbmann (Hrsg.) (1981), S. 25-30

Forschungsinstitut für die Zahnärztliche Versorgung (Hrsg.) (1985):
Zahnärztliche Versorgungsstrukturen im Jahre 2000
Köln

Fröhlich, W. (1985):
Ingenieure: Zwang zur Weiterbildung
in: VDI-Nachrichten v. 8.11.

Gärtner, H.J. (1986):
Werbung kann teuer werden
in: Status, H. 3, S. 24-27

Guthoff, J. (1983):
Rechnergestütztes Planen, Entwerfen und Konstatieren
in: Deutsches Architektenblatt, H. 4, S. 347-348

Gebler, H. (1985):
Aus- und Weiterbildung und neue Berufsfelder des Apothekers
in: Bundesvereinigung Deutscher Apothekerverbände (Hrsg.) (1985a), S. 21-25

Gellner, E. (o.J.):
Berufs- und verfassungsrechtliche Möglichkeiten und Grenzen der Qualitätssicherung,
Referat anläßlich eines Seminars der Rechtsanwaltskammer für den OLG-Bezirk
München vom 16.-18.11.1984 in Tutzing
in: Rechtsanwaltskammer für den Oberlandesgerichtsbezirk München, o.J., S. 148-171

Gellner, U. (1986):
Das Überangebot von Akademikern auch der Sicht der rechtsberatenden Berufe
in: Bundesverband der Freien Berufe (1986), S. 25-40

Geißler, U. (1978):
Die zukünftige Entwicklung des Angebots an Ärzten und Zahnärzten und einige
Konsequenzen für die Vergütungspolitik
in: Soziale Sicherheit, H. 12, S. 353-359

Gertmann, P.M. et al. (1980):
Selon Opinions for Elective Surgery
in: New English Journal Medicine, S. 1169-1174

Glaser, D. (1984):
EDV – Dieses Werkzeug gehört in die Hände der besten Architekten
in: Deutsches Architektenblatt, H. 6, S. 759-760

Gläsing, J. (1984):
Der Einsatzzweck diktiert die Qualitätsstandards
in: Handelsblatt v. 20.11., S. 20

Gleisberg, A./Reith, M./Wasilewski, R. (1985):
Materialien zur Lage der Freien Berufe in der Bundesrepublik Deutschland
in: Institut für Freie Berufe (Hrsg.) (1985), S. 203-218

Grafe, W.R. (1982):
The Second Opinion Programm
in: Selbmann, H.K./Überla, K.K. (Hrsg.) (1982), S. 125-135

Gralla, G. (o.J.):
Anwaltsschwemme – Abhilfe durch staatliche Eingriffe? Referat anläßlich eines Seminars der Rechtsanwaltskammer für den OLG-BezirkMünchen vom 16.-18.11.1984 in Tutzing
in: Rechtsanwaltskammer für den Oberlandesgerichtsbezirk München (o.J.), S. 2-18

Grebe, W. (1986):
Vertrauen ist gut – Kontrolle ist besser
in: status, H. 3, S. 21-23

Greißinger, G. (1981):
Berufsaussichten junger Rechtsanwälte
in: Anwaltsblatt, H. 2, S 44-47

Greißinger, G. (1985):
Ausbildung zum Anwalt
in: Anwaltsblatt H. 8-9, S. 450-456

Gross, R. (1983):
Je besser das Abitur desto schlechter der Arzt
in: FAZ vom 10.8.

Grote, R. (1970):
Wettbewerbsprobleme wirtschaftsberatender Berufe
Köln-Opladen

Grote, H. (1974):
Architekt – ein freier Beruf?
in: Grote/Neswadba, S. 4-64

Grote, H./Neswadba, R. (1974):
Architekten und beratende Ingenieure – Freie Berufe zwischen Berufsordnung und Wettbewerb, Beiträge zur Mittelstandsforschung, H. 3
Göttingen

Haas, E. (1983):
Computer für Kammern und Kanzleien
in: BRAK-Mitteilungen, H. 3, S. 121-122

Haas, J. (o.J.):
Bericht – Konzepte – kritische Rück- und Vorschau – Aus der Sicht des Deutschen
Anwaltsinstituts e. V.
in: Rechtsanwaltskammer für den Oberlandsgerichtsbezirk München (o.J.), S. 84-112

Haeckel, R. (1981):
Qualitätssicherung im Labor – kritische Bilanz nach fünf Jahren
in: Schwarz, F. W./Selbmann, H. K. (1981), S. 38-45

Hahn, W. (1984):
Bemerkungen zur „Reform der Juristenausbildung"
in: Anwaltsblatt, H. 6, S. 194

Hamm, H. (1976):
Fortbildung aus der Sicht der Allgemeinmedizin
in: Mensch Medizin Gesellschaft, H. 1, S. 88-93

Hammerschlag, L. (1985):
Nur ein Vorwand
in: Der Klinikarzt, H. 14, S. 926

Hampp, H.-J./Keil, G. (1984):
Gefährdung der Freien Berufe durch Spezialisierung und Rationalisierung?
in: BRAK-Mitteilungen, H. 3

Hardegg, W. (1985):
Medizinerschwemme und Ärzteausbildung aus der Sicht eines Hochschullehrers
in: Medizin Mensch Gesellschaft, H. 10, S. 22-27

Harms, W. (1984):
Juristenschwemme – Prognosen und Fehlprognosen
in: Anwaltsblatt, H. 3, S. 113-116

Hartmannbund (1986):
Hartmannbund sieht die Freiberuflichkeit der Kassenärzte gefährdet
in: HB-Information 3/86 vom 27.1

Hättich, M. (1984):
Anwalt des Rechts – Anwalt der Bürger. Zur Einschätzung der Anwaltschaft im
Rechtsstaat
in: Rechtsanwaltskammer für Oberlandesgerichtsbezirk München (o.J.)

Hauffen (1956):
Der Steuerberater und die Begrenzung seiner Tätigkeit durch das Rechtsberatungsge-
setz
in: MStB, S. 14 ff.

Hauser, H.:
Qualitätsinformationen und Marktstrukturen
in: Kyklos 32, S. 740-763

Häußler, S. (1981):
Versuch und Irrtum am Patienten?
in: Die Welt vom 19.5., S. 4

Häußler, S. (1985):
Medizinerschwemme und ärztliche Ausbildung
in: Mensch Medizin Gesellschaft, H. 10, S. 3-4

Hegelheimer, A. (1984a):
Beschäftigte und Hochschulabsolventen in freien Berufen
Köln-Loevenich

Hegelheimer, A. (1984b):
Strukturwandel der Akademikerbeschäftigung
Bielefeld

Heidack, C./Hohmann, R. (1985):
Qualitätszirkel zur Unterstützung der Personalentwicklung
in: Personalführung, H. 9, S. 326

Held, H.-J. (1985):
Die Patienten- und Anwendersicherheit soll verbessert werden
in: Handelsblatt v. 26. 9.

Herber, R./Müller, P.J. (1985):
Voraussetzungen, Möglichkeiten und Grenzen der Qualitätssicherung aus zahnärztlicher Sicht
in: Institut für Freie Berufe (Hrsg.) 1985, S. 123-129

Herder-Dorneich, P./Schuller, A. (Hrsg.) (1985):
Die Ärzteschwemme
Baden-Baden

Hess, R. (1981):
Rechtliche Grundlagen von Maßnahmen der Qualitätssicherung
in: Schwartz/Selbmann (Hrsg.) (1981), S. 18-24

Hesse, H.G./Korbion, H./Mantscheff, J. (1978):
Honorarordnung für Architekten und Ingenieure (HOAI), Kommentar
München

Heyl, H. (1982):
Vorschläge zur Änderung der BRAO
in: BRAK-Mitteilungen, H.4, S. 138-141

Hitpass, J. (1970):
Bildungsboom. Prognosen, Projektionen, Pläne bis zum Jahr 2000
Bielefeld

Holzer, P./Lück, W. (1975):
Quality Control
in: Die Wirtschaftsprüfung, H. 20, S. 541 ff.

Hoppe, J.D. (1981):
Praktiker muß kein Spezialist sein
in: Die Welt vom 19.5., S. 5

Hoppe, J.D. (1985):
Der Grund für hohe Durchfallquoten ist unfaires Verhalten
in: Ärzte Zeitung vom 22.3., S. 8

Idris, I. (1985):
Amerikas Ärzte im Wissensnotstand. Übernehmen nun die „Nurses" einen Teilbereich?
in: Selecta, H. 10, S. 829-841

Institut für Arbeitsmarkt- und Berufsforschung (Hrsg.) (1976):
Bildungs- und Qualifikationsforschung (Beiträge zur Arbeitsmarkt- und Berufsforschung Band 15)
Nürnberg

Institut für Freie Berufe (Hrsg.) (1983):
Gesetzgebung, Steuerrechtssprechung und wissenschaftliche Literatur über Freie Berufe – Vierteljahresdokumentation 1982/II
Köln-Loevenich

Institut für Freie Berufe an der Friedrich-Alexander-Universität Erlangen-Nürnberg (Hrsg.) (1985):
Forschung über Freie Berufe
Jahrbuch 1983/84
Köln

Jacobs, Ch.M./Christoffel, T./Dixon, N. (1976):
Measuring the Quality of Patient Care: The Rationale for Outcome?
Audit, Cambridge, MA, Ballinger

Jäger, H. (1985):
Auf der Suche nach einem pragmatischen Konzept
in: Der Deutsche Arzt, H. 21, S. 12-18

Jentsch, P. (1983):
Kassen warnen: „Gefahr für Patienten durch Jungärzte"
in: Die Welt vom 12.11.

Jochem, R. (1986):
Das Überangebot von Akademikern aus der Sicht der Architekten
in: Bundesverband der Freien Berufe (1986), S. 40-43

Kairat, H. (1969):
"Professions" oder „Freie Berufe"
Berlin

Kalsbach, W. (1960):
Bundesrechtsanwaltsordnung und Richtlinien für die Ausübung des Rechtsanwaltsbe-
rufs, Kommentar
Köln

Kaminske, G./Dom, G. (1984):
Unklarheiten über die Anforderungen an Teile und Aggregate ausräumen
in: Handelsblatt vom 11.12.

Kapferer, C.:
Die Leistungspalette des Beratenden Ingenieurs in der Entwicklungshilfe
in: Auslandskurier – Deutsche Zeitschrift für wissenschaftliche und kulturelle
Zusammenarbeit in Europa

Kapp, H. (1986):
Das Überangebot von Akademikern aus der Sicht der Beratenden Ingenieure
in: Bundesverband der Freien Berufe (1986), S. 60-63

Karasch, J. (1984):
Akademikerquote – Freie Berufe als Pfuffer – Perspektiven der Akademikerbeschäftigung bis 1990
in: Deutsche Universitäts-Zeitung, H. 17

Kästner, W. (1984):
Zur Freiheit des Arztes gehört die Pflicht zur Qualitätssicherung
in: Ärzte-Zeitung vom 6.11.

Keil, G./Hampp, H.-J. (1984):
Qualitätssicherung in den Freien Berufen
in: der freie beruf, H. 8, S. 4/37

Kincaid, W.H. (1979):
Methoden und Ergebnisse der Qualitätssicherung im Bereich von Diagnostik und
Therapie in den USA
in: Anwaltsblatt, H. 12, S. 597

Kiss, T. (1984):
Der Anwalt im Sozialrecht
in: Anwaltsblatt, H. 12, S. 597

Kötz, H. (1982):
Anwaltsberuf im Wandel: Rechtsvergleichender Generalbericht
in: Kübler, F. (1982), S. 79-101

Kornblum, U. (1985):
Wettbewerb und Werbung in den Freien Berufen (unveröffentliches Referat anläßlich
des wissenschaftlichen Symposions "Wettbewerb in den Freien Berufen an der Friedrich-
Alexander-Universität Erlangen-Nürnberg am 17. und 18.10.1985)

Kosanke, B. (1983):
Das Problem der Doppeluntersuchung in der ärztlichen Versorgung der Bevölkerung
(Wissenschaftliche Reihe des Zentralinstituts für die kassenärztliche Versorgung in der
Bundesrepublik Deutschland, Band 25)
Köln-Lövenich

Kreuzer, G. (1984):
EDV in der Rechtsanwaltskanzlei
in: Anwaltsblatt, H. 1, S. 26-28

Krill, H. (1985):
Numerus clausus für den Kassenarzt?
in: Süddeutsche Zeitung vom 23./24.3.

Kröger, H./Kattmann, J. (1983):
Textsysteme in der Anwendung: Bericht über das egs-Textsystem
in: BRAK-Mitteilungen, H. 2, S. 60-61

Küber, F. (1982):
Anwaltsberuf im Wandel. Rechtspflegeorgan oder Dienstleistungsgewerbe?
Frankfurt/Main

Küffner, P. (1985):
Voraussetzungen, Möglichkeiten und Grenzen der Qualitätssicherung in den steuerberatenden und wirtschaftsprüfenden Berufen
in: Institut für Freie Berufe (Hrsg.) (1985), S. 155-163

Lach, M. (1970):
Formen freiberuflicher Zusammenarbeit
München

Ladwig, D. (1983):
EDV im Architekturbüro
in: Deutsches Architektenblatt, H. 10, S. 1065/66

Leetsch, W. (1985):
Beteiligung des Apothekers an der Arzneimittelauswahl
in: Bundesvereinigung Deutscher Apotheverbände (Hrsg.) (1985a), S. 61-66

Leschke, H. (1985):
Computer-Fachleute sind in Ingenieurbüros noch ziemlich selten
in: Beratende Ingenieure, H. 10, S. 20-22

Liebold, R. (1983a):
Die Vergütung des Allgemeinarztes (Wissenschaftliche Reihe des Zentralinstituts für
die kassenärztliche Versorgung in der Bundesrepublik Deutschland, Band 26)
Köln-Lövenich

Liebold, R. (1983b):
Handlexikon des Kassenarzt- und Kassenzahnarztrechts
St. Augustin

485

Löffler (1985):
Zunehmende Selbstmedikation hat Stellenwert der Apotheker erhöht
in: Handelsblatt vom 10.9., S. 9

Lyons, Th.F./Payne, B.C. (1974):
The Relationship of Physician's Medical Recording Performance to Their Medical
Care Performance
in: Med. Care, 12(5), S. 463

Maiwald, D. (1985):
Der Kampf um den Patienten wird härter
in: Ärztliche Praxis vom 27.4., S. 1547

Marks, P. (1982):
Die Gewährleistung der Prüfungsqualität
in: Die Wirtschaftsprüfung, H. 2, S. 25 ff.

Masing, W. (o.J.):
Grundsätze moderner Qualitätssicherung im Industriebetrieb
unveröffentliches Referat

Masing, W. (1979):
Qualitätslehre
Berlin-Köln

Masing, W. (Hrsg.) (1980):
Handbuch der Qualitätssicherung
München

McWhinney, J.R. (1972):
Medical Audit in North America
in: Brit.Med.J., S. 277-279

Mett, D. (1984):
Möglichkeiten und Chancen der Anwaltschaft zur Einflußnahme auf die Ausbildung
des juristischen Nachwuchses
in: Anwaltsblatt, H. 10, S. 485

Metze, I. (1985):
Honorierung der Ärzte und Effizienz der Behandlung
in: Ferber, Chr. v. u.a. (Hrsg.) (1985), S. 59-65

Metzner, K.H. (1980):
Für und Wider fachübergreifender Gemeinschaftspraxis: Ausreichende Erfahrung-
durch intensive Kooperation sammeln
in: Arzt und Wirtschaft, H. 1, S. 4-8

Metzner, K.H. (1984):
Ärztliche Kooperation: Fachübergreifende Gemeinschaftspraxis – was ist daraus geworden?
in: Arzt und Wirtschaft, H. 25, S. 1-4

Michaelis, J. (1981):
Qualitätssicherung bei kolorektalen Sceeningtests
in: Selbmann, H.K, Schwartz, Eimeren, W.v. (Hrsg.) (1981)

Mückershoff, H. (1986):
Das Überangebot von Akademikern aus der Sicht der Steuerberater
in: Bundesverband der Freien Berufe (1986), S. 72

Montgomery, F.-U. (1985):
Qualitätssicherung – eine ärztliche Aufgabe
in: Hamburger Ärzteblatt, H. 12

Morasch, H. (1984):
Schieds- und Schlichtungsstellen in der Bundesrepublik Praxisanalyse und Perspektiven aus einem Kolloquium der GMD
Köln

Morck, H. (1985):
Informationstätigkeit des Apothekers
in: Bundesvereinigung Deutscher Apothekerverbände (1985a), S. 3-6

Mundorf, C. (1985):
Das Jura-Studium ist schon jetzt eine Summe von Leistungskontrollen
in: Handelsblatt vom 19./20.1.

Münnich, F.E. (1985):
Effizienz der ambulanten ärztlichen Versorgung. Überholte Vorschriften verhindern „ökonomische Arbeitsweise"
in: Arzt und Wirtschaft, H. 26, S. 4 f.

Narr, H. (1973):
Ärztliches Berufsrecht. Ausbildung, Weiterbildung, Berufsausübung
Stuttgart

Neef, W. (1982):
Ingenieure. Entwicklung und Funktion einer Berufsgruppe
Köln

Neswadba, R. (1974):
Berufs- und Wettberwerbsprobleme der beratenden Ingenieure
in: Grote/Neswadba (1974), S. 65-136

Niehus, R.J. (1980):
Prüfung der Prüfer durch die Prüfer „Peer Review" in den USA
in: Die Wirtschaftsprüfung, H. 6, S. 149 ff.

Noack, M./Meifort, B. (1982):
Materialien zur beruflichen Bildung im Gesundheitsbereich Teil I: Fort- und Weiterbildungsmaßnahmen im Gesundheits- und Sozialbereich (Berichte zur beruflichen Bildung, hrsg. vom Bundesinstitut für Berufsbildung, H. 42)
Berlin

Nobrega, F.R. et al. (1977):
Quality Assessment in Hypertension: Analysis of Process ans Qutcome Methods
in: New English Journal of Medicine , S. 245 ff.

Nord, D. (1985):
Ansatzpunkte und Strategien einer Steuerung des Angebots ärztlicher Qualifiøkatio-
nen: Qualitätsmessung und Qualitätskontrolle
in: Herder-Dorneich, P./Schuller, A. 1985, S. 115-129

Nücke, H. (1982):
Entwicklung des Peer Review in den USA
in: Die Wirtschaftsprüfung, H. 2, S. 30-33

Odenbach, E. (1979):
Ärztliche Fortbildung
in: Deutsches Ärzteblatt, H. 24, S. 1643-1662

Oellers, B. (1984):
Das nächste Jahrzent Anwaltsschwemme
in: BRAK-Mitt., H. 3, S. 113 f.

Oesterle (1985):
Werbung? Oder: Wettbewerb ist gut. Kein Wettbewerb ist besser
in: Deutsche Apotheker Zeitung, H. 22, S. 1123

Oldiges, F.J. (1985):
Medizinerschwemme und Ärzteausbildung aus der Sicht der gesetzlichen Krankenversicherung
in: Mensch Medizin Gesellschaft, H. 10, S. 15-21

Osterwald, G. (1981):
Diskussionsbemerkung
in: Schwartz, F.W./Selbmann, H.K. (1981), S. 99-101

Osterwald, G. (1984):
Qualitätssicherung in der Medizin – eine Bestandsaufnahme
in: Deutsches Ärzteblatt, H. 20, S. 1597-1599

Osterwald, G. (1985):
Voraussetzungen, Möglichkeiten und Grenzen der Qualitätssicherung in den Freien
aus der Sicht der Ärzte
in: Institut für Freie Berufe (Hrsg.) (1985), S. 113-122

Paul, W. (1982):
Anwaltsberuf im Wandel – Rechtspflegeorgan oder Dienstleistungsgewerbe? Fakten
und Überlegungen zur empirischen Verdeutlichung des Verhältnisses von Anwaltschaft und Gesellschaft in Deutschland
in: Kübler, F. (Hrsg.) (1982), S. 11-35

Payne, B.C./Study St. (1979):
The Quality of Medical Care: Evaluation and Improvement
Chicago

Peterseim, A. (1985):
Niederlassungsbeschränkungen in der Bundesrepublik
in: Bundesvereinigung Deutscher Apothverbände (Hrsg.) (1985a), S. 26-32

Petrick, K./Reihlen, H. (1980):
Begriffe und Normen
in: Masing (Hrsg.) (1980), S. 33 ff.

Pförringer, W. (1982):
Die ärztliche Weiterbildung liegt im argen!
in: Ärztliche Praxis vom 2.11., S. 2971

Pranschke-Schade, Str./Broglie, M. (1985):
Kooperation – Gemeinschaftspraxis oder Praxisgemeinschaft?
in: Arzt und Wirtschaft, H. 9, S. 15-18

Presse- und Informationsamt der Bundesregierung (Hrsg.) (1984):
Schlichten ist besser als richten. Beratung und Vermittlung in Streitfällen
Bonn

Pressedienst der SPD-Landtagsfraktion (1984):
Anwaltsschwemme birgt weitreichende Gefahren. SPD Baden-Württemberg und Anwaltschaft warnen gemeinsam vor dem Jurastudium
in: BRAK-Mitteilungen, H. 1, S. 27

Pröll, I. (1984):
Mediziner proben nun den Aufstand. Verbände gegen Geißlers Versuch, sich von geplanten EG-Richtlinien abzukoppeln
in: Nürnberger Nachrichten vom 4.8.

Purrucker, M. (1985):
Die Anwaltsstation in der Referendarzeit – Rückblick aus der Sicht eines jungen Anwalts
in: Anwaltsblatt, H. 3, S. 126-128

Raspe, H.-H. u. A. (1981):
Die therapeutische Bedeutung der Arzt-Patienten-Beziehung – Fakten und Überlegungen zur Qualitätssicherung
in: Schwarz, F.W./Selbmann, H.K. (1981), S. 91-98

Rechtsanwaltskammer für den Oberlandesgerichtsbezirk München (o.J):
Anwaltsschwemme – Abhilfe durch staatliche Eingriffe? Grundlagen, Möglichkeiten und Grenzen der Qualitätssicherung in der Anwaltschaft – Protokoll eines Seminars in der Akademie für Politische Bildung in Tutzing vom 16.-18.11.1984

Reerink, E. (1984):
Qualitätssicherung in den Niederlanden – Erfahrungen mit der interkollegialen Qualitätssicherung im Krankenhaus
in: Selbmann, H.K. (1984), S. 61-84

Reichel, F. (1983):
Die Folgen sind nicht nur materieller Art
in: Arzt und Wirtschaft, H. 4, S. 1-3

489

Reinhardt, U.E. (1985):
Honorierungssysteme in anderen Ländern – Internationaler Vergleich
in: Ferber, Chr. u.a. (Hrsg.) (1985), S. 67-94

Rinsche, F.J. (1985):
Die Haftung des Rechtsanwalts und des Notars. Ein Handbuch für die Praxis
Köln-Berlin-Bonn-München

Rittner, F. (1967):
Teamarbeit in freien Berufen
in: Der Steuerberater, H. 1, S. 1-3

Robra, B.-P, Machens, D. (1981):
Fragen der Qualitätssicherung bei Früherkennungsprogrammen von Herz-Kreis-lauf-Erkrankungen
in: Selbmann, H.K, Schwartz, Eimeren, W.v. (Hrsg.) (1981)

Rohweder, T. (1986):
Das Überangebot von Akademikern aus der Sicht der Steuerberater und Steuerbe-vollmächtigten
in: Bundesverband der Freien Berufe (1986), S. 53-56

Romm, F.J. et al. (1979):
Care Process and Qutcome in Diabetes Mellitus
in: Medical Care, S. 748 ff.

Rudolph, S. (1984):
EDV im steuerberatenden Beruf. Aktuelle Entwicklungstendenzen
in: Die Steuerberatung, H. 9, S. 263-271

Rüping, H. (1984):
Leitbilder in der Juristenausbildung und Anwaltsberuf Referat anläßlich eines Seminars der Rechtsanwaltskammer für den OLG-BezirkMünchen am 16.-18.11.1984 in Tutzing
in: Rechtsanwaltskammer für den Oberlandesgerichtsbezirk München o.J., S. 44-60

Rüping, H. (1985):
Qualitätssicherung im Anwaltsberuf
in: Institut für Freie Berufe (Hrsg.) 1985, S. 130-142

Rüschmann, H.H./Thode, R. (1985):
Prognosemodell Zahnärzte
Kiel

Schade, H.J. o.J.:
Zukunfsperspektiven des Arztberufes

Schadewaldt (1985):
Rückwärtsblickend vorwärts schauen – der Apotheker in unserer Zeit
in: Pharmazeutische Zeitung, H. 42, S. 2755-2758

Schaeffer, H.R. (1985).:;
Zusammenarbeit darf vom Gesetz nicht eingeengt werden
in: Beratende Ingenieure, H. 11, S. 4-6

Schardey, G. (1984):
Fachgebietsbezeichungen für Anwälte
in: Anwaltsblatt, H. 7, S. 149

Schega, W. (1984a):
Qualitätssicherung in der Medizin. Ein Beitrag der Chirurgie
in: Deutsche Medizinische Wochenschrift (Nr. 2) vom 13.1., S. 43-45

Schicke, R.K. (1978):
Bewertung stationärer gesundheitliche Leistungen
in: Eimeren, W. van (Hrsg.) (1978b), S. 125-133

Schiffer, B. (1985):
Spezialisierung für den Anwalt
in: Süddeutsche Zeitung vom 31.3.

Schipperges, H. (1985):
Ärzteschwemme – Gründe, Folgen, Rezepte
in: Herder-Dornreich, P., Schuller, A. (Hrsg.) (1985), S. 87 ff.

Schlicht, J. (1986):
Fortbildung ist kein Werbespot
in: Der Apotheker vom 17.1., S. 2

Schmalz, K. (1984):
"Juristen-Aus-Bildung"
in: BRAK-Mitteilungen, H. 1, S. 1

Schmalz, K. (1985):
Der Rechtsanwalt und das Sozialrecht
in: BRAK-Mitteilungen, H. 2, S. 61 f.

Schmidt, E. (1981):
Probleme der Qualitätssicherung im Krankheitsfrüherkennungsprogramm für Kinder
in: Selbmann, H.K/Schwartz, F.W., Eimeren, W.v. (Hrsg.) (1981)

Schmidt-Schicketanz, H.J. (1984):
CAD in der Objektplanung
in: Deutsches Architektenblatt, H.9, S. 1083-1084

Schneider, O. (1984):
Bandschäden, Ursachen, Auswirkungen, Therapien
in: Beratende Ingenieure, H. 11, S. 4-6

Schramm, J. (1985):
Persönliche Verantwortung in den Freien Berufen unter dem Einfluß von Spezialisierung und Rationalisierung aus der Sicht der technischen und naturwissenschaftlichen Freien Berufe
in: Institut für Freie Berufe (Hrsg.) (1985)

Schuber, D. (1985):
Pflicht-Test für Medizin-Studienplatzbewerber. Heiß umstritten
in: Die Zeit v. 13. 9.

Schulenburg, J.-M. Graf v.d. (1981):
Systeme der Honorierung frei praktizierender Ärzte und ihre Allokationswirkungen
Tübingen

Schulenburg, J.-M. Grag v.d. (1984):
Selbstregulierung durch Berufsverbände – eine Studie am Beispiel des Gesundheitswesens (discussion papers des Wissenschaftszentrum Berlin – WZB – IIM/IP 84-30)
Berlin

Schulenburg, J.-M. Graf v.d. (1985):
Die „Ärzteschwemme" und ihre Auswirkungen auf die ambulante Versorgung (discussion papers des Wissenschaftszentrum Berlin – WZB – IIM/IP 85-6)
Berlin

Schunack, W. (1975):
Das moderne Berufsbild des Apothekers aus der Sicht des Hochschullehrers
in: Pharmazeutische Zeitung, H. 46, S. 2996

Schwartz, F.W. (1981a):
Institutionalisierte Ansätze und Maßnahmen
in: Schwartz, F.W./Selbmann, H.K. (Hrsg.) (1981), S. 9-17

Schwartz, F.W. (1981b):
Qualitätssicherung in der ambulanten medizinischen Versorgung
in: Münchner medizinische Wochenschrift Nr. 12, S. 473-477

Schwartz, F.W./Selbmann, H.K. (Hrsg.) (1981):
Qualitätssicherung ärztlicher Leistungen in der Bundesrepublik
Köln-Lövenich

Schwenk, H. (1985a):
Vorreiter Schweiz von Bayern eingeholt
in: Ärztliche Praxis vom 16.4., S. 1365

Schwenk, H. (1985b):
Für den Kassenarzt oft nur ein Spielzeug
in: Ärztliche Praxis vom 30.4., S. 1604 f.

Schwing, C. (1985):
Medizingeräteverordnung. Zu spät machen die Ärzte gegen das neue Gesetz mobil
in: Ärzte Zeitung v. 26.9.

Scinzi, O. (1985):
Erst Durchblick, dann durchleuchten
in: Ärztliche Praxis v. 1. 10.

Sebiger, H. (1983):
Begrüßungsansprache
in: DSWR, Sonderheft 2

Seegy, F. (1972):
Unsere Zeitschrift ist zwanzig Jahre alt geworden
in: Der Architekt, H. 2, S. 67

Selbmann, H.K. (1978):
Methodische Probleme der Kontrolle ärztlicher Leistungen am Beispiel der Perinatologie
in: Eimeren, W. van (1978), S. 145-153

Selbmann, H.K. (1981a):
Methodische Ansätze zur chirurgischen Qualitätssicherung
in: Schwartz, F.W./Selbmann, H.K. (Hrsg.) (1981), 67-71

Selbmann, H.K. (1981b):
Nutzen und Übertragbarkeit der Münchner Perinatal-Studie
in: Schwartz, F.W./Selbmann, H.K. (Hrsg.) (1981), S. 48-52

Selbmann, H.K. (1981c):
Quo vadis, Qualitätssicherung?
in: Münchner medizinische Wochenschrift, (MMW) Nr. 27, S. 1099-1100

Selbmann, H.K. (1982):
Ärzte fürchten Selbstkontrolle
in: FAZ vom 20.1.

Selbmann, H.K./Überla, K.K. (Hrsg.) (1982):
Quality Assessment of Medical Care
Stuttgart

Selbmann, H.K. (1983):
Die Rolle der medizinischen Informationsverarbeitung in der Qualitätssicherung geburtshilflichen Handelns
in: Geburtshilfe und Frauenheilkunde, Sonderheft 1, S. 82-86

Selbmann, H.K. (Hrsg.) (1984):
Qualitätssicherung ärztlichen Handelns (Beiträge zur Gesundheitsökonomie, Band 16)
Gerlingen

Selbmann, H.K. (1985a):
Qualitätssicherung in der ambulanten Versorgung – Probleme und Forschungsbedarf
in: Allgemeinmedizin, H. 14, S. 60-64

Selbmann, H.K. (1985b):
Unnötige Operationen – ein notwendiger Begriff?
in: Mensch Medizin Gesellschaft, März 1985, S. 53-60

Selbmann, H.K./Eißner, H.J. (1981):
Zur Praxis der Qualitätsbeurteilung des ärztlichen Handelns
in: Schwartz, F.W./Selbmann, H.K. (Hrsg.) (1981)

Selbmann, H.K./Schwartz, F.W./Eimeren, W.van (Hrsg.) (1981):
Qualitätssicherung in der Medizin – Probleme und Lösungssätze
Heidelberg

Selbmann, H.K./Swertz, P. (1981):
Ist ärztliche Qualitätssicherung bei uns antiquiert? 10 beispielhafte US-Modelle
in: Der Deutsche Arzt, H. 4, S. 30-33

Senftleben, H.-U. (1980):
Die Qualität ärztlicher Verrichtungen im ambulanten Versorgungsbereich
Köln

Senftleben, H.-U. (1981):
Neue methodische Zugänge zur ärztlichen Qualitätssicherung
in: Schwartz, F.W./Selbmann, H.K. (Hrsg.) (1981)

Senninger, H.-U. (1980):
10 Jahre Juristenausbildungsreform – was nun? Überlegungen für die Zukunft Referat
anläßlich eines Seminars der Rechtsanwaltskammer für den OLG-BezirkMünchen, am
16.-18.11.1984 in Tutzing
in: Rechtsanwaltskammer für den Oberlandesgerichtsbezirk München o.J., S. 64-73

Sewering, H.J. (1974):
Neue Wege der ärztlichen Fortbildung
in: Deutsches Ärzteblatt 26, S. 1867 f

Sewering, H.J. (1985):
Zur Kenntnis genommen
in: Bayerisches Ärzteblatt, H. 4, S. 149

Slee, V.N. (1979):
The Principal Programm of the Commission on Professional and Hospital Activities,
CPHA
Ann Arbot, Ml

Slowana, G. (1978):
BRAGO. Bundesgebührenordnung für Rechtsanwälte, München

Soost, H.-J. (1981):
Qualitätssicherung in der Zytologie
in: Selbmann, H.K, Schwartz, Eimeren, W.v. (Hrsg.) (1981)

Starck, Chr. (1980):
Rechtliche Konsequenzen einer Niederlassungsbeschränkung für Apotheken
in: Verwaltungsarchiv, H. 1 (Sonderdruck)

Stein, R. (1984):
Ärzte fürchten Selbstkontrolle
in: FAZ v. 20.1.

Stender, H. St. (1981):
Qualitätssicherung in der Röntgendiagnostik
in: Schwartz, F.W./Selbmann, H.K. (Hrsg.) (1981), S. 31-37

Stobrawa, F.F. (1986):
Das Überangebot von Akademikern aus der Sicht der Freien Heilberufe
in: Bundesverband der Freien Berufe (1986), S. 2-24

494

Theimann, B. (1985):
Standpunkt der Apotheker zu aktuellen Problemen erläutert – 2. Bericht vom Berliner
Presseseminar der ABDA
in: Pharmazeutische Zeitung, H. 20, S. 1238-1241

Thelen, P. (1985):
Medizinstudium. Durch die neue Bundesärzteordnung verlagert sich ab 1987 dieAus-
bildung um achtzehn Monate. Wachsende Arztzahlen sorgen für Konkurrenzdruck
in: Handelsblatt v.4.4.

Theurer, G. (1985):
Informationstätigkeit des Apothekers gegenüber dem Arzt
in: Bundesvereinigung Deutscher Apothekerverbände (Hrsg.) (1985a), S. 7-9

Trauer, K.G. (1984):
Apothekerausbildung: Verlängerung ja, Praxissemester nein
in: Deutsche Apotheker Zeitung, H. 44, S. 2263-2265

Turner, G. (1985):
Akademikerschwemme – Gründe – Perspektiven – Lösungen
in: Handelsblatt v. 22./23.3.

Überla, K.K. (1982):
Möglichkeiten und Grenzen der Qualitätsbeeinflussung in der Medizin
in: Mensch Medizin Gesellschaft, H. 7, S. 115-121

Ullmann, Chr. (1984):
Qualitätskontrolle in der Medizin
in: Süddeutsche Zeitung v. 26.10.

Vakily, E. (1984):
EDV im Anwaltsbüro. Akzeptanzproblem bei den Rechtspflegern
in: Anwaltsblatt 1, S. 23-25

Verband Beratender Ingenieure e.V. (VBI) (1985):
Beraten + Planen
Fachleistungen – Unternehmen – Mitglieder
Essen

Verband Beratender Ingenieure e.V. (VBI) (o.J.):
Das Berufsbild des beratenden Ingenieurs VBI
Essen

Verband der niedergelassenen Ärzte Deutschlands e.V. (Hrsg.) (1971):
Der Weg in die Praxis
Berlin

Verband der niedergelassenen Ärzte e.V. (NAV) (1983):
ÖTV will Verstaatlichung des Gesundheitswesens
in: Ärztlicher Informationsdienst v. 8.9.

Vigano, H. (1983a):
Einführung von Fachgebietsbezeichnungen
in: BRAK-Mitteilungen, H. 2, S. 1

Vigano, H. (1983b):
Rechtspolitik und Anwaltsrecht 1982/83
in: BRAK-Mitteilungen, H. 3, S. 102f.

Vilmar, K. (1985):
Persönliche Verantwortung in den Freien Berufen unter dem Einfluß von Spezialisierung und Rationalisierung aus der Sicht der Ärzte
in: Institut für Freie Berufe (Hrsg.) (1985), S. 20-33

Vogel, M. (1983):
Woran die Mediziner-Ausbildung krankt
in: FAZ v. 29.10

Volkmann, K.H. (1978):
Brief an den Parlamentarischen Staatssekretär im Bundeswirtschaftsministerium,
RA Grüner, veröffentlicht
in: Deutschess Architektenblatt H. 4, S. 423

Volkmann, K.H. (1985):
Ansprache anläßlich des Deutschen Architektentages 1985
in: Deutsches Architektenblatt, H. 11, S. 1444-1447

Warmuth, E. (1985):
Standesrecht und Rollenverständnis des Rechtsanwalts
in: BRAK-Mitteilungen, H. 2, S. 62

Weber, W. (1985):
Computer in der Arztpraxis. Artikelserie
in: Ärzte-Zeitung v. 24. 9. bis 4. 10.

Weinbrenner, E. (1986):
Geschichte der Architektenwettbewerbe
in: Deutsches Architektenblatt, H. 1, S. 51-53

Wepler, R. (1981):
Medizinische Beurteilung klinisch-chemischer Meßwerte
in: Selbmann, H.K, Schwartz, Eimeren, W.v. (Hrsg.) (1981)

Wertz, E. (1985):
Rechtliche und administrative Bedingungen der Architektenausbildung
in: Bund Deutscher Architekten BDA, S. 66-68

Wiesand, A.J./Fohrbeck, K./Fohrbeck, D. (1984):
Beruf Architekt. Eine zusammenfassende Darstellung und Interpretation der Berufs-
wirklichkeit und Berufsgeschichte von Architekten
Düsseldorf

Wildgrube, H.J. (1985):
Das Leistungsspektrum der Software
in: Ärztliches Management, H.3, S. 73-75 und H. 4, S. 129-130

Williamson, J.W. (1978):
Formulating Priorities for Quality Assurance Acitivity
in: JAMA, S. 631-637

Wirtschaftsprüferkammer/Institut der Wirtschaftsprüfer in Deutschland e.V. (1982):
Gemeinsame Stellungnahme der Wirtschaftsprüferkammer und des Instituts der Wirtschaftsprüfer in Deutschland e.V. zur Gewährleistung der Prüfungsqualität (am 24. 11. 81 verabschiedet)
in: Die Wirtschaftsprüfung H. 2

Wirzbach, H. (1985):
Quantitative Perspektiven der Ärzteschwemme
in: Herder-Dorneich, Ph./Schuller, A. (Hrsg.) 1985, S. 37-59

Wissenschaftliches Institut der Ortskrankenkassen (Hrsg.) (1978a):
Das Ärzteangebot bis zum Jahr 2000
Bonn

Wissenschaftliches Institut der Ortskrankenkassen(Hrsg.) (1978b):
Das Zahnärzteangebot bis zum Jahr 2000 – Dokumentation und Prognose
Bonn

Zentralinstitut für die kassenärztliche Versorgung in der Bundesrepublik Deutschland (1977):
Münchner Perinatal-Studie 1975
Köln-Lövenich

Zentralinstitut für die kassenärztliche Versorgung in der Bundesrepublik Deutschland (1978):
Die ärztliche Gruppenpraxis
Köln

Zentralinstitut für die kassenärztliche Versorgung in der Bundesrepublik Deutschland (1980):
Münchner Perinatal-Studie 1975-1977, Daten, Ergebnisse, Perspektiven
Köln-Lövenich

Zinsmeister, R. (1985):
Architektenausbildung: Qualität vor Quantität
in: Deutsches Architektenblatt, H. 4, S. 437

Zuck, R./Quaas, M. (1982):
Fachgebietsordnung nicht durch Bundesrechtsanwaltskammern?
in: BRAK-Mitteilungen, H. 4, S. 141-145

Zuck, R. (1984):
Die neuen Medien
aus: Zuch, Aktuelle Tendenzen im Standesrecht
in: BRAK-Mitt. 2, S. 49

Zuck, R. (1985):
Die Qualität anwaltlicher Leistungen
in: BRAK-Mitteilungen, H. 2

Xanke, P. (1984):
Büroorganisation und Bürotechnik
EDV – Spielzeug oder Zukunft?
in: Anwaltsblatt 3, S. 138-140

B. Literatur in Zeitschriften und Zeitungen ohne Verfasser

Anwaltsblatt:

9/1982,S. 189ff.
Berufsaussichten junger Juristen
(BT-Drucksache 9/1389)

Arzt heute:

30.8.1985, S. 5
Dolchstoß gegen die Berufskrankheit

8.1.1986
Scharfe Kritik am Entwurf von Blüm

Arzt und Wirtschaft:

4/1983, S. 10-13
Ärztliche Kooperation? MTZ läßt schön grüßen

6/1983, S. 1-6
Kassenarzt-Honorare: Die Leistungsfähigkeit der Kassen steht auf dem Spiel

8/1983, S. 10
Medizinstudium: Test hat sich bewährt

14/1983, S. 1-4
Qualitätssicherung: Drohen immer neue Richtlinien?

20/1983, S. 1f.
Fachverbindende Gemeinschaftspraxis

22/1984, S. 1-3
Ärztliches Honorar: Leistungssteuerung durch die Gebührenordnung?

26/1983, S. III
Viele Geräte reif für den Schrott?

1-2/1985, S. 3
Ärzteschwemme: Denkspiele der Ersatzkassen

1-2/1985, S. 30
„Sicherheits-Verordnung". Laufende Kontrollen der medizinisch-technischen Geräte geplant

13/1985, S. 1-4
Laborleistungen im kassenärztlichen Verteilungskampf?

19/1985, S. 13-15
Was die Medizingeräteverordnungen bringt: Mehr Bürokratie und Kosten

21/1985, S. 1-4
Honorarumstrukturierung.
Einzelleistungsvergütung kontra „Holländisches Modell"

23/1985, S. 1-4
"Das Wildern in der Technik muß ein Ende haben"

24/1985, S. 10-15
Chancen und Risiken ärztlicher Kooperation 2. Teil

1-2/1986, S. 1-4
Gebührenordnung – Die Weichen sind gestellt

1-2/1986, S. 3
Entschließung der Vertreterversammlung der KBV

1-2/1986, S. 9
Boom der Gemeinschaftspraxen

Ärztliches Mitteilungsblatt Mittelfranken:

6/1985, S. 14-15
Auswahlgespräch für Bewerber um einen Studienplatz für Medizin. Schriftliche Anfrage des Abgeordneten Dr. Schlosser (CDU) vom 12.02.1985 und Antwort des Staatsministeriums für Unterricht und Kultus

Ärzte Zeitung:

27.11.1984
Zur Erprobung fehlt nur noch das Geld

11.4.1985, S. 4
Vilmer für Ausbau der Selbstbeteiligung

23.4.1985, S. 1
US-Ärzte setzen auf Gruppenpraxen

24.4.1985, S. 6
Werbung um Patienten

25.4.1985
Der Praxis-Comper hat noch Zukunft

15.5.1985, S. 2
Vom Unbehagen an der Medizin heute

20.5.1985, S. 1
Der AiP sollte zwischen OP und Station rotieren

20.5.1985, S. 4
Die Kluft zwischen Allgemein- und Fachärzten bleibt unvermindert tief

30.9.1985, S. 22f.
Reform der Gebührenordnung: Aufwendung persönlicher Leistung, aber keine Maschinenstürmerei

18./19.10.1985
Humanität und Chirurgie. Die Menschlichkeit in der Klinik trotz Apparatemedizin erhalten

11.11.1985, S. 4
Marburger Bund warnt KBV vor Diffamierung der Praxisphase

11.12.1985, S. 6
Gebührenordnungsreform: Fachärzte bemängeln die Bewertungskriterien

22.1.1986, S. 27
USA: Praxisgründugnen sind „out", junge Ärzte arbeiten lieber als Angestellte

24./25.1.1986, S. 5
Bilanz der Gebührenordnung/Teil 2
Bonn ist mit der Gewichtung noch nicht zufrieden

28.1.1986, S. 1
„Schrittweise Aushöhlung der Selbstverwaltung"

Ärztliche Praxis:

5.11.1985, S. 351f.
Bayern-Vertrag. Noch ein Jahr Bewährungsfrist für Einzelleistungs-Vergütung

25.1.1986, S. 136
Größere Praxis – schlechtere Compliance

BRAK-Mitteilungen:

2/1983, S. 56-59
Fachgebietsbezeichnungen im BRAO-Entwurf

3/1983, S. II und XVI
Presseerklärung der BRAK: Warnung vor dem Jura-Studium

2/1984
Rechtsanwaltzahlen in Bayern um 81 % gestiegen

2/1984, S. 67
Für mehr Praxis in der Juristenausbildung

3/1984, S. 125
Neureglung der Juristenausbildung verabschiedet

1/1985, S. 31-34
Anwaltsschwemme – Abhilfe durch staatliche Eingriffe?

1/1985, S. 37-41
Deutsches Anwaltsinstitut. Einige Bemerkungen zum Jahresbericht 1984

1/1985, S. 38
Fachgebietsordnung

2/1985, S. 95f.
Deutsches Anwaltsinstitut. Bericht über Veranstaltungen im ersten Vierteljahr 1985

3/1985, S. 121f.
Fachgebietsbezeichnung – Vision des Berufsstandes oder gesetzgeberischer Alptraum

Computerwoche (1985):
„Jupiter" und „Renodat" für Rechtsanwälte im Vergleich v. 10. 3., S. 15

Deutsche Apotheker Zeitung:

7/1985, S. 361
"Unlust macht sich breit"

10/1985, S. 504
Neues Zulassungsverfahren beschlossen

19/1985, S. 963-965
Wirtschaftliche Entwicklung der Apotheken. Zum Jubel kein Anlaß

Deutsches Architektenblatt:

5/1976, S. 337
Neue Honorarordnung hilft Baukosten senken

9/1979, S. 1033-1039
Architektenausbildung aus der Sicht der Berufspraxis

1/1984, S. 45-48
Die Parlamentsdebatte in Bonn über die Änderung der HOAI.
Auszug aus dem stenographischen Bericht der 38. Sitzung des Deutschen Bundestags
am Freitag, den 25. November 1983

7-8/1984, S. 923-926
Datenverarbeitung für Architekten

11/1984, S. 1434-1438
HOAI-Bundestagsdebatte

2/1985, S. BY24 (Zusatz zum Deutschen Architektenblatt)
Mißachtung der Unfallverhütungsvorschriften (Strafrechtliche Verantwortlichkeit des Architekten)

10/1985, S. 1249-1250
Studienreform Architektur. Entwurf der Empfehlungen der überregionalen Studienreformkommission Architektur vorgelegt

11/1985, S. 1389
Bundesrechnungshof für Wettbewerbe

11/1985, S. 1447
Ansprache des Präsidenten der Bundesarchitektenkammer

Deutsche Arzt, Der:

21/1985, S. 5-7
Wichtige Beschlüsse der Hartmannbund Hauptversammlung/GOÄ muß unverzüglich überarbeitet werden

Deutsches Ärzteblatt:

15/1985, S. 1037
Vertrauen untergraben

41/1985, S. 2949-2952
Die „zuwendungsintensiven" Leistungen sollen belohnt werden

42/1985, S. 3053-3055
Pauschale und Primärschein für den Hausarzt?

Frankfurter Allgemeine Zeitung:

29.7.1981
Mehr Praxisnähe für die Ingenieursausbildung

17.3.1982
Immer mehr Mediziner ohne praktische Erfahrung

9.8.1983
Richter und Anwälte für Zwischenprüfung

6.2.1984
Alles drängt zum Fach

16.1.1985
Qualitätskontrolle in der Augenchirurgie

24.2.1985
Bessere Medizin durch Qualitätskontrolle

8.1.1986
Zeitlich und räumlich begrenzte Zulassungssperren sollen vor allem die Zahl der Fachärzte senken

16.1.1986
Zulassungssperren für Ärzte sind umstritten

freie beruf, der:
  H. 85, S. 15

  EG-Architekten-Richtlinie endlich verabschiedet

HB-Information:

  22/1985, (29.7.1985)
  Hartmannbund gegen Leistungskomplex-Gebührenordnung

Hamburger Abendblatt:

  19.10.1985, S. 1
  Auch der Patient gewinnt

Handelsblatt:

  15.9.1980
  Beim Test glänzten nicht nur Superschüler

  12./13.3.1982
  Theorie mit der Praxis verbinden

  10.8.1983
  Richter und Anwalt für frühe Zwischenprüfung

  20.10.1983, S. 13
  Schere zwischen Kosten und Ertrag hat sich im letzten Jahr weiter geschlossen

  23.11.1983
  Juristenausbildung/Kabinett entschied. Die Zweistufigkeit bleibt

  25./26.11.1983
  Nach vier Semestern eine erste Leistungskontrolle

  20./21.1.1984
  Diplom nicht verwässern

  2.2.1984, S. 23
  Architekten und Ingenieure noch einmal in den Hörsaal

  23.7.1984
  Akademikerarbeitsmarkt/Strukturprognose, Der Staat gibt seine Rolle als "Hauptabnehmer" auf

  15.8.1984
  Zunehmendes Mißtrauen der Bürger gegenüber Ärzten

  5.11.1984
  Marburger Bund/Jörg Hoppe kritisiert Forderungen nach Zulassungssperren/ Neue Stellen für den Arzt im Praktikum

11.12.1984
In zehn Jahren wurde der Umsatz verdoppelt

29.10.1985, S. 2
Die Gebührenordnung soll „entfrostet" werden

4.11.1985
Herausgehobene Amtsträger sollten auf Anwaltszulassung verzichten

Hannoversche Allgemeine Zeitung:

5.9.1985
„Schlimme Folgen für Patienten"

Journal of Accountancy, The:

Resolution of the Concil fo the AICPA. Adapted on September 17, 1977 11, 1977, S. 193 ff.

Neue Ärztliche, Die:

16.9.1985
Soziale Verpflichtung des Arztes und freie Berufsausübung

24.9.1985, S. 2
Wien erwägt Pflegejahr oder Eignungssemester

25.9.1985, S. 10
Der „Arzt im Praktikum"

30.9.1985, S. 2
Bei den Honoraren Vorrang für das ärztliche Gespräch

9.10.1985, S. 9
Medizingeräte – Verordnung schafft zuviel Bürokratie und Kontrolle. Experten fordern von der Bundesregierung eine sofortie Reform.

17.10.1985, S. 2
Hartmannbund bekennt sich zur Einzelleistungs-Vergütung

12.11.1985, S. 1
"Arzt im Praktikum" macht dem Marburger Bund Sorgen

10.12.1985
KBV-Vertreterversammlung – Entschließung im Wortlaut

17.1.1986
Die Zeit für das Gesetz über Bedarfsplanung wird knapp

Neue Westfälische Zeitung:

9.7.1985
Arbeitsrecht höher im Kurs als Soziales

20.12.1985, S. 3
Kostendämpfung als eine staatspolitische Aufgabe

niedergelassene Arzt, der:

7.9.1985, S. 6-9
Medizingeräteverordnung: Blüm schließt die Ärzte kurz

7.11.1985, S. 14-19
Pauschalisierungsmodell führt zu Zwei-Klassen-System

3/1986, S. 14-16
Problem Ärzteschwemme

Ortskrankenkasse, Die:

20/1984
Die Entwicklung des Gesundheitswesens bei schrumpfender Bevölkerungszahl

Passauer Neue Presse:

5.10.1985
Anwälte dürfen nun „ihr Fach" benennen

Pharmazeutische Zeitung:

38/1985, S. 2367-2368
GKV: Neue Rahmenbedingungen für Studium und Zulassung der Ärzte

43/1985, S. 2800-2802
Beschlüsse der ABDA-Hauptversammlung zum Entwurf einer Verordnung über den Betrieb von Apotheken (ApoBetro) als Ergänzung bzw. Änderung der ABDA-Stellungnahme

Pharmazeutische Zeitung (19/1986):

XXIV. Fortbildungskurs der Bundesapothekerkammer in Meran eröffnet, S.1247-1249

Praktische Arzt, Der:

22-23/1985, S. 14
GOÄ: Medizin mit der Stoppuhr

2/1986, S. 1
BPA begrüße Regierungsentwurf zur kassenärztlichen Bedarfsplanung

Recht, Information des BMJ:

5/1985
Berufsrecht der Rechtsanwälte. „Anwaltsschwemme und drohende Juristenarbeitsølosigkeit müssen bekämpft werden"

Rheinisches Ärzteblatt:

2/1986, S. 52
Gegen Zulassungssperren für Kassenärzte

Selecta:

10/1875, S. 834
Fortbildung: freiwillig oder reglementiert?

47/1985, S. 4217
Ersatzkassen: Qualifikation gefragt

49/1985
AiP-Stellen vom Himmel gefallen

Spiegel, Der:

22/1985
Mit Volldampf in die Sackgasse – Arbeitslose Akademiker III: Die Lage der Mediziner

status:

15/1983
Nachwuchs: Mehr Luft durch neue Praxisform

18/1983
Ausbildungsstreit auch im Verteilungskampf

26/1983
Vorbereitung: Der Oberarzt als Lehrling in die Praxis?

28/1984
Schlechte Noten für Mediziner-Ausbildung

3/1985
Wieviel Kontrolle ist nötig?

20/1985
"Von Barfuß- und Gebietsärzten"

20/1985
KBV macht Ernst mit der Neuordnung

23/1985
Wohin steuert die Allgemeinmedizin?

3/1986
Zulassungssperre kommt

Steuerberatung, Die:

2/1985, S. 27-32
Aufgaben, Leistungen und Ziele der DATEV

Süddeutsche Zeitung:
10.6.1981
Scharfe Kritik an Ausbildung der Ärzte

14.11.1983
Mißtrauen gegen Jungmediziner

28.3.1984
Ärzte und Pharmaindustrie entrüstet

28.9.1984
Anwaltskammer warnt und kritisiert

Uni-Berufswahl-Magazin:

6/1985, S. 33
Schlechte Noten

Welt, Die:

19.11.1981
Numerus Clausus auch für Juristen?

6.6.1983
Der Patient bleibt auf der Strecke

7.9.1983, S. 2
Lage der Juristen wird untersucht

Wirtschaftsprüfung, Die:

17/1979, S. 479-482
Empfehlung Nr. 6 des Auditing Statement Board der UEC (=ASB 6): Gewährleistung und Verbesserung der Prüfungsqualität – Quality control

2/1982, S. 39 ff.
Gemeinsame Stellungnahme der Wirtschaftsprüferkammer und des Instituts der Wirtschaftsprüfer in Deutschland e.V. zur Gewährleistung der Prüfungsqualität

Wirtschaftswoche:

1/1984 (19.10.1984)
Positive Bilanz

1/1984 (19.10.1984)

Stabiles Fundament